현장 방언과 문헌 방언 연구

현장 방언과
문헌 방언 연구

백두현

역락

머리말

　나는 방언을 통해 국어학 연구에 입문하였다. 석사학위 논문은 「금릉지역어의 음운론적 연구」(1982)였다. 이 당시에 한국정신문화연구원의 전국 방언 조사 사업이 진행되고 있었다. 이 사업을 위해 간행된 방언 조사 자료집을 이용하여 금릉군(현재는 김천시) 감천면 지역을 여러 차례 조사하였다. 마을 어른의 댁에 묵으면서 이분들의 일상어를 기록했다. 금릉지역어를 분석하여 석사학위논문을 쓴 후에는 성조의 문법적 식별 기능과 성조와 움라우트의 상관성 여부를 연구했다. 이어서 상주 화북면의 장암리 마을 방언을 현장 조사하여 접경지역 방언의 특성을 연구하였다.

　현장 조사에서 제보자가 되어서 도와주신 분들의 고마움을 지금도 잊을 수 없다. 성주 연산마을의 칠순 노인의 입에서 '그림자'를 뜻하는 '그르매'라는 낱말이 튀어나오는 것을 듣고 『두시언해』 초간본의 어형을 만나는 경이로움을 느끼기도 했다. 내가 자랄 때 어머님이 말씀하신 '말뜯다'라는 방언형이 『석보상절』에 나온 '뭇돍ᄒᆞ-'에서 기원한 것이며, 이것이 현대국어에서 '마뜩치 않다'에 화석화되어 있음을 알게 되었다. 고향 마을에서 30리쯤 떨어진 벽진면의 마을 이름 '징기'(樹村)가 『용비어천가』 가사에 등장한 '즘게'의 후대형임을 깨닫기도 했다. 성주 연산마을의 방언은 부모님으로부터 배운 탯말이었으며, 한국어의 역사를 공부하는 데 밑거름이 되었다.

방언은 나의 학문적 자산의 원천이다. 방언을 통해서 배운 우리말 이야기를 책으로 묶어 『경상도 사투리의 말맛 - 국수는 밀가루로 만들고 국시는 밀가리로 맹근다』(2006)를 출판했다. 나를 낳아서 길러 주시고 탯말을 가르쳐 주신 부모님 영전에 엎드려 절하며 이 책을 바친다.

나의 박사학위 논문은 영남 지역에서 간행된 한글 문헌을 분석하여 음운사의 관점에서 연구한 것이었다. 공시적 방언 연구에서 통시적 방언 연구로 넘어간 것이다. 영남에서 나온 한글 문헌의 음운론적 특성을 이해하기 위해 서울 등 타지에서 간행된 문헌의 언어와 비교했다. 박사학위 논문을 쓴 후에는 국어사 문헌 전반에 대해 관심을 갖게 되었고, 연구 대상이 자연스럽게 확대되어 갔다.

이러한 연구 과정에서 국어사와 방언사를 관련지어 고찰한 글을 여러 편 쓰게 되었다. 평안도판으로 추정되는 『경민편언해』에서 '오딻'을 발견하여 방언의 '야들'과 관련지어 연구했다. 평안도 출신으로 벼슬길에 나아간 백경해(白慶楷 1765~1842)의 문집 『수와집 守窩集』에서 평안방언은 조선 칠도의 방언과 달리 세종대왕이 정하신 '正音'을 지키고 있음을 자랑스럽게 생각한다는 논설문 「아동방언정변설 我東方言正變說」을 읽게 되었다. 이를 계기로 구개음화 ㄷ>ㅈ을 모르는 평안방언의 특성을 사회·역사언어학의 관점에서 새롭게 해석한 글을 썼다. 이 관점을 연장하여 1960년에 북한 문화어에서 구개음화 ㄷ>ㅈ을 수용하는 대신 어두 ㄹ음을 발음토록 정한 규정에 대한 새로운 해석을 제자(안미애·홍미주)와 함께 시도하였다.

여기에 실린 글들은 내가 여기저기 발표했던 논문을 모은 것이다. 예전의 논문에 적지 않게 썼던 한자어는 꼭 필요한 것만 괄호 안에 넣고, 모두 한글로 바꾸었다. 방언형의 음성 전사는 가능한 한 국제음성기호를 따라 통일했다. 처음 발표한 논문에서 펼친 논지 전개는 손대지 않았으나 문장 표현이 어색한 곳은 고치고 다듬은 곳이 적지 않다. 2부의 "경상방언의 형성과 분화"는 기존 논문의 제목을 일부 수정했고, 내용도 줄였다. 3부의 "영남삼강록의 음운론적 고찰"은 과거에 쓴 논문에 부족한 곳이 더러 있어서 고쳐서 새로 썼다. 1980년대 초기에 쓴 몇몇 논문은 종이 원고에 쓴 것이어서 옛 별쇄본을 보고 새로 입력하였다. 입력 과정에서 표현을 다듬고 수정한 부분이 적지 않다. 이 책에 실린 글의 체제를 다듬고, 필요한 도표를 새로 그려 넣는 등의 일을 도와준 홍미주 교수에게 고마움을 표한다.

　　오래전에 쓴 글을 다듬어 묶으면서 내가 걸어왔던 길을 돌아보는 기회를 가질 수 있었다. 여러모로 부족한 글을 묶어내면서 스스로 부끄러운 마음을 금할 수 없으나, 나의 청년 시절에 방언의 한 가닥을 붙들고 나름대로 노력했던 글이라고 스스로 위안해 본다. 학문의 길에서 이끌고 밀어준 선배 선생님들과 후배 학자님들께 대한 존경과 고마움, 그리고 제자들의 도움을 마음속에 다시 새기게 된다. 이 책의 편집에 애를 써 준 역락출판사 권분옥 편집장님과 팔리기 어려운 이 책을 간행해 주신 이대현 사장님께 감사드린다. 내 공부를 뒷받침해 준 아내 안인숙의 힘이 나를 여기까지 밀고 왔다.

2020년 2월 3일

大德山이 가까운 상인동 서재에서 백두현 씀

차례

제1부 경상방언의 현장 조사 연구

제3부 문헌 자료와 방언 연구

『영남삼강록』(嶺南三綱錄)의 음운론적 고찰 ○ 313

제4부 평안방언과 현대 북한어의 언어 정체성 연구

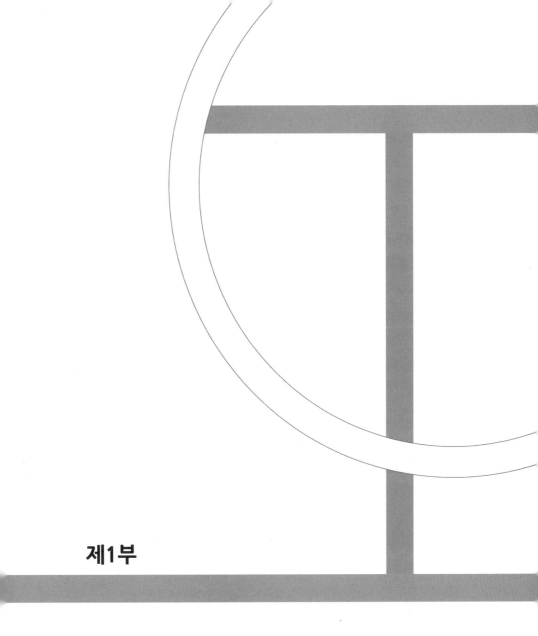

제1부

경상방언의 현장 조사 연구

성조와 움라우트
- 성주·금릉 지역어를 중심으로

1. 성조와 움라우트의 상관성 문제

　최근 서정목(1981)에 의하여 경상방언이 가진 특징 중의 하나인 성조와 움라우트의 상호 관련성에 대해 연구된 바 있다. 이것은 분절음소의 결합으로 야기되는 음운 현상에 대한 운소적 영향을 연구한 새로운 시도로 평가될 수 있을 것이다. 운소, 그 중 음장(length)이 음운 규칙에 있어서 모종의 제약조건이 될 수 있다는 주장이 이병근(1978)과 김진우(1976) 등에서 제시된 바 있다. 그러나 경상방언의 성조가 움라우트의 실현·비실현의 직접적 요인이 된다는 서정목(1981)의 가설은 좀 더 검토해 보아야 할 여지가 있는 것으로 생각되며, 필자가 행한 일부 지역어에 대한 조사를 통해서 성조와 움라우트의 상관성을 살펴보고자 한다. 이 글은 경북 성주 지역어와 금릉 지역어의 움라우트 현상에 대한 탐구를 통해, 이들 지역어의 움라우트 현상에 대한 분석과 아울러 움라우트와 성조의 상관성 유무를 검증하기 위해 작성되었다.

* 이 글은 『어문론총』 제16호(1982, 경북어문학회) 145-157쪽에 실렸던 것이다. 한자어 표기를 한글로 바꾸고, 문장을 다듬고 고쳤다.

대개 18세기에 발생한 것으로 보는 모음 i의 조화적 역행동화 현상에 대해 지금까지 여러 학자들에 의해 다각도로 연구되었다. '에'와 '애'의 단모음화 시기의 추정 및 모음체계의 변천과 관련하여 움라우트 현상의 본질과 그 제약조건들이 세밀하게 밝혀졌다. 문헌어를 중심으로 한 중부방언의 움라우트 현상(앞으로 '이 현상' 이라 부른다.)뿐만 아니라, 여러 지역어에서 일어나는 이 현상에 대한 집중적인 연구로(이병근 1971, 전재호 1974, 최태영 1978, 최명옥 1980b, 1982, 도수희 1981, 서정목 1981 등), 이 현상은 중부방언보다 남부방언에서 활발하게 일어나며 그 제약 면제의 폭이 넓어진다는 사실도 밝혀졌다. 지금까지의 연구에서 밝혀진 이 현상에 대한 제약조건을 요약하면 다음과 같다(서정목 1981).

(1) 이 현상은 어간 형태소 내부에서 가장 활발하다. 어휘형태소와 문법형태소의 결합에 있어서, 주격 '-이'나 명사형 '-기' 등 곡용어미보다 명사화 '-이', 피·사동 '-이' 등의 전성접미사와의 결합 환경에서 활발하게 일어난다.

(2) 후행 i모음이 다른 모음에서 변화한 i모음, 즉 역사적으로 i가 아닌 모음일 때 i는 동화주의 기능을 갖지 못한다.

(3) 모음 간에 [+coronal] 자음이 개재하면 이 현상은 일어나지 않는다. 경상방언에 있어서는 동사의 경우, 개재 자음이 [+coronal]인 [l]이라도 움라우트가 실현되고 있어서 제약조건이 되지 못한다.

(4) 피동화음이 /u/나 /o/일 때 이 현상은 약화된다.

위 제약 조건 중, (3)과 (4)는 지역어에 따라 부분적인 차이가 있는 것으로 알려져 있다.

이 글을 쓰는 필자에게 연구 문제를 던져 준 서정목(1981)은 진해 지역어를 대상으로 성조가 움라우트에 대해 가지는 의의를 고찰한 것이다. 그는 피동화음을 포함한 음절의 성조가 저조이면 움라우트의 실현이 억제되고, 피동화음을 포함한 음절의 성조가 고조인 것이 움라우트가 실현 가능한 최적 위치가 되는 것으로 보았다. 또 형태소 경계의 경우 사동·피동동사에 있어서, 사동동사는 거의 필수적으로 이 현상이 적용되고, 피동동사는 이 현상이 적용되지 않은 어형이 더욱 자연스럽다고 보았다. 그 원인은 사동 접사 '-이-' 혹은 '-히-'가 선행 어간의 성조를 고조화시키는 특이한 기능을 가지고 있고, 피동접사가 선행 어간의 성조를 저조화시키는 기능을 가진 것에 있다고 설명하였다. 그리고 그 성조 변동 현상을 다음과 같이 규칙화하였다(서정목 1981 : 38).

고조화 규칙 l→H/___i(사동화)
저조화 규칙 h→L/___i(피동화)

경남방언과는 다른 성조체계를 가지고 있는 성주·금릉지역어에 있어서도[2] 사동·피동접사가 가지는 이러한 기능은 다름이 없다. 그러나 앞으로의 논의에서 밝혀지겠지만 성주·금릉지역어(앞으로 '두 지역어'라 부른다.)에 있어서는 사동형뿐 아니라 피동형도 움라우트의 실현이 자연스러운 예들이 다수 있어서 위 성조 규칙에 의해 움라우트의 실현·비실현이 결정된다고 단언할 수 없는 것이다.

---

[2] 경북방언의 성조소 설정에 있어서 문효근과 김차균의 견해는 서로 다르다. 문효근 (1962)은 중조를 설정하지 않으나, 김차균(1980 : 42-44)은 경남방언과 마찬가지로 중조를 설정하고 있다. 그러나 성주·금릉지역어에 있어서 고조 혹은 저조와 대립하여 변별적 기능을 수행하는 중조는 발견되지 않았다.

2. 방언 자료 분석을 통한 검증

2.1. 모음 변화와 움라우트

두 지역어의 단모음 체계는 6모음체계로 i ɛ ɐ u o a로 구성되어 있다. 두 지역어에 있어서 e>i 규칙이 극심하게 적용되어, 사적으로 '에'에 소급 되는 /e/는 공시적 음운체계에 존재하지 않는 것으로 파악된다. 따라서 [ɛ] ('애')가 [e]의 음성 영역까지 포함하는 것으로 간주한다.[3] ɐ는 '어'와 '으' 의 중화된 음가를 나타낸다.

음절의 위치에 관계없이 ɐ는 움라우트에 의해 i로 실현된다. '어'에 대응 하는 ɐ는 움라우트에 의해 [e]로 전설화된 후 e>i 혹은 e→i 규칙에 의하 여 i로 바뀐 것으로 볼 수도 있으나(최명옥 1980b : 155), 제1음절과 제2음절에 서 동일한 음운과정(Phonological process)을 겪은 것인지 속단하기 어렵다. 다음 예들을 보자.[4]

    (1) ㄱ. 어미 > 이미 (星, 金)
        ㄴ. 저리다 > 지리다 (星, 金)
           벗기다 > 삐끼다(使) (星, 金)
           업히다 > 입히다(使) (星, 金)
           넘기다 > 닝기다(使) (星, 金)
           섬기다 > 싱기다 (星, 金)
        ㄷ. 법 (法)+이→빕이 (星, 金)

---

3) [e]와 [ɛ]의 중화된 음가를 [E]로 표시하던 종래의 방법을 택하지 않는 이유에 대해서는 백두현(1982)을 참고하기 바란다.

4) 이 지역에서 '으'와 '어', '에'와 '애'가 구별되지 않아 자료의 표시에 있어서 '으'와 '어', '에'와 '애'를 구별해 표기한 것은 무의미하지만 자료 표기의 편의를 위한 것이다. 고조 는 해당 음절 위에 ´로 표시하고, 저조는 무표로 한다. 성주지역어는 '星', 금릉지역어는 '金'으로 나타내기로 한다. > 왼쪽 어형의 성조 표시는 보류한다. 과거 문헌 자료의 성 조 표시가 과거 이 지역어의 성조와 일치한다고 보기는 어렵기 때문이다.

섬(石)+이 → 심이 (星, 金)

먹(墨)+이 → 믹이 (星, 金)

(1ㄱ, ㄴ, ㄷ)은 제1음절의 '어'가 움라우트에 의해 'i'로 변한 것임을 알려준다.[5] 이 때 '어'는 '에'를 거친 후, e>i 혹은 e→i 규칙에 의해 'i'로 실현되는 것인지 아니면 '어'가 직접 'i'로 바뀌는 것인지 드러난 어형만으로 결정하기는 어렵다. 그러나 '에'가 '이'로 바뀌는 규칙이 이 지역어들에 활발한 점과, 이 규칙이 미약하거나 거의 존재하지 않는 충청도 방언에는 움라우트에 의해 /어/가 /에/로 바뀐 어형이 존재하는 사실(도수희 1981)로 보아, 두 지역어는 (1)의 어사들이 /ə/>/e/>/i/라는 과정을 밟은 것으로 생각된다.

'어'가 제2음절 이하에 위치할 때도 역시 'i'로 실현된다.

(2) ㄱ. 두드러기 > 두디리기 (星, 金)

    구덩이 > 구디이 (星, 金)

    두꺼비 > 뚜끼비 (星, 金)

    건더기 > 건디기 (星, 金)

  ㄴ. 내버리다 > 내삐리다 (星, 金)

여기서도 (1)과 동일한 설명을 할 수 있을는지 앞으로 더 깊은 연구가 이루어져야 해결될 것으로 보인다.

/으/에 대응하는 ɨ도 역시 'i'로 실현되고 있어서 움라우트 현상에 한하여 본다면 중화된 ɨ는 같은 결과를 보이고 있다.

---

5) 성주지역어의 조사는 1981년 1월 9일~12일과 1981년 2월 5일~7일에 걸쳐 실시했고, 금릉지역어의 조사는 1981년 12월 21일~24일, 1982년 1월 5일~8일간에 실시하였다. 성주는 필자의 생장지이기도 하다. 제보자는 주로 60대와 70대 남자를 대상으로 제보자로서 합당한 인물을 선정하였다. 움라우트의 조사는 개개 어휘를 직접 질문하는 방법은 적당치 않아서 간접적 유도 혹은 자연발화를 중심으로 조사하였다.

(3) ㄱ. 다듬이 > 따디미 (星, 金)
　　　바:그미 > 바:기미 (星, 金)

　　ㄴ. 끓이다 > 끼리다 (星, 金)
　　　두드리다 > 뚜디리다 (星, 金)
　　　건드리다 > 건디리다 (星, 金)

　　ㄷ. 이름+이→이리미 (名) (星, 金)
　　　지름+이→지리미 (油) (星, 金)
　　　소:득+이→소:디기 (所得) (星, 金)
　　　금+이→기미 (線) (星, 金)

　　엄격한 의미의 공시적 관점에서 보면 형태소 내부의 '어'와 '으'는 움라우트 환경에서 동일한 음운행위(phonological behaviour)를 보이는 것으로 생각할 수 있다. 두 지역어에서 발견되는 또 다른 특색은 피동화주가 전설화(fronting)하면서 겪는 자질의 변화에 있어서 타 방언과의 차이점을 가진다는 점이다. 타 방언과 달리, 움라우트의 실현으로 [back] 자질뿐 아니라 [high] 자질도 달라지는 것을 다음 예들에서 찾아볼 수 있다.

(4) ㄱ. 진해(서정목, 1981)
　　　고기>개기, 도미>대미, 속이다>쌕이다
　　ㄴ. 전주(최태형, 1978)
　　　고기>괴기, 보이다>뵈이다, 꼬이다>꾀이다

(5) 성주, 금릉
　　포기>푀기, 밤송이>밤시이, 고기>기기
　　속이다>씨기다, 옮기다>잉기다, 곪기다>깅기다

　　(4)는 [back] 자질의 변화만 보여주나, (5)는 /o/가 /i/로 실현되어, [high] 자질도 바뀌고 있음을 알려 준다. 이들에 대해 통시적으로는 /oj/ > /we/ >

/e/ > /i/라는 순서를 거쳐 변화한 것으로 설명되기도 한다(최명옥 1980b : 155).

2.2. 개재 자음 ㄹ과 움라우트의 실현

움라우트 현상은 일반적으로 다음과 같이 규칙화되고 있다.[6]

$$\begin{array}{ccc} V & V & C \\ [+back] & \to & [-back] \end{array} / \underline{\quad} \; [-coronal] \; i(y)$$

지역어에 따라서 개재 자음이 [+coronal]이라도 움라우트를 받아들이는 점과 통사범주에 따라 제약조건이 달라진다는 사실도 밝혀졌다(최명옥 1974 : 64). 이것은 두 지역어에도 해당된다. 즉 동사에서 개재 자음이 [ㄹ]인 경우 이 현상을 실현시키는 예들이 다수 존재한다. 흔한 것은 아니나 금릉 지역어는 체언에서도 '다리>대리(脚, 橋), 자리>재리(席)'와 같이 개재 자음이 [ㄹ]인 어사들이 움라우트를 받아들이는 특이한 예들이 발견되었다.[7] 이와 같은 예외적 존재들을 제외하고 대부분의 어사들은 위의 제약조건에 따르고 있다. 이런 사실들은 다음 (6)에서 확인할 수 있다.

(6) 星, 金

ㄱ. 끓이다>끼리다, 다리다>대리다

가리다>개리다, 그리다>기리다

저리다>지리다, 절이다>지리다

ㄴ. 서리>*세리, 가지>*개지

가마니>*가매니, 가시>*개시

---

6) 최명옥(1982 : 73-75)은 피동 및 사동접미사 '-i-' 등에 의한 i모음역행동화는 통시적 현상으로 다루어져야 하므로 이 규칙의 '→'가 '>'로 바뀌어야 한다고 주장하고 있다.

7) 움라우트 현상은 본질적으로 조음의 편의를 위한 생리적 현상이므로 노년층에서 활발하게 일어난다. 특히 60대보다 70대 연령층이 더욱 활발하다. 움라우트의 실현 여부는 음운 환경과 동시에 연령 차이도 고려되어야 할 것으로 생각된다.

2.3. 주격조사 '-이'와 움라우트의 실현

지금까지 두 지역어의 움라우트 현상의 특징을 개괄적으로 살펴보았다. 이제 위에서 밝힌 사실을 기초로 하여 움라우트 현상과 성조를 관련시켜 볼 수 있는 단계에 이르렀다. 주격 '-이'가 움라우트 실현의 동화주로 기능할 때, 피동화 음절(=i의 선행 음절)의 성조가 어떤 관련성을 갖고 있는지를 고찰해 본다.

서정목(1981)은 진해지역어를 다루면서, 주격 '-이'가 동화주의 기능을 갖지 못하는 경우는 피동화 음절의 성조가 저조이거나 장음을 가졌기 때문이라고 보았다. 그러나 두 지역어는 이 설명과 다른 양상을 보여준다.

(7) 星, 金
  ㄱ. 그 점쟁이 {점, *잼, *짐}이 맞다.
  ㄴ. 얼굴에 {점, *젬, *짐}이 많다.

(8) 星, 金
  ㄱ. 이 산에는 {금, *김}이 난다.
  ㄴ. 벽에 {금, 김}이 갔다.

'점'(占)과 '금'(金)은 고조이면서 움라우트를 외면한 반면, '금'(線)은 저조이면서도 움라우트를 받아들였다.[8] 이 점은 동화주의 선행 음절이 고조일 때 움라우트가 가장 잘 실현된다는 가설이 두 지역어에 그대로 적용되지 않음을 의미한다. 다음 (9), (10)의 예들은 이 점을 입증하는 증거로 삼을 수 있다.

---

8) 진해지역어의 '금'(線)은 고조를 가진 것으로 보고되어 있다(서정목 1981 : 48).

(9) 星, 金

닭(~닭)+이 → 대기(~대키)(鷄)

밖+이 → 배끼(外), 방+이 → 배ᄒᆞ이(房)⁹⁾

앞+이 → 애피(前), 싹+이 → 쌔기(芽)

콩+이 → 키ᄒᆞ이(豆), 종+이 → 지ᄒᆞ이(鐘)

(9)의 예들은 피동화 음절이 고조일 때 움라우트가 적용된 것이다. 그러나 저조(저단조)인 체언도 주격 '-이'와의 결합에서 동일한 결과를 보여준다.

(10) 星, 金

납+이 → 내비(鉛), 밥+이 → 배비(食)

담+이 → 대미(墻), 잠+이 → 재미(眠)

밤+이 → 배미(夜), 남+이 → 내미(他)

눔+이 → 니미(者), 금+이 → 기미(線)

이름+이 → 이리미(名), 걸음+이 → 거리미(步)

두둑+이 → 두디기(堤), 동갑+이 → 동개비(同甲)

교통+이 → 고티ᄒᆞ이(交通)

(10)의 어사들은 움라우트의 실현 조건이 '피동화 음절이 고조일 때'라는 가설이 적용되지 않음을 보여준다. 이들은 특정 성조가 움라우트의 실현에 직접적 관련성을 가진다는 주장과 무관한 것이다. 피동화 음절이 저조인 경우에도 움라우트가 실현될 뿐만 아니라, 음장을 가진(즉 저장조 혹은 저고조) 체언도 주격 '-이'와 결합할 때 움라우트가 실현되는 어사들이 두 지역어에서 발견된다.

---

9) 모음자 위에 ~를 표기한 것은 비음화된 모음을 뜻한다. 이하 같다.

(11) 星, 金

　　장:+이 → 채:이(醬), 감:+이 → 개:미(柿)

　　강:+이 → 개:이(江), 양:+이 → 애:이(갓테)(金)

두 지역어가 저조와 마찬가지로 저장조를 가진 어사들도 움라우트를 실현시켰다. 이 점은 피동화 음절의 성조가 움라우트의 제약조건이 된다는 가설이 일반성(generality)을 얻기 어려움을 말한다. 고조, 저조, 저장조가 모두 움라우트를 받아들이므로 특정 성조가 움라우트와 관련되어 있다고 주장하기 어렵다. 특히 저장조인 (11)의 어사들에 움라우트가 적용된 것은 두 지역어에 있어서 음장도 움라우트의 제약조건이 되지 못함을 의미한다. 두 지역어에 있어서 음장과 성조가 모두 운소 기능을 가지고 있음에도 불구하고 움라우트가 실현되었다. 움라우트와 운소가 필연적 관련성을 가진다고 말할 수 없게 된 것이다. 금릉 지역어는 음장을 가진 동사 어간도 움라우트가 적용된 예들이 있다. 부사형어미 '-게'가 변한 '-기'의 i모음도 동화주의 기능을 가지고 있음을 다음 예에서 확인할 수 있다.

(12) 金

　　ㄱ. 적:+기 → 젝:기(물을 너무 <u>적게</u> 부어서 ……)

　　ㄴ. 작:+기 → 잭:기(너무 <u>작게</u> 만들어서 ……)

이상에서 필자는 주격 '-이'가 체언과 결합할 경우를 중심으로 움라우트와 피동화 음절의 성조를 서로 관련시켜 논했다. 그 결과 동화주의 선행 음절이 가진 성조가 움라우트의 실현·비실현에 대한 제약조건이 될 수 없음을 확인하였다.

2.4. 축소접미사와 움라우트의 실현

두 지역어에서 축소접미사에 의해 형성된 파생어들이 모두 움라우트를 실현시켰다. 이 점은 타 방언과의 차이가 없다. 접미사 '-이' 혹은 '-앙이'의 결합에 의한 어사들에 적용된 움라우트 현상을 살펴보기로 한다.

(13) 고빼이, 나새이, 호매이
    가재이, 가래이, 말래이
    파래이, 꼬재이, 호래이

이 파생어들은 i탈락과 움라우트를 겪은 것이며, 여기에 적용된 규칙순위와 이에 따른 방언 분화가 밝혀진 바 있다(이병근 1976). 위 어사들은 피동화 음절의 성조가 고조임을 특색으로 한다. 그러나 성조방언이 아닌 지역어도 이러한 종류의 파생어들은 움라우트가 실현되는 것으로 보고되어 있다(도수희 1981). 역사적으로 성조의 소멸 시기가 움라우트의 발생 시기보다 훨씬 앞서므로 비성조 방언에서 양자를 관련시킬 수 없는 것으로 생각된다.

고유명사 특히 지명에 나타난 움라우트 현상이 이미 연구된 바 있는데(전재호 1974), 움라우트가 적용된 지명의 어형들은 성조와 직접적 관련성을 보여주지 않았다.[10)]

2.5. 사동·피동접미사와 움라우트의 실현

두 지역어에 있어서 동사 어간에 사동·피동접사 '-이-', '-히-'가 연결될 때, 개재 자음이 [+coronal]이 아니면 대체로 움라우트가 적용되나 그렇

---

10) 자세한 것은 전재호(1974)를 참고할 수 있다. 이 논문의 지명 자료에는 성조가 표시되어 있다.

지 못한 어사들도 다수 있다. 사동접사 '-히-', '-이-', '-기-'는 표면에서 실현될 때 저조를 가지면서 선행 음절의 성조를 고조화시키는 기능을 가지고, 피동접사 '-이-', '-히-'는 선행 음절을 저조화시키는 기능을 가짐은 이미 밝혀진 바이다(최명옥 1974 : 30-31). 이 점은 두 지역어도 마찬가지이다. 특히 성주지역어의 피동접사 '-이-', '-히-'의 성조는 음성적으로 높은 데서 시작하여 급격히 낮아지면서 길게 발음된다. 일종의 고장조라 할 만한 것이다. 그러나 금릉지역어에는 이와 같은 음장이 나타나지 않는다. 최명옥은 월성지역어의 사동·피동접사 '-이-', '-히-'가 동화주로서 기능을 갖지 못하여 움라우트를 실현하지 못함을 밝히고, 그 원인이 월성지역어 및 경북방언은 음장이 운소로서의 자격을 갖고 있으나, 서부 경남방언은 음장이 운소의 자격을 갖지 못한 데 있지 않을까 하는 추측을 한 바 있다(최명옥 1980b : 157, 1982 : 71-72). 그런데 대체로 대구방언권에 속한다고 보는 성주지역어(천시권 1965, 이기백 1969)는 음장이 운소적 기능을 가짐에도 불구하고 사동·피동접사 '-이-', '-히-'가 동화주 기능을 하고 있다. 다음 예가 그러한 경우이다.

(14) ㄱ. 시계를 전당포에 {잽혔(星·金)}다.
ㄴ. 도둑이 순경한테 {잽혔:(星), 잽혔(金)}다.

(15) ㄱ. 젖을 {미이, 믹이, *묵이(星·金)}라.
ㄴ. 닭이 족제비한테 잡아 {믹혔:, 멕혔:(星), 믹혔(金)}다.11)

(16) ㄱ. 너한테 이 책을 {비이(星·金)}주까?
ㄴ. 눈이 좋아서 글씨가 잘 {비이(星·金)}ㄴ다.

---

11) 피동형 '멕히:-'는 '먹히-'에서 도출된 것으로 생각된다. 그런데 성주지역어는 중부방언의 '먹다'는 '묵다'로 주로 쓰이고, '먹다'도 공존한다. 금릉지역어는 표준어형과 같은 '먹다'가 쓰인다.

사동·피동형이 모두 움라우트를 실현시키고 있음을 (14), (15), (16)에서
확인할 수 있다.12) 특히 성주지역어는 피동접사가 음장을 가졌음에도 움라
우트의 동화주 기능을 하고 있다.

사동접사 '-이-', '-히-', '-기-'가 동사 어간과 결합할 때 원래의 성조가
고조인 것은 대체로 움라우트가 되지만 그렇지 않은 어사들도 존재한다.

(17) 星, 金

　　ㄱ. (아이의 머리를) 까이- → 깨이-

　　ㄴ. (애기를) 눕히- → 닙히-

　　ㄷ. (이불을) 덮이- → 딮이-

　　ㄹ. (젖을) 먹이- → 믹이-, 미이-(金)

　　ㅁ. (옷을) 벗기- → 삐끼-

　　ㅂ. (여물을) 삭이- → 새기-

　　ㅅ. (사람을) 속이- → 쒸기-

　　ㅇ. (등에 아이를) 업히- → 입히-

　　ㅈ. (짐을) 맡기- → 매끼-

　　ㅊ. (짐승을) 죽이- → 직이-

　　ㅋ. (허리를) 굽히- → 깁히-

(18) 星, 金

　　ㄱ. (거름을) 썩이- → *쌕이-

　　ㄴ. (영개를) 얶이- → *옠기-, *윅기-(이엉)

　　ㄷ. (고기를) 낚이- → *냌이-

　　ㄹ. (머리를) 숙이- → ?식이-

　　ㅁ. (언 손을) 녹이- → *뇍이-, *닉이-

---

12) '비이다'(使·被見)은 사동·피동 어형의 성조가 동일하다. 이 점은 15세기 문헌어의
　　방점도 동일하게 나타나 있다. 예 : 뵈·다(使見)<龍 36>, 뵈·다(被見)<석 十三 24>

(17)은 사동형에서 피동화 음절의 성조가 고조일 때 움라우트가 적용된 예이고, (18)은 그렇지 못한 예이다. (17), (18)을 통해서 볼 때, 피동화 음절이 고조인 경우 움라우트를 받아들이는 경향이 있기는 하나, (18)의 예외들로 인해 일률적으로 단정 짓기는 어려움을 알 수 있다. 아울러 사동형이 움라우트를 자연스럽게 실현시키는 것은 비성조방언에서도 많이 발견되므로(도수희 1981, 전광현 1977 등), 성조로 인해 움라우트가 실현된다는 가설은 설득력을 얻기 어렵다.

다음은 원래 저장조를 가진 동사 어간이 사동화하는 경우의 예들이다.

> (19) 星, 金
> ㄱ. 옮:-, (짐을) 잉기다
> ㄴ. 삶:-, (고기를) 쌩기다
> ㄷ. 웃:-, (남을 잘) 잇긴다
> ㄹ. 굶:-, (돼지를 종일) 깅깄다
> ㅁ. 감:-, (아이를 시켜 실을) 갱깄다
> ㅂ. 넘:-, (한 달을) 닝기다
> ㅅ. 안:-, (애기를) 앵기다

(19)는 사동접사가 가진 선행 음절 고조화 기능을 보여주는 것으로, 저장조를 고조화시키면서 움라우트를 실현시키고 있다. 그런데 피동접사 '-이-', '-히-', '-기-'는 선행 음절을 저조화시켜 고조를 제거함으로써 움라우트의 적용을 bleeding시키는 기능을 한다고 보고된 바 있다(서정목 1981 : 45). 그러나 두 지역어에 있어서는 피동화 음절이 저조화되어도 움라우트가 적용된 다음 (20), (21)의 예들이 존재하므로 '선행 음절이 고조'라는 주장을 받아들일 수 없게 한다.

(20) ㄱ. (도둑이 순경에게) 잽힛:다(星), 잽힛다(金)

ㄴ. (싸워서 머리카락이 잡아) 떤짒:다(星), 떤짒다(金)

ㄷ. (나무에 못이 잘) 백힌:다(星), 백힌다(金)

ㄹ. (바람에 나무가) 뻽힌다(金)

ㅁ. (입맛이 좋아 밥이 잘) 믹힌:다(星), 믹힌다(金)

ㅂ. (마루가 깨끗이) 땖있:다(星), 땖있다(金)

ㅅ. (구멍이) 맥횄:다(星), 맥횄다(金)

   cf : (잘못 먹어) 맥횄다(체하다) (星, 金)

ㅇ. (꿀을 많이 먹어 속이) 대린:다(星), 대린다(金)

   cf : (다리미로 옷을) 대린다(星, 金)

ㅈ. (선생님에게 머리를) 깪있:다(星), 깪있다(金)

   cf : (17ㄱ)의 사동형

ㅊ. (소리가 잘) 딛긴:다(星), 딛긴다(金)

ㅋ. (잘못을 저질러 이름이) 직횄다(金)

ㅌ. (쌀에 돌이) 씪있다(金)

ㅍ. (문이 저절로) 쟁깄다(金)

(20)은 피동접사가 선행 음절을 저조화하는 기능은 보여주지만, 저조화 되어도 움라우트가 되고 있는 예들이다. 특히 (20ㅅ, ㅇ)은 성조에 의해 의 미가 구별되는 최소대립어(minimal pairs)로 선행 음절의 성조가 저조이든 고 조이든 상관없이 움라우트를 받아들이고 있다. (20ㅈ)도 사동·피동형이 모두 같은 현상을 보여준다.

규칙적용 순서를 바꾸어 움라우트가 일어나고 성조와 저조화가 적용되 는 것으로 볼 수 있는 방법이 있으나, 이렇게 할 경우 (18), (19)의 사동형과 모순된 결과를 초래하게 된다. 규칙적용의 순서가 사동에서는 AB순이고, 피동에서는 BA순이라고 보는 것은 지나치게 임의적이라 할 수 있다.

(21) ㄱ. 감:-, (잠이 와서 눈이 자꾸) 깽긴:다(星), 깽긴다(金)

ㄴ. 감:-, (팔에 거미줄이) 깽겼:다(星), 깽겼다(金)

ㄷ. 안:-, (애기가 엄마품에) 앵겼:다(星), 앵겼다(金)

ㄹ. 담:-, (독에 장이 가득) 댕겼:다(星), 댕겼다(金)

ㅁ. 삶:-, (고기가 잘) 쌩겼: : 다(星), 쌩겼다(金)

ㅂ. 밟:-, (발밑에 무언가) 밸핀다(金)

(21)은 저장조인 동사 어간이 피동화할 때 자연스럽게 움라우트가 적용된 것으로서 사동의 경우인 (19)와 비슷한 현상을 나타내고 있다. 즉 선행음절이 고조화된 사동의 경우와 저조화된 피동의 경우가 모두 움라우트를 받아들이고 있는 것이다.

또 성주지역어는 동화주인 피동접사가 음장을 가지고 있음에도 불구하고, 피동형이 움라우트가 되는 점은 같은 경상방언인 월성지역어(최명옥 1980b, 1982)와도 다른 것이다. 따라서 피동접사의 음장 역시 제약 조건으로 설정될 수 없는 것이라 생각된다. 각 지역어가 보여주는 이와 같은 상이한 현상에 대한 설명을 위해서 운소가 음운 현상에 미치는 영향의 전반적인 검토가 선행되어야 할 것으로 생각된다. 그러나 지금까지의 검토에서 드러난 바와 같이 적어도 두 지역어에 있어서는 성조나 음장이 움라우트 현상에 대해 적극적 기능을 가진 것으로 볼 수는 없다. 선행 음절이 고조인 '어리다'(幼)는 움라우트가 되고, 선행 음절이 저조인 '어리:다'(凝固 혹은 反映)(星)는 그렇지 못한 점(서정목 1981 : 31)은 이 지역어도 마찬가지지만, 지금까지 보아 왔듯이 그 음운적 동기가 성조의 고저에 있는 것으로 생각되지 않는다. 성조방언이 아닌 충남방언도 '어리다'(幼)는 '에리다'로 움라우트가 되는 것으로 보고되어 있다(도수희 1981 : 8).

3. 요약

이 글은 경북의 성주·금릉지역어를 대상으로 성조와 움라우트 현상과의 관련성 유무를 탐색해 보았다. 지금까지의 연구에서 밝혀진 바를 요약하면 다음과 같다.

① 체언과 주격 '-이'가 결합할 때 동화주 i의 선행 음절이 고조가 아닌 저조가 움라우트를 받아들이는 다수의 예가 있으며, 고조인 어사도 움라우트가 되지 못하는 예가 발견된다. 특히 저장조를 가진 체언들이 움라우트를 실현시키는 사실은 움라우트와 특정 성조와의 관련성을 인정하기 어렵게 한다.

② 축소접미사의 결합에 의한 파생어들은 피동화 음절이 고조이면서 움라우트가 되고 있으나, 비성조방언도 마찬가지인 것으로 보아 성조가 적극적 기능을 하고 있다고 보기 어렵다. 역사적으로 보아도 성조의 소멸이 움라우트 발생 시기를 앞서고 있다.

③ 동화주 기능을 가지고 있는 사동·피동접사가 동사어간과 결합할 때, 이들 접사가 소유한 특이한 성조 변동 기능이 움라우트와 직접적 관련성을 가지지 않는 것으로 나타났다. 왜냐하면 피동의 경우 피동화 음절이 저조가 되어도 움라우트를 받아들이는 어사들이 다수 존재하고 있기 때문이다. 특히 (21)에서 알 수 있듯이 저장조인 어사가 피동화할 때 성조가 저조로 바뀌어도 움라우트가 되는 것은 '피동화 음절이 고조'라는 가설이 두 지역어에 있어서는 타당하지 않음을 말해 주는 것이다. (18)에서 선행 음절이 고조인 어사들이 움라우트를 실현시키지 못하는 점도 같은 의미로 해석될 수 있다.

④ 같은 경북방언이면서 월성지역어와는 달리 사동·피동접사가 동화주 기능을 가진 점도 두 지역어의 공통 특징이라고 할 수 있다. 성주지역어의

피동접사는 음장을 가지면서도 움라우트를 실현시키고 있어서 동화주의 음장이 움라우트 실현의 제약조건이 될지도 모른다는 추측을 불허하고 있다. 따라서 동화주의 음장 역시 두 지역어에 있어서는 움라우트의 제약조건으로 설정할 수 없음을 알 수 있었다.

국어 성조의 문법적 식별 기능

1. 연구의 필요성

15세기 국어의 방점을 비롯한 과거 문헌 자료의 방점에 관한 연구 및 현대국어의 방언 성조에 관한 연구는 허웅(1955/1963), 김완진(1973/1977), 정연찬(1976 등), 문효근(1974 등), 김차균(1980a), 이상억(1978, 1979) 등의 학자에 의해 수행되어 왔다. 이런 연구에 의해 국어 성조가 가지는 음운론적 변별 기능이 밝혀지고, 성조의 변천 과정의 규명과 성조 변동의 규칙화에 대한 성과가 어느 정도 달성된 것으로 생각된다.

그러나 지금까지의 연구를 검토해 보면, 성조가 국어의 문법체계 안에서 어떠한 기능을 갖고 있으며 그 특징이 무엇인지에 관한 연구는 단편적인 사실의 지적에 그치고 있음을 발견할 수 있다. 성조가 음운론적 변별 기능을 가지고 있음은 이미 잘 알려진 사실로 재론의 여지가 없다. 본론에 들어가기 전에 우선 성조의 '기능'에 관한 선행 연구를 간략하게 살펴보기로 한다.

정연찬(1976 : 2-18)은 '성조의 기능이 어사 전반의 음절수와 위치에 따라

---

* 이 글은 『언어연구』 제3호(1983, 대구언어학회) 187-204쪽에 실렸던 것이다. 한자어 표기를 한글로 바꾸고, 문장을 다듬고 고쳤다.

어떻게 나타나는가'를 알기 위해 성조가 놓이는 '음절수'와 '위치'를 기준으로 그 기능을 논하였다. 그 결론에 나타나 있듯이 이것은 성조 그 자체가 갖는 기능부담량(functional load)에 관한 것이라기보다 특정 음절이 갖는 성조의 기능 부담량을 밝힌 것으로 보인다. 김차균(1980 : 68-69)도 성조의 음운론적 변별 기능에 대한 언급과 함께 '성조의 기능이 어말 위치로 갈수록 약화된다'고 하며, 음절과 관련하여 논술하는 데 그쳤다.

이 글은 종래의 연구와 각도를 달리하여 음절수와는 무관하게 성조 그 자체의 기능에 대해 주목하고자 한다. 음운론적 계층(level)에 나타나는 성조의 기능을 확대하여 문법적 계층에 나타나는 성조의 문법범주 식별 기능과 특정 문법범주를 표시하는 기능을 밝힘으로써 국어의 문법체계와 관련하여 성조의 기능을 규명하는 것이 이 글의 목적이다.

15세기 국어 성조의 문법범주 식별 기능, 즉 주격과 속격(혹은 소유격)이 성조에 의해서 구별됨은 허웅(1955/1963 : 312)에서[1] 최초로 언급되었으며, 김완진(1973/1977 : 62)도 이런 특징에 대해서 언급한 바 있다. 그러나 국어 문법체계 전반에 걸친 성조의 기능 연구는 아직 이루어지지 않은 채, 다만 단편적인 사실의 지적에 그치고 있어서 현대국어의 성조방언까지 함께 고려한 체계적인 연구가 요청되고 있다.

2. 중세국어와 경상방언에 나타난 성조의 기능

15세기의 중세국어 자료에 표시된 방점이 성조와 함께 음장을 나타낸 것이라고 보는 견해가 있으나(이상억 1979), 방점이 성조를 표시한 것이라는 점에는 별다른 이견이 없다. 이 글은 방점과 성조를 관련시켜 고찰하되 음

---

1) 허웅 선생의 「방점 연구」(1955, 『동방학지』 2집)는 『중세국어연구』(1963, 정음사)에 재수록되어 있다. 이 글에서는 후자의 제5판(1972)에 실린 것을 인용하였다.

장은 고려하지 않는다.

통사적 환경에 관계 없이 어휘 의미의 구별하기 위해 고저 차이를 이용하는 언어를 성조언어(tone language)라고 보는 관점에서(Kenstowicz and Kisseberth 1979 : 20), 15세기 국어 및 현대국어의 경상방언을 성조언어로 간주해도 아무런 문제가 없다.[2] 그런데 성조 자질(tone feature)이 음운 단위(음절 혹은 음절의 성절핵)에 놓이는지 혹은 문법 단위(형태소 혹은 단어)에 놓이는지에 대한 이견이 있다. 이에 관한 여러 학자들의 설을 William R. Leben(1978 : 177)이 정리한 바 있다. 성조 자질이 실리는 단위는 언어에 따라 서로 다른 현상을 보여주는 언어 특정적(language specific)인 것으로 이해되었다. 국어에 있어서는 대체로 음절(혹은 mora)을 성조가 놓이는 단위로서 보는 것이 일반적이다. 이는 성조가 나타내는 음운 현상을 기술·설명하는 데 있어서 음절(혹은 mora)을 기본 단위로 삼는 것이 가장 적절하다는 것을 의미한다. 이 글에서도 이러한 입장을 받아들여 성조 표시의 기본 단위를 음절(혹은 mora)로 삼는다.[3] 성조를 표시하는 부호는 15세기 국어의 경우, 평성, 상성, 거성에 따라 당시의 표기법인 방점을 그대로 사용하기로 하고, 현대국어의 방언 자료의 경우 고조는 '로 표시하고 저조는 무표로 표시한다. 'á'와 같이 로마자 상단에 강세 표기가 있는 폰트는 이것으로 고조를 표기한다.

2.1. 15세기 국어 성조의 문법적 식별 기능 : 주격과 속격

주격과 속격이 성조에 의해 구별됨은 허웅 선생에 의해 밝혀졌는데, 그 내용은 다음과 같다.

---

2) Pike가 분류하는 성조언어의 유형으로 본다면 보다 자세한 검토가 필요하다. cf. 정연찬 (1976)
3) 기술상의 편리함을 위해 15세기 자료도 동일한 방법으로 다룬다.

[표 1] 성조에 의한 주격과 속격의 구별

단어 \ 격	주격(主格)	속격(屬格)
나	·내(去)	내(平)
너	:네(上)	네(平)
누	·뉘(去)	:뉘(上)
저	:제(上)	제(쇼)
쇼	·쇠(去)	:쇠(上)

여기에 덧붙여 김완진(1973/1977 : 62~64)은 '나'와 '너'의 단독형의 표면성조가 모두 L임에도 주격과 속격의 성조가 달리 실현되는 현상을 다음과 같이 설명하였다. 즉 속격 '-의'의 기저성조를 h·l로, '나'의 기저성조를 '람다'로 잡고 어미가 약(弱)어미냐 혹은 강(强)어미냐에 의해 그 차이를 나타낸다고 보았다. 위의 설명 방법과는 별도로 우리는 위 예들에서 성조에 의해 주격과 속격이 구별되고 있음을 알 수 있다. 다음 예문에서 이를 확인할 수 있다.(방점은 해당 어휘에만 표시함)

　　'나'(我)
　a)　·내 게으르디 아니호므로 정각올 일우오라(釋譜, 二十三 : 13)
　　　·내 샹녜 이 아드롤 思念호디(月釋, 十三 : 15)
　　　·내 비록 나희 늙고(月釋, 十三 : 15)
　b)　나롤 滅度타 호면 내 弟子ㅣ 아니며(釋譜, 二十三 : 11)
　　　내 몸애 慾心 업거늘(月曲 : 40)
　　　내 願에 甚히 맛거다(月釋, 十三 : 15)

a)의 '내'는 주격으로 거성을, b)의 '내'는 속격으로 평성을 가지고 있다. 이하 여타 어사들은 각각 하나의 예만 보이기로 한다.

'너'(汝)

a) : 네 샹녜 이에셔 일히고(月釋, 十三 : 22)

b) 내 네 아비 곧ᄒᆞ니(月釋, 十三 : 23)

'누'(誰)

a) ·뉘 마ᄀ리잇가(龍歌 : 15)

b) : 뉘 쏠올 굴히야ᅀᅡ(月曲 : 14)

'저'(自)

a) : 제 모ᄅ거뇨(月釋, 十三 : 31)

b) 제 모물 일흐며(月釋, 十三 : 31)

'쇼'(牛)

a) ·쇠 ᄒᆞ야(月釋, 一 : 24)

b) 우두는 : 쇠머리라(月釋, 一 : 27)

a)와 b)는 각각 체언의 모음에 격조사가 축약된 구성인바, 분절음의 축약과 함께 성조도 축약되고 있다. 그 결과로 나타나는 어형의 분절음은 주격과 속격이 동일하게 되지만 성조에 의해서 격 기능의 구별은 유지되고 있다. 만약 위에서 성조를 제거한다면 이 어형들은 완전동음어가 되어 문법적 기능의 분화가 이루어지지 못하게 될 것이다. 중세국어의 성조 변동이 형태소 결합에서 일어나는 형태론적 음운 현상(김완진 1973/1977)임을 고려해 볼 때 위에서 본 현상도 같은 측면에서 이해될 수 있다.

15세기 국어에 있어서 성조에 의해 주격과 속격의 식별이 이루어진 것은 당시의 국어음운체계에 존재했던 성조를 가능한 한 최대한으로 이용한 것으로 볼 수 있으며, 성조의 변별 기능이 문법적 측면에까지 확대된 것으로 생각된다. 성조의 이 기능은 특정 문장성분의 역할을 뚜렷하게 드러냄으로써 그 문장의 뜻을 명백히 한다.

여기서 발견되는 또 하나의 문제는 속격형에 있어서 체언과 축약된 속격조사가 '-이' 혹은 '-의'인지, 아니면 '-ㅣ'가 축약된 것인지에 관한 것이다. 김완진(1973/1977 : 62)에서는 접미사 '-이'와의 축약형이라 하고 '나-이'의 축약으로 보았으나, 허웅(1975 : 355)에서는 '-ㅣ'를 하나의 형태적 변이형으로 가정하였다. 홍윤표(1980)에서도 '-ㅣ'를 속격형으로 보면서 주로 대명사와 결합되는 것이라 하였다. 한자어 뒤에서는 '-ㅣ'가 따로 쓰이나, 모음으로 끝난 순수 국어 뒤에서는 선행어와 축약되어서 그 단독형의 성조를 알 수 없게 된다(이것은 방점이 음절 단위로 찍혀졌기 때문이다). 만약 위 어사들의 축약형에서 속격어미를 '-ㅣ'라고 보게 되면, '-이' 혹은 '-의'가 축약된 것으로 보고 이들의 기저성조로써 성조 변동을 설명한 김완진의 입장은 부분적으로 수정해야 할 것이다. 왜냐하면 속격 '-ㅣ'의 기저성조를 '-이'와 동일하게 볼 것인가, 아니면 다른 기저성조를 가진 것으로 볼 것인가를 먼저 밝혀야 하기 때문이다. 그러나 이런 문제점이 있음에도 불구하고 위에서 열거한 어형들이 방점에 의해 주격형과 속격형이 구별되는 사실은 의심의 여지가 없다.

이러한 고찰을 통해 필자가 가진 잠정적인 가설은 성조가 보여주는 제반 현상이 음운론적 계층(level)에 속하면서도 문법론적 계층과 밀접한 관련을 맺고 있으리라는 것이다. 이어서 다루는 방언 성조에 관한 고찰은 이 가설을 입증하는 근거가 될 것이다.4)

2.2. 현대국어에 나타나는 성조의 문법적 식별

이 절에서 다루는 방언 자료는 경상방언 중 경북방언의 일부에 한한다. 필자가 직접 조사한 지역(성주, 금릉, 상주) 이외에 전재호(1965, 1966, 1967), 정

---

4) 주격과 속격이 성조에 의해 구별된다는 사실은 선학의 연구 성과에 전적으로 의존한 것이다. 필자의 연구는 이 사실을 확인하고 정리한 것이다.

철(1980, 1982), 최명옥(1980a, 1980b, 1982) 등의 기존 조사 자료에서 관련된 예를 찾아서 함께 다루었다.

2.2.1. 사동형과 피동형의 식별과 성조 변동

현대국어에 있어서 사동과 피동은 전통 문법가(최현배 1937)는 물론, 변형생성이론이 도입되면서 여러 학자들에 의해 다각도로 연구되어 온 과제였다(송석중 1967, 이홍배 1970, 박양규 1978, 김차균 1980 등등). 사동형과 피동형의 형성이 변형규칙에 의한 통사론적 과정에 의해 이루어진다는 이론과 이들을 형태론적 과정에 의해 형성되는 것으로 보고 파생어의 하나로 처리하려는 관점이 서로 대립되어 있다. 여기서는 이런 문제를 다루지 않고, 경북방언에 나타나는 사동형과 피동형을 성조와 관련시켜 살펴보면서, 성조가 위의 두 가지 문법범주에 어떤 기능을 하고 있는가를 밝히기로 한다.

접미사 '-이-', '-히-', '-리-', '-기-'에 의해 형성된 사동형과 피동형은 음운론적 혹은 형태론적으로 완전한 유사성을 가지고 있으므로 양자(兩者)가 단일형태소로 분석되어야 한다는 주장이 지금까지의 통설이 되어 왔다(양동휘 1979 : 39-41). 그러나 양자가 단일 형태소로 분석되어야 한다는 주장은 현대국어의 각 지역어에서 사동형과 피동형이 보여준 다양한 현상을 고려하지 않은 것이다. 이 주장이 현대국어에 대한 전반적인 이해에서 나온 것이 아님은 이 방언에 나타난 다음 예들을 볼 때 명백해진다. 사동형과 피동형을 보여준 방언 어형을 다음과 같이 제시한다.

(1) ㄱ. 아이들이 연을 [nállinda]
   ㄴ. 아이들에 의해 연이 [nallíinda]
      태극기가 바람에 [nallíinda]

능동형 '날다'에서 형성된 사동형(1ㄱ)과 피동형(1ㄴ)에서 접사 '-리-'는 음운론적으로 서로 상이함을 보여준다. 즉 사동형을 만드는 '-리-'의 i 모음은 저조(L)이면서 짧게 실현되나, 피동형에서의 i 모음은 ꛤ로 실현되는 점이 그 차이이다.5) 이 차이가 단지 문맥에 의해 결정되는 것이 아님은 이 방언의 화자들에게 어사 '날리다'만을 따로 떼어 내어 발음시켜 보면 알 수 있다. [nállida] 혹은 [nállinda]에 대비시켜, [nallíida] 혹은 [nallíinda]를 발음하면 전자와 대조적으로 후자는 '피동형'임을 곧 인식하는 점에서 양자의 뚜렷한 차이가 있다. 두 어형(語形)을 단독형으로 발음하여도 그 차이를 이 방언의 화자들이 인식하고 있다는 사실은 사동형과 피동형의 형성이 형태론적 구성에 의한 파생어임을 입증하는 증거가 된다.

이와 같이 성조에 의해 사동형과 피동형이 구별되는 방언형을 조사한 결과, 다음과 같은 예들이 여기에 포함될 수 있다. 사동·피동접사가 가진 모음과 어두 모음어미가 결합할 때 발생하는 음장이 순행동화에 의한 음장이 아니라는 것을 보이기 위해, 동사에 붙는 어미는 '-ㄴ다' 혹은 '-았(었)다'로 통일시켜 나타내기로 한다.6)

(2) ㄱ. 소한테 풀을 [t'íkk'inda]
   ㄴ. 영희하고 싸우면 머리가 다 주우 [t'ikk'íinda]
(3) ㄱ. 내가 그 아이의 가슴에 명찰을 [tállitt'a]
   ㄴ. 명찰이 그 아이의 가슴에 [tallíitt'a]
(4) ㄱ. 자는 아이의 눈을 [k'ɛ̃ŋgitt'a]
   ㄴ. 잠이 와서 눈이 자꾸 [k'ɛ̃ŋgíinda]

---

5) 이 말은 사동접사와 피동접사의 기저성조(underlying tone)가 전자는 L이고 후자는 ꛤ 이라는 것을 뜻하지 않는다. 이들 접사의 기저성조를 결정하는 문제는 별도로 논할 것이다.

6) 이 방언에는 어두 모음어미가 어간말 모음에 순행동화 되는 현상이 있으므로 음장의 실현이 순행동화에 의한 것인지 아닌지에 대해 조사할 필요가 있다. 자세한 것은 백두현(1982a : 27-32)을 참조.

(5) ㄱ. 사람을 부려 차에 짐을 [síillitt'a]

ㄴ. 그 차에는 짐이 너무 많이 [sillíitt'a]

(6) ㄱ. 이발소에 가서 아이의 머리를 [k'ákk'itt'a]⁷⁾

ㄴ. 순경한테 붙잡혀 머리를 [k'akk'íitt'a]

(7) ㄱ. 배고파 우는 아이에게 젖을 [p'állitt'a]

ㄴ. 젖이 많아서 잘 [p'allíinda]

(8) ㄱ. 아이를 시켜 옷을 옷걸이에 [Kㅓllitt'a]

ㄴ. 옷이 옷걸이에 가지런히 [kㅓlliitt'a]

(9) ㄱ. 종을 크게 [úllitt'a]

ㄴ. 이 종은 매우 잘 [ullíinda]

(10) ㄱ. 철수가 아기 손을 잡고 빙글 빙글 [tóllinda]

ㄴ. 아기가 철수에 의해 빙글 빙글 [tollíinda]

(11) ㄱ. 머슴을 시켜 논을 [kállitt'a]

ㄴ. 이 논은 잘 [kallíinda]

(12) ㄱ. 아이를 시켜 실꾸리에 실을 [kɛ'ŋgitt'a]

ㄴ. 팔에 거미줄이 칭칭 [kɛŋgíitt'a]

(13) ㄱ. 우는 아이의 입에 떡을 [múllitt'a]

ㄴ. 저 아이가 개한테 [mullíitt'a]

(14) ㄱ. 힘이 더 센 소에게 짐수레를 [k'ㅓllitt'a]

ㄴ. 짐이 땅에 질질 [k'ㅓllíinda]

(15) ㄱ. 숙모가 갈 때 이 아이를 [t'álli] 보내라.

ㄴ. 숙모한테는 아이들이 잘 [t'allíinda]

(16) ㄱ. 아이들이 영수를 자주 [nóllinda]

ㄴ. 영수는 아이들한테 자주 [nollíinda]

(17) ㄱ. 순희한테 아기를 [ㅋ'phi]⁸⁾ 주어라.

ㄴ. 아기가 순희한테 [ㅋphíitt'a]

(18) ㄱ. 아이들을 시켜 보리를 [palphitt'a]

ㄴ. 보리가 아이들에 의해 [palphíitt'a]

---

7) '깎이다'는 움라우트 되어 [k'ɛkk'ida]로 실현되기도 한다.

8) 'ㅋ' 위에 강세부호가 있는 폰트가 없어서 ㅋ'와 같이 오른쪽 어깨에 강세부호를 찍
었다.

(19) ㄱ. 햇빛에 옷을 [mállitt'a]

     ㄴ. 옷이 잘 [mallíitt'a]

예시는 여기서 그치기로 한다. 그런데 금릉지역어는 피동접사의 i 모음이 가진 장음이 뚜렷하지 않으므로 위의 예들과 함께 일률적으로 말할 수 없다. 예를 들면 금릉지역어는 [nállinda](使) : [nallínda](被)에서 보듯이 피동의 경우 i 모음에 장음이 없다. 그러나 어간과 접사를 포함한 사동형의 성조는 HL이고, 피동형의 성조는 LH로서 성조에 의해 양자가 구별되는 점은 동일하다. 위 (1)-(9)에서 예시한 사동형과 피동형의 능동형은 이 방언에 다음과 같이 나타난다.

금릉지역어의 능동형

날리'다	뜯다	달:다
깜:다	실:다9)	깍다
빨:다	걸:다	울:다
돌:다	갈:다	감:다
물'다	끌:다	따리'다
놀:다	업'다	밟:다
마리'다		

이 능동형은 사동·피동접사와 결합함으로써 어간의 성조 변동이 일어난다. 중세국어에서 사동접사 및 피동접사가 선행 어간의 성조를 변화시키는 특이한 능력을 가지고 있었고(김완진 1973 : 43, 70), 현대국어의 방언에서 사동·피동접사가 선행 어간의 성조를 바꾸는 기능을 지니고 있음은 이미 알려진 사실이다(최명옥 1974 : 28-33).

---

9) 이 어사는 자음어미와 결합할 때 '실:꼬', '실:다가'처럼 경음화가 일어나거나 '실른다'처럼 유음화가 일어난다. 이를 근거로 해서 이 어사의 어간말 자음을 ㄹㅎ 혹은 ㅀ으로 설정하기도 한다(최명옥 1982 : 100-101).

이 방언의 사동접사 '-이-', '-히-', '-리-', '-기-'는 표면에 실현될 때는 저조를 가지나 선행 음절의 성조를 고조화시키는 기능을 가지고, 피동접사 '-이-', '-히-', '-리-', '-기-'는 선행 음절을 저조화시키는 기능을 지닌다. 그리하여 위의 어사들이 사동형이나 피동형으로 실현될 때, 사동접사의 성조는 L, 피동접사의 성조는 H̄L로 나타난다. 능동형의 어간에서 저장조를 가진 (3), (4), (5), (6), (7), (8), (9), (10), (11), (12), (14), (16), (18)은 사동·피동접사와 결합하면, 어간의 장음이 삭제된 점은 서로 같으나 피동형은 어간 성조가 L로 바뀌고 사동형은 H로 바뀌는 것이 서로 다르다.

그러나 이 방언의 사동접사 중 <u계>는 여타 사동접사와는 다른 특징을 보여준다.[10] 다음 예를 보자.

(20) ㄱ. 천정을 [nat͡tʃʰúnda]
ㄴ. 쇠를 [talgúnda]
ㄷ. 田地를 [mukkʰúnda]
ㄹ. 콩을 물에 [pulgúnda]
ㅁ. 삐뚤어진 줄을 [parúnda]
ㅂ. 밥을 [naŋgúnda]
ㅅ. 얼음을 [nokkʰúnda]
ㅇ. 뜨거운 국을 [sikkʰúnda]

(20)에서 알 수 있듯이 <u계> 사동접사는 (1)~(19)에서 본 <i계> 사동접사와 달리 고조(H)로 실현되고 있다. (20)에 있는 사동접사들이 가진 모음 u가 고조를 가지고 있음은 다음과 같은 활용형으로도 입증될 수 있다. 어미 '-아라(어라)'와 결합할 때 위 어사들은 아래와 같이 실현된다.

---

10) 사동접사 중 모음 u를 가진 '-우-', '-구-', '-추-'를 <u계> 사동접사라 부르고 모음 i를 가진 '-이-', '-히-', '-리-', '-기-'는 <i계> 사동접사로 구별하여 부르기로 한다.

(21) ㄱ. 천정을 [natʧʰáara]
　　 ㄴ. 쇠를 [talgáara]
　　 ㄷ. 田地를 [mukkʰáara]
　　 ㄹ. 콩을 물에 [pulgáara]
　　 ㅁ. 삐뚤어진 줄을 [paráara]
　　 ㅂ. 밥을 [naŋgáara]
　　 ㅅ. 얼음을 [nokkʰáara]
　　 ㅇ. 뜨거운 국을 [sikkʰáara]

　(21)에서 u가 a로 바뀌면서 장음이 생기는 것은 활음화에 수반된 현상으로 설명되었다(이병근 1978). (21)의 방언형에서 활음화의 결과로 실현된 aa의 선행 a가 H로 실현된 것은 원래 사동접사의 모음 u가 지니고 있었던 H에 기인된 것이다.

　(20)에서 예시한 사동형의 능동형은 이 방언에서 다음과 같다.

(22) ㄱ. 낯다　　 ㄴ. 달:다　　 ㄷ. 묵다
　　 ㄹ. 불:다　　 ㅁ. 바리'다　　 ㅂ. 남:다
　　 ㅅ. 녹다　　 ㅇ. 식'다

　(20)에서 나타나듯이 <u계> 사동접사는 (1)-(19)에서 본 <i계> 사동접사와는 달리 선행 음절의 성조를 고조화시키는 기능을 가지고 있지 않다. 또한 <i계> 사동접사는 저조로 실현되는데 비해, <u계> 사동접사는 고조로 실현된 점이 주목을 끌었다. <i계>사동접사로 형성된 (1)-(19)의 사동형과 <u계> 사동접사로 형성된 (20)의 사동형을 비교해 보면, 양자가 서로 상이한 음운론적 기능을 가지고 있음을 알 수 있다. 전자는 선행 음절을 고조화시키면서 자신은 저조로 실현되고, 후자는 선행 음절을 저조화시키면서 자신은 고조로 실현되었다. 앞에서 다룬 피동접사를 포함하여 세 부류의 성조 및 성조 변동 기능을 비교하여 표로 정리하면 다음과 같다.

[표 1] 사동·피동접사의 표면 성조와 성조 변동 기능

	〈u계〉 사동접사	〈i계〉 사동접사	〈u계〉 피동접사
표면 성조	H	L	$\widehat{HL}$
성조 변동 기능	저 조 화	고 조 화	저 조 화

잠깐 관심을 돌려 15세기 국어에서는 사동접사와 피동접사의 성조가 어떤 양상을 보였는지 살펴보기로 한다. 15세기 국어에서 사동·피동접사는 고정적 거성이다. 문헌 자료를 조사해 보면 〈i계〉 사동접사, 〈u계〉 사동접사('-오-' 포함), 피동접사의 성조가 모두 H로 나타나고 있다(예는 생략함). 김완진(1973)은 이 접사들이 단음절 어간의 거성을 평성화시키고, 상성 어간도 평성화시켰음을 밝혔다. 또한 이 접사들이 선행 음절의 h를 빼앗는 기능을 중시하여 말소자 'x'라는 기능을 이들에게 부여했다. 15세기 국어의 사동·피동접사가 시현한 성조 및 성조 변동 기능은 현재 필자가 다루고 있는 경상방언의 그것과 상당한 차이를 보여주고 있다. 그 차이를 간단히 도식화하면 다음과 같다.

$$
\text{거성}
\begin{cases}
\text{L} \\
\widehat{\text{HL}} \\
\text{H}
\end{cases}
\qquad
\text{평성화}
\begin{cases}
\text{저조화} \\
\\
\text{고조화}
\end{cases}
$$

왼쪽은 15세기의 사동·피동접사의 거성이 현대 경상방언에서 저조(L), 고장조($\widehat{HL}$), 고조(H)로 변했음을 보인 것이다. 오른쪽은 15세기 사동·피동접사의 평성화 기능이 현대 경상방언에서 저조화와 고조화 두 가지로 변했음을 의미한다.

지금까지 논한 현상들에 대해 필자가 갖는 관심의 초점은 〈i계〉 사동접사에 의한 사동형과 피동접사에 의한 피동형에 있다. 즉 〈i계〉 사동접사와 피동접사의 성조 변동 기능에 의해 사동과 피동이라는 두 가지 문법범주가

식별되고 있는 점에 주목한다. 분절 음소적(segmental phonemic)으로 완전히 동일한 양 어형이 성조에 의해 식별된다는 사실은 음운 현상과 문법형태의 상관성을 보여준다는 점에서 흥미로운 것이다.

그런데 <i계> 사동접사는 선행 음절을 고조화시키고, 피동접사는 선행 음절을 저조화시킴으로써 양 어형의 식별이 가능한 것임에도 불구하고 피동접사가 $\overline{HL}$로 길게 실현되는 이유는 무엇인가? 피동의 의미가 "동사의 동작성을 약화시키고 상대적으로 과정성을 강화시키는 것"(김차균 1980b : 46)이라는 생각을 위의 의문에 대한 해결책으로 상정할 가능성은 있으나 현시점에서 성급한 판단은 피하기로 한다.[11]

2) 이제는 앞에서 논한 내용을 토대로 하여 사동·피동접사의 기저성조를 결정하고 이들 접사들의 성조 변동 기능을 규칙화해야 할 단계에 이르렀다. 15세기 국어에 나타난 사동·피동접사의 성조가 고정적 H라는 사실과 이 방언에 나타나는 <u계> 사동접사와 피동접사가 H를 공유하고 있는 사실로 보아 그 기저성조를 h[12]로 잡고자 한다. <i계> 사동접사도 이들과의 관계를 고려하여 기저성조를 h로 잡고, 이것이 선행 음절을 고조화시킨 후 표면에 실현될 때는 L로 바뀐다고 보는 것이 무리 없는 설명이다. <i계> 사동접사의 기저성조를 l로 잡게 되면 다른 것들과 달리 왜 이것만 l인가를 설명하기 어렵게 되며, 사동·피동접사들 모두의 기저성조를 l로 잡게 되면 성조 변동에 관한 규칙의 기술은 더욱 간결성을 잃게 된다. 이

---

11) 허웅(1975 : 178)의 다음과 같은 생각도 이것과 직접적인 관련성을 가진 것으로 볼 수 있다.
"입음의 「-이-」는 꽤 강화되어 발음되었던 듯하여 다음과 같은 입음말도 보인다.
• 내조치이다 : 鄭老ㅣ 모미 지즈로 내조치이니<杜諺 21 : 41>
• 잇기이다 : 므렛荇이 ㅂ룬매 잇기이니<杜諺 11 : 21>
필자는 다음 예도 여기에 추가할 수 있는 것으로 생각한다.
• 스스로 형벌과 죄예 걸리이논쏘다<경민편 序>
• 사룸의게 잡히이다<三釋 六 : 4>
12) 김완진의 전례에 따라 기저성조는 소문자로, 표면성조는 대문자로 표시하기로 한다.

와 같은 생각으로 사동·피동접사의 기저성조를 h로 잡고 각각의 접사들
이 가진 성조 변동 기능을 규칙화하면 다음과 같다.[13]

규칙 1 : <i계> 사동접사의 성조 변동 기능

i) $X \rightarrow H/\underline{\quad} + \left\{ \begin{array}{l} \text{causative } i \\ [+\text{high}] \end{array} \right\}$

<<i계> 사동접사 앞 음절의 성조는 H로 바뀐다.>

ii) $[+\text{high}] \rightarrow [-\text{High}]/H+\underline{\quad}$

<<i계> 사동접사의 [+high]는 H 뒤에서 [-High]로 바뀐다.>

(조건 : 규칙 적용 순서는 i)이 ii)를 앞선다.)

규칙 2 : <u계> 사동접사의 성조 변동 기능

$X \rightarrow /L\underline{\quad} + \left\{ \begin{array}{l} \text{causative } u \\ [+\text{high}] \end{array} \right\}$

<<u 계>사동접사 앞 음절의 성조는 L로 바뀐다.>

규칙 3 : 피동접사의 성조 변동 기능

$X \rightarrow /L\underline{\quad} + \left\{ \begin{array}{l} \text{passive } I \\ [+\text{high}] \end{array} \right\}$

<피동접사 앞 음절의 성조는 L로 바뀐다.>

(조건 : 피동접사의 [+high]는 표면에서 H̄L로 실현된다.)[14]

규칙 1에서는 X가 H일 때, 규칙 2에서는 X가 L일 때, 규칙 3에서는 X가
L일 때 각각의 규칙은 적용되지 않는다.

<i계> 사동형과 피동형의 식별은 위의 규칙 1과 규칙 3에 의해 이루어
지는 것이다. 이 규칙들은 이 방언 화자들의 언어 능력에 포함되는 것으로

---

13) X는 변수로서 L, H, LH 중 어느 하나를 표시한다.
14) 이 조건을 하나의 규칙으로 표현할 수도 있다.

간주할 수 있다.

2.2.2. 의문법과 성조

의문법과 성조의 관계에 대한 언급은 최명옥(1976 : 156)에서 각주로 간단하게 언급된 바 있다. 최명옥은 서부 경남방언에서 성조에 의해 [+의문사]와 [-의문사]가 구별된다고 보았다. 이와 유사한 현상은 필자가 다루는 이 방언에서도 나타나는 것이나 서부 경남방언과는 부분적인 차이점을 가지고 있다. 우선 중요한 차이로 다음 사실을 들 수 있다.

   (23) ㄱ. 어데' 갈 끼제(지)?
        ㄴ. 어'데' 갈 끼제(지)?

서부 경남방언에서는 (23ㄱ)에 대응되는 예문이 다음과 같은 비문법적 문장으로 실현된다고 한다(최명옥 1976 : 156).

   [MH]
   (24) *오데 가 끼제.

그런데 이 방언에서는 (23ㄱ)과 같이 실현되어도 전혀 비문이라고 할 수 없는 것이다. (24)가 비문이 되는 이유를 최명옥은 이 문장의 '오데'가 [+의문사]인 것으로 설명하고 있으나, 이 방언의 (23ㄱ)의 '어데'는 [+의문사]인데도 불구하고 자연스러운 문장을 이루고 있다. 이 점은 아래에서 언급될 다른 의문사의 경우도 마찬가지이다. (23ㄱ)은 '가는 장소'를 묻는 것이고, (23ㄴ)은 '가는 장소'를 '강조'해서 묻는 표현이다. 그런데 이 방언에는 (23ㄱ, ㄴ)과 다른 또 하나의 다음과 같은 표현도 나타난다.

(25) 어'데 갈 끼제(지)?

(25)는 상대방이 '가는 장소'에 대한 관심은 미약하고 오히려 '간다는 사실 자체'에 대한 확인적 성격을 띠고 있다. 그러므로 응답자의 대답도 (23)에 대해서는 구체적인 장소(예 : 집에, 대구에)가 말해지나, (25)에 대해서는 단순한 긍정 혹은 부정으로 충분한 답이 될 수 있다. 그러나 (25) 역시 무엇인가 상대방의 응답을 요구하는 의문문임은 명백하다.

(23ㄴ)은 (23ㄱ)의 강조적 표현이라고 간주하고 (23ㄱ)을 중심으로 보면, '어데'에 얹히는 (23ㄱ)의 LH와 (25)의 HL이라는 성조는 두 의문문에서 의문의 취지를 다르게 만드는 요인의 하나이다. 그리하여 (25)는 의문사가 없는 의문문과 같은 성격의 것이 되어서, 이때의 '어데'는 [-의문사]로 처리한다. 성조의 유형은 다르지만 이 방언에서도 역시 성조에 의한 [+의문사] : [-의문사]의 대립관계를 인정할 수 있다.

의문법 종결어미 '-노'를 사용하는 의문문은 이 방언에서 다음과 같이 나타난다. 그러나 어미가 달라져도 '어데'가 가진 성조는 동일한 결과를 보이고 있다.

(26) ㄱ. 니 어데' 가노?
     ㄱ'. 니 어'데 가노?
     ㄴ. 니 어'데 가나?

'-나/-노'는 문장 내의 의문사 유무에 따라 선택적으로 결정된다는 주장에 의하면(최명옥 1976 : 153), '-노'는 문장 내에 의문사가 있을 때 쓰이고, '-나'는 그 반대 경우에 쓰인다고 한다. 이 관점에서 보면 (26ㄴ)의 '어데'는 순수 의문사로 볼 수 없는 것이다. (26ㄴ)은 (25)와 같은 의미기능을 가지고, (26ㄱ, ㄱ')는 (23ㄱ, ㄴ)과 의미기능이 같다.[15]

이와 같은 현상이 이 방언의 의문사 '머어'(혹은 '머엇')에서도 발견된다.

(27) ㄱ. 니 머어' 하노?
ㄱ'. 니 머'어' 하노?
ㄴ. 니 머'어 하나?

(27ㄱ)은 '네가 하고 있는 것이 무엇인가'라는 화자의 의문을 나타내고, (27ㄱ')은 그것의 강조적 표현이다. 반면 (27ㄴ)은 '청자가 무엇인가 하고 있는 사실' 대한 확인의 성격을 가진다.

'어데'나 '머어'와는 달리 '누', '언제', '우애'와 같은 의문사는 (26ㄱ'), (27ㄱ')에 해당하는 강조적 표현으로 사용되는 경우는 없고 단지 다음의 두 가지로만 나타난다.

(28) ㄱ. 누'가 갔노?
ㄴ. 누가 갔나?
(29) ㄱ. 언'제' 가 봤노?
ㄴ. 언제 가 봤나?
(30) ㄱ. 니가 우'애' 했노?16)
ㄴ. 니가 우애 했나?

(28ㄱ), (29ㄱ), (30ㄱ)은 (26ㄱ), (27ㄱ)에 대응하는 것이고, (28ㄴ), (29ㄴ), (30ㄴ)은 (26ㄴ), (27ㄴ)에 대응하는 것이다. (28), (29), (30)의 의문 내용은 다음과 같이 구별해서 말할 수 있다.

(28) ㄱ. 간 사람이 누구냐

---

15) 최명옥(1976)에서는 이러한 의미차에 대한 자세한 언급은 없고, 대립의 예도 충분히 제시되어 있지 않다.
16) '우애'는 '우째'와 흔히 교체되어 나타난다. 例) 니가 우'째' 했노? 니가 우째 했나(-우 쨌나)? 여기에서는 '우애'만을 다룬다.

ㄴ. 누군가가 갔느냐

(29) ㄱ. 가 본 때가 언제냐

ㄴ. 언젠가 가 본 적이 있느냐

(30) ㄱ. 네가 어떻게 해 냈느냐 (방법, 능력)

ㄴ. 네가 (어떤 일이나 사람에 대해) 무슨 행동인가 가했느냐.

이와 같이 뜻의 차이가 의문사에 얹히는 성조에 의해 달라지는 것이다. 각 예문의 ㄴ에 어미 '-노'가 쓰이면 비문이 되고 말며, 성조 또한 교체될 수 없다. 억양에 있어서도 예문의 ㄱ쪽과 ㄴ이 서로 다르다. 전자는 하강조 (⌐)이나 후자는 상승조(↗)이다. 그러므로 양자의 차이가 발생하는 원인을 의문사 자체의 성조에만 둘 수 없다고 하더라도, 성조가 그 차이를 유발하는 중요한 몫을 담당하고 있는 점은 부정할 수 없다. 이러한 현상은 성조를 문법적 측면과 관련시켜 볼 수 있는 충분한 근거가 된다. 지금까지 논한 의문사와 성조 간의 관계를 간단히 보이면 다음과 같다.

[표 2] 의문사와 성조 간의 관계

의문사 유무　　　의문사	[+의문사]	[-의문사]
어데	LH(HH)	HL
머어	LH(HH)	HL
누	H	L
언제	HH	LL
우애	HH	LL

2.2.3. 처소격과 성조

중세국어에서의 주격과 속격의 구별이 성조에 의해 이루어졌던 사실과 현재의 경북방언의 일부에서 성조에 의한 사동형과 피동형의 구별 및 의문법에서의 차이점을 살펴보았다. 이 장에서 다루는 것은 위와 같은 것처럼 성조에 의해 두 가지 범주가 구별되는 것은 아니지만, 성조가 처소격이라는 하나의 격을 표시할 수 있음을 밝히고자 한다. 다음의 예들을 통해 논의를 전개시켜 나가기로 한다.

(31) ㄱ. 이것을 [páā] 갖다 놓아라.
ㄴ. 이불은 [nŏ̌ŏ̌] 있다.
ㄷ. 그 사람은 [ʧáā] 갔다.
ㄹ. 이것을 [ʧʰㅓㅔ] 갖다 놓아라.
ㅁ. 그릇을 [sáā] 다가 올려라.
ㅂ. 나는 [saráā] 갔다 오는 길이네.
ㅅ. [toráā] 가재가 많더라.
ㅇ. 이걸 들고 [ʧibúu] 올라가거라.

(32) ㄱ. 놀다가 [ʧinㅓㅔ] 가거라.
ㄴ. 하루 종일 [ʧikk'usㅓㅔ] 처박혀 있다.
ㄷ. 빨리 [ʧumáa] 가 봐라.
ㄹ. 그때는 내가 [ibúu] 갔을 때다.
ㅁ. 그 사람의 [yakk'úu] 가서 샀다.
ㅂ. 어젯밤은 [undumáa] 서 잤다.
ㅅ. 그 짐은 이 [ʧ'áa~ʧ'óo] 실어라.

(31)과 (32)에서 [ ] 안의 어사는 명사에 처소격 '-에'가 결합한 어형에 해당하는 것이다. 순서대로 나열하면 (31)은 '방+에', '농(장롱)에', '장(시장)+에', '청(마루)+에', '상(床)+에', '사랑(客舍)+에', '도랑+에', '지붕+에'이고, (32)는 '저녁+에', '집구석+에', '주막+에', '이북+에', '약국+에', '원두막+에', '쪽(便)+에'의 결합으로 이루어진 어형이 이 방언에 나타난 모습이다. 처소격을 표시하는 '-에'는 실현되지 않고 있으나17) '-에'가 이들 어형에 존재했었음은 성조를 통해 확인된다. 처소격 '-에'는 일부 체언의 앞 음절

을 고조화시키는 기능을 가지고 있다(예 : 산(山)+에 → 산'에, 논(畓)+에 → 논'에, 못(池)+에 → 못'에 등).[18]

'-에'의 앞 음절이 원래 고조인 경우에는 무관하고, 저조인 경우에는 '-에'가 이 저조를 고조화한다. (31), (32)의 해당 어형에서 일률적으로 실현된 고조는 '-에'가 삭제되기 이전에 선행 음절을 고조화한 결과이다. 따라서 처소격 '-에'가 존재했었음을 입증해 준다.

(31)에서 체언의 음절말 자음 ŋ은 인접 모음을 비음화시키고, 자신은 삭제되어 나타나지 않았다. (32)에서는 체언의 음절말 자음 k가 완전히 삭제되어 실현되지 않았다. 체언이 지녔던 음절말 자음의 삭제와 함께 처소격 '-에'도 표면에서 실현되지 않은 것이다. 그 대신 체언의 말모음이 고장조 ꜛL로 실현된다.

필자는 이 현상을 보상적 장음화(compensatory lengthening)라고 부른 바 있다 (백두현 1982 : 50). 이 장음이 보상적인지 그렇지 않은지는 접어 두고라도, 우리는 ꜛL이 가진 H와 함께 이것을 처소격 '-에'와 관련시켜 생각해 볼 수 있다. 이 지역 방언 화자들은 (31), (32)에서 처소격 '-에'가 실현되지 않고 있음에도 불구하고 이 어형들에 처소격이 표시되고 있음을 알고 있다. 이것을 가능하도록 해주는 요소가 체언의 마지막 음절에 실린 ꜛL인바, 이 ꜛL이 처소격이라는 하나의 문법적 사실을 표시하는 것으로 이해하고자 한다. (31), (32)에서 처소격과 결합한 어형이 표면에 실현되는 것을 놓고 볼 때, ꜛL이 처소격과 동일한 어형이 표면에 실현되는 것을 놓고 볼 때, ꜛL이

---

17) 서재극(1975 : 21)은 "현재 경상도 방언에서 처소격 '-애'와 비강 진동(鼻腔 振動)을 띤, '-아, -어'가 체언의 말음 여하에 따라 병용된다."라고 하여 말자음 뒤에서 처소격으로 '-아, -어'가 쓰이는 것으로 보았다. 그러나 이 견해는 (32)의 경우를 고려하지 않은 것으로 생각된다.

18) 장음을 가진 체언이 '-에'와 결합할 때 이 현상은 적용되지 않는다. 또 장음을 가지지 않지만 고조화가 일어나지 않은 예도 있다. 예 : kaáŋɛ(강+에), natʃɛ(낮+에), 앞의 예는 그 성조가 LH임으로 후행 H가 이미 고조이다.

처소격과 동일한 격기능을 수행하고 있으므로 이것을 분절음이 없고 운소로만 이루어진 문법적 형태소라고 생각할 수 있는 것이다. 그러나 이와 같은 현상이 '-에'와 결합하는 체언의 말자음이 k, ŋ일 때만 일어나는 분포의 제한을 갖고 있어서 모든 환경에 확대 적용할 수는 없는 것이다. 다음 예와 같이 체언의 말자음이 k나 ŋ이 아닐 때 '-에'는 삭제되지 않는다.

[sánɛ] (산+에)   [pátʰɛ] (밭+에)   [múrɛ] (물+에)
[mósɛ] (못+에)   [pómɛ] (봄+에)

그러므로 적어도 말자음이 k이나 ŋ인 체언과 처소격 '-에'가 결합할 때 한해서 앞에서 말한 성조의 처소격 표시 기능을 인정할 수 있다. 이것을 다음과 같이 규칙화시킬 수 있다.

말자음이 K나 ŋ인 체언과 처소격 '-에'가 결합할 때 말자음과 '-에'는 삭제된다. 이때 '-에'가 있었던 위치의 선행 음절의 성조는 ㅍㄹ로 바뀌고, 이 ㅍㄹ이 '-에'를 대신하여 처소격을 표시한다.

'-에'라는 분절적(segmental)인 문법적 형태가 나타나지 않고, 이를 대신하는 성조가 음운론적 계층을 뛰어넘어 문법적 계층과 연관을 맺고 있다. 이것은 음운 계층과 문법 계층 간의 역동적인 상호 관련성을 보여주는 언어 구조의 일면이다.

3. 연구의 의의 및 요약

지금까지 15세기 국어에서 성조에 의해 주격과 속격이 구별된다는 선행 연구 결과를 받아들이면서, 현대국어의 경북방언 일부에서 성조가 일정한 문법적 식별 내지는 표시 기능을 가지고 있음을 밝혔다. 사동형과 피동형의 식별이 성조에 의해 이루어지며, 의문법의 유형을 구별하는 성조 기능과 성조가 지닌 처소격 표시 기능을 밝혔다. 이 연구를 통해 성조(tone)라는 음운론적 단위가 문법 범주를 구별하는 기능이 드러났으며, 음운 계층과 문법 계층이 성조에 의해 상관 관계를 맺고 있음을 밝혔다. 성조의 '적극 기능'(positive functions, 정국 1980)이라는 측면에서 본다면 이 글에서 밝혀진 성조의 기능은 가장 효율성이 높고, 유의미한 적극 기능으로 간주할 수 있다. 성조와 문법 층위의 상관성을 논증했다는 점에서 이 글의 결론은 우리들의 관심을 끌기에 충분한 것이다.

본론에서 논한 내용을 간략히 요약하여 결론을 삼는다.

첫째, 선행 연구에서 밝혀진 바와 같이 15세기 국어의 주격과 속격은 성조에 의해서 구별된다.

둘째, 오늘날 경북방언의 일부에서 사동접사와 피동접사는 특이한 성조 변동 기능을 가지며 이것에 의해 사동형과 피동형이 구별된다. 사동접사와 피동접사의 기저성조는 역사적 사실과 이들 접사 간의 상호 관계로 보아서 h로 잡을 수 있고, 이에 따라 이 접사들이 갖는 성조 변동 기능의 규칙화가 이루어진다. 그런데 이 구체적 양상은 15세기 국어와는 상당히 다른 모습으로 보여준다.

셋째, 이 방언의 의문법에 있어서 의문사에 얹히는 성조의 차이로 인해 의문의 취지가 상이하게 된다. 여기에는 의문어미의 선택과 억양의 차이도 수반한다.

넷째, 말자음이 k나 ŋ인 체언과 처소격 '-에'가 결합할 때 말자음과 '-에'는 삭제되고, 이때 발생한 ㎛에 의해서 처소격이 표시된다.

상주 화북지역어의 음운론적 특징

1. 연구 대상 지역과 제보자

이 글은 경상도 방언과 충청도 방언(중부방언)의 접촉 방언으로 추정되는 경북 상주군 화북면의 토박이 화자의 말을 대상으로 화북지역어[1]가 보여주는 음운론적 특징을 밝히기 위해 작성되었다. 상주군의 서부지역에 속하는 화북면, 모서면, 모동면, 화서면은 충북과 접경을 이루고 있으며, 화북면은 충북의 보은군 및 괴산면과 접하고 있다. 화북면은 중고기(中古期) 신라 시대에는 탑칠군(塔七郡)이라 불렸고, 신라 경덕왕(景德王) 때에 이르러 화령면(化寧面)이라 개칭되었다. 그 이후 몇 차례의 변동이 있다가 1914년 행정구역 변경으로 화북면(化北面)이라 칭하여 현재에 이르렀다. 화북면은 상주군의 서북에 위치하여 서쪽으로는 속리산에 의해 막혀 있으나 북쪽으로 충북과 통하는 도로가 나 있다.

필자는 상주군 화북면 장암(壯岩) 2리(속칭 장바우)를 조사지점으로 택했다.

---

* 이 글은 『소당 천시권박사 화갑기념 국어학논총』 85-109쪽에 실렸던 것이다. 장절의 제목과 문장 표현을 약간 고쳤다.
1) 이 글에서 상주군 화북면 장암 2리의 말을 화북지역어(化北地域語)라고 부르기로 한다. 장암 1리를 포함한 화북면 전지역(全地域)에서 사용되는 말을 고려할 때 이 명칭은 부적당한 점이 있다.

이 마을은 장암 1리와 2km 정도 북쪽인데도 불구하고 장암 1리의 말과 현저히 다른 것으로 인식되고 있었기 때문이다. 현지의 주민들이 대체로 "장암 1리 말은 상주 말이고, 장암 2리 말은 충청도 말"이라는 인식을 하는 만큼, 장암 2리의 말은 경북방언이 가진 일반적 특징과 다른 양상을 띨 것으로 예상된다. 또한 장암 2리의 말은 상주에 가면 충청도 말이라고 하고 충청도에 가면 경상도 말이라 한다고 현지 주민들이 말하고 있다. 상권 역시 상주장도 보고 충청도 쪽의 장도 보는 것으로 되어 있다. 자녀의 교육은 오히려 충청도로 보내는 경향이 많다고 한다.2) 이런 이유로 해서 접촉 방언의 특징을 알아보기 위해 장암 2리를 택하여 조사한 결과, 이 지역어가 가진 몇 가지 특징을 발견할 수 있었다. 조사 대상은 주로 음운 현상에 대한 것이었기 때문에 이 글에서 다루는 내용도 음운론적 사실에 국한되었다.

그런데 접촉 방언에 대한 본격적인 연구가 이루어지려면 해당 지역어에 대한 조사와 함께 인접하는 두 중심 방언에 대한 조사 및 비교가 병행되어야 한다. 현재의 필자는 이런 데까지 나아가지 못하고, 이 지역어가 경북 방언과 중요한 차이를 보여주는 몇 가지 사항을 밝히고자 한다. 방언학의 중요한 목표 중의 하나가 등어선(等語線) 설정에 있는 만큼, 이 지역어에 대한 연구는 경상방언과 충청방언의 경계를 확정하는 데 도움이 되리라 본다.3)

---

2) 상권·교육 등에 관한 자세한 조사는 하지 못했다. 다만 주민들의 증언을 통해 개략적인 사실만 알 수 있었다.

3) 이재은 씨(男, 67세, 五代째 거주, 농업, 한글 해득)와 손상칠 씨(女, 67세, 無學)가 필자의 제보자였다. 이분들에 의하면 장암리는 약 300년 전에 형성된 마을이라고 한다. 두 분의 협조에 대해 감사드린다.

2. 음운 체계와 음운 현상 분석

2.1. 모음체계

이 지역어의 단모음체계는 8개 모음 i, e, ɛ, i, ə, u, o, a로 구성되어 있다.
e : ɛ 및 i : ə는 뚜렷한 변별적 기능을 가지고 있다. 이 음소들이 대부분의
경북방언에서 중화(中和)되어 서로 구별되지 않는 사실과 현저히 다르다. ö
(외)와 ü(위)는 이중모음으로 실현되고 있으나 소수의 낱말에서 단모음으로
실현되기도 한다(예 : ʧü(쥐), kü(귀)). 최소대립어(最小對立語)의 몇 예를 보이면
다음과 같다.

> (1) i : e   tʰi(티) : tʰe(테)
> e : ɛ   tʰe(테) : tʰɛ(태)
> i : a   tʰil(틀) : tʰəl(털)
> u : o   k'ol(꼴) : k'ul(꿀)

e와 ɛ 그리고 i와 ə가 음운론적으로 구별되는 예는 다음과 같다.

> (2) t'e(떼 - 群) : t'ɛ(때 - 垢)
> ʧe(제 - 祭) : ʧɛ(재 - 峙)
> meda(메다) : mɛda(매다 - 結)
> se:da(세다 - 强) : sɛ:da(새다 - 漏)
>
> nil(늘 - 常) : nə:l(널 - 板)
> tilda(들다 - 擧) : tə:lda(덜다 - 減)
> imʤi(음지 - 陰地) : əmʤi(엄지)

표준어의 ö(외)와 ü(위)가 실제로 발음된 예는 다음과 같다.[4]

(3) ʧʼwe(죄), kʼwe(꾀), twe(되), ʧʰamwe(참외), kweropt'a(괴롭다)
    twi(뒤), šwida(쉬다), šwipt'a(쉽다), kwijəpt'a(귀엽다), nwida(뉘다)

ö는 e로 나타나기도 한다(예 : eropt'a(외롭다), eguk(외국)). 이것은 주로 어두
자음(語頭子音)이 없는 낱말의 일상 구어 발음에서 나타난다.

이 지역어의 j계 이중모음은 아래에 제시한 예를 통해 그 양상을 알 수
있듯이 자음 뒤에서 실현되고 있다. 이 점은 자음 뒤에서 j계 이중모음이
실현되지 않는 대다수의 경북방언과 다른 것이다. 화북방언은 이중모음의
실현에 있어서 경북방언보다 중부방언에 더 가까운 모습을 보인다.[5]

(4) ㅕ ㄱ) jərə:ši(여럿이)   jədʒa(女子)
           kjəil(겨울)   pjə:ŋ(病))
           pjək(벽)   sɛbjək(새벽)
      ㄴ) p'e(뼈)   pellu(별로)
           pine(비녀)   salk'əl(살결)
           jaŋnim(양념)

ㄱ)의 예는 어두자음의 유무에 관계 없이 이중모음 jə가 실현된 것이고,
ㄴ)은 jə가 e로 축약되거나 j가 탈락된 예이다. 특히 'jaŋnim'은 핵모음 ə가
탈락된 특이 예이다.

(5) ㄱ) ㅖ
       e:i(예의)   ke:hok(계획)   pʰe(폐)
       kedan(계단)   ke:(계 契)   ke:jak(계약)
       → ㅖ는 e로 실현된다.

---

4) 조사 자료 중 특이한 예로 '뫼'(山)를 [moi]라고 발음한 어형이 있었다. [moi]는 15세기
국어의 'ㅚ'가 하향성 이중모음이었던 단계를 잔존시킨 화석형이다.
5) 예의 제시에 있어서 괄호 안에 표준어 혹은 정서법에 맞는 어형을 넣었다. 의미가 혼동
될 염려가 있는 낱말에는 한자어로 그 뜻을 표시했다. 후술하는 용언 활용형 표기는 괄
호 안에 어간과 어미의 형태를 표기하여 방언형의 특징을 쉽게 파악토록 했다.

ㄴ) ㅑ

  jakk'uk(약국)   jaŋšim(양심)

  hjaŋgjo(향교)   hjaŋtʰo(향토)

  go:jak(고약)   hanjak(한약)

ㄷ) ㅠ

  juri(유리)   jumo(유모)

  səgju(석유)   kjuʧʰik(규칙)

ㄹ) ㅛ

  jori(요리)   jo(요)

  hjo:ʤa(효자)   kjo:ʤaŋ(교장)

  pʰjo(표)

ㅁ) ㅔ

  kwe(궤)   wen(웬)

  →'뒈지다'는 [twiʤida]로 나타난다.

ㅂ) ㅚ, ㅟ는 앞 절에 예시한 것을 참조 바람.

  ㄴ)에 제시한 ke:hok(계획)이 특이한 예이다.

ㅅ) ㅙ

  wɛnum(왜놈)   wɛgari(왜가리)

  →ㅙ는 wɛ로 실현된다.

ㅇ) ㅝ

  wənnim(원님)   wənsu(원수)

  kwəntʰu(권투)   kwənhada(권하다)

ㅈ) ㅘ

  waŋ(왕 王)   tɛwaŋ(대왕 大王)

  hwal(활)   kwaks'əbaŋ(곽서방)

ㅊ) ㅢ

  isa(의사)   ibjəŋ(義兵)

  suisa(수의사)   saŋi(相議)

  muni(무늬)

  →ㅢ는 i로 실현된다.

이 예들을 통해 화북지역어의 이중모음에는 jə, ju, jo, we, wi, wɛ, wə, wa
가 있음을 알 수 있다.

2.2. 자음체계

화북지역어의 자음체계는 중부방언의 그것과 같다. 경북방언의 일부 지
역어가 /s'/를 음소로 갖지 못하는 사실과 달리, 화북지역어의 /s'/는 /s/와
함께 변별적 기능을 가지고 있다. 유음을 포함한 이 지역어의 자음체계는
다음과 같다. (h도 함께 포함시킴)

/p, pʰ, p', m, t, tʰ, t', n, l, s, s', ʧʰ, ʧ', k, kʰ, k', ŋ, h/

이 자음들은 이중모음과의 결합이 자유롭다. 이 점은 이중모음 항목에서
언급한 바와 같다.

2.3. 운소체계

이 지역어는 경북방언과 달리 성조(聲調)가 변별적 기능을 수행하지 못하
고 있다. 조사 결과 다음과 같은 예는 음운론적으로 기능하지 못하는 미세
한 음성적 차이는 있으나 서로 구별이 되지 않는 완전동음어(完全同音語)이다.

(6) ㄱ) mal + i – mari(馬이)
　　　 mal + i – mari(斗이)
　　 ㄴ) son + i – soni(客이)
　　　 son + i – soni(孫이)
　　 ㄷ) pɛ + ka – pɛga(梨가)
　　　 pɛ + ka – pɛga(腹가)

그런데 접촉 방언의 하나인 황간(黃澗) 지역어에서 고저가 잠재적 가치를 지니고 있다는 연구 결과(이병근 1969)와 비슷한 현상이 이 지역어에도 존재한다. 필자의 조사 도중에 파생명사 등 여러 어휘에서 고저가 실현된 발음형을 자주 들을 수 있었다. 이러한 고저 발음이 음운론적 변별 기능을 하는 것인지 판단하기 어려웠다. 이 현상에 관한 더 정밀한 자료 조사가 필요하다.

성조의 유무는 음운체계에서 중요한 요소이고, 방언 구획의 설정에 있어서 중요한 기준의 하나이다. 성조의 측면에서 보면, 화북지역어는 중부방언에 속한다.6) 그러나 이 문제는 이 지역어의 음운, 문법, 어휘 등 전반적 현상을 검토한 후 결정되어야 할 것이다.

화북지역어의 음장(音長)이 변별적 기능을 수행한 예는 다음과 같다.

> (7) pam(夜) : pa:m(栗)
> nun(眼) : nu:n(雪)
> pəl(罰) : pə:l(蜂)
> pɛ(梨) : pɛ:(倍)
> səm(石) : sə:m(島)

경북방언에는 성조와 함께 음장이 변별적 운소로 기능한다. 그러나 이 지역어는 음장만 운소로 기능하고 있다.

2.4. 어간말 자음군 단순화

국어는 음절말에 2개 이상의 자음이 동시에 조음될 수 없으며, 모음 간

---

6) 앞서 검토한 모음체계로 보아도 중부방언에 가까운 점이 있다. 모음체계와 성조는 방언 구획을 설정하는 기준 중에서 중요한 비중을 차지한다. 이익섭(1981 : 79~85)에서 등어선의 두께를 측정하는 문제를 논하였다.

에서도 3개 이상의 자음이 조음될 수 없는 표면음성제약(表面聲制約, surface phonetic constraints)을 갖고 있다. 그리하여 기저의 (c)vcc#와 (c)vcccv는 표면에서 보다 자연스러운 음절 구성(natural syllable structure)인 (c)vc#와 (c)vccv로 바뀌게 된다(Hyman 1975 : 161-163). 이 현상을 어간말 자음군 단순화라고 부르고 있다. 각 지역어에서 상이하게 나타나는 이 현상에 관한 연구로 이병근(1975), 전광현(1977), 박명순(1978), 최명옥(1980, 1982) 등이 있다. 이 지역어에 나타나는 이 현상을 타 지역어의 그것과 비교하여 그 특징을 살펴보자. 체언 어간말 자음군의 예로 다음과 같은 것이 있다(한글로 표시된 표제어는 표준어에 해당한다. 이하에서 모두 같다.).

    (8) ㄱ) 값   kapš'i(값이), kapt'o(값도), kaps'il(값을)

        ㄴ) 넋   nəkš'i(넋이), nəkt'o(넋도), nəks'il(넋을)

        ㄷ) 기슭   ʧisilgi(기슭이), ʧisikt'o(기슭도)

그런데 다음 낱말들은 어간말 자음군을 갖지 않은 어형으로 나타난다.

    (9) ㄱ) 흙   higi(흙이), higt'o(흙도), higil(흙을)

        ㄴ) 닭   tagi(닭이), takt'o(닭도), tagil(닭을)

        ㄷ) 여덟   jədəri(여덟이), jədəldo(여덟도), jədəril(여덟을)

        ㄹ) 삯   s'agi(삯이), s'akt'o(삯도), s'agil(삯을)

        ㄹ) 칡   ʧʰilgəʤi('칡'의 단독형)

    (9)의 낱말들은 어간재구조화(語幹再構造化)로 어간말 자음군을 갖지 않게 되었다. 이들이 재구조화된 이유는 유추(類推) 개념을 이용하여 설명될 수 있다. 즉 어두 자음어미 앞에서 자음군이 단순화된 어형이 어두 모음어미 앞에서도 동일하게 적용되는 유추적 확대(analogical spreading)가 일어난 것으로 설명할 수 있다.

(8)의 예를 보면 체언 어간말 자음이 ps나 ks일 때는 s가 탈락되고, lk일 때는 l이 탈락됨을 알 수 있다. (8)ㄷ과 (9)ㄱ, ㄴ을 함께 고려해 보면 '흙', '닭'이 '흑', '닥'으로 되는 것과 동일한 과정 즉, lk→k/‑ + C와 같은 규칙이 적용됨을 알 수 있다. 그러므로 체언 어간말 자음 lk는 자음이나 휴지(休止) 앞에서 항상 l이 탈락된다고 볼 수 있다. 그러나 (9)ㄷ에서는 말자음 lp의 l이 남고 후행 자음 p가 탈락되어서 앞의 경우와 일관성을 보여주지 못한다. 어간말 자음군 단순화는 지역어에 따라 다양한 모습으로 나타나는데,[7] 이 지역어 역시 나름대로의 독특한 양상을 보이는 점이 있다.

이어서 용언의 어간말 자음군 단순화 현상을 ㄹㅁ(lm)부터 차례로 검토해 보기로 한다.

(10) 어간말 ㄹㅁ

　　ㄱ) 젊다　　ʧʼəlməsə(젊어서), ʧʼə:mkʼo(젊고), ʧʼə:mtʼəra(젊더라),
　　　　　　　　ʧʼə:mtʼa(젊다)

　　ㄴ) 삶다　　sʼalməsə~sʼalməsə(삶아서), sʼa:mkʼo(삶고), sʼa:mtʼəra(삶더
　　　　　　　　라), sʼa:mnɨnda(삶는다)

　　ㄷ) 굶다　　kulməsə(굶어서), ku:mkʼo(굶고), ku:mtʼəra(굶더라),
　　　　　　　　ku:mnɨnda(굶는다)

　　ㄹ) 닮다　　talmasə(닮아서), ta:mkʼo(닮고), ta:mtʼəra(닮더라),
　　　　　　　　ta:mnɨnda(닮는다)

어간말 자음이 lm(ㄹㅁ)일 때 l이 탈락되는 점은 중부방언, 전라방언, 경북방언과 동일하다. 자음군이 lm인 어사들이 장음(長音)으로 실현되고 있는 것도 동일하다. 그러나 이 지역에서 l을 가진 여타 자음군은 선행 자음과 후행 자음의 탈락이 수의적이어서 복잡한 양상을 보여준다.

---

7) 박명순(1978 : 84), 전광현(1977 : 79), 최명옥(1982 : 153)을 참조

(11) 어간말 ㄺ

ㄱ) 맑다   malgasə(맑아서), malk'o~makk'o(맑고),
        malt'əra~makt'əra(맑더라), malt'a~makt'a(맑다)

ㄴ) 늙다   nilgəsə(늙어서), nilk'o~nikk'o(늙고),
        niltʃ'i~nikk'i(늙지), nilt'a~nikt'a(늙다)

ㄷ) 붉다   p'ulgədo(붉어도), p'ulk'o~p'ukk'o(붉고),
        p'ultʃ'i~p'uktʃ'i(붉지), p'ult'a~p'ukt'a(붉다)

ㄹ) 밝다   palgasə(밝아서), palk'o~pakk'o(밝고),
        palt'əra~pakt'əra(밝더라), palt'a~pakt'a(밝다)

(12) 어간말 ㄼ

ㄱ) 밟다   palbasə(밟아서), pa:lk'o~pa:pk'o(밟고),
        pa:lt'əra~pa:pt'əra(밟더라), pa:ltʃ'i~pa:ptʃ'i(밟지)

ㄴ) 넓다   nəlbəsə(넓어서), nəlk'o~nəpk'o(넓고),
        nəlt'əra~nəpt'əra(넓더라), nəlt'a~nəpt'a(넓다)

ㄷ) 떫다   t'ə:lbəsə(떫어서), t'ə:lk'o~t'ə:pk'o(떫고),
        t'ə:lt'əra~t'ə:pt'əra(떫더라), t'ə:lt'a~t'ə:pt'a(떫다)

ㄹ) 짧다   tʃ'altbado(짧아도), tʃ'alk'o~tʃ'apk'o(짧고),
        tʃ'alt'əra~tʃ'apt'əra(짧더라), tʃ'alt'a~tʃ'apt'a(짧다)

(11)과 (12)의 어간말 자음군 lk(ㄺ), lp(ㄼ)는 유사한 현상을 보이므로 묶어서 논한다. 체언말의 lk는 l이 탈락된 데 비하여(예 : 흑(土), 닥(鷄)), 용언 어간말의 lk는 (11)에서 보듯이 l과 k의 탈락이 수의적으로 실현된다. 필자의 제보자는 l이 남는 경우 중 어느 것을 더 많이 쓰느냐?라는 질문에 대해, l이 남는 어형을 주로 쓴다고 답했으나(malt'əra 등), k가 남는 어형도 함께 쓴다고 답했다(makt'əra 등). 이들의 자연발화를 녹음해서 분석한 결과도 동일하였다. 그런데 k가 남는 어형이 빈도수에 있어서 더 적었다. 따라서 주어형(主語形)은 k가 탈락되고 l이 남는 어형으로 잡을 수 있다. 그런데 충북 진천 지역에서는 lk의 l이 탈락되고(박명순 1978 : 84), 전북 익산 지역에서도 l이 탈

락되고 있다(전광현 1977 : 79). 그러나 경북방언의 동해안 방언은 k가 탈락된 다(최명옥 1980 : 204). 그런데 화북면이 속한 상주군과 인접한 군이면서 역시 충북과 첩경을 이루는 문경지역어에서는 k가 탈락되고 있다(민원식 1982 : 31). 이러한 타 지역어를 고려할 때, (11)에서 나타나는 말자음군의 수의적 인 탈락은 중부방언과 경북방언의 접촉 방언적 성격을 보여주는 것이라 해 석할 수 있다. 그러나 l이 남는 어형이 주로 쓰이는 점은 경북방언의 영향 이 화북지역어에 강하게 미치고 있음을 보여준다.

(12)의 lp도 위에서 설명한 (11)의 lk의 경우와 같은 설명 방법을 적용할 수 있다. 화북지역어의 어간말 자음 lp도 l이 남는 경우가 주로 사용되고 있다. 중부방언에서는 lp의 l이 탈락되고 경북방언에서는 p가 탈락되므로 이러한 수의적인 탈락 현상도 lk와 같이 접촉 방언적 특징이라 할 수 있다. 화북지역어에서 실현되는 어간말 자음군의 수의적 탈락 현상은 충북 영동 군과 접경하고 있는 금릉지역에서도 발견된 바 있다(백두현 1982 : 61).

다른 어간말 자음군은 타 지역어와 별다른 차이를 보여주지 않으므로 그 종류별로 몇 개의 예시만 보이기로 한다.

    (13) 어간말 ㄹㅌ
       ㄱ) 핥다   haltʰa(핥다), halk'o(핥고), haltʰara(핥아라), halt'əra(핥더라)
       ㄴ) 훑다   hulthə(훑어), hulk'o(훑고), hultʰəra(훑어라), hultʰəra(훑더라)

    (14) 어간말 ㅄ
       ㄱ) 없다   ə:ps'əsə(없어서), ə:pk'u(없고), ə:pt'əra(없더라)[8]

    (15) 어간말 ㄹㅎ, ㄴㅎ
       ㄱ) 앓다   arasə(앓아서), alkʰo(앓고), allinda(앓는다)
       ㄴ) 않다   anasə(않아서), ankʰo(~aŋkʰo)(않고), anninda(않는다)

---

8) 상주군 낙동면에서는 '없어'가 [ə:s'ə]로, '없다'가 [ə:tt'a]로, 선행 자음 p가 탈락되는 특
   이한 예를 발견한 바가 있다.

2.5. 불규칙 용언

국어의 불규칙 용언의 활용에 대해 종래의 '불규칙' 혹은 '변칙'이라는 설명을 부정하고 규칙적인 현상으로 설명하려는 생성음운론의 시도가 있었다.[9] 여기에서 용언의 불규칙적 현상에 대한 새로운 해석이나 접근을 시도하려는 것은 아니다. 화북지역어가 보여주는 불규칙 용언들의 특징을 기술하여 경북방언과의 차이점을 밝히는 것에 주안점을 둔다. 검토 대상은 ㅂ불규칙 용언과 ㅅ불규칙 용언에 한정한다. 먼저 ㅂ불규칙 용언부터 고찰한다. 괄호 안에 어미와 결합되는 어간 형태를 한글로 표기한다.

(16) ㄱ) 돕다   topk'o~tokk'o(돕고), towasə(도와서), towado(도와도)

ㄴ) 덥다   tə:pk'o~tə:kk'o(덥고), təwəsə(더워서), təwədo(더워도)

ㄷ) 곱다(美)[10] ko:pk'o~ko:kk'o(곱고), kowasə(고와서), kowado(고와도)

ㄹ) 밉다   mipk'o~mikk'o(밉고), miwəsə(미워서), miwədo(미워도)

ㅁ) 굽다(炙) k'u:pk'o~k'u:kk'o(굽고), k'uudo(구워도), k'uura(구워라)

ㅂ) 무섭다   musəpk'o~musəkk'o(무섭고), musəwəsə(무서워서),
            musəwədo(무서워도)

흔히 ㅂ불규칙 용언이라고 불리는 (16)의 어휘들은 경북방언에서는 대체로 정칙(正則)으로 활용한다. 그러나 이 지역어는 경북방언과 다르고 오히려 중부방언과 동일한 양상을 보인다. ㅂ불규칙 용언의 측면에서 본다면 이 현상은 화북지역어를 중부방언에 귀속시킬 수 있다. 사랑방에서 녹음한 자연발화를 분석한 결과, 경북방언과 같이 정칙으로 활용되는 예들을 발견하였다. [mibəsə](밉어서), [kobasə](곱아서) 등. 그런데 이러한 예는 극히 드물고, 제보자들은 스스로의 발음을 [mibəsə]가 아니라 [miwəsə]라고 인식하고 있었다. 이것은 경북방언과 중부방언이 서로 섞여 있는 모습을 보여주는 접

---

9) ㅂ불규칙에 대한 여러 학자들의 견해는 김수곤(1977)에 요약·정리되어 있다.
10) "추워서 손가락이 곱다"고 할 때의 "곱다"는 규칙 활용을 한다([kobasə], [kobado] 등).

촉 방언적 특징이라 할 수 있다.[11]

(16)ㄷ과 ㅁ은 어간 모음이 둘 다 원순 후설모음인 점과 음장을 가진 점이 공통적이다. (16)ㄷ은 어두모음 어미 앞에서 과도음(過渡音) w가 실현되었지만 (16)ㅁ은 w가 실현되지 않았고 어간 모음이 장음으로 실현된 점이 특이하다. (16)ㅁ의 'k'uura'처럼 w가 나타나지 않는 이유는 과도음 w가 선행 모음 u에 흡수된 것이라고 볼 수 있다. 이 지역어에는 경북방언에서 일반적으로 나타나는 현상, 즉 어미의 頭모음이 어간 모음에 동화되는 경우가 있는데(후술 참조), (16)ㅁ이 장음으로 실현되는 것은 그 중의 하나이다. ㅂ불규칙 용언으로 설정되는 어사들이 화북지역어에서는 경북방언의 정칙활용과 달리 '불규칙' 활용을 하는 특징을 가지고 있음을 확인하였다.

ㅅ불규칙 활용의 예는 다음과 같다.(ㅁ은 정칙)

(17) ㄱ) 긋다   kɨtk'o~kikk'o(긋고), kiə(긋어), kiədo(긋어도),
         kiəra(긋어라)

ㄴ) 낫다(癒)   na:tk'o~na:kk'o(낫고), naa(낫아), naado(낫아도),
         naara(낫아라)

ㄷ) 짓다   ʧi:tk'o~ʧi:kk'o(짓고)[12], ʧiio(짓어도), ʧiija(짓어야),
         ʧiira(짓어라)

ㄹ) 붓다(注)   putk'o~pukk'o(붓고), puudo(붓어도), puuja(붓어야),
         puura(붓어라)

ㅁ) 잇다   itk'o~ikk'o(잇고), isəja(잇어야), isəja(잇어야),
         isəra(잇어라)

상주군과 인접한 금릉지역어는 (17)ㄱ이 'k'ɰh-'으로 나타나는데, 이 지

---

11) 필자가 자연발화를 녹음할 때 화북면 소재지에서 온 두 사람이 함께 있었다. 규칙 활용의 예가 두 사람의 말인지는 현재 확인하기가 어렵다.
12) [ciido], [ciira] 등은 [ciədo], [ciəra]로 실현되기도 하는데, 후자는 의식적으로 주의하여 발음할 때 나타나는 것이다.

역어는 어간말 자음이 h로 재구조화되지 않았다. (16)의 예들에 대해 어간
말 자음을 △(z) 혹은 ㅎ(ʔ)로 설정하는 분도 있다. 여기에서는 화북지역어의
특징을 밝히는 것이 주목적이므로 말자음을 s로 보고 논의를 진행한다.
(17)ㄴ은 경북방언에서는 대체로 불규칙이 아닌 규칙 활용으로 실현된다.
화북지역어는 이와 달리 중부방언과 같이 불규칙 활용을 하고 있다. (17)ㄷ,
ㄹ은 어간말 자음이 탈락한 후 어미의 頭모음이 어간 모음에 순행동화되었
음을 보여준다. (17)ㅁ은 어간말 자음 s가 유지되어 규칙 활용에 해당한다.
(17)ㄷ, ㄹ, ㅁ이 실현하는 음운 현상은 경북방언의 그것과 같은 것이다. 특
히 (17)ㅁ은 경북방언의 어형을 그대로 유지한 것이며, (17)ㄴ은 중부방언의
영향을 받은 어형으로 판단된다.

이외의 다른 불규칙 용언들은 경북방언 혹은 중부방언과의 차이를 보이
지 않으므로 따로 기술하지 않는다. ㅂ불규칙 용언과 ㅅ불규칙 용언을 검
토한 결과, 이 지역어는 경북방언의 성격보다 중부방언의 특징을 더 많이
갖고 있다는 사실을 알게 되었다.

2.6. 유기음화

유기음화란 어간 혹은 어미 등에 존재하는 h가 인접하는 p, t, ʧ, k와 축
약을 일으켜 이 자음들을 기음화(氣音化, aspirate)시키는 현상인데, 형태소 내
부에서는 물론이고 곡용, 활용, 파생, 구 형성에서도 나타난다. 국어에서의
이 현상은 경계의 종류에 거의 영향을 받지 않는 강력한 음운 규칙이다.
여기서는 필자가 조사했던 금릉지역어의 경우와 대비시켜 이 지역어의 유
기음화 현상이 갖는 특징을 밝히고자 한다. 예시는 앞에서 언급한 항목에
따라 열거한다.[13]

---

13) 금릉지역어의 자료에 성조를 표시하지 않는다. 또 '에'와 '애', '으'와 '어'가 구별되지
않지만 여기서는 구별하여 표시하기로 한다.

(18) 곡용

	화북	금릉
ㄱ) 떡하고	təkʰago14)	t'əgago
ㄴ) 밥하고	papʰago	pabago
ㄷ) 젖하고	ʧətʰago	ʧədago

(19) 활용

	화북	금릉
ㄱ) 놓게	nokʰe	nokʰe
ㄴ) 놓다가	notʰaga	notʰaga
ㄷ) 찧고	ʧ'ikʰo	ʧ'ikʰo
ㄹ) 찧더라	ʧ'itʰəra	ʧ'itʰəra
ㅁ) 앓고	alkʰo	alkʰo

(20) 파생

	화북	금릉
ㄱ) 눕히다	nupʰida	nupʰida
ㄴ) 잡히었다	ʧɛpʰitt'a	ʧɛpʰitt'a
ㄷ) 앉히라	anʧʰida	anʧʰida
ㄹ) 닫히었다	taʧʰitt'a	taʧʰitt'a
ㅁ) 급히	kipʰi	kipʰi
ㅂ) 속히	sokʰi(~s'ɛgi)	sokʰi(~s'ɛgi)

(21) '하다'에 의한 파생

	화북	금릉
ㄱ) 굿하다	kutʰada	kudada
ㄴ) 못하다	motʰada	modada(~moɦada)
ㄷ) 깨끗하다	k'ɛk'itʰada	k'ɛk'idada
ㄹ) 답답하다	taptapʰada	taptabada
ㅁ) 두둑하다	tudukʰada	tudugada

---

14) 화북지역어의 '-하고'는 흔히 '-하구'로도 나타난다.

ㅂ) 넉넉하다　　　nəŋnəkʰada　　　nəŋnəgada[15]

(22) 구 형성
ㄱ) 너희 집에 <u>떡 했니</u>?
　　　　　화북　　　　　　　　금릉
　　　t'əkʰɛni(~t'əkʰɛnna)　　t'əgenna
ㄴ) 지금 <u>밥 하고</u> 있다.
　　　　　화북　　　　　　　　금릉
　　　papʰago　　　　　　　pabago
ㄷ) 일을 <u>못 해서</u> 큰 일이다.
　　　　　화북　　　　　　　　금릉
　　　motʰɛsə　　　　　　　modɛsə

　(18)의 경우에 중부방언은 유기음화가 일어나지만 경북방언은 최명옥(1980 : 209, 1982 : 143)에서 지적된 바와 같이 유기음화가 실현되지 않는다. 그런데 화북지역어는 경북방언과 달리 유기음화가 일어나고 있음을 (18)에서 확인할 수 있다. 금릉지역어를 포함한 경북방언은 h가 약화되어 탈락되고, 모음 사이에 놓이게 된 자음들은 유성음화된다. 화북지역어에서 이 환경의 유기음화 현상은 중부방언의 영향을 입은 결과로 봄이 적절하다. (18)이 실현하는 유기음화는 화북지역어가 중부방언과 밀접한 관련을 맺고 있음을 증명한다.

　곡용과 활용의 경우를 보여주는 (18), (19)는 공히 유기음화를 실현시키고 있다. 경북방언의 경우 곡용 환경에서 유기음화가 실현되지 않은 것은 어간과 어미의 결합 정도에 있어서 곡용과 활용 간의 차이가 있기 때문이라고 해석해 볼 수 있다. 그런데 어간 '놓-'(放)과 어미 '-소'(존재 표시)가 결합할 때는 모두 [nos'o]로 실현된다. 이것은 '놓-'의 말자음 h가 후행 s와

---

15) 금릉지역어에 있어서 다음과 같은 예는 유기음화가 일어난다. tʰakʰada(탁하다), ʧʰakʰada(착하다), t'ot'okʰada(똑똑하다), jakʰada(약하다).

축약되어 [sʰ]로 실현되어야 하지만, /sʰ/가 음운체계상 공백(hole in the pattern)이므로 [s']으로 실현될 수밖에 없는 결과라고 할 수 있다. 화북지역어는 물론이고 국어의 /s'/는 음성적인 면에서 [+aspirated]와 [+glottalized] 자질을 공유한 것이라고 볼 수 있다.

(20)은 어간에 사동·피동접사 '-히-'가 결합한 어형으로, 이 접사의 h는 반드시 선행하는 저해음(obstruents)과 축약되어 유기음화된다. (20)의 유기음화는 국어가 가지는 공통적인 음운 현상이며, (20)ㅁ, ㅂ도 마찬가지이다. 화북지역어만의 특징은 아닌 것이다.

(21)은 '-하다'가 결합된 어형들로, 금릉지역어나 다른 경북방언과 달리 화북지역어에서는 유기음화가 일어나고 있다. 이 점은 경북방언과 다른 모습을 보인 것이며, 중부방언의 영향을 입은 결과로 볼 수 있다. 각주 15)에서 지적한 바와 같이 금릉지역어도 이 부류에 포함되는 일부 어사들은 유기음화를 실현시키고 있다. 이처럼 지역어 간에 상이하게 실현된 원인은 h의 음성적 특질 등을 고려하여 정밀하게 고찰할 필요가 있다. 최태영(1983)은 전주 지역어에서 이와 같은 어형들의 유기음화가 상이하게 나타남을 지적하고, 그 이유를 '하다'가 완전히 문법화(文法化)한 접사라기보다는 아직도 다분히 자립형태소(自立形態素)로 인식되고 있다는 점과, '하다'의 어두 h는 그 유기성(有氣性)이 아주 약한 점에서 찾고 있다.

(22)에서도 화북지역어의 특징을 발견할 수 있다. 구 형성에서도 이 지역어는 금릉지역어와 달리 유기음화가 일어나고 있다. 중부방언과 동일하게 화북지역어의 유기음화는 경계의 종류가 무엇이든 적용되는 음운 규칙이다. (18), (21), (22)에 나타난 유기음화는 경북방언과는 다르고, 중부방언의 영향을 받아 중부방언에 더 가까운 현상이다. 화북지역어가 가진 접촉 방언적 성격 중의 하나이다.

2.7. 경음화

지금까지 주로 경북방언과는 다른 화북지역어의 특징을 기술해 왔으나 공통적인 면도 함께 볼 필요가 있다. 형태소 경계의 경음화 현상에 한해 간략하게 살펴보기로 한다. 형태소 경계의 경음화 현상은 곡용과 활용에서 각각 다르게 나타나므로 나누어 서술한다.

(23) 곡용

ㄱ) papt'o(밥도)   papp'ut^{h}ə(밥부터)

　kukt'o(국도)   kukp'ut^{h}ə(국부터)

　patt'o(밭도)   patp'ut^{h}ə(밭부터)

　natt'o(낫도)   natp'ut^{h}ə(낫부터)

ㄴ) sondo(손도 −手)   sonbut^{h}ə(손부터)

　ka:mdo(감도 −柿)   ka:mubut^{h}ə(감부터)

　paŋdo(방도)   paŋbut^{h}ə(방부터)

ㄷ) mi:ldo(밀도)   mi:lbut^{h}ə(밀부터)

　paldo(발도)   palbut^{h}ə(발부터)

곡용 환경에서 음절말 자음이 [−son]인 자음은 후행 폐쇄자음을 경음화 시키고((23)ㄱ), [+son]인 자음은 그렇지 않다((23)ㄴ, ㄷ). 이 점은 금릉지역어 와 같지만 월성지역어와 비교하면 차이가 있다. 월성지역어에서 '발+도'는 [palt'o]로 나타나고, '사실(事實)+대로'는 [sasilt'ɛro]로 실현되어 l 뒤의 어미 頭자음 t가 경음화되며, 이 현상은 동남방언의 동북부지역어에서 흔히 발 견된다고 한다(최명옥 1982 : 145-146). (23)ㄴ, ㄷ에서 알 수 있듯이 이 지역어 는 체언 어간의 말자음 n과 l은 후행 자음을 유성음화한다. 월성지역어와 달리 체언 어간의 말자음이 [+son]일 때 후행 자음이 경음화되지 않는다.

용언 어간말 자음이 어미의 어두 폐쇄음을 경음화시키는 현상은 (24)와 같이 나타난다.

(24) 활용

　ㄱ) ʧʃapk'o(잡고)　　　　ʧʃapt'əra(잡더라)
　　　nokk'o(녹고)　　　　　noktəra(녹더라)
　　　tatk'o(닫고)　　　　　tatt'əra(닫더라)
　　　ʃʃitk'o(짖고)　　　　　ʃʃitt'əra(짖더라)
　ㄴ) a:nk o(안고 - 抱)　　　a:nt'əra(안더라)
　　　ka:mk'o(감고 - 捲)　　ka:mt'əra(감더라)
　ㄷ) sa:lgo(살고)　　　　　sa:ldəra(살더라)
　　　k'igo(끌고)　　　　　 k'ildəra(끌더라)
　　　no:lgo(놀고)　　　　　no:ldəra(놀더라)

　　활용 환경에서 유음 l을 제외한 모든 어간말 자음이 후행 폐쇄음을 경음
으로 바꾸고 있음을 알 수 있다(ŋ은 어간말 자음으로 오는 경우가 없으므로 알 수
없다). 곡용 환경에서 어간말 자음이 [+nasal]인 것은 후행 폐쇄음을 경음화
시키지 않으나 활용의 경우는 경음화시키고 있다((23)ㄴ과 (24)ㄴ). 이것은 경
북의 월성지역어 및 금릉지역어 그리고 문경지역어에서도 동일하다.

　　어간말 자음군에 l이 포함되어 있을 때는 타 지역어와 마찬가지로 이 지
역어에서도 경음화가 일어나고 있다. 이 현상은 여러 방언에 공통적인 현
상이다(예는 (11), (12), (13)를 참조 바람). 어간말 자음군의 단순화로 인해 l 뒤의
자음이 탈락할 때는 경음화가 필수적으로 일어나고 있다. 상술한 세 가지
점으로 보아 경음화에 있어서 이 지역어는 경북의 다른 지역어와 별다른
차이가 없다고 할 수 있다(동북부 방언은 제외).

2.8. 활음형성과 모음의 완전순행동화

　　활음형성이란 용언의 어간말 모음 i, u, o가 頭모음이 ə나 a인 어미와 결
합할 때 i는 반모음 j로, u와 o는 w로 바뀌어 이중모음을 형성하게 되는 현

상을 가리킨다. 그리고 모음의 완전순행동화란 활용어미의 頭모음 ə가 어간말의 모음과 동일한 모음으로 동화되는 현상을 말한다. 이 지역어에서 이 두 현상이 서로 교차하며 수의적으로 발생하는 경우가 있으므로 함께 묶어서 논한다.

(25) ㄱ) (반지를) 끼다   ʧ'igo(끼고), ʧ'əsə(끼어서), ʧ'ədo(끼어도), ʧ'ətta(끼었다)

     ㄴ) (안개가) 끼다   ʧ'i:go(끼고), ʧ'iisə(끼어서), ʧ'iido(끼어도), ʧ'iitta(끼었다)

     ㄷ) (살이) 찌다   ʧ'igo(찌고), ʧ'əsə(찌어서), ʧ'ədo(찌어도), ʧ'ətta(찌었다)

     ㄹ) (짐을) 지다   ʧigo(지고), ʧəsə(지어서), ʧədo(지어도), ʧətta(지었다)

     ㅁ) (주먹으로) 치다   ʧʰigo(치고), ʧʰəsə(치어서), ʧʰədo(치어도), ʧʰətta(치었다)

     ㅂ) (맛이) 시다   šigo(시고), šəsə(시어서), šədo(시어도), šətta(시었다)

(25)는 어간의 頭자음이 [+strident] 자질을 가진 것이면서 어간 모음은 i로 끝나는 어사들이 頭모음이 ə인 어미와 결합할 때(시-어, 찌-어, 치-어) 나타나는 음운 현상이다. (25)ㄱ, ㄴ은 k구개음화가 적용된 어형이다. 어두자음이 ʧ, ʧ', ʧʰ인 어사의 어간 모음 i는 ə와 연결될 때 반모음 j로 변한 후 탈락했음을 (25)ㄱ, ㄷ, ㄹ, ㅁ에서 알 수 있다. 표면에 j가 나타나지 않는 것은 구개자음 뒤에서 구개성을 가진 반모음 j가 실현될 수 없기 때문이다. 그런데 (25)ㄴ은 활음형성이 적용되지 않고, 어미의 頭모음 ə가 어간 모음에 완전순행동화되고 있는 점이 특이하다. 여기에 활음형성이 적용되지 않은 이유를 찾는다면 이 낱말의 어간 모음이 장음인 점을 고려할 수 있다. 어두자음이 s인 (25)ㅂ은 활음화가 적용되지 않은 것이다. 화북지역어에서

제2음절의 어두자음이 s일 때 후접한 i 모음이 활음화되지 않는다((26)ㄹ과 ㅁ 참조). 문헌어에서 (25)ㅂ에 해당하는 어사의 어간은 '싀-'로 확인된다.[16] 그러나 (25)ㄱ, ㄴ에 해당하는 어형은 핵모음이 i였다.[17] 이와 같은 역사적 사실을 고려하면 (25)ㅂ이 활음화되지 않는 원인을 이 어사의 어간 모음이 이중모음 ij였던 점에서 찾을 수 있다.

제2음절의 頭子音이 ʧ, ʧʰ, s이고 어간 모음이 i인 어사들이 실현하는 활음형성은 (26)과 같이 나타난다. 괄호 안의 어형 표기는 생략한다.

(26) ㄱ) 던지다   t'ənʤigo, t'ənʤədo, t'ənʤəra
     ㄴ) 빠지다   p'aʤigo, p'aʤədo, p'aʤəsə
     ㄷ) 다치다   taʧʰigo, taʧʰəsə, taʧʰədo
     ㄹ) (햇빛에 눈이) 부시다   pašigo, pašisə, pašido
     ㅁ) (날씨가) 따시다(따스하다)   t'ašigo, t'ašisə, t'ašido

ʧ, ʧʰ이 제2음절에 있을 때도 활음형성이 일어나지만, s는 첫 음절이나 둘째 음절에 올 때 모두 활음형성이 적용되지 않음을 (26)에서 확인할 수 있다. (26)ㄱ, ㄴ, ㄷ에 해당되는 금릉지역어의 어형은 활음형성이 일어나지 않는다(백두현 1982 : 32-33). 기타의 1음절 어사들은 다음과 같이 나타난다.

(27) ㄱ) (머리에) 이다   igo, jədo, jəsə, jəra
     ㄴ) (엉금엉금) 기다   ki:go, kiido, kiisə, kiira
     ㄷ) (꽃이) 피다   pʰigo, pʰiido, pʰiisə
     ㄹ) (집이) 비다   pi:go, piido, piisə
     ㅁ) (불을)키다   kʰigo, kʰiido, kʰiira

(27)ㄱ은 활음형성을 보여주지만 다른 예들은 그렇지 못하다. (27)ㄴ, ㄷ,

---

16) 싀며 淡ᄒ며 둘며 미온 <능엄경언해 五, 37>
17) 불휘 ᄢᆡᄂᆞᆫ 거싀 얼겟도다 <杜초 十六 52a>, 너 ᄢᆡ여 잇는 <杜초 70>

ㄹ, ㅁ은 어미의 頭모음이 어간말 모음에 완전순행동화된 것으로 생각된다. 제2음절의 말모음이 i인 어사들도 이들과 비슷하게 나타나지만 중부방언의 영향을 받은 예도 발견된다. 경북방언에서는 이 환경에서 활음형성이 거의 적용되지 않는다.

(28) ㄱ) 뛰기다 tʰwigigo, tʰwigido, tʰwigisə, tʰwigira

  ㄴ) 알리다 alligo, allido~alljədo, allisə~alljəsə

  ㄷ) 보이다 poigo, poido~pojədo, poira~pojəra

  ㄹ) 내리다 nərigo, nərldo, nərira[18]

  ㅁ) 들리다(訪) tɨlligo, tɨllido~tɨlljədo, tɨllisə~tɨlljəsə

  ㅂ) 버리다 pərigo, pərldo,~pərjədo, pərlsə~pərjəsə

(28)ㄱ, ㄹ은 i 모음이 어간말 음절에 위치할 때와 같은 음운 현상을 보이고 있다. (28)ㄴ, ㄷ, ㅁ, ㅂ은 활음형성된 어형과 그렇지 않은 어형이 수의적으로 실현된다. 후자의 경우 제3음절의 頭자음이 l이거나 zero인 점이 주목된다. 이 수의적인 실현은 중부방언의 영향으로 해석된다.

다음은 어간말 모음이 u이거나 o인 어사들을 고찰하기로 한다.

(29) ㄱ) (꿈을)꾸다 k'ugo, k'wədo, k'wəsə, k'wətt'a

  ㄴ) (돈을) 꾸다 k'ugo, k'wə, k'wədo, k'wətt'a

  ㄷ) 두다 tugo, twəeo~to:do, twəsə~to:sə, twətt'a~to:tt'a

  ㄹ) 쑤다 s'ugo, s'wədo~s'o:do, s'wətt'a~s'o:tta

  ㅁ) 주다 ʧugo, ʧwəsə~ʧo:sə, ʧwədo~ʧo:do, ʧwətt'a~ʧo:tt'a

  ㅂ) 바꾸다 pak'ugo, pak'wə, pak'wədo, pakwəra

  ㅅ) 가두다 kadugo, kadwə, kadwədo, kadwətt'a

  ㅇ) 감추다 kamʧʰugo, kamʧʰwə, kamʧʰwədo, kamʧʰwətt'a

  ㅈ) 태우다 tʰεugo, tʰεwə, tʰεwədo, tʰεwətt'a

---

18) 중부방언의 '내리다'(下降)에 해당되는 어형이 경북 방언에는 [nirida]로 실현되는 경우가 많은데, 이 지역어에는 특이하게도 [nərida]로 나타나고 있다.

약간 장황하지만 경북방언과 다른 이 지역어의 특징을 잘 드러내어 보이는 예들이어서 다수의 예를 제시했다. (29)는 어간말 모음이 u인 경우로 ㄱ~ㅁ은 1음절 어간이고 ㅂ~ㅈ은 2음절 어간이다. 1음절 어간의 활용형에 나타난 특징은 wə와 o:가 수의적으로 교체되는 점이다. wə로 실현되는 것은 중부방언과 같은 것이다. 화북지역어에 존재하는 경북방언과 중부방언의 접촉 방언적 특징의 하나이다. (29)ㅂ~ㅅ의 2음절 어간이 실현한 활음형성은 금릉지역어 등의 경북방언과 다르고 중부방언과 동일한 양상을 보인다. 경북방언은 이 환경에서 a를 가진 어미가 선택되어 wə가 아닌 wa~a로 실현되므로(최명옥 1982, 민원식 1982, 백두현 1982), 이 예들의 wə는 중부방언과 같은 현상의 하나이다.

어간말 모음이 o인 어사는 (30)과 같이 나타난다.

(30) ㄱ) 오다   ogo, wasə, wado

　　 ㄴ) 보다   pogo, pwasə, pwado

　　 ㄷ) 쏘다   s'ogo, s'wasə, s'wado

　　 ㄹ) 꼬다   k'ogo, k'wasə, k'wado

(30)은 자음 뒤에서 이중모음이 올 수 있는 점 이외에는 경북방언과 차이를 보여주지 않는다.

모음의 완전순행동화는 (27), (28) 등 앞서 제시한 예들 외에 어간말 모음이 ε인 것과 어간말 자음이 탈락된 어사들의 활용에서도 활발하게 일어난다. 어간말 모음이 ε인 경우는 다음과 같다.

(31) ㄱ) (물이) 새다   sε:go, sεεdo, sεεsə,

　　 ㄴ) (밭을) 매다   mε:go, mεεdo, mεεra

　　 ㄷ) (그릇을) 깨다   k'εgo, k'εεdo, k'εεra

　　 ㄹ) (이불을) 개다   kεgo, kεεdo, kεεra

(31)에 실현된 완전순행동화는 화북지역어뿐 아니라 여러 방언에서 발견되는 공통적인 현상이므로 특별한 것이 아니다.

어간말 자음이 탈락된 후 어미의 頭모음 ə가 어간 모음에 동화되는 예로는 다음과 같은 것들이 있다.

(32) ㄱ) (농사를) 짓다   ʧiːtkʼo~ʧiːkkʼo, ʧiido, ʧiisə, ʧiira, ʧiinne
ㄴ) (물을) 붓다   putkʼo~pukkʼo, puudo, puusə, puura
ㄷ) (벼를) 찧다   ʧʼikʰo, ʧʼiido, ʧʼiisə, ʧʼiira
ㄹ) 옇다(넣다)   jəkʰo, jəədo, jəəsə jəəra
ㅁ) (고기를) 굽다   kʼuːpkʼo~kʼuːkkʼo, kʼuudo, kʼuura

(32)에 실현된 완전순행동화는 경북방언과 차이를 보이지 않는 것이므로 예시에 그친다.[19]

2.9. 모음조화

이 절에서는 이 지역어에 나타난 모음조화 현상 중 경북방언과 특히 다른 점만 언급하기로 한다. 이미 (29)에 예시한 활음화 현상에서 알 수 있듯이, 이 지역어는 '-어라', '-아도' 등 -a계 양모음 어미보다 '-어라', '-어도' 등 -ə계 음모음 어미를 선택하는 경향이 뚜렷하다. 경북방언보다 모음조화가 더 지켜지지 않는 양상을 보인다. -ə계 어미는 소위 음성모음 어간뿐 아니라 양성모음 어간과도 결합된다. 이 점은 중부방언의 모음조화 현상과 같다. 이에 해당하는 몇 예를 제시한다.

---

19) 필자의 제보자는 (32)의 동화를 "소리를 소홀히 할 때" 나타나는 것이고, 조심해서 말하면 [ʧiədo] 등과 같이 발음된다고 하였다. 이것은 중부방언의 발음형을 의식하고 한 말로 생각된다. 일상 구어인 자연발화 녹음 자료를 분석한 것이 (32)의 예들이다.

(33) palgə(밝어), k'aməra(감어라 - 洗髮), kaməra(감어라 - 捲),
pɛtʰəra(벹어라), mɛʧətt'a(맺었다), t'adiməsə(다듬어서),
pallɛra(발러라), palləsə(발러서 - 着), talləsə(달러서 - 異),
malləsə(말러서 - 乾), mɛwəsə(매워서), kalləsə(갈러서 - 分),
naʤəsə(낮어서 - 低), ʧobəsə(좁어서 - 來)

(33)에 나타난 모음조화 현상은 화북지역어가 지리적으로 중부방언에 인
접하고 있어서 그 영향을 많이 받고 있음을 보여준다. 이 지역어에 나타난
접촉 방언적 요소의 하나이다.

3. 요약

지금까지 상주군 화북지역어의 음운 현상 중에서 경북방언과의 차이를
보이면서 중부방언의 영향을 받은 접촉 방언적 요소를 중점적으로 다루었
다. 앞으로 문법과 어휘 측면의 조사 연구가 이루어진다면 화북지역어의
성격이 더 자세히 밝혀질 것이다. 이 글에서 밝힌 화북지역어의 특징을 요
약하여 결론으로 삼는다.

(a) 화북지역어의 모음체계는 i, e, ɛ, ɨ, ə, u, o, a의 8모음체계이다. 자음
체계에서 /s'/는 변별적 기능을 가진다. 경북방언의 일반적 현상과 달리, 화
북지역어는 자음 뒤의 이중모음이 실현된다.

(b) 성조는 음운론적 변별 기능을 갖지 못한다.

(c) 어간말 자음군 단순화에 있어서 l을 가진 자음군의 단순화가 수의적
인바 이는 접촉 방언적 요소의 하나로 볼 수 있다.

(d) 용언 어간말 자음이 ㅂ과 ㅅ인 불규칙 활용에서 경북방언은 정칙으
로 활용하는 것이 일반적이나 화북지역어는 중부방언과 같이 불규칙 활용
을 보인다.

(e) 유기음화에서 경북방언은 h가 약화·탈락되어 유기음화가 일어나지 않는 것이 일반적이다. 화북지역어는 인접 폐쇄음과 h의 축약으로 유기음화가 일어난다.

(f) 활음형성과 모음의 완전순행동화는 제2음절 어간에서 경북방언과 차이를 보이는바 두 음운 현상이 수의적으로 발생하는 경우가 있다.

(g) 모음조화에서도 중부방언의 영향으로 음모음 ə를 가진 어미가 선택되는 경향이 강하다.

끝으로 한 가지 특기할 만한 사실은 의문형 어미의 사용에 있어서 화북지역어에 '-니'와 '-나'가 공존하고 있는 점이다. 이 글에서 문법형태의 조사와 연구는 포함되지 않았다. 접촉 방언에서 문법형태의 쓰임에 대한 연구는 음운론적 연구보다 더 흥미로운 연구 주제가 될 것이다.

낙동강 하구 을숙도 주변 지역의 식물 어휘 연구

1. 현지 조사와 제보자

필자는 2008년도에 국립 국어원에서 주관한 <소멸 위기의 생태계 언어 조사> 사업에 참여하여 낙동강 하구언 부근 을숙도 주변 지역의 생태어 조사를 수행한 바 있다.1) 이 글은 이 조사에서 얻은 어휘들 중 언어학적 의의와 생태적 가치를 지닌 식물 어휘를 선별하여 언어 분석을 중심으로 연구하는 것이 목적이다.

현지 조사는 어휘 조사와 함께 을숙도 주변에서 삶을 꾸려온 사람들의 구술 발화도 함께 채록하였다. 구술 발화 속에는 갈집짓기, 재첩잡이, 김양식 이야기, 바닷물을 구워서 소금 만드는 이야기 등 흥미로운 내용이 포함되어 있다.2) 이 글에서는 분량과 시간의 제약으로 인해 조사한 내용을 모두 연구 대상으로 삼지 못하고 식물 어휘에 한정하였다.

조사 대상으로 삼은 제보자는 3명의 주제보자와 보조 제보자 6명이다.

* 이 글은 『최명옥선생 정년퇴임기념 국어학 논총』(2010, 태학사) 189-220쪽에 실렸던 것이다.
1) 생물학 전공의 박희천 교수와 임학 전공의 박상진 박사가 같이 참여하였다. 현장 언어 조사원으로 경북대 대학원의 안미애, 김인규, 안주현이 참여하였다.
2) 이 구술 발화를 전사하면서 이 속에 담긴 어휘도 조사하였다.

여기에 갈집 만들기, 재첩잡이, 염전 이야기에 관한 구술 발화 제보자 3명
을 합치면 총 12명의 제보자가 조사에 참여하였다. 주제보자는 사하구에서
1명(황석용), 강서구에서 2명(김재덕, 조청길)을 선정했다. 제보자에 관한 자세
한 사항은 다음과 같다.3)

[표 1] 제보자 정보

번호	이름(연령)	거주지	역할
1	황석용(66)	부산광역시 사하구 장림동 328-3 화천아파트 4동 106호	주제보자
2	김재덕(69)	부산광역시 명지동 2038	주제보자
3	조청길(69)	부산광역시 명지동 608-1175	주제보자
4	홍종권(75)	부산광역시 명지동 608-1117	보조제보자
5	권차순(77)	부산광역시 강서구 녹산동 546-40	보조제보자
6	이정자(76)	부산광역시 강서구 녹산동 203	보조제보자
7	김대진(82)	부산광역시 강서구 신호동 144	보조제보자
8	김말자(73)	부산광역시 강서구 녹산동 211-2	보조제보자
9	허영희(79)	부산광역시 강서구 녹산동 366	보조제보자
10	신만오(74)	부산광역시 강서구 대저2동 4459	갈집 만들기 제보자
11	황영채(70)	부산광역시 강서구 명지동 1316-3	재첩잡이와 김 양식 제보자
12	문정호(86)	부산광역시 강서구 명지동 2929	염전 이야기 제보자

주제보자 세 분에 대한 자세한 정보는 다음과 같다.

주제보자 황석용은 부산의 낙동강 하류 지역인 사하구에서 태어나 지금
까지 이곳에서 살아 왔다. 어업에 종사한 부친을 도우면서 삶의 터전인 바
다에 의지하며 생활해 왔다. 어류의 이름과 생태에 밝았으며, 곤충과 조류
의 명칭, 주변 지역의 속지명 등에 대한 지식도 풍부하였다. 2008년 현재
66세이다.

---

3) 국립국어원(2008 : 16) 참조. 제보자의 나이는 2008년 현재 나이이다.

주제보자 김재덕은 5대에 걸쳐 부산시 강서구에 거주해 왔다. 사하구 토박이들은 생업을 주로 어업을 영위하지만, 강서구 토박이들은 낙동강 유역의 들판을 가지고 있기 때문에 어업과 농업을 겸하고 있었다. 김재덕을 제보자로 삼은 이유가 여기에 있다. 이분은 어류뿐만이 아니라 곤충, 조류, 포유류, 식물 등에 걸쳐 아는 것이 많아서 폭넓은 조사가 가능했던 인물이다. 2008년 현재 69세이다.

주제보자 조청길은 부산시 강서구에 거주하고 있으며, 지금은 마을 입구에서 가게를 운영하고 있다. 그러나 예전에는 어업과 농업으로 생업을 영위했던 분이다. 강서구는 낙동강 본류와 서낙동강 사이에 놓여 있는데, 앞의 제보자 김재덕이 낙동강 본류 쪽인 명지동에 거주하고 있음에 비해, 조청길은 낙동강이 바다로 합류하는 지점인 순아동에 거주하고 있다. 이런 점을 고려해서 제보자의 지역적 균형을 맞추기 위해 조청길을 주제보자로 선정하였다.

위의 제보자를 대상으로 조사한 전체 어휘의 종류와 개수는 다음 표와 같다.4)

[표 2] 조사 어휘의 범주와 개수

범주	조사 어휘수	범주	조사 어휘수
식 물 류	177	파 충 류	8
양 서 류	6	포 유 류	2
어 류	96	환 형 동 물	1
연 체 동 물	19	곤 충 류	67
절 지 동 물	47	생 활 어	82
조 류	86	합 계	591개

수집한 어휘는 식물류, 양서류, 어류 등 11개 부류이며, 갈집짓기, 재첩

4) 이 표는 『소멸 위기의 생태계 언어 조사』(국립국어원 2008), 4쪽의 표를 간략히 한 것이다.

잡이, 김 양식, 소금 굽기 등 염전에 대한 구술 발화를 채록하고 이 속에 담긴 어휘도 분석하였다. 이 글에서는 식물류 어휘 177개 중 특징적인 것을 가려서 검토 대상으로 삼았다. 검토 대상이 된 이 어휘들은 언어학적 혹은 생태학적 측면에서 의의가 있다고 판단한 식물어이다. 특히 음운, 형태, 의미의 측면에서 우리의 관심을 끌 만한 어휘들을 연구 대상으로 선정했다.

2. 식물 어휘 분석

조사한 식물 어휘 중 이 글의 분석 대상으로 삼은 어휘는 지역 방언의 특성을 반영하거나 생태학적 관점에서 의의가 있는 것들이다. 공통어형[5]과 비교할 때, 방언형과 공통어형의 명명법이 현저히 달라서 해당 식물에 대한 인식 차이가 뚜렷한 것을 이 글의 분석 대상으로 삼았다. 서술의 편의상 해당 식물의 생태적 특징에 대한 것은 필요한 경우 간략히 언급할 것이다.

대상이 된 식물 어휘들이 가진 지역 방언의 특성을 드러내기 위해 필자는 주로 음운론적 측면 및 형태론적 측면의 분석을 시도할 것이다. 또한 개별 어휘가 지닌 성격에 따라 의미론적 특징도 살펴 볼 것이다. 특히 그 식물의 공통어형 혹은 통용 어형과 비교하여 양자 간의 공통점과 차이점을 점검하는 방법을 취할 것이다.

이 글을 쓰면서 연구 대상이 된 식물의 특징을 파악하기 위해 <국가 생

---

5) '공통어형'은 전국적으로 널리 쓰이는 어형을 가리키며, 흔히 '표준어형'이라 칭한다. 필자는 '표준어형'이란 용어를 '공통어형' 혹은 '통용어형'으로 바꾸어 쓰는 것이 바람직하다고 생각한다. 언어에서의 '표준'은 편리함도 있지만 부작용이 매우 심각하다. 권위주의적이고 획일주의적 어감을 풍기는 '표준어'는 방언형을 포함한 다양한 소수 어형을 절멸시키는 역기능을 하기 때문이다.

물종 지식정보 시스템>(http://www. nature.go.kr/)의 해설과 사진을 이용하였다. 저작권 문제로 해당 식물의 사진을 여기에 싣지 못하였다.

(1) 개'미딸6)

공통어형 '뱀딸기'를 이 지역에서는 '개'미딸'이라 부른다. 이 풀은 장미 과에 속하는 여러해살이풀이다. 줄기가 땅 위로 뻗으며 자라고 마디마디가 뿌리를 내린다. 붉은 과육의 열매는 딸기와 비슷하지만 먹지 못한다. 들이 나 길가의 둑에서 흔히 자라는 풀이다.

경상방언을 포함한 여러 방언에서 '딸기'를 '딸'이라 부른다. '산딸기'를 '산딸', '집딸기'를 '집딸'이라 한다. '뱀딸기'와 '개미딸'을 비교해 보면 '딸 기'와 '딸'이 서로 다르지만, 중요한 것은 '뱀'과 '개미'의 차이다. '뱀딸기' 와 '개미딸'은 합성어의 구성소에 속한 언어재를 전혀 다른 동물명에서 취 했다는 점에서 특이한 것이다.

<한민족언어정보화 통합검색기>에서 '뱀딸'을 검색해 보면 전국의 여 러 방언에서 '개미딸'류가 확인된다. 이 낱말의 전국 방언형은 크게 두 가 지로 나누어지는데, 개미딸류와 뱀딸류가 그것이다. 개미딸류는 '개미딸 구', '게미딸', '게여미딸', '게염지딸' 등의 다양한 어형으로 분화된다. 뱀딸 류도 '배암딸', '배암딸구', '배암때뀔', '밤딸구', '비암딸' 등의 다양한 분화형 이 여러 방언에 산재되어 있다.7) '게여미딸' 등으로 보아 이 어형은 '개미' 의 고어형에서 비롯된 것이 확실하다.

같은 식물의 이름에 그 특성이 상당히 다른 '개미'와 '뱀'을 어휘 구성소

---

6) '개'는 '개'가 고조(high tone)임을 가리킨다. '가 놓인 앞 음절에 강세가 있음을 표기한 것이다.

7) 이밖에도 소수 어형으로 '땅딸기', '물딸구', '보리딸', '중딸' 등이 있으나 개미딸류와 뱀 딸류가 압도적 다수를 차지하고 있다.

로 달리 선택한 까닭이 무엇일까? 개미딸은 보통 나무딸기나 멍덕딸기보다 키가 훨씬 낮고 땅에 붙어서 살다시피 하는 형세로 자란다. 땅에 기어다니는 개미나 뱀이 가까이 하기 좋은 열매를 맺기 때문에 뱀과 개미가 이 식물의 이름에 동원된 것으로 짐작된다. 그러나 여러 방언에서 뱀과 개미를 구별하여 사용한 연유를 밝히기는 어렵다.

(2) 개쑥

'개쑥'은 다북쑥을 가리키는 경상방언형이다.8) 경남과 경북의 여러 지역에서 쓰이는데 창녕에서는 '기쑥'으로 조사돼 있다. 사람들이 흔히 먹는 쑥이 아니기 때문에 접두사 '개'를 붙였다. 먹는 '비름'에 대해 안 먹는 비름을 '개비름'이라 부르는 것과 같다. 이 지역에서는 '개비름'도 쓰인다. 또 '냉이'의 한 종인 '개갓냉이'를 이 지역에서는 '개나씨'라고 한다. '개-나씨'로 분석되며, '나씨'는 '나싀'의 반사형이다. '개나씨'의 '개'도 '개비름', '개쑥'의 '개'와 같은 접두사로 먹지 못하거나 질이 떨어지는 식물 이름에 쓰인다.

(3) 거랑풍'

'거랑풍'은 개구리밥을 가리키는 이 지역의 방언형이다. '거랑풍'의 성조는 LLH이며 '풍'에 고조가 놓인다. '거랑'은 '걸'(渠)의 방언형으로 판단되지만, '풍'의 정체가 불명이다. '풀'의 와전된 발음이 아닐까 짐작해 본다. 거랑이나 물가 표면에 떠 있는 이 식물의 특성상으로 보아 '거랑풀'이란 이름이 붙을 만하기 때문이다. 그러나 추정에 그칠 뿐 입증하기 어렵다.

---

8) <국가 생물종 지식정보 시스템>에 검색해 보면 '다북쑥'은 나오지 않고 '개쑥갓'이 나온다.

(4) 고새'

'고새''는 '고수'의 방언형이다. 이것은 산형과의 한해살이풀로 높이는 30~60cm이다. 6~7월에 작고 흰 꽃이 가지 끝에 총총하게 피고 열매는 둥글다. 밭둑이나 들판에서 흔히 보이는 식물이다. 공통어형 '고수'의 제이음절 모음이 이 지역에서는 'ㅐ'로 실현된다.

그런데 옛 문헌에서 이 식물은 '고시' 혹은 '고싀'로 쓰였던 것이다.9) '고시>고싀' 변화형이 문헌 자료에서 확인된다. 이 지역의 방언형 '고새'는 '고시'를 직접 계승한 것이다. 이른바 공통어형으로 사전에 등재된 '고수'는 '고시', 혹은 '고싀'의 변화형으로 보기는 어려운 점이 있다. 비어두의 ·ㅣ>ㅜ나 ㅢ>ㅜ 같은 변화는 국어음운사에서 일반적인 것이 아니기 때문이다. 역사적 근거로 보면 '고새'가 공통어형이 되어야 적절하다.10)

(5) 까막'발

'까막발'은 '바디나물'의 이 지역 방언형이다. 이 풀은 산형과의 여러해살이풀로 산이나 들에 자생하며 어린잎은 무쳐서 먹고 뿌리는 약재로 쓴다. 꽃대 줄기가 자라면서 가지들이 갈라지는데 그 모습이 까마귀 발을 닮은 것으로 인식해 '까막발'로 명명된 것으로 생각된다. '까막발의 '까막'은

---

9) 芫 고시 원 荽 고시<1527훈몽자,상,007b>, 고시 두믄 술<1608두창집,下,046a>, 荽 고시 <1613동의보,02,034a>, 고싀 줄기 싸흐라<1608두창집,上,022b>, 고싀 역괴 파 마늘 <1677박통해,중,033b>, 芫荽 고싀<1690역어유,하,010b> 고싀와 마늘과 청어젓과 소금 과<16xx납약증,004a>.

10) 통시적 정보를 도외시하고 '표준어'를 잘못 정한 대표적 예는 '줍다'이다. 옛 문헌에서 이 단어는 '줏-' 혹은 '줏-'이 대표 형태였다. '줏-'의 받침 ㅿ이 탈락하고 원순성의 전이로 '주워'가 생성되었다. 즉 '주서>주어>주워'의 과정을 거친 '주워'에서 어중의 w를 '더워' 등에 유추하여 ㅸ에서 기원된 것으로 오인한 결과 '줍-'이라는 어간을 만들어 냈다. 어간 오분석으로 만들어진 '줍-'을 표준어형으로 등재한 것은 이 단어의 통시적 정보를 고려하지 않았거나 몰랐기 때문일 것이다. '주섬주섬'은 '줏-'에 기원을 둔 파생 첩어이다.

'까마귀'의 단축형으로 판단된다.

(6) 깨곰'

'깨곰'은 '개암'을 뜻하는 이 지역의 방언형이다. '개암'의 방언형은 매우
많은데, 어중 ㄱ을 가진 '깨금', '깨굼', '깨곰'류와 어중 ㄱ이 없는 '개얌',
'괴암', '걈' 등이 대표적 부류를 이룬다. '깨곰'과 같은 어중 ㄱ류는 경상도
와 전라도 방언 즉 남부방언에 널리 분포되어 있다. 타 방언에서는 어두
음절이 장음이어서 '깨ː곰'으로 발음되지만 경남에서는 어두 장음이 없고
제2음절에 고조가 있다.

옛 한글 문헌에서 '개옴'(박번 상 : 4), '개욤나모'(삼강 효 : 32)와 같이 어중
ㄱ이 없는 어형만 나타나고, 어중 ㄱ이 있는 '깨곰'류는 찾기 어렵다. 후자
는 전형적 남부방언의 어휘라 판단된다.

(7) 깨뜨'기, 소풀'

'쇠뜨기'는 들판이나 밭두렁 등에서 흔히 볼 수 있는 풀이다. 연하고 어
린 줄기를 '뱀밥'이라 하여 나물로 식용하는 곳도 있다. 요즈음은 거의 먹
지 않는 풀이다. '쇠뜨기'를 이 지역 방언에서는 '깨뜨'기' 혹은 '소풀'이라
부른다. '쇠뜨기'와 '깨뜨기'에서 어근에 해당하는 '쇠'와 '깨'가 교체되었
다. '쇠'는 그 형태상 '소-의'의 축약으로 볼 수 있다. '깨'는 그 어형으로
보면 식물명 '깨'에서 기원된 것으로 짐작해 볼 수도 있으나 양자의 식물
적 유사성이 없기 때문에 그 가능성이 약하다. '쇠뜨기'의 방언형 '소풀'은
경남 동부와 경북지역 전역에서 널리 쓰인다.[11] '소풀'은 '쇠뜨기'의 '쇠'가

---

11) 그런데 '소풀'은 경남 서부(진주, 하동, 산청 등)와 전남 일부(구례, 광양, 여수, 순천) 지
역에서는 '부추'의 방언형으로 널리 쓰인다. 어린 시절을 시골에서 보낸 필자는, 소가

'소-의'에서 생성된 것임을 증명해 준다. '쇠뜨기'와 '소풀'은 어근 '소'가 서로 같고, '쇠뜨기'와 '깨뜨기'는 접미된 '뜨기'가 서로 같아서 조어법의 동질성과 이질성을 함께 보여준다.

(8) 깨치'미, 꼬치'미

'깨치'미'와 '꼬치'미'는 '고비'의 이 지역 방언형이다. 흔히 반찬으로 먹는 '고비나물'의 재료가 되는 풀이다. 산이나 들에 자생하며, 어린잎과 줄기는 식용하고, 뿌리와 줄기는 약용한다. 고사리의 하나이며 '쇠고비'라는 이름도 쓰인다. 국어사 자료에서 식물명으로 쓰인 '고비'는 『한불자전』의 '고비 蕨'<1880한불자,192>가 있다.[12] 그런데 <한민족언어정보화 통합검색기>에 '고비'의 방언형으로 '개사리', '고사리' 등이 등재되어 있으나 '깨치'미'와 '꼬치'미'는 어느 지역의 방언형으로도 올라가 있지 않다. 현재까지 조사된 자료로 볼 때 이 어형들은 을숙도 주변 지역의 방언형이라 할 수 있다.

(9) 꺼끄렁'풀, 꺼끄리'이

'꺼끄렁'풀'과 '꺼끄리'이'는 '갈퀴덩굴'의 이 지역 방언형이다. <국가 생물종 지식정보 시스템>에는 '갈키덩굴', '가시랑쿠', '수레갈퀴'와 같은 다른 이름이 등재되어 있다. 꼭두서닛과의 두해살이 덩굴풀이며 줄기에 가시털이 있다. 열매는 타원형으로 갈고리 같은 털이 있다. '갈퀴덩굴'은 열매에 달린 갈고리 모양의 털을 기준으로 명명된 것이고, '꺼끄렁'풀'은 줄기에 붙은 꺼끌한 가시털을 기준으로 명명된 것이라 생각된다. '꺼끄렁'풀'이 '갈퀴

소풀을 많이 먹으면 물똥을 싼다고 하여 이 풀을 '소 물똥 싸는 풀'이라 불렀다.

12) 국어사 문헌에 '蕨'은 그 뜻풀이가 '고사리 궐'<1527훈몽자,상,008a>, '蕨菜 고사리'<1613동의보,02,034b>와 같이 나타난다. '고비'라는 낱말은 문헌상 훨씬 후대에 나타나지만 방언에 널리 존재하는 것으로 보아 오래전부터 쓰였던 낱말로 생각된다.

덩굴'보다 식물적 특성을 더 잘 표현한 명칭인 듯하다. '갈퀴덩굴'은 콩과에 속하며 전혀 다른 식물인 '갈퀴나물'과 혼동되는 명칭어이다. '갈퀴나물'도 이칭으로 '갈퀴덩굴'이 있기 때문에13) 혼동이 더욱 가중된다. 식물적 특성이 잘 표현된 '꺼끄렁풀'을 널리 쓰는 것이 오히려 바람직하다.

방언형 '꺼끄렁'풀'은 '꺼끄렁-풀'이라는 합성어이고, '꺼끄리'이'는 '꺼그렁-이'로 분석되는 파생어이다. '-이'는 명사화 접미사이다. '꺼끄리'이'는 '렁'의 종성 ㅇ이 비음화 되어 약하게 발음된다. 위 '꺼끄리'이'의 표기에서 '이'의 초성을 옛이응(꼭지이응)으로 표기하여 '이'가 비음임을 나타냈다.

(10) 꼭'뚜마리, 도'꾸마리때

이 두 낱말은 '도꼬마리'의 방언형이다. '도'꾸마리때'는 '도'꾸마릿대'(도꾸마리의 줄기)로 표기할 수도 있다. '도꾸마리'는 '도꼬마리'에 ㅗ>ㅜ가 적용된 이형태에 지나지 않는다. 그런데 '꼭뚜마리'와 '도꼬마리'의 관계는 좀 복잡하다. '도꼬'는 사실상 '독꼬'와 같이 발음된다. 이 '독꼬'에서 제1음절과 제2음절의 초성이 서로 뒤바뀌고(음운도치), 폐쇄음 뒤의 ㄷ경음화, 이어서 적용된 ㅗ>ㅜ가 차례로 실현되었다. 즉, '독꼬>꼭도>꼭또>꼭뚜'라는 과정을 거친 것이고, 그 결과가 '꼭뚜마리'이다. 이 변화에서 가장 특이한 것이 음운도치(음운전위)이다. 경상방언에 쓰이는 '깔딱질'(딸국질)도 ㄲ과 ㄸ이 도치된 결과이다. 음운도치는 희귀한 예이어서 '깔딱질'과 함께 '꼭뚜마리'는 특이한 음운론적 의의가 있는 것이라 하겠다.

(11) 꽁밥나무

'꽁밥나무'는 '꿩의밥'의 이 지역 방언형이다. '꿩의밥'은 '꿩밥', '꿩의밥풀'

---

13) http://www.nature.go.kr/ 참고.

등의 다른 명칭이 있으며, 구름꿩의밥, 두메꿩의밥, 산꿩의밥 등 이종(異種)이 있다. '꿩의밥'은 산야에서 흔히 보이는 식물로, 5~6월에 검붉은 이삭 모양의 작은 꽃이 긴 꽃줄기 끝에 뭉쳐 피고 열매가 열린다. 이 열매를 꿩이 즐겨 먹어서 이런 이름이 붙은 것이다.

방언형 '꽁밥나무'는 [꽁밤나무]로 발음된다. '꽁'은 이중모음 ㅝ가 단모음 ㅗ로 변한) 모음축약의 하나이다. '쥐라>조:라', '나둬라>나또:라' 등에서 관찰되는 이 변화는 경상방언에서 흔히 발견되는 모음 변화이다.

(12) 꿀밤나무, 꿀'빰나무

'꿀밤나무'는 상수리나무, 도토리나무, 졸참나무, 떡갈나무 등 참나무류를 통틀어 이르는 경상방언이다. 이 나무들에 열리는 열매 즉 도토리를 경상방언에서는 꿀밤이라 부른다. 밤나무의 열매인 '밤'에 '꿀'을 접두한 것이 '꿀밤'이다. 이 '꿀'이 '꿀'(蜜)과 연관된 것인지는 판단하기 어렵다. '꿀빰나무'는 제2음절에 경음화가 일어난 특이한 어형이다. 경남방언에는 위두 어형과 함께 '굴밤'(경남 진주 함안 등지)과 '도트리', '도톨뱅이' 등도 산발적으로 쓰인다.

(13) 나락냉이, 나랑내'이

'나락냉이'와 '나랑내'이'는 벼룩나물의 이 지역 방언형이다. '나랑내'이'는 '나락냉이'에서 '냉'의 받침 ㅇ이 비음화된 발음형이다. 벼룩나물은 '들별꽃', '벼룩별꽃', '보리뱅이' 등의 다른 이름으로 부르기도 한다. 전국 각지에서 자라는 2년생 초본이며 기부(뿌리 부위)에서 많은 가지가 나와 원줄기와 가지를 구별하기 어려울 정도로 자라기 때문에 마치 무더기로 모여난 것처럼 보인다.[14]

이 지역 방언형 '나락냉이'는 전접어(前接語) '나락'과 후접어(後接語) '냉이'로 분석된다. 이 식물은 뿌리 부위에서 줄기가 총생하는데 이런 모습이 나락(벼)와 비슷한 점에 착안하여 '나락'이 전접어에 들어간 것으로 보인다. 그리고 후접어인 '냉이'는 이 식물이 부분적으로 냉이를 닮았다고 생각하고 붙인 요소로 간주된다.

(14) 나'씨, 참'나시, 냉'이

공통어 '냉이'는 이 지역에서 '냉'이', '나'씨', '참'나시'와 같은 어형으로 쓰인다. '냉'이'는 타 방언의 영향으로 유입된 어형인 듯하다. '나'씨'는 제2음절에 고조가 놓인다. 중세국어의 '나ᇫ'는 '참'나시'에서처럼 '나시'로 반영되는 것이 자연스럽다. '나'씨'는 ᇫ이 ㅆ으로 대응된다는 점에서 특이하다. ㅅ이 경음화될 환경이 아니기 때문이다. 제2음절에 놓인 고조가 경음화에 작용했을 가능성이 있다. '참'나시'는 냉이 중에서 식용으로 쓰는 것을 지정하여 붙인 이름이다. 나물류의 명칭에서 접두사 '참'과 '개'는 식용 여부에 따라 붙여지는 것이 보통이다. '나시'에 접미사 '-앙이'가 결합된 '나생이'도 경상방언에서 널리 쓰인다. 이 지역어의 조사에서는 미처 채록하지 못하였다.

(15) 노고초, 노구'초, 할'미'꼬시

'노고초'(老姑草)는 '할미꽃'의 한자어 명칭이다. 경상방언에서는 '노구추'라고 많이 쓴다. '노구추'는 제2,3음절에서 ㅗ>ㅜ가 실현된 것이다. 을숙도 주변 지역어에서는 '노고초', '노구'초', '할'미'꽃'이라는 방언형이 공존하고 있

---

14) 국가 자연사연구 종합정보시스템 http://naris.science.go.kr/index.html 참고.

다. 이 꽃은 허리가 굽은 모양이 등 굽은 노파와 닮았다 하여 붙여진 이름이다. 봄에 뿌리를 캐어 엿기름과 함께 넣고 고아 강장제로 쓴다.

(16) 노락쟁이, 노락째'이

'노락쟁이' 혹은 '노락째'이'는 '염주괴불주머니'의 이 지역 방언형이다. 식물도감에 이 식물의 또 다른 이름으로 '갯현호색'이 등재되어 있다. '갯'이 붙은 까닭은 이 식물이 전국 각처의 바닷가에서 자라기 때문이다.

이 지역 방언형인 '노락쟁이'는 공통어형 '염주괴불주머니'와 전혀 다른 어형이다. 이름을 붙인 기제가 전혀 다르다. '노락쟁이'는 이 식물의 꽃 색깔이 노르스름한 연황색이기 때문에 붙여진 것이다. '노락째'이'는 '쟁이'의 경음화 및 ㅇ약화에 수반된 비모음화가 실현된 방언형이다.

이에 비해 '염주괴불주머니'는 꽃의 형태에 착안하여 붙여진 이름이다. '염주-괴-불-주머니'가 합성된 것이다. 열매의 모양이 염주알처럼 둥글고 꽃의 형상이 고양이의 불알(괴불)처럼 생긴 주머니 같다고 생각하여 붙인 것이 '염주괴불주머니'다. 네 개의 어휘가 합성되어 복잡한 구성의 식물명이다. 식물 명칭에 그 식물의 주요 특징을 반영하려다 보니 이렇게 된 것이다. 국어사전에 '염주괴불주머니'만 실을 것이 아니라 '노락쟁이'로 수록해야[15] 우리말 어휘가 더욱 풍부하고 재미있게 될 것이다.

(17) 달구'미자바리

'달구'미자바리'는 '꽃마리'의 이 지역 방언형이다. 2년생 초본으로 들판이나 길가에서 자란다. 총상으로 달리는 꽃이 필 때 태엽처럼 풀리면서 꽃

---

15) 국어사전 중 어떤 책에는 '노락쟁이'를 표제어로 실어 놓고 그 뜻을 '노린재의 잘못'이라 풀이해 놓았다. '노락쟁이'와 '노린재'는 지시 대상이 전혀 다른 낱말이다.

대가 자라고 비스듬히 위를 향하다가 점차 옆으로 퍼진다. 꽃의 이러한 형상이 '달구미자바리'라는 방언 명칭어와 연관성이 있는 것으로 보인다. '달구미자바리'는 '닭-의#미자발-이'로 분석된다. 경상도 말에 '달구통'(닭-의#통), '달구새끼'(닭-의#새끼)라는 말이 있다. '닭'에 속격 '-의'가 붙을 때, ㄱ 뒤에서 일어난 이중모음의 단모음화(ᅴ>ㅣ), 원순모음화(ㅡ>ㅜ)가 차례대로 실현된 어형이 '달구'이다. '미자바리'는 '미자발'(항문 괄약근이 있는 부위. 미주알)에 접미사 '-이'가 결합한 것이다. 따라서 '달구미자바리'는 '닭의미주알'에 해당한다. 이 꽃이 피고 자라는 모습을 닭의 항문 부위에 비유하여 붙인 것이다.

공통어형 '꽃마리'와16) '달구미자바리'는 조어 방법에 현저히 다르다. 양자는 그것의 어휘 구성소가 전혀 다르다. 이런 차이는 식물 이름 명명법(命名法)이 방언에 따라 크게 달라질 수 있음을 보여준다. 이 지역 사람들은 그들의 생활 주변에서 관찰되는 식물의 특성을 다른 관점에서 파악하고, 이것을 기반으로 식물명을 전혀 다르게 붙인 것이다. 이러한 언어 행위를 결코 부정적으로 볼 일은 아니다. 이것은 사물 인식에 대한 새로운 관점과 사고를 보여줄 뿐 아니라, 한국어의 다양성을 창조하는 원천이 되기 때문이다.

(18) 도둑'놈까세, 도둑'놈풀

'도둑'놈까세'는 '도깨비바늘'의 이 지역 방언형이며, '도둑'놈풀'이라 부르기도 한다. 경남에서 이 어형들이 널리 쓰인다. '도둑'놈까세'와 '도깨비바늘'을 비교해 보면 두 가지 점에서 대조적이다. 두 낱말의 구성 요소를 분석해 보면 '도둑놈 : 도깨비', '까세 : 바늘'이 각각 대응된다. '까세'는 '가시'의 방언형이며, '가시'에서 어두경음화 및 '·ㅣ>ㅐ>ㅔ'라는 음운변화

---

16) '꽃마리'는 '꽃-마리'로 분석되지만 '마리'의 정체가 확실치 않다. '머리'의 모음교체형인 '마리'일 가능성이 있다.

를 거친 것이다.

'까세'와 '바늘'은 의미적인 유연성을 가지므로 이 둘의 대응 관계는 쉽게 이해할 수 있다. 그러나 '도둑놈 : 도깨비'의 대응은 자못 특이하다. 양자의 의미적 유연성 파악도 간단치 않다. 그러나 도둑놈과 도깨비가 '은밀히 몰래 숨어 있는 존재'라는 점에서 의미적 유연성이 있다고 볼 수 있다. 조어적 발상법이 돋보이는 낱말이 '도둑놈까세'이다.

<한민족언어정보화 통합검색기>로 '도깨비바늘'을 찾아 보니 전국의 여러 방언에서 다양한 방언형이 검출되어 나온다. 이 단어 하나만으로도 글 한 편을 쓸 수 있을 만큼 '도깨비바늘'의 방언형이 다양하다. '도깨비바늘'의 '도깨비'에 해당하는 전접어가 방언에 따라 차이가 크다. '가마귀바농'(제주)와 '까마구발'(충북)은 '까마귀'가 전접어이다. '개:바농'(제주)는 '개', '까치바눌'(경기 강원 충북)과 '깐치바늘'(경북 충북)은 '까치', '두깨비찰'(경기), '뚜끼비찰밥'(경남)은 '두꺼비', '호:랭이까시'(전남 여수)는 '호랑이'가 각각 전접어이다. 하나의 식물이름을 명명함에 있어서 다양한 동물어휘가 방언에 따라 달리 활용된 사실이 흥미롭다. 이 식물의 가시 모양이 그림에서 보듯 까마귀발 혹은 까치발과 비슷한 점이 있다. 그러나 개나 두꺼비, 호랑이 등은 비슷한 점을 찾기 어렵다. 그럼에도 불구하고 후자와 같은 동물어휘가 전접 요소로 동원된 까닭이 무엇인지 궁금하다.[17) 옛 한글 문헌에는 '돗고마리', '도쇼마리' 등의 어형이 쓰였다.[18)

---

17) '도깨비바늘'의 방언형으로는 이밖에도 '찹밥띠기'(경북), '참귀사리'(전국), '질빵거리'(충남 당진), '진두개'(전남), '지개비풀'(전남), '옷도독놈까시'(전남 담양), '삐조지'(경북), '쇠물팍'(전북), '찐대기'(충남 부여), '찐더풀'(강원 강릉), '찐덕살'(전남 장성, 광주, 화순) 등이 있다. 이러한 다채로운 방언형들은 명명법의 동기와 여기에 함축된 사고 방식을 탐구하는 데 좋은 자료라 생각된다.

18) 蒼 돗고마리 시<1527훈몽자,상,004b>, 돗고마리롤 찌허<1542온역이,027a>, 蒼耳 도쇼마리<1690역어유,하,040b>, 蒼耳 돗고마리<1748동문해,하,045b>.

(19) 담배나물'

'담배나물'은 '개망초'의 이 지역 방언형이다. 망초는 국화과의 두해살
이풀이며 키가 1미터 이상 자란다. 줄기와 잎에 잔털이 보송보송하다. 필자
의 고향 성주에서는 망초를 '망태풀'이라 불렀다. 망초는 토종식물이지만,
개망초는 북미에서 들어와 들판을 장악해 버린 귀화식물이다. 잎이 망초보
다 훨씬 작고 키도 낮다. 그래서 '개'라는 접두사를 붙인 것이다. 들판에서
하얀 꽃을 달고 쭈뼛쭈뼛 서 있는 풀은 대부분 이 개망초라 생각하면 된다.
　낙동강 하류지역에서 쓰이는 '담배나물'은 망초의 잎이 넓적하고 키가
자라는 모습이 담배 풀과 비슷하기 때문에 붙여진 이름이다. 개망초는 잎
이 넓지 않고 좁은 편인데도 망초에 통하던 이름을 개망초에 전용한 것이
다. 또 하나 주목되는 점은 '담배나물'과 같이 '나물'이 결합한 합성구조이
다. 담배는 나물이 아니다. 나물은 식용 가능한 식물류를 통칭한다. 담배는
먹지 못하는 식물인데도 '담배나물'이라는 합성어를 만든 것이다. '담배나
물'이라는 신조어는 '나물'의 식물적) 속성만 의식한 결과이다.

(20) 도둑'놈풀

'도둑놈풀'은 [도둥놈풀], [도둥눔풀]로도 발음되는데, 공통어형은 '쇠무
릎'이다. 열매의 겉에 가시가 있어서 사람의 옷에 잘 달라붙는다. 이런 성
질에 착안하여 '도둑놈풀'이라고 이름 붙인 것이다. 공통어형인 '쇠무릎'은
'소의무릎'으로 분석된다. 이 풀의 줄기가 자라면서 마디마디 갈라지는 모
양을 소의 무릎에 견주어 붙인 이름이 '쇠무릎'이다. 이에 비해 '도둑놈풀'
은 열매의 가시가 사람 몰래 옷에 달라붙는 성질을 비유한 명명이다. '도둑
놈풀'은 사람에, '쇠무릎'은 짐승에 견주어 명명한 것이 된다.
　국어사 말뭉치 자료를 <깜짝새>로 검색해 보면, '쇠무릎'은 다음과 같이

나타난 것이다.

> 牛膝 쇠무룹픐불휘 <1489구급간,3,3a>
> 쇠무룹픐불휘 <1489구급간,3,2b>
> 쇠무릅불휘 <1489구급간,3,96a>
> 쇠무룹디기 (牛膝) <1799제중신,012b>
> 쇠무룹디기 (牛膝) <1868의종손,013a

한자어 '牛膝'의 우리말 어형으로 '쇠무룹', '쇠무릅', '쇠무룹'이 이표기 형태로 존재했음을 알 수 있다. '쇠무룹디기'는 접미사 '-디기'가 추가된 것이다.

(21) 독새'풀, 복'새

'독새풀'은 '뚝새풀'의 방언형이며 경상도 전역에서 널리 쓰인다. 논밭 습한 곳에 많이 자라는 흔한 식물이며, 낫으로 베어 소먹이나 풀거름으로 쓴다. '뚝새풀'은 전국의 여러 방언에서 '둑새풀, 독새풀, 독개풀, 산독새풀, 독새, 독새기, 개풀' 등 다양한 방언형을 가지고 있다.[19] '독새풀'은 '독새'와 '풀'로 분석되며, '독새'는 두 가지로 해석될 수 있다. 하나는 '둑새풀'의 '둑새'를 경상방언형으로 보는 것이다. 다른 하나는 '독사'(毒蛇)의 변화형으로 보는 것이다. 전자는 언어학적 단순 기술이고, 후자는 그 기원을 설명해 보려는 것이다. 서로 대립되는 것은 아니다. 한편 본 조사에서 '복새'라는 어형도 조사되었다. 이 '복새'는 '독새'의 음변화형으로 이른바 와전형이라 할 만하다.[20]

---

19) http://www.nature.go.kr/에서 '뚝새풀'로 검색한 결과이다.
20) '독새풀'은 포아풀과에 속한다. 여기에 속하는 식물명으로 '새포아풀'도 있다. 새포아풀 은 '개꾸렘이풀', '새꿰미풀'이라는 이름으로 불리기도 한다. 포아풀은 볏과에 딸린 풀 을 통틀어 이르는 말이며, 새포아풀, 실포아풀, 왕포아풀, 자주포아풀 따위가 있다

(22) 돈냉이

'돈냉이'는 '돌나물'의 이 지역 방언형인데 비모음화가 일어난 '돈내'이'로 발음되는 것이 일반적이다. 가는 줄기로 습기가 많은 석벽이나 바위벽 같은데 자라며 다육질의 잎과 줄기는 나물을 해서 먹는다. '돈냉이'와 '돌나물'을 비교해 보면 단어 형성소가 다르게 보인다. 필자가 보기에 '돌나물'의 '돌'을 고려할 때 '돈냉이'의 고형은 '돐나싀'로 추정된다. '돌'에 사이시옷이 들어가고 그 뒤에 '냉이'의 고형 '나싀'가 붙은 것이다. '돐나싀'에서 어간말 ㄹ이 탈락하여 '돗나싀'가 되고 여기서 비음동화 및 '나싀'의 변화형 '냉이'가 생성된 것이 '돈냉이'일 것이다. 따라서 '돈냉이'는 '돌나물'과 같이 '돌'을 공유한다고 볼 수 있다. '돈냉이'의 '냉이'는 '돌나물'의 '나물'에 대응하며 '나물'은 '냉이'의 일반화된 범주명이 된다. 후부 요소가 특수화된 명칭이 '돈냉이'라면, '돌나물'은 후부 요소가 일반화된 범주 명칭이라 할 수 있다.

(23) 등꽃

'등꽃'은 공통어 '초롱꽃'의 이 지역 방언형이다. 연한 자주색 또는 흰색 바탕에 붉은 점이 있는 종 모양의 꽃이 피는 데 착안하여 '등) 혹은 '초롱'이라는 구성소가 이용된 것이다. '초롱'은 '등'의 일종이기 때문에 '등꽃'은 일반화된 범주 명칭이고, '초롱꽃'은 특수화된 범주명이라 할 수 있다. 방언과 공통어 간의 일반화 대 특수화의 대응 관계가 바로 앞에서 본 '돈냉이'와 '돌나물'과 서로 바뀌어 있다. 한편 『표준국어대사전』에는 '등나무에 피는 꽃'이라는 뜻의 '등꽃'만 실려 있다.

(http://www.nature.go.kr/).

(24) 등짤'피

'등짤피'는 '나사말'의 이 지역 방언형이다. 이 식물은 자라풀과의 여러해
살이 풀이다. '등짤피'는 '등'과 '잘피'로 분석된다. '잘피'는 어두경음화가 실
현되어 '짤피'라 발음된다. '잘피'는 『우리말 큰사전』에만 경남방언이라 하
여 표제어로 실려 있다. 이것은 늪이나 강변의 물속에 사는 부추 같은 침
수식물이다. 나물로 무쳐 먹기도 한다. '등짤피'는 이 지역에서만 조사된 특
이어이다. 다른 방언에서 보고된 바 없다. 타 지역에서는 대부분 '나사말'로
쓰인다.

'등짤피'의 '등'은 이 지역에서 쓰이는 특유의 낱말이다. 이 '등'은 무엇
인가. '등짤피'의 '등'은 만조 시에 물에 잠겼다가 간조 시에는 수면 밖으로
드러나는 땅을 가리킨다. 완만히 불룩하게 솟아 오른 모습이 소등처럼 보
이기도 한다. 이 등에 사는 식물이 '등−잘피'인 것이다. '등짤피'는 간조 시
에 강물이 빠져 등이 노출될 때 등에 붙어 사는 모습이 관찰된다. 이런 생
태로 인해 붙여진 이름이 '등짤피'이다. '등짤피'는 낙동강 하구 주변과 같
은 전형적 늪지 환경에서 생성된 특유의 생태 어휘라 하겠다.

한편 이 지역의 조사에서 '진짤피'와 '큰짤피'도 확인되었다.[21] 이 식물은
'등짤피'(자라풀과)와 달리 거머리말과에 속한다. 두 식물은 수초라는 점은
같지만 그 형태가 제법 다르다.

(25) 땡뚜깔', 뚜깔'나무

'땡뚜깔'은 '뚜깔나무'라고도 부르는데 '꽈리'의 이 지역 방언형이다. 여
름에 노르스름한 꽃이 잎겨드랑이에 피고 여기에 둥글고 약간 굵은 열매가

---

21) '진짤피'와 '큰짤피'는 덩굴의 길이가 길거나 큰 것이라서 붙인 이름이다. 그냥 '짤피'라
고도 부른다. 거머리말과의 여러해살이 해초(海草)이다.

달린다. 열매 속의 알맹이를 꺼내어 씹으면 따닥따닥 하는 소리가 난다. 아이들이 껌처럼 씹으며 갖고 놀았던 식물이다.

'땡뚜깔'의 '땡'은 접두사처럼 앞에 붙었으나 그 기원은 잘 드러나지 않는다. '뚜깔'(꽈리)의 열매가 종처럼 생겨서 종을 칠 때 나는 소리 '땡'을 끌어온 것일 수도 있다. 아니면 이 열매를 씹을 때 나는 소리를 '땡'으로 표현하여 이름 붙인 것일 수도 있다. 이 낱말이 이 지역 주민들의 평범한 언어 의식에서 만들어졌다고 본다면 소박한 생각으로 풀이하는 것이 바람직할 것이다.

『우리말 큰사전』의 '뚜깔02'항에 경남방언으로 실려 있다. 『표준국어대사전』의 '뚜깔'은 그 학명이 Patrinia villosa로 되어 있는데 이것은 꽈리와 전혀 다른 식물이다. 꽈리에 해당하는 '뚜깔'은 『표준국어대사전』에 누락되어 있다. '땡뚜깔'은 이번 조사에서 처음 발견된 낱말이다. 우리는 '꽈리'에 해당하는 새로운 식물 어휘 '땡뚜깔'을 확보하게 된 것이다.

(26) 떡나물

'떡나물'은 '앵초'(櫻草)의 이 지역 방언형이다. 산지에서 잘 자라는 야생화이며 자주색꽃이 아름다워 관상용으로 재배한다. <국가 생물종 지식정보시스템>에는 '앵초'의 관련어로 '취란화, 깨풀, 연앵초'가, '설앵초'의 관련어로 '눈깨풀, 분취란화, 좀분취란화, 좀설앵초, 애기눈깨풀'이 기재되어 있으나 '떡나물'은 조사된 바 없다. '떡나물'은 『표준국어대사전』을 포함한 어느 국어사전에도 실려 있지 않다. 이 지역 특유의 식물어인 셈이다. 앵초가 '떡나물'로 불리게 된 연유는 뚜렷하지 않다. 이 식물의 잎이나 뿌리를 이용해 떡을 만들었던 음식문화가 이 지역에 있었는지는 확인하지 못하였다.

(27) 멩앗대

'멩앗대'는 '명아주'의 이 지역 방언형이다. 이 식물은 여러 방언에서 이름이 다양하다. '도투라지'(경남, 경북 등), '능쟁이'(북한의 여러 지역, 경남 등), '명화대'(전남, 전북 등), '명개미'(충북, 충남 등) 등의 방언형이 있다.22) 김해와 부산 서쪽 지역에 쓰이는 '멩앗대'는 '명화–대'라는 합성어에서 변화한 것이다.

(28) 몰'

'몰'은 저수지나 웅덩이 속에 사는 수초이며, '말'의 방언형이다. 중세국어의 '믈'에23) 원순모음화 ·>ㅗ가 적용된 것이 '몰'이다. 초봄에 채취하여 연한 줄기와 잎은 나물로 먹는다. 경북방언에서는 '말:'이라 하며 음장을 가진다.

(29) 몰'밤, 올'밤

'몰밤'은 '마름'의 이 지역 방언형이다. 중세국어 어형은 '말왐'이다.24) 어두모음 ㅏ가 ㅗ로 투사된 점이 특이하다. 원래 첫음절 모음이 ·가 아닌데도 ㅗ로 변화한 특이 예이다. '올밤'은 와전형25)으로 생각된다.

---

22) 필자의 고향 경북 성주에서는 '밍지' 혹은 '밍지나물'이라 불렀다.
23) 참고) 藻 몰 조(訓蒙上,5a).
24) 菱 말왐 기, 菱 말왐 룽 <訓蒙上,6b>.
25) '와전형'(訛傳形)은 어형에 대한 정확한 언어 지식의 부재로 인해 어형 인식이 잘못 되어 일어난 변화형을 뜻한다. 식물명이나 한자어 낱말 등에 이런 현상이 일어난다.

(30) 문둥'초, 문디'나무

'문둥초' 혹은 '문디나무'는 '뱀차조기'(배암차조기)의 이 지역 방언형이다. 꿀풀과의 두해살이풀로 줄기가 네모지며 잔털이 많다. 관상용으로 재배하기도 한다. 이 풀에 '문둥'이 들어간 이유는 잎의 표면에 우둘투둘한 돌기가 많기 때문으로 보인다.

(31) 물개'쑥

'물개쑥'은 '사철쑥'의 이 지역 방언형이다. '쑥'에 접두사 '개'와 '물'이 붙은 것이다. 그런데 '개쑥'과 '물쑥'이 각각 다른 식물로 존재한다. '물개쑥'이 '개쑥'의 변종인지, '물쑥'의 변종인지 필자로서는 판단하기 어렵다. 조어론적으로 보면 '개쑥'에 '물'이 접두된 것으로 보아야 하므로 '개쑥'의 변종일 듯하다. '물개쑥'이란 낱말은 어떤 국어사전에 등재되어 있지 않다. 국어사전에 추가할 수 있는 새로운 식물어이다.

(32) 방아'

'방아'는 '배초향'의 이 지역 방언형이며, 경남은 물론 전국 여러 지역에서 널리 쓰인다. '방아풀'로 불리기도 한다. 특이한 향기가 있어서 추어탕, 쏘가리탕, 붕어탕 등 비린내가 나는 생선국에 넣어 먹는다. 부산 경남 일대 지역 주민들이 가장 즐겨 먹는 식물 중의 하나이다.

(33) 보리'콩, 완두콩', 마메콩

완두콩을 이 지역에서는 '보리콩', '완두콩', '마메콩'이라 부른다.『표준국어대사전』에 '보리콩'을 제주도 방언이라 기술했으나 을숙도 주변 지역

에서 '보리콩'을 사용하고 있음이 확인되었다. '보리'가 이 식물의 이름에 들어간 것은 이 콩의 수확 시기가 보리 익을 때와 거의 같기 때문일 것이다. 일상적으로 쉽게 관찰되는 다른 식물의 생장과 수확의 특징을 서로 연결 지어 식물명을 명명한 것이다. 이런 명명법의 기제는 두 식물이 시간적 측면에서 서로 공통되는 특성이 있을 때 작동한다. 여기서는 수확 시기의 공통 요소가 작용하였다. 5월부터 6월에 걸쳐 가장 맛이 좋은 바닷물고기로 모래밭 해안에서 잡히는 '보리멸'이 있다. 이 이름에도 '보리'가 들어가 있는 바, 보리를 수확하는 시기에 이 고기가 가장 맛있고 잘 잡히므로 붙여진 것이다. 이 이름도 역시 시간적 요소의 공통점이 서로 연결된 명명이라 하겠다. '마메콩'은 일본어에서 콩을 뜻하는 'まめ'(마메)에 우리말 '콩'이 결합한 혼태어이다. '완두콩'도 따지고 보면 한자어 '豌豆'에 우리말 '콩'이 결합한 것이다.[26]

(34) 빼뿌쟁이

'빼뿌쟁이'는 질경이의 방언형이다. 이 지역에서 '찔기'라고 말하기도 한다. <한민족 언어정보화 통합검색기>에서 '질경이'를 찾아보면 입이 벌어질 정도로 많은 어형이 나타난다. 무려 119개 방언 항목이 '질경이' 항목에 등재되어 있다. '찔짱구'(평북), '질그렝이'(충북), '뺍짱구'(강원), '뺍째비'(경북) 등등. 표준어형 '질경이'만 강조하다가는 119개의 한국어 어휘 자원을 상실하게 될 것이다. 필자는 표준어형이란 낱말 자체를 '공통어형' 혹은 '통용어형'으로 바꾸어 쓸 것을 제안한다. '표준'이란 낱말이 주는 권위주의적이면서도 획일주의적 어감 때문에 수많은 소수 어형을 죽이는 어리석음을 범해서는 안 된다.

---

26) 아래 완두 사진은 바닷가에 많이 자라는 '갯완두'이다. 들판에 자라는 것은 '들완두'라 부른다.

(35) 뺄간지'슴

'뺄간지슴'은 '며느리밑씻개'의 이 지역 방언형이다. '며누리밑씻개', '가시덩굴여뀌'와 같은 다른 명칭도 갖고 있다(http://www.nature.go.kr/). '뺄간지슴'은 '뺄갛-ㄴ#지슴'으로 분석된다. '뺄갛-'은 '빨갛-'의 방언형으로 모음교체를 보여준다. '지슴'은 '지심'으로 발음되기도 하는데 '잡초'(雜草)의 고유어이다. '뺄간지슴'은 이 풀의 줄기색과 꽃잎색이 불그레하기 때문에 붙여진 이름이다. 이에 비해 '며느리밑씻개'는 그 기원을 어디에서 찾아야 할지 떠오르지 않는다. 이 식물을 천시한 것에서 이런 비유적 이름을 붙인 듯하다.

(36) 산도라지, 들도라지

'산도라지'와 '들도라지'는 '도라지'를 생장지에 따라 구별하여 부르는 이름이다. 특히 '산도라지' 혹은 '산돌개', '산돌가지' 등은 필자가 경상도 지역에서 흔히 들어본 말이다. 그러나 '들도라지'는 그렇지 못하다. 일반적으로, 밭에 심는 것은 그냥 '도라지'라 하고 산에 자생하는 것은 구별하여 '산도라지'라 부른다. 그런데 을숙도 주변 지역에서는 '들도라지'를 '밭도라지'라는 의미로 쓰고 있었다. 그런데 『표준국어대사전』 등 국어사전류에는 '산도라지'도 표제어로 올라가 있지 않고 '들도라지'도 그러하다.

우리의 조사에서 '밭도라지'와 '집안도라지'라는 어휘도 확인하였다. 밭에 심는 것을 밭도라지, 집안의 텃밭에 심는 것을 '집안도라지'라 불렀다. 우리는 이 지역 식물어 조사에서 도라지 관련어 네 개를 확보한 셈이다.

이 네 낱말은 도라지의 생장지가 산이냐, 들이냐, 밭이냐, 집안이냐에 따라 구별하였음을 보여준다. '산도라지'의 '산'은 '야생'(野生) 혹은 '자생'(自生)의 뜻이고, '들도라지'는 '들'에서 자라는 야생의 뜻을 가진다. '밭도라지'와 '집안도라지'는 보통의 밭이나 집안의 텃밭에서 심어서 사람이 가꾼다는 '재배'(栽培)의 뜻을 가진다. 도라지 뿌리는 무쳐서 반찬 재료로 흔히 쓴 만큼 그 명칭이 세분화되어 있음을 알 수 있다. 그리고 이 네 낱말은 생장지와 재배 여부가 명칭 부여의 중요 지표가 되었음을 보여준다.

(37) 소쌀밥'대

'소쌀밥대'는 '차풀'의 이 지역 방언형이다. '차풀'의 이칭어로 '눈차풀', '며느리감나물'과 같은 낱말도 있다.[27] '소쌀밥대'라는 이름은 이 풀을 소가 좋아하여 잘 뜯어 먹기 때문에 붙여진 이름임이 분명하다. '쌀밥'이란 낱말에는 맛있고 먹음직한 것이라는 인식이 박혀 있기 때문이다. 그런데 '차풀'의 '차'가 무엇인지 판단하기 어렵다.

(38) 소트레'기풀

'소트레기풀'은 '골풀'의 이 지역 방언형이다.[28] 이 풀은 전국의 습지에서 자생하며, 전형적 습지식물이다. '소트레기'는 '소-터럭-이'로 분석된다.[29] 가는 줄기가 소털을 연상시킨다고 하여 붙여진 이름으로 보인다. '소트레기풀'은 식물 명칭어로 처음 확인된 것이다.

(39) 솔구챙'이

'솔구챙이'는 '소루쟁이'의 이 지역 방언형이다. 이 식물은 여뀟과의 여러해살이풀이며, 어린잎은 식용하고 약재로도 쓴다. 습기가 많은 땅에 잘

---

27) http://www.nature.go.kr/에서 '차풀'을 검색한 결과이다.
28) 골풀은 '골-풀'로 분석되며, '골'은 '왕골' 등의 이름에도 포함되어 있다.
29) '트'는 '털'의 ㅓ 모음이 ㅡ와 합류하면서 발생한 발음이다.

자란다. 옛 문헌에 '羊蹄菜 소로쟝이'<1748동문해,하,004a>, '羊蹄根 솔옷 불휘'<1613동의보,03,019a> 등으로 나타난다. '솔구쟁이'라는 낱말은 이 번 조사에서 처음 확인된 낱말이다.

(40) 엉두'꾸, 앙정'구풀

'엉두꾸'와 '앙정구풀'은 '엉겅퀴'의 이 지역 방언형이다. '엉두꾸'와 '앙정 구풀'의 어형은 매우 특이하다. 어디에서 비롯된 낱말인지 파악하기 어렵 다. '엉두꾸'는 '엉겅퀴'의 와전형으로 볼 수 있으나[30] '앙정구풀'은 짐작하 기 어렵다. 와전형도 아주 심한 와전형이 아닌가 생각된다.

(41) 오요강새'이

'오요강새이'는 '강아지풀'의 이 지역 방언형이다. '오요강새이'는 '오요 강생이'에서 받침 이 약화되어 전후 모음이 비음으로 발음된다. 이 풀의 열 매씨를 따서 손바닥이나 종이에 올려놓고 입으로 '오요오요'라는 소리를 내면 기어다니듯 움직인다. '오요'라는 말이 앞머리에 붙은 이유는 여기에 있다. <한민족언어정보화 통합검색기>에 '강아지풀'을 검색해 보면 무려 30개나 되는 다채로운 방언형이 나타난다. '버들가아지풀'(충북), '개갈가지' (강원), '간:지풀'(경북), '올롱가아지'(경북), '오요'나 '올롱'이 접두된 방언형은 경상도에서만 쓰이는 것이 특이하다.

(42) 왕'쌔

'왕쌔'는 '억새'의 방언형인데 이 지역에 '억새'와 '왕쌔'가 같이 쓰인다.

---

30) '엉겅퀴'가 '엉겅쿠'로 쓰이고 이 '엉겅쿠'가 와전되어 '엉더꾸'로 변한 것으로 짐작된다.

'새'는 벼과의 풀을 나타내는 옛말로 쓰였던 것이다. 이것이 경음화한 것이 '쌔'이다. '왕쌔'의 '왕'은 '새'의 변종 중에서 키가 큰 풀을 지시하기 위해 붙은 구성소이다.

(43) 용'에쑥

'용에쑥'은 '물쑥'의 이 지역 방언형이다. '용에쑥'은 어형으로 보아 '용의쑥'이 음변화한 것으로 보이지만 그 어원을 파악하기 어렵다. 길가나 밭둑 등지에서 가장 흔히 볼 수 있는 쑥의 하나이다.

(44) 융무'초

'융무초'는 '익모초'(益母草)의 이 지역 방언형이다. 이 풀은 '임모초'와 '개방아'라는 이칭어로 불리기도 한다. '융무초'는 한자어 '익모초'의 와전형이다. 각종 부인병 치료에 효험이 있다고 하여 이런 이름이 붙여진 것이다.

(45) 자불'쑥

'자불쑥'은 '제비쑥'의 이 지역 방언형이다. '자불쑥'의 '자불'은 '자불다'의 어간에서 비롯된 것으로 추정된다. 가늘고 대가 길어 바람에 흔들리면 '자부는'(조는) 모습 같다고 하여 붙여진 이름인 듯하다. 관형형과 명사가 결합한 합성어라는 점에서 특이한 식물어이다.

(46) 장'목

'장목'은 '자리공'의 이 지역 방언형이다. '상륙', '장녹'과 같은 이칭어가

있다.[31] '장녹'과 이 지역 방언형 '장목'의 어형이 유사하다.[32] '장목'의 유래
는 확인하지 못하였다. 이 식물은 키가 1미터에 달하며, 뿌리가 크게 발달
한다. 이 뿌리를 상륙(商陸)이라 하며, 장에 축적된 숙변을 배출하는 데 효과
가 있다 하여 약재로 쓴다.

(47) 재까'치나물

'재까치나물'은 '홀아비꽃대'의 이 지역 방언형이다. '호래비꽃대'라는
이칭도 있다. '재까치'는 '젓가락'의 경상방언형이다. 꽃대의 줄기가 젓가
락 모양처럼 길쭉길쭉하게 생겨서 붙여진 이름으로 짐작된다.

'재까치나물'과 '홀아비꽃대'를 비교해 보면 흥미롭다. 전접 형태소는
'재까치'와 '홀아비'가 대응하고, 후접 형태소는 '나물'과 '꽃대'가 각각 대
응한다. '재까치나물'의 '재까치'는 식사 도구의 하나이고, '나물'은 식용
가능한 식물의 총칭어이다. 전후 형태소가 모두 자질 [食]과 연관되어 있
다. 이에 비해 '홀아비꽃대'의 전접 형태소는 [人性] 명사이고, 후접 형태소
는 식물 몸체의 일부를 가리킨 말이다. 이로 보면 '재까치나물'은 식용 가
능성에 초점을 둔 명명임을 알 수 있다. 식물에 대한 인식 태도가 [食]의
관점에 기초한 것이 '재까치나물'이라 할 수 있다. 산야에 의존해 생존을
유지했던 백성들의 삶을 엿볼 수 있는 식물 어휘이다.

(48) 쟁피', 창포', 난'초

이 지역에서 '창포'(菖蒲)에 대응되는 방언형은 '쟁피'', '창포'', '난'초'이

---

31) http://www.nature.go.kr/ 참고
32) '장목'(樟木)은 녹나무를 가리키는데 이 '장목'과 위에서 설명한 '장목'은 서로 다른 식물
   이다.

다. '쟁피'는 경상방언 전역에서 널리 쓰이는 것이다. '창포'의 고어형은 '챵포'로만 나타나고 '쟁피'나 이에 가까운 어형은 옛 문헌에서 찾을 수 없다.[33] 음운론적 변화 과정을 통해 '창포'로부터 '쟁피'를 끌어낼 수 없다. '쟁피'는 '창포'가 민간에서 와전되어 변이된 발음형인 듯하다. '창포'라는 한자어를 알 리 없는 일반 백성들이 귀에 들리는 소홀한 발음으로 인해 '쟁피'가 생성된 듯하다. '창포'를 '난초'라 부르기도 하는 것도 와전의 한 양상이다. 식물명에 어두운 일부 민중들이 부정확한 지식으로 와전시켜 '창포'를 '난초'라 부른 것이다. 식물명이나 동물명에는 이처럼 정확치 못한 오해로 빚어진 것이 있을 수 있기 때문에 이런 요소를 잘 식별해 내야 한다.

창포는 웅덩이나 연못 등 물가에서 살며 잎에 윤기가 흐르고 광택이 난다. 예전에는 단옷날에 부인네들이 창포 줄기를 삶은 물로 머리를 감았다. 검은 머리에 광택이 나게 하는 효과가 있기 때문이다.[34] 요즘 샴푸나 비누의 상표명에 '창포'를 쓰는 것도 있다. 창포물에 머릿결을 다듬었던 전통의 활용이라 하겠다.

(49) 짜부'락

'짜부락'은 '부들'의 이 지역 방언형인데 '부들'도 함께 쓰인다. '부들'의 방언형은 '부둑'과 '부득'(강원도, 평안도 등)이 있는 것으로 <한민족언어정보화 통합검색기>에 나타나지만 '짜부락'은 지금까지 조사된 바 없는 어형이다. 낙동강 하구 부근의 특유 어휘라 할 수 있다.

---

33) 몇 예만 보이면 다음과 같다. 菖 챵포 챵<1576신유합,上,007b>, 蒲 챵포 포 부들 포 <1576신유합,上,007b>, 菖蒲 셕챵포<1613동의보,02,037b>.
34) 창포를 베어 돌 위에 놓고 하룻밤 재워, 잎은 잘라내고 줄기를 가마솥에 넣어서 푹 끓이면 검은 빛이 나는 창포물이 된다. 이 때 쑥을 넣어 같이 삶기도 한다.
(http://www.megalam.co.kr/www_megalam/school/001_lecture)

(50) 칼씬내이

'칼씬내이'는 '선씀바귀'의 이 지역 방언형이다. '칼쓴냉이'의 변화형이다. '씀바귀'를 경상도에서는 '씬냉이'(쓴-냉이)이라 부른다. '칼씬내이'는 잎이 길쑴길쑴하게 칼처럼 생겼다고 해서 붙여진 이름인 듯하다.

(51) 포'때기

'포때기'는 '갈퀴나물'의 이 지역 방언형으로 콩과의 여러해살이 덩굴풀이다. 들에서 흔히 관찰되며 어린잎과 줄기는 가축의 사료로 쓴다. 공통어형 '갈퀴나물'은 '갈키나물, 녹두두미, 갈퀴덩굴, 말굴레풀, 참갈퀴, 큰갈퀴나물'와 같은 이칭이 있다.[35] 낙동강 하구 지역에서 쓰이는 '포때기'는 이와 전혀 다른 명칭으로 새로운 식물 어휘라 할 수 있다. '포때기'는 '포대기'의 변화형으로 판단된다. 이 식물이 왜 '포대기'와 관련되었는지는 밝히기 어렵다.

3. 식물 어휘의 다양성 확보를 위한 제언

지금까지 필자는 낙동강 하구의 을숙도 주변 지역에서 조사한 식물 어휘들 중 특징적인 것을 중심으로 이들의 언어적, 생태적 특징을 살펴보았다. 이 중에는 아직까지 보고된 바 없는 새로운 식물어도 여러 개 있고, 독특한 언어적 특징을 보여주는 것도 있다. 방언 화자들이 붙인 식물 이름에는 그들 나름대로의 특유한 사물 인식 방법이 있고, 이에 따른 명명법(命名法)에는 특유의 인식 세계가 반영되어 있음을 관찰하였다.

---

35) http://www.nature.go.kr/ 참고.

　필자가 관찰한 식물명에 한정해서 볼 때 식물명의 명명 기제는 다음과 같이 정리된다. 즉 사람에게 관련된 것, 동물에게 관련된 것, 음식 혹은 식용(食用) 측면36), 범주 관계37), 형태나 색채의 양상, 식생 장소38)와 같은 명명 기제를 포착할 수 있다. 또 다른 명명 기제의 하나로 비유의 원리가 있는데, 환유와 제유39) 같은 비유법이 명명 기제로 작용했음을 관찰할 수 있다. 그러나 단순 식물어('몰', '솔구챙이' 등)의 경우는 어떤 뚜렷한 기제를 찾기 어렵다.

　그리고 식물 어휘에서는 이른바 '표준어형'을 지나치게 강조하는 것은 바람직하지 않은 일임을 지적하였다. 이런 태도는 수많은 우리말 식물 어휘를 소멸시킬 가능성이 높기 때문이다. 이와 같은 생각에서 필자는 권위주의적이면서도 타 방언형을 압살하는 용어 '표준어형'을 일부러 쓰지 않았다. 그 대신 이미 우리에게 익숙한 '공통어형' 혹은 '통용어형'이라는 용어를 썼다. 적어도 이 분야에서는 '표준어형'이란 용어를 삼갈 필요가 있다.

　전국의 방언 속에 존재하는 다양한 식물 어휘를 종합적으로 조사 정리한 적은 한 번도 없다. 식물 어휘 중에는 방언에 따라 현저히 다른 조어법을 보여주는 예가 상당히 많다. 중세국어 문헌에서부터 일찍이 등장하는 식물명의 지역적 방언 분화는 더욱 다양하다. 복잡하고 다양하게 발전된 식물 어휘에 대한 조사는 식물학 연구뿐 아니라 광범위한 국어사전 편찬을 위해서 필요한 과제이다. 동물 어휘를 포함하여 식물 어휘의 다양성을 확보하고 유지하는 것은 한국어 자원을 확충하는 좋은 방법 중의 하나이기 때문이다. 노년층의 퇴조와 산업 개발로 인한 생태계 변화가 대단히 빠르게 진행되고 있어서 소멸 위기에 처한 식물 어휘들을 조사 정리하는 일은

---

36) '떡나물', '재까치나물' 등이 그것이다.
37) 범주의 상하 관계. 종속 관계 등이 명명법에 반영되어 있다.
38) '등잘피', '산도라지' 등이 그것이다.
39) '소쌀밥대', '소트레기풀', '재까치나물' 등이 그 예이다.

시급한 일이라 아니할 수 없다.

이 글에서 다룬 식물 어휘의 목록을 표로 정리하면 다음과 같다.

[표 3] 을숙도 주변 지역 식물명

순번	을숙도 주변 지역식물명	순번	을숙도 주변 지역식물명
1	개'미딸	27	멩앗대
2	개쑥	28	몰'
3	거랑풍'	29	몰'밤, 올'밤
4	고새'	30	문둥'초, 문디'나무
5	까막발	31	물개'쑥
6	깨곰'	32	방아'
7	깨뜨'기, 소풀'	33	보리'콩, 완두콩', 마메콩
8	깨치'미, 꼬치'미	34	빼뿌쟁이
9	꺼끄렁'풀, 꺼끄리'이	35	뻴간지'슴
10	꼭'뚜마리, 도'꾸마리때	36	산도라지, 들도라지
11	꽁밥나무	37	소쌀밥대
12	꿀밤나무, 꿀'빰나무	38	소트레'기풀
13	나락냉이, 나랑내'~이	39	솔구챙'이 / 수영
14	나씨, 참'나시, 냉'이	40	엉두꾸, 앙정'구풀
15	노고초, 노구'초, 할미'꼬시	41	오요강새'이
16	노락쟁이, 노락쩨'이	42	왕쌔
17	달구'미자바리	43	용'에쑥
18	도둑'놈까세, 도둑'놈풀	44	융무'초
19	담배나물'	45	자불'쑥
20	도둑'놈풀	46	장목
21	독새풀, 복새	47	재까'치나물
22	돈냉이	48	쟁피', 창포', 난초
23	등꽃	49	짜부'락
24	등짤'피	50	칼씬내이
25	땡뚜깔', 뚜깔나무	51	포'때기
26	떡나물		

지방지의 언어문화편 작성을 위한 새로운 모델 연구

1. 서론

1.1. 연구 목적 및 필요성

이 글에서 말하는 '지방지'(地方誌)는 지역의 역사와 문화를 조사·정리·연구한 출판물로서 도지(道誌), 시지(市誌), 군지(郡誌), 읍면동지) 등을 통칭하는 것이다.[1] 지방지는 대개 지역 연구자가 그 지역의 역사와 문화를 조사·연구하여 엮은 책으로 일명 '지역문화의 교과서'로 불린다. 지방지는 현재 그 지역이 가지고 있는 문화를 이해하고 인식하는 수준을 대변하는 동시에 지역 문화를 아끼고 보살필 다음 세대를 위한 기록이다(선영란 200

---

* 이 글은 『방언학』 제20호(홍미주·백두현, 2014, 한국방언학회) 381-411쪽에 실렸던 것이다. 문장 표현을 약간 다듬고 고쳤다.

1) 지방지는 서술 지역 단위로 구분하면 마을지, 읍지, 면지, 동지, 시지, 군지, 시사(市史), 군사(郡史) 등을 들 수 있다. 서술 내용상으로 구분하면 자연환경, 역사, 문화재, 정치, 경제, 사회, 문화 등 지역에 대한 모든 지식을 백과사전식으로 수록한 시·군·읍·면지가 있고, 지명·민속·전설·민담·민요 등을 조사·수록한 지명 유래집과 전설 민담집 등이 있으며, 문화재를 수록한 문화유적총람 등이 있다. 이 가운데 가장 대표적인 것이 시군지인데 시군지는 연구와 행정의 기초자료로 활용되고 있다(강진갑 1997). 시군지는 지방지 혹은 향토지라 불리기도 한다. 필자는 이 용어들 중 간행 주체가 지방자치단체임을 드러낼 수 있는 '지방지'를 사용하기로 한다.

2 : 291). 이러한 점에서 지방지는 편찬 당시에 전개된 해당 지역 주민의 삶과 문화를 기록하고, 그 지역의 특성을 드러내야 한다. 또한 내용의 깊이와 구성의 짜임새를 갖추어 당대는 물론 후대 사람들에게 유용한 지방지가 되도록 편찬해야 할 것이다. 지방지의 언어문화편도 역시 그러하다. 예부터 전수되어 온 지역의 언어 유산을 조사 정리함은 물론, 당대의 지역 주민이 영위하고 있는 언어문화의 실태를 체계적으로 정리해야 할 것이다.

그러나 지금까지 간행된 여러 지방지의 방언편 혹은 언어문화편은[2] 단편적인 방언 자료의 수집과 나열이거나 촌로들을 대상으로 전통 방언을 조사하여 얻은 어휘의 나열에 그치는 경우가 많았다. 이런 방식의 방언편 내용으로는 그 지역의 언어 양태 혹은 언어문화의 실상을 충실하게 기록하거나 정리할 수 없다. 그리하여 현재 지방지의 방언편이 지역 주민이 영위하고 있는 당대의 언어문화를 제대로 반영하지 못하고 있으며, 기술 내용도 해당 지역 주민의 관심에서 멀어져 버린 결과를 초래하였다. 현재 한국의 상당수 시군 지역은 산업화, 도시화가 진행되면서 전통 농업 중심의 생활 방식이 더 이상 유지되지 못하게 되었다. 오늘날 시군 지역민들은 방송·언론·광고 매체와 인터넷 환경 등의 발달로 과거와 크게 다른 언어 환경 속에서 살고 있다. 따라서 촌로를 대상으로 수집한 전통 방언의 기술만으로 현재 지역민의 언어생활과 언어문화를 드러낼 수 없다.

그런데 오늘날 새로운 내용과 편찬 방식을 채택한 지방지들이 출현하여 해당 지역의 지역성과 지역 문화를 드러내고 있는 변화가 일어나고 있다.

---

2) 지금까지 학계에서는 '방언편'이란 용어를 더 많이 써 왔다. 실제 간행된 여러 지방지를 검토해 보면 방언에 대한 내용은 여러 가지 다양한 제목 아래 서술되어 있다. 이 논문에서는 지금까지 사용되어 온 '방언편'과 함께 '언어문화편'이라는 용어를 병용할 것이다. 기존 지방지에 대한 것을 다루는 문맥에서는 '방언편'을 썼고, 앞으로의 방향을 서술하는 문맥에서는 '언어문화편'을 썼다. '언어문화편'이라는 용어가 지역민의 언어생활을 폭넓게 반영할 수 있고 다양한 내용을 포괄할 수 있다는 점에서 보다 미래지향적 용어라 생각한다. 한국은 다언어 다문화사회로 변화되고 있으며, 한국어에 미치는 외국어의 영향이 더욱 커질 것이다.

이런 변화 속에서도 지방지의 방언편 혹은 언어문화편의 내용과 기술 방식은 새로운 변화에 부응하지 못하고 구태의연한 과거의 방식이 그대로 이어지고 있다. 심지어 최근에 간행된 지방지 중에는 방언편을 아예 **빼버린** 사례가 여러 개 있다. 주민의 언어문화를 반영하지 않고, 자료 나열 혹은 국어학적 분석에 치우친 방언편 기술은 더 이상 필요 없다는 지방지 편집진의 판단이 작용한 것이 아닌가 우려된다.

지방지의 내용 및 집필 방식을 새롭게 하기 위한 연구는 주로 역사학(이해준 1999, 선영란 2002, 윤택림 2012)이나 민속학(김명자 2002), 지리학 분야(정광중 2004) 등에서 먼저 이루어져 왔다.3) 이 연구들은 최근에 편찬된 지방지들도 해당 지역 특수한 특징, 지역성과 지역 고유의 문화가 드러내지 못하고 있으며, 지역 역사의 주체인 지역민의 현재 삶을 반영해 주지 못하는 문제점을 공통적으로 지적하고 있다.

이와 같이 지방지 집필 분야 중 하나인 역사학과 민속학 등에서는 지방지의 학술적, 대중적 가치를 염두에 두고 지방지에서의 지역사, 민속학 연구 방향을 논해 왔다. 그러나 지역 문화의 중요한 축이 되는 방언 및 언어 분야에서는 지방지의 해당 내용을 어떻게 개선해야 하는지에 대한 연구가 이루어지지 않고 있다. 국어학 혹은 방언학 분야에서는 지방지의 방언편을 어떻게 기술해야 할 것인지, 그 방법에 대한 연구를 수행한 예가 없고, 지방지의 방언편 기술을 새롭게 실천한 사례도 찾기 어렵다.

지방지의 언어문화편은 국어학 및 방언학 분야에 종사하는 학자들이 그들의 경험과 지식을 펼칠 수 있는 현실적 실천 마당이 될 수 있다. 그들의 지식과 연구 성과를 현실에 적용하여 지역 주민을 위한 지방지 편찬에 기

---

3) 김명자(2002)는 대전·충남지역 향토지에서 세시풍속 서술 방법의 문제점을 지적하고 앞으로의 집필 방향을 제안하였다. 정광중(2004)은 지역 지리학적 관점에서 현 지방지의 문제점을 분석하고 앞으로의 집필 방향을 고찰하였다. 윤택림(2012)은 경기 남부의 지방지를 대상으로 지역사의 기술 특징을 언급하고, 구술사 기술 방법을 적용하여 지방지의 지역사 서술 방향을 논했다.

여할 수 있다. 지방지는 학자들이 현실에 참여하고 주민을 위해 봉사할 수 있는 매체가 될 수 있다. 이러한 점에서 지방지의 언어문화편을 보다 의미 있고 가치 있게 변화시키기 위한 새로운 접근이 필요하다.

도시화, 산업화, 언론·방송·광고의 일반화, 인터넷·휴대전화 등 디지털 환경의 일상생활화 등 빠르게 변하고 있는 시대 흐름 속에서, 지역어 혹은 방언학 연구에 종사하는 학자들이 이 문제에 대해 고민할 필요가 있다. 최근에 나온 지방지의 방언편 기술도 기존의 그것과 집필 방식과 내용에 별다른 차이가 없다. 일반 지역민들의 관심을 고려하면서, 지역민들이 지역어에 대해 보다 나은 이해를 갖고 보다 나은 언어생활을 누릴 수 있도록 하는 방안을 찾을 필요가 있다. 이제 기존의 기술 방식을 답습하는 방식에서 벗어나 지방지의 언어문화편의 내용 구성 및 기술 방식을 어떻게 할 것인지 함께 지혜를 모아야 할 때이다.

우리의 시도는 국어학이 축적해 온 학문적 성과의 외연을 확대하여 대중들을 위해 봉사하는 길을 모색하는 것이기도 하다. 그동안 국어학 및 방언학 연구 성과는 상당히 축적되어 있으나 연구의 성과가 대중들이 향유할 수 있는 수준으로 가공되어 제공되지 못했다. 특히 지방지는 지역민을 대상으로 하는 간행물인데도 지역민이 관심을 가질 수 있는 내용이나 체제로 편찬되지 못했다. 지방지는 그 지역의 역사와 문화에 대해 정리한 것이므로 공공기관이나 전문연구 기관, 전문 연구자뿐만 아니라 지역민의 관심을 얻을 수 있어야 하며, 지역민들이 자기 집단을 성찰할 수 있는 근거가 되는 것이 바람직하다. 이런 점에서 해당 지역민의 관심에 부합하며 학문적 결과물의 대중화에도 기여할 수 있는 지방지 방언편 기술에 대한 새로운 탐색이 필요하다. 따라서 현재 지역민이 영위하고 있는 언어생활과 언어에 대한 관심을 고려하고, 지금까지와는 다른 언어문화편 작성 모델을 개발할 필요가 있다. 이에 본 연구는 해당 지역의 언어와 언어문화를 잘 드러낼 수 있는 지방지의 언어문화편 작성을 위한 새로운 모델을 제안하고자 한다.[4)]

1.2. 연구 대상 및 방법

우리는 지방지의 언어문화편 기술을 위한 새로운 모델을 제안하기 위해 이미 간행된 지방지의 방언편을 분석할 것이다. 이 분석을 통해 문제점을 구체적으로 추출하고, 개선 방향을 찾아 새로운 집필 방향과 모델을 제시할 것이다.

이미 간행된 다수의 지방지를 시기별로 구분하여 시대의 흐름에 따른 지방지 방언편의 내용과 기술 방식이 변해 온 과정을 개략적으로 파악할 것이다. 아울러 지방지 방언편의 내용 기술이 어떤 식으로 이루어지고 있는지 살펴보기 위해, 몇 개의 지방지 방언편을 대상으로 음운·문법·어휘 부문에서 각 지역의 방언이 어떻게 기술되고 있는지 살펴볼 것이다.

이를 통해 현재 간행된 지방지의 방언편의 내용 기술상의 문제점을 도출해 내고, 이러한 문제점을 해결할 수 있는 집필 방향을 논할 것이다. 이러한 연구를 바탕으로 해당 지역의 지역성과 지역 언어문화를 잘 드러내 줄 수 있는 집필 모델을 제안하고자 한다.

2. 기존 지방지 방언편의 실태 분석

2.1. 내용 구성과 기술 방식의 실태

이미 간행된 몇몇 개의 지방지를 대상으로 지금까지 방언편 혹은 언어 문화편이 어떻게 기술되었는지 살펴보기로 한다. 이를 위해 지방지를 시기

---

4) 좋은 지방지를 편찬·간행하는 것은 방언 연구자만의 몫은 아니다. 지방지 편찬위원회 와 집필위원회가 제대로 구성되고, 지방자치단체의 의지와 투자 비용 및 투자 시간 등 다양한 요인이 복합적으로 작용하여 '좋은 지방지'가 편찬될 수 있다. 이 글에서는 집 필 주체인 방언 연구자와 관련된 부분만 다룬다.

에 따라 분류하고, 시기별로 지방지 방언편의 내용과 그 특징을 분석해 보기로 한다.

지금까지 이루어진 지방지 편찬은 네 시기로 구분될 수 있는데, 첫 번째 시기는 1945년 해당부터 1950년 6·25 남북전쟁까지, 두 번째 시기는 한국전쟁 직후부터 1961년 군사 쿠데타까지, 세 번째 시기는 1961년 군사 쿠데타 직후부터 1995년 지방자치제 시행 직전까지, 네 번째 시기는 1995년 지방자치제 시행 이후부터 현재까지이다. 지방지 편찬에 있어 가장 큰 분수령은 지방자치제의 시행이라고 할 수 있다(윤택림 2012 : 212). 이때부터 지방자치단체가 자율적으로 계획을 세워 지방지 편찬에 보다 큰 예산을 투입하게 되었다. 예산의 확충으로 인한 편찬에 소요되는 물적 기반이 커지고 이에 따라 지방지 내용도 크게 확충되었다. 한 권으로 간행되던 지방지가 여러 권으로 간행되는 등 지방지 편찬이 양적으로 크게 증가하였다. 학계 인사들이 대거 집필에 참여함으로써 과거 방식의 향토지 성격에서 벗어나 전문성과 대중성을 아울러 추구하는 지방지가 출현하였다.

이러한 시기 구분을 참고하여, 기존에 간행된 여러 지방지를 대상으로 시기별 집필 방식이나 내용에 어떠한 특징이 있는지 분석해 보기로 한다.[5] 지방지 간행의 시기 구분은 다음과 같이 하였다. 첫째, 지방자치제 시행에 따라 지방지 편찬의 분수령이라고 할 수 있는 1995년을 중요한 분기점으로 삼아 그 이전과 이후로 나누었다. 둘째, 편의적이기는 하지만 1995년에서 다시 10년이 지난 2005년 이후를 또 하나의 시기로 삼았다.

---

5) 간행된 모든 지방지를 대상으로 한 것은 아니지만, 이 표만으로도 대강의 집필 경향과 내용 구성 양상을 파악할 수 있으리라 본다. 앞으로 지방지의 대상을 확대하여 시기별 집필 경향과 그 변화를 면밀히 분석할 필요가 있다.

[표 1] 시기 구분에 따른 지방지 방언편 기술 여부와 내용

1995년 이전		1995년 이후		2005년 이후	
지방지 간행연도	방언편 여부 집필 내용	지방지 간행연도	방언편 여부 집필 내용	지방지 간행연도	방언편 여부 집필 내용
경남도지 1963	음운 문법 어휘	완주군지 1996	×	단양군지 2005	음운 어휘
단양군지 1977	×	성주군지 1996	어휘	예천군지 2005	어휘
삼척군지 1984	음운 문법 어휘	삼척시지 1997	음운 문법 어휘	광양시지 2006	어휘
의성군지 1988	△6)	의성군지 1998	언어체계 언어분화	양평군지 2006	×
단양군지 1990	×	남양주시지 2000	음운 문법 어휘	청원군지 2006	음운 문법 어휘
괴산군지 1990	×	연천군지 2000	음운 문법 어휘	가평군지 2006	어휘
청원군지 1990	음운 문법 어휘	기장군지 2001	×	상주시사 2010	음운 문법 어휘
양평군지 1991	×	영덕군지 2002	×	태안군지 2012	음운 문법 어휘
금릉군지 1994	×	부천시사 2002	×	성주군지 2012	음운 문법 어휘
		이천시지 2002	음운 문법 어휘	안성시지 2011	음운 문법 어휘

---

6) 세모 △로 표시한 지방지에는 '언어'라는 장이 제시되어 있기는 하지만, 지역 방언에 대한 기술이 극히 미미하여 반 페이지 정도의 분량에 지나지 않는 것이다. 이런 지방지가 지역 방언 기술을 포함했다고 말하기는 어렵다.

1995년 이전에는 지방지에 방언과 관련된 기술이 없는 경우가 다수이지만, 1995년 이후에는 많은 지방지에서 방언과 관련된 기술을 하고 있으며, 최근으로 올수록 대부분의 지방지에 방언 관련 내용이 포함되어 있다. 1995년을 기점으로 각 지방지들은 전문적인 성격을 추구하게 되는데 이러한 경향에 따라서인지 위의 표에서도 1995년 이후에 간행된 많은 지방지들에 방언편에 대한 기술이 포함되어 있음을 알 수 있다. 그리고 대체로 전통 방언에 초점을 두고 음운·문법·어휘로 나누어 기술하고 있다.

각 지방지를 대상으로 음운·문법·어휘 부문에서 어떤 내용이 기술되어 있는지 정리하면 다음 표와 같다.

[표 2] 지방지 방언편의 기술 내용

지방지 간행연도	음운	문법	어휘	비고
경남도지 1963	모음체계 자음체계 성조	종결어미 관형사형 어미 접속어미 변칙용언	음운변화에 따른 방언 어휘 제시 및 설명	방언지도 제시
삼척군지 1984	통시론적 고찰 공시론적 고찰	종결어미 연결어미 선어말어미 호격조사 목적격조사	품사별 어휘 목록	·, △ 표준어와 비교해 특징적인 음운 변동 기술
의성군지 1988				1쪽 이내로 의성 방언의 인상, 음운, 형태, 어휘의 특징적인 예 제시
청원군지 1990	음운체계 음운변동	형태음소의 변이	농사, 음식, 가옥, 의복, 인체, 육아, 인륜, 경제, 동물, 식물, 자연, 상태, 동작의 어휘 목록	
성주군지 1996			어휘 목록	

지방지 간행연도	음운	문법	어휘	비고
삼척시지 1997	삼척군지(1984)와 동일			
연천군지 2000	자음체계 및 자음 변화 모음체계 및 모음 변화	격조사(목적격 조사, 부사격조사) 활용어미(종결어미) 접미사(-들)	농사, 의복, 인체 육아, 인류, 경제, 동식물, 자연의 어휘 목록을 제시하고 특징에 대한 기술을 함 형식명사 '것'	
남양주시지 2000	음운체계 음운 현상	단어형성법 의미상 특징	품사별 어휘 목록 친족어	
이천시지 2002	음운체계 음운 현상	격조사 특수조사 경어법	특징적인 방언 어휘 목록	
단양군지 2005	음운체계 음운변동		특징적인 방언 어휘 목록	
예천군지 2005			친족명칭, 인체, 생활 도구 등 어휘 목록	종결어미, 단모음 체계 특징 3가지 간단히 언급 어휘자료집의 성격이 강함
가평군지 2006			품사별 사투리 어휘 목록	발음 변이를 보이는 어휘를 나열
광양시지 2006			광양 방언 어휘 목록	
청원군지 2006	음운체계 음운 현상	인칭대명사 조사 연결어미 서법과 경어법 시제	표준어에 대응하는 방언 어휘	
상주시사 2010	음운 현상	부사격조사 공동격조사 서술형 어미	상주 방언 어휘 친족 호칭어 은어 컴퓨터 채팅어	
안성시지 2011	음운 현상	인칭대명사 조사	표준어에 대응하는 방언 어휘	

지방지 간행연도	음운	문법	어휘	비고
		연결어미 서법과 경어법 시제 운소7)		
태안군지 2012	음운체계 음운 현상	격조사, 접미사, 보조 사, 어미, 부사, 활용	소금 관련 어휘	
성주군지 2012	음운체계 음운변동	대명사, 조사, 경어법, 시제, 피동·사동, 연 결어미, 보조용언, 부 사 목록	농사, 음식, 가옥, 의 복, 인체, 육아, 인륜, 경제, 동물, 식물, 자 연, 상태, 동작의 어 휘 목록	

　대다수의 지방지는 언어 또는 방언을 기술할 때 음운·문법·어휘 부문으로 나누어 기술하고 있다. 음운 부문에서는 대체로 음운체계와 음운변동에 대한 내용을 기술하고 있어 지방지에 따른 기술 내용에 큰 차이가 없다. 문법 부문에서는 지방지마다 기술 내용에 차이를 보이지만 대체로 조사와 어미에 대한 기술은 포함하고 있다. 어휘 부문에서는 어휘적 특징에 대한 기술을 하는 경우는 드물고, 품사별 또는 의미 부류별로 방언 어휘 목록을 제시하는 경우가 많다. 몇몇의 지방지는 음운과 문법에 대한 기술은 아주 없거나 소략하게 처리해 놓고, 방언 어휘만 나열해 놓았다. 이런 경우는 방언 어휘집의 성격을 강하게 띠고 있다.

　음운·문법·어휘 부문이 각각 거의 비슷한 비중으로 기술된 경우도 있으나 대체로 어느 한 부문에 치중하여 기술해 놓은 것이 많다. 세 부문 중에서 어휘를 가장 중점적으로 기술한 것이 많다. 그러나 다수의 방언 어휘를 나열하여 분량만 많을 뿐 지역 방언 어휘가 가진 특성을 드러내어 기술한 것은 거의 없다. 방언 어휘의 기술은 표준어에 대응하는 방언 어휘를

---

7) 편집 상의 실수로 운소가 문법 부문에 포함된 것으로 보인다.

단순히 나열하고 있는 방식에 그치고 있어 지역 방언에 관한 유의미한 정보를 주지 못하고 있다. 즉 기술된 어휘들의 지역적 특성과 당대 문화적 특성을 기술한 예는 찾아보기 어렵다.

성주군지(1996), 예천군지(2005), 가평군지(2006), 광양군지(2006)는 다수의 방언 어휘를 나열하고 있을 뿐, 방언 어휘에 대한 설명이 없다. 이 중 상주시사(2010)의 경우, 거의 대부분 분량이 상주 지역의 방언 어휘를 나열한 내용만으로 되어 있다. 특히 친족호칭어를 언급한 절에서는 친족호칭어의 체계에 대한 기술은 없이 호칭어만을 나열해 놓고 있다. 그리고 특이하게 은어(隱語)에 대해 기술하고 있는데, 상주 지역에서 특수하게 쓰이는 은어를 언급한 것이 아니라 인터넷 등에 떠돌아다니는 은어 목록을 산발적으로 나열해 놓았다.

동일 지역의 지방지를 시간적 간격을 두고 비교해 보면, 1984년에 간행된 삼척군지와 1997년에 간행된 삼척시지의 경우, 13년의 시간적 격차가 있는데도 불구하고 방언편의 내용이 동일하다. 시간적 격차가 있음에도 동일한 내용으로 기술된 이유가 있겠지만, 지방지의 방언편 내용이 전통 방언에만 치우쳐 있기 때문에 예전과 같이 여전히 쓰이는 방언에 대해 다시 쓸 필요가 없다고 생각했을 가능성이 있다. 지방지의 언어 또는 방언편의 내용에 현재 지역민이 사용하는 언어에 대한 내용이 포함되었다면 1984년의 내용과 1997년의 내용이 동일할 리가 없을 것이다.

내용 기술 방식을 살펴보면 현재 지방지의 방언편은 학술 연구 논문의 성격이 강하다. 국어학 분야의 전문용어가 그대로 사용되고 있고, 통시적 변천 과정에 대한 국어사적 고찰이 상세하게 이루어진 사례도 있다. 그리고 방언 어휘나 문법 요소의 목록을 제시해 놓은 자료집의 성격을 띤 지방지도 많다. 즉 현재의 지방지의 방언편은 부분적으로는 학술 연구서, 부분적으로는 해설서, 부분적으로 자료집의 성격이 뒤섞인 혼재 상태라 할 수 있다.

2.2. 문제점 분석과 검토

최근 들어 시군지의 내용과 편찬 체제가 많이 변화되고 있고, 일부 지역의 경우 선진적인 시도를 하고 있다. 그러나 기존의 대부분 지방지들은 편찬 사업과 관련하여 공통적인 문제점을 지니고 있었다. 대개 이 문제점이란 것이 지방지의 편찬 주체인 지방자치단체의 이해 부족에서 기인한 것도 있으나, 기초 자료의 정리가 미비한 상태에서 자치 단체장의 업적 위주로 1-2년이란 단기간에 정해진 소규모 예산으로 편찬 사업을 추진하는 데에서 문제가 발생되고 있다(이해준 1999 : 29).

국어학이 아닌 다른 학문 분야에서 지방지 기술의 문제점을 논한 연구로 강진갑(1997), 최홍규(1997), 이해준(1999), 김명자(2002), 정광중(2004), 윤택림) 등이 있다. 이 중에서 지방지의 세시풍속 기술에 대해 논한 김명자(2002 : 124-126)는 향토지 세시풍속 서술의 문제로 다음을 지적하고 있다.

- 특히 시·군지를 중심으로 한 향토지의 경우 현지조사가 결여되어 있음.
- 서술의 체계는 거의 대부분 월별에 따른 관련 행사를 단순하게 나열하는 방식임.
- 세시관련 행사와 그를 구성하는 요소에 대한 의미, 역할에 대한 설명이 결여되어 있음.
- 세시의 '지속과 변화'에 대한 미분화된 서술이 행해짐.
- 세시의 지역적 특성과 그 배경에 대한 서술이 결여되어 있음.

지방지의 역사 기술에 대해 논한 이해준(1999 : 29)은 지방지의 지방사 기술의 문제점을 다음과 같이 들고 있다.

- 한국사의 축소판과 같은 기술을 하고 있어 지역 문화사의 종합 구도가 올바르게 정립되지 못함.
- 기초 자료의 정리 과정이 미진한 상태에서 서둘러 집필과 출간이 이루

어짐.
- 분류사 체제와 통사 체제가 뒤섞여 있으며 부분적으로 연구서, 해설서 자료집 성격이 혼재함.
- 분량이 크고 고답적 편찬 체제를 답습하여 젊은 사람들의 관심을 받지 못함.
- 수정 증보판임에도 동일한 내용이 많고 새로운 기초 자료의 양은 증가되지 않음.

이상의 검토에서 지적한 문제점의 구체적인 내용은 다르지만 두 연구가 모두 기초 자료 수집 및 정리의 부족, 고답적인 기술 방식, 집필자의 명확한 관점의 미정립 등을 문제점으로 지적하고 있다. 이러한 문제점은 비단 지방지의 세시풍속, 지방사에만 국한되는 것이 아니라 지방지의 방언편 기술에서도 그대로 드러난다. 특히 고답적인 기술 방식과 기존 체제의 답습, 지역 언어의 특성과 그 의미에 대한 서술의 결여 등은 현재 지방지의 방언편 기술에도 동일하게 나타나는 문제점이다. 이러한 문제점은 지방지 편찬 주체의 이해 부족, 편찬 재원의 한계, 집필자의 전문성 결여, 짧은 편찬 기간 등의 여러 요인들이 복합적으로 작용한 결과라고 할 수 있다.

이 글에서는 지방지의 방언편 기술의 내용에만 초점을 두고 기술 내용과 기술 방식의 문제점을 논해 보고자 한다. 개별 지방지에 대한 분석을 통해 파악되는 지방지 방언편 기술의 문제점은 다음과 같다.

첫째, 방언에 대한 기술이 없는 경우가 있다. 그 지역의 언어가 지역성과 문화를 잘 반영하고 있는 것임을 감안할 때 지방지에서 지역성과 지역 문화를 기술하면서 그 지역의 언어를 기술하지 않는 것은 그 지역에 대한 이해의 폭을 제한한다고 할 수 있다.

박경래(2006 : 630)는 문화유산으로서의 방언을 종합적으로 기술해야할 필요성을 강조한 바 있다. 살아 있는 무형문화유산이라 할 수 있는 전통 방언은 현실세계에 존재하면서 우리의 삶에 작용하고 있다. 그러나 방언을 조사하고 기록해 놓지 않으면 음성 파동으로 허공에 떠다니다가 사라져 버린다. 무형 문화유산인 방언을 기록하여 남긴다는 것은 당대의 언어생활을 오늘날의 모습 그대로 우리의 후손들에게 전해 의미 있는 일이다. 방언은 문화적 가치가 높은 언어 자원 중의 하나이다. 오래 전부터 사용하던 지역 방언에는 그 지역성을 드러내는 다양한 문화적 요소가 간직되어 있다(김덕호 2013 : 31). 따라서 그 지역의 언어에 대한 기술을 통해 해당 지역의 지역성과 지역문화를 더 잘 드러낼 수 있기 때문에 지방지에서 지역 언어에 대한 기술은 필수적이다.

지역의 언어는 보존가치가 충분한 무형문화재이며, 지역성과 지역 문화를 잘 드러내 줄 수 있는 문화 자원이므로 해당 지역의 지역성과 지역 문화를 조사 연구한 결과물인 지방지에 지역의 언어에 대한 기술이 없다는 것은 지방지의 가치를 크게 축소시킬 수 있다.

둘째, 지역의 지역성과 지역 문화를 드러내는 기술이 부족하다. 지역의 언어는 오래전부터 해당 지역에서 사용되어 왔기 때문에 그 지역 주민의 삶과 문화를 반영하고 있다. 사용 지역의 생활 문화와 언어적 특성을 반영하고 있는 지역어에 대한 폭넓은 기술이 필요하다. 종래와 같이 음운·문법·어휘 부문에 대한 언어학적인 기술만으로는 해당 지역민의 언어생활을 충분히 드러낼 수 없으며, 지역 방언에 대한 이해의 폭이 제한적일 수밖에 없다.

지역민들이 사용하는 전통 방언을 포함한 일상생활어를 다각도로 조사하여 그 특성을 드러내는 방안을 모색할 필요가 있다. 이러한 방향의 노력이 없이 언어학적 분석과 어휘 나열 위주의 기술은 지역민의 언어생활을 이해하는 데 큰 도움을 주지 못하며, 지방지에서 방언편이 설정되어야 이유를 담보할 수 없다. 대부분의 지역민들은 언어학적 분석을 포함한 학술적으로 심화된 내용보다 지역 언어의 전반적인 특징, 다른 지역과 차별되는 해당 지역 방언의 특징 또는 방언 속에 투영된 문화 현상 등에 관심을 가지고 있다. 이런 점을 고려하지 않은 방언편 기술은 지역민에게는 외면 받게 될 것이고, 결국에는 방언편의 존치 이유를 확보할 수 없게 할 것이다.

셋째, 전통 방언 기술에 치중해 있고, 현재 지역민의 언어생활에 대한 기술이 없다. 지방지에는 대체로 전통 방언만이 기술의 대상이 되고 있다. 지방지에 지역 고유의 전통 방언에 대한 기술이 있어야 하는 것은 당연한 것이지만, 전통적인 방언만에 대한 기술은 현재 지역민이 사용하고 있는 언어에 대한 이해를 도모할 수 없게 한다. 지방지 방언편이 현재 그 지역의 언어생활과 언어문화를 반영해야 한다고 볼 때, 살아 있는 방언을 조사하고 기술해야 할 것이다. 그러나 노년층을 제외하고 대부분의 지역민이 사용하지 않는 전통 방언만을 대상으로 방언편을 기술하는 것은 명백한 한계를 가진다. 과거와 비교하면 현재 지역민이 그 지역에서 행하는 언어 활동은 다양해졌다. 그러나 현재 지방지에는 전통 방언 화자가 생산하는 방언적 요소만을 기술의 대상으로 삼고 있기 때문에 다양하고 복합적인 지역민의 언어생활을 기술하는 데 한계가 있다.

지역에서 이루어지는 언어 활동과 문화 활동의 주체는 지역민이다. 현재 그 지역에서 살고 있는 구성원들의 삶을 반영하지 못하는 지방지는 지역민의 관심에서 멀어져 버리게 될 것이다. 이 점은 지역민의 언어생활과 언어문화에 초점을 두는 지방지 방언편의 기술이 필요한 이유이기도 하다.

넷째, 해당 지역어의 방언을 기술할 때 음운·문법·어휘 중 빠진 부문이 있거나 한 부문에 치중되어 있다. 대부분의 지방지가 음운·문법·어휘 세 부문에 나타난 방언적 특징을 두루 다루고 있으나, 세 부문 중 한 부문에 치중하여 기술하고 있는 경우도 많다. 특히 어휘의 경우, 다수의 방언 어휘를 체계 없이 나열하고 있어서 방언 어휘집의 성격을 띤 사례도 적지 않다. 지방지의 방언편에서 방언 자료의 수집과 기록이 이루어져야 하지만 이러한 방언 어휘의 기록이 방언편의 대부분을 차지하는 것은 바람직하지 않다. 게다가 방언 어휘에 대한 기술도 단순히 표준어에 대응하는 방언 어휘를 나열하고 있는 수준이다. 이와 같이 방언 어휘를 단순히 나열하는 방식의 기술은 그 지역 방언 어휘에 대한 유의미한 정보를 제공하기 어렵다. 이런 방식으로는 해당 지역 방언의 특성을 드러낼 수 없다. 방언 어휘를 단순히 나열하는 방식으로 제시한 어휘 자료들은 전공 학자들의 연구에도 별 도움이 되지 않는다. 이런 식의 어휘 나열은 지방지의 독자층이 될 수 있는 지역민과 연구자들 모두에게 외면당하는 결과를 초래하였다.

3. 새로운 언어문화편 작성을 위한 기본 방향

지방지의 바람직한 편찬 방향에 대해 논한 이해준(1999 : 30)은 시군지 편찬의 방향으로 다음을 제안하였다.

- 향토지 편찬의 목적과 대상을 분명히 설정해야 함.
- 기초자료의 충실한 수집 및 정리 작업이 선행되어야 함.
- 편찬위원회와 집필위원회의가 효율적, 전문적으로 구성되어야 함.
- 지역문화 안내서, 교과서에 맞는 편차와 내용으로 구성되어야 함.

윤택림(2012 : 214-217)은 지방지가 지방사 연구로 발전되기 위해 다음과 같은 변화가 있어야 한다고 지적하였다.

- 지방지 집필에 참여하는 학자들이 지방지 작업을 지방사의 연구로 보는 진지한 자세가 필요함.
- 지방지 편찬위원회를 상설 기구화해야 함.
- 지역민이 접근하기 쉬운 형태로 제공되어야 함.

이상의 연구에서 제안한 방향에는 편찬 주체인 지방자치단체와 지방지를 집필하는 집필자가 염두에 두어야 하는 내용 둘 다 포함되어 있다. 지방지 편찬의 목적 및 대상의 설정, 전문적인 위원회 구성, 지방지의 편목 설정과 내용 구성 등은 지방자치단체 및 지방지 간행 관련 위원회의 몫이라고 할 수 있다. 좋은 지방지 간행은 편찬 주체가 지방지 간행에 얼마나 목적 의식과 열의를 가지고 있느냐에 달려 있다고 할 것이다. 이처럼 좋은 지방지를 간행하기 위해서는 편찬 주체의 역할이 가장 크지만, 집필자 또한 지방지 집필의 목적과 대상을 확실하게 설정하고, 지방지의 언어문화편 집필을 연구로 보는 태도를 가져야 함을 제안하였다.

이 글에서는 앞에서 제기한 문제점을 인식하고 새로운 집필 방향을 모색하기 위해, 지방지의 언어문화편 작성의 기본 방향을 다음과 같이 제안한다.

첫째, 지방지의 언어문화편은 그 지역의 방언적 특성과 지역의 언어문화가 드러나도록 기술되어야 한다. 한 지역의 지방지는 그 지역만의 고유성이 드러나도록 기술되어야 한다. 이는 방언의 기술에 있어서도 마찬가지이다. 현재까지 지방지 언어문화편에서의 기술은 지역성을 드러내는 측면은 충실하였으나, 그 지역 고유의 문화가 반영된 언어적 특징을 기술하는 부분은 부족한 면이 있었다. 다른 지역과 차이가 나는 그 지역 고유의 방언형에 대한 기술과 함께 그 지역의 문화를 반영하는 방언에 대한 기술이 필요하다.

지역에서 사용되는 언어의 언어적 특징만을 기술하거나 방언 어휘를 단순히 나열하는 방식에서 벗어나 그 지역의 지역성과 문화를 드러낼 수 있는 요소들을 추출하고 그에 대한 기술이 이루어지는 것이 바람직하다.

둘째, 지방지의 언어문화편은 전통 방언뿐만 아니라 현재 사용되는 지역어에 대한 내용을 포함해야 한다. 조남호(2013 : 83)는 실제 각 지역에서 어떻게 언어생활이 이루어지고 있는가에 대한 조사가 필요하다고 주장하였다. 지금까지 방언과 관련된 사업은 주로 과거로부터 쓰여 왔지만 이제는 사라져 가는 방언을 수집하는 데 관심을 두어 왔다. 과거부터 사용된 그 지역의 전통적인 방언에 초점을 두는 것은 지방지 방언편 기술에서도 마찬 가지로, 지방지 방언편 기술의 대상은 주로 보존해야 하는 전통적인 방언이었다. 그러나 현재 각 지역에서는 표준어의 영향을 받으면서도 표준어와는 다른, 지역의 말이 사용되고 있다.

이러한 언어 현실을 반영하여 그 지역의 언어는 과거부터 사용되어 온 전통적인 방언뿐만 아니라 현재 그 지역에서 살고 있는 사람들이 사용하는 언어를 포함해야 한다. 지금까지 지방지의 언어문화편은 전통 방언에 초점을 두고 노년층의 방언을 집중적으로 기술해 왔으나 노년층의 전통 방언뿐 아니라 표준어 등 다른 방언의 영향을 크게 받은 계층의 언어생활을 기술 대상에 포함해야 할 것이다. 노년층의 전통 방언과 그 이하 세대가 사용하는 새로운 지역어를 기술의 대상으로 삼아야 한다. 그리하여 전통 방언과 현재 사용되는 지역어 둘 다 고려한 기술이 필요하다. 현재 사용되는 지역 언어에 대한 내용이 지방지 언어문화편에 포함된다면 현재 지역민의 관심에도 부합하고, 해당 지역의 언어문화 전반에 대한 이해도 가능할 것이다.

셋째, 지방지의 언어문화편은 지역민의 다양한 언어생활을 포착할 수 있도록 기술되어야 한다. 기존의 지방지들은 언어적인 측면 중 음운·문법·어휘에 주로 초점을 두고 지역의 언어를 기술해 왔다. 즉 전통적인 제보자의 발화에서 추출해 낸 방언적 특징을 기술하는 것이 지방지 방언 편의 주된 내용이었다. 그러나 해당 지역의 언어는 제보자의 발화뿐만 아니라 지역의 언어 환경을 구성하고 있는 언어를 통해서도 파악이 가능하다. 따라서 지역민이 사용하는 언어와 언어문화에 대해 폭넓게 기술하기 위해 지역민의 발화에서 추출해 낼 수 있는 언어적 특징뿐만 아니라 지역의 언어 환경을 구성하고 있는 다양한 언어에 대해서도 기술되어야 한다.

지역의 공공언어나 간판언어, 상호명 등은 지역민이 소비·생산하면서 생활과 밀착되어 있는 것이다. 이러한 언어에 대한 관찰 및 기술은 해당 지역민이 사용하는 언어를 파악하는 다양한 방법 중의 하나가 될 수 있다. 공공기관에서 생산해 내는 공공언어는 그 영향력을 고려할 때 해당 지역의 지역민의 언어생활에 영향을 미칠 수 있으므로 현재 지역민의 언어생활을 파악하는 데 포함될 수 있다. 또한 상호명을 통해 해당 지역민의 이름짓기 방식과 특징을 파악할 수 있을 것이다.

넷째, 지방지의 언어문화편 집필의 목적과 독자를 명확히 설정해야 한다. 2장에서 살펴보았듯이, 현재 간행된 지방지의 언어문화편은 지방지에 따라 성격이 다르고, 한 지방지의 언어문화편 내에서도 해설서, 연구서, 자료집의 성격이 혼재되어 있었다. 이처럼 여러 가지 특성이 혼재된 것은 집필자가 집필의 목적과 성격, 그리고 예상되는 독자를 설정하지 않아서이기도 하다.

지방지의 언어문화편은 해당 지역의 언어적 특성을 그 지역의 주민은 물론 지방지를 읽을 기회가 있는 타 지역의 일반인들에게 잘 설명해 줄 수 있어야 한다. 이런 점에서 지방지 언어문화편은 그 지역 주민이 사용해 온 언어의 역사적 전통성과 현재의 언어생활을 설명하고 해설하는 해설서가 되는 방향으로 집필하는 것이 바람직하다고 본다. 아울러 지방지 언어문화편은 편찬되는 당대의 언어생활을 기록하는 것이라는 점도 고려해야 할 것이다.

대체로 지방지에 수록된 여러 가지 내용들은 공공기관이나 전문연구 기관 전문 연구자들에게 유용한 자료가 될 수 있다. 그러나 당대 지역민들이 지방지 내용을 쉽게 이해하고 소비하기 쉬운 것이 아닌 경우가 많다. 지역민을 그 지역 역사의 주체로 간주한다면 지방지가 지역민들에게 접근하기 쉬운 내용과 형태로 제공될 필요가 있다(윤택림 2012 : 240). 전문가, 연구자 등 학문적, 전문적 수요층에서 일반 시민으로 지방지의 수요층이 전환되려면 내용은 일반 시민이 관심을 가질 수 있는 흥미로운 것으로, 문체나 용어도 평이한 수준이 되어야 할 것이다.

그리고 편찬의 목적은 일반 시민들이 '현재' 해당 '지역'의 언어와 언어 문화를 잘 파악할 수 있는 데 두어야 한다. 이를 위해 과거에 사용된 전통 방언을 대상으로 언어학적으로 기술하는 방식을 탈피하여, 현재 그 지역을 살고 있는 사람들의 언어 및 언어문화, 언어생활 전반에 대해 기술되어야 한다.

지방지는 그 지역의 역사와 문화에 대해 정리한 것이므로, 공공기관이나 전문연구 기관, 전문 연구자들뿐만 아니라 지역민의 관심을 받을 수 있어야 한다. 지역민들이 그들이 사용하는 언어의 특성을 이해하는 것은 보다 나은 언어생활로 나아가기 위한 기초가 될 수 있다. 그 지역민이 사용하는 언어의 다양한 측면을 드러내는 실제적 내용으로 언어문화편이 서술된다면 해당 지역민의 관심을 받으면서 이들의 언어생활 향상에도 기여할 수 있다. 또한 방언학 혹은 국어학 연구자의 학문적 성과가 지역민들의 삶에 기여하여 학문적 성과의 대중화를 도모할 수 있다. 이러한 학문 분야의 대중화는 국어학의 외연 확대에 도움이 되고 국어학의 사회적 필요성을 현실에서 확인하는 것이 될 것이다.

다섯째, 지방지 언어문화편 기술의 통일된 집필 모델이 필요하다. 지방지에서 세시풍속이 어떻게 기술되고 있는지를 살핀 김명자(2002 : 116)는 무엇보다 세시풍속의 성격을 정확하게 드러내는 방식을 설정하여 일반화할 필요가 있다고 주장하였다. 물론 지방지라는 이름대로 '지역성'을 드러내야 하겠으나 이는 내용을 통해 추출할 수 있으므로 먼저 일반화할 수 있는 서술 방법을 만들어야 한다고 하였다.

지방지의 방언편 또한 지방지마다 그 서술 내용과 방식이 다르다. 지역마다 지역의 언어적 특징이 드러나는 부분이 다르기 때문에 기술 내용과 방식을 일률적으로 정할 수 없으나, 일반화할 수 있는 집필 내용과 방식을 설정한 후 그에 따라 각 지역어의 특징이 잘 드러날 수 있도록 기술하는 것은 가능하다. 지역의 언어와 언어문화를 잘 드러낼 수 있는 어느 정도

합의된 집필 모델이 있다면 해당 지역의 언어를 좀 더 체계적이고 폭넓게 기술할 수 있다.

통일된 집필 모델에 따라 지방지의 언어문화편이 서술된다면 지방지의 학술적·대중적 활용도를 높일 수 있을 것이다. 단일한 모델로 기술된 각 지방의 언어문화편은 해당 지역 언어의 특징과 다른 지역 언어와의 공통점과 차이점을 일목요연하게 파악하는 것을 가능하게 한다. 단일한 모델에 따른 지역어의 서술은 비교방언학적 연구에 활용될 수 있으며, 해당 지역의 언어와 다른 지역의 언어를 비교함으로써 일반 시민들에게 자기 지역 언어의 특징을 파악할 수 있는 기회를 제공할 수 있다.

4. 새로운 언어문화편의 내용과 구성

지방지의 언어문화편이 그 지역에서 사용되는 언어와 관련된 다양하고도 실제적인 내용으로 집필된다면 해당 지역민의 관심도 받고, 학문적 결과물의 대중화에도 기여할 수 있다. 이러한 점을 염두에 두고 해당 지역의 언어 및 언어문화를 잘 드러내기 위해 지방지의 언어문화편이 다음과 같은 내용으로 구성될 것을 제안한다.8)

4.1. 지역어의 개괄적 소개

여기에는 지역어의 역사적 배경 또는 형성 과정에 대한 내용이 포함된

---

8) 지역의 언어문화를 기술할 때 지명에 대한 기술이 포함된다면 지역에 대한 더욱 폭넓은 기술이 가능할 것이다. 그러나 대체로 지방지에 방언편과 별도로 지명편이 기술되어 있으므로 이 글에서는 방언편을 중심으로 기술하고 지명편에 대해서는 본격적으로 다루지 않는다.

다. 그리고 해당 지역어의 방언적 위상과 방언권에서의 위치, 인근 지역어와의 관계, 행정구역 개편에 따른 언어적 특징 등과 같은 지역어에 대한 개괄적 내용이 기술될 수 있다.

4.2. 지역어를 반영한 고문헌 자료 검토

지역어를 반영한 고문헌 자료가 있을 경우 이에 대한 검토가 필요하다. 예컨대 광주시지 언어문화편에서는 광주 천자문(1575)을 이용할 수 있고, 예천군지의 경우에는 용문사판『염불보권문』(1704)의 방언적 특징을 언급할 수 있을 것이다. 경북 달성군을 다룰 때는 「현풍곽씨언간」을 이용할 수 있을 것이다. 이 때 어느 정도의 깊이로 고문헌의 언어 현상을 언어문화편에서 다루어야 할 것인지가 문제될 수 있다. 정밀하고 체계적인 국어학적 분석이 아니라 해당 자료가 반영한 지역 방언의 옛 모습을 이해하기 쉽고 평이하게 서술하는 정도로 함이 적절할 것이다.

4.3. 전통 방언에 대한 기술

여기서는 해당 지역의 전통 방언의 특성을 다룬다. 주로 음운·문법·어휘로 나누어 그 지역어가 가진 특징적인 면들이 기술되면서, 다른 지역과 구별되는 특징이 부각되도록 기술하는 것이 좋을 것이다. 특히 어휘의 경우에는 해당 지역의 지역성과 문화를 드러낼 수 있는 것을 중점적으로 다룰 필요가 있다. 지역민이 사용하는 방언 어휘를 나열하는 데 그치지 말고, 방언 어휘가 어떻게 지역성과 문화를 반영하고 있는지 드러내도록 노력한다.

태안군지(2012)의 경우, 태안 지역의 지역성이 드러나도록 어휘 부문이 기술되어 있다. 태안에는 해안의 지리적 특성에서 연유한 염전 사업과 관련된 특이 어휘들이 많은데, 이와 관련된 방언이 태안 방언의 중요한 특징이 되는 것이다. 그리고 김봉국(2011)에서는 부산 지역의 언어문화를 드러낼 수 있는 지역어 요소를 탐색하고 부산 지역의 언어문화가 갖는 특징에 대해 살펴본 바 있다. 언어적인 특징으로는 음운 목록과 음운 현상 그리고 높임법을 다루었다. 언어문화적 특징과 관련해서는 친족 어휘, 관용적 표현 등에 대해 논하였다. 특히 이 연구에서 소개하고 있는 관용적 표현들은 부산 지역의 지리적 특징을 많이 반영하고 있으며, 부산의 언어문화적 특성을 잘 드러내주는 언어적 요소라고 할 수 있다. 이처럼 해당 지역의 지역성과 문화를 반영하고 있는 언어 요소들을 중점적으로 기술함으로써 그 지역의 언어문화적 특성을 잘 드러낼 수 있다.

4.4. 현재 지역민이 사용하는 언어와 지역민의 언어 의식에 대한 기술

여기서는 현재 지역민이 사용하는 언어와 언어 사용의 기저에 깔려 있는 지역민의 언어 의식에 대해 기술한다.

전통 방언과는 다른 현재 지역민이 사용하는 언어의 특징을 기술함으로써 '현재 그 지역을 살고 있는 사람들'의 언어를 파악하는 것이 가능하다. 이를 위해 구어를 대상으로 음운·문법·어휘상의 특징을 기술하되, 세대·성·학력 등의 사회적 요인에 따른 분화의 양상을 기술한다. 특히 노년층이 사용하는 전통 방언과 젊은 세대가 사용하는 지역어의 특징을 비교하는 기술을 통해 세대 간에서 일어나고 있는 지역어의 언어 추이를 파악할 수 있다. 나아가 언어 추이의 원인을 찾아 설명하는 것도 흥미로운 집필 내용이 될 수 있다. 청원군지(2006)에서는 노년층과 젊은층의 음운체계 및 음운 현상의 실현 양상을 비교하고, 여기에 나타난 언어 추이의 원인을 교육과 매스컴의 영향에서 찾고 있다. 이러한 방식의 기술은 청원지역의 전통 방언과 현재 방언을 비교함으로써 이 지역민이 사용하는 언어를 심층적으로 이해할 수 있게 한다.

그리고 지역민이 사용하는 언어를 심층적으로 기술하기 위해 지역민이 가지고 있는 언어에 대한 의식 및 태도가 파악될 필요가 있다. 언어 태도는 언어에 대한 화자의 심리적 상태라고 할 수 있는데, 화자들의 언어 태도에 따라 언어 사용이나 선택이 달라질 수 있다. 언어 의식에 대한 조사 및 연구(조준학 외 1981, 국립국어원 2005, 2010, 한성우 2012 등)에 따르면 지역어와 표준어에 대한 화자들의 태도가 지역에 따라 차이를 보인다. 지역어와 표준어에 대한 해당 지역민들의 의식에 대해 기술함으로써 지역민의 언어에 대한 생각을 파악할 수 있고 지역민이 사용하는 언어에 대한 다각도의 연구가 가능하다.

4.5. 지역의 공공언어와 명명어에 대한 기술

여기서는 공공기관에서 지역민을 대상으로 하여 생산하는 공공언어와 지역민들이 만들어 내는 명명어에 대해 기술할 수 있다. 공공언어와 명명어는 둘 다 지역 사람들을 대상으로 그 지역에서 살고 있는 사람들이 만들어 내는 것이기 때문에 지역의 특성과 언어문화를 반영할 수 있다.

공공언어의 성격을 가장 잘 드러내는 것은 공공기관에서 공공의 목적으로 사용되는 언어이다.[9] 시청과 군청의 누리집의 언어, 시와 군에 속한 공공기관의 누리집의 언어, 해당 지역 소재 문화재의 안내문, 공공기관에서

---

9) '공공언어'에 대한 정의는 다양하다. 공공언어의 범위를 넓게 잡아 "공적 영역과 사적 영역을 막론하고 불특정 다수의 사회구성원이 대상이 될 수 있는 상황에서 사용하는 언어"(조태린 2010 : 383), "정부 기관이 사용하는 언어와 민간이 사용하는 언어라도 일반인이 듣고 볼 것을 전제로 하여 사용하는 언어"(남영신 2009 : 69)와 같이 정의 내리기도 한다. 또는 공공언어의 범위를 조금 더 좁혀 "공공기관에서 해당 업무자가 사회구성원(일반 국민)을 대상으로 공공의 목적을 위해 생산한 문어 텍스트"(민현식 2010 : 5)라는 정의도 있다. 이 글에서는 대체로 후자의 관점을 따라 일반인을 대상으로 공공기관에서 생산해 내는 문어 텍스트에 초점을 두고 기술한다.

게시한 현수막과 포스터 등이 공공언어의 예가 될 수 있다. 공공언어는 공공기관이 소재한 지역과 지역민을 대상으로 하므로 그 지역의 특수성이 반영되어 있을 것이다.[10] 따라서 공공언어에 대해 기술함으로써 그 지역의 특성을 포착하고 지역에서 사용되는 다양한 언어에 대한 파악이 가능하다.

공공언어의 다양한 양상을 주요 예문을 통해 분석하거나 공공언어의 정확성 및 공공기관과 일반인의 소통성에 초점을 두고 공공언어의 실태를 기술할 수 있다. 이러한 공공언어에 대한 분석을 토대로 공공언어로서의 적합성과 문제점을 파악하고, 부족한 부분을 보완할 수 있는 개선 방안을 제시할 수 있다. 이러한 내용은 직접적으로 지방자치단체의 행정 자료로 활용될 수 있고, 나아가 바람직한 공공언어 정착에 기여할 수 있을 것이다.

명명어(命名語)는 회사, 상점, 식당, 건물, 단체 등을 가리키기 위해 지은 이름을 뜻하는 것으로, 지역 주민이 일상생활에서 많이 쓰는 언어이면서 공공언어의 성격을 띠고 있다. 명명어에 대한 기술을 통해 지역민들의 이름짓기 방식을 파악할 수 있으며, 지역의 특성을 살펴볼 수 있다는 점에서 지방지 언어문화편의 기술 대상이 될 수 있다.[11]

사회적 공공성을 띠는 간판 언어를 분석하면 문화적 특성과 인간의 가치관이 언어에 어떻게 투영되고 있는가를 살필 수 있다(김혜숙 2005 : 70). 아울러 명명어에 대한 기술을 통해 지역에서 사용되는 언어뿐만 아니라 해당 지역의 특성도 파악할 수 있다. 통영의 간판 상호를 분석한 공선종(2010)은

---

10) 경북 칠곡군의 공공 목적의 현수막과 공공 게시판의 게시문을 분석해 보면, 산불조심을 당부하는 게시물이 다수인데 이는 칠곡군의 지형적 특징을 반영하는 것으로 보인다. 또한 평생학습센터에 대한 홍보 게시물이 많은 것은 평생학습도시를 표방하는 칠곡군의 특징이 반영된 것이라고 할 수 있다.

11) 공공언어는 지역에 따른 큰 차이가 나는 것은 아니다. 그러나 공공기관과 지역민의 소통성 측면에서는 차이가 나는데, 공공기관과 지역민이 공공매체를 통해 얼마나 소통을 하고 있는가 하는 부분도 공공언어의 특성에 포함될 수 있다. 이러한 점에서 지역에서 사용되는 공공언어의 정확성과 소통성을 분석해 보는 것은 의의가 있다고 할 수 있다.

조선업과 관광업의 발달로 소비 위주의 업종이 증가하고 있는 통영 지역의 특성을 간판 상호가 잘 반영하고 있다고 한다.[12] 이처럼 간판 상호와 같은 명명어에 대해 기술함으로써 그 지역에서 사용되는 언어와 지역의 특수성, 지역의 언어문화를 추출해 낼 수 있다.

『칠곡군지』(2015)에 수록된 '칠곡군의 언어문화'편은 위에서 제안한 모델로 서술되어, 칠곡군의 언어와 언어문화를 다양하고 폭넓게 드러내고자 한 것이다. '칠곡군의 언어문화'편은 제1장 칠곡 방언의 위상, 제2장 칠곡군의 전통 방언, 제3장 칠곡군의 공공언어와 명명언어, 3개의 장으로 구성되어 있다. 1장과 2장은 기존의 지방지에서 기술되어 온 방식과 동일하게 방언학적 관점에서 칠곡 방언의 위상과 음운적, 형태적, 어휘적 특징을 기술하고 있다. 그리고 전통 방언을 다루는 장에서 칠곡 지역의 말을 보여주는 『삼국사기』 지리지 권34에 기재된 지명어(地名語)와 고려 시대의 「정도사 석탑조성 형지기」(淨兜寺石塔造成形止記)를 소개하며 칠곡군 지역의 지명과 인명 등에 대해 서술하고 있다. 이 2개의 장은 일반인이 관심을 가지고 칠곡군의 언어적 특징을 포착할 수 있는 정도의 내용으로 기술되어 있다. 그리고 3장에서는 칠곡의 현재를 살아가는 지역민의 다양한 언어생활을 포착하기 위해 공공언어와 명명언어에 대해 기술하고 있다. 칠곡군청 누리집의 언어, 칠곡군 소재 문화재 및 기념관의 해설문, 일반인을 대상으로 공공 목적을 가지고 부착된 현수막과 포스터의 언어를 통해 공공언어에서 드러나는 지역적 특성, 지역민의 언어생활 등을 기술하고 있다. 특히 공공언어의 정확성뿐만 아니라 소통성에도 중점을 두고 공공언어의 특성을 살펴보고 있다. 그리고 칠곡군의 지명과 도로명 주소, 상호명, 회사명, 단체명 등

---

12) 공선종(2010 : 52~53)에 따르면 통영 지역의 간판 상호는 통영 지역의 특성을 잘 반영하고 있으며, 특히 음식업과 기타자재 관련업의 경우가 그러하다. 통영의 경우 조선업과 관광업의 발달로 소비위주의 업종이 증가하고 이들 업종에는 외래어 간판이나 한자어+외래어 간판이 많이 나타난다고 했다.

의 명명언어를 통해 칠곡군의 지역적 특성, 이름 짓기 방식 등을 살펴보고 있다.

칠곡군지의 이와 같은 서술 방식은 이 지역에서 예로부터 사용되어 온 지역의 언어를 파악하는 것은 물론 현재 지역민의 언어와 다양한 언어생활을 포착하는 것을 가능하게 한다. 특히 칠곡 군민의 일상생활과 밀착되어 있으면서 사회적 공공성을 띠는 명명언어와 공공언어에 대해 기술함으로써 지역에서 사용되는 실제 언어와 언어문화, 지역적 특성을 잘 드러내고 있다. 이와 같은 기술은 다른 지역과 차별되는 해당 지역의 언어적 특징과 지역성을 드러내는 동시에 지역민들이 지역의 언어와 언어문화에 관심을 기울이게 하는 방식이 될 것이다.

5. 마무리-새로운 모델 개발을 기대함

현재까지 방언 연구는 전통 방언에 집중되어 각 지역의 방언에 대한 정치(精緻)한 연구가 이루어져 왔다. 현대 남한의 대부분 시군 지역은 도시화가 진행되면서 과거 농촌 중심의 생활 방식은 점점 사라지고 있다. 방송·언론·광고 매체와 인터넷 환경 등으로 인해 오늘날 시군 지역민들은 과거와 크게 다른 언어 환경 속에 살고 있다. 표준어의 보급과 교육의 확대로 그 지역 고유의 방언은 사라져 가고 있으며 방언 접촉도 빈번하다. 이러한 점에서 앞으로 지역 방언에 대한 연구도 새로운 접근이 요구된다.

이 글에서 우리는 전통 방언을 중심으로 기술되어 온 지방지 방언편을 변화된 언어 현실에 맞추어 새롭게 바꾸기 위한 모델을 찾아보려고 노력했다. 새로운 지방지의 언어문화편은 전통 방언은 물론 현재 그 지역에서 살고 있는 지역민의 생활언어와 여기에 반영된 언어문화에 대한 기술을 포함해야 한다. 이러한 관점에서 대상 지역의 지방지 언어문화편을 집필한다면 그 지역 주민이 사용한 방언의 역사성과 당대의 언어생활을 포함한 언어문화 전반에 대한 폭넓은 이해가 가능해질 것이다. 이러한 접근은 방언 연구의 외연을 넓히면서 학문적 연구 성과를 대중들과 공유하는 계기를 만들 수 있을 것이다.

이에 본고는 지방지의 언어문화편이 전통 방언에 대한 언어학적인 기술에서 탈피하여, 현재 그 지역에서 살고 있는 주민들의 언어생활과 언어문화 전반에 대해 기술되어야 함을 주장하였다. 그 결과 지방지 언어문화편 기술에 포함되어야 할 주요 사항을 세우고 다루어야 할 내용을 제안하였다.

그러나 이 글에서 지방지의 언어문화편 기술 방식과 기술 내용에 대한 연구가 충분하게 이루어진 것은 아니다. 이 글에서 제안한 방식을 더 정밀히 하고 실제 적용을 통해 더 다듬어 가야 할 것이다. 본고의 제안이 지역의 언어문화를 더 잘 기술할 수 있도록 좀더 나은 방식을 모색하는 디딤돌이 되기 바라며, 앞으로 지방지의 언어문화편 기술 방식과 내용에 대한 연구가 더욱 진전되어 다수의 학자들이 수긍하는 실천적 모델이 개발되기를 기대해 본다.

칠곡군의 언어문화

1. 칠곡 방언의 위상

칠곡군은 서쪽으로는 경상북도의 성주군과 인접하고, 남쪽과 동쪽으로는 대구광역시에 속한 달성군 및 대구시와 인접해 있다. 북쪽으로는 구미시, 북동쪽에는 군위군과 접해 있다. 이 지역들은 모두 대구방언권에 속해 있으며 칠곡군 지역도 대구방언권의 일부이다.

그런데 경북 방언의 구획을 하위 구분함에 있어서 학자에 따라 세부적인 점에서 약간의 차이가 있다. 경북 방언의 하위 방언권을 설정한 학자들의 연구에서 칠곡 방언의 소속은 다음과 같이 처리되어 있다.

천시권(1964)은 의문형 어미의 사용 양상을 기준으로 '-능교'를 사용하는 남부 지역(대구, 경주 중심)과 '-니껴'를 사용하는 북부 지역(안동, 의성 중심), '-여'를 사용하는 서북부 지역(성주, 선산 중심)이라는 3개 하위 방언권을 설정하였다. 칠곡 방언에서 사용되는 의문형 어미는 '-능교'이므로 경북의 남부 지역 방언권에 속한 셈이다.

한편 정철(1997)은 경북방언을 동해안 지역어(포항, 경주 일부, 울진 중심), 서

---

* 이 글은 『칠곡군지』(2015, 경북 칠곡군)에 실렸던 것이다. 문장 표현을 약간 다듬고 고쳤다.

부 지역어(김천, 상주 중심), 남부 지역어(대구, 경주 일부, 고령 중심), 북부 지역
어(안동 중심)로 나누었고, 칠곡 방언을 대구, 경주, 고령과 함께 남부 지역
방언권에 포함시켰다.

최명옥(1992a, 1992b)은 경북 방언을 크게 중동부 방언과 서부 방언(문경, 상
주, 선산, 김천 중심)으로 먼저 나누고, 중동부 방언을 중동 동부 방언(울진, 봉
화, 경주 등지) 및 중동 서부 방언(칠곡, 성주, 고령, 달성)으로 다시 세분하였다.
칠곡 방언은 중동부 방언권에 속하면서. 그 안에서 다시 중동 서부 방언권
에 속한다.

이들 세 학자의 연구를 통해, 칠곡 방언은 고령·성주·달성 방언과 함
께 묶이면서 대구방언권에 속한다고 결론지을 수 있다.

2. 칠곡군의 전통 방언

칠곡군에서 오래 전부터 사용되어 온 칠곡의 전통적인 방언을 기술하기
위해 현지 조사를 수행하였다.[1] 현지 조사에서 협조해 준 제보자의 명단은
다음 표와 같다.

---

1) 제2장 칠곡군의 전통방언을 기술하기 위해 필자와 연구실 제자들이 칠곡군의 몇몇 면
   지역을 현장 조사했다. 현장 조사 및 조사 자료의 정리에 참여한 사람들은 다음과 같다.
   송지혜 박사(경북대 기초교육원 초빙교수), 이갑진(경북대 및 대구대 강사), 홍미주 박사
   (경북대 국어국문학과 BK21플러스 사업단 연구교수), 안주현(경북대 강사), 전영곤(육군
   3사관학교 강사), 배준영(경북대 강사), 신하영(한글박물관), 김예니(박사 과정), 김명주
   (박사 과정), 정성희(석사 과정), 장유정(석사 과정). 필자(백두현)가 현지 조사 및 연구
   방향을 세우고, 조사된 자료 및 분석 결과를 바탕으로 전체 원고를 집필하였다. 현지
   조사와 자료 분석에 참여한 위 사람들의 공로와 이에 대한 감사의 뜻을 여기에 명기해
   둔다.

[표 1] 제보자 명단

성명	나이	거주 지역	출생지	생업	성별	학력	참고
김종갑	80세(1934년생)	기산면 노석2리	기산면	농사	남	무	주제보자
김종록	80세(1934년생)	기산면 노석2리	기산면	농사	남	무	보조제보자
김태도	79세(1935년생)	기산면 노석2리	기산면	농사	남	무	보조제보자
김계봉	80세(1934년생)	기산면 노석2리	기산면	농사	남	무	보조제보자
김종섭	75세(1939년생)	기산면 노석2리	기산면	농사	남	무	보조제보자
김난수	63세(1951년생)	기산면 노석2리	기산면	농사	남	초졸	보조제보자
조태희	76세(1938년생)	석적읍 포남1리	포남1리	농사	여	초졸	주제보자
배연규	82세(1932년생)	지천면 영오2리	영오2리	농사	남	초졸	주제보자
이수욱	68세(1947년생)	왜관읍 매원리	매원리	농사	남	대졸	주제보자
황태숙	64세(1951년생)	왜관읍 매원리	왜관읍	농사	여	고졸	보조제보자 이수욱의 처
류정식	78세(1937년생)	동명면 남원1리	남원1리	농사	남	초졸	주제보자
이한우	80세(1935년생)	동명면 남원1리		농사	남		보조제보자

2.1. 음운 체계와 음운 현상

2.1.1. 음운 체계

1) 모음 체계

(1) 단모음

대체로 60세[2] 이상 노년층이 사용하는 칠곡의 전통 방언에서 변별적 기능을 하는 단모음은 여섯 개인데 /i, ɛ, ɜ, u, o, a/가 그것이다. 여기서 /ɛ/는 ㅐ와 ㅔ가 합류된 음소이고, /ɜ/는 ㅓ와 ㅡ가 합류된 음소이다. 그리하여 칠곡 방언의 노년층 발음에서 '떼'(群)와 '때'(垢)는 서로 구별되지 않으며, '게'(蟹)와 '개'(犬)도 역시 구별되지 않는다. '(빨래를)걷다'와 '(줄을)긋다'의

---

2) 이 연령대는 더 내려갈 수도 있다. 2014년 현재 40~50대 칠곡 토박이의 발음에서 단모음 ㅔ : ㅐ, ㅡ : ㅓ는 서로 구별되지 않는다.

모음 ㅓ : ㅡ도 비변별적이어서 그 발음이 구별되지 않는다. 그러나 30세 이하의3) 젊은 층 발음에서는 ㅓ : ㅡ의 변별이 이루어지고 있다. 이는 학교 에서 이루어진 표준어 교육과 텔레비전 · 라디오 등 방송 발음의 영향을 받 은 결과라고 해석된다. 칠곡 지역의 노년층과 30세 이하 교육받은 젊은 층 의 모음체계는 부분적 차이가 있다. 이것을 표로 그려 보면 다음과 같다.

[표 2] 노년층과 젊은 층의 단모음체계

〈노년층의 단모음 체계〉			〈30세 이하의 단모음 체계〉		
i	ɜ	u	i	ɨ	u
ɛ		o	ɛ	(ə)	o
	a			a	

ə는 모음 ㅓ를 가리키는 것인데 이것을 괄호에 넣어 (ə)라고 표기한 것 은 비어두 환경의 ㅓ는 여전히 ㅡ와 변별되지 않은 경우가 많음을 고려한 것이다.

한편 단모음으로서의 ㅚ와 ㅟ도 칠곡 방언에 존재하지 않는다. '귀'는 '기'로 발음되고, '외국'은 '웨국' 혹은 '애국'으로 발음된다. 심지어 노년층 말에서 '외갓집'의 '외'를 i로 발음하여 '이갓찝'이라 말하기도 한다. '이갇 찝'의 '이' 발음은 활음 탈락 및 고모음화(e>i)(vowel rising)를 거친 것(we>e>i) 이다.

(2) 이중모음

한국어에서 이중모음은 반모음 j가 선행하는 j계와, 반모음 w가 선행하

---

3) '30세 이하'라는 이 범위는 유동성이 있다. 대체로 청년층을 가리키기 위해 쓴 말이 다. 전 세대에 걸쳐 모음체계를 자세히 조사해 보아야 연령대를 보다 엄밀하게 말할 수 있다.

는 w계가 있다. 표준어의 j계 이중모음에 ㅑ(ja), ㅕ(jə), ㅛ(jo), ㅠ(ju), ㅖ(je), ㅒ (jɛ)가 있으나, 칠곡 방언에서는 ㅔ : ㅐ가 합류되었기 때문에 ㅖ(je)와 ㅒ(jɛ)가 변별되지 않는다. 따라서 칠곡 방언에서 j계 이중모음은 다섯 개(ja, jə, jo, ju, jɛ)가 된다. 칠곡 방언에서 이 다섯 개의 이중모음은 각각 그 앞에 선행 자음 이 없을 때 그 발음이 비교적 잘 실현된다. 그러나 이 다섯 개의 이중모음 앞에 선행 자음이 올 때는 반모음 j가 탈락되어 발음된다. 예컨대 '야구, 여 름, 요기, 유리' 등의 이중모음 ㅑ, ㅕ, ㅛ, ㅠ는 발음이 잘 되지만 '교실, 규 칙' 등에서는 j가 탈락되는 것이 보통이다. ㅖ에 선행 자음이 오는 '계산, 기 계' 등의 ㅖ는 '게산, 기게'로 발음되어 j탈락이 빈도 높게 실현된다.

표준어에 존재하는 w계 이중모음으로 ㅘ(wa), ㅝ(wə), ㅚ(we), ㅟ(wi), ㅞ(we), ㅙ(wɛ)가 있다. 여기서 ㅚ(we)와 ㅞ(we)는 글자는 다르지만 그 발음은 사실상 동일한 것이어서 체계상 하나의 이중모음으로 간주된다. 칠곡 방언에서 ㅔ : ㅐ가 합류되었으므로 이중모음 we와 wɛ도 변별되지 않는다. 이런 점들 을 고려할 때 칠곡 방언의 w계 이중모음은 네 개(wa, wə, wi, wɛ)가 된다. 여기 서 wɛ는 합류된 ㅞ와 ㅙ를 포괄하는 음가를 나타낸다. 칠곡 방언에서 이 네 개의 이중모음은 각각 그 앞에 선행 자음이 없는 경우에는 비교적 잘 실현 되지만, 이 네 개의 이중모음 앞에 선행 자음이 있을 경우에는 반모음 j가 탈락되어 발음된다. 예컨대 '와(왜), 워낙, 위기, 왜놈' 등의 이중모음 ㅘ, ㅝ, ㅟ, ㅙ는 발음이 비교적 잘 되지만, '과일, 권리, 귀, 괭이' 등에서는 j가 탈락 되는 것이 보통이다. 일상 구어에서 '왜놈'은 흔히 '애놈'이라 발음하는데 이 발음은 선행 자음이 없음에도 불구하고 w를 탈락시킨 것이다.

표준어에 존재하는 이중모음 ㅢ는 칠곡 방언에서 I(i)와 ㅡ(i) 두 가지로 발음되어 단모음화되는 것이 일반적이다. 어두의 ㅢ는 ㅣ와 ㅡ 두 가지로 발음된다. '의사'를 '이사' 혹은 '으사'로 발음하는 것이 그 예이다. 이에 반 해 비어두의 ㅢ는 모두 ㅣ로 발음한다. 예컨대 '거의', '논의' 등에서 비어 두 ㅢ는 모두 ㅣ로 바뀌어 [거이], [논이]와 같이 발음된다.

2) 자음 체계

한국어 방언에서 자음 체계를 다룰 때 문제가 되는 것은 두 가지이다. 하나는 대구방언권을 중심으로 ㅅ : ㅆ이 변별되지 않는 점이고, 다른 하나는 평안방언의 ㅈ이 구개음 [ʧ]가 아니라 치경음 [ts]라는 사실이다.

한국정신문화연구원에서 간행한 『한국방언자료집』(경상북도 편)에 채록된 칠곡 방언 자료를 보면, ㅅ : ㅆ의 변별 여부가 혼란스럽게 나타나 있다. 즉 '쌀'은 '살'로, '쑤다'는 '수다'로, '쏘다'는 '소다'로 채록되어 있어서 ㅅ : ㅆ이 변별되지 않고 있다. 그런데 '싸우다'는 '싸와따'로 채록되어 있어서 ㅆ이 발음되고 있다. 2014년 2월에 조사한 바로는 이 낱말이 '사와따'로 발음되었고, '쑤다'는 '쑤다'로 발음되고 있었다. ㅆ의 발음이 낱말에 따라, 화자 개인에 따라 유동적인 상황을 보이고 있다. 칠곡군과 인접한 성주 방언에 ㅅ : ㅆ이 변별되는 곳이 대부분임을 볼 때, 칠곡 방언은 ㅅ : ㅆ에 있어서 변별과 비변별이 혼재하는 전이방언적 성격을 띠는 것으로 간주된다. 칠곡 방언의 자음 체계를 표로 제시하면 다음과 같다. ㅆ의 유동적 상황을 반영하여 (s')로 표기해 두었다.

[표 3] 칠곡 방언의 모음체계

p	t	ʧ	s	k
p'	t'	ʧ'	(s')	k'
pʰ	tʰ	ʧʰ		kʰ
m	n			ŋ
	l		h	

대구방언권에서 ㅆ가 비변별적인 원인은 역사적 관점에서 설명될 수 있다. 이 방언권에서는 어두자음군 ㅄ이 ㅆ으로 경음화하지 못하고 ㅄ의 ㅂ

이 탈락했다. 즉 ᄡ>ᄊ(자음군의 경음화)를 겪은 것이 아니라 ᄡ>ᄉ(어두자음 ㅂ탈락)이란 변화를 겪었기 때문에 '쌀>슬>살'(米), '싸호다>사호다>사우다'(鬪)와 같은 변화를 거치게 되어 '쌀'을 '살'로, '싸우다'를 '사우다'로 발음하게 된 것이다.

3) 운소 체계

칠곡 방언에는 여타의 경북방언과 같이 음장(length)과 고저(pitch)가 존재한다. 이 두 가지가 공존하는 것이 언어학적 일반성을 결여한 것이라고 보는 관점에서 음장을 상승조(R)라는 성조 단위로 보기도 한다. 그런데 이 지역의 제보자들에게 '말'(言)과 '말'(斗), '발'(簾)과 '발'(足)의 차이를 물어 보면 거의 모든 사람들이 '길이'가 서로 다르다고 대답한다. 이 점은 칠곡뿐 아니라 대부분의 경북방언권 화자들에게 동일하다. 이와 같은 지역 방언 화자들의 언어 직관에 따라 필자는 칠곡 방언에서 음장을 운소로 설정한다.

음장 유무에 의해 변별되는 최소대립쌍에는 '말(言) : 말(斗)', '발(簾) : 발(足)', '일(事) : 일(一)', '밤(栗) : 밤(夜)', '벌(蜂) : 벌(罰)' 등이 있다. 전자는 음장이 있는 낱말이어서 길게 발음되고, 후자는 음장이 없어서 짧게 발음된다.

칠곡 방언에서 소리의 높이 즉 고저(高低)가 의미 변별 기능을 하는 최소대립쌍의 예는 다음과 같다. '손'이 저조(低調 L)로 발음되면 '手'의 뜻이고, '손'이 고조(高調 H)로 발음되면 '客'의 뜻이 된다. '말'[L]은 '斗'의 뜻이고, '말'[H]은 '馬'의 뜻이다. '배'[L]는 '腹'의 뜻이고, '배'[H]는 '梨'의 뜻이다. 용언의 사동형(혹은 타동형)과 피동형이 고저에 의해 뜻이 달라지는 최소대립쌍도 칠곡 방언에 존재한다. '연을 날린다'는 뜻으로 쓰는 '날리다'(HLL)와 이것의 피동형인 '날리다'(LHL)는 고조(H)의 위치에 따라 문법 기능이 달라진다. '전당포에 물건 따위를 맡기다'의 뜻으로 쓰는 '잡히다'(HLL)와 '범인이 체포되다'의 뜻으로 쓰는 '잡히다'(LHL)도 역시 동일한 유형의 성조 대립을 보이는 최소대립쌍이다. 이와 같은 대립쌍은 '딲이다'(HLL)(닦게하다의 사동형)와 '깎이다'(LHL)(피동형) 등 여러 곳에서 확인된다. 이런 예로 볼 때 칠곡 방언은 고저가 변별 기능을 하는 성조방언이라 할 수 있다.

2.1.2. 음운 현상

칠곡 방언에는 경상방언권에 널리 나타나는 몇 가지 음운 현상이 공통적으로 존재한다. 이 현상들은 칠곡 방언 특유의 것은 아니지만 이 방언의 특징을 보여준다. 칠곡 방언에 나타난 두드러진 음운 현상 몇 가지를 자음과 모음으로 나누어 요약 서술한다.

1) 자음 관련 음운 현상

자음 관련 음운 현상으로서 특징적인 것에는 먼저 어두 경음화, 어중 유기음화, 구개음화, 자음군단순화 등이 있다.

① 어두 경음화는 어두 평폐쇄음이 경음으로 바뀌는 것이다. '(나물을) 다듬다>따듬다', '(엿을) 고다>꼬다', '(줄을) 당기다>땡기다', '게:>기:>끼'(蟹), '과자>까자' 등이 어두경음화의 예이다. 이런 어두 경음화는 다양한 연령층과 여러 어휘 범주에서 광범위하게 발생하였다.

② 어중 유기음화는 비어두 환경에서 ㅎ이 평폐쇄음(ㄱ, ㄷ, ㅂ) 혹은 파찰음(ㅈ)과 결합할 때 발생한다. '놓다, 놓고, 놓지', '닫히다, 잡히다' 등에서 ㅎ이 전후에 오는 자음과 결합하여 유기음 ㅌ, ㅋ, ㅊ, ㅍ으로 실현되는 것이 유기음화의 전형이다. 그런데 칠곡 방언에서 형태소 경계 뒤에 오는 ㅎ이 선행 평폐쇄음과 축약되지 않고 약화 혹은 탈락되는 현상이 존재한다. '국-하고', '밥-하고', '밥-하다'과 같은 결합에서 서울방언권 화자들은 [구카고], [바파고], [바파다]와 같이 발음한다. 그러나 칠곡 방언이 포함된 경상방언권 화자들은 [구카고], [바파고], [바파다]라는 발음도 하지만 [구가고], [바바고], [바바다]와 같이 발음하는 것이 더 일반적이다. 후자는 폐쇄

음 뒤의 ㅎ이 탈락되어 유기음화가 일어나지 않은 것이라고 기술할 수 있다. 이 환경의 ㅎ이 왜 탈락되는지를 분명히 설명하기 어렵지만 발음상의 노력경제가 그 원인이라 볼 수 있다. [구카고]보다 [구가고]로 발음하는 것이 더 쉬운데, 모음 사이에서 유기음보다 평음을 발음하는 것이 조음 에너지가 적게 들기 때문이다. 유기음화가 일어나지 않은 유형의 발음은 경상방언권 전역에 널리 존재하며(최명옥 1974, 1980, 1982, 백두현 1982, 김덕호 2010), 전라방언권에서도 나타난다(최태영 1982).

③ 칠곡 방언에서 현저한 구개음화는 어두에서 ㄱ>ㅈ을 실현한 이른바 ㄱ구개음화이다. 이 방언의 노년층 토박이 화자는 '길>질, 기름>지름, 겨울>저을, 기둥>지둥, 견디다>전디다, 기대다>지대다, 곁-에>저테' 등과 같은 변화형을 사용하고 있다. 그러나 중년층 이하의 화자들은 표준어 및 방송어의 영향을 받아 비구개음화형으로 교정한 표준어형(길, 기름)을 쓰고 있다. 어두의 ㅎ이 모음 i(혹은 j) 앞에서 ㅅ으로 변하는 ㅎ구개음화 현상도 칠곡 방언의 토박이 화자의 발음에 나타난다. '힘>심', '형님>성님', '혓바닥>썻바닥~쎗바닥' 등의 변화가 여기에 해당한다. 이 변화는 ㄱ구개음화와 같이 경상방언권에서 널리 일어난 일반적 현상이었다. 그러나 이 변화 역시 표준어형에 밀려나 다시 원래의 어형으로 교정된 발음이 칠곡 방언의 중년 이하 연령층에서 널리 쓰이고 있다. 이처럼 원래 어형으로 교정되어 가는 현상은 치찰음 ㅈ, ㅊ 뒤의 전설모음화(ㅅ, ㅆ, ㅈ, ㅊ 뒤의 ㅡ→ㅣ)를 거친 어형이 다시 원래의 표준어형으로 교정된 것과 같은 성격의 변화이다. 즉 경상방언권 토박이 화자들은 '쓰다>씨다'와 같은 전설모음화 어형을 발음해 왔으나 방송언어 등 표준어 발음의 영향을 받아 중년층 이하 연령층에서는 원래의 '쓰다' 발음으로 되돌아갔다. 표준어형의 확장이 방언형을 퇴출시킨 것이다. 이와 같은 방언형의 퇴출은 어휘 차원에서 더욱 심하게 일어나고 있어서, 앞으로 갈수록 지역 방언의 고유성 소멸이 가속화될 것으로 보인다. 이런 흐름이 계속 진행되면 한국어는 방언이라는 두터운 기

반 언어층을 잃게 될 것이다.

④ 자음군단순화란 체언이나 용언의 어간말 자음군(consonant cluster)이 후
행하는 자음 어미(혹은 조사)와 결합할 때 하나가 탈락하는 현상을 가리킨다.
여기에 해당하는 용언의 예들은 다음과 같다.

어간말 ㄹㄱ→ㄹ   읽다→일따, 읽고→일꼬, 읽지→일찌
어간말 ㄹㅂ→ㄹ   밟다→발따, 밟고→발꼬, 밟지→발찌
어간말 ㄹㅌ→ㄹ   핥다→할따, 핥고→할꼬, 핥지→할찌
어간말 ㄹㅁ→ㅁ   젊다→점따, 젊고→점꼬, 젊지→점찌

이 발음형에서 서울방언권 등과 차이를 보이는 것은 ㄹㄱ→ㄹ에 해당하
는 '일따, 일찌'와 ㄹㅂ→ㄹ에 해당하는 '발따, 발찌'와 같은 발음형이다. 이
와 동일한 자음군단순화가 체언에서도 일어난다. '닭>달, 흙>흘'은 ㄹㄱ→
ㄹ 방향의 단순화를 보인 것이다. 그런데 칠곡 방언 화자들은 '닭>닥, 흙>
흑'과 같은 ㄹㄱ→ㄱ 변화를 겪은 어형도 함께 쓰고 있다. 두 발음형의 혼재
원인은 타 방언과의 접촉에 따른 영향으로 짐작된다. 칠곡 방언을 포함한
경상방언권의 다수 지역에서는 '흙>흑>흑', '닭>닥>닥'과 같이 자음군단
순화를 거친 어간말 자음 ㄱ을 다시 유기음으로 재구조화한 변화가 관찰되
고 있다.

2) 모음 관련 음운 현상

칠곡 방언의 두드러진 모음 변화는 고모음화, 모음축약, 활음탈락에 의
한 이중모음의 단모음화, ㅣ모음역행동화(움라우트) 등이다. 이에 대해 간략
히 서술한다.

① 고모음화는 전설모음 ㅔ가 고모음 ㅣ로 변화한 것이다. '떼>띠'(茅),
'제사>지사'(祭祀), '베:개>비:개', '세:다>시:다'(强), '메다>미다'(負), '죄>제>

지'(罪), '외가>이가'(外家), '벗기다>벳기다>비끼다>삐끼다(삑끼다)' 등이 여기에 해당한다. 표준형 '게으르다'는 칠곡 방언에서 '끼을받다' 혹은 이것의 음절단축형 '낄받다'가 쓰인다. '끼을받다'는 접미사 '-받다'가 결합하여 방언 특유의 조어법을 보여주는 예이다. '낄받다'는 고모음화 ㅔ>ㅣ와 모음 ㅡ탈락에 따른 음절 단축을 실현한 것이다. '벗기다'가 '삐끼다(삑끼다)'로 실현된 발음형은 ㅣ역행동화, 고모음화, 어두경음화, 연구개음동화 등의 음운 변화가 중첩 적용된 결과이다.

② 모음축약은 ㅕ>ㅖ(jə>e)와 ㅝ>ㅗ(wə>o)라는 두 종류가 주로 나타난다. '며칠>메칠', '며느리>메느리>미느리', '결혼>게론' 등은 ㅕ>ㅖ를 보인 예이다. '미느리'는 고모음화 ㅖ>ㅣ까지 적용된 것이다. '가며오며>가미오 미', '가면서>가민서', '당겨라>땡기라', '밀렸다>밀릿따' 등에서는 비어두 환경(어미)에서 모음축약 ㅕ>ㅖ와 고모음화 ㅖ>ㅣ가 함께 적용·실현되었다. jə>e는 활음 j가 가진 전설성이 비전설모음 ə에 흡수되면서 전설모음 e로 변화한 것이다. 한편 모음축약 ㅝ>ㅗ는 '꿩>꽁', '줘라>조라', '놓아두어라>나또라' 등에서 관찰된다. ㅕ>ㅖ와 마찬가지로 ㅝ>ㅗ도 어간의 어두와 비어두 환경(어미)에서 동시에 일어나 양자 간의 공통점을 보여준다. 이 wə>o는 활음 w가 가진 원순성이 비원순모음 ə에 흡수되면서 원순모음 o로 변화한 것이다.

③ 활음탈락에 의한 이중모음의 단모음화는 자음 뒤에 오는 이중모음이 활음탈락으로 인해 단모음으로 바뀌는 현상을 말한다. 이 현상 역시 경상 방언권에서 광범위하게 일어나는 것이다. '규칙>구칙', '교장>고장', '차표>차포'(車標), '학교>핵꼬' 등은 ju>u, jo>o를 보이는 것으로 자음 뒤에 온 활음 j가 탈락하여 단모음으로 바뀐 예이다. 그러나 '예의>에이'과 같은 예는 j에 선행하는 자음이 없음에도 j가 탈락한다. 그런데 자음 뒤에 오는 jə는 모음축약(ㅕ>ㅖ)을 겪기 때문에 활음탈락이 일어나지 않는다.

자음에 선행하는 활음 w가 탈락하는 현상도 이 방언에 빈번하다. '과일>가일', '귀>기', '되다>대다>디다', '쥐>지', '쉬다>시다', '계획>게헥' 등 그 예는 많다. 심지어 '왜놈>애놈', '외국>에국' 등과 같이 선행자음이 없는 w가 탈락한 예도 관찰된다.

④ ㅣ모음역행동화(움라우트)는 전설성을 띤 동화주 i(j)에 의해 선행 음절의 후설모음을 전설모음으로 바꾸는 변화이다. 칠곡 방언에서 이 변화는 어간 내부는 물론 사동사와 피동사, 주격 혹은 서술격 조사 '-이'가 결합하는 환경 등에서 다양하게 실현되었다.

- 어간 내부 : 아비>애비. 당기다>땡기다. 고기>괴기>게기>기기.
- 사동사·피동사 : 죽이다>쥑이다>직이다. 잡히다>잽피다. 벗기다>벳기다>삐기다. 속이다>쇅이다>세기다>씨기다.
- 주격 혹은 서술격 '-이' 앞 : 밥-이→배비. 단감-이→단개미. 밥-이다→배비다.
- 개재 자음이 ㄹ, ㄷ인 경우 : 다리다>대리다. 어렵다>에럽다. 다리미>대리미-대리비. 마디>매디.

'속이다>씨기다'의 변화에는 ㅣ역행동화, 활음 w탈락, 고모음화, 어두경음화라는 네 가지 변화가 적용되어 있다. ㅣ역행동화는 토박이 방언 화자이면서 동시에 노년층에서 주로 관찰되는 것으로서 지역방언과 사회방언적 성격이 공존하는 변화라는 점에서 주목되는 현상이다. 주격과 서술격조사 '-이'가 결합하는 환경에서 이 변화의 실현은 수의적 양상이다. 이 환경에서 피동화 모음이 ㅗ/ㅜ인 경우(봄-이, 복-이, 국-이다)는 ㅣ역행동화가 일어나지 않는다. 개재 자음이 ㄹ인 경우에 피동화모음이 ㅏ/ㅓ일 때 ㅣ역행동화가 실현된 예가 있지만 피동화모음이 ㅗ/ㅜ일 때 이 변화는 관찰되지 않는다. 즉 '보리(麥)>뵈리', '고리(環)>괴리', '구리(銅)>귀리'와 같은 변화는 나타나지 않는다. 여러 환경에서 ㅣ역행동화가 일어나기는 했지만 이 변화는 많은 예외를 가진 수의적 변화이다.

위에서 서술한 네 가지 변화 이외에도 칠곡 방언에서 관찰되는 음운변화는 더 있다. 중세국어와 같은 성격을 보여주는 용언 어간말 자음 ㄹ탈락의 예로는 '갈(耕)-다가>가다가', '살(生)-지>사지', '울(泣)-지>우지' 등이 있다. 곡용 환경에서의 ㄴ첨가 현상으로 '나-도>난도' 같은 것이 있다. ㅅ 뒤의 ㅣ가 ㅓ로 교체된 '음식(飮食)>음석', '양식(糧食)>양석', '신식(新式)>신석' 등은 그 원인을 밝혀 말하기 어렵다. 또 '책임(責任)>책엄'도 나타나는바 ㅅ 뒤라는 공통점도 없는 것이어서 그 설명이 더욱 어렵다. 칠곡 방언에서 관찰되는 '지꿈'(<지금)은 역행 원순모음화의 예이어서 흥미로운 것이다. '삼연·오연' 등에서 비어두에 온 '年'이 '년'이 아닌 '연'으로 발음된다. 이것은 '年'의 어두음이 비어두에서도 동일하게 실현된 것으로서 개별 한자가 어휘적 독립성을 지니고 있음을 의미한다.

2.2. 문법 형태

제2부에서는 칠곡 지역 전통방언의 문법형태를 조사와 어미 중 특징적인 것을 중심으로 간략히 기술하고, 문법적 기능을 수행하는 보조용언도 여기서 함께 다룬다.

2.2.1. 조사와 어미

주격조사의 형태는 서울 방언 등 타 방언과 같다. 받침을 가진 체언 뒤에는 조사 '-이', 받침이 없고 모음으로 끝난 체언 뒤에는 조사 '-가'가 쓰인다. 목적격, 처격, 도구격 형태에서도 서울 방언과 차이가 없다. 주격, 목적격, 처격 등은 일상 구어에서 생략되어 나타나지 않는 경향이 높다. 여격형태로 '-에게'가 격식을 갖춘 말투에서 드물게 쓰이지만 구어에서는 대부분 '-한테'로 교체되어 쓰인다. 여격으로 쓰이는 '-자테'는 경주, 영천 등

동부방언권에서 주로 쓰이는 것인데 칠곡 방언에서도 관찰된다. 공동격에서는 '-랑'과 함께 '-캉'이 쓰이는 것이 특징적이다. 이 '-캉'은 경상방언권에서 널리 관찰되는 예이다. 비교격으로 쓰이는 특이 형태는 '-맨트로/-맨치로'와 '-맨크로/-맨키로'가 있다. '-맨치로'는 '-만치'에 '-로'가 결합하고 모음 ㅏ가 ㅐ로 전설화한 변화형이라 볼 수 있다(-만치-로→-만치로→-맨치로). '-맨트로'는 어중 자음 ㅊ이 ㅌ으로 교체된 것으로 '꽃에'가 '꼬테'로 교체되는 현상과 공통점이 있다. '-맨크로'는 '-만큼'과 연관성을 가진 듯하나, 양자의 형태론적 관련성과 여기에 내재된 변화를 명쾌히 말하기 어렵다.

동사 '가지-'가 문법화하여 도구격 조사로 쓰이는 '-가아/가'가 칠곡 방언에 나타난다.[4] "니는 문조오 가아 문 발라라"에 쓰인 '가아'는 '문조오로 가주고→문조오 가주고(대격조사 삭제) →문조오 가('주고' 삭제) →문조오 가아('아' 첨가 및 조사화)'라는 축약 및 문법화의 과정을 거친 것으로 본다(김태엽 1999 : 153). '문조오로 가주고'의 '가주고'는 보조용언 '가지고'의 방언형이다. 이 동사가 조사로 문법화하는 과정을 '문조오가'(문종이로)에서 확인할 수 있다.

칠곡 방언에서 쓰이는 연결어미로 표준어와 다른 모습을 보이는 예는 적지 않다. 예컨대 표준어에서 '-아서/어서'라는 어미를 쓰는 자리에 칠곡 방언 화자들은 보조용언 '갖-'을 쓴다. '삶아서'를 '쌀마가꼬', '구워서'를 '꾸버가꼬', '놀라서'를 '놀래가꼬'로 말하는 것이 그것이다.

표준어에서 목적이나 의도를 나타내는 '-려고 한다'는 칠곡 방언에서 '-ㄹ라칸다'로 쓰인다. '갈라칸다'(가려고 한다), '볼라칸다'(보려고 한다) 등이 그 예이다. 표준어의 '-려고'가 단독으로 쓰일 때는 '-ㄹ라꼬'로 실현된다. '학교 갈라꼬 나왔다', '그 사람 만내 볼라꼬 자아 간다'(그 사람 만나 보려고 장에 간다.), '돈 안 낼라꼬 니는 갔뿌쩨?'(돈 안 내려고 너는 가 버렸지?) 등이 그 예이다.

---

4) 이 형태는 경북방언권의 여러 지역에서 널리 확인된 바 있다(김태엽 1999 : 149-157).

연결어미 '-게'는 칠곡 방언에서 '-게'와 '-구로'가 둘 다 쓰이는데 후자는 경상방언권 전역에서 널리 쓰인다. '내가 가구로 니는 가지 마래이'에서 '가구로'는 표준어의 '-게' 또는 '-도록'에 대응한다. '항꾸이 밥 묵구로 얼렁 온나'(함께 밥 먹게-먹도록 얼른 오너라) 등에서 '-구로'가 관찰된다. 표준어의 '편하게 앉아라'는 '편하이 앉아라' 혹은 '핑키 앉아라', '핑쿠로 앉아라' 등과 같이 쓰인다.

표준어의 '깨끗하게 해라'와 같이 '하-'가 결합한 형용사 활용형은 칠곡 방언에서 '깨끗하이 해라'와 같이 '하니'의 '니'가 비모음화한 발음이 쓰인다. '달이 둥실하이(둥실하게) 떴다', '얼굴은 멀끔하이 해 가아 하는 짓은 개차반이라' 등에서 이런 용례를 볼 수 있다. 형용사 활용형에 붙은 '하이'(<하니)는 경상방언권 전역에서 관찰되는 발음형이다.

2.2.2. 경어법

서법에 따른 문장 종결법은 경어법과 함께 실현되는 것이 보통이다. 칠곡 방언의 청자경어법(청자높임법)은 격식을 갖추는 격식체에서 다음 5등급으로 나눌 수 있다.[5] 괄호 안의 숫자는 높임 등급을 수치로 나타내 본 것이다. 동사 '가'로 그 예시를 보이면 다음과 같다.

해라체(0) 빨리 가아라.
하게체(1) 빨리 가게.
하소체(2) 빨리 가소
하이소체(3) 빨리 가이소
하시이소체(4) 빨리 가시이소

---

5) 경북방언 전체의 경어법 체계에 대한 자세한 기술은 이상규(1991)를 참고할 수 있다. 필자의 다섯 등급은 명령법어미를 기준으로 하여 일반인이 가장 이해하기 쉬운 분류체계이다. 의문법 등의 종결어미를 기준으로 삼으면 달라질 수도 있다.

해라체는 "밥 무우라", "얼렁 가래이"와 같은 것으로 서열이 같은 사람 사이에 쓰거나 손윗사람이 아랫사람에게 평대하는 어법이다. 높임 등급 수치로는 0이다. 하게체는 "어서 오게"(명령법), "여기 좀 보세"(청유법)와 같은 것으로 상대방을 조금 높이는 등급이다. 높임 등급 정도를 숫자 1로 나타내었다. 하소체는 표준어의 하오체에 대응하는데 하게체보다 청자를 조금 더 높이는 등급이다. 높임 등급 정도를 숫자 2로 나타내었다. 하이소체는 표준어에 없는 청자높임법이다. 경상방언 특유의 청자높임법 선어말어미 '-이-'가 결합한 것이다. 높임 등급 정도는 3이다. 하시이소체는 하이소에 다시 주체존대 선어말어미 '-시-'가 결합하여 청자를 가장 높여 대접하는 경어법이다. 높임 등급 정도를 숫자 4로 나타내었다.

위의 청자높임법 체계는 연령층에 따라 다르다. 10대와 20대 연령층은 하게체를 아예 쓰지 않고, 하소체도 거의 쓰지 않는다. 위의 5등급 체계를 모두 구사하는 연령대는 대체로 40대 이상이다.

대구를 중심으로 한 방언권 화자들은 하소체(가소)를 비교적 만만하고 친밀한 사이에서 쓴다. 하소체를 손윗사람 혹은 친밀하지 않은 사람에게 쓰면 결례가 되지만 하이소체를 쓰는 것은 적절한 경어가 된다. 경상방언 청자는 상대방으로부터 하시이소체를 들으면 깍듯한 대우를 받는다고 여긴다.

칠곡 방언의 주체존대법은 서울 방언 등과 차이를 보이지 않는다. 주체존대 선어말어미 '-시-'와 주체존대의 조사 '-께서'가 공통적으로 쓰인다. 후자는 예의갖춤을 강하게 의식하며 말하는 발화 스타일에서 제한적으로 쓰인다.

위의 5등급 이외에도 표준어에서는 해체와 해요체와 같은 비격식체를 설정한다. 이것을 흔히 반말체라 부르기도 한다. 비격식체에서 칠곡 방언의 특징적인 어법은 해요체에서 나타난다. 칠곡 방언의 해요체는 종결어미 '-요'가 '-예'로 실현되는 경우가 많다. "내가 했어예", "벌써 왔어예"와 같은 문장에 쓰인 '-예'는 비격식체에서 청자를 높이는 어말 첨사 혹은 문말

첨사이다.

2.2.3. 시제법

한국어에서 시제는 선어말어미에 의해 표현되는 것이 가장 일반적이다. 현재시제는 '-는-'(-ㄴ-), 과거시제는 '-았/었-'(-ㅆ-), 미래시제는 '-겠-'이 대표적 형태이다. 칠곡 방언에서도 이와 같으나 관형사형의 시제 표시에 특이점이 있다. 경상방언에는 '먹었는 밥', '밤을 새왔는 사람'과 같이 과거시제 선어말어미 '-았/었-'이 관형형어미 '-는'과 결합한 구성이 널리 쓰인다. 서울방언권 화자들은 '먹은 밥', '밤을 새운 사람'과 같이 관형형어미 '-ㄴ' 앞에 과거시제가 '-았/었-'을 결합시키지 않는다. 경상방언의 '-었는'은 관형형어미 앞에서도 과거시제 선어말어미를 일관성 있게 쓴 것이다. 이는 시제 표시법의 명료성을 드러낸다는 점에서 시제 표현법이 더 발전된 단계라 볼 수 있다.

2.2.4. 의문법

중세국어 문법에 존재했던 설명의문문과 판정의문문의 구별이 현대의 칠곡 방언은 물론 경상방언권 전역에 널리 나타나고 있다. 칠곡 방언의 두 가지 의문문에다가 대응하는 영어 의문문을 나란히 놓아서 보면 그 차이를 명료하게 이해할 수 있다.

니 어데 가노?　　Where are you going?
니 어데 가나?　　Do you go to anywhere?

전자는 설명의문문인데, 이에 답하는 말에서 집·학교·장터 등 가는 장소를 구체적으로 말해야 한다. 후자는 판정의문문(yes-no question)인데 이에 답하는 말에서 '예' 혹은 '아니오'로 대답하면 된다. 위 의문문에 얹히는 억양도 현저히 다르다. 전자는 의문사 '어데'가 LL(저저조)이고 문장 끝이 하강조로 발음된다. 후자는 의문사 '어데'가 HL(고저조)이고 문장 끝이 상승조로 발음된다. 문법형태와 성조 및 억양이 공조(共調)하여 의문법의 두 유형을 산출하는 것이다.

'-노' 이외에도 설명의문법 종결어미에는 '-능교'(누가 갔능교?), '-제/-지'(가 이름이 머제/머지?), '-까'(벌써 도착했으까?), '-요'(비격식체에 쓰이는 첨사) 등 다양한 형태가 쓰이고 있다. 다양한 형태의 의문법 종결어미들은 일정한 대화 장면 속에서 의문사와 호응하면서 각각의 기능을 구현하고 있다.

2.2.5. 보조용언

칠곡 방언의 특징적 보조용언에는 앞에서 잠시 언급한 '가주고'가 있다. '밥 너무 마이 무우 가주고(=가꼬, 가)'는 선행 동사의 행위 결과가 지속되는 양상을 표현한다. '올개는 비가 엄첨 와 가꼬', '쌈에 저 가꼬 할 말이 없다' 등에 쓰인 '가꼬'가 그 예이다.

표준어의 보조용언 '버리다'는 칠곡 방언에서 '뿌리다' 혹은 '뿌다'로 쓰인다. '내가 밥 다 무우 뿌릿다(뿟다)', '니는 빨리 가 뿌라', '그 칼라카마 고마 치아뿌라' 등이 그 예이다. 서부 경남방언권에서는 이것이 '삐라' 혹은 '삣다' 등의 형태로 쓰여서 경북방언권과 차이가 있다. '버리다', '뿌다', '삐다' 등은 '부리다'의 반사형들인데 이 변화 속에 내포된 음운변화를 밝힐 필요가 있다.

표준어의 보조용언 '싶다'(보고 싶다)의 대응 어형은 칠곡 방언에서 '싶다', '시푸다', '접다'가 두루 쓰인다('가가 보고 접다(시푸다)', '내가 가고 접다(시푸다)', '어매가 보고 시풍깨 저 카미 울제' 등). '접다'는 경상방언권에 쓰이고, 충청방언과 전라방언에서는 '잡다'로 널리 쓰인다.

칠곡 방언을 포함한 경상방언권에서 추정 표현의 특이한 보조용언으로 '-지 싶다' 구성이 쓰인다. '벌써 왔지 싶다', '가는 합격했지 싶다' 등이 그 예이다. 최근에 들어 추정법의 이 구성은 방송 드라마에 사용되면서 타 방언권 화자들에게 확산되었다. 추정을 표현하는 또 다른 구성으로 '-ㄴ 갑다'와 '거 겉다'가 칠곡 방언에 나타난다. '비가 올랑(올라는) 갑다', '아아 가 우는 갑다'는 '갑다'가 쓰이는 환경을 보여준다. 선행하는 관형형어미 '-ㄴ'의 존재는 '갑'이 형식명사적 속성을 지니고 있음을 의미한다. 추정 표현의 '거 겉다'는 '비가 오는 거 겉다', '가아는 벌써 가뿌릿는 거 겉다' 등에서 나타난다. 이는 표준어의 '것 같다'에 대응한다. 칠곡 방언의 '겉다' 는 '같다'의 변화형으로 체언 뒤에서도 쓰인다. '너 거튼 기이 멀 안다꼬 까불어 쌓노?'가 그 예이다.

표준어의 '-지 않다'는 동사와 형용사에 다 결합할 수 있다. 칠곡 방언에 서는 '형용사 어간-지 않다'가 쓰이지 않고 부정사 '안'을 형용사 앞에 배치 한 '안 형용사' 구성으로 나타난다. '오늘은 많이 안 춥다', '인자 배가 안 고 푸다' 등이 그 예이다. 표준어의 '-지 않다'는 칠곡 방언에서 '-지는 안 하 다'로 쓰이기도 한다. '그 사람이 벌써 가지는 안 했겠지예?', '아직 밥을 다 묵지는 안 했을끼다' 등에서 그 예가 관찰된다.

2.3. 어휘

칠곡 방언에서 조사한 어휘 항목을 7개 범주로 나누고 다음 표와 같이 정리하여 제시한다. 아래 표에서 '번호'는 한국정신문화연구원의 조사 질 문지에 나오는 것이고, '1989년 조사' 항에 놓인 어형은 『한국방언자료집』 경상북도편(1989)에서 가져온 것이다. 조사한 어휘는 농사, 자연, 인체, 인류, 식물, 동물, 음식과 관련된 어휘 321개이다. 필자의 조사팀이 조사한 어휘

들을 1989년에 보고된 조사 결과와 비교하여 차이가 나는 어형을 도표로
제시하면 다음과 같다.

[표 4] 농사 어휘 중에서 차이가 있는 것

번호	표준어	1989년 조사	2014년 조사
001	벼 벼이삭	나락 이색	벼, 나락 이삭, 낟알
008	호미씻이	꼼비기 멍넌다	깨이말 태이다
010	쟁기	양쟁기	후치이, 쟁기
015	써레	서리	써리
018	자루(柄)	잘리	비포대, 나락푸대
020	쇠스랑	소시래이	가꾸리
023	볏단	나락단	벼딴
031	도리깨	도르깨	도리깨
032	멍석	덕시기	멍석
035	바구니	소고리	소구리, 소쿠리
036	멱동구미	봉오애기	봉태기
037	삼태기	산대미	소쿠리, 소구리, 삼태기
039	절구공이	고	절구공이
040	디딜방아	디딜빠아	방아, 디딜방아
045	겨	신딩기	왕겨
046	키	치이	키, 칭이
047	어레미	어리미, 얼기미	얼기미
048	보리	보리, 버리	버리
052	조 조밥	서속 서속밥	서숙, 조 조밥
053	수수	수끼	수수
056	옥수수	강낭수끼	강내이
057	무 무우말랭이 호박고지 무잎	무 무우거리 호박우거리 무이퍼리	무우, 무시 오가리, 무시오가리 호박오가리 무시입사구

[표 5] 인체 어휘 중에서 차이가 있는 것

번호	표준어	1989년 조사	2014년 조사
199	머리카락	멀카디이	머리카락
201	가르마	가리매	가르매, 가리매
209	주름살 이마 주름살	주름사리 이매 주룸살	쭈그락살이 이마 주름
216	애꾸	위통배기	애꾸눈, 눈찔기미
217	코 콧구멍	코 콘구무	코 콘구멍
218	입술	입술, 입수부리	입쑤부리
219	혀 혓바닥	해 햇빠널	쌔 쌔빠늘
225	세수대야	시순때애	세수때야
229	얼레빗 2참빗	어리빗 참빗	얼개빗, 얼개미빗 챔빗
236	겨드랑이	게디레이	저트랑, 겨드랑
243	넓적다리	넙덕다리	넙적다리
247	정강이	정개이	촛대
248	뼈	삐	뼈
251	고름	고롬	진물, 고름
253	두드러기	두디리기	두드리기
255	버짐	버섬	버찜
256	주근깨	까뭉깨	주근깨
257	기미	기미	까막딱지
258	여드름	이더럼	여드름
265	감기	검기	감기
266	딸꾹질	딸딱찔	딸꾹질, 깔딱질
268	트림	트림	트름

[표 6] 인륜 어휘 중에서 차이가 있는 것

번호	표준어	1989년 조사	2014년 조사
315	어머니	엄마, 어매	어머님(시어머니), 엄마
316	아버지	아배, 아빼	아부지, 아빠
319	형 언니 누나	성, 시이 형>언니 누부야	히야, 형님 언니 누이, 누부, 누나

번호	표준어	1989년 조사	2014년 조사
322	며느리	며느리	메느리, 자부
326	올케	월끼	올키
329	도련님	대림	디림
336	숙부 삼촌	작은아부지 아재	숙부, 작은아부지, 숙부님 삼촌

[표 7] 식물 어휘 중에서 차이가 있는 것

번호	표준어	1989년 조사	2014년 조사
497	도깨비바늘	뚜껍찰	까치바늘, 도꾸마리
498	칡	칙, 칠개	칠개이, 칠갱이
499	덩굴	덤풀	넝꿀
501	질경이	빼빼재이	찔개이, 찔래이
507	딸기 산딸기 멍석딸기 뱀딸기	딸 산딸 덤불딸 배암딸	딸기 산딸기 덤불딸 뱀딸
509	머루	머루	미루
514	사과	사가	사과, 넝검
516	껍질 계란껍질 보늬	껍지 껍지 보니	껍디개, 껍디기 껍디개 버니
519	과일	실가, 가실	실과
523	도토리	꿀밤	도토리
524	상수리 상수리나무	솔소리 솔소리나무	꿀밤 꿀밤나무, 참나무
525	뿌리	뿌리	뿌래이, 뿌리
526	그루터기 1벼 〃 2수수, 콩 〃 3땔감 〃	끌띠기 나락끌띠기 끌띠기 고지배기	둥치, 둥채 나락끌띠개 끌띠개 장작, 둥거리
527	줄기	줄기, 둥치	대공, 둥치
531	갈퀴	깔꾸리	까꾸래, 까꾸리
532	도끼	도끼	도치

[표 8] 동물 어휘 중에서 차이가 있는 것

번호	표준어	1989년 조사	2014년 조사
405	지느러미	날가지	날개
406	아가미	아가리	아가미
407	창자	창시, 창자	내장, 창자
408	미꾸라지	미고라지	미꾸라지, 미꾸래이
411	피라미	피리, 피래미	피래이
415	멸치	미리치	미르채, 미르치
417	갈치	칼치	깔치
419	게	기	게에, 끼
420	새우(바다,大) 새우(민물大,小)	새우 새우	새우 쌔비
424	서캐	히가리	씨래이, 이
425	벼룩	비룩	(개)빈다리
426	모기 1장구벌레	모기 물벌기	모구 물벌레
427	파리	파리	파래이
429	가시	가시	기더기
431	지렁이	거시이, 지러이	꺼깨이, 거시이
434	벌레 쌀벌레	벌기 살벌기	벌레 바거리, 바구미, 바거래
436	굼벵이	굼비이	궁비이
439	진딧물	진디물, 뜨물	떠물, 떰불
440	하루살이	하로사리	하루사리
441	거미	거무	거미, 줄거미
442	메뚜기	미띠기	메띠기, 밀띠기
443	방아깨비 1숫컷 2암컷	홍걸래비 때때 홍걸래비	항그래비, 홍걸래비 때때 홍걸래비
444	여치	연치	여치
445	사마귀	버마재비	사마기
446	소금쟁이	소금빼	물거미
447	방개	가재	까재

번호	표준어	1989년 조사	2014년 조사
448	반딧불	개똥버거지	개똥벌래
449	벌 1땅벌	벌 미물벌	버리, 왕버리 땡삐
450	진드기	분지	개빈다리
464	고양이 1암코양이 2수코양이 3도둑고양이	고양이 앙꼬애이 숙꼬애이 도적꼬애이	고내이 암깨이 수깨이 도둑깨이
465	닭 1수닭 2암탉 3병아리 4닭털 5닭의 어리	달 숙딸, 장딸 암딸/암딸기 펭아리 달터래기 달구통, 퉁어리	닥, 달 장딸, 수딸 암딸 삐개이 닥털 달구통
466	벼슬	비실, 배실	비슬
468	달걀 노른자위 흰자위	다랄, 달가알 노린재 힌재	계랄 노랑조새 힌조새
469	거위	고이	고니, 고이
473	노루	노로	노루, 노리
479	박쥐	박지	박찌, 빨찌
481	두더지	티지기, 두더지	땅깨, 디디기
485	솔개	소리기	새겨리
487	뻐꾸기	뿌끔새	뻐꾸기, 구꿍새
488	뜸부기	뜸비기	뜸삐기
490	꿩 1까투리 2장끼	꽁, 껑 까토리 쟁끼	꽁 까투리 정끼

[표 9] 자연 어휘 중에서 차이가 있는 것

번호	표준어	1989년 조사	2014년 조사
533	산마루	말래이, 삼말래이	산봉우리
534	기슭	지슬/지슬기까지	지슬, 지스락

번호	표준어	1989년 조사	2014년 조사
535	묘 묏자리	미 미짜리/미터	미, 묘 미터, 산소
536	언덕	엉더기	언덕빼기, 언덕
537	비탈	비타리	비탈
538	벼랑	삐록	절벽
540	바위	바우	바위, 기암기석
543	모래	모래, 몰개	모래, 몰개
544	흙더미	헉띠이	흘무디기
547	새벽	새배	새벽, 새북
549	저녁	지녁	저녁, 지녁
550	노을	나오리	노을, 노올
553	달무리	달물	마널
555	글피	내모래	모래, 저모래
556	어제 그저께	어지 아래	어제, 어지 저어제
560	이슬비	이실비	이슬, 이슬비
563	번개	벙개	번개
564	벼락	베락	벼락
569	진눈깨비	진사	진서
571	먼지	문지	먼지
573	구석	구억	틈새, 구석
579	모퉁이	모티이	모서리, 모티이
581	어디	어디	어데

위 표에 나타난 차이들은 25년 동안 진행되어 온 언어 변화를 반영한다. 대체로 표준어형으로 대체되는 변화를 겪었고 25년 전에 사용된 어휘 중 현재 사용되지 않는 어휘도 다수 있다. 그리고 경상방언에서 경험하는 다양한 음운변이 및 변화가 줄어드는 방향으로 변화가 진행되었다. 예를 들어, 25년 전에 사용된 '버마재비', '미물벌', '뿌끔새', '삐록', '벌기', '수끼' 등은 현재 사용되지 않고, 대신 이 어휘에 대응하는 표준어형이 사용되고

있다. 그리고 '뼈'는 현재 '뼈'로, '짐'은 '김'으로, '국시'는 '국수'로 실현되고 있는데, 경상방언에서 경험한 음운변화형 대신 표준어형이 현재 사용되고 있다.

이러한 변화의 가장 큰 원인은 교육의 확대와 방송 언어 등에 의한 표준어의 영향이라 할 수 있다. 이런 변화 과정의 결과로 전통방언 어형이 점점 위축되고 표준어적 발음과 어형이 확산되는 양상이 뚜렷하다.

2.4. 칠곡 방언의 옛 자료

고대 시기의 칠곡 지역의 우리말을 보여주는 자료는 『삼국사기』 지리지 권34에 기재된 지명어(地名語)들이다. 『삼국사기』 지리지에 현재의 칠곡군 지역과 관련된 지명으로 다음과 같은 것이 있다.

- 사동화현(斯同火縣)(혹은 이동혜현 爾同兮縣) : 경덕왕 16년(757)에 수동현(壽同縣)으로 개칭하였다. 지금의 구미시(龜尾市) 인동(仁同) 일대로 추정한다.
- 대목현(大木縣) : 경덕왕 16년(757)에 계자현(谿子縣)으로 개칭하였다. 지금의 약목(若木) 일대로 본다.
- 팔거리현(八居里縣) : 경덕왕 16년(757)에 팔리현(八里縣)으로 개칭하였다. 지금의 대구(大邱) 북구(北區) 칠곡(漆谷) 일대로 본다.

이 세 지명 중 '大木縣'(대목현)과 '八居里縣'(팔거리현)은 757년 이전에 이미 한자어화한 표기이다. '大木縣'의 '大木'은 '한나모'(혹은 '한낡')과 같은 고유어를 한자로 표기한 것으로 짐작된다.[6] '大木縣'은 경덕왕 때 '谿子縣'(계자현)으로 바뀌었다가, 고려 때 '若木縣'(약목현)으로 개칭되었다. '谿子'와

---

6) '大木'(한나모 한낡)과 같은 표기 방식은 고유어 지명 '한밤'을 한자어로 '大栗'로 표기하거나, 고유어 지명 '한실'을 '大谷'으로 표기하는 방식과 같다. 뒤의 두 개는 현재 지명에서 널리 쓰이는 것들이다.

'若木'이 어떤 고유어 요소를 표기한 것인지 판단하기 어렵다.

'八居里縣'의 '八居里'는 '여덟거리'를 한자로 표기한 것인데 '居里'는 고유어 '거리'를 표기한 것이다. 이 두 지명에서 우리는 8세기의 칠곡 지역에서 썼던 '한'(大), '나모'(木), '거리'(道)와 같은 고유어 어휘를 찾아낼 수 있다. '八居里縣'이란 지명은 현재 대구시 북구에 속한 '팔달동'(八達洞)으로 이어져 있다. 현재 팔달교라는 다리 부근에 있는 이곳은 낙동강 지류인 금호강에 접하면서 사통팔달(四通八達) 교통 요지로 기능했던 지역이다. 이 마을 지명의 역사가 7~8세기까지 소급되는 것임을 알 수 있다.

위 세 지명 중 '사동화현'(斯同火縣)의 '斯同火'가 가장 흥미로운 것이다. '斯同火縣'에서 문제의 핵심은 '斯同火'에 있다. '斯同火'는 당시 칠곡 지역과 관련된 고유어임이 확실하다. '斯同火'는 '사동벌'(혹은 '시동벌')로 읽을 수 있다. 여기에 쓰인 '시동'의 뜻은 밝혀내기 어렵다. 그런데 사동화현(斯同火縣)의 또 다른 표기인 이동혜현(爾同兮縣)을 고려하면 '斯'를 훈독했을 가능성도 있다. '斯'의 훈은 '이'이고 '爾同兮縣'의 첫음절이 '이'이므로 '斯'의 훈독 가능성이 높다.

고대 신라의 '斯同火縣'(사동화현=사동벌)은 757년(경덕왕 16)에 '壽同縣'(수동현)으로 바뀌었다. 이 지명이 757년에 '수동현'(壽同縣)으로 바뀐 것은 '斯'와 '壽'가 지닌 음상(音相)의 공통성을 고려하여, 좋은 뜻이 담긴 '壽'자를 취한 것으로 보인다. 이 지명은 940년(고려 태조 23년)에 '仁同縣'(인동현)으로 개칭되었다. '壽'(나이, 장수를 뜻함)는 기복적) 의미를 가진 것이고, '仁'(인)은 유교와 관련된 도덕적 의미를 가진 것이다. 이 지명을 통해 고려 초기의 지명 개정에 유교적인 이념 요소가 작용했음을 알 수 있다. 이런 변화 속에서 우리는 '斯同火縣>壽同縣>仁同縣'이란 지명 개정 과정을 알 수 있다. 이런 지명 개정에는 당대의 사상적 요소가 투영되어 있다.

고려시대의 칠곡 지역과 관련된 언어 자료로 「정도사 석탑 조성 형지기」(淨兜寺石塔造成形止記)가 있다. 이 문서는 고려 현종 22년(1031)에 작성된 것이며, 현종 10년(1019)에서 22년(1031)에 걸쳐 이루어진 정도사 오층석탑7)의 건립 과정을 이두문(吏讀文)으로 기록한 것이다. 일제 강점기 때 경부선 철로 부설 공사를 하면서 경북 칠곡군 약목면 정도사지에 서 있던 오층석탑을 해체하던 중 이 문서가 발견되었다.

이 문서는 고려 전기의 지방 제도, 토지 제도, 성씨, 사찰 운영 등의 사회사 연구는 물론 11세기 초기의 우리말을 알려 주는 귀중한 자료이다. 이 문서는 11세기 초기에 약목과 그 인근 지역에서 활동했던 향리와 승려 등이 탑 조성을 위해 활동한 내역을 이두문으로 기록한 것이다. 향리층으로 판단되는 광현(光顯)과 그의 형 품유(稟柔)를 비롯한 지역의 향리들과 승려 신분의 정원백사(貞元伯士) 등이 물자와 공력을 보태어 탑을 완성한 사실이 이 형지기에 기록되어 있다.

이 형지기의 문장에는 11세기의 우리말 모습을 보여주는 문법 형태를 비롯하여 인명과 직명(職名) 등이 나타나 있다. 또한 탑 건립에 동참한 약목과 인근 지역 주민 100여 명의 성씨와 인명이 보인다. 이 인명들은 위로는 승려·호장·부호장을 비롯한 향리층과, 유장·철장·칠장·악인 등의 전문 기술자를 포괄한다. 이들이 기증한 물품의 종류는 '食·米·麥' 등의 곡물, '布·麻' 등의 직물, '酒·餠·茶·菜·炙' 등의 음식 등이다. 또한 물품의 양을 표시하는 단위 명사도 나타나 있어서 당시의 의식(衣食) 생활은 물론 도량형 사용 양상을 알려 준다.

---

7) 정도사 오층석탑은 1031년 고려 현종 때 세워진 것이다. 기단은 2층이며 하층 기단은 4면 모두 화문(花紋) 장식이 새겨져 있고, 상층 기단에는 설립 연대가 기록되어 있다. 5층 옥개석은 없어졌다. 이 탑은 일제에 의해 서울(경복궁)로 이전되었다가, 현재는 대구 국립박물관 정원에 옮겨져 있다.

3. 칠곡군의 공공언어와 명명언어

앞의 2장에서 칠곡의 전통 방언이 지닌 특성을 기술했다. 3장에서는 현대화된 칠곡 군민의 삶에서 이루어지는 공공언어 생활을 다룬다. 공공언어는 21세기 국가의 언어 정책과 관련하여 쓰이기 시작한 용어이다. 사용 환경 혹은 사용 영역을 고려하여 한국어의 양태를 나눌 때, 공공언어, 교육언어, 학술언어, 생활언어, 직업언어, 특수집단언어, 개인언어 등 다양한 범주화가 가능하다. 이 중에서 공공언어의 개념 혹은 그 범위에 대한 규정은 간단치 않다. "공적 영역과 사적 영역을 막론하고 불특정 다수의 사회구성원이 대상이 될 수 있는 상황에서 사용하는 언어"(조태린 2010 : 383) 혹은 "정부 기관이 사용하는 언어와 민간이 사용하는 언어라도 일반인이 듣고 볼 것을 전제로 하여 사용하는 언어"(남영신 2009 : 69)와 같은 정의는 공공언어의 범위를 넓게 본 것이다. 이에 대해 "공공기관에서 해당 업무자가 사회 구성원(일반 국민)을 대상으로 공공의 목적을 위해 생산한 문어 텍스트"(민현식 2010 : 5)와 같이 공공언어의 범위를 좁게 본 견해도 있다. 이 글에서는 대체로 후자의 관점에 서서8) 칠곡군의 공공언어에 나타난 특징에 대해 개략적으로 서술한다.

여기서 다루는 공공언어의 범위는 다음과 같다. 첫째, 칠곡군청 누리집의 언어이다. 2014년 2월부터 4월에 이르는 기간 동안 칠곡군청 누리집에 나타난 각종 공공언어 문장을 분석했다. 아울러 군의회 등 칠곡군에 속한 몇몇 공공기관의 누리집 언어도 같이 살펴보았다. 둘째, 칠곡군 소재 문화재 및 기념관의 해설문을 분석하였다. 칠곡군의 문화재 해설문을 조사하였고, 아울러 칠곡군 다부동 소재 전적기념관 및 왜관 지구 전적기념관의 해

---

8) 공공언어의 개념은 구술 담화 텍스트와 문장 텍스트 두 가지를 모두 포괄하는 것이 보다 정확한 개념일 것이다. 공공기관 혹은 공공적 행사에서 행해지는 담화, 토론, 연설, 발표 등의 구술 담화에 대한 연구는 여러 가지 연구의 제약이 많아서 이 글에서는 다룰 수 없다.

설문을 조사하였다. 셋째, 2014년 1월에 칠곡군의 여러 읍면 지역에 걸리거나 부착된 현수막과 포스터의 언어를 조사하였다. 현수막과 포스터의 언어는 '게시물 언어'라 부를 수도 있다. 명명언어는 칠곡군 주민이 일상생활에서 많이 쓰는 언어이면서 공공언어적 성격을 띤 것을 조사 대상으로 삼았다. 칠곡군의 지명과 도로명 주소, 상호명, 회사명, 단체명 등은 공공언어적 성격을 띤 명명어(命名語)이다. 조사 대상으로 삼은 언어 자료를 제시하고 그 특성을 간략하게 서술한다.

3.1. 칠곡군청 누리집의 공공언어

칠곡군 누리집(http://www.chilgok.go.kr)에 실려 있는 공공언어의 종류와 유형은 다양하다. 첫 페이지에 실린 주요 메뉴는 '참여마당, 민원창구, 행정정보, 산업경제, 복지정보, 생활정보, 칠곡 소개, 취업정보, 열린 군수실, 주민참여, 알림정보, 부동산 정보' 등이며 그 아래 다시 소항목이 붙어 있다. 각각의 소항목 안에는 많은 문장 텍스트가 실려 있다.

칠곡군 누리집에 게재된 문장 텍스트들은 크게 다음 몇 가지 종류로 나눌 수 있다. 첫째, 정보 공지문이다. 군정과 관련된 각종 정책과 법률, 시행방안 등의 내용을 설명하는 것이 정보 공지문이다. 정보 공지문은 문장 유형상 설명문이 가장 많고, 글을 올린 주체는 대부분 군청 직무를 수행하는 공직자들이다. '군정홍보-군정뉴스-칠곡알리미'로 연결되는 항목에 정보 공지문이 가장 많이 실려 있다. 정보 공지문은 그 내용이 매우 다양하여 다시 세분할 수 있다. 내용에 따라 정보 공지문을 정책 설명문, 법령 고지문, 모집 채용문, 문화재 해설문, 행사 홍보문, 관광 안내문, 매매 광고문 등으로 나눌 수 있다.

둘째는 칠곡 군민들이 작성한 민원문이다. 군청 누리집의 정보공개 및 주민참여 항목에는 주민이 직접 작성한 각종 민원문 문장 텍스트가 게재되어 있다. 특히 '주민참여' 항목 아래 위치한 '자유게시판'에 3,871개 글, '자유기고'란에 252개 글이 실려 있어 주민들이 공공언어 영역에 직접 참여하고 있음을 보여준다. 그러나 같은 '주민참여' 항목 아래 있는 '군민제안'란에는 단 하나의 글도 올라가 있지 않다. 그 이유는 '온라인 민원상담'란이 별도로 개설되어 있기 때문일 것이다. '온라인 민원상담'에는 무려 2,386건의 민원문이 게재되어 있다. 이런 민원문은 누리집을 운영하는 군청 공직자와 이에 대응하는 군민들의 언어적 상호 작용을 보여준다. 이른바 인터넷 공간의 양방향성을 잘 보여주는 것이 민원문이다. 누리집을 통해 이루어지는 언어 활동의 양방향성은 현대 언어생활의 특징이다. 칠곡군 누리집에 실린 민원문은 공공언어적 성격과 개인 언어적 성격을 공유하지만 공적 공간에서 행해진다는 점에서 공공언어로 다룬다.

셋째는 군청 공직자의 중심적 역할을 하는 군수 혹은 기관장이 방문자를 대상으로 하는 인사문이다. 이 인사문에는 방문 환영 인사와 함께 기관의 특성과 운영 방향이 간략하게 나타나 있다.

넷째는 기관장의 정책 방향, 정책 성과, 정책 의지를 표현하고 있는 정책문이다. 정책문은 그 나름대로 독자적 정책을 펼칠 수 있는 비교적 큰 단위의 기관장이 작성 주체가 된다. 칠곡군 누리집 '열린군수실-말과 글' 항에는 군수의 당선소감, 취임사, 시정연설문, 신년사 등이 실려 있다. 이런 글을 정책문으로 간주할 수 있다.

몇 가지 구체적 예시를 통해 위 네 가지 텍스트의 구체적 실상을 살펴보기로 한다. 정보 공지문, 민원문, 인사문, 정책문에서 각각 대표적인 것을 골라 언어적 특징을 검토하기로 한다.

정보 공지문의 내용은 다양하다. 도로명주소법 공지, 직영골재장 골재 판매 안내, 지역아동센터의 복지사 공모, 개인 사업자의 인력 모집 공고 등이다. 정보 공지문의 문장은 간결하고 핵심적인 내용만 담고 있으며 개조식 서술이 대부분이다. 이는 공공언어로서의 정보 공지문이 갖는 특성이라 할 수 있다. 이 문장들을 올리는 주체는 대부분 담당 공직자이지만, 구인 공고는 회사 사원이 올린 것도 있다. 이 문장들에는 오기나 띄어쓰기 오류 등이 여러 군데 보인다. 회사 사원이 쓴 문장에 문제가 더욱 많은데 띄어 쓰기가 아예 무시되어 있거나 오타가 빈번하다. 인력을 구하는 공지문이 실린 '구인구직'란에는 2,310개의 글이 등재되어 있어, 취업 관련 정보가 군청 누리집이라는 공공언어의 장을 통해 활발히 교류되고 있음을 보여준다. 이는 공공 기관 누리집에서 행해지는 언어활동이 군민의 일상생활에 밀착되어 있음을 보여주는 좋은 사례이다.

그런데 '참여마당-알림마당'에 게재된 정보 공지문의 문제점도 발견된다. 공지문의 편집 체제가 제대로 정비되어 있지 않아서 시각적 불편함이 있다. 문단 형식의 통일과 들여쓰기, 내어 쓰기 등이 지켜지지 않은 상태의 글들이 많다. 정보 소통의 효율을 높이기 위해 편집 체제를 더 정비해야 할 것이다.

정보 공지문이지만 공문서 문체가 아니라 보도 기사문 형식의 텍스트로 가공하여 군민들에게 널리 알리는 글도 군청 누리집에 다수 게재되어 있다. 예컨대, '칠곡군, 6차산업 청년창업가 양성사업 개강식 개최' 등이 그러한 예이다. 보도문 형식의 정보 공지문은 글쓰기 능력을 갖춘 사람들이 작성한 것이어서 보통의 군민이 작성한 문장과 달리 정제되어 있다. 그러나 이런 문장에는 '심포지엄', '프로그램', '멘토링' 등과 같은 외국어 낱말 표기와 정책 관련 한자어 용어가 빈번하게 출현하는 문제점도 발견된다.

이어서 민원문의 경우를 검토해 보자. '칠곡3.0 정보공개-민원창구-민원상담실'로 이어지는 이 항목에는 주민들이 직접 작성한 민원 문장이 다수 실려 있다. 교통 단속에 대한 불만 호소, 파손된 인도 보수 요청, 쓰레기 수거 불만, 버스 관련 불만 등 생활 불편에 대한 민원과, 칠곡군 재정 자립도와 채무액 공개 요구 등 공적 정보에 관한 글 등 그 내용이 다양하다. 2014년 4월 15일 현재로 총 2,385건의 민원문이 게재되어 있다. 여기에 게재된 민원인들의 작성 문장은 칠곡 군민이 자발적으로 작성한 것이라는 점에서 그 의미가 있다. 공공언어 활동에 직접 참여하여, 글로써 크고 작은 군정의 개선 방안을 건의하고 생활환경을 개선하려는 시민 의식이 이 민원문에 나타나 있다. 이 민원문은 공공언어의 양방향성을 실천한 긍정적 사례로 평가할 수 있다.

'군청공사때문에그러는데요.'라는 민원문은 군청에 출입하는 주민이 공사 때문에 날리는 먼지를 견디다 못해 올린 글이다. 띄어쓰기가 전혀 안되어 있지만 맞춤법은 아주 잘 맞다. 관청에 대한 불만이 아니라 아파트 인근 포장도로에서 가을에 수확한 벼를 건조하는 사람의 몰지각성을 고발한 민원문도 있다. 이 민원문에는 1988년에 개정된 한글맞춤법 규정 이전의 표기인 '있읍니다', '싫읍니까'와 같은 예가 나온다. 이런 표기는 이 민원문을 올린 사람의 연령층이 적어도 50대 이상임을 암시한다. 이 문장에는 구어적 요소가 뚜렷하게 드러나 있다. '이핼'(이해를)은 단축형 입말이고, '자기 편할라고'(편하려고)의 '-라고'는 지역방언의 문법형태이고, '제발 쫌'에 보이는 경음화된 발음 '쫌'과 '아시는거 같은데' 등도 모두 구어적 요소이다. 어떤 민원문에는 감정 노출이 절제되지 않아서 '개뭐같은'과 같은 비속어도 포함되어 있다. 이런 비속한 문장이나 표현이 공공언어의 마당에 오랫동안 방치되는 일은 없어야 할 것이다.

학대 사실을 아동보호기관에 신고했음에도 학대받은 아동을 다시 계모에게로 돌려보내 죽음에 이르게 한 아동보호 기관의 처사를 비난하는 글도 여러 개 있다. 군민으로서 유감스럽고 부끄러운 일에 대해 군민들이 적극적 관심을 표명하고 있음은 시민의식의 성장을 보여준다. 군민들의 걱정과 관심에 대응하여 적절한 조치를 취하고 경위를 알리는 담당자의 사과문도 함께 게재되어 있다. 공공언어가 작동하는 인터넷 누리집 공간을 통해 군민과 행정 주무자가 서로 소통하는 사회 현실을 반영하고 있다. 이와 같은 공공언어 활동은 과거에 없었던 현대 한국 사회의 새로운 국면이다. 이는 정보 통신 기술의 발달에 따른 인터넷 공간이 제공되었기 때문에 가능한 것이다. 인터넷 공간에서 이루어지는 공공언어 활동은 한국어와 한글을 매개로 한 국민들의 언어생활에 커다란 혁신을 만들어 냈다. 인터넷 공간을 통해 행해지는 공공언어 활동은 시민의식을 가진 군민들이 군청 행정에 직접 참여하고 작용하는 정치 행위이다. 이런 행위는 직접 민주주의의 현실적 실천이라는 점에서 그 의의가 큰 것이다.

한편 '복지정보—복지종합상담코너'에도 '어린이집 입학금 외 보육료 문의 드립니다', '수급자전세자금', '어린이집 휴가기간동안 아이 맡길 곳이 없습니다' 등의 제목으로 24건의 상담문이 게재되어 있다. 군민들의 일상생활과 밀착된 고충이 이런 공간에서 공공언어 활동을 통해 해결되고 있는 모습은 공공언어 활동의 사회적 중요성을 잘 보여준다. 그러나 이와 같은 공공언어 활동에 참여하지 못하는 군민도 적지 않을 것이다. 이런 활동에 참여할 수 있는 능력을 갖추도록 교육하는 것이 앞으로의 과제라 할 수 있다.

군청 누리집보다 작은 규모로 운영되는 군청 산하기관의 누리집은 또 다른 특성을 보여주면서 공공언어 생활의 장으로 기능하고 있다.

칠곡군의회 누리집(http://council.chilgok.go.kr)에도 '참여마당' 안에 자유게시판과 민원안내 항목을 설치해 두었다. 자유게시판에는 2014년 4월 20일 현재 243건의 글이 게재되어 있는데 의회 혹은 관련 기관에서 올린 정보 공지문이 거의 대부분이고, 드물지만 민원문도 몇 개 게재되어 있다. 민원문의 예로는 '칠곡군 보건소의 업무태도', '이장선출을 적법하게 시행하라', '집을 짖게해 주세요. 실수가 없어요.'와 같은 제목의 글이 등재되어 있다.

칠곡군 교육문화회관 누리집(http://public.chilgok.go.kr)은 거의 대부분 항목이 정보 공지문을 게재하는 형태로 되어 있으며, 자유게시판마저 게재된 글 대부분이 군민이 아닌 담당자가 올린 정보 공지문이다. 교육문화회관 누리집의 공공언어 활동은 상호 소통이 아닌 일방향성 전달로 이루어진다는 점에서 군청의 누리집과 현저한 차이를 보여준다.

칠곡군 농업기술센터 누리집(http://atc.chilgok.go.kr)에는 기관 특성상 대부분 농업 관련 교육, 농사 기술, 행사 등을 알리는 정보 공지문이 압도적으로 많이 실려 있다. 그러나 참여마당 항목에 속한 농업정보 교류마당에는 군민이 직접 올린 민원문도 발견된다. 예컨대, "제발 도와주십시요. 안녕하십니까. 저는 20대 초보농사꾼 입니다."라는 제목의 글은 칠곡군 기산면 행정리에서 복숭아밭을 경영해 보려는 청년이 농사 정보를 알기 위해 도움을 요청한 내용이다. 이 문장은 대학 졸업자가 작성한 것인데, 약간의 띄어쓰기 문제를 제외하면 문장의 어법, 맞춤법 등의 어문규범을 잘 지킨 민원문이다. 이 민원문은 인터넷 환경이 제공하는 공공언어의 장을 정확한 언어 표현 능력을 통해 적극적으로 활용하는 디지털 청년 세대의 글쓰기를 잘 보여준다.

행정 단위로서 최소 조직인 마을 단위 누리집의 공공언어 활동도 검토해 볼 필요가 있다. 칠곡군 정보화 마을로 지정된 금남오이꽃동산마을의 누리집(http://kumnam.invil.org)과 동안꿀벌참외마을의 누리집(http://dongan.invil.org)은 동민들이 펼치는 공공언어의 마당으로 흥미로운 역할을 하고 있다.

금남마을 누리집은 마을 소개, 마을 알림방, 마을 장터, 사랑방 등으로 구성되어 있다. 각 항목 속에는 생업과 관련한 농산품 홍보문과 마을 공동체를 꾸려가는 동민들의 의사소통 노력이 그려져 있다. 금남마을의 운영위원장(김성호)은 인사말을 통해 농촌 정보화를 통한 체험 관광 확대와 전자상거래를 통한 마을 활성화의 의지를 밝혀 놓았다. 마을 알림방의 '자유게시판'과 '이야기가 있는 마을' 항목에는 개인적 활동은 물론 마을에서 벌어진 민속 행사 등 각종 이야기가 실려 있다. 이 중에서 동민들의 공공언어 활동에 참여하는 모습을 가장 잘 보여주는 난은 자유게시판이다. 2014년 4월 17일 현재 290건의 글이 사진과 함께 게재되어 있다. 마을 주민들 간의 정서적 교감을 보여주는 '마을인심'(장단영), '만학의 꿈'(구영미) 그리고 농사일에 관한 '봄배추가 자라고 있네요'(최미영), '방울토마토 출하됩니다'(최미영) 등의 글이 실감나는 사진과 함께 실려 있다. '소들의 휴식'이란 제목으로 실린 글은 2014년 4월 16일에 발생한 세월호 침몰로 인해 아이를 잃은 모성애의 슬픔을 보여준다. 여러 마리의 소들이 갓 태어난 송아지를 중간에 두고 보호하듯이 둥글게 돌아앉아 있는 사진이 묘한 공감을 불러일으킨다. 간결하고 짤막한 글과 함께 게시된 사진은 이 마을의 누리집이 의미 있는 소통의 공간이 되고 있음을 보여준다.

칠곡군 누리집에 실린 공공언어의 세 번째 유형인 인사문 몇 가지에 대해 살펴보자. 칠곡군 누리집 첫 면의 '열린군수실-군민을 섬기는 군수-인사말' 항에는 다음과 같은 인사문이 실려 있다.

> 안녕하십니까? 칠곡군수 백선기입니다.
> 사이버 공간을 통한 색다른 만남을 진심으로 환영합니다.
> 우리 칠곡군은 예로부터 국방의 요충지로 조선시대에는 가산산성을 축성하고 칠곡도호부를 설치하였으며, 한국전쟁 당시에는 조국수호의 최호 보루로 세계전사에 빛나는 다부동전투에서 반격의 기틀을 마련한 호국의 고장입니다.
> 내륙의 중앙에서 교통요충지의 편리성으로 산업도시와 근교농업도시로 힘차게 발전해 가고 있는 칠곡군의 홈페이지를 둘러보시고 기회가 되시면 직접 방문하여 고향집과 같이 포근한 칠곡의 정취를 느껴 보시기 바랍니다.
> 우리군 홈페이지 방문을 다시 한번 감사드리며 네티즌 여러분의 의견 하나하나를 모아 살기 좋은 칠곡을 만들어 가겠습니다.
> 감사합니다. 칠곡군수 백선기

인사말의 첫 문장은 필기체 요소가 포함된 글꼴로 표기되어 있어 음성언어의 특성을 살리려 했다. 그리고 칠곡군의 특성을 국방의 요충지라는 말로 간결하게 나타내면서 누리집 방문객을 환영하였다. '열린 군수실-말과 글' 항에는 군수의 당선소감, 취임사, 시정연설문, 연도별 신년사 등이 게재되어 있다.

칠곡군 의회 누리집에는 '열린의장실-인사말' 항목에 군의회 의장(2014년 4월 현재 김학희)의 인사말이 게재되어 있다.

> 군 의회 의장 인사말
> 안녕하십니까?
> 칠곡군의회 의장 김학희입니다. 1991년 제1대 칠곡군의회가 출범한 이래 벌써 제6대 후반기를 맞이하였습니다. 그동안 우리나라의 지방자치는 여러 가지 어려움과 비판속에서도 꾸준히 발전해 나가고 있습니다. 우리 칠곡군의회 또한 지방자치의 기본정신을 바탕으로 13만 군민의 삶의 질 향상과 지방자치 발전을 위해 앞장서 일하고 있습니다. 군민 여러분의 작은 목소리까지도 놓치지 않고 수렴하여 군정에 반영토록 하고 집행부와는 견제와 협조를 적절히 유지하면서 잘사는 칠곡을 만들기 위한 최적의 대안을 찾아가는 노력을 다하겠습니다. 앞으로도 미래지향적인 칠곡군의회를 만들어 갈 수 있도록 군민여러분의 끊임없는 관심과 지원을 부탁드립니다. 감사합니다. 칠곡군의회 의장 김학희

군의회 의장 인사말에는 의회 운영의 목적과 전체적 방향이 표명되어 있다.

정책문의 사례로는 칠곡군 누리집 열린군수실-말과 글 항에 실린 군수의 당선소감, 취임사, 시정연설문, 연도별 신년사 등이 있다. 군수(2014년 4월 현재 백선기)의 2014년 신년사에는 군정의 갖가지 내용과 정책 의지를 장문의 글에 모두 담아 놓았다. 신년사 인사말은 글머리와 말미에 있고, 글의 중심 내용은 정책 성과와 정책 의지를 표명하는 것이다. 이러한 인사말을 통해 군수의 적극적인 정책 시행 의지와 시정 방향을 강하게 드러내었다.

3.2. 문화재 및 전적기념관의 해설문

칠곡군에 존재하는 크고 작은 문화재들에는 그것을 해설하는 문장이 같이 게시되어 있다. 입간판 혹은 벽에 붙이는 부착판을 이용한 문화재 해설문은 주민과 관광객에게 안내 역할을 한다. 이런 점에서 문화재 해설문은 공공언어에 속하는 주요 텍스트라 할 수 있다.

문화재 해설문이 갖추어야 할 요건은 정보성과 용이성이다. 정보성은 해당 문화재에 대한 정보를 얼마나 풍부하고 정확하게 담고 있느냐는 것이고, 용이성은 정보 내용을 얼마나 쉽게 읽는이에게 전달하느냐는 것이다. 지나치게 전문적이고 어려운 용어를 사용하지 않고 쉽게 이해할 수 있느냐는 것이 용이성을 판단하는 기준이다.

여기서는 칠곡군 누리집의 문화관광란에 게재된 해설문을 중심으로 살펴본다. 문화관광란 아래에 다시 7개의 하위 항목이 설정되어 있다. 이 7개 중에서 문화유산 항목에 문화재 해설문이 집중 게재되어 있다. 문화유산 항목은 문화재 유형에 따라 다시 8개의 하위 항으로 나누어져 각각의 항에 여러 건의 해설문이 등록되어 있다. 문화유산 항목에 게재된 해설문 건수를 보면 국가지정문화재 8건, 도지정문화재 10건, 문화재자료 7건, 등록문화재 2건으로 도합 27건이다. 문화재가 아닌 인물(38건), 지명유래, 전설·민요·민속놀이 등도 문화유산 항목에 같이 등재되어 있다.

칠곡군의 대표적인 국가지정 문화재의 해설문 2개와 도지정 문화재 중 대표적인 것 2개를 선정하여 공공언어로서 문화재 해설문의 구체적 양상을 알아보자.

칠곡 송림사 목조석가여래 삼존좌상의 해설문은 문화재 관련 전문가가 쓴 것으로 짐작된다. 전체 문장의 길이가 적절하고 간결한 문장으로 불상의 조형적 특성과 핵심적 예술성을 잘 표현해 냈다. 그러나 해설문 길이가 너무 짧아서 이 불상에 대한 정보를 풍부하게 담았는지 의심스럽다. 송림사 오층전탑에 대한 해설문도 위 불상의 해설문과 비슷하게 짧고 간결한 문장이다. 띄어쓰기가 잘못된 예가 보이는데, '소실된 듯 하나'의 '듯하나'는 붙여 써야 한다. 그리고 '전탑', '보륜', '수연'과 같은 어려운 용어도 몇 개 보이는데, 읽은 이에 따라 이러한 용어를 이해하지 못해 내용 이해에 어려움을 겪을 수 있다. 이 해설문도 길이가 짧은 만큼 정보성에서 문제가 있다. 실물 게시판의 공간 제약 때문에 긴 글을 쓸 수 없지만 인터넷에 게재하는 해설문은 공간 제약을 훨씬 적게 받는다. 이런 점을 고려하여 인터넷 공간의 문화재 해설문은 기본 정보와 상세 정보 두 단계로 작성하는 것이 바람직하다. 기본 정보는 핵심 내용을 간결하게 제공하고, 상세 정보는 보다 풍부하고 깊은 정보를 제공하는 방법이 그것이다. 이용자의 필요 수준에 따라 해설의 정보성(내용의 깊이와 풍부함) 수준을 다르게 제공하는 것이 바람직하다.

칠곡 가실성당 해설문은 정보성이라는 점에서 좋은 글이다. 건축 당시의 풍부한 정보를 담고 있으며 건축의 조형적 특징도 잘 드러내었다. 그러나 문장의 단락 구성에서 약간의 문제가 있다. 앞의 3개 단락은 지나치게 짧고, 맨 뒤의 단락은 지나치게 길어 단락 구성의 결함을 보이고 있다. 해설문에는 '한국전쟁'으로 표기되어 있는데, 교육부가 2004년 4월 교과서 편수 용어를 발표하면서 '6·25전쟁'이란 용어를 권고한 바 있다. 따라서 미국 또는 외국의 관점에서 만들어진 '한국전쟁'이라는 용어 대신 '6·25전쟁'이라는 용어를 사용해 해설문을 작성하는 것이 바람직하다.

동산재는 칠곡의 한옥 건물을 대표하는 문화재이다. 동산재 해설문은 동산재의 유래와 건물 구성의 특징을 중점적으로 표현했다. 한자어를 많이 쓰기는 했으나 괄호 안에 한자를 표기해 넣어 읽는 이의 이해에 어려움은 없다. 그런데 '동산재'의 '東'자가 '束'으로 잘못 표기되어 있고, '장손'의 괄호 한자가 (叾孫)으로 된 오류도 보인다. 그밖에도 띄어쓰기가 잘못된 것(이루 면서, 변형 이, 정면4칸 등)도 여러 개 발견된다. 어려운 한자어를 쉬운 우리말 용어로 바꾸는 등의 수정 보완이 필요한 해설문이다.

기성리 삼층석탑의 해설문에는 '우주'(隅柱 : 모서리 기둥식), '탱주'(撑柱 : 가운데 기둥식), '옥개상면'(屋蓋 : 탑신석위에 놓는 지붕같이 생긴 돌), '사리공'(사리를 장치하기 위하여 탑재에 파놓은 구멍) 등과 같이 어려운 용어를 괄호 안에 풀이해 놓았다. 이런 방식을 문화재 해설문 작성에 적극적으로 도입해야 할 것이다.

이밖에도 칠곡의 전통 가옥에 대한 해설문은 해은고택(민속문화재 제178호)과 묵헌종택(문화재자료 제245호)이 더 있다. 이 해설문에는 일반인들이 이해하기 쉽지 않은 용어들이 다수 있다. 해은고택 해설문에는 '덤벙주초', '4짝미 서기문', '제형판대공', '3량가', '2익공' 등 전문 건축 용어가 그대로 노출되어 있다. 묵헌종택 해설문에는 '방주', '울거미널문', '어칸', '회첨', '제형판대공', '설주홈' 등 일반인이 이해하기 어려운 용어가 적지 않다. 묵헌종택 해설문은 정제되지 않은 상태여서 띄어쓰기 오류가 여러 군데 보이고, '흩처마', '콩으로의'와 같은 오자도 발견된다. 해설문에 나타난 이런 오류들은 공공언어 텍스트로서 심각한 결점이다.

건축 문화재 해설문이 가진 가장 큰 문제점은 해설문의 대부분이 일반인이 어렵게 생각하는 건축물 구조에 관한 전문적 내용으로 채워져 있다는 점이다. 이렇게 된 까닭은 해설문 작성을 건축 전문가에게만 맡겼기 때문이다. 대상 건물의 미학적 특성과 가치, 건물에 얽힌 이야기, 살았던 사람들의 이야기 등이 해설문에 포함되어야 더욱 친근한 문화재로 일반인에게 다가갈 것이다.

한편 누리집 문화재란에 문화재의 명칭과 사진은 등록되어 있지만 해설문이 없는 것도 더러 있다. '칠곡 경수당'(敬守堂)은 해설문이 없고,9) '신동입석'(新洞立石)은 그 사진 속에는 해설문이 보이는데 누리집에는 해설문이

---

9) 경수당 현장에 가 보면 해설문 간판이 서 있다.

없다. 해설문이 누락된 문화재를 찾아서 모두 보완해야 할 것이다.

칠곡은 6·25전쟁의 격전지로 가장 유명한 지역이다. 낙동강 전투와 다부동 전투, 가산산성 전투 등 격렬했던 전투장이 칠곡군에 위치해 있다. 이런 역사적 배경과 관련하여 칠곡군에는 두 개의 전적기념관이 개관되어 있다. 왜관지구 전적기념관과 다부동 전적기념관이 그것이다. '다부동 전적기념관 안내문'은 이곳을 방문하는 관람객에게 말하는 형식으로 되어 있다. 앞부분 환영 인사말과 '⋯개관하였습니다.'까지는 경어체를 썼다가 뒷부분 전투 해설부에서는 비경어체를 썼다가 마지막 문장에서 '것입니다'로 경어체로 마쳤다. 다부동 전적기념관에는 각종 무기가 전시되어 있고 그 옆에 무기의 해설문 간판이 서 있다. 무기에 대한 해설문이다보니 '지대지' 같은 어려운 군사용어가 많다. 어린이들이나 청소년들이 이 낱말을 이해하기 어려울 듯하다.

왜관지구 전적기념관에도 각종 해설문이 있다. '왜관철교 폭파'라는 제목의 해설문에서 왜관철교 폭파에 대한 정보는 첫 문장뿐이다. 뒤의 두 개 단락은 그 후에 벌어진 왜관지구 전투에 대한 설명이다. 철교 폭파의 작전 과정이나 그 의의, 그 뒤에 다시 철교를 복원한 이야기 등에 대한 정보를 주는 것이 더 바람직하다. '왜관 지구 전사 약사문'은 왜관 지구 전투 전반에 대한 내용 소개와 그 의미를 설명한 것이다. 마지막 문장은 주관적 영탄문으로 되어 있어서 객관성을 유지해야 할 해설문의 문장으로 적절치 않다.

왜관지구 전적기념관은 1978년에 건립되었고, 다부동 전적기념관은 1981년에 세워졌다. 칠곡군 특유의 두 기념관은 모두 건립된 지 30년이 넘었다. 그리하여 기념관 내외부에 전시된 해설문은 오래된 것이 대부분이다. 국한문을 혼용한 비문(碑文)이 있고, 요즘 쓰지 않는 어휘와 문체가 보이기도 한다. 지나친 군대식 표현과 용어, 시대에 걸맞지 않는 어휘(예 : 북괴)와 반공교육 내용 등이 그것이다. 또한 해설문 길이가 지나치게 길고 정보량이 너무 많아서 관람객이 그냥 지나가 버릴 듯하다. 이것은 공공언어가 가져야 할 소통성에 장애 요인이 된다. 과다한 정보량과 어려운 용어와 한자 사용 등은 정보성과 용이성 요건에 부합되지 않는 것이다. 따라서 앞으로 해설문을 교체할 경우에 이런 점들을 보완하여 소통성을 강화해야 할 것이다.

3.3. 현수막 등 게시물의 언어

칠곡군의 여러 지역에는 각종 현수막이 게시되어 있다. 개인적 목적이나 상업적 홍보 광고를 제외하고 공공적 성격을 띤 현수막의 언어 양상에 대해 살펴보기로 한다. 왜관읍과 칠곡군 면소재지 지역을 현장 조사하여(2013년 12월 및 2014년 1월) 게시된 현수막의 사진을 찍고 현수막에 쓰인 문장 텍스트의 양상을 분석하였다. 조사한 때가 겨울이어서 현수막의 문장 내용은 산불조심에 대한 것이 가장 많았다. 의료보험공단에서 시행하는 건강검진 권유 등 보건 위생에 대한 것도 있었다. 건강 관련 현수막 내용은 주로 노인층을 대상으로 한 것이 많았는데, 이는 농촌 지역 주민의 고령화를 반영한다.

칠곡군 교육문화회관에서 시행하는 각종 평생학습 프로그램을 알리는 현수막도 대로 주변에 게시되어 있다. 주민 대상 평생 학습과 교육 사업이 칠곡군에서 매우 활발하게 이루어지고 있음을 이들 현수막을 통해 알 수 있다. 그리고 2013년부터 시행한 애완동물 등록제를 알리는 현수막도 곳곳에서 발견되었다. 새로 시행되는 생활 밀착 정책을 알리는 데 현수막이 적극적으로 동원되고 있었다. 몇몇 현수막에 게시된 예문은 다음과 같다.

12월은 제2기분 자동차세 납부의 달

제52회 칠곡군민 체전 가산면 종합 우승
가산면민 여러분의 성원에 감사드립니다. -가산면 체육회-

작은 기부 사랑의 시작
희망 2014 이웃돕기 성금 모금
주최 : 경북사회복지공동모금회   후원 : 칠곡군
2013.1.1. 동물 등록제 시행. 2014.1.1. 신고포상금 제도 운영
동물(개) 미등록시 과태료(20-40만원)가 부과됩니다
칠곡군

개별 공시지가 조사 실시
기간 : 2013년 12월-2014년 2월
장소 : 칠곡군청 민원봉사과 (토지관리 담당)

대포통장 근절 전화 금융사기 퇴출에 우리 모두 동참합시다
지천농협

화재 예방 고운 손길 불행 막는 예쁜 손길
지천주유소
잠깐!! 아직도 망설이십니까?
금연하고자 하는 마음만 가지고 오십시오.
"동명보건지소 금연클리닉"에서 도와드리겠습니다.

칠곡군의 공공 게시물은 '농업용 면세유류 구입카드 사용 일시중지 안내', '2013 스포츠바우처사업 시행계획 공고(안)', '개별공시지가 결정·고시', '화기 및 인화물질소지 입산금지 공고' 등 군민을 위한 행정 공지 사항을 게시한 경우가 대부분이다. 이러한 공공 게시물은 그 문체나 게시의 형식, 게시 내용 등이 전국적으로 동일한 경우가 대부분이므로, 칠곡군 게

시물의 특성이라기보다는 전국 게시물의 특징이 될 것이다.

3.4. 칠곡군 지명과 도로명 주소의 언어

지명은 공공언어로서 중요한 부분의 하나이다. 그런데 지명에 대한 종합 정리는 이 책의 다른 장에서 행해질 것이므로, 여기서는 공공언어의 하나로서 지명과 도로명 주소가 갖는 의의를 간략히 검토하기로 한다.

칠곡군 지역에는 3개의 읍과 5개의 면 그리고 71개의 리(里)가 있고, 여기에 속한 지명은 공공언어의 주요 부분이다. 예컨대, 왜관읍의 경우 아곡리, 석전리, 왜관리, 금산리, 삼청리, 낙산리, 금남리, 매원리, 봉계리 9개 리가 있다. 이 지명들은 관청과 공문서 상에서 예전부터 써 왔던 공공언어이다. 그런데 전통적으로 써 온 행정동명은 2014년부터 전면적으로 시행된 도로명 주소로 전환되었다. 한편 행정동명과는 별도로 전통적으로 사용되어 온 속지명(俗地名)이 다수 존재한다. '석전'(石田)을 '돌밭', '신기'(新基)를 '새터'라고 부르듯이 한자어 지명은 행정동명으로 쓰였고, 고유어 지명은 마을 사람들의 생활 속에서 쓰여 왔다. 고유어 지명은 예나 지금이나 여전히 쓰이고 있지만 점차 그 사용이 축소되어 가고 있다. 고유어 지명을 되살려 생활 속에서 지속적으로 쓰는 것이 마을의 역사적 전통과 정체성을 보존해 가는 데 큰 도움이 될 것이다. 군청의 적극적 정책과 마을 사람들의 실천을 통해 고유어 지명의 일상적 사용을 유지할 필요가 있다.

칠곡군 누리집 '문화관광~지명유래'에는 면과 마을 별로 지명 유래를 해설한 글이 게재되어 있다. 마을 이름과 마을 안의 속지명에 대한 해설도 포함하고 있다. 해설문에서 우리말 표기와 한자어 표기를 병기하여 독자의 편의를 고려해 놓았다. 왜관읍 매원리에 딸린 지명 해설문의 한 예를 보면 다음과 같다.

> **새마**(新基)
>
> 매원 서남쪽 山斗峰(산두봉) 南麓(남록)에 形成(형성)된 마을로 경부국도가 앞을 지나며 서쪽으로 미군부대와 인접하고 있다. 마을 뒤에 일제 때 금을 채굴하던 金鑛(금광)이 있다. 이 金鑛(금광)이 번창하였을 때 마을이 형성되었다고 한다.
> 日帝때 새로 생긴 마을이라 하여 새마(新基)라고 부른다

지명 유래 해설문 이야기를 좀 더 풍부하고 재미난 방향으로 더 보완하면 더욱 알찬 정보가 될 것이다. 현지에서 살아가고 있는 주민들은 마을 지명의 역사와 유래담에 대한 관심이 많으며, 이에 대해 자긍심을 갖고 있다. 이러한 관심과 자긍심을 키워가는 것은 애향심을 북돋으면서 삶의 현장을 의미 있게 만들어 가는 일이다.

국가적 사업으로 상당한 준비 기간을 거쳐 2014년부터 전면 시행 중인 도로명 주소(새주소)는 아직 정착되었다고 보기 어렵다. 이 정책은 사회 전체의 여러 국면에 작용하여 사회 운영의 효율성을 높이는 데 작용하여 앞으로 큰 변화를 만들어 낼 것으로 보인다. 머지않아 도로명 주소가 공공언어의 주요 부분으로 확고히 자리잡을 것으로 생각된다.

도로명 주소란 모든 도로에 이름을 붙이고 이를 기준으로 건물마다 건물번호를 부여하여 누구나 쉽게 찾을 수 있도록 한 새로운 주소체계이다. 도로명과 건물번호를 결합시킨 방식(도로명+건물번호)이다. 예전의 지번주소 체계와 도로명 주소 체계를 대비하여 양자의 차이를 보인 다음 사례가 칠곡군 누리집에 게시되어 있다.

[표 10] 지번 주소와 도로명 주소의 차이

유형	지번 주소	도로명 주소(새주소)
단독 주택	경북 칠곡군 왜관읍 왜관리 177-1	경북 칠곡군 왜관읍 군청1길 80
공동 주택	경북 칠곡군 왜관읍 왜관리 298-10 우방아파트 ○○동 ○○호	경북 칠곡군 왜관읍 중앙로 117, ○○동 ○○호(우방아파트)
상가 빌딩	경북 칠곡군 왜관읍 왜관리 296-1 덕산빌딩 2층	경북 칠곡군 왜관읍 중앙로 140, 2층(덕산빌딩)

칠곡군은 '칠곡군 고시 제2008-37호 칠곡군 도로명 결정・고시(2008년 7월 11일)[10]'에서 기타도로・군도・국도・지방도 51개, 길 524개 총 575개의 도로명을 고시했다. 고시 이후 주민 의견 수렴과 논의를 거쳐 도로명을 조정해 왔다. 이러한 조정 과정을 거쳐 2014년 2월 현재 649개의 도로명 주소가 사용되고 있다.

도로명 주소에서 새로 변경된 지명 요소는 '-길', '-로', '-대로' 등과 같은 지명의 후부 요소이다. 위 도로명 사례에 나온 '군청1길'에서 '군청1'은 도로 번호를 가리키는 전부 요소이고, '-길'은 후부 요소이다. 이런 방식으로 붙여진 도로명 중 몇 개를 예시하면 다음과 같다.

가산로, 가산로1길, 가산산성길, 가실1길, 가실2길, 가야로, 가정1길, 가정2길, 가천1길, 가천2길, 가천3길, 각산1길, 각산2길, 각산3길, 각산수산길, 각산찰전길, 강변대로, 강변서로, 강정길, 강진1길, 강진1길, 강진2길, 강진3길, 강진4길, 강창1길, 강창2길, 경부고속도로, 경북대로, 경호천동길, 경호천서길, 공단로, 공단로1길.

도로명을 책정할 때 그렇게 정한 이유를 '부여 사유'라고 부른다. 도로명 부여 사유는 행정구역명에 따른 부여, 공공시설명에 따른 부여, 자연부락

---

10) 경상북도 칠곡군 군보 제688호(2008.7.11.) 참조

명에 따른 부여 등으로 나눌 수 있다. 세부적으로 보면 칠곡군 도로명 부여 사유들은 모두 44개로 확인되었다. 행정구역명과 자연부락명을 반영한 것과 함께 역사성 및 지역적 특성을 반영한 것이 있고, 기타 국토해양부에서 정한 도로명을 반영한 것도 있다. 역사성을 고려한 도로명의 예는 '동산길'(동산재 위치), '가산산성길'(산성 위치), '신유로'(신유장군을 기림) 등이 있다. '구상길'은 시인 구상의 문학관이 있는 도로에서 딴 것이다. 낙동강변을 따라 지나는 도로는 '강변서로'로 이름 지었고, 금오동천의 자연 환경을 반영하여 '금오동천로'라 지었다. '강변로'(낙동강), '하빈로'(하빈천), '소학로'(소학산), '유학로'(유학산), '팔공산로'(팔공산), '한티로'(한티재) 등은 강, 내, 산 등의 자연 환경을 기준으로 이름 지은 도로명이다.

칠곡군의 자연부락명에는 '땅골', '웃갓', '들마' 등의 고유어 지명들이 상당수 존재하지만 이런 고유어 지명들이 도로명으로 채택된 예는 적다. 고유어 자연부락 이름이 도로명으로 채택된 예는 '대밭골'(길), '대실'(길), '새마을'(길), '한솔'(길), '한티'(로)가 전부이다. 도로명의 대부분이 한자어로 채택되고 고유어 지명을 버린 것은 아쉬운 일이다. 공공언어에서 고유어를 버리고 한자어 지명을 도로명으로 채택함으로써 고유어 지명의 위축을 더욱 가속화시킨 결과가 되었다. 고유어 지명은 오랜 역사를 가지고 해당 지역에서 사용해 온 것이어서 지역민들에게 친숙하며 듣기 좋고 부르기 좋은 것이 적지 않다. 앞으로 도로명 책정을 할 때는 이런 점을 특히 고려해야 할 것이다.

3.5. 칠곡군 지역의 명명어

'명명어'(命名語)란 회사·상점·식당·건물·단체 등을 가리키기 위해 지은 이름을 뜻한다.[11] 넓은 뜻으로 보면 지명과 인명도 명명어에 포함시킬 수 있다. 앞에서 말한 공공언어와 명명어는 그 범위가 동일하지 않다.

공공언어 안에 명명어로 볼 수 있는 것도 적지 않을 것이다. 명명어와 공공언어는 대립적인 것이 아니라 상호간 중첩되는 교집합 영역을 가진다.

칠곡군 지역에서 널리 쓰이고 있는 명명어로서 대표적인 것은 상호명·회사명·단체명 등이다. 칠곡군의 상호명 등 명명어 자료를 가장 많이 보유하고 있는 것은 2013년도 칠곡군 전화번호부, (사)전국 소상공업 경상북도지부 칠곡군지회의 회원사 명단, 왜관 중앙로상공인 협의회 회원 명단 등이다. 이 책자들에 기재된 총 7,267개의 명명어를 엑셀에 입력하여 특징을 분석하였다. 분석한 결과를 몇 가지만 보이면 다음과 같다.

3.5.1. 명명어 조어의 기원적 어휘 구성

도합 7,267개의 명명어 조어(造語)에 사용된 어휘의 구성을 고유어, 한자어, 외국어, 혼종어라는 네 가지 부류로 나눌 수 있다. '고유어'란 명명어가 순우리말 낱말로만 구성된 것을 뜻하고, '한자어'란 명명어가 한자 기원의 낱말로 구성된 것, '외국어'란 명명어가 외국어 낱말로 구성된 것,[12] '혼종어'(混種語)란 이 세 가지 중 두 개 이상이 뒤섞여 구성된 것을 뜻한다. 총 7,267개의 명명어를 네 부류로 나누어 통계 처리했더니 아래의 분포 결과가 나왔다.

---

11) 여기서 말하는 명명어를 선행 연구에서는 여러 가지 용어로 불러 왔다. 송정근(2008)은 '(상업적) 명명어', 김혜숙(1991)과 민현식(2001)은 '간판 언어', 조두상(2008)은 '가게 이름', 최일성(1961)은 '상호'(商號)라 불렀다.
12) 흔히 '외래어'라는 용어를 많이 쓰지만 '외래어'라고 판단하는 기준이 엄밀하지 않다. 이 글에서는 '외국어' 혹은 '외국어 낱말(외국어 어휘)'라는 용어를 쓰기로 한다. 요즘 현대 한국사회에서는 외국어 어휘들을 외래어로 착각하고 무분별하게 쓰는 현상이 더욱 확대되었다.

[표 11] 칠곡군 명명어의 부류

수치 \ 부류	고유어	한자어	외국어	혼종어	불분명한 것
개수	167개	3,289개	752개	3,046개	13개
비율	2.3%	45.3%	10.3%	41.9%	0.2%

고유어 비율은 2.3%에 불과하다. 이것은 명명어를 고유어로 짓는다는 의식이 한국인에게 매우 약함을 의미한다. 이에 비해 한자어 기원 명명어 비율은 45.3%라는 높은 수치를 보여준다. 이러한 수치를 통해 한자어로 이름을 짓는 의식이 매우 강함을 알 수 있다. 외국어 기원 명명어 비율은 10.3%나 된다. 이는 고유어 비율의 다섯 배에 가까운 것으로 우리를 놀랍게 한다.[13] 혼종어란 고유어＋한자어, 고유어＋외국어, 고유어＋한자어＋외국어 등을 가리킨다. 앞의 3개 부류 중에서 2개 이상이 서로 결합한 명명어 구성이 혼종어이다. '불분명한 것'은 명명어에 들어간 낱말이 어디에서 온 것인지 판단하기 어려운 것을 말한다. 위 부류에 속하는 명명어 사례를 몇 개씩 제시하면 다음과 같다.

(1) **고유어**
　우리마당, 한길, 햇살, 정든사람들, 꽃다모아, 기쁜우리샘물, 구름에 달가듯이, 왼발오른발, 해와달을그리는아이들, 외 다수.
(2) **한자어**
　광민기업, 금성탁자, 평강산업, 금강기계, 성원목장, 가요열창주점, 사군자난원, 외 다수.
(3) **외국어**
　포에버쇼파, 클린에너지, 빌드넷, 누벨, 스카이텍, 에그빌, 도어마트, 파킹랜드, 외 다수.

---

13) 명명어의 기원이 보여주는 위 표의 분포 비율은 칠곡군에 국한되는 것이 아니라 한국 전역에 걸쳐 일반적으로 적용되는 것일 듯하다.

(4) 혼종어

털보고물상, 한강스틸, 리버힐골프연습장, 딩동플라워, 꿀노래연습장,
외 다수.

(5) 불분명한 것

아포자원, 지에서, 낫산약방, 다다, 세영대카, 외 다수.

위 명명어들 중에서 언어생활에 혼란을 일으킬 소지가 있는 것은 '(3)외
국어'와 '(5)불분명한 것' 중의 일부이다. 외국어 명명어에 속하는 '빌드넷,
누벨, 스카이텍, 에그빌'과 같은 명명어는 그 정체가 무엇인지조차 파악하
기 어렵다. '(5)불분명한 것'에도 이런 것들이 보인다.

한편 칠곡군의 명명어 중에는 지역의 사투리를 활용한 사례가 있어서
관심을 끈다. 다음과 같은 것이 그 예들이다.

(6) 사투리를 활용한 명명어

매운걸 우야노, 탄다 디비라, 안동국시, 와촌 손칼국시 왜관직영점, 복이
가득한 마실, 오리궁뎅이, 바우식당, 미구딱지.

사투리를 활용한 명명어의 수가 그리 많지 않지만 이런 예들은 지역의
특성을 드러내면서 우리의 흥미를 끈다. '매운걸우야노'는 의문형 사투리
문장을 식당 상호로 삼은 것이고, '탄다디비라'는 명령문 사투리 문장을 식
당 상호로 삼은 예이다. '디비라'는 '뒤집어라'의 사투리이다. '미구딱지'는
유아복 가게 이름인데, '미구'는 무덤 따위를 파헤치는 잡귀를 가리키는 사
투리말인데 경상방언에서 널리 쓰인다.

3.5.2. 명명어의 단위에 따른 형식

명명어의 대부분은 '로마피자, 페리카나치킨'과 같이 단순히 명사와 명

사의 나열로 이루어진 것이다. 그러나 일부 명명어는 구절 또는 문장이라는 보다 큰 단위를 사용한 것도 있다. 구절 형식은 관형어와 명사가 결합한 구성, 연결어미가 들어간 것, 조사가 들어간 것 등이 있다. 문장 형식 명명어는 문장 종결어미로 끝난 것을 가리킨다. 7,267개의 명명어의 구성 형식 중에서 명사 나열 형식이 99%로 압도적으로 많고, 구절 형식은 66개로 0.9%, 문장 형식은 6개로 0.1%로 나타난다. 다음이 그 중의 몇 예이다(명사 나열 형식은 제외함).

(7) **구절**
  ㄱ. 열린 안경원, 소중한 사람들, 색다른 느낌, 신바람난 찜방집, 아름다움을 나누는 꽃집, 해와 달을 그리는 아이들, 좋은 현수막 세상, 도배하는 사람들.
  ㄴ. 허브먹고 다이어트, 먹고 또 먹고
  ㄷ. 나눔과 기쁨, 꿈의 궁전모텔, 행복의 섬, 도자기에 국수 한 그릇.

(8) **문장**
  석보정 오리 날다, 난초 꽃피다 왜관 안과, 강정이 기가막혀, 매운걸 우야노, 그곳에 가고싶다, 꼬지사께.

구절 형식의 명명어에는 (7ㄱ)과 같이 관형형어미 '-ㄴ'이 결합한 관형어에 명사를 연결한 구성이 가장 많다. (7ㄴ)과 같이 연결어미가 결합된 것도 있고, (7ㄷ)과 같이 조사가 결합한 것도 있다. (8)은 '-다, -어, -노, -게' 등의 종결어미로 끝난 문장 형식의 상호이다.

지면 관계로 칠곡군 명명어가 지닌 특성을 더 이상 자세히 다루지 않는다. 현대의 칠곡군에서 쓰이는 명명어들은 현대 칠곡군민의 언어문화를 보여주는 가장 좋은 언어 텍스트라 할 수 있다. 이에 대한 자세한 분석은 칠곡군민의 생활 방식과 사회의식 등의 다양한 특성을 이해하는 데 좋은 방법이 될 것이다.

4. 맺음말

이상에서 우리는 칠곡군의 언어문화를 폭넓게 검토해 보았다. 칠곡군에서 사용되고 있는 전통 방언의 주요 특성을 음운, 문법 형태, 어휘로 나누어 해설하였다. 특히 어휘는 한국정신문화연구원 간행 『한국방언자료집』 경상북도편(1989)에서 조사된 것과 비교하여 25년 사이에 일어난 변화 양상을 제시하였다.

이어서 칠곡군청과 산하 기관의 누리집 및 문화재 해설문에서 사용되고 있는 공공언어의 다양한 양상을 분석해 보았다. 정보 공지문, 민원문, 인사문, 정책문, 도로명주소 등의 부류를 나누어 공공언어에 나타난 특징을 파악하였다. 또한 현대 칠곡군 주민이 생활 속에서 널리 쓰고 있는 명명어(상호명, 회사명, 단체명 등)의 특성을 분석해 보았다.

필자가 칠곡군의 언어문화를 이와 같은 방식으로 구성하여 서술한 것은 지금까지의 시군지 방언편 작성 방식에 새로운 변화를 시도해 보기 위함이다. 필자의 이러한 서술 방식은 칠곡군의 언어문화를 다양하고 폭넓게 드러낼 수 있는 것이라 생각한다. 나아가 이런 방식이 전국 시군지 방언 혹은 언어문화편 작성에 긍정적 영향을 미쳐 앞으로 보다 나은 서술 방식을 찾아내는 데 도움이 되기를 기대해 본다.

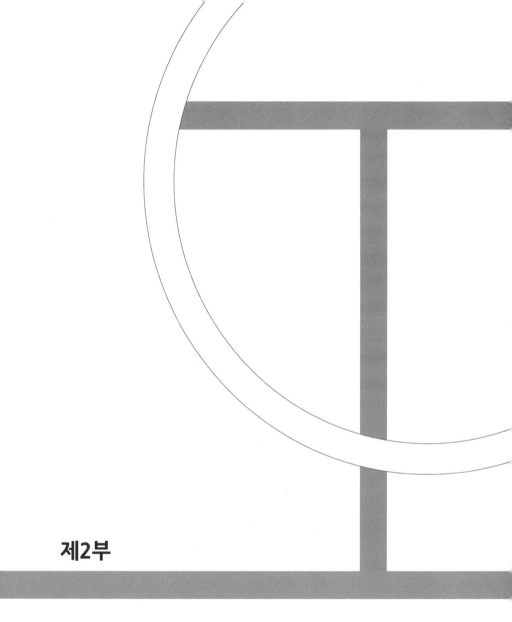

제2부

경상방언의 통시적 연구

경상방언의 모음체계와 모음중화

1. 연구의 목적과 방법

1.1. 연구의 목적

이 글의 목적은 경상방언의 여러 하위 방언들에 나타난 모음체계의 차이가 모음중화에서 비롯된 것임을 중시하여 모음중화의 과정을 밝히기 위한 것이다.[1] 모음중화의 과정에서 '에 : 애' 간의 중화가 '어 : 으' 간의 중화보다 먼저 이루어지게 된 원인을 밝히는 데 초점을 둘 것이다.

먼저 필자가 '경상방언'이라는 용어를 사용하는 이유를 밝혀 둔다. '경상방언'이란 한국어의 한 방언으로서 경남과 경북 지역에서 사용되는 것을 가리키며, 지금까지 '경상도방언', '동남방언', '영남방언' 등으로 불려 왔다. '경상도방언'이라는 용어는 방언 구역과 도계(道界)가 서로 일치하지 않는 경우가 있을 때 적합하지 않다. 이 점은 '전라도방언', '평안도방언' 등의 용어를 사용할 때도 동일하게 적용된다. '동남방언', '서남방언' 등과 같은

---

* 이 글은 『어문교육논집』 12(1992, 부산대학교 국어교육과) 69-88쪽에 실렸던 것이다. 장절의 제목과 문장 표현을 다듬고 고쳤다.
1) '에 : 애' 및 '으 : 어' 간의 변별이 없어지게 된 현상을 모음중화라 부른다. 이에 관한 용어와 이론적 문제점은 백두현(1992 : 118-121)을 참고할 수 있다.

용어는 이 문제점을 피할 수 있으나 대상 방언을 명확히 지칭할 수 없는 개념상의 모호성이 있고, 일반인이 그 지시 대상을 쉽게 인지할 수 없는 약점이 있다. 일반인은 '동남방언'이 경상방언을 가리키는 것인지 모른다. 이런 점에서 '동남방언' 등은 통용성이 넓은 용어가 아니다.[2] 필자가 사용하는 '경상방언', '전라방언' 등과 같은 용어는 도계에 기준을 둔 '경상도방언', '전라도방언' 등과 동일한 개념이 아니라, "경상도 방언적 성격을 지닌 방언", "전라도 방언적 성격을 지닌 방언"과 같은 포괄적 뜻을 가진다.

　경상방언은 한국어의 다른 어떤 방언보다 많은 학문적 연구 대상이 되어 왔고, 하위 방언에 대한 연구도 폭넓게 이루어졌다. 필자는 이 글에서 그동안 축적된 연구 결과 중 하위 방언의 모음체계에 관한 성과를 정리하여 모음체계의 세부적 분화 양상을 기술한다. 이어서 오늘날의 경상방언에 나타난 모음체계가 이전 시기에 이루어진 모음중화에 기인된 것임을 중시하여 모음중화의 통시적 과정을 논한다.

1.2. 연구의 방법

　언어에 대한 일반적 연구가 그러하듯이 방언에 관한 연구도 공시적 방법과 통시적인 방법의 적용이 가능하다. 방언에 대한 통시적 연구는 두 가지 측면으로의 접근이 가능하다. 하나는 현지 조사 자료를 토대로 내적 재구를 통해 역사적 변화를 파악하는 것이다. 다른 하나는 방언을 반영한 문헌 자료를 토대로 그 방언의 역사적 변화를 고찰하는 것이다. 경상방언의 모음체계에 관한 연구에도 이 두 가지 측면의 접근이 가능하다. 전자에 해당하는 연구로 최명옥(1982), 박창원(1983), 이상규(1988)를 들 수 있다. 후자에 해당하는 연구로 백두현(1989)이 있다. 현지 조사 자료에 입각하여 경상

---

[2] 학술 용어는 불가피한 경우를 제외하고 대중적 통용성이 넓은 것이 더 바람직하다. 이 말은 여러 가지 속뜻을 함의하고 있다.

방언의 하위 지역 방언을 공시적으로 연구한 논저가 적지 않다. 필자는 경상방언의 하위 지역 방언들에 나타난 모음체계의 차이를 파악하기 이러한 선행 연구를 이용한다. 모음중화에 대한 통시적 전개 과정과 설명을 모색하는 단계에서는 경상방언을 반영한 문헌의 통시적 연구 성과를 이용한다. 경상방언의 음운체계에 대한 현지조사 연구 성과와 통시적 연구 성과를 망라하여, 이 방언의 모음체계가 겪어 온 통시적 특성을 논한다.

2. 공시적 모음체계의 차이와 통시적 설명

2.1. 하위 방언에 나타난 모음체계의 차이와 지역적 분포

경상방언은 크게 경남방언과 경북방언으로 나누어지고, 경남방언은 다시 동부, 서부, 남부로 나누어진다. 경북방언은 대구를 중심으로 한 남부방언권, 안동을 중심으로 한 북부방언, 경주와 울진 지역을 포함하는 동부방언권으로 나누어진다.[3] 이 글에서는 군 단위를 하나의 소방언권으로 간주한 선행 연구 성과를 이용하여, 이 단위를 기준으로 하여 하위 방언 간 모음체계의 같고 다름을 비교 고찰한다. 경남방언의 하위 방언에 대한 여러 연구에서 밝혀진 모음체계를 군 단위로 표기하면 다음과 같다.

(1) **경남 하위 방언의 모음체계**

김해군	i ɛ ə æ u o	김영송(1973 : 102-103)
	i e ɛ i ə a o u	박지홍(1975 : 186-187)
양산군	i ɛ ə æ u o	박지홍(1975)
울주군	i E ∃ a o u	이상규(1984 : 113-114)

---

3) 경남방언의 하위 구분에 관한 연구는 김영송(1963)과 박지홍(1983)을, 경북방언의 하위 구분에 대한 연구는 천시권(1965)과 이기백(1969)을 참고하였다.

밀양군	i E ∃ a o u	이병선(1984 : 66-67)[4]
합천군	i ɛ ɜ a o u	전상희(1986 : 10)
거창군	i E ∃ a o u(40대 이하)	박명순(1982 : 12-13)
	i E i ə a o u(50대 이상)	박명순(1982 : 12-13)
창녕군	i E ∃ a o u	문곤섭(1980 : 28)
	i ɛ ə a o u	성인출(1984 : 4-9)
함양군	i e ɛ i ə a o u	전광현(1979 : 55-56)
산청군	i E ∃ a o u	배병인(1983 : 41)
진양군	i E ∃ a o u	곽창석(1986 : 6-7)[5]
	i e ɛ ɜ ə a o u	이영길(1976 : 18)
삼천포	i E ∃ a o u	최명옥(1974 : 9)
창원	i E ∃ a o u	김영태(1985 : 88)
	i E ∃ a o u(10대 이상)	김정배(1983 : 19-20)
	i E(e-ɛ) i ə a o u(10대 이하)	김정배(1983 : 19-20)
고성군	i e ɛ i ə a o u	정연찬(1968 : 69)
	i e ɛ i ə a o u	정연찬(1980 : 26)[6]
	i e (ɛ) ∃ a o u	박창원(1983 : 15)
	i e ɛ i ə a o u	최중호(1984 : 14-15)
통영군	i E ∃ a o u	정인상(1982 : 59)[7]
	i e ɛ i ə a o u	정연찬(1980 : 26)
하동군	i e ɛ i ə a o u	김재문(1984 : 3-5)[8]

4) 밀양방언에서 /어/와 /으/의 발음이 분명히 구별되는 것도 있고 안 되는 것도 있으며, 이런 양상은 /에/ : /애/에 있어서도 같다. 이 방언 화자들이 이 모음들의 차이를 의식하지 못하고 발음하므로 음운 대립이 안 되는 것으로 간주되었다(이병선 1984 : 67).

5) 진양군과 진주시를 같은 지역으로 본다.

6) 정연찬(1980 : 26)에서 고성과 통영의 모음체계를 간단히 언급함에 그치고, 자세한 예증을 통해 체계를 설정한 것은 아니었다. 이 논문은 자음에 관한 연구에 초점을 둔 것이다.

7) 정인상(1982 : 59)은 위와 같은 6모음체계를 설정하고, "이 6모음체계는 음성 식별상의 대립에 의한 것으로 이것이 기저에서의 e : ɛ의 대립이나 i : ə의 대립을 배제하는 것은 아니"라고 하였다. 표면 음성체계와 기저 음운체계를 구별하는 데 모호한 점이 있다.

8) 하동군에 대한 김재문(1984)의 연구와 남해군에 대한 류구상(1975)의 연구는 모음체계를 명시적으로 언급하지 않았다. 위에서 보인 모음체계는 두 분의 논문 내용을 보고 필자가 파악한 것이다.

남해군　i E ㅕ ə a o u　　　　김형주(1961)

　　　　i E ㅕ a o u　　　　　류구상(1975 : 47)

　　　　i E ㅕ a o u　　　　　류영남(1982 : 7-9)

　　　　i e ɛ i ə a o u e　　　김형주(1983 : 45-47)

　　　　i e ɛ i ə a o u e 또는 i E ㅕ a o u 김영송(1963)

경남방언의 모음체계 전반에 관한 김영송(1963)의 연구에서 "대부분의 지방에서는 /어/와 /으/의 음운론적 대립이 없다. 다만 서부와 남부의 일부 지역에서는 두 모음이 음운으로서 독립하는 것 같다"(p.173)라고 하였고, 남해도 방언은 두 모음이 구별되는 곳도 있고 안 되는 곳이 있다고 하였다. 그의 논문 176쪽에 제시된 지도에 남해도의 2개 지점은 /애/ : /에/가 서로 구별되는 것이라고 표시되어 있다. 같은 논문 결론 부분의 도표(p.186)에서 동북방언은 /으/ : /어/의 구별이 안 되고, 서남방언에서는 "비교적 구별된다"라고 하였다. 이점은 /에/ : /애/의 변별 유무를 기술한 내용에서도 동일한 표현을 쓰고 있다.[9)]

남해도 방언에 대한 류구상(1975)에서는 "/애/음은 /e/에 가까운 중화된 소리"(p.47)라고 기술했다가 "이곳의 /e/음은 독립성이 희박하나 그 존재를 인정하지 않을 수 없다"(p.47)라고 하여 엇갈리는 기술을 하였다. 남해도 방언에 관한 이러한 기술은 섬 전체를 고려할 때 남해도 방언의 모음체계가 단일하지 않았던 것임을 암시한다.

서부 경남방언을 포괄적으로 연구한 김재문(1977)에서는 이 방언권에 거창, 함양, 산청, 하동, 남해, 사천, 고성, 진양, 합천 지역을 포함시키고, 이 방언권의 모음체계를 8모음체계(i e ɛ i ə a o u ɯ)로 설정하였다. 이런 포괄적 기술은 위의 (1)에 제시된 각각의 지역이 가진 모음체계와 다른 점이 있다.

염선모(1977)는 경남 서부방언의 모음체계에서 i와 ə가 ㅕ로 중화되었고,

---

9) 박종수(1967 : 32)는 단모음의 개수에 있어서 동부 경남방언권은 여섯이고, 서부 경남방언권은 여덟이라고 하였다. 이것은 김영송(1963)의 연구를 참고한 듯하다.

e와 ɛ중 ɛ만이 음소로서 설정될 수 있다고 하며, i ɛ ㅔ a o u라는 6모음체계를 설정했다. 최명옥(1976 : 63)은 서부 경남방언에 i E ㅔ a o u라는 6모음체계를 설정했다. 김재문(1977)의 8모음체계와 비교할 때 서로 간의 괴리가 있다. 이 괴리는 연구 대상 지역의 부분적 차이나 제보자의 연령 차이 등을 고려하면 설명될 수도 있으나 미심쩍은 느낌이 남는다. 광범위한 지역의 모음체계에 대한 포괄적 기술보다 각 지역 하나하나에 대한 정밀한 연구를 통해 설정된 체계가 더 신뢰할 수 있다.10)

e : ɛ와 i : ə의 변별이 되는 것을 ○표로, 이들이 중화된 것을 ×표로 표기하여 (1)의 내용을 표로 정리하면 다음과 같다. 학자에 따라 변별 여부가 일치하지 않거나, 연령에 따라 다른 경우는 △으로 표시한다.

[표 1] 경남방언의 e : ɛ와 i : ə 변별 여부

음소 \ 지역	김해군	양산군	울주군	밀양군	거창군	창녕군	함양군	산청군
e : ɛ	△	×	×	×	×	×	○	×
i : ə	△	×	×	×	△	×	○	×

음소 \ 지역	합천군	진주	창원	고성군	통영군	삼천포	하동군	남해군
e : ɛ	×	×	×	○	△	×	○	△
i : ə	×	×	△	△	△	×	○	△

[표 1]에서 두 쌍의 모음이 모두 순수하게 변별되는 곳은 하동과 함양이다. 그러나 산청, 진주 등 인근 지역의 상태를 고려할 때, 함양이 순수한 변별 지역에 들어갈 수 있을지 의심스러운 점이 있다. 함양방언에 대한 연구가 더 자세히 이루어진다면 다른 결과를 얻을 것으로 짐작된다.

---

10) 한 군(郡) 지역에 대한 조사에서도 조사 지점이 그 군(郡)을 대표할 수 있는 핵방언인지 그렇지 않은 것인지 확인되어야 할 것이다. 왜냐하면 한 군(郡) 안에서도 면에 따라 방언적 특징이 달라질 수 있기 때문이다.

두 쌍의 모음 변별이 부분적으로라도 남아 있는 지역은 하동, 함양, 고성, 통영, 남해이다.[11] '으 : 어'의 변별이 남아 있는 지역은 하동, 함양, 고성, 통영, 남해에 거창과 창원이 추가된다. 이 사실에서 '에 : 애'의 중화가 '으 : 어'의 중화보다 시기적으로 먼저 이루어졌음을 알 수 있다.

경북지역에 대하여 조사한 여러 연구 논저에서 하위 방언의 모음체계는 다음과 같이 보고되었다.

(2) 경북 하위 방언의 모음체계

봉화군	i E ∃ a o u	이상규(1989 : 345)
예천군	i E (ɨ) ∃ a o u	이상규(1989 : 345)[12]
문경군	i E ɨ ∃ a o u	민원식(1982 : 8)
	i ɛ з a o u	이시진(1986 : 9-14)
	i E (ɨ) ∃ a o u	이상규(1989 : 345)
영풍군	i E ɨ ə a o u	정원순(1988 : 7)
	i E (ɨ) ∃ a o u	이상규(1989 : 345)
안동군	i e ə a o u	이재오(1971 : 90)
	i ɛ ɨ ə a o u	이동화(1983 : 8)
	i E ɨ ə a o u	서보월(1984 : 22)
	i E ɨ ə a o u	조신애(1985 : 8-10)

---

11) 김해방언의 모음체계는 박지홍(1975)과 김영송(1973)의 연구에서 다르게 설정되어 있다. 양산, 울주 등 김해 인근 지역의 모음체계를 고려하여 김해의 모음체계가 확정되어야 할 것이다. 현재의 90년대를 기준으로 한다면 김영송에서 설정된 체계를 받아들여도 무방하다. 인근 지역의 모음체계를 염두에 둔다면 김영송에서 설정된 6모음체계가 더 일반성을 얻을 수 있다. 김해방언의 모음체계는 6모음체계라는 견해를 따르기로 한다.

12) 이상규(1988)는 한국정신문화연구원에서 낸 『한국방언자료집』 경상북도편을 가리킨다. 이 자료집에 설정된 모음체계는 ( ) 속에 ɨ를 넣은 지역이 많다. 이상규에 따르면 ( ) 속에 넣은 ɨ는 음운론적 지위를 가지는 것은 아니라고 한다. 일부의 음성 환경(예컨대 ㄱ 뒤)에서만 ɨ와 ə가 변별될 뿐이므로 음운체계에 ɨ와 ə를 별도로 설정할 수 없고, ɨ는 다만 음성적 존재에 지나지 않는 것이라고 보았다.

	i E ɨ ə a o u	김대현(1984 : 6)
	i E (ɨ)ㅋ a o u	이상규(1989 : 345)
의성군	i ɛ ɨ ə a o u	정철(1975 : 15)
	i E ɨ ə a o u	신승원(1982 : 15)
	i ɛ ɨ ə a o u	정철(1988 : 16-18)
	i E (ɨ)ㅋ a o u	이상규(1989 : 345)
상주군	i e ɛ ɨ ə a o u(화북면)	백두현(1985 : 86-89)
	i e ɛ ɨ ə a o u(화북면)	김덕호(1985 : 13)
	i E ㅋ a o u	김덕호(1985 : 13)
	i E (ɨ)ㅋ a o u	이상규(1989 : 345)
금릉군	i ɛ ㅋ a o u	백두현(1982 : 9-12)
	i E ㅋ a o u	박선근(1982 : 111-112)
	i E (ɨ)ㅋ a o u	이상규(1989 : 345)
선산군	i E ㅋ a o u	윤병택(1988 : 60)
	i E ㅋ a o u	이상규(1989 : 345)
대구	i E ㅋ a o u	오구라 신페이(1943 : 423, 425, 427)
	i E ㅋ a o u	최한조(1984 : 7)
	i E ㅋ a o u	최진근(1989 : 34)
성주군	i E (ɨ)ㅋ a o u	이상규(1989 : 345)
고령군	i ɛ ɨ ə a o u	이동화(1984 : 209)
	i E ㅋ a o u	이상규(1989 : 345)
달성군	i E ㅋ a o u	최한조(1984 : 7)
	i E ㅋ a o u	이상규(1989 : 345)
경산군	i E ㅋ a o u	최한조(1984 : 7)
	i E ㅋ a o u	이상규(1989 : 345)
청도군	i E ㅋ a o u	권재선(1979 : 89)
	i E ㅋ a o u	권재선(1981 : 126)
	i E (ɨ)ㅋ a o u	이상규(1989 : 345)
울진군	i e ə a o u	주상대(1989 : 8)
	i E (ɨ)ㅋ a o u	이상규(1989 : 345)
영양군	i E ㅋ a o u	이상규(1989 : 345)

영덕군	i e ɛ з i ə a o u(영해면 괴시동 60대 이상)	최명옥(1980 : 155)
	i E i ə i з a o u(영해면 괴시동 40-50대)	최명옥(1980 : 155)
	i E ∃ з a o u(영해면 괴시동 30대 이하)	최명옥(1980 : 155)
	i E ∃ з a o u(영해면 대진동)	최명옥(1980 : 155)
	i E ∃ з a o u	이상규(1989 : 345)
청송군	i E ∃ a o u	이상규(1989 : 345)
영일군	i E ∃ a o u	이상규(1989 : 345)
월성군	i ɛ з a o u	최명옥(1982 : 98)
	i E ∃ з a o u	이상규(1989 : 345)
영천군	i E ∃ a o u	이상규(1989 : 345)

필자가 조사한 범위 내에서 여러 연구자들의 설정한 지역방언의 모음체
계를 모두 정리하여 (2)에 제시하였다. 행정 구역상의 군 단위 중 조사되지
않은 지역이 더러 있다. 경남의 거제, 함안, 경북의 영양, 청송 등의 몇몇
지역을 별도로 연구한 논문을 찾지 못하였다.[13] 그러나 경북의 경우 한국
정신문화연구원의 자료집이 이미 간행되어 있어서 보완할 수 있었다.

경남방언에서는 동일한 지역 방언의 모음체계가 조사자에 따라 달리 파
악된 것이 있었으나 경북방언의 경우 고령을 제외하고 그러한 불일치가 발
견되지 않았다. 다만 i가 부분적으로 변별력을 가진다는 안동, 의성, 상주
등에 대한 이상규의 해석은 다른 분의 연구와 차이가 있다.

경북방언에 대한 연구 결과를 경남방언의 연구 결과와 비교해 볼 때, 가
장 두드러진 차이는 창원에 대한 김정배의 연구와 영덕의 괴시동에 대한
최명옥의 연구에 나타나 있다. 창원의 경우 10대 이하에서 e : ɛ간의 변별
이 부분적으로 이루어지고, i : ə간의 변별은 분명하게 이루어져 연령층이
낮을수록 이들 모음의 변별이 뚜렷하다. 이에 비하여 최명옥의 연구에서는

---

13) 이들 지역에 관한 연구 논문을 필자가 보지 못한 것이 있을 수 있다. 최대한 많은 연
   구 자료를 찾아내려 했지만 놓친 논문이 있을 듯하다.

노년층에서 e : ɛ 및 ɨ : ə의 변별이 이루어지지만 30대 이하에서는 완전히 중화되어 창원의 경우와 반대되는 경향을 보인다. 김정배(1983)는 중화되었던 모음들이 학교 교육에 의해 다시 교정된 것으로 본 듯하다. 개별 방언이 지닌 특성이 교육이나 방송 등에 의해 표준어로 대체되는 현상은 어휘나 문법형태소 차원에서 흔히 일어나지만 음성, 음운 차원에서의 대체는 그리 흔한 것이 아니다. 특히 모음체계의 대체는 단편적인 발음상의 교정에 비해 훨씬 이루어지기 어렵다. 이미 통시적인 변화를 겪은 모음체계가 교육에 의해서 교정될 수 있는지 더 깊은 연구가 필요하다.[14]

이상규(1989 : 345)의 조사에서 ɨ가 ( ) 안에 표시된 지역, 즉 ɨ가 ə와 변별되기도 하고 되지 않기도 하는 지역은 예천, 문경, 영풍, 안동, 의성, 상주, 금릉, 성주, 울진이다. 이 지역들은 경북의 북부와 서부에 걸쳐 있는 점이 특징이다. 이와 같은 지역에서 /ə/와 /ɨ/가 변별적으로 실현되는 것은 빈도상 중부방언에 비해 낮기 때문에, 공시적으로 중부방언의 그것과 동일한 음소로 파악될 수 있을지 의문이다(이상규 1992 : 207-208). ɨ와 ə가 음절적, 음성적 환경에 따라 어떤 단어들에서는 변별적인 최소대립쌍을 가지고 있고, 다른 단어들에서는 그렇지 못한 상태가 위의 여러 지역에 나타나 있다.

이와 같은 상태에 있는 음성 단위를 공시적인 관점에서 독립 음소로 보느냐, 보지 않느냐 하는 문제는 잘라서 말하기 어려운 것이다. 이 문제는 음소의 지위를 따지는 이론적 쟁점이기도 하다. 어떤 음소가 다른 음소와 변별이 되느냐, 되지 않느냐 하는 것은 논리적으로 중간 지대를 허용하지 않는 개념이다. 이 지역들의 모음체계에 있어 ɨ와 ə가 "50퍼센트는 변별되고 50퍼센트는 변별되지 않을 때 ɨ는 50퍼센트만의 음운론적 지위를 가진다"라고 기술하기 어려운 점이 있다. 공시적 차원에 존재하는 이런 어려움을 극복하기 위해 도입한 개념이 '사회적 변이'이다.

---

14) 1980년대 초기의 국민학교 국어교육이 발음 교육까지 유의하여 수행되었는지 의아스러운 점이 있다.

공시적 관점에서 이 지역들에 나타난 ɨ와 ə간의 변이적 상태를 기술하기가 쉽지 않다. 그러나 통시적 관점에서는 모음중화의 점진적 진행이라는 개념을 도입하여 이러한 변이적 상태를 설명할 수 있다(2.3절 참조).

각주 (11)에서 언급했듯이 이상규의 조사에서 ɨ는 음성적 존재라고 해석한 것이므로, 이들 지역(ɨ를 괄호 속에 표시한 지역)의 모음체계는 6모음체계라고 간주한다. 다음의 [표 2]에서 이상규의 해석은 이런 지역들의 ɨ가 독립 음운이 되지 못한다는 견해로 간주하여 ×로 표시한다. (2)를 [표 1]과 같은 방법으로 표시하면 다음 [표 2]와 같다.

[표 2] 경북방언의 e : ɛ와 ɨ : ə 변별 여부

지역 음소	봉화군	예천군	문경군	영풍군	안동군	의성군	상주군	금릉군	
e : ɛ	×	×	×	×	×	×	△	×	
ɨ : ə	×	×	×	×	△	△	△	×	
지역 음소	선산군	대구	성주군	고령군	달성군	경산군	청도군	울진군	영양군
e : ɛ	×	×	×	×	×	×	×	×	×
ɨ : ə	×	×	×	△	×	×	×	×	×
지역 음소	영덕군	청송군	영일군	월성군	영천군				
e : ɛ	△	×	×	×	×				
ɨ : ə	△	×	×	×	×				

경북방언에서 음운론적으로 /에/ : /애/가 변별되는 곳은 충북과 접경한 상주군 화북면과 영덕 괴시마을의 노년층에 국한되어 있음을 [표 2]에서 알 수 있다.15) 또 /으/ : /어/가 변별되는 지역은 /에/ : /애/가 변별되는 이 지역과 함께 빈도상의 문제가 있기는 하지만 서부와 북부 지역이 포함된

15) 이러한 기술은 현재까지 조사된 방언에 국한된 것이다. 괴시마을의 노년층뿐만 아니라 다른 지역의 노년층에서 동일한 변별이 이루어졌을 가능성을 배제하지 않는다.

다.16) 그 밖의 모든 지역에서는 이 모음들이 중화되었다.

[표 1]의 경남과 [표 2]의 경북을 함께 지도상에 그 분포를 표시하면 다음과 같다. /애/와 /에/의 중화와 변별 상태를 [지도 1]에 표시하고, /으/와 /어/의 중화와 변별 상태를 [지도 2]에 표시한다. ○는 변별지역, ×는 비변별 지역, △는 학자에 따라 달리 설정된 지역이다.

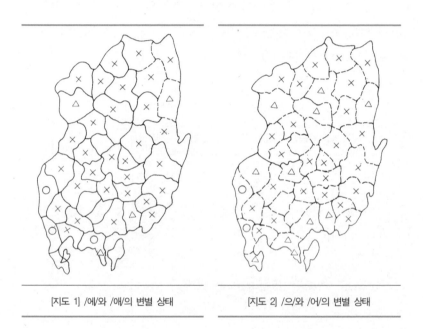

[지도 1] /에/와 /애/의 변별 상태   [지도 2] /으/와 /어/의 변별 상태

2.2. 중화된 모음의 표기 문제

(1)과 (2)에는 중화된 모음을 표기한 기호가 연구자에 따라 다름이 나타

---

16) 이상규에 의해 조사된 경북방언자료집(한국정신문화연구원)을 검토해 보면 고령에서 i : ə의 변별이 안 되고 있다. 이것은 고령방언에 대한 이동화(1984)의 연구와 일치하지 않는다. 대구를 중심으로 한 경북의 남부, 서부 지역에서 i : ə의 변별이 이루어지는 곳은 전혀 없는데 고령에서만 이 모음들의 변별이 된다는 것은 재고를 요한다.

나 있다. /에/ : /애/의 중화 모음과, /으/ : /어/의 중화 모음을 각각 어떤 기호로 표시하는 것이 적절한 것인지 검토해 볼 필요가 있다. 음소 기호의 표시는 단순한 관례나 약속에 그치는 것이 아니라 음운론적 타당성을 가져야 하기 때문이다. 지금까지 '에 : 애' 및 '으 : 어' 사이에서 중화된 모음을 어떤 기호로 표시하는 것이 적절한 것인가에 대한 연구는 드물고,[17] 흔히 쓰인 관례를 그냥 따라 버린 경향이 있다.

먼저 /에/와 /애/가 중화된 음을 표기하는 방법에 대해 살펴본다. 경상방언에서 /에/와 /애/가 중화되어 음성적으로 볼 때 두 모음의 중간적 음가를 갖고 실현되고 있음은 이미 관찰된 바이다. /에/를 e로, /애/를 ε로 표기할 때 (1), (2)에서 이 두 모음이 중화된 것을 E로 표기한 사람도 있고, ε로 표기한 사람도 있다. 필자는 다음과 같은 두 가지 사실을 근거로 하여 ε로 표기하는 것이 보다 합리적이라고 생각한다.

그 첫 번째 근거는 다음과 같다. E로 표기한 입장에는 e와 ε의 중화음이 e도 아니고 ε도 아닌 중간음으로 실현된다는 생각이 내포되어 있다. 그런데 경상방언 특히 경북방언과 경남의 북부 지역에는 e>i라는 모음상승 현상이 활발하게 일어나는 편이다. 그리하여 '게:>기:', '베:>비:' 등과 같이 어간 내부에서 'ㅔ'가 음운론적으로 이미 존재하지 않는 방언이 많다. e>i 현상이 활발한 지역에서는 "e와 ε가 중화되었다"라는 기술을 할 수 없다. 왜냐하면 e>i에 의해 e가 없어졌으므로 중화될 대상 자체가 없는 것이다. 이런 방언의 경우 중화음의 표시에 있어서 e라는 존재를 크게 염두에 두지 않아도 된다.

e>i가 미약한 경남방언에서는 상황이 다르다. 중화의 대상이 되는 e와 ε가 존재하므로 두 모음이 중화된 것을 반드시 ε로 나타내야 할 필연성은 없다. 그러나 e>i가 미약한 지역이라 하더라도 원래의 '에'에는 이 변화가

---

17) '으 : 어'의 중화음을 표기하는 문제는 최명옥(1980) 등에서 진지하게 검토되었으나 필자는 다른 시각에서 이 문제를 다루고자 한다.

적용된 것이 많고(네:>니:, 게:>기:, 제:>지:), 이차적으로 생성된 '에'에는 이 변화가 적용되지 않는 경향이 관찰된다(병>벵, 경상도>겡상도, 편>펜 등). 이차적으로 생성된 '에'는 음운론적으로 ε와 같은 성격을 가져서 e>i가 적용되지 못한 것이라고 설명하는 방법이 있다. 이 방법은 공시적 기저 모음체계에 ε만을 설정해도 문제가 없음을 의미한다.

이와 달리 음운론적 지위를 가진 /e/를 여전히 인정해 주고 그 대신 모음상승 규칙이 더 이상 적용되지 못하게 된 결과라고 해석할 수도 있다. 이렇게 본다면 경남방언에서는 e와 ε의 중화음을 E로 표기해도 별 문제가 되지 않는다. 그러나 e를 경남방언에서 음소로 인정하는 것은 언어 현실과 부합하지 않는다.

둘째 근거는, 음운 혹은 음성표기의 일반성이라는 면에서 볼 때 E라는 대문자 기호가 중화된 음소를 표시하는 원음소 이론에 합치되지 않는다는 점이다. 음운표시를 영어 알파벳의 대문자로 하는 방법은 중화된 음소를 원음소로 보고, 중화 이전의 음운이 가진 공통자질을 표상하는 기호로 쓰는 것이다. 그러나 현대 경상방언의 /애/가 /에/의 자질을 음운론적으로 공유하지 않음은 앞에서 언급한 모음상승 현상이 직접 증명한다. 즉 원래의 /애/가 /이/로 변한 예가 없음은 음운론적으로 /애/가 /에/와 다르기 때문이다. 위의 (1), (2)에서 쓰인 E가 /에/(e)와 /애/(ε)의 공통자질을 모두 가진 원음소가 아니라는 점에서 E는 타당성 있는 기호가 되지 못한다. e와 ε를 음운자질로 표시하면 다음과 같다.

$$e : [-back, -high, -low] \qquad ε : [-back, +low]$$

여기서 e와 ε의 공유 자질은 [-back]뿐이다. 모음의 자질을 설정하기 위해서는 혀의 전후자질뿐 아니라 고저자질도 필수적이므로 [-back]자질로는 중화된 음의 공통자질을 명세할 수 없다. [-back]만으로는 /이/까지 포함되어 버려 중화음을 표상할 수 없는 것이다. 위의 두 가지 사실을 근거로 /에/와 /애/가 중화된 모음을 표시하는 데 E를 쓰는 것보다 ε를 쓰는 것이 합당하다고 본다.18)

이어서 '으 : 어'의 중화 모음을 표기하는 기호에 대해 검토해 본다.

(1), (2)에서 '으 : 어'의 중화모음을 표기하는 데 사용된 기호는 세 가지이다. 김영송(1973), 박지홍(1975), 이영길(1976), 이재오(1971), 주상대(1989)에서는 ə가 쓰였다. 최명옥(1982), 이시진(1986), 전상희(1986)에서는 ɜ가 쓰였고, 기타 다른 논문에서는 Ǝ가 쓰였다.

필자는 Ǝ로 표기하는 방법은 '에 : 애'의 중화음을 E로 표기하는 데 대해 지적했던 이유로 택하지 않는다. 남은 표기방법은 ɨ, ə, ɜ 중의 하나를 택하는 것이다. '으 : 어'의 중화음이 [ɨ]나 [ə]로 실현되는 것이 아니므로 ɨ나 ə 중의 하나를 택하는 것은 적절치 않다.19) 그렇다면 남은 선택은 ɜ뿐이다. ɜ는 ə의 한 변이음으로 국제음성기호에도 이용된 것이어서 '으 : 어'의 중화음을 표기하는 데 써도 무방하다. Ǝ는 국제음성기호에도 없을뿐더러 '으 : 어'의 중화음을 이 두 모음의 원음소로 볼 수 없기 때문에 적절한 것이 아니다.

'으 : 어'의 중화음을 표시하는 데 어떤 기호를 사용하더라도 이 중화음이 서로 다른 음운행위를 보이는 점을 고려하여 이들을 표기상 구별할 필요가 있다. 이 문제는 최명옥의 몇 논문에서 진지한 검토를 거친 것이다. '으 : 어'의 중화음에 대한 최명옥의 표시 방법은 최명옥(1974), 최명옥(1980), 최명옥(1982)을 통해 변모를 겪어 왔다. 최명옥(1980 : 180-183)은 변하지 않는

---

18) 또 하나의 다른 이유를 추가한다면 E라는 기호가 국제적으로 널리 통용되는 국제음성기호에 쓰이지 않으며, 기타의 다른 음성표시 기호로도 잘 쓰이지 않아 표기상의 일반성을 갖지 못한 것이라는 점이다.

19) 'e : ε'의 중화음이 이들 중의 하나로 실현되는 것은 아니지만 이 중화음을 표기하는 데 ε를 선택한 것은 e>i를 고려했기 때문이다. 따라서 '으 : 어'의 중화음을 표기하는 것과 동일한 성격의 것이 아니다.

ㅕ를 긴장모음, 변하는 ㅕ를 이완모음으로 보고 후자를 구별자질로 표시하지 않고 3로 표시하였다. 3로 표시해 두고 3가 고모음 앞에서 고모음으로 바뀐다거나, 치찰음 뒤에서 i로 바뀌는 규칙을 설정하여 처리하였다. 그러나 최명옥(1982 : 99-100)에서는 ㅕ와 구별하여 표시한 3가 독립된 기저음소처럼 인식될 염려가 있음에 유의하고 이 모음들과 관련된 다른 몇 가지 사실을 근거로, '으 : 어'의 중화음을 3로 표시하고 가변적인 3를 3밑에 구별기호 +를 표시하는 방법을 택하였다. 즉 ㅍ을 뜻하는 동사 's3-'는 뒤에 모음이 오든 자음이 오든 's3ko', 's3to'로 어간 모음의 변화가 없다. 그런데 '으 : 어'가 중화되었다고 해서 '用', '冠'을 뜻하는 동사 어간도 's3-'로 표시하면 이 동사의 활용형이 자음어미 앞에서 'siko', 모음어미 앞에서는 's3to'와 같이 가변적인 점을 포착하지 못한다. 이런 까닭으로 가변적인 모음을 3로 구별하여 표시한 것이다.

음운표시를 하는 데 있어서 같은 음운에 구별기호를 붙여서 기술하는 것은 기본적으로 바람직하지 않다. 그러나 모음중화라는 통시적 변화 과정상에서 /으/가 중화되기 이전에 지니고 있었던 음운론적 행위를 여전히 보이고 있기 때문에, 음성적으로 /어/와 구별되지 않는다고 해도 이러한 모음을 구별하여 기술해야 함은 불가피하다. 음운체계에서 변별력을 상실하여 최소대립쌍을 갖지 못하게 된 모음이 형태론적 차원에 있어서 다른 모음과 구별되는 음운행위를 보일 때, 우리는 음운론적 차원과 형태론적 차원에서 실현되는 음운과정이 일치하지 않음을 관찰할 수 있다. 이와 같은 점을 고려할 때, 원래 /으/였던 것 중 용언의 어간말에 위치한 것과, '-으니', '-으면' 등 어미의 두모음에 쓰이는 가변적인 3를 각각 서로 구별하기 위해 구별기호 +를 사용하여 3로 표시한 최명옥(1982)의 방법보다 더 합리적인 표시법을 찾기 어렵다.

그러나 이 방법에도 문제가 없는 것은 아니다. '書', '用'의 뜻으로 쓰이는 동사 어간의 기저형을 /s3-/ 또는 /s'3-/로 잡고, 어간 모음 3는 자음어미와 결합할 때 치찰음 뒤에서 i로 변한다고 기술하여야 한다. 이와 같이 할 때 기저형으로 설정된 /sɜ-/가 실제로 쓰이는 이형태의 하나인 [si-](시고, 씨고, 씨모, 씨모 등)와의 차이가 커져서 이른바 기저형이 가질 수 있는 추상성의 정도 문제에 대한 논란을 불러일으킬 수 있다. ɜ와 구별하여 ʒ를 만들어 쓰는 것은 궁여지책일 뿐이며 바람직한 방안이 아니다. 극히 소수에 지나지 않는 몇몇 용언, 그것도 어간말이라는 국한된 환경에만 출현하며, 특정 어미와 결합할 때만 쓰이는 음소를 위해 새로운 구별기호를 끌어오는 것은 경제적인 방법이라 할 수 없다.

음운의 기술에 부담을 주는 ʒ의 출현을 줄이고 치찰음 뒤에서 적용되는 ʒ>i 규칙의 최소 적용을 위해 용언 어간말에 놓이는 ʒ를 제거하는 방법이 있다. 그것은 '書', '用', '冠'의 뜻을 가진 동사 어간이 /si-/ 또는 /sʲi-/로 재구조화되었다고 처리하는 방법이다. 이 어간이 '-어도' 등과 같이 '어'를 가진 모음과 결합할 때의 활용형 'sɜto'의 ɜ는 활음형성과 활음탈락에 의해 결과한 것이라고 설명할 수 있다. 즉 'si+ɜto'가 'siɜto --> sʲɜto--> sɜto'의 과정을 거친다고 보는 것이다. 이러한 활음탈락은 원래의 어간 모음이 i인 '지-'(負), '치-'(打) 등이 '-어도'와 결합할 때 관찰되는 일반성을 가진다.[20]

이렇게 하여 용언 어간말의 ʒ를 제거하였다. 그러나 '-으면', '-으니'에 소급되는 ɜ가 남아 있다. 이 어미들의 모음 '으'는 어간말음이 모음이면 탈락하고, 자음이면 유지되는데 이 점은 '-아서', '-아라' 등의 모음 '아'도 같다.[21] '-으면'과 '-면'의 관계를 기술할 때, 둘 중 하나를 기본형으로 설정하여 '으'의 삽입이라고 할 수도 있고, '으'가 탈락되었다고 할 수도 있

---

20) 그러나 '세-'(强)에서 변한 '시-'나 형용사 '시-'(酸)는 '-어도'와 결합할 때 '시이서'로 실현되어 활음형성과 활음탈락이 외형상 드러나지 않는다. 그러나 통시적인 관점에서는 '시이서'도 활음형성과 고모음화(e>i)를 거친 것이라고 볼 수 있다.
21) '-아서', '-아라' 등의 경우는 어간말 모음이 탈락되었다고 볼 수도 있고, 어미의 모음이 탈락되었다고 볼 수도 있다.

다. 이 점은 '-으니', '-니'간의 관계에서도 같지만 이 어미들 중 어느 하나를 기본형으로 정해야 문법이 올바르게 기술될 수 있는 것은 아니다. '으'가 들어간 형태들을 한 부류로 묶고, 그렇지 않은 형태들을 또한 부류로 묶어 전자는 어간말에 자음(ㄹ은 예외적 음운행위를 보인다)이 있을 경우에 결합하고, 후자는 모음으로 끝난 어간과 결합한다고 기술하여도 문법기술이 복잡해지는 것은 아니다. 이런 관점을 수용하면 어미 '-으니' 등의 '으'가 탈락한다는 기술을 할 필요가 없으며, 따라서 이 어미들의 첫 모음을 위해서 ɜ를 설정할 필요가 없다. 이렇게 하여 우리는 거추장스러운 ɜ를 음운 기술에서 제거할 수 있다. 이러한 처리는 음운론적 간결성을 얻을 수는 있으며 형태론적으로 '-으니'와 '-니' 등의 관계를 기술할 때 "'으'삽입이다, 혹은 '으'탈락이다" 하는 해결하기 곤란한 논쟁점을 피할 수 있다.

2.3. 모음중화의 진행 과정과 방언에 따른 차이

e : ε와 i : ə의 변별이 있다고 보고된 방언 지역의 대부분이 전라방언과 가까운 경남의 서부이거나 중부방언과 가까운 경북의 북부이다. 경남과 경북의 핵방언권에서 떨어진 지역인 것이다. 2.1.의 (1), (2)과 [표 1], [표 2]에서 e : ε간의 변별 지역이 경남의 함양, 진양, 고성, 남해방언에서 부분적으로 존재하지만, 경북방언의 하위방언에서는 충북과 접한 상주 화북과 영덕 괴시마을의 노년층에서만 찾아 볼 수 있을 뿐이다. 이것은 경남 서부지역이 경남 동부지역이나 경북 지역보다 e : ε의 중화가 시기적으로 더 늦음을 보여준다. 오늘날(1990년대)의 젊은 세대(30대 이하)를 대상으로 하면, 경남·경북의 전지역에 e : ε가 음운론적 대립 기능을 가진 곳은 없는 듯하다. 1970-1980년대에 이루어진 각 지역방언에 대한 연구에서 당시의 젊은층의 말에 이미 e : ε의 구별이 안 되고 있음을 언급하고 있기 때문에 이런 짐작이 가능하다.

 e : ɛ의 변별이 이같이 미약한 상태임에 비하여, ɨ : ə는 변별되는 하위 방언이 많다. 서부 경남의 여러 방언과 경북의 북부방언들에서 ɨ : ə가 가진 음운론적 변별은 e : ɛ의 경우보다 훨씬 뚜렷한 것으로 조사・보고되었다. ɨ : ə가 여러 하위방언에서 변별되고 있음은 e : ɛ의 중화보다 ɨ : ə의 중화가 더 늦게 이루어졌음을 의미한다. ɨ : ə의 중화는 현재로서 거의 완성단계에 도달한 변화라고 볼 수 있다. '으 : 어'간의 혼란과 '에 : 애'간의 혼란이 문헌에 나타나기 시작한 시기는 18세기 후기 경으로 비슷하지만 경상방언 전체를 놓고 볼 때, 중화의 과정은 서로 다르다고 말할 수 있다. 즉 '으 : 어'의 중화보다 '에 : 애'의 중화가 더 빨리 진행되었던 것이다.

 학교 교육을 상당히 받은 경상방언의 화자들의 일상 구어에서도 '으 : 어' 및 '에 : 애'간의 구별이 이루어지지 않는다. 그런데 의식적으로 노력하여 발음하면 '으 : 어'의 구별은 비교적 용이하다. 그러나 '에 : 애'의 구별은 주의를 집중하여 발음해도 구별되지 않는다. 이러한 사실도 '에 : 애'간의 중화가 더 일찍 이루어졌음과 관련된 것이라고 생각한다.

 이상규(1989 : 345)의 조사에서 ɨ가 ( ) 안에 표시된 지역, 즉 ɨ가 ə와 변별되기도 하고 되지 않기도 한다고 조사된 지역(이상규 1989 : 345)의 공시적인 모음체계를 설정하는 데 문제가 있다. ɨ와 ə가 음절적, 음성적 환경에 따라 어떤 단어들에서는 변별적인 최소대립쌍을 가지고 있지만, 또 다른 단어들에서는 최소대립쌍을 가지지 못한 방언 지역이 있다. 언어의 공시적인 면을 중시하여 이론적 측면에서 본다면, 두 음소 간에 최소한의 최소대립어만 존재하면 변별 기능을 가졌다고 말할 수 있다. 그러나 두 음소의 중화가 이미 발생하여 상당수의 인접방언에서 중화가 완료되거나 진행되고 있는 통시적 양상과, 공시적으로 '으 : 어'에 대한 변별적 인식이 희박하다는 점을 고려한다면, 이런 지역에서 두 모음을 각각 하나의 음소로 설정할 수 없다. 필자는 후자의 관점을 취하여 이들 지역에서도 음운론적으로 두 모음이 중화되었다고 기술함이 보다 현실적인 처리라고 생각한다.

'에 : 애'의 중화가 '으 : 어'의 중화보다 시기적으로 더 빨리 이루어진 이유는 무엇인가? 그 이유는 다음과 같은 몇 가지로 상정해 볼 수 있다.

첫째, '에'와 애'는 이중모음의 신분에서 18세기 후기에 새로운 단모음으로 편입된 것이다. 따라서 이미 오래 전부터 단모음으로서의 확고한 지위를 가진 '으, 어'에 비해 모음체계상 단모음으로서의 지위가 미약하였을 것이다. 이러한 특성으로 인해 새로 형성된 '에 : 애'간의 구별이 '으 : 어'간의 구별보다 분명하지 못하였을 것이다.

둘째, '에'와 '애'가 각각 e와 ε로 단모음화됨으로써 e : ε가 고저 관계를 가지게 되었다는 점이다. 15세기 이래의 한국어 음운체계에서 고저 관계는 음운론적인 변별 기능을 갖지 못하는 것이었다. 18세기 이전까지 모음체계에서 있어본 적이 없는 고저대립적 성격을 띠며 e와 ε가 모음체계에 자리 잡게 되었다. 그러나 고저가 갖는 음성학적·음운론적 비변별성으로 인하여 e : ε 간의 대립은 단모음으로 성립된 출발 시기부터 불안정한 것이었다.[22] e : ε가 지닌 이러한 불안전성을 극복하지 못한 결과가 이 모음 간의 중화로 나타나게 된 것이다(백두현 1992).

'에 : 애'가 중화된 핵심적 원인은 이들이 단모음화함으로써 서로 고저 관계를 맺게 되고, 이 고저가 확고한 변별 기능을 하지 못하였던 데 있다. 이 점은 '으 : 어'간의 중화에도 적용될 수 있다. 전설 쪽으로 약간 치우쳐 있던 '어'가 'ㆍ'의 비음운화와 함께 후설화하여 '으' 밑으로 들어가 조음상의 거리가 가까워지고 또한 고저 관계를 형성하게 되었다. 이것이 '으 : 어'간 중화의 직접적 원인이 되었던 것이다. 위에서 지적하였듯이 '으 : 어'는 오래전부터 변별되어 왔던 역사성을 가지고 있었기 때문에 그렇지 못한 '에 : 애'보다 상대적으로 더 오래 변별될 수 있었을 것이다.

---

22) 모음에 관한 실험음성학적인 분석에서 혀의 높이 또는 혀와 입천장과의 간극도가 모음들을 구별시켜 주지 못한다는 사실은 백두현(1992 : 156)의 각주 (26)을 참고할 수 있다.

3. 마무리

언어의 역사에서 모음체계의 변화는 그 중요성이 크다. 모음 변화는 모든 어휘의 어형 변화에 영향을 미치고, 그 언어사회의 언어생활에 크게 작용한다. 이런 점에서 한국어 특히 경상방언의 모음체계와 그 변화가 갖는 의미는 중요하다. '에 : 애'의 중화는 경상방언에서 거의 완성되었으며, 젊은 세대로 내려갈수록 이 변화는 전국적으로 진행되고 있는 변화이다(백두현 1992 : 157). 그러므로 모음중화에 대한 연구는 경상방언에 한정되는 의미를 지니는 것이 아니다. 이 연구는 현재 진행되고 있는 국어의 모음체계 변화를 예측하고, 이러한 변화가 가져올 음운변화의 연구에 직접 연관을 가진다. 이 글에서 필자는 경상방언에 국한하여 모음체계의 지리적 분포를 선행 연구를 통해 종합 정리하고, 중화된 모음의 표기 문제를 이론적 측면에서 다루었다. 이어서 모음체계의 다양성을 빚어낸 모음중화의 통시성을 고찰하여, 모음중화의 원인이 모음 간에 존재하는 음성적 · 음운론적 고저 관계가 변별적 대립 기능으로 확립되지 못한 점에 있음을 논했다. 앞으로 서울방언을 포함한 한국어의 여러 방언에서 일어났거나 일어나고 있는 모음중화에 관한 연구가 계속된다면, 한국어 모음중화에 대한 심층적 이해는 물론 모음체계가 변화해 갈 방향을 예측할 수 있을 것이다.

경상방언의 형성과 분화

1. 한국어의 형성과 경상도 지역

경상방언은 한국어의 한 부분을 이루고 있다. 그러므로 경상방언의 형성과 변화를 연구함에 있어서, 우리는 먼저 한국어의 역사적 형성 과정에서 경상도권이 어떤 역할을 하였는지 이해해 둘 필요가 있다.

고대 한반도의 언어적 상황을 짐작할 수 있는 방법은 두 가지이다. 하나는 중국의 고대 사서에 등장하는 한반도 관련 기록을 통하여 기록 당시의 언어적 상황을 추정하는 것이다. 다른 하나는 국내 사료인『삼국사기』「지리지」,『삼국유사』등에 기록된 지명·인명 등의 고유명사 표기 자료를 분석하여 삼국 간의 언어적 관계를 구명하는 것이다(김방한 1983 : 96). 중국의 사서인『三國志』(위서 동이전),『梁書』(열전 제이),『周書』(이역전) 등에 나타난 기록을 검토해 보면 삼국시대에 이르기까지 고대 한반도와 만주 일대에는 다음과 같은 언어(혹은 방언)이 쓰였음을 알 수 있다.[1]

---

* 이 글은『인문과학』11집(1997, 경북대학교 인문과학연구소) 99-140쪽에 실렸던 글이다. 4절에 있던 음운적 분화에 대한 기술을 성조에 대한 것만 남기고 나머지는 줄였다. 한자어를 한글로 바꾸고, 문장 표현을 다듬고 고쳤다.
1) 아래의 '남방'(남방계)은 한반도의 남쪽을, '북방'(북방계)은 한반도의 북쪽을 가리키는 용어이다. 역사학적 관점에서 보면 남방계는 '조선·한계'로, 북방계는 '예·맥계'로 봄

　　남방 : 마한어, 변한어, 진한어　　　→　백제어, 신라어
　　북방 : 부여어, 고구려어, 예어, 옥저어　→　고구려어

　북방계는 부여어를 기원으로 하여 고구려어, 예어, 옥저어로 분화되었으
나 서로 가까운 관계임이 사서에 기록되어 있다. 변진과 마한의 관계도 가
까운 것이어서 서로 같은 언어임이 인정되고 있다.[2]

　고대의 남방계 언어와 북방계 언어 사이에는 상당한 언어적 차이가 있
었다고 보는 견해가 있다. 이러한 견해에서는 지명 표기에 나타난 '홀(忽)'
(고구려 지명), '부리(夫里)'(백제 지명), '벌(伐)'(신라 지명)의 차이를 근거로 고구
려어는 신라어 및 백제어와 일정한 차이가 있었다고 본다. 또한 고구려 지
명에 나타나는 수사(數詞)가 신라 및 백제 지명에 나타나지 않으며 중세 한
국어의 수사와도 크게 다른 점을 근거로 고구려어 즉 북방계 언어는 남방
계 언어와 상당한 차이가 있었다고 보기도 한다.

　남방계와 북방계 간의 언어적 차이가 크다고 보는 견해는 양서(梁書)의
신라 관련 기술을 주요 논거로 내세웠다. 양서는 신라어에 대해 "其拜及行
與高句麗相類　無文字刻木爲信　言語待百濟而後通焉"이라고 기술해 놓았다.
이 문장의 끝 구절을 신라어와 고구려어는 서로 통할 수 없어서 그 중간에
백제인을 두어 의사소통을 한 것이라는 의미로 해석하여, 고구려어와 신라
어의 거리가 멀었다고 본 견해가 있다(이숭녕 1967 : 346). 그러나 이 주장은
김방한(1983 : 110~117)에 의해 비판받았다. 김방한은 고구려 지명에 쓰인
'忽'(홀)은 '城'(성)을 가리킨 낱말이고, 백제와 신라 지명의 '부리(夫里)'와 '벌

　　이 타당하다(경북대 사학과 주보돈 교수의 조언). 언어지리학적 관점에서 일정한 언어
　　지역을 가리키는 데에는 방향을 뜻하는 용어를 쓰는 것이 이해에 도움이 되므로 '남방'
　　과 '북방'이라는 용어를 쓴다.
2) 삼국지 위서 동이전 변진조에 변진과 진한은 언어와 법속이 상사하다고 기술되어 있다.
　　그러나 진한조에는 '진한'의 언어가 마한과 같지 않다고 기록되어 있다. 이때의 '진한'
　　은 중국에서 유입된 집단에 관한 기술이라는 해석이 합당하다(김방한 1983 : 100).

(伐)'은 '평원(平原)', '평야(平野)'를 가리킨 것으로서 서로 뜻 다른 낱말임을 논증하였다. 그리고 인도유럽어족의 비교 연구에서 기본 어휘 수사의 대응 관계가 중요한 것이기는 하나, 수사에서의 음운대응이 유목 민족들의 언어에서 동일한 가치를 갖지 않는다고 하였다. 김방한은 고구려어와 남방계 언어 사이에 상호 간의 밀접한 관련을 증명하는 여러 가지 공통적인 언어재(言語材)를 들면서, 양자 간의 관계가 방언적 차이 이상이 아니라고 보았다. 김방한(1983 : 103)은 양서의 "言語待百濟而後通焉"의 해석을 달리하여 신라인이 중국인과 말하기 위해서 백제인을 통역으로 두어야 한다는 뜻이라고[3] 보았다. 오히려 이것은 백제어와 신라어가 가까운 관계임을 증명하는 기록이라고 보았다. 한편 유창균(1989 : 147-150)은 신라 지명과 고구려 지명에 쓰인 어소(語素) 분석을 통해 신라어와 고구려어는 차이도 있지만 같은 점이 더 많았다고 보았다.

신라에 의한 한반도의 언어적 통일 과정은 육부로 구성된 사로(斯盧)의 언어가 점차 확대되는 과정으로 파악될 수 있다.[4] 사로어(斯盧語)에 바탕을 둔 신라어는 6세기에 가야를 통합하여 그 언어 영역을 확대하였고, 7세기 (676)에 삼국이 통일됨으로써 한반도의 언어는 신라어를 중심으로 통합되게 되었다. 오늘날의 경주 지역에 근거한 신라어가 한국어의 바탕이 되었기 때문에 우리는 신라어가 고대국어를 대표하는 것으로 보고 있다.

10세기 초(918)에 고려가 건국되고 936년에 후삼국이 고려에 의해 통일됨으로써 수도가 경주에서 개경으로 옮겨졌다. 이 사건은 국어의 역사에서 중요한 의미를 가진다. 이때부터 고대한국어는 막을 내리고 중세한국어 시대가 시작되었다. 고려의 건국으로 언어적 중심이 경주 말에서 개경 말로

---

3) 525~536년 무렵에 양나라의 황제에게 알현한 조공국 사신을 그린 양직공도(梁職貢圖)가 있다. 이 그림에 고구려, 백제, 신라에서 보낸 사신이 나란히 서 있다. 이 그림의 존재는 김방한의 해석을 지지한다.

4) 이 점에 대한 학자들의 연구와 문제점은 김주원(1992)을 참고할 수 있다.

옮겨 가게 된 것은 개경 말을 중심으로 한 한반도의 중부 지역어가 언어 통합의 중심축이 되었음을 뜻한다.

그러나 고려 통일 당시의 개경 말은 언어학적 관점에서 앞선 시기의 중심 언어였던 경주 말의 한 방언이라고 말할 수 있다. 달리 말해 10세기 초의 개경 말은 경주를 중심으로 한 신라어의 한 방언이었기 때문에 중세한 국어를 형성한 언어적 바탕은 경주를 중심으로 한 신라어라고 할 수 있다. 1392년에 조선이 건국되고 수도를 한양으로 옮겼으나 언어 중심의 이동이라는 관점에서는 큰 의미를 갖지 않는다.

우리는 이러한 한국어의 형성 과정에서 경주 지역을 중심으로 한 신라 지역의 언어가 한국어의 모태가 되었음을 알 수 있다. 신라어의 중심적 요소는 경주를 중심으로 한 경상도 권역의 언어였을 것이고 이것이 한국어의 바탕을 이루었던 것이다. 고구려어, 백제어, 가야어가 지녔던 요소는 신라어에 흡수되어 한국어의 형성에 일정하게 기여했을 것이다.

2. 경상도의 성립과 경상방언의 형성

경상방언의 형성 과정과 역사를 살피는 데 있어서 우리는 먼저 경상도라는 지역 단위의 성립 과정을 이해할 필요가 있다.[5] 경상방언의 형성 과정은 경상도의 성립 과정과 밀접한 관련성을 가지고 있기 때문이다. 경상도라는 지역 단위가 어느 시기에 성립되었는가 하는 문제는 이 지역에 사는 사람들이 언제부터 '지역적 공동체 의식'을 가지게 되었는가 하는 문제

---

5) 방언의 형성에 작용하는 요인에는 지역권의 역사적 변천, 산천 경계의 자연지리 요인, 장시망(場市網)의 경제권 등이 있다. 이 요인들 중 여기서 논하는 것은 지역권의 역사적 변천이다. 이 글의 논제에 '경상도'가 포함된 만큼 지역권의 역사를 우선적으로 다루었다. 나머지 다른 요인을 고려하여 경상방언의 형성 문제를 논하는 연구도 필요하다.

와 직접 관련된다. 하나의 지역 단위가 성립된다고 해서 곧 '지역적 공동체 의식'이 형성되는 것은 아니겠지만 공동체 의식이 형성되어 가는 데 중요한 계기로 작용하였을 것은 틀림없다. 일정한 지역 단위는 그 지역민들의 생활 여러 면에 작용하고, 그들의 언어생활에도 상당히 중요하게 작용하는 것이다. 따라서 경상도라는 지역 공동체의 성립 과정을 이해하는 것은 경상방언의 역사를 논하기 위한 기초라고 생각된다.

선행 연구를 활용하여 경상도의 성립 과정을 개략적으로 기술하면서 경상도권 지역의 형성, 경상도 지역의 성립 및 분리의 제 단계를 필자 나름대로 설정해 보기로 한다.[6] 경상방언의 형성 과정도 이와 관련지어 논할 것이다.

2.1. 고대·삼국시대·통일신라시대[7]

기원 전후에 한반도의 남쪽에는 삼한이 등장했다. 마한은 경기·충청·전라 지역에 위치하였고 진한은 낙동강 동쪽의 경상도 지역에, 변한은 낙동강 서남쪽의 경상도 지역에 자리 잡았다. 진한과 변한 지역이 대체로 오늘날 경상도 지역에 비정(批定)될 수 있다. 3세기 말경 중국인 진수가 지은 「삼국지」 위서(魏書) 동이전(東夷傳) 진변한조(辰弁韓條)에 의하면 3세기 중엽의 진변한에는 24~25개의 국가가 있었다고 한다. 이렇게 작은 성읍국가(城邑國家)로 나누어져 있었기 때문에 이 시기의 경상도 권역(圈域)에는 단일한 지역 공동체가 형성될 수 없었다.

---

6) 이 절에 기술된 역사적 사실은 『경상북도사』 상권(慶尙北道史 편찬위원회, 1983)의 여러 장에 흩어진 내용을 필자의 관점에서 간추린 것이다. 그런데 역사적 사실을 근거로 한 경상도 성립의 단계 설정과 지역 공동체 형성에 대한 해석은 필자의 생각에서 나온 것이다.

7) 2.1절은 경북대 사학과 주보돈 교수의 질정(叱正)을 받아 바로 잡은 부분이 많다. 이 글을 읽고 고쳐 주신 주보돈 교수께 감사드린다.

경주에 위치한 사로국은 급량, 사량, 본피, 모량, 한기, 습비의 육부 연합
체였다. 2세기에 음즙벌국, 실직국, 압독국을 병합하는 등 신라는 처음에
주변의 진한 소국들을 병합하다가 3세기에는 금릉군과 상주군 지역에 있
던 감문국, 사벌국 등 비교적 먼 지역의 소국까지 정복하였다. 4세기 중엽
에는 죽령과 조령, 추풍령을 연결하는 소백산맥 이남 즉 현재의 경상북도
지방을 대부분 통합하였다. 낙동강 서쪽의 고령 지방을 제외한 진한 지역
대부분이 신라에 통합된 것이다. 오늘날 경북 지역에 해당한다. 경상도 지
역의 형성이라는 관점에서 볼 때, 4세기 중엽에 사로국이 진한(辰韓) 지역을
통합한 것은 중요한 의미를 갖는다.

낙동강 유역 서남쪽에 있던 변한 지역에는 가야의 여러 나라가 있었다.
『일본서기』권9, 신공기(神功紀) 49년(A.D. 369년)조에 보이는 比自㷀(창녕), 南
加羅(김해), 喙國(?), 安羅(함안), 多羅(합천), 卓淳(?) 등 이른바 가라(加羅) 7국이
그것이다. 낙동강의 서쪽 변한 지방, 즉 지금의 고령과 성주 지방에는 대가
야와 같은 비교적 큰 국가가 사로국에 대항하였다. 대가야를 중심으로 한
가야 제국은 낙동강을 경계로 하여 신라에 맞섰던 것이다.

신라는 532년에 금관가야를 병합하였고, 탁순국(卓淳國)과 탁기탄국(喙己呑
國)도 병합했다. 562년에는 대가야를 공격하여 가야의 모든 나라를 병합했
다. 비슷한 시기에 북쪽으로 죽령을 넘어 한강 지방에까지 진출함으로써
경북 지방의 북쪽 경계선 지역(영풍군과 봉화군 일대)이 완전히 신라의 통치
아래 들어가게 되었다. 이와 같은 시기에 대가야를 정복함으로써 낙동강
서쪽의 전 지역이 신라 영토로 편입되었다. 이 때 신라는 동해안을 따라
북쪽으로 진격함으로써 울진군 지역도 신라의 지배를 받게 되었다. 그리하
여 6세기 중엽, 560년대를 경계로 하여 오늘날의 경상남북도 지방 전체가
신라 영토가 되었다.

562년에 이루어진 가야의 병합은 그동안 정치적으로 분할되어 있던 경
상도권 지역이 단일한 정치 체제 안에 수용된 것이다. 이 사건으로 인하여

경상도 지역이 단일한 지역 공동체를 이룬 것은 아니지만 단일 정치 체제의 지배 하에 통합되었다는 점에 의의가 있다. 이러한 관점에서 562년 신라의 가야 병합은 '경상도권 지역의 형성 단계'라 할 수 있다. 이 단계가 이루어진 6세기 중엽에 경상도 지역은 하나의 지역 단위를 형성하게 되었다. 언어적 관점으로 볼 때, 경상도권 지역을 단일한 방언권(혹은 언어권)으로 묶는 계기를 제공했다는 점에서 이 단계는 중요한 의의가 있다.

신라는 통일 후 행정 구역을 전면적으로 개편하였다. 신문왕 5년(685)에 새로운 지방행정 구획으로서 9주 5소경 제도를 제정하였다. 이 새로운 지방 조직은 옛 신라 및 가야 땅에 沙伐州(상주)8), 歃良州(양주), 菁州(강주)의 3주를 두고, 백제 땅에 熊川州(웅주), 完山州(전주), 武珍州(무주)의 3주를 두었으며, 고구려 땅에 漢山州(한주), 首若州(삭주), 河西州(명주)의 3주를 설치하였다. 각 주에는 여러 개의 군현이 소속되어 있었다. 오늘날 경북 지역에 속한 군현들은 상주를 비롯하여 양주(良州), 강주(康州), 명주(溟州), 삭주(朔州) 등의 5개 주에 소속되었다.9) 오늘날의 경상도 지역이 행정 구역상 이렇게 분할되어 있었으므로 통일신라 시대에는 경상도라는 지역 공동체가 형성되지 않았던 것이다.

통일신라 시대에는 경상도 지역의 언어가 중심이 되어 한반도의 언어가 통합되었기 때문에 이 시기에 오늘날에 쓰이는 '경상방언'과 같은 의미의 방언권이 성립되었다고 말하기 어렵다. 통일신라 시대에는 한반도의 중심적 역할을 했던 이 지역의 언어가 고려의 건국과 함께 그 역할을 상실하게 되었다. 중앙어(또는 '서울말')에 대응되는 용어로서 '방언'이라는 말을 쓴다면, 고려의 건국과 함께 경상도 지역의 말은 하나의 지역 방언으로 격하되

---

8) 사벌주(沙伐州)는 2년 뒤인 687년 3월에 일선주(一善州)로 개명하였다.
9) 상주에는 7군 25현, 양주에는 10군 28현, 강주에는 2군 4현, 명주에는 4군 5현, 그리고 삭주에 2군 3현으로 모두 25군 65현이었다. 이러한 주군현 제도는 신라가 멸망할 때까지 큰 변동 없이 250여 년간 계속된 것으로 보고 있다.

었을 것이다. 그러나 이 시기에 경상도 지역에 속한 방언이 일정한 동질성을 가졌던 것인지 알 수 없다. 이 지점에서 우리는 고려 이후, 행정 구역의 개편 및 그 변화 과정을 살펴 경상도라는 지역 공동체가 언제 성립된 것인지 알아볼 필요가 있다.

2.2. 고려시대

935년 11월 신라가 고려에 항복하고, 후백제도 936년 9월에 고려에 멸망 당함으로써 후삼국시대가 막을 내리고 한반도가 다시 통일되었다. 고려사 (高麗史) 지리지(地理志) 서(序)에 태조 23년(940)에 여러 주, 부, 군, 현의 이름을 고치고 신라의 군현 제도의 구조를 바꾸어 새로운 대읍 중심의 군현 제도를 만들었다는 기록이 나타난다. 태조 23년(940)에 경상도 지역에 안동대도호부를 설치했다. 성종 6년(987)에는 동경유수관으로 개편되었다. 동경유수관에는 경주, 울주, 김해, 양산, 밀양, 창녕 인근 지역이 포함되었다. 이와 별도로 상주목(대체로 경북의 서북부지역)과 진주목(대체로 경남 서부지역)이 설치되었다.

고려사 권 57 지리지 2에 따르면, 태조 때 삼한을 통합하여 동남해도부서(東南海都府署)를 설치하였다. 성종 14년(995)에 비로소 도제가 처음 실시되어 전국을 10도로 나누었고, 경상도 지역은 영남 · 영동 · 산남의 3도로 분할되었다.

「경상도지리지」(慶尙道地理志)에 의하면 "고려 태조가 삼한을 통합하고 비로소 동남해도부서를 두었고, 그 후에 경상진안동도, 경상주도, 경상도 등으로 각각 고쳤으나 그 개칭의 연대는 미상이다"라고 한다. 그 개칭의 연대에 관해서는 세종실록 지리지에 기록한 것이 있다. "성종 14년(995)에 전국을 10도로 나눌 때 상주의 소관은 영남도로, 경주(慶州) · 금주(金州)의 소관은 영동도로, 진주(晋州)의 소관은 산남도로 각각 삼았다. 그 후 어느 때인지 알 수 없으나 그 3도를 합하여 경상도로 삼았다"라고 한 것이 그것이다. 예종 원년(1106)에는 경상진주도로 호칭되었고, 명종 원년(1171)에 경상주도, 진합주도로 각각 개칭했다가 명종 16년(1186)에 경상진주도로 다시 개칭했다고 한다. 이 경상진주도는 신종 7년(1204)에 상진안동도로 개칭되었다가 그 뒤에 경상진안동도로 불리기도 했다. 그 후 충숙왕 1년(1314)에 경상도로 다시 개칭되었다. 이 때 '경상도'라는 명칭이 확정된 것이다.

위의 서술에서 오늘날 경상도 지방이 하나의 행정 단위로 구획된 것은 고려 예종 때임을 알 수 있다. 『경상도 영주 제명기』(慶尙道營主題名記=棠下題名記)에 의하면 예종 7년에 경상도 지역에 안찰사를 파견하였다고 한 것은 경상도 지역이 하나의 행정 단위로 확정되었음을 뜻한다(경상북도사 상권 421쪽). 필자는 고려 예종 때를 '경상도 지역의 성립 단계'로 부르고자 한다. 이 단계가 이루어진 12세기 초에 행정 지역 단위로서의 경상도가 성립된 것이다. 언어적 관점에서 경상도권 지역의 언어가 신라 시대 이래의 중앙어적 기능을 완전히 잃고 방언화하여 경상도 방언이 성립한 단계라고 볼 수 있다.

행정 단위로서의 경상도가 성립된 것은 이 지역민들이 '지역 공동체 의식'을 형성시켜 나가는 데 중요한 계기가 되었을 것이다. 물론 그 이전에도 일정한 동질감을 지니고 있었을 가능성은 충분히 있는 것이지만 다른 도 지역에 대립되는 관점에서의 공동체 의식은 행정 단위로서의 경상도가 성립됨으로써 점진적으로 형성되어 갔을 것이다. 또한 언어적 관점에서 이러한 '지역 공동체 의식'은 경상방언의 제반 특징을 형성시키는 데 결정적인 역할을 하였을 것이다. 달리 말해 경상도 지역이 행정적으로 하나의 지역 공동체에 속하게 되었다는 것은 앞으로 이 지역의 언어적 성격을 형성시켜 나가는 데 중요한 계기를 마련해 준 사건인 것이다. 이러한 점에서 우리는 고려 예종 때 경상도가 하나의 행정 구획으로 성립된 사실을 중시하는 것이다.

2.3. 조선시대

조선왕조의 개국 초에는 중앙관제와 마찬가지로 지방관제도 고려의 제도를 그대로 답습하였다. 태종 14년(1414)에 팔도 체제(경기도, 강원도, 경상도, 충청도, 전라도, 함경(길)도, 황해도, 평안도)가 확립되었다.[10] 경상도라는 이름은 이미 고려 시대에 정해진 것이고 이 때 그대로 굳어져 쓰이게 된 것이다. 이 시기를(조선 태종) 필자는 '경상도 지역의 고착 단계'로 부르고자 한다. 12세기 초 이래 성립된 경상도라는 행정 단위가 굳어지게 되었다는 의미에서 '고착'(固着)이라는 용어를 썼다. 언어적 관점에서는 중앙어에서 방언화한 경상도 언어가 하나의 지역적 단위로 굳어진 단계가 이때라고 할 수 있다.

경상도라는 지역 단위가 고착됨으로써 '지역 공동체 의식'도 상당히 강화되었을 것이다. 공동체 의식의 강화는 이 지역의 언어적 특성을 형성하는 데도 상당히 작용했을 것이다. 특히 조선 중기(16세기 후반)에 지방 사림 세력의 정계 진입과 지연·학맥에 따른 동서 분당이 생겨나 영남학파와 기호학파가 대립하게 되었다. 그 후 연속적으로 일어난 사화로 인하여 영남 지역의 사림들이 큰 타격을 받게 되었고, 기호 지역의 사림과 대립하는 과정에서 영남 또는 경상도라는 공동체 의식이 더욱 뚜렷해졌을 것이다. '영남'이라는 용어가 역사적 용어로 일반화된 시기는 17세기부터라 한다. 이 때부터 조정의 공사 문헌이나 군신 간의 대화에서 '경상도'라는 말과 함께 '영남'이라는 용어가 사용되었다. '영남인', '영남 인심' 등의 용례가 연대기와 문집 등에 자주 나오게 되고, 영남 인사들은 '吾領'(우리 영남), '嶺運'(영남의 운세)이라는 말을 쓰기도 하였다.[11] 이러한 용어의 등장은 경상도 사람들의 지역 공동체 의식이 17세기 이후부터 뚜렷해졌음을 의미한다. 이러

---

10) 이 과정에서 태종 13년에 상주목 소관이었던 옥천, 영동, 황간, 청산, 보은의 5개 읍이 경상도에서 충청도로 편입되는 변화가 있었다.
11) 이수건 『영남학파의 형성과 전개』 p.1 참조.

한 점에서 경상방언의 주요 특징(성조의 유지, 구개음화, 이중모음의 변화 등)은 17세기를 전후로 한 시기에 형성되었을 가능성이 있다.

조선 전기부터 경상도는 행정과 군사적 필요에 따라 수시로 분합(分合)이 이루어졌으며 조선 후기에도 계속 이런 정책이 시행되었다. 경상도가 가장 먼저 좌도와 우도로 분할된 것은 태종 7년 9월이었다. 좌도와 우도를 분리한 경계는 낙동강이었다. 이후 경상도의 분치 문제가 중종 및 선조에 걸쳐 논의되었고 그 결과가 정책으로 시행되었다. 낙동강 이동(以東)의 좌도(左道) 감영이 경주에 설치되었고, 낙동강 이서(以西)의 우도(右道) 감영은 상주에 설치되었다. 그러나 이 조처는 여러 가지 폐단으로 인하여 다시 하나로 합치게 되는 등 우여곡절이 있었다.[12]

갑오경장 이후 이루어진 지방 제도 개혁(1895년 5월)에서 전국의 8도가 23부로 개편되고, 경상도는 대구부, 안동부, 진주부, 동래부의 4부로 분할되었다. 건양 원년(1896) 8월 4일에 칙령 제36호에 의해 전국 23부가 다시 13도로 정비되었다. 을미년 지방 제도 개혁 때, 대구부 소속 20개 군, 안동부 소속 16개 군, 동래부 소속 4개 군으로 개편되었다. 대구에는 관찰사를 두어 여러 군을 다스리게 했는데, 현재의 경상북도 행정은 이때에 이루어진 것이다.[13]

---

12) 태종 7년(1407) 군사상의 이유에서 낙동강을 경계로 좌도와 우도로 나누었고, 중종 14년(1519)에 경상좌우도에 각각 감사를 두었으나 다시 한 도로 합치고 군사상의 직제만 양도로 나누어 두었다. 임진왜란 때 전쟁의 원활한 수행을 위해 다시 좌우도를 나누어 상주에 우도감영을, 경주에 좌도감영을 설치했다가 선조 26년(1594)에 다시 합쳐서 성주 팔거현(현재의 칠곡)에 감영을 두었다. 1596년에 달성(현재의 대구)에 감영을 옮겼다가 1599년 다시 안동으로 옮겼다. 감영이 대구에 정착한 때는 선조 34년(1601)의 일이다. 행정적으로 좌도와 우도를 구별한 것은 일시적이었다. 군사적 이유에서 좌도와 우도를 구별한 것은 비교적 오래 지속되었으나 이것이 방언적 분화와 통합에 중요한 의미를 가진 것은 아닌 듯하다.

13) 참고로 오늘날 경북에 해당하는 울진, 평해, 울릉도의 변천에 대해 언급해 둔다. 울진 지역은 조선조 때 강원도에 속해 있었다. 1895년 갑오개혁 때 울진군과 평해군으로 나뉘어 강릉부에 소속되었다가 1896년 13도제의 실시에 따라 강원도에 속하게 되었다. 1914년에는 평해군이 폐지되어 울진군에 통합되었다. 그 후 1963년에 울진군은 강원

이 체제는 그 뒤에 그대로 유지되었으나, 1905년부터 도내 각 군 사이에
는 부분적인 행정 구역 조정이 여러 차례 있었다. 1906년 9월 24일에 반포
된 칙령 제49호에 의해 지방 행정 구역이 재정비되면서 23부가 13도로 개
편하게 되자, 경상도 지역은 경상북도와 경상남도로 나누어졌다. 오늘날
경상북도와 경상남도는 행정적으로 완전히 분리되었고, 경제적 · 문화적 활
동도 독자적으로 전개되고 있는 면이 강하다. 필자는 경상도가 남도와 북
도로 나누어진 이 시기를 '경상도 지역의 분리 단계'라 부르고자 한다. 이
단계는 확립된 경상도 지역이 남북으로 분할되면서 언어적으로는 경상방
언이 내적으로 분리되는 데 큰 영향을 미쳤을 것이다. 경남과 경북으로 분
할된 지 겨우 100년밖에 되지 않았지만 오늘날 경남 사람들과 경북 사람들
은 지역 공동체 의식이라는 면에서 예전과는 상당히 다른 거리감을 가지게
된 듯하다.14) 이 단계는 경상방언의 내적 분화라는 관점에서 중요한 의의
를 가진다고 할 수 있다.

이상에서 경상도권 지역의 형성, 경상도의 성립 · 고착 · 분리의 과정을 4
단계로 설정해 보고 이 단계와 경상방언의 상관성을 관련지어 논하였다.
이러한 4단계는 경상방언의 형성과 그 후의 변천에 중요한 영향을 미쳤던
것이다.15)

도에서 경상북도로 소속이 바뀌었다.
14) 성조 등 음운론적 관점에서 경남방언(특히 경남의 동부방언)과 경북방언은 상당한 차
    이를 가진다. 이러한 차이가 경남북의 분리 이후 생긴 것은 아니겠지만 행정적 분리로
    인하여 경제적 · 문화적인 측면에서 일정한 단절이 발생하였고, 이것이 방언적 차이를
    증가시키는 요인이 되었을 것이다.
15) 행정 구역의 형성 · 성립 · 변화가 구체적으로 해당 지역의 언어에 어떤 영향을 미쳤을
    것인가 하는 문제는 이 글의 범위를 벗어나므로 더 이상 논하지 않는다. 이 문제에 대
    한 규명은 시대를 거슬러 올라갈수록 어려운 점이 많다.

3. 방언차에 대한 인식과 문헌상의 기록

'방언'이라는 용어는 삼국사기나 삼국유사에서 이미 쓰였으나 그 의미는 '漢語'(중국어)에 대립되는 개념으로서 '우리말'을 가리킨 것이다. 오늘날 국어학자가 쓰는 '방언'은 한국어 내에서 이루어진 지역적 · 사회적인 언어 변이형을 가리킨다. 후자의 의미에서 우리말의 방언차에 대한 문헌상의 기록을 찾아내어 그 기록에 담긴 언어적 의미를 분석해 보기로 한다. 특히 경상방언의 특이성 또는 독자적 성격이 당대의 사람들에게 어떻게 인식되었는지를 살펴보는 일은 경상방언의 역사를 연구하는 데 유용한 작업이다. 이 작업은 한국어 내의 방언 분화가 일어난 시기와 분화의 특성을 밝히는 일이 될 것이다.

3.1. 『훈민정음』 해례 등에 기록된 이중모음 ㅣ, ㅡ의 분화

『훈민정음』 해례에는 당시 우리말의 방언 분화를 증언하는 다음 기록이 있다.

> (가) ·ㅡ 起ㅣ聲, 於國語無用. 兒童之言, 邊野之語, 或有之, 當合二字而用, 如 기긔之類. 其先縱後橫, 與他不同(訓民正音 解例 合字解)

(가)에 쓰인 '변야지어(邊野之語)'는 시골의 방언을 의미하는 것이고, '아동지언(兒童之言)'은 어린이의 말로서 사회방언의 하나로 볼 수 있다. 이러한 방언에 이중모음 ㅣ(jʌ)와 ㅡ(ji)가 존재했음을 기술하고 있다. 어느 방언인지 명시되어 있지 않으나 당시에 ㅣ가 존재한 방언에는 아래 (나), (다)에서 짐작되듯이 평안방언도 포함될 것이다.

> (나) 신경준의 『훈민정음운해』(1750)[16]

訓民正音無ㄹ 今加設. 我東字音 以·作中聲者頗多 而~ 則全無惟方言
謂八曰ㅇ돏 此一節而己

(다) 『경민편』(1729-1730)

이지 ㅂ야호로 스스로 도로혀 기피 슬허ㅎ며 삼가 <u>ㅇ돏 가지</u> 됴목으
로 ㄱㄹ치시던 깃틴 의로써 <u>ㅇ돏 가지</u> 경계을 지어 경민편 귿티 븟
텨 써 셧녁 빅셩을 경계ㅎ로라(警民編 序 1a~1b)(밑줄은 필자)

(나)는 이중모음 '¨'가 존재하는 방언이 있다는 증언이고, (다)는 '¨'가
구체적 언어자료에 사용된 실례이다.17) (다)의 예가 나오는 『경민편』은 그
판본이 명시되어 있지 않다. 그러나 백두현(1994 : 62)에서 논증되었듯이 송
인명이 평안감사로 재임하던 때(1729-1730)에 간행된 관서판 『경민편』임이
확실하다.18) 현대의 평안방언에 '야듧, 야들, 야뜰, 야뜳, 야든'과 같은 방
언형이 광범위하게 존재하는 사실(평북방언사전, 김이협 편저 p.385)과 위의 기
록은 일치한다.

위의 세 자료는 15세기부터 18세기에 이르기까지 이중모음의 실현에 있
어서 방언 차이가 있었음을 증언한 것이다. 특히 (가)는 이중모음의 실현에
있어서 방언 차이가 15세기에도 존재했음을 알려 주는 귀중한 증언이다.

3.2. 경상방언의 특이성에 대한 기록

다음은 경상방언의 고유한 특성과 관련된 기록을 살펴보기로 한다.

---

16) 신경준(申景濬)이 전북 순창 출신이므로 그가 증언한 ~ 가 그의 고향 방언이었을 것이
라는 추측이 있다(곽충구 1991 : 272)

17) (다)의 'ㅇ돏'에 '¨'가 쓰인 것은 아니지만 'ㅇ돏'의 '¨'는 'ㅇ'와 같은 음가임이 분명
하다.

18) 『청선고』(淸選考) 권15의 관찰사 항의 기백(箕伯) 조에 따르면 송인명은 영조 5년 기유
(1729)에 평안도 감사로 부임해서 이듬해(1730)에 이임하였다. 그러므로 평안감영에서
간행한 관서판 『경민편』은 1729년 또는 1730년에 송인명 평안감사가 간행한 것이다.

(라) 『삼산선생문집』(三山先生文集)에 나오는 류정원(1702-1761)의 방언
　　特除弘文館校理, 知製教 兼 經筵試讀官 春秋館記注官. 時臺臣以違牌, 一
　　幷遠竄. 上顧東宮曰, 柳正源之不變方言 豈不貴哉. 今日臺官皆至亡身 予
　　之移授校理 非但爲渠一身之私也. (三山先生文集 附錄 年譜 懿陵 三十年
　　甲戌年 十二月初三日)(附錄 18)

　류정원은 안동 출신으로 1729년(영조 5년) 생원시를 거쳐 1735년 증광 문
과에 급제하여 여러 관직을 거치고 경연과 서연의 시독관으로 영조와 동궁
(후일의 정조)에게 경서를 강(講)하고 토론을 한 내용이 『삼산선생문집』 부록
연보에 자세히 나온다. 위의 대목은 그 중에 나온 것인데 영조가 동궁에게
말하기를 "류정원이 그의 방언을 바꾸지 않은 것은 어찌 귀한 일이 아니겠
는가. 오늘날 대관들이 모두 몸을 도사리고 있도다. 내가 교리직을 줌이 어
찌 일신의 사사로움으로 한 것이겠느냐"라고 말하였다. 위의 기록에서 류
정원은 조정에 나아가서도 그의 방언(安東方言)을 고치지 않고 거리낌 없이
썼으며, 이것이 영조의 귀에 인상적으로 들렸음을 알 수 있다. 영조는 류정
원이 고향 말씨를 지킴을 긍정적으로 평가했음을 위 기록이 알려 준다. 이
기록은 당시 18세기 중엽의 경상방언이 서울말과 다른 독특한 특징을 가지
고 있었음을 증언한 것이다.

　(마) 『인어대방』(隣語大方)(1790)의 경상도 방언 기술
　　그런 말은 慶尙道 사룸의 鄕瘖이지 셔울 사룸ᄒᆞᄂᆞᆫ 말은 아니오니 말
　　을 비홀지라도 셔울 사룸의게 비호게 ᄒᆞᆸ소(인어대방 규장각본 6 :
　　20a)

　『인어대방』은 일본인이 한국어를 배우는 데 사용했던 학습서이다. 경상
도는 일본과 가까워 일본인이 한국어를 배울 때 자칫 경상도 말을 배울 염
려가 있었고 이를 조심하라는 경계의 말이 위 (마)인 것이다. 이 발언에서

우리는 당시의 일본인이 한국어의 방언차를 뚜렷이 인식했다는 사실을 알 수 있다. (마)는 곧 18세기 후기에 경상도 지역의 언어는 서울말과 구별되는 뚜렷한 특징을 형성했음을 알려 준다.

(바) 이덕무(1741-1793)의 기록
居穉者苦也(거치), 羅洛者稻也(벼), 請伊者箕也(청이), 沙暢歸者藁索也(새끼), 丁支間者 庫也(정지간)

(바)는 이덕무의 『청장관전서』(71권 25책 사본) 중 「한죽당섭필」(寒竹堂涉筆)에 경상방언의 고유한 어휘라고 하면서 기술해 놓은 것이다. 특이한 어휘를 중심으로 한 기록이기는 하나 경상방언 고유의 특성을 인지하고 있었기 때문에 위와 같은 기록이 나왔음이 틀림없다.

3.3. 함경·전라·평안방언의 특이성에 대한 기록

(사) 『미암일기』에 나타난 『신증유합』의 토리
선조가 유희춘이 진상한 『신증유합』의 수정본을 보고 "漢字의 釋에 土俚가 있다"고 지적함

유희춘(1513-1577)은 조선 중기의 문신으로 전라도 해남 출신이다. 그는 명종 22년(1576) 10월 1일부터 시작하여 별세 2일 전까지의 일기를 남겼다. 이 일기 속에 『신증유합』의 편찬에 대한 기록이 자세하다. 이 책의 편찬은 중종 37년(1543) 미암이 서른 살 때 착수하여 선조 3년(1570)에 일차 완성되었다. 선조 7년 2월 4일에 오늘날의 모습과 같은 『신증유합』이 이루어졌다. 그러나 이 책은 이후에도 계속 수정되었다. 선조 9년 6월 19일에 홍문관 부제학을 제수받고, 7월 9일에 담양을 떠나 7월 21일에 서울에 닿아 입궐하여 왕에게 수정된 『신증유합』을 진상하였다. 이튿날 경연 주강(晝講)에서

임금이 『신증유합』의 석에 토리(土俚)가 있고 또 덕이 '어딜덕'으로 된 것은 온당치 않다는 말을 하였다. 이 말에 대해 미암은 토리는 시골 출신이라 어쩔 수 없고 '德(덕)'은 흉한 것이 아니므로 '어딜덕'(下 1b)이 옳다고 변론하였다. 이곳에서 말하는 토리는 문맥으로 보아 전라방언을 뜻한다. 이에 옥당의 동료 및 여성위(礪城尉) 이암(頤庵) 송인(宋寅)과 상의하여 공통어로 수정하였다. 이암집에 따르면 이 때 수정한 낱말의 수는 일백여자(一百餘字)였다.[19]

『미암일기』에 나타난 이러한 기록은 16세기 중기의 전라방언이 당시의 중앙어와 일정한 차이가 있었음을 알려 준다. 수정한 100여 자는 전라방언적 성격이 강한 것이었을 것이다. 수정되지 않고 그냥 간행했더라면 국어사에서 매우 특이한 자료가 될 수 있었던 것인데 참으로 아쉬운 일이다.

  (아) 「공주풍토기」(孔州風土記)에 나오는 함경도 경흥 방언
     洪良浩(1724-1802)의 저서 『北塞記略』(북새기략) 중 「孔州風土記」에는 두만강변에 있는 함경도 경흥 방언의 어휘 30여개가 기록되어 있다. 예 : 門曰烏喇(오라), 貫牛曰輪道里(윤도리)[20]

  (자) ㄷ구개음화와 평안방언에 관한 『언문지』(1824)의 기록
     如東俗다뎌 呼同쟈져 탸텨呼同챠쳐, 不過以按頤之此難彼彼易也. 今唯關西之人 呼天下與千同 呼地不與至同. 又聞鄭丈言, 其高祖昆弟 一名知和 一名至和, 當時未嘗疑呼. 可見디지之混 未是久遠也.

『언문지』는 1824년에 유희(1773-1837)가 지은 책이다. 앞의 인용문은 당시에 '댜뎌'와 '쟈져' 그리고 '탸텨'와 '챠쳐'는 서로 같아져서 구별이 어렵지만 오직 관서 사람들은 이들을 구별한다는 것이다. 뒤의 인용문은 그의

---

19) 『신증유합』에 대한 이상의 서술은 안병희 "신증유합 해제"에서 관련 내용을 요약한 것이다.
20) 구체적 예와 이에 대한 분석은 최학근(1982 : 457-463)을 참조

스승이자 장인(丈人)인 정동유(1744-1808)의 말을 인용하여 ㄷ구개음화에 대한 증언을 한 것이다. 정동유는 그의 고조 때(17세기 중엽)에는 아직 ㄷ구개음화가 일어나지 않았음을 인명 '지화'(知和)와 '지화'(至和)의 예를 들어 말하였다.[21] 고조부 때의 형제 이름인 지화'(知和)와 '지화'(至和)가 서로 구별되었다는 것이다. 달리 말해 '知'(디)와 '至'(지)의 음이 17세기 중엽까지만 해도 구별되었다는 것이다.

『언문지』에 나타난 기록을 통해 우리는 17세기 중엽에도 ㄷ구개음화가 중앙어에 존재하지 않았다는 사실과, 19세기의 관서방언에 ㄷ구개음화가 없었다는 점을 알 수 있다.

4. 성조에 의한 경상방언의 분화

경상방언에는 운소의 하나로서 소리의 높낮이가 있는 점이 두드러진 특징이다. 운소의 성립과 변화에 따른 방언 분화는 한 방언의 특징을 결정해 주는 데 중요한 역할을 하므로 성조의 변화가 초래한 경상방언의 분화를 간략히 살펴본다.

경상방언 안에서도 경남과 경북의 운소 체계에 차이가 있다. 경북방언의 운소에는 고조, 저조, 상승조가 있고, 경남방언에는 고조, 중조, 저조가 있다. 경북의 저조가 경남의 중조에 대응하고, 경북의 상승조는 경남의 저조에 대응하여 서로 다른 모습을 보여준다.

성조는 경상방언뿐 아니라 함경방언에도 남아 있다. 김영만(1986 : 11)은 운소의 차이에 따라 국어의 방언권을 다음 4개로 나누었다.

　　(가) 서부 제방언(평안, 황해, 경기, 서울, 강원 서부, 충청, 전라)

---

21) 이러한 내용은 이기문(1972 : 67-68)에서 기술된 바 있다.

(나) 경남방언(울산, 울주, 거창 등 북부 지방 제외)
(다) 경북방언(경남의 울산, 울주, 거창, 강원도 삼척 포함)
(라) 함경방언(강원도 동북부 포함)

경남방언과 경북방언을 나눈 이유는 경남방언에는 고저만 있고 장단이 없는데 비해, 경북방언에는 고저와 장단이 다 있기 때문이다. 서부 제방언은 전라방언과 중부방언(경기, 강원, 충청) 그리고 황해도와 평안도 방언을 포함하므로 지역적으로 가장 넓다 하겠다.

성조의 존재 여부에 따라 위의 4개 방언권은 다시 두 개 집단, 즉 성조방언권(경상방언과 함경방언)과 비성조방언권(서부 제방언)으로 간략화할 수 있다. 국어의 역사적 발달 과정에서 성조방언과 비성조방언이 분화된 시기를 고찰하여, 국어 방언의 내적 분화에 대해 검토해 보기로 한다. 이러한 작업은 성조의 변화라는 관점에서 경상방언의 역사적 전개 과정을 이해하는 방법이기도 하다.

훈민정음 창제 이후 간행된 중세국어 시기의 문헌에는 각 음절의 높낮이를 나타낸 방점(傍點)이 표시되어 있다. 평성(낮음 소리 : 점이 없음), 거성(높은 소리 : 1점), 상성(낮다가 높아지는 소리 : 2점)이 그것이다. 그러나 방점 표기는 16세기 문헌에서부터 점차 소홀해지기 시작한다. 개간 『법화경』(1500)의 일부분에는 방점 표기가 없으며, 그 후 16세기에 나온 문헌들은 방점이 혼란되거나 없는 것이 나타났다.[22] 문헌상에 나타나는 방점 표기의 변화 양상을 바탕으로 성조의 소멸 시기를 판단할 수 있을 것이다. 그러나 중앙어에서 성조가 소멸한 시기에 대한 판단은 학자에 따라 다르다. 이기문(1972 : 152-3)은 16세기 중엽의 문헌에 방점이 매우 혼란되어 있거나 아예 방점 표시가 없는 문헌이 나타나는 사실을 근거로 성조의 소멸 시기를 16세기 중엽으로 보았다. 허웅(1965 : 449)은 성조는 유지되었으나 분석을 잘 하지

---

22) 16세기 문헌들의 방점 표시 양상에 대한 정리는 김성규(1994 : 129-131)를 참조했다.

못하여 방점 표시를 못한 점도 고려해야 하므로 보고 임진왜란(1592) 전후 즉 16세기 후반에 성조가 소멸했다고 보았다. 정연찬(1981 : 8-10)은 교정청본『소학언해』(1587년 간행)의 방점이 어말에는 변화를 보이지만 어두에서는 여전히 정연히 표기된 점을 중시하여, 16세기 후기에도 성조가 유지되었다고 보았다. 그 후의 문헌에 방점 표기가 폐지되었다 하더라도, 그것이 성조의 소멸을 뜻하는 것은 아니므로 그 소멸 시기는 더 늦추어 17세기 후반쯤으로 잡는다고 하였다(정연찬 1981 : 10). 16세기 후반에 성조가 완전히 소멸된 것이 아니라는 견해는 김완진(1973 : 129)에서도 볼 수 있다.

이러한 검토를 통해 우리는 16세기에 중부방언의 성조가 상당한 변화가 겪었고, 아무리 늦잡아도 17세기 후기에는 중부방언권의 성조가 소멸하였을 것이라고 말할 수 있다. 오늘날 성조방언권에 속하는 경상방언은 적어도 17세기 후기에는 성조에 있어서 전라방언 및 중부방언과 구별되는 방언권이 되었을 것이다.

오늘날의 경상방언은 경남방언과 경북방언의 성조 체계가 서로 다르다. 경남방언은 고·중·저의 삼단체계를 가지고 있고, 경북방언은 고·저의 이단체계에 상승조(長音)가 운소로 기능하는 묘한 체계를 가지고 있다. 경북방언의 상승조는 중세국어의 상성의 반사형으로 중부방언권의 음장에 대응하는 모습을 보여준다. 중세국어의 상성은 서울을 포함한 중부방언권에서 장음으로 변화하였는데, 이 변화가 경북방언으로 침투하여 그 영역을 확장한 결과, 경북과 경남의 성조체계가 달라졌을 가능성이 높다. 즉 상성의 장음화가 경상방언 내적 변화가 아니라 중부방언권의 영향을 받은 결과였을 가능성이 있다. 경북방언과 경남방언의 성조체계가 서로 달라지게 된 시기를 밝히는 문제는 현재로서는 어려워 보인다. 아무런 문헌적 증거가 없기 때문에 언어연대학적 방법 등 다른 기법을 이용해야 할 것이다.[23]

---

23) 경상방언의 성조가 중세국어의 성조에서 어떤 변화 과정을 겪어서 오늘날의 상태에 도달하게 되었는가 하는 문제는 본고의 주제가 아니므로 다루지 않는다. 16세기 지방

5. 마무리

지금까지 논한 내용 중 주요 사항을 간추려 결론으로 삼는다.

1장에서 한국어의 형성 과정에서 경상도권이 어떤 역할을 했는지 선행 연구를 통해 살펴보았다. 그 요점은 경주 지역을 중심으로 한 신라 지역의 언어가 고대한국어의 형성에 있어 모태가 되었다는 사실이다. 남방·북방 간의 차이는 언어적 차이라기보다 방언적 차이로 보는 것이 국어학계의 통설이고 이것은 삼국사기 지리지에 나타난 지명 연구를 통해서도 입증된다.

2장에서는 경상방언이 형성된 역사적 과정을 밝히기 위해서 먼저 경상도라는 지역적·행정적 단위가 성립되어 온 과정을 알아보았다. 이와 관련지어 경상도 방언권의 형성 과정도 논하였다. 필자는 경상도 지역의 변화 과정을 4단계로 설정하고 각 단계의 언어적 의의를 다음과 같이 파악하였다.

[표 1] 경상도 지역의 성립과 언어적 의의

시 기	단 계	언어적 의의
562년 신라의 가야 병합	경상도권 지역의 형성 단계	경상도권 지역을 단일한 방언권(혹은 언어권)으로 묶는 계기가 되었음.
1106년 고려 예종 원년 경상진주도 설치	경상도 지역의 성립 단계	경상도권 지역의 언어가 중앙어적 기능을 잃고 방언화하여 경상도 방언이 성립하게 됨.
1414년 조선 태종 14년 경상도 설치	경상도 지역의 고착 단계	방언화한 경상도 지역 언어가 지역적 단위로 굳어지게 됨.
1906년 행정 구역 개편, 경상북도와 경상남도 분리	경상도 지역의 분리 단계	경북과 경남의 방언이 내적으로 분리되는 데 큰 영향을 미치게 됨.

판본에는 간행지와 관계없이 '상성의 거성화'라는 공통적 변화가 일어난다(김성규 1994 : 131)라고 하는데 이러한 변화가 성조체계의 변화에 어떤 의미를 갖는 것인지 더 연구되어야 할 것이다.

3장에서는 고문헌에서 방언적 차이가 어떻게 인식되고 기록되었는가를 살펴보았다. 류정원(1702~1761)의 문집과 『인어대방』에 경상방언에 대한 차별적 인식이 분명히 나타나 있음을 보았다. 문헌상의 기록으로 볼 때 적어도 18세기 전기에 경상방언은 타 방언과 구별되는 뚜렷한 특징을 지니고 있었음이 확인되었다.[24]

4장에서는 성조가 한국어 방언권을 분화시킨 양상을 선행 연구에 기대어 검토하고, 경상방언권 내에서 어떻게 서로 달리 변화하여 하위 방언을 분화시켰는지 그 개요를 간략히 정리했다. 경상방언의 성조에 대한 선행 연구와 중세국어의 성조 변화에 관한 연구를 참고하여 언급했으나 더 깊은 연구가 필요하다.

---

24) 이 말은 18세기 이전의 경상방언이 타 방언과 같았음을 의미하는 것은 아니다. 기록상에 나타난 것으로만 볼 때 이러한 양상을 찾아 볼 수 있다는 것이다.

영남방언의 통시적 변천

영남방언은 한국어의 한 지역 방언으로서 영남 지역(경상남북도)에서 사용되는 방언을 가리킨다.[1] 신라가 삼국을 통일함으로써 경주 지역을 중심으로 한 신라 지역의 언어에 의해 한반도의 언어적 통일이 이루어졌다. 그리하여 이 지역의 언어가 고대한국어의 형성에 모태가 되었음은 정설로 되어 있다. 이런 점에서 영남방언에 대한 역사적 연구는 국어사 연구에 있어서 중요한 의미를 지닌다.

그런데 한 방언의 역사에 대한 체계적 연구가 가능하려면 각 시기의 방언을 반영하고 있는 자료가 확보되어 있어야 하지만, 각 시기마다 이상적 수준의 균질적인 자료가 확보되어 있지 않은 것이 현실이다. 19세기 후기 이후의 한국어 방언 자료는 다른 시기의 것보다 상대적으로 풍부한 편이다. 예를 들어 러시아 정부가 연해주에 이주해 온 한국인을 통치하고 동화

---

* 이 글은 『민족문화논총』 20집(1999, 영남대학교 민족문화연구소) 23~79쪽에 실렸던 것이다. 5절의 어휘 부분에 체언과 용언 몇 개를 추가했으며, 문장 표현을 다듬고 고쳤다.
1) 경상남북도 지역에서 사용되는 방언을 총칭하는 말로 '영남방언', '경상방언' 혹은 '경상도방언', '동남방언' 등과 같은 것들이 쓰이고 있다. 필자는 명칭의 역사성과 지역적 특성을 드러내면서 동시에 방언 경계를 적절하게 함축할 수 있는 용어가 '경상방언'이라고 생각한다. 그러나 이 글에서는 이미 지정된 연구 과제의 명칭에 따라 편의상 '경상방언'과 동일한 뜻으로 '영남방언'이라는 용어를 쓰기로 한다.

시키기 위해 조선 이주민의 언어를 조사하여 정리한 자료들은 질과 양에 있어서 우수한 방언사 자료이다. 훈련받은 서양 언어학자들에 의해 한국어가 조사되고 연구되기 시작한 것은 19세기 후기의 일이었다. 러시아의 카잔에서 키릴(Cyrillc) 문자 혹은 그 변종으로 전사된 육진방언 자료(곽충구 1991)가 바로 여기에 해당한다.

그런데 19세기 후기나 20세기 초의 영남방언은 서양 언어학의 소양을 가진 학자의 관심 대상이 되지 못하였다. 이 시기의 영남방언 자료는 전통 문헌(주로 전통적 유학과 불교를 배경으로 한 한글 문헌)의 성격을 벗어나지 못하는 것이다. 이 지역 방언사 자료로서 음성학적 엄밀성을 갖춘 것은 찾아볼 수 없다. 이런 현실에서 영남방언사에 대한 연구는 전통적 성격을 띤 문헌들을 대상으로 하면서, 기존의 현장 조사 자료를 이용하는 것이 최선의 방법이다.

이 글에서 필자는 문헌 자료를 이용하여 영남방언의 역사적 변천에 관한 주요 사항을 종합 정리하고자 한다. 영남방언의 음운사적 전개 양상은 백두현(1989/1992)에서 그 줄거리가 드러났다. 그러나 형태사, 문법사, 어휘사에 대한 연구는 아직 단편적인 수준을 넘지 못하고 있다. 형태사와 어휘사 등에 대한 통시적 전개 양상은 체계적으로 정리할 수 없는 상황이다.[2] 이 글에서는 영남방언의 특징을 뚜렷하게 보여주는 언어 현상을 중심으로 고찰할 것이다. 이 글에서 다루는 자료의 범위는 훈민정음 창제 이후 영남에서 간행된 한글 문헌을 대상으로 한다. 영남 지역에서 초간본으로 간행

---

2) 방언사에 대한 체계적 기술이 가능하려면 각 시대별로 음운 · 형태 · 통사 · 어휘에 걸쳐 방언적 특징이 반영된 자료가 확보되어야 한다. 현재 우리가 처한 상황에서 이러한 요건이 충족되기는 어려우며, 앞으로도 이런 어려움은 극복되지 않을 듯하다. 이러한 현실에서 방언사 연구자가 문헌에 기록된 방언 자료를 지속적으로 발굴하고, 현지 조사를 통해 얻은 자료를 역사적 연구에 효율적으로 이용하는 것이 최선의 방법이다. 문헌 자료와 현지조사 자료를 상호 보완적으로 방언사 연구에 활용하는 방법이다. 문헌 자료가 지닌 한계성을 현지조사 자료로 극복함으로써 방언사에 관한 기술은 일정한 깊이와 체계성을 얻을 수 있다.

된 문헌은 『정속언해』와 『이륜행실도』 등 16세기 초에 처음 나타나므로 이 글에서 다루어지는 자료의 시대적 범위는 16세기 이후부터 20세기 초기에 이른다. (자료에 대한 서술은 후술 2장 참고)

1. 경상도의 형성과 영남방언권의 성립

영남방언의 통시적 변천을 기술하기 위해서 우리는 먼저 영남지역의 역사적 형성 과정을 검토해 보아야 한다. 영남방언은 경상방언과 실질적으로 일치하는 것이므로 영남방언의 형성 시기를 설정하기 위해서는 '경상도'라는 지역적·행정적 단위가 언제, 어떤 과정을 거쳐 성립되었는지를 알아야 한다. 필자는 경상도 지역의 역사적 변천 과정을 기술하면서 '경상도'라는 지역 단위의 성립 시기를 검토한 바 있다(백두현 1997a). 그 요점을 간략히 정리하면 다음과 같다.

경주에 위치한 사로국은 급량(及梁), 사량(沙梁), 본피(本彼), 모량(牟梁=漸梁), 한기(漢祇=漢岐), 습비(習比)의 육부(六部) 연합체였다. 4세기 중엽에는 사로국이 진한(辰韓) 지역을 통일함으로써 신라가 성립되었다. 신라는 532년에 금관가야를 병합하였고, 562년에는 대가야를 공격하여 가야의 모든 나라를 병합했다. 6세기 중엽의 560년대를 경계로 하여 오늘날의 경상남북도 지방 전체가 신라의 영토가 되었다. 그동안 정치적으로 분할되어 있던 경상도권 지역이 단일한 정치 체제 안에 통합된 것이다. 이러한 점에서 562년 신라의 가야 병합은 '경상도권 지역의 형성 단계'라 할 수 있다. 그리하여 6세기 중엽에 경상도 지역은 하나의 지역 단위를 형성하게 되었고, 언어적으로는 경상도권 지역이 하나의 방언권(혹은 언어권)으로 발달해 가는 계기를 마련했다.

고려시대에는 여러 차례 행정 구역의 개편이 있었다. 이 지역은 예종 원년(1106)에 경상진주도(慶尙晉州道)로 호칭되었고, 慶尙晉州道는 신종 7년(1204)에 상진안동도(尙晉安東道)로 개칭되었다가 그 뒤에 경상진안동도(慶尙晉安東道)로 불리기도 했다. 그 후 충숙왕 1년(1314)에 경상도로 다시 개칭되었다. 이 때 '경상도'라는 명칭이 확정된 것이다. 오늘날 경상도 지방이 하나의 행정 단위로 구획된 것은 고려 예종 때가 최초라 할 수 있다. 필자는 고려 예종 때를 '경상도 지역의 성립 단계'라 부른다. 행정 단위로서의 경상도가 성립된 것은 이 지역민들이 '지역 공동체 의식'을 형성시켜 나가는 데 중요한 계기가 되었을 것이다. 언어적 관점에서의 '지역 공동체 의식'은 '영남방언'의 제반 특징을 형성시키는 데 결정적 역할을 했을 것이다.

조선왕조의 태종 14년(1414)에 팔도 체제(경기도, 강원도, 경상도, 충청도, 전라도, 함경(길)도, 황해도, 평안도)가 확립되었다. 경상도라는 이름은 이미 고려 시대에 정해진 것이고 이때 그대로 굳어져 쓰이게 된 것이다. 이 시기(조선 태종)는 '경상도 지역의 고착 단계'라 할 수 있다. 조선 중기(16세기 후반)에는 사림 세력의 중앙 정계 진입과 지연·학맥에 따른 동서 분당이 생기고 영남학파와 기호학파가 대립하게 되었다. 그 후 연속적으로 일어난 사화로 인하여 영남 지역의 사림들이 큰 타격을 받았고, 훈구파를 중심으로 한 기호 지역의 유림과 대립하는 과정에서 영남 또는 경상도라는 공동체 의식이 뚜렷해졌을 것이다.

갑오개혁 이후 행정 개편에 따라 경상도는 나누어지게 된다. 경상도의 분리 단계라 할 수 있다. 갑오경장 이후 이루어진 지방 제도 개혁(1895년 5월)에서 전국의 8도가 23부로 개편되고, 경상도는 대구부, 안동부, 진주부, 동래부의 4부로 분할되었다. 건양 원년(1896) 8월 4일에 칙령 제36호에 의해 전국 23부가 다시 13도로 정비되었다. 1906년 9월 24일에 반포된 칙령 제49호에 의해 지방 행정구역이 재정비되면서 23부가 13도로 개편되자, 경상도 지역은 경상북도와 경상남도로 나누어졌다. 오늘날 경상북도와 경상남도는 행정적으로 완전히 분리되었고, 경제적·문화적 활동도 독자적으로 전개되고 있는 양상이 뚜렷하다. 필자는 경상도가 남도와 북도로 나누어진 이 시기를 '경상도 지역의 분리 단계'라고 부른다. 이 단계는 확립된 경상도 지역이 남북으로 분할되면서 언어적으로는 영남방언이 내적으로 분리되는 데 큰 영향을 미쳤고 앞으로도 그러할 것으로 예상된다. 경남과 경북으로 분할된 지 겨우 100년밖에 되지 않았지만 오늘날 경남 사람들과 경북 사람들은 지역 공동체 의식이라는 면에서 예전과는 상당히 다른 거리감을 가지게 된 듯하다. 이 단계는 영남방언의 내적 분화라는 관점에서 중요한 의의를 가진다. 이러한 경상도 지역의 형성과 분리 과정은 영남방언의 형성과 분화에 밀접히 관련되면서 큰 영향을 미쳐 왔을 것이다.

2. 영남방언 관련 문헌에 대한 몇 가지 수정과 보완

영남지방은 서울을 제외한 다른 지역보다 많은 문헌이 간행된 곳이어서 방언을 반영한 문헌도 그 양이 적지 않은 편이다. 영남 간행 문헌에 대한 소개와 언어적 성격에 대한 고찰은 백두현(1989/1992)을 참고할 수 있다. 문헌 자료의 목록과 이에 대한 해제는 그쪽으로 돌리고 이 글에서는 이전 연구에서 수정해야 할 점 몇 가지 사항과 추가할 자료에 대해서 언급하기로 한다.

2.1. 『십구사략언해』

마에마 쿄사쿠(前間恭作)가 영영판(嶺營版) 『십구사략언해』의 간년을 "乾隆三十七年 壬辰 大邱監營刻本"(『古鮮冊譜』, 第二冊, 1956, p.774)이라고 한 후 1772년(건륭 37년)을 이 책의 간년으로 보아 왔다. 이 간년이 지금까지 국어학자들에게 당연한 것으로 받아들여져 왔고 필자(1989/1992)에서도 이것을 18세기 후기 자료로 이용했었다. 그런데 필자가 1996년에 "嘉慶 甲子 京中改板本"이라는 간기의 『십구사략언해』 고본(古本)을 입수하고 기왕에 가지고 있었던 다른 판본과 비교하는 작업을 하던 중 영영판이 18세기 후기 자료가 되기 어려운 몇 가지 사실을 발견하게 되었다. 영영판 문헌을 체계적으로 다룬 조정화(1986)에서도 이 문헌의 간년을 1832년으로 본 사실을 알았고, 영영판 『십구사략언해』의 간기가 수정되어야 함을 확신하게 되었다. 필자가 이런 작업을 하던 중 김주원 교수도 같은 사실을 발견하고 규장각 소장의 『십구사략언해』 등 이본 몇 가지와 한문본과의 관계를 고증하여 영영판이 1832년 간행된 것임을 밝혔다(김주원 1998). 따라서 영영판 『십구사략언해』는 19세기 전기 자료로 다루어져야 한다.

『십구사략언해』의 초간본이 영남에서 간행된 것이 아니라는 점도 지적되어야 한다. 영영판 『십구사략언해』의 언어적 성격을 이해하기 위해서 이 책의 간행 경위와 이본들에 대해 자세히 기술하기로 한다. 필자가 『십구사략언해』의 제이본(諸異本)을 규명하기 위해 각종 책판 목록을 조사해 보니 이 책의 언해본으로는 다음과 같은 기록이 발견되었다.

(1) 현전 실물이 없는 『십구사략언해』
  ㉠ 1585년의 고사촬요(故事撮要)에 기록된 전주판 『십구사략언해』
     이것은 고사촬요(선조 18년, 1585년에 간행된 목판본) 하권(下卷) 전주(全州) 조(條)에 그 서명(書名)만 나와 있고 그 실책(實冊)은 알려져 있지 않다. 1585년에 『십구사략언해』가 간행되었다는 것에 의아심을 가질 수도 있으나 기록에 나와 있어서 부정하기 어렵다.
  ㉡ 경상도책판, 영남책판 등의 합천 조(條)에 나오는 사략언해
     『경상도책판』의 작성 연대에는 이설이 있으나 18세기 초엽으로 봄은 공통적이다. 이렇게 보면 18세기 초 이전에 합천에서 『십구사략언해』가 간행되었음은 분명하다. 합천 조에 나오는 이 책은 현전하는 영영판보다 앞선 것임이 확실하다.
  ㉢ 『제도책판목록』(諸道冊板目錄)의 '전주부(全州府) 남문외(南門外) 사판

(私板) 조(條)'에 나오는 사략언해

『제도책판목록』은 1750년경에 편찬된 것이므로 그 이전에 전주에서 『십구사략언해』 사판본이 나왔던 것이다.

ⓛ 『각도책판목록』(各道冊板目錄)의 '남한 조'에 나오는 사략언해

『각도책판목록』은 1840년경에 필사된 것이므로 남한산성 부근 지역에서 『십구사략언해』를 간행하였음을 알 수 있다.

ⓜ 『西序書目草本』(서서서목초본)(1795)의 활판본 사략해(史略解)

(2) 실물이 전하는 『십구사략언해』

(가) 17세기 중엽 또는 18세기 초기에 나온 것으로 보이는 무간기본(無刊記本). 규장각본, 동국대 소장본[3], 백두현 소장본ⓐ, 백두현 소장본ⓑ, 백두현 소장본ⓒ 등이 있다.

(나) 가경(嘉慶) 갑자(甲子) 경중개간본(京中改板本). 가경 갑자 경중개판본, 이간기본(二刊記本)[4] 등이 있다.

(다) 화곡 신간본(花谷新刊本). 세재 도유대황락 모춘 화곡신간(歲在 屠維大荒落 暮春 花谷新刊)이란 간기가 있다. 화곡신간본은 이간기본(二刊記本)에서 두 번째 간기만 남기고 판을 새로 새긴 것이다.

(라) 영영 신간본(嶺營 新刊本). 세재 임진 영영신간(歲在 壬辰 嶺營新刊)이란 간기가 있다. 이 책이 마에마 쿄사쿠(前間恭作)에 의해 1772년으로 잘못 판단되었던 것이다.

(1)(2)의 여러 이본에서 알 수 있듯이 『십구사략언해』는 가장 이른 판본이 16세기 후기경 전주에서 나왔고, 그 후 20세기 중엽에 이르기까지 꾸준히 간행되어 왔다.[5] 가장 먼저 나온 전주판 『십구사략언해』가 후대의 다른 판본에 어떤 언어적 영향을 미쳤는지를 확인할 수 없다. (2)(가)에서 (라)에

---

3) 동국대 중앙도서관 『古書目錄』(1981 : 475)의 복사본을 실사한 남권희 교수는 이 책의 판각이 이루어진 시기를 대체로 18세기 후기로 보았다. 필자는 이 책이 합천에서 판각된 『십구사략언해』일 가능성이 있다고 생각한다.

4) '세재 가경갑자 맹춘 경중개판(歲在 嘉慶甲子 孟春 京中改板)'과 '세재 도유대황락 모춘 화곡신간(歲在 屠維大荒落 暮春 花谷新刊)'이라는 두 개의 간기가 있는 판본이다.

5) 20세기에 신활자로 간행한 『십구사략언해』에 대한 설명은 생략한다.

이어지는 여러 이본들의 영향 관계는 상당히 큰 것이고, 특히 (나), (다)의 언어 양상은 매우 유사하다. (라)의 영영판은 (나)의 영향을 크게 받고 있기는 하나 ·의 표기 등 표기법과 언어 변화에 있어서 적지 않은 차이를 보여준다.

영영판에 나타난 음운 현상 중 가장 흔한 것은 원래의 ㅏ를 ·로 역표기한 것이다. 이러한 역표기가 18세기 후기에도 일정한 수준으로 나타나기는 하나(곽충구 1981), 영영판에는 그 정도가 상당히 심하다. 특히 영영판에는 이중모음 ㅔ가 ㅚ로 변화한 '흰 무지게 희롤 뵈여시니'(二 95b)가 나타난다.[6] 이러한 변화는 18세기에 찾아볼 수 없는 것이다. 이러한 영영판의 특성과 『십구사략언해』의 역사적 간행 경위를 고려할 때 영영판의 언어 자료는 제한된 범위 내에서 이용하여야 한다. 이 글에서 영영판 『십구사략언해』는 19세기 전기 자료로 다루며, 초간본이 영남에서 나온 문헌 부류에서 제외할 것이다. 이 글에서 이용하는 부분도 다른 판본과 차이를 보이는 점에 국한될 것이다.

2.2. 동화사판 『염불보권문』 중 20~29장 부분의 연대

간행 연대를 부분적으로 수정해야 할 또 하나의 문헌은 동화사판 『염불보권문』이다. 현전하는 동화사판 『염불보권문』(영남대학 도서관 소장)의 간년은 '건륭이십구년(乾隆二十九年)'(1764)으로 되어 있는데, 장차 20장~29장의 내용인 「왕낭전」, 「공각전」, 「승귀전」은 다른 부분과 판식이 다르고[7] 언어

---

6) 다른 판본에는 '뼈'로 표기되어 있다.
7) 20~29장에 나타난 판식 상의 현저한 차이는 각 행에 들어간 자수이다. 이 부분의 글자 수는 24자에서 26자인데, 다른 부분은 22자가 보통이다. 「왕낭전」 등의 부분에 글자가 많이 들어간 이유는 추가하는 부분의 분량이 10장에 꼭 맞도록 행관을 조정했기 때문이다. 추가를 하면서 원래 20장 앞면 첫행에 있던 몇 글자를 앞으로 당겨 19장 뒷면 끝 행 맨 아래에 두 줄로 쪼개어 넣었다.

적 양상도 차이점이 많다(김주원 1984 : 157, 1998 : 259-260). 동화사판의「왕낭전」은 1704년의 예천 용문사판에도 실려 있으나 내용상 상당한 변개(變改)가 가해진 것이다. 그러나 동화사판의「공각전」과「승귀전」부분은 용문사판에 없으며 해인사판 등 다른 보권문의 이본에 나타나지 않는 것이다. 왕낭전 등에는 ㅏ를 · 로 적은 예가 많아서 · 의 표기에 상당한 혼란이 나타난다. 판식상의 차이와 언어적 차이, 두 가지 면으로 볼 때「왕낭전」등의 국어사적 성격은 동화사판『염불보권문』의 다른 부분과 구별되어야 한다.

　김주원(1998 각주 13번)은 동화사판『염불보권문』의 20~29장 부분의 판식이 다르고, 동화사판을 저본으로 그 뒤에 간행된『염불보권문』의 이본(흥률사판 1765, 평안도 영변의 용문사판 1765, 해인사판 1776)에는 동일한 내용이 실려 있지 않은 사실을 근거로 동화사판의 20~29장 부분은 1776년 이후에 합철된 것으로 보았다. 이 주장이 타당한 것이나 새로 추가한 판목의 연대를 더 자세히 살펴볼 필요가 있다.

　불서 간행에 있어서 기존 책의 내용을 일부 바꾸거나 약간의 변개를 가하여 새로 출판하면 권말의 간기도 고치는 것이 관행이다. 예천 용문사판 『염불보권문』에 수도사판의『임종정념결』이 합철된 것은 경우가 좀 다르다.『임종정념결』은 보권문의 맨 끝에 합철되었고, 합철되어 있지만 두 책은 각각의 간기를 가지고 있다. 동화사판『염불보권문』의 경우는 책의 중간 부분에 새로운 내용이 끼어들어간 것으로 단순한 합철은 아니다. 새로운 내용을 10장이나 추가하여 후대에 새로 책을 만들었다면 간기도 당시의 연대로 바꾸는 것이 불서 간행의 관행임에도 동화사판『염불보권문』의 권말 간기는 '건륭이십구년(乾隆二十九年)'(1764)으로 되어 있다. 이렇게 된 이유를 깊이 생각해 볼 필요가 있다.

　필자는 동화사에서 이 책을 만든 직후(1764년 직후), 즉 간행된 지 얼마 안되어(늦어도 18세기 말기) 20~29장 부분이 보판되었을 것으로 추정한다. 그 이유는 다음 세 가지이다. 첫째, 영남대 소장 동화사판의 지질이나 책의 상태로 보아 이 책의 간년을 1800년 이후로 보기 어렵다. 둘째, 동화사판의 권말 간기가 '건륭이십구년(乾隆二十九年)'(1764)으로 되어 있다. 10장이나 되는 판목을 추가하여 책을 새로 인출하면 간기 난에 이 사실이 반영되어야 한다. 이 사실이 반영되어 있지 않은 것은 현전 동화사판의 간년이 권말 간기에 나와 있는 것과 같거나 아주 가까웠음을 의미한다. 현전본이 1764년과 상당한 시간적 거리를 두고 만들어졌다면 판각이나 인출 등에 관련된 화주 혹은 시주자가 달라졌을 것이고, 이 사실이 간기에 반영되었을 것이다. 그럼에도 불구하고 간기가 '건륭이십구년(乾隆二十九年)'으로 기록된 것은 20~29장이 보판 추가된 시기가 이 간기 연대와 같거나 아주 가깝고, 화주나 시주자의 변동이 없었음을 의미한다. 셋째, 동화사판 『염불보권문』의 20~29장 부분에는 원래의 ㅏ를 ·로 역표기한 예가 적지 않게 나타나는데, 동일한 현상이 1780년대에 중앙에서 간행된 문헌인 『한청문감』과 윤음언해 등에서 다수 발견되는 점이다(곽충구 1980 : 80-81).[8] 이 세 가지 점을 고려하여 20~29장 부분이 보판된 시기는 1764년과 같거나 그 직후일 것으로 판단하고, 이 부분의 언어를 18세기 말기 자료로 다룬다.

2.3. 「현풍곽씨언간」

영남방언과 관련된 문헌 자료로 추가할 것은 「현풍곽씨언간」이다. 이 자료는 1989년 4월에 달성군 현풍의 곽씨 문중에서 구지면 도동리 석문산성에 있는 12대 조모 하씨부인(郭澍의 再室)의 묘를 이장하던 중 하씨 부인의 관속에서 나온 것이다. 발견된 문건은 모두 176매인데,[9] 한글로 쓴 것이

---

8) 1790년대의 『오륜행실도』, 『경신록언석』, 『증수무원록언해』에 이르면 ·의 변화례가 더욱 늘어난다(곽충구 1980 : 81).
9) 필자의 최초 판독문(1997)에는 169매로 되어 있다. 1999년 2월에 필자가 현지답사를 하면서 편지 1매를 더 찾게 되었다. 170번째 편지는 곽병숙씨가 별도로 보관해 온 것인데, 시집간 딸이 병세가 위중한 아버지에게 보낸 문안 편지이다. 필자가 2003년에 『현풍곽

171매이고, 한문 편지가 5매이다. 한글로 쓴 자료 중에는 종자분급기(種子分給記), 노비 명부, 조리법, 제물명 등의 문서 12매와 소렴할 때 작업 방법을 지시한 것 1매가 포함되어 있다. 이 자료들은 1602년과 1652년 사이에 쓰인 것들로서 당시 이 지역에서 살았던 사람들의 생생한 언어를 담고 있다. 17세기초 영남방언의 음운·어휘·문법 연구에 소중한 자료이며 특히 경어법 연구에 유용한 정보를 담고 있다.

2.4. 『부별천자문』(部別千字文)

이 책은 대정 2년(1913) 대구의 재전당서포에서 간행한 목판본이며, 편집겸 발행자는 김기홍으로 명기되어 있다. 『부별천자문』은 『천자문』으로서는 특이하게도 수록된 한자를 유별로 분류한 것이다. 분류 항목 天文, 地理, 人倫, 事行, 身體, 服飾, 器用, 算程, 宮室, 寶貝, 飮食, 米穀, 菜種, 果品, 花草, 林木, 飛禽, 走獸, 魚類, 蟲族으로 되어 있다. 분류어휘집과 같은 성격을 지닌 『천자문』으로서는 이 책이 유일한 것인 듯하다. 지방 판본임에도 불구하고 훈음(訓音)에 나타난 우리말은 문헌어의 규범적 영향을 크게 받아 당시의 방언적 요소가 미미하다. '아지미'(嫂)(7a), '시승'(師)(7a), '정배기'(頂)(12a), '허구리'(膁)(13a) 등이 겨우 방언적 색채를 띨 뿐이다. '허구리'는 '허리'와 '옆구리'의 혼효형으로 지금의 경상방언에서 찾아보기 어렵다.

2.5. 기타

이밖에 영남 간행의 문헌 중 그 세부 내용이 학계에 알려지지 않은 것으로 대구 팔공산 파계사판 『천자문』(1668년 간행)과 경북 군위군 수다사의 『천

씨언간 주해』를 간행했고, 2019년에 증보판 『현풍곽씨언간 주해』로 다시 고쳐 냈다. 증보판에서 4매가 추가되어 도합 176매가 되었다.

자문』(歲次壬辰暮春日開刊), 『유합』(癸巳八月日開板)이 있다.[10] 필자가 이 판목을
확인하려고 수다사를 찾아갔으나 판목이 김천 직지사의 성보박물관에 이
전되어 있어서 보지 못하였다. 파계사본도 사찰 측에서 확인해 주지 않아
서 볼 수 없었다.

3. 영남방언의 음운 변화-
방언적 특징과 관련된 현상을 중심으로

16세기 이후부터 20세기 초기까지 영남에서 간행된 한글 문헌에는 국어
음운사에서 널리 알려진 주요 음운 변화와 함께 이 지역의 방언적 특징을
보여주는 여러 가지 변화도 나타난다. 이 현상들은 크게 모음 변화와 자음
변화로 나눌 수 있다. 다양한 음운 변화 중 이 지역의 방언적 특징을 형성
하는 데 중요한 의의를 가진 것을 중심으로 검토하기로 한다.

3.1. 모음 변화

이 방언의 모음 변화는 모음체계 내에서의 변화와 모음의 결합 관계에
서 일어난 변화로 크게 나누어진다. 전자에는 ·의 변화, 하향 이중모음의
단모음화, 모음중화가 있고, 후자에는 고모음화, ㅣ 역행동화, 원순모음화,
치찰음(ㅅ, ㅈ) 뒤의 전설모음화, 자음 뒤 이중모음의 단모음화가 있다. 이
변화에 대한 자세한 분석은 백두현(1992)을 참고할 수 있다. 여기서는 몇 가
지 사항을 보완하여 영남방언의 특징 형성과 직접 관련된 것을 중심으로

---

10) 수다사의 『천자문』과 유함은 『전국사찰소장 목판집』(문화재관리국, 1987)에 사진 1매
　가 소개되어 있는데, 이 목판집의 편찬을 주도한 박상국 씨(문화재 전문위원)가 찍은
　사진이다. 수다사판 『천자문』은 칠장사판 『천자문』과 판식이 유사하며 이 점에 착안
　하여 안미경(1998 : 90)은 수다사판의 간년(壬辰)을 1652년(효종 3년)으로 보았다.

그 내용을 간략히 살피기로 한다.

3.1.1. ·의 변화

영남 간행 문헌에 나타난 ·의 변화는 중앙에서 나온 문헌과 큰 차이를 보이지 않는다. 비어두에서 ·>ㅡ 변화가 실현된 '사름'(<사룸), 'ᄀ름'(<ᄀ룸), 'ᄇ름'(<ᄇ룸)과 같은 예가 16세기 초의 『이륜행실도』 등과 17세기 전기의 중간 『두시언해』 등에 적지 않게 나타나는 점은 중앙 간행의 문헌과 차이를 보이는 것이다. 이것은 ·>ㅡ의 적용 빈도가 영남방언에서 상대적으로 높았던 결과로 해석된다. 그런데 '사름'과 같은 어형은 훗날 '사람'에 의해 밀려난다. '사람'은 비어두에 적용된 ·>ㅏ 변화(사룸>사람)일 수도 있고, '사룸>사름>사람'의 결과일 수도 있다. 후자에서 '사름>사람'은 소수 규칙(minor rule) ·>ㅡ가 주류 규칙(maior rule) ·>ㅏ에 흡수된 것이다. '사룸, ᄇ룸, ᄀ룸'은 모두 어두 모음이 ㅏ나 ·이고 모음 간 자음이 ㄹ인 점이 공통적이다. 이런 음운 환경 요인을 고려하면 후자로 봄이 적절하다.

·>ㅏ를 실현한 가장 이른 예는 1518년의 『이륜행실도』와 『정속언해』에 나타난 '가마니'(<ᄀ마니)이다. 『칠대만법』(1569)의 '다려'(14a)(<ᄃ려)는 'ᄀ마니>가마니'처럼 동화의 환경을 갖추지 않은 것으로서 ·>ㅏ를 실현한 가장 이른 예이다. '다려'는 ·>ㅏ 변화가 16세기 후기에 우발적으로나마 존재했음을 알려 주는 예이다. 중간 『두시언해』(1632)의 'ᄀᄆ니'(19,1a)는 'ᄀ마니'에서 ㅁ 뒤의 ㅏ를 ·로 역표기한 것으로 매우 특이한 예이다. 'ᄀ마니~가마니~ᄀᄆ니'의 교체는 다음과 같이 설명된다. ᄀ마니→가마니. ᄀ마니→ᄀᄆ니. 즉 'ᄀ마니'에서 어두의 ·가 ㅏ로 표기되기도 하고 비어두의 ㅏ가 ·로 표기되기도 한 것이다. 이러한 상호 교체 표기는 진정한 의미에서 ·>ㅏ 변화를 반영한 것이라 할 수 없고, 인접 환경에 놓인 ·와 ㅏ의 음성적 유사성에 기인된 것으로 일종의 동화적 성격을 띤 것이다.[11]

17세기와 18세기 문헌에 나타난 ·>ㅏ의 예로 '다만'(병학지남 상산본 2,21b), '잇가릭'(稱)(유합 영장사본 8b), '달내야'(誘)(병학지남 우병영본 2,15a), '맛츳매'(終)(병학지남 상산본 2,20b)가 있을 뿐이다. 18세기 초기의 영남방언을 반영하고 있는 『미타참략초』(=예천 용문사판 『염불보권문』)에는 '발암'(風)(20b)이 보이지만 이미 앞 시기 문헌에 나타났던 것이어서 큰 의미는 없다. 그러나 동화사판 『염불보권문』에 '대답ᄒᆞ야'(15a)가 나오고 과도교정형인 '씨'(時)(5b)와 'ᄀᆞ져오라' 따위가 나오는 것으로 보아(김주원 1999)[12] 18세기 후기에 어두의 ·가 일정한 동요를 보였음은 분명하다.

제1음절의 ·는 동화사판 『염불보권문』에서 새로 들어간 부분인 장차 20장~29장(「왕낭전」 등)에 가면 상당히 혼란된 모습을 보여준다. 이 부분의 연대는 앞에서 밝혔듯이 18세기 말로 판단된다. 한편 간년이 1832년으로 밝혀진 영영판 『십구사략언해』에도 ·의 혼란 양상이 동일하게 나타난다.[13] 동화사판 『염불보권문』의 「왕낭전」 등을 기준으로 볼 때 영남방언의 경우 18세기 말기에 ·가 비음운화되었고[14], 그 결과 『십구사략언해』(1832)가 간행되는 시기의 ·는 극심하게 혼란된 표기로 나타났던 것이다.

그리고 18세기 후기의 동화사판 『염불보권문』(1764)[15], 해인사판 『염불보권문』(1776)에 ·의 변화례가 극히 미미한 것은 동화사판이 1704년의 예천 용문사판의 영향을 크게 받았고, 해인사판 등은 동화사판의 영향을 크게 받았기 때문일 것이다. 이런 영향으로 인하여 이들 판본에 ·>ㅏ의 변화례

---

11) 『어록해』와 중간 『두시언해』에 나타난 '바라'(<바ᄅᆞ), 'ᄇ람'(<ᄇᆞ람)과 같은 예도 인접한 ㅏ의 영향을 받은 결과로 생각된다.
12) 이 예들은 「왕낭전」 등 새로 들어간 부분에 나타난 것이 아니다.
13) 동화사판 『염불보권문』과 영영판 『십구사략언해』의 구체적인 예는 백두현(1992 : 76-79)을 참조할 수 있다. 『십구사략언해』에 나타난 예의 연대를 18세기 후기로 본 점은 수정되어야 한다.
14) 중앙에서 간행된 문헌인 1780년대의 『한청문감』, 윤음언해에 본디의 ㅏ를 ·로 표기한 예가 다수 발견되고 1790년대의 『오륜행실도』, 『경신록언석』, 『증수무원록언해』에 이르면 ·의 변화례가 더욱 늘어난다(곽충구 1980 : 80-81).
15) 20~29장 제외.

가 별로 반영될 수 없었던 것으로 생각된다. 18세기 후기 문헌으로서 영남에서 초간본으로 나온 새 자료가 현재는 없으므로 이 시기의 자료가 확보된 뒤 최종적 판단을 내릴 수 있을 것이다.

3.1.2. 하향 이중모음의 단모음화

15세기에 하향 이중모음이었던 ㅔ, ㅐ, ㅚ, ㅟ는 현대 국어에서 단모음 또는 상향 이중모음으로 실현된다. 이 변화의 시기를 확인하는 것은 영남방언의 모음사에서 중요한 의미를 가진다.

1) ㅔ와 ㅐ의 단모음화

영남방언에서 중모음 ㅔ, ㅐ가 단모음 [e], [ɛ]로 존재했던 시기는 다음 몇 가지 사실을 근거로 확인할 수 있다.

첫째, 'ㅕ(jə)>ㅔ(e)'와 같은 모음축약 현상이다. 18세기 후기 문헌에 나타난 '방벤문'(方便文)(念海 다 49b), '제일벨'(第一別)(念海 다 50a)이 그 예이다. 1832년의 영영판 『십구사략언해』의 '소게'(속여)(十九 2,49b), '너게'(너겨)(十九 2,21a)와 같은 활용형에서도 모음축약이 나타난다. 이러한 모음축약 ㅕ>ㅔ 현상은 ㅔ가 단모음 e일 때 가능한 것이다. 『염불보권문』 해인사판 '다'의 간기가 1776년이므로 적어도 18세기의 70년대에는 e가 존재하였다고 말할 수 있다. 둘째, e와 ɛ의 존재를 동시에 보여주는 증거로서 '배프고'(베플−)(兵學 右營 2,6b), '삼개힝'(三戒行)(念海 가 50a)과 같이 ㅔ를 ㅐ로 표기한 예이다. 셋째, ㅔ를 ㅖ로 적은 '순의게 도라오거늘'(十九 1,17b), '왕의 고이는 회계 비러'(十九 2,74b)와 같은 예이다. '−의게'를 '−의계'로 표기한 이 예들은 '게'와 '계'의 음이 서로 잘 구별되지 않았음을 의미하는데 ㅔ가 단모음 e였기 때문에 이러한 혼동 표기가 나타날 수 있었던 것이다. 이러한 혼동 표기는 20세기 초기 문헌에 빈번하다.

이상의 세 가지 증거를 근거로 18세기의 70년대에는 [e], [ɛ]가 존재하였으며, 이들은 19세기 초기에는 음운으로서 확고한 지위를 차지하였을 것으로 판단한다. [e], [ɛ]가 존재하였던 18세기 후기는 ·의 비음운화 시기와 일치한다. ㅔ, ㅐ의 단모음화는 ·의 비음운화에 따른 새로운 모음체계가 형성되어 가는 모음체계 변화의 과정 속에 놓여 있다.

2) ㅚ와 ㅟ의 변화

오늘날의 영남방언에서 ㅚ, ㅟ는 we, wi를 기본으로 하여 환경에 따라 e, i로도 실현된다. 20세기 초기 문헌에 나타난 ㅟ의 표기 양상을 보면 ㅟ는 uj, wi, i라는 세 가지로 실현되었던 것을 알 수 있다.

역사적으로 ㅚ(oj), ㅟ(uj)의 off-glide j가 탈락하는 변화는 일찍부터 나타나고, 19세기 이후 문헌에는 이들이 상향이중모음으로 변했음을 보이는 예가 나타난다. 현대 영남방언에 나타난 결과만을 놓고 볼 때, 전자와 같이 off-glide j가 탈락하는 변화는 비어두에 남아 있고, 어두에서는 상향이중모음 또는 on-glide가 탈락한 단모음으로 실현된다(we>e>i, wi>i). 전자의 변화는 특별한 문제점을 내포하지 않은 것이므로 여기서는 주로 후자에 대해 살펴보기로 한다.

ㅚ의 음가가 oj에서 we(또는 ö)로 바뀌었음을 명백히 보여주는 예는 영영판 『십구사략언해』의 '흰 무지개 히롤 ㅚ여시니'(2,96a)이다. 15세기 이래 'ㅚ-'(貫)의 모음은 ㅔ로 표기되었던 것인데 여기서는 ㅚ로 표기되었다. ㅔ가 ㅚ로 표기된 것은 두 문자의 음가가 서로 같았음을 뜻한다. 출처가 불분명한 『蠶桑集要』(잠상집요)(1886)에는 '쒜-'의 ㅔ를 ㅚ로 표기한 예와 함께 원래의 ㅚ를 ㅔ로 표기한 예(석회→석훼)도 발견된다. 이러한 교체 표기는 ㅚ와 ㅔ의 음가가 구별되지 않았기 때문에 나타난 것이므로 19세기 전기의 영남 방언에서 ㅚ는 oj가 아니라 we[16]로 변화했다고 말할 수 있다. 18세기 말의 『정몽유어』와 20세기 초의 영남 문헌(『영남삼강록』 등)에는 ㅔ를 ㅚ로

표기한 예가 적지 않게 나타나 두 모음 간의 구별이 상실되었음을 보여준다. '훼방'이 '회방'(地藏 10a) 혹은 '희방'(地藏 28b)으로도 표기되었는데 후자는 we에서 e>i 변화가 한 단계 더 적용된 어형이다. '애훼'(哀毁)가 '애회'(嶺三 1,32a), '애휘'(嶺三 1,22a), '이희'(嶺三 6,4b) 등으로 나타나는 20세기 전기 문헌에서 ㅚ와 ㅔ는 이미 다양한 변화를 겪었음을 보여준다.

한편 중세국어의 ㅟ(uj)가 현대 영남방언에는 wi 혹은 i로 발음된다. 영남 문헌에는 ㅟ가 ü였음을 보여주는 증거는 확인되지 않는다. 중앙어를 대상으로 기술한 *A Korean Manual*의 제2판(1893 : 16)은 자음이 선행하지 않는 ㅟ는 uj로, 자음이 선행하는 ㅟ는 독일어의 ü와 같이 실현된다고 하였다. 이러한 기술이 당시의 영남방언에도 동일하게 적용될 수 있는지 판단할 수 없다. 小倉進平의 방언자료집에서 ㅟ가 ü였음을 보여주는 예는 찾기 어렵다. '귀>긔'(耳)와 '뒤>듸'(後)와 같은 예는 ㅟ가 uj에서 비원순화된 것으로 볼 수 있다. '애훼'(哀毁)가 '애회' 또는 '애휘'로 표기된 것은 ㅟ의 음가가 wi임을 뜻하는 것이다. 문헌 자료와 현대의 방언 자료를 통틀어 볼 때 ㅟ는 이 방언에서 uj>u(주로 비어두 환경), uj>wi(주로 어두), uj>wi>i(어두의 자음 뒤)와 같은 다양한 변화를 경험하였다고 기술할 수 있다.

여기서 문제가 되는 것은 uj>wi 변화의 중간 단계에 단모음 ü를 설정 여부이다. uj가 직접 wi로 변화하는 것은 음운론적으로 설명할 수 없으므로 그 중간에 ü를 설정하는 것이 자연스러울 것이다. 백두현(1992)에서 제안한 재음소화 원리를 이용하여, ㅟ의 변화 과정을 uj>wij>ij>i와 같이 기술하면 ㅟ와 관련된 발음 및 표기형을 모두 설명해 낼 수 있다. 즉 '귀'가 '구', '긔', '기' 따위로 나타나는 것이 모두 설명 가능하게 된다. 다만 이 방법이 이론적 추상성을 띠고 있어서 음운 현실에 부합되는가 하는 문제점이 있다.[17]

---

16) 이때의 ㅚ가 ö일 가능성도 전적으로 배제되지 않는다. 이에 대한 자세한 분석은 백두현(1992)의 3.2.2절 참고

17) 박종희(1995)는 이 문제를 입자음운론의 '핵이동' 개념을 이용하여 설명했다.

이 방언의 모음사에 있어서 ö가 존재했음은 증명할 수 있으나 ü는 그렇지 못하다. 이 방언에서 oj>ö라는 변화가 가능하였다면 uj>ü도 존재했을 가능성은 충분히 인정되지만, ü를 입증할 만한 구체적 증거는 ö와 달리 영남 문헌과 현장 조사 방언 자료집에서 찾을 수 없다.

3) ㅢ의 변화

ㅢ(ij)는 off-glide j의 탈락(ij>i)과 축약에 의한 단모음화(ij>i)라는 두 가지 변화를 경험하였다. ij>i는 17세기 초의 『경서석의』(經書釋義)에서부터 나타나는데, 17세기 문헌을 다룬 전광현(1967 : 84-85)에서 '섈리', '디키여', '히고(白)-히여서' 등이 보고된 바 있다. 『경서석의』의 '사름이게'는 '-의게'에서 변한 것이고, 중간 『두시언해』의 '조히'는 ʌj>ij>i를 거친 것이다. ij>i 변화는 17세기 전기에 발생하여 18세기 후기에는 상당히 활발하게 적용되었던 것으로 판단된다. 그리고 19세기 전기 문헌인 『십구사략언해』에 이르면 원래의 i를 ij로 표기한 과도교정형도 적지 않게 나타난다.[18]

ij>i 변화 역시 17세기 이래 지속적으로 나타나며 18세기에도 '디클 슈'守(千字 13a), '지클 슈'守(類合 27a), '더들 지'遲(類合 30b), '사름으게'(彌陀 5a.9a.10b)(念桐 38b. 8a), '더드고'(念海 가 12b), '나라흐 급호 거술'(十九 1,87a) 등과 같은 예가 나타난다.

ij>i와 ij>i가 존재한 시기에도 ij가 정상적으로 표기된 예들이 더 많다. 이것은 ij가 발음될 수 있었음을 의미한다. 따라서 ㅢ에 대해 [ij], [i], [i]라는 세 가지 발음이 공존한 시기가 상당히 오랫동안 계속되었음을 알 수 있다.

---

18) 흼(力)(2,74b), 버희도다(2,3b), 소긔믈 볼가 저허 ᄒ더니(2,49b), 졧나라희 거의 진긔티 못 홀러 니(2,18a), 아븨 샤로 더부러(2,55a). cf. 아비 샤로 더부러(花谷 新刊 2,20b).

3.1.3. 모음체계의 변화와 모음중화[19]

오늘날의 경상방언은 국어의 여러 방언 중 가장 적은 수의 단모음을 가지고 있다. 6개의 단모음이 경상방언의 기본적 모음체계를 이루고 있다. 이와 같은 모음체계에 도달하게 된 과정과 원인을 캐기 위해서는 통시적 방법이 동원되어야 한다. 백두현(1992)에서는 문헌 자료를 이용한 통시적 방법에 의거하여 경상방언에 일어난 모음 변화와, 이에 따라 전개된 모음체계를 다음과 같은 단계로 설정하였다.

〈체계 1〉   〈체계 2〉

이		우		이	으	우	
	으		오		어	ᄋᆞ	오
어		ᄋᆞ			아		
	아						

〈체계 3〉   〈체계 4〉

이	으	우		이	으	우
어	→	오		에	어	오
	아				애	아

〈체계 5〉   〈체계 6〉

이	으	우		이	으~어	우
에	외 어	오		에~애		오
애	아				아	

---

19) 백두현(1992)에서 논한 내용을 백두현(1994)에서 요약한 바 있다. 핵심적인 내용이 잘 요약되어 있어서 백두현(1994)의 내용을 옮긴 것이 적지 않다. 중복을 피하기 위해 백두현(1994)은 이 책에 싣지 않았다.

<체계 1>은『훈민정음』해례본에 기술된 모음들의 상관을 그대로 반영하여 그린 것으로 15세기의 모음조화를 모음체계에 충실히 나타낸 것이다. <체계 2>는 이것을 음운론적으로 재조정하여 그린 것이다. 특히 <체계 2>는 ·의 비음운화를 초래한 ·>ㅡ 및 ·>ㅏ 변화를 자연스럽게 설명할 수 있는 장점을 가진다. <체계 3>은 ·가 완전히 비음운화되고 ㅓ가 약간 후설화된 상태로서, 시기적으로는 18세기 중반 이후에 해당한다. ㅓ가 후설화된 결과로 전설 영역에 조음상의 공간이 생기게 되는데 이 단계에서 ㅔ와 ㅐ의 단모음화가 이루어져 빈 공간을 메우게 된다. 이런 진행을 보인 단계가 <체계 4>이며, 시기적으로는 18세기 후기에 해당한다. 음절 위치를 고려한다면 비어두 음절에서 ㅔ, ㅐ의 단모음화가 더 빨리 이루어졌을 가능성도 높다. <체계 5>는 ㅚ가 단모음화한 시기의 것으로서 19세기 후기의 어느 시점에 이 단모음이 존재했을 것이다. <체계 6>은 오늘날 경상방언의 일반적 모음체계로서 ㅚ의 이중모음화, ㅡ : ㅓ간의 중화, ㅔ : ㅐ간의 중화가 완성된 이후의 것이다. '으~어'와 '에~애'는 두 모음이 각각 중화되었음을 뜻한다. 위의 여러 모음체계를 설정한 근거는 다음과 같다.

1) ·의 비음운화와 ㅔ, ㅐ의 단모음화에 따른 모음체계의 재정립

·의 비음운화는 18세기 말에 상당한 수준으로 진전된 것으로 생각된다. 이러한 점을 근거로 <체계 3>을 세웠다. ·의 비음운화 이후 전설영역에 있었던 ㅓ가 ·의 자리로 후설화하고 비어 있는 전설영역에 새로운 단모음이 자리 잡게 된다. 3.1.2의 1)에서 보았듯이 하향 이중모음이었던 ㅔ와 ㅐ가 단모음으로 변화했음을 입증하는 증거가 18세기 말에 나타났고, 이에 따라 이 시기의 모음체계는 상당한 변화를 겪게 되었을 것이다. 이러한 사실을 중시하여 <체계 4>를 설정하였다.

2) ㅚ의 단모음화

ㅚ가 이 방언에서 단모음으로 존재한 증거는 19세기 말과 20세기 초의 여러 문헌에 원래의 ㅔ를 ㅚ로 표기하거나(회방 毁謗. 3.1.2의 2) 참고), 원래의 ㅚ를 ㅔ로 표기한 예들에서 찾을 수 있다. 이런 표기는 ㅚ의 음가가 [we]임을 말하는데 역사적으로 [oj]였던 ㅚ가 [we]로 변했음을 의미한다. [oj]가 직접 [we]로 변화한다는 것은 음운론적으로 불가능하므로 그 중간 단계에 [ö]를 두어야 한다. 즉 oj>ö>we라는 변화 과정을 설정해야 하므로 우리는 이 방언에서 [ö]가 존재한 적이 있었다고 말할 수 있다. 이 방언에 [ö]가 존재했음을 증명하는 직접적 증거는 小倉進平(1944 : 513)에 '회답'의 방언형이 [hø-dap](경북-영천, 경주, 성주, 지례)으로 조사된 것과 '토끼'의 ㅣ역행동화형의 피동화 모음이 ø로 채록된 것을 들 수 있다.

영남감영판 『십구사략언해』에는 원래의 ㅔ가 ㅚ로 표기된 '쾨여시니'(貫)(2,96a)가 나타난다. 이 예는 [oj]의 단모음화를 보여주는 증거가 아니라 [wəj]의 [wə]가 [o]로 축약된 변화로 봄이 옳다. ㅚ가 단모음으로 존재하였음은 확인되지만 음운론적 지위가 불안하여 [we]로 변화한 것으로 추정된다. 단모음 ㅚ의 존재는 확인되었지만 ㅟ가 단모음임을 입증해 주는 증거는 찾을 수 없다(3.1.2의 2) 참고). 따라서 모음체계에 단모음 ㅟ를 설정하지 않았다.

3) 모음중화의 발생과 발달

현지조사를 통한 경상방언에 대한 연구를 통해 이 방언에는 단모음 ㅔ : ㅐ, ㅡ : ㅓ가 구별되지 않음이 밝혀졌다. 이러한 모음중화가 통시적으로 전개되어 온 과정에 대한 기술과 이 현상의 음운론적 원인에 대한 설명이 백두현(1992)에서 이루어졌다. ㅔ : ㅐ의 혼동 표기[混記] 예는 18세기 자료에 나타난 '배프고'(<베플고), '삼개힝'(三戒行) 등이 있고 이런 표기는 20세

기의 문헌에서 빈번하게 나타난다. 19세기의 자료가 적어서 그 중간 과정
은 뚜렷하지 않다. 음운 현상의 발달 과정이라는 측면에서 볼 때 18세기는
ㅔ : ㅐ간의 중화가 일어난 발생 단계이고, 19세기 후기 내지 20세기 초에
완성단계에 도달한 것으로 판단된다.

ㅡ : ㅓ 간의 중화를 보여준 초기 예는 18세기 후기의 동화사판과 해인
사판『염불보권문』에 나타난 '주검'(죽음)이다. 19세기 초에 ㅡ : ㅓ 간의 혼
기(混記)가 약간 나타나다가 20세기 초에 들어 그 수가 대폭 증가한다. 이와
같은 발달 과정은 ㅔ : ㅐ의 혼기가 보여준 과정과 일치한다. ㅔ : ㅐ 그리
고 ㅡ : ㅓ 간의 변별이 상실됨으로써 이 방언의 모음체계는 타 방언권과
구별되는 특징을 갖게 되고, 오늘날 한국어의 여러 방언 중 가장 적은 수
의 모음을 가진 6모음체계로 귀결된 것이다. 이러한 모음 변화는 영남방언
의 특징을 결정짓는 중요한 요인이 되었다.

3.1.4. 자음 뒤 이중모음의 단모음화

현대의 영남방언 토박이 화자들은 ㄹ, ㄴ, ㄱ, ㅂ, ㄷ 등의 자음 뒤에 이
중모음 ㅕ, ㅑ, ㅘ, ㅝ 등이 결합할 때 이 모음들의 반모음 j, w가 탈락되거
나 모음축약을 일으켜 단모음으로 발음한다. 이와 같은 이중모음의 단모음
화가 진행된 역사적 과정을 밝힘으로써 영남방언이 타 방언과 구별되는 특
징을 갖게 된 까닭을 알 수 있다.

ㄹ 뒤의 이중모음이 단모음으로 바뀐 이른 예는 중간『두시언해』(1632)부
터 보인다. '그러기'(雁)(杜重 2,20b 등), '어러운'(杜重 2,63b) 등이 그 예이다. 18
세기 문헌에는 동일한 현상이 나타나고 19세기, 20세기 문헌에는 그 예들
이 빈번하다. ㄴ 및 ㄷ 뒤의 이중모음이 단모음으로 바뀐 예도 중간『두시
언해』의 '네'(<녜)(古)(杜重 16,5a 등), '더'(<뎌)(笛)(杜重 15,33a) 등에서 먼저 나타
나고 그 후의 변화 예도 ㄹ 뒤의 경우와 같다. ㄱ, ㅂ, ㅎ 뒤에서 이중모음

이 단모음으로 바뀐 현상은 시기가 약간 늦어 18세기 문헌부터 나타나기 시작한다. '믈걸'(波)(二倫 嶺營 36a), '벙'(病)(彌陀 18b.28a), '헝뎨'(兄弟)(正俗 중 3b) 등이 그 예이다.[20]

영남방언 화자들이 자음 뒤의 이중모음을 발음하기 어렵게 된 것은 자음의 종류에 따라 시기적 차이가 있었던 것이다. 문헌상에 나타난 예로 볼 때, 자음 뒤 이중모음의 단모음화가 ㄹ, ㄴ, ㄷ 뒤에서는 17세기에, ㄱ, ㅂ, ㅎ 뒤에서는 18세기에 발생하였다. 음운 환경에 따라 이러한 양상으로 점진적 변화가 진행된 결과, 오늘날 이중모음과 관련된 영남방언의 특징적 발음이 형성된 것이다.

3.1.5. 고모음화[21]

고모음화란 [−high,−low]인 중모음이 [+high]인 고모음으로 변화하는 현상(ə>i, e>i, o>u)이다. 고모음화로서의 ㅓ>ㅡ, ㅔ>ㅣ의 예는 거의 대부분 20세기초 문헌에서부터 나타난다(백두현 1992). 그러나 실제로는 19세기 말에 이미 이 현상이 존재하였음이 확실하다. 영남방언에서 e>i는 원래의 e뿐 아니라, 모음축약(jə>e)에 의해 생성된 e와, ㅣ역행동화에 의해 생성된 e 등에 두루 적용된다. 이와 같이 활발한 적용 양상은 e>i의 시간적 깊이를 암시해 준다. 그러나 원래의 ㅐ에 이 변화가 적용된 예는 없으므로 e>i는 ㅔ : ㅐ간의 중화가 일어나기 전에 적용되었다고 말할 수 있다.

---

20) 보다 많은 용례는 백두현(1992)의 3.4.2절 참조.

21) 백두현(1992)에서 논한 내용을 백두현(1994)에서 요약한 바 있다. 후자에 요점이 잘 정리되어 있어서 후자를 그대로 인용한다. 아래의 ㅣ역행동화 및 원순모음화에 관한 것도 이와 같다.

3.1.6. ㅣ역행동화

ㅣ역행동화의 통시적 전개 과정은 1단계와 2단계로 나누어진다. 후행하는 동화주 ㅣ에 의해 선행하는 피동화 모음에 j가 첨가되어 피동화 모음이 하향 이중모음으로 변화하는 현상이 1단계 ㅣ역행동화이다. 2단계 ㅣ역행동화는 피동화 모음에 대응하는 전설단모음이 존재하던 시기에 피동화 모음이 바로 전설단모음으로 바뀌어 a는 ε로, ə는 e로 변하는 현상을 가리킨다.

1단계의 ㅣ역행동화에 의한 ㅏ>ㅐ(aj), ㅓ>ㅔ(əj), ㅗ>ㅚ(oj), ㅜ>ㅟ(uj)와 같은 교체 현상은 16·17세기 문헌에서부터 나타나는 것으로 밝혀졌다(버히->베히-, 섯겨>셋겨, 소리>쇠리, 구실>귀실). 18세기 초의 문헌에 나타난 '쥑이-'(<죽이-), '쒜미-'(<쑤미-)의 피동화 모음 ㅟ 역시 하향중모음 [uj]로 실현되었다고 보아야 한다. 한편 동화주와 피동화주 사이에 놓인 개재 자음이 [+coronal]인 경우에도 ㅣ역행동화가 적용된 예들(소리>쇠리, 구실>귀실, 그다지>그대지)이 이른 시기의 문헌에서부터 나타남은 주목할 만한 가치가 있다. 이런 예들은 동화로서의 자연스러운 음운 과정을 유지하고 있었던 1단계의 ㅣ역행동화 단계에서 일어난 것으로 보인다. 동화주와 피동화주 사이에 [+coronal] 자음이 있는 경우 ㅣ역행동화가 적용되지 못하는 제약이 생겨난 원인은, 1단계 ㅣ역행동화가 자연성이 감소된 2단계 ㅣ역행동화로 전환되었기 때문이라고 설명할 수 있다(백두현 1992). 1단계의 ㅣ역행동화는 음성적으로 자연스러운 '同化' 과정이었기 때문에 개재 자음의 제약이 미약했던 것이다. 이에 비하여 2단계의 ㅣ역행동화는 피동화 모음이 직접 전설단모음으로 변하여, 조음의 편의를 위한 자연스러운 동화이기는 하되 1단계보다 자연스러움의 정도가 상대적으로 줄어든 것이다. 동화로서의 자연스러움이 감소하면서 자연스러운 음운과정인 동화에 어울리지 않는 개재 자음의 제약이 후대에 첨가되었다는 것이 필자의 통시적 해석이다. 이런 해

석을 취할 때 지금까지 예외로 보았거나 어물쩍 넘겨 버렸던 상당수의 예
들을 합리적으로 설명해 낼 수 있다.

3.1.7. 원순모음화

원순모음화는 동화주가 원순모음인 경우와 순자음인 경우로 나누어진다.
동화주가 순자음인 경우도 다시 동화주가 놓인 위치에 따라 순행 원순모음
화와 역행 원순모음화로 구별된다. 동화주가 순자음인 경우 역행 원순화의
예가 시기적으로 먼저 출현한다(님굼, 어듭게, 사룸, ㅁ옴, 말솜 등). 순자음에 의
한 순행 원순모음화는 『역어유해』에 이르러서야 활발하게 나타나는 것으
로 알려져 있다. 그러나 영남 문헌의 경우 17세기 전기의 중간 『두시언해』
에 이미 '노푼'(<노픈), '부려'(<ㅂ리-), '불그니란'(<붉-) 등의 순행 원순화가
나타난다. 이것은 당시의 중앙방언보다 영남방언에서 순행 원순모음화가
먼저 일어났음을 뜻한다. 『동국신속삼강행실도』 등에도 순행 원순모음화
의 예가 몇몇 나타나는 사실(슬품, 머무러)로 보아 17세기 전기는 원순모음화
가 발생한 시기라고 말할 수 있다. 형태소 내부의 원순모음화는 17세기 후
기에 완성되었고 이어서 형태소 경계로 확대 적용되었다. 이 과정에서 원
래의 원순모음을 비원순모음으로 표기한 과도교정 현상도 다수 나타났다
(백두현 1992).

그밖에 모음과 관련된 음운변화로 치찰음 뒤의 전설모음화(스>시, 즈>지)
등 몇 가지가 있으나 이 현상들에 대한 분석은 백두현(1992)으로 돌린다. 이
현상들이 영남방언에 일어난 음운변화들이기는 하나, 같은 현상이 다른 방
언에서도 널리 일어난 것이기 때문에 영남방언의 특징적 음운 현상에 초점
을 두는 이 글에서는 제외한다.

3.2. 자음 변화

3.2.1. 구개음화

구개음화에는 ㄷ구개음화(ㄷ>ㅈ), ㄱ구개음화(ㄱ>ㅈ), ㅎ구개음화(ㅎ>ㅅ)가 있는데, 이 변화가 어느 시기에 일어난 것이며, 영남방언의 분화에 어떤 의미를 가지고 있는지 고찰해 보자.

1) ㄷ구개음화

ㄷ구개음화는 16세기 후기의 전라도 간행 문헌에 가장 먼저 나타난다. 지금까지 알려진 가장 이른 예는 전라도 순창 무량굴(無量崛) 간행의 『월인석보』(月印釋譜) 21권(1562)에 보이는 '쟝쟈'(長者)(18a)와 과도교정형 '뎡듕'(命終 명중)(219a)이다(김주필 1994 : 60). 이어서 송광사판 『은중경언해』(1563)에 '혼침'(<혼팀, 昏沈)(7a)이 나타나고(이명규 1992 : 83), 전라도 순창 취암사(鷲岩寺) 간행의 『몽산화상육도보설』(1567)에 '부쳐'(30b), '졔ㅈ'(<뎨ㅈ, 弟子)(40a) 등이 나타난다(백두현 1991 : 88).

그런데 경상도 지역에서 간행된 16세기 문헌에는 ㄷ구개음화를 보여주는 직접적인 예를 찾을 수 없다. 그러나 영남방언에도 ㄷ구개음화가 존재했음을 알려주는 간접적인 예가 풍기의 희방사에서 간행된 『칠대만법』(七大萬法)(1569)에 나타난다. '듀화'(칠대만법 9a)가 그것인데 김주원(1997 : 34-37)에서 논증되었듯이 '듀화'는 '규화'(葵花)의 'ㄱ'을 'ㄷ'으로 적은 것이다. 당시의 이 방언에서 '규화>쥬화'와 같은 ㄱ구개음화가 존재해야 '듀화'와 같은 표기가 나타날 수 있다. 『칠대만법』의 표기자는 '쥬화'의 원래 형태를 '듀화'로 오판했던 것이다. '규화~쥬화~듀화'의 교체는 16세기 후기 영남방언에 ㄷ구개음화와 ㄱ구개음화가 모두 실현되었음을 증명해 준다.

함경도에서 1571~1572년 간에 간행된 『촌가구급방』(村家救急方)에 ㄷ구개음화형 '끠쟝가리'와 과도교정형 '디남셕'이 나타나므로(안병희 1978) 함경 방언에서도 16세기 후기에 ㄷ구개음화가 실현되었음을 알 수 있다. 이러한 분석을 바탕으로 전라방언과 영남방언 그리고 함경방언의 ㄷ구개음화가 16세기 후기에 발생했다고 결론지을 수 있다. 이에 비해 중앙어에서 ㄷ구 개음화는 시기적으로 뒤진다. 중앙어의 ㄷ구개음화와 그 과도교정형은 17 세기 중기 또는 후기 문헌에 나타난다(김주필 1994 : 52).[22]

영남방언의 ㄷ구개음화는 17세기 초의 자료에 활발한 적용을 보여준다. 1602년부터 쓰인 「현풍곽씨언간」에는 ㄷ구개음화형과 그 과도교정형이 많 이 나타나고, 1632년에 대구와 인근 읍에서 분간(分刊)한 중간 『두시언해』 에는 ㄷ구개음화형과 그 과도교정형이 대폭 증가한다(안병희 1957, 백두현 1992). 두 문헌에 나타난 양상으로 보아 17세기 전기의 영남방언에서 ㄷ구 개음화는 거의 완성된 단계였다고 할 수 있다. 이러한 양상은 중앙어와는 상당히 다른 모습이다. 중앙어에서 ㄷ구개음화는 18세기 자료에 가서야 활 발하게 나타난다.

2) ㄱ구개음화

영남방언을 반영한 문헌으로서 ㄱ구개음화를 직접적으로 보여주는 가장 이른 예는 「현풍곽씨언간」의 '지춤 지쳐'(<기춤 깇-)(곽씨언간 160)이다. 이 예 가 나온 편지는 출가녀가 쓴 것인데 17세기 전기의 현풍방언에 ㄱ구개음화 가 존재했음을 입증한다. 「현풍곽씨언간」과 가까운 시기에 대구에서 간행 한 중간 『두시언해』의 '봄과 져으레'<겨스레>(7,28b)도 ㄱ구개음화가 적용 된 예이다. 그러나 앞에서 논한 '듀화'(칠대만법 9a)의 예와 희방사(喜方寺)의

---

22) 이명규(1992 : 76)는 도산서원본 『소학언해』(1587)에 나타나는 '죠티'(<둏-), '츄존' (<튜존, 追尊)의 예를 들어 16세기 후기의 중앙어에 ㄷ구개음화가 존재한 것으로 보 았다. 그러나 『소학언해』의 번역과 필사에 참석한 사람의 방언이 투영된 것일 가능성 을 고려하여 이 예들에 대한 판단은 유보해 둔다.

이칭(異稱)으로 쓰인 '池叱方寺'(지질방사)와 '其方寺'(기방사)의 관계를 분석해 볼 때, 영남방언의 ㄱ구개음화는 이미 16세기 후기에 존재했음이 확실하다.

영남방언을 반영한 18세기 자료에는 ㄱ구개음화가 적용된 예들이 빈번한 편이다. 1700년에 남해에서 간행된 『천자문』과 『유합』에 ㄱ구개음화가 실현된 여러 예가 나타난다. '졔집 녀'女(千字文 6a), '져의 동'冬(千字文 1b), '져 강'糠(千字文 26b), '졔립종 비'婢(類合 12b), '져에 족'族(類合 8b) 등이 그것이다. 1704년 예천 용문사에서 간행한 『염불보권문』에는 '졔시-'(<계시-)(16b), '젼주-'(<견주-)(5a), '짚-'(<깊-)(29a) 등이 보이고 그 이후의 여러 문헌에서도 이러한 예가 많이 발견된다.23)

함경도 함흥에서 중간된 『촌가구급방』(村家救急方)에 '사다새 지름'(沙月鳥油)(村家救急方 1571~1573)은 ㄱ구개음화를 보여주는 예이다(안병희 1978). 16세기 자료로 전라도에서 나온 문헌에 ㄱ구개음화의 예는 보이지 않는다.24) 송광사판 『천자문』(1731)에 '진 장'(長)이 나타나고, 송광사판 『유합』(1731)에도 '졔즈 계'芥(7a), '지집 녀'女(11a) 등이 나타난다(김주필 1994 : 81). 또한 1799년 송광사에서 간행한 『법화경』의 「법화영험」 부분에 '져드랑이'(<겨드랑이), '절'(<결), '코짐'(<콧김)과 같은 ㄱ구개음화형이 나타난다. 이러한 사실로 보아 ㄱ구개음화에 있어서 전라방언도 영남방언과 비슷한 과정의 변화를 겪었던 것으로 본다.

『칠대만법』, 「현풍곽씨언간」, 중간 『두시언해』에 ㄱ구개음화가 나타나므로 영남방언의 ㄱ구개음화는 다른 방언에 비해 상대적으로 빨리 발생하였음이 확실하다. ㄱ구개음화를 기준으로 볼 때 16세기 후기와 17세기 초에 영남방언은 중부방언권과 구별되는 특징을 지니게 되었고, 이 변화는

---

23) 18세기, 19세기, 20세기 문헌에 나타나는 ㄱ구개음화에 대한 보다 상세한 검토는 백두현(1992)의 4.3.2절을 참조
24) 전라도 순창에서 1567년에 간행된 『蒙山和尙六道普說』에 '맛겨'(任)가 나온다. 이 어형은 '맛뎌>맛겨'를 경험한 후 '맛뎌'를 잘못 교정한 것인데 16세기 후기의 전라방언에 ㄱ구개음화가 존재했음을 보여준다(백두현 1991 : 89).

영남방언의 한 특징을 이루게 되었다.

3) ㅎ구개음화

현재까지 알려진 ㅎ구개음화의 가장 이른 예는 『몽산화상육도보설』(1567)의 '셔'(<혀, 舌)(38a)이다.25) 이 책과 같이 전라도에서 나온 송광사본(松廣寺本)『사법어』(四法語)(1577)에 '兄셩弟뎨'(15a)가 나타난다(안병희 1972 : 99). 중앙어를 반영한 문헌에 나타나는 이른 예는 捷解新語(1676)의 '슈지'(4 : 19b)와 인선왕후 편지(1674년 이전)의 '슈지'(<휴지)이다(김주원 1997 : 39). 18세기에 중앙에서 간행된 몇몇 문헌에도 드물기는 하나 '쇠심'(牛筋)(몽유 하 32a), '심 쓰고'(윤음 2a)와 같은 예가 보인다(김주필 1994 : 82). 영남방언을 반영한 자료에서 ㅎ구개음화는 17세기 전기 자료인 「현풍곽씨언간」에서 가장 먼저 발견된다.

> 명지 션 것 열 냥 다 가옵더니(곽씨언간 144)
> 명지 셜 거슨 품 밧골 듸는 업고(곽씨언간 160)
> 명지 셜 듸 업서 저도 민망이 너겨(곽씨언간 160)
> 셰고 이시니(곽씨언간 141)

위의 '셜'(셔-ㄹ)은 '실 혀다' 또는 '실 혀다'의 '혀-'에 ㅎ구개음화가 적용된 것이고, '셰고'의 '셰-'는 '혜-'의 구개음화형이다. 중간 『두시언해』(1632)의 '나모지는 길흐로 셔<혀> 가고'(引徑)(14,39a)라는 예에서 ㅎ구개음화가 나타나므로 영남방언에서 ㅎ구개음화는 적어도 17세기 전기에는 존재하였다고 확정할 수 있다.

18세기 이후의 영남 문헌에서 ㅎ구개음화는 빈번하게 나타난다.26) 문헌상의 빈번한 용례를 볼 때, 영남방언의 ㅎ구개음화는 18세기 초에 널리 확

---

25) 조수와 미리 일쳬졔불리 다 혼 셧 그티라(皆共這一介舌端)(38a).
26) 구체적인 예는 백두현(1992)의 4.3.3절 참조

산되었음을 알 수 있다. 또한 ㅎ구개음화에 대한 과도교정형이 18세기 초부터 나타나고 있으므로 이 변화는 당시의 화자들에게 뚜렷하게 인식되었음이 분명하다.

ㅎ구개음화에서 영남방언과 전라방언은 비슷한 변화 과정을 겪었을 것으로 보인다. ㄱ구개음화와 달리 ㅎ구개음화는 중앙어를 반영한 문헌에도 나타나며, 출현 시기도 남부방언과 큰 차이를 보이지 않는다.

3.2.2. ㅸ의 변화

문헌어에서 'ㅸ'을 가진 어형이 오늘날의 영남방언에서 'ㅂ'으로 나타나는 예들이 있다. 명사(누부, 골뱅이, 말밤 등)와 동사(더럽-, 곱-, 눕-, 덥- 등)에서 ㅸ의 반사형이 관찰되며, 'ㅸ'이 탈락한 어형도 이 방언에 공존한다. 즉 오늘날 영남방언에는 'ㅸ>ㅂ' 변화형과 'ㅸ>zero' 탈락형이 공존하는데, 과거의 문헌 자료에 나타난 양상도 이와 같다.

『여씨향약언해』(1518)에 '도ᄇ며'(助)(22b)와 '도올디니라'(29b)가 공존하며, 『칠대만법』(1569)에도 같은 현상이 나타난다. 『칠대만법』에서 가장 주목되는 예는 '이붓집 머섬'(21b)이다. 현대국어의 '이웃'이 '이붓'으로 소급됨을 증언하는 '이붓'은 여타의 문헌에서 찾기 어렵다. 「현풍곽씨언간」에는 'ㅸ>ㅂ'을 반영한 예가 극히 드물다. '치위'(곽씨언간 8), '더위'(곽씨언간 128) 등 ㅸ이 약화 탈락된 예가 압도적이다. 심지어 '보롬끽우터'(곽씨언간 128), '어제우터'(곽씨언간 139), '거월 초싱우터'(곽씨언간 158) 등과 같이 원래의 ㅂ이 약화 탈락된 예도 보인다. 곽씨언간에 나타난 이러한 현상(ㅸ,ㅂ>ø)은 오늘날의 현풍방언에 ㅸ 반사형이 ㅂ으로 나타난 사실과 대조적 차이를 보여준다. 곽씨언간에서 'ㅸ>ㅂ'을 실현한 예가 전혀 없는 것은 아니다. '마주비'(곽씨언간 45)가 그 예이다. '마주비'는 『용비어천가』에 나온 '마ᄍᆞᄫᅵ'(마중, 奉迎)의 변화형으로 동사 '맞줍-'의 파생어이다. 파생어에서 'ㅸ>ㅂ' 변화

가 화석화된 어형이 '마주비'인 것이다. 'ㅸ'과 관련하여 곽씨언간이 보여
준 ㅸ 탈락형은 17세기 전기의 현풍방언 특히 양반층의 방언에서 'ㅸ>ㅂ'
변화가 극히 미미한 것이었음을 의미한다. 이 점은 전국 여러 지역의 언간
에 공통적인바 양반층 특유의 사회방언적 요소일 수 있다.

18세기 초의 남해 영장사판 『유합』에 보이는 '고븐강 호'湖(4b), '말밤 조'
藻(5b), '우방 우'芌(7a)는 'ㅸ>ㅂ'을 겪은 것이다. 20세기 초 문헌의 '일바심
이니'(起)(女士須知 21b), '밉을 증'憎(漢文 訓蒙 9b) 등 여러 문헌에 걸쳐 이러한
변화가 관찰된다. 'ㅸ>ㅂ' 변화를 겪은 이 어형들은 오늘날 영남방언을 다
른 방언과 구별시켜 주는 뚜렷한 특징이다. 'ㅸ>ㅂ'을 기준으로 볼 때 영
남방언은 16세기에 이미 이 변화에 따른 특징을 지녔다고 말할 수 있다.[27]

3.2.3. ㅿ의 변화

역사적으로 ㅿ에 대응하는 어형이 오늘날의 영남방언에서 'ㅅ'으로 실현
되는 예들은 명사 '가실'(秋), '지심'(雜草), '부석'(廚) 등이 있고, 동사로는 '지
서'(作), '쪼사'(琢), '주서'(拾) 등이 있다. 오늘날 영남방언에는 'ㅿ>ㅅ' 변화
와 'ㅿ>zero' 변화가 함께 존재하는데, 과거의 문헌 자료에 나타난 양상도
이와 같다.

영남방언을 반영한 문헌으로서 'ㅿ>ㅅ' 변화례 중 가장 이른 것은 16세
기 초의 『이륜행실도』가 보여주는 'ㅅ시'(間)(二倫 32a)이다. 이 어형은 15세

---

27) 이러한 기술은 영남방언에 쓰이는 '더러버', '더버서', '누부'의 'ㅂ'이 15세기의 문헌
어에 나타난 'ㅸ'에 소급된다는 가정을 바탕으로 하고 있다. 그러나 이 가정은 논란의
대상이 되는 문제이다. 영남방언에서 'ㅸ'의 존재를 인정하지 않는 견해도 있기 때문
이다. 이 견해에서는 영남방언의 '누부' 등의 'ㅂ'은 원래 'ㅂ'이지, 'ㅸ'이 변하여 'ㅂ'
으로 된 것이 아니라고 본다. 그리고 현대의 영남방언에서 쓰이는 '누우'와 같은 어형
은 'ㅸ'이 탈락한 중앙어의 영향을 입은 결과로 간주한다. 그러나 영남방언이 과거에
'ㅸ'을 가졌다고 보는 것이 '누우'와 같은 예를 설명하기 쉽고, 한국어 전체의 음운사
기술에서도 일관성 있는 설명을 할 수 있다.

기 후기의 『칠대만법』에도 나타나는데 『칠대만법』에는 'ᄉ시'(七大 4a) 이외에도 '겨슬'(冬)(七大 17b), 'ᄀ슬'(秋)(七大 17b), '어버시'(父母)(七大 21b) 등이 보인다. 17세기, 18세기 및 그 후의 여러 문헌에도 'Δ>ㅅ' 변화례가 적지 않게 나타난다.[28] 16세기 초 문헌부터 20세기 전기 문헌에 이르기까지 'Δ>ㅅ'의 예는 지속적으로 나타난다. 이러한 현상은 이 변화가 영남방언에서 두드러진 변화였음을 뜻한다. 'Δ>ㅅ'은 이 방언에서 적어도 16세기 초에 일어났음이 확실하고, 그 후 지속적으로 작용하여 영남방언을 특징지어 주는 요소가 되었다.

그러나 중앙어와 마찬가지로 Δ이 탈락하는 변화 즉 'Δ>ø'가 적용된 예도 이 지역의 문헌에 상당히 나타난다(백두현 1989 : 227). Δ이 보여주는 이 두 가지 변화는 이 방언의 지역적 분화와 사회적 위상차에 따라 다중적 양상을 보이며 공존했던 것으로 판단된다. 이 판단은 앞에서 다룬 'ㅸ'의 변화에도 동일하게 적용될 수 있다.

한편 16세기 후기의 전라방언과 관련된 『몽산화상육도보설』에도 'Δ>ㅅ'을 실현한 '지스며'(8a), '바롤 ᄀ새'(海邊)(6b), '니소리라'(續)(28b) 등이 나타난다. 이 문헌에는 'Δ>zero' 변화형도 나타난다(백두현 1991). 16세기 후기의 전라방언에 나타나는 'Δ>ㅅ' 변화는 당시의 영남방언과 유사한 모습을 보인 것이라고 할 수 있다. 앞에서 다룬 ㅸ의 변화와 Δ의 변화는 영남방언과 전라방언이 서로 유사하다. 이 점에서 영남방언과 전라방언은 역사적으로 비교적 친밀한 관계였다고 말할 수 있다. 오늘날 두 방언을 묶어 남부방언이라고 부르는 근거가 이러한 변화에서도 확인된다.

---

28) 백두현(1989 : 226)에서 'Δ>ㅅ' 변화례를 세기별로 정리해 놓았다.

3.2.4. /ㅆ/의 형성 문제

현대의 영남방언에는 /ㅅ/과 /ㅆ/이 변별적 대립을 이루지 못하는 지역 (영천, 경주 등 동부권)이 있다. 그 이유는 어두의 ㅄ이 ㅆ으로 발달하지 못하 고, ㅄ의 ㅂ이 탈락한 변화(ㅄ>ㅅ)가 작용했기 때문이다. 어두자음군의 변 화로서 영남방언의 한 특징을 형성하게 된 'ㅄ'의 변화에 대해 검토하기 로 한다.

16세기의 영남 문헌에 반영된 'ㅆ'의 표기 양상과 'ㅄ'의 변화를 통해 음 소 /ㅆ/의 형성 여부를 밝힐 수 있다. 백두현(1992, 4.1.2절)에서 이 문제가 자 세히 고찰된 바 있는데 그 요지는 다음과 같다. 16세기의 문헌 중 초간본 이 영남에서 간행된 판본에는 'ㅆ'이 등장하지 않는다. 타 지역에서 간행된 문헌에 'ㅆ'으로 표기된 어형이 영남문헌에서는 모두 'ㅅ'으로 나타난다. 진주에서 중간된『경민편』(警民編)에만 '힘써-'(14a. 14b)가 발견되는데, 이 문 헌에는 '사화셔'(6a)와 '싸화셔'(8a)가 공존하고 있다.『이륜행실도』와『칠대 만법』에는 '힘서'(二倫 37a. 45a)(七大 21a)로만 나타난다.

음소 /ㅆ/이 나타나는 방언과 나타나지 않는 방언의 차이는 다음과 같은 변화를 달리 겪었기 때문이다. 즉 '뿔', '뿍' 등의 'ㅄ'이 'ㅆ'으로 경음화된 방언은 '쌀', '쑥'이 나타나지만, 경음화에 앞서서 어두 자음군의 단순화가 먼저 일어나 'ㅄ'의 'ㅂ'이 탈락하는 변화를 겪은 방언은 '살', '숙'만 갖게 되 었다.29) 16세기의 영남 문헌에서 'ㅆ'이 사용되지 않는 사실은 현대 영남방 언의 일부에 /ㅆ/이 존재하지 않는 점과 관련되어 있다. /ㅆ/이 존재하지 않 는 방언은 자음체계의 형성 과정에서 'ㅅ'의 경음화가 일어나지 않은 결과 이다. 위 예들은 16세기의 이 방언에 /ㅆ/가 존재하지 않았음을 의미한다.

오늘날 경북 서북지역 방언은 음소 /ㅆ/을 가지고 있는데, 이 지역에서 17세기에 나온『어록해』와『음식디미방』등에 'ㅆ'이 나타난다.『음식디미

---

29) 'ㅆ'이 쓰인『음식디미방』에도 'ㅄ'의 'ㅂ'이 탈락한 '숙'(<뿍)(11a)이 나타난다.

방』에는 '씨어'(洗)(1a)와 '시서'(2a)처럼 같은 형태소의 표기에 'ㅅ'이 사용되기도 하고 'ㅆ'이 사용되기도 하는 유동적 모습을 보인다. 이것은 음운변화의 발달 과정에 있었던 과도기적 양상이라 할 수 있다. 현재 음소 /ㅆ/을 갖고 있는 경북 북부방언은 이 지역에서 나온 『어록해』와 『음식디미방』의 예로 보아 적어도 17세기에는 /ㅆ/이 성립되었다고 확정할 수 있다.

18세기 문헌에서도 'ㅄ>ㅅ'에 의한 예('사호-')와 'ㅄ>ㅆ'에 의한 예('싸호-')가 문헌에 따라 혼재된 모습을 보여준다. 이러한 양상은 20세기 초의 『영남삼강록』에 이르기까지 영남 문헌에 계속된다. 같은 형태소의 표기에 'ㅅ'형 '살'(米)과 'ㅆ'형 '쌀'이 혼재하는 이유는 이 방언 내에 /ㅅ/ 및 /ㅆ/을 가진 하위 방언과 /ㅅ/만 있는 하위 방언이 공존하기 때문이다.

4. 영남방언의 문법 형태

방언의 음운적 특징은 위 3절에서 보았듯이 문헌어에 반영된 것이 적지 않다. 방언적 특징을 보여주는 문법형태는 음운적 특징보다 간본(刊本)의 글말에 반영되기 어려운 것으로 보인다. 그러나 문헌어가 가진 규범적 언어의식을 뚫고 방언적 성격이 뚜렷한 문법형태가 간본 문헌에 간간이 나타나 있다. 영남 문헌에 반영된 방언 문법형태에 관한 연구는 백두현(1990)에서 개략적으로 검토된 바 있는데 그 중 방언 특징이 뚜렷한 문법형태 몇 가지를 간추려 설명한다.

4.1. 조사

방언적 성격이 강한 격형태로 주격의 '-이가', 대격의 '-로', 처격의 '-게', 여격의 '-훈터', 비교격의 '-보담', '-체로', '-마곰', '-만치' 등이 문헌에 나타나고 있다. 관련된 예 중 한두 예만 검토해 보기로 한다.

   (1) a. 길고 가는 덩굴<u>이가</u> 이리저리 엉킨 속에(時文 51b)

       b. 낫과 밤이 길며 쟐으기<u>로</u> 아지 못ᄒ고(念海 다 49a)[30]

          입에 져<u>로</u> 물리며 발을 거두와(朝漢 7b)

       c. 물<u>게</u> 올라(十九 2, 61b)

          동편<u>게</u> 가 방이 찟고 서편<u>에</u> 가 쌜니하며(嶺三 12, 16a)

       d. 내<u>한티</u> 오는 이ᄂ 나을 위ᄒ야 염블ᄒ고(臨終 4a)

          본관이 상사<u>한티</u> 보하야(嶺三 2, 22a)

       e. 부모<u>보담</u> 먼저서(養正 17b) 신쥬 기리<u>보담</u> 길개 하고(朝漢 20a)

          풋낫<u>마곰</u> 싸ᄒ라(閨壺 15a) 주먹<u>마곰</u> 뭉그라(閨壺 15a)

          한 핏끌<u>만치</u>나 모래<u>만치</u>나(地藏 12b) 털긋<u>만치</u>라도(地藏 보정 중 2b)

          토쟝쳬<u>로</u> ᄒ라(閨壺 8b)

       f. 종과 몰과 쇼<u>와</u> 된다(念海 나 22b)

          니블<u>ᄒ고</u> 요<u>ᄒ고</u> 자릿감토<u>ᄒ고</u> 벼개<u>ᄒ고</u> 조세 출화(곽씨언간 3)

          명지 듕치막<u>ᄒ고</u> 보션<u>ᄒ고</u> 며개예[31] 여믈 녀허(곽씨언간 6)

  (1)a의 주격조사 '-이가'는 전라도, 강원도, 함경도 지역에 걸쳐 나타나며, 경상도의 여러 지역에 광범위하게 분포된 것으로 밝혀졌다(이상규 1983 : 128). (1)a의 '-이가'는 '덩굴'에 결합한 주격조사 '-이'가[32] 그 기능을 상실하고, 여기에 다시 '-가'가 결합하여 이루어진 것으로 '-이가'의 세 유형 중 어간말음화한 주격 '-이'와 주격표지 '-가'가 결합한 유형(이상규 1983 : 142)에 해당한다.

  (1)b는 '-로'가 대격조사 기능을 한 예인데 이러한 쓰임은 지금의 경남방언에서 널리 발견된다. 대격 '-로'가 18세기 후기에 이미 나타난 사실은 이

---

30) cf. 낫과 밤니 질며 쟐으기을 다 아지 못ᄒ고(念海 가 51a)

31) '벼개'에 대응하는 '며개'라는 방언형이 있었던 듯하다.

32) '덩굴이가'의 '이'를 명사 접미사로 생각해 볼 수도 있으나 몇몇 방언사전을 찾아 봐도 '덩굴이'라는 방언형은 어느 지역에도 나타나지 않았다.

형태의 쓰임이 역사적으로 오래된 것임을 의미한다. 그러나 대격 '-로'가 쓰인 가장 오래된 문헌은 18세기 후기를 거슬러 올라가지 못한다. 대격 '-로'는 모음이나 ㄹ 뒤에서만 통합되는 분포의 제약을 갖는다.

(1)c는 처격조사로서 '-게'가 쓰인 것인데 유창돈(1964 : 236)은 '물게 느리니'(三譯 1, 1)와 같은 '-게'를 시출격(始出格)이라고 하였다. '물게'의 '-게'는 '나-의게'가 '내게'로 바뀌는 현상과 유사하게 ㄹ 뒤에서 '의'가 탈락한 것이라고 볼 수 있다. 이렇게 본다면 이 '-게'는 문맥상으로 처격이라 하기 어렵고 '-의게'가 지닌 부차적 의미 기능을 실현한 것이라 해석될 수 있다. '물게 느려'의 '-게'는 의미상으로 시출격이라 부를 수도 있으나, '천리말게 붓터시면', '가히며 물게 니르러도'와 같은 예의 '-게'에서 '시출'(始出)의 의미를 찾기 어렵다. 오히려 '-의게'가 지닌 원래 의미(처소)에 더 가까운 것이다. '동편게'의 '-게'는 '물게'의 '-게'와 다른 특이한 용법이다. 처소의 부사어 '여게 겨게'의 '-게'가 확장된 쓰임이라고 볼 수 있다.

(1)d는 여격조사 '-한티'의 용례이다. 현대 국어의 여격조사 '-에게'는 문어적 표현에 주로 사용되고, 구어에서는 '-한테'가 쓰이는 것이 일반적이다. 위 예는 비록 소수이기는 하나 '-한테'가 18세기 후기부터 이미 여격으로 쓰였음을 증명한다. 이들은 문헌어의 보수성을 뚫고 나와 문헌어에 자신의 모습을 드러낸 예이다. 이상규(1982b)에서 언급된 경상방언의 여격 조사 '-자테, -인테, -대고' 등과 같은 형태들은 문헌어에 나타나지 않는다.

(1)e는 비교를 표현하는 조사들이다. '-보담'은 '보다'에 ㅁ이 첨가된 것이고, 이것은 20세기 문헌에 이르러 비로소 나타난다. '-마곰'은 『구급간이방』의 '환 밍ㄱ로더 머귀 여름마곰 ᄒᆞ야'(1,9)에 나타나는데 '-맛감'과 함께 나중에는 '-만큼'으로 통일되었다.[33] '-만치'는 현재의 이 방언에서 널리

---

33) 19세기 후기경의 필사본 『구급신방』에 '-망콤'이 나타난다. 사향글ᄂᆞᆫ 흙믜 녹도망콤 환지어(37a) 죠희를 돈망콤 세흘 믄드라(30b).

쓰이는 비교격 조사이며 타 지방 문헌에서도 더러 나타난다. '-쳬로'는 '-톄로'의 구개음화형인데 후대에 '-처럼'으로 변하였다.

(1)f는 조사 '-와/-과'가 15세기 국어처럼 나열되는 명사의 마지막 명사 뒤에까지 통합한 예이다. 이런 용법이 영남 문헌어에서 18세기에도 존속했음을 알려주는 예이다. 이는 문헌어의 보수성을 보여준 사례로 간주된다. 이에 비해 접속조사 기능으로 쓰인 「현풍곽씨언간」의 '-ᄒ고'는 현대국어의 구어에 나타난 쓰임과 같은 것이다. 이러한 '-ᄒ고'의 용례는 곽씨언간에 빈번히 나타나며, 이 편지글이 지닌 구어적 성격을 보여준다.

> (2) a. 새배<u>마동</u> 넘불 열번을 ᄒ면(彌陀 3b) 날<u>마동</u> 굿틸 제 업고(彌陀 5a)
>   cf. 새배<u>마다</u> 넘불 열번을 ᄒ면(念海 가 4b) 날<u>마다</u> 굿틸 제 업고
>   (念海 가 6a)
>   b. 날<u>마당</u> 조석으로(念海 가 53a)
>   사롬<u>마당</u> 다 셔방 극낙 세계예 돌라가 나올리라(念海 가 52b)
>   c. 날<u>브텀</u> 믄져 자바다가(念桐 20a)
>   죄<u>브텀</u> 믄져 슈케 ᄒ미로쇠다(念桐 24b)

(2)는 보조조사 몇 가지를 보인 것이다. (2)a, b의 '-마동'과 '-마당'은 방언적 성격이 짙은 것이다. '-마다'는 '-마당, -마동, -마닥'과 같은 여러 변이형태를 가졌던 것으로, '-마동'이 다른 지방의 문헌에 쓰인 용례는 아직 발견하지 못하였다.

(2)c는 '-브텀'의 예인데 현대 방언에서 '-부텀'으로 나타난다. '-브텀'은 '-브터'의 어말에 ㅁ이 첨가된 것이다. 오늘날의 이 방언에 쓰이는 '-부텅'은 영남 간행 문헌어에 나타나지 않는다.

여기서 한 가지 지적해 둘 만한 자음첨가 현상이 있다. 앞에서 거론하였던 조사들에서 보았듯이 어말(語末)에 첨가된 자음이 비음이라는 점이다. '-쳬로>-처럼', '-보다>-보담', '-마다>-마동(-마당)', '-브터>-브텀(-부

텅' 등에서 비자음 ㅁ 혹은 ㅇ이 공통적으로 어말에 첨가되고 있다. '-마
닥'을 제외한다면 이 현상은 뚜렷한 공통성을 가진 변화이다. 어말의 비음
첨가는 의문법의 '-나>-남'(밥 먹었나→밥 먹었남), '-고>-공'(누가 갔는고→
누가 갔는공), '-가>-강'(집에 갔는가→집에 갔는강)과 같은 예들에서도 나타난
다. 국어의 문장종결어미는 거의 모두 개음절 구조를 가지는데 '-남, -공,
-강' 등의 문장종결어미는 폐음절 구조를 가진다. 그러나 이들은 모두 첨
가된 말자음이 비음이라는 점이 공통적이고, 조사의 어말에 첨가된 자음과
같은 비음이다. 조사의 어말 혹은 문말에 비음이 첨가되는 이유를 분명히
말하기는 어렵다. 국어의 어미가 대부분 개음절 구조를 갖는 일정한 경향
성을 위배하지 않기 위해, 자음 중 어말에서 폐쇄성이 가장 약한 비자음이
선택된 것이라고 해석해 본다.

4.2. 사동법

사동접사 용례 중 특이한 것 몇 가지를 뽑아 보면 다음과 같다.

(3) a. 주기시고……사로시니(念桐 42b) 살울 活活(正蒙 25a)
      일만번을 사로시니(念海 나 32b)
   b. 술위에 실겨(七大 13b) 알기시며(七大 15a)
   c. 몸을 발우고(養正 24b) 신을 바루지 안이하고(嶺三 3,24b)
      감히 상우지 못흘식(嶺三 9,6b)
      醬은 모든 飮食의 맛을 고루는 것이오(時文 47b)
      고룰 조調(歷代 21b)
   d. 몽동철환 삐피시고(彌陀 42b) 끌는 쇠물을 마시키며(地藏 15b)
      엇지 날을 더러일다(五倫 50b)

동사 '살-'은 현대국어에서 '살리다', '살게 하다'와 같이 형태론적 사동

과 통어론적 사동을 형성한다. (3)a는 '-오-'의 삽입으로 형태론적 사동을 이룬 예이다. '살울 活'의 '살우-'는 사동접사 '-오/우-'가 결합한 것이다. (3)b의 '실기-'와 '알기-'는 『칠대만법』에서만 찾아볼 수 있는 특징적 예이다. 이 문헌에 반영된 뚜렷한 방언적 성격을 고려할 때(오종갑 1982), 이는 16세기 경상방언을 반영한 것이 분명하다. (3)c의 '발우고'는 '바르-우-고'의 결합으로 생성된 것인데, '바르-'의 타동형이라고 볼 수 있으나 '바르게 하다'로 풀이될 수 있으므로 사동법으로 다룰 수 있다. (3)c의 '상우지'는 '상(傷)하게 하지'의 뜻인데 한자어 '傷'을 동사화시켜 어미 '-우-'가 결합된 형태이다. (3)c의 '고루는'은 '고르-우-는'의 결합으로, '고르게 하는'과 같은 통어론적 사동에 대응하는 형태론적 사동이 가능하였음을 보여준다. (3)d의 어휘들은 '-게 하다'에 의한 통어론적 사동을 형성하는 것이 보통인데, 위의 예들에서는 형태론적 사동 구성을 실현하였다. '마시키며'와 같은 예는 이 방언의 특이례이다.

사동접사 '-오/우-'는 자동사의 어간에 연결되어 타동사를 형성하거나 타동사 어간에 결합하기도 하는데 이 방언의 특징으로 생각되는 예들은 다음과 같다.

    (4) a. 쵸슌을 넌구지 말며(朝漢 25b) 그 슞을 남가 두면(朝漢 14a)
        b. 션쵸약을 널쭈거날(嶺三 11, 6b) 옥찰을 널와(嶺三 13, 8b)
           손을 네루며(養正 5a)
        c. 일광을 가루는 것이오(時文 69b) 唇은 니를 가룬 피육(皮肉)이오(時
           文 26b) 눈물을 가루고(嶺三 11, 16a) 갈우지 아니ᄒ라(女士 22b)
        d. 쌔주지 말며(養正 29b)
        e. 길우며 염글우며(七大 14a)
        f. 쯜 가운디 썰우거날(嶺三 3, 20b) 감지를 일직이 써루지 아니ᄒ고
           (嶺三 8, 8b) 써루지 안한다(嶺三 6, 4b)

(4)a의 '넌구-'는 '넘구-'의 오기이며, '남가-'에서는 '남구-'를 분석해 낼 수 있다. 이 형태들은 현대 표준어의 '넘기-'와 '남기-'에 해당하는 것으로 접사 '-구-'가 '-기-'에 대응하고 있다. 이 '-구-'는 '-기-'와 '-우-'가 결합한 것이라고 재분석할 수도 있다.[34] 어간말의 ㅁ 뒤에서 '-구-'가 쓰인 예를 표준어에서 찾기 어려우므로 (4)a의 '넌구-'와 '남구-'는 경상방언 특유의 것이 된다.

이상규(1981 : 21)에서 이 방언에 쓰이는 특징적인 사동형들이 소개된 바 있는데, 그 중에는 '녹이-', '삭이-'에 대응하는 방언형 '노쿠-', '사쿠-' 등 독특한 예들이 포함되어 있다. '녹이-', '삭이-'에 대응하는 방언형 '노쿠-', '사쿠-'에 포함된 '-쿠-'의 형성은 다음과 같이 설명될 수 있다. 타동사화한 '녹히-', '삭히-'에 사동접사 '-우-'가 연결되고, 제2음절의 i가 탈락된 어형에 자음축약이 적용되어 '노쿠-', '사쿠-'가 성립된 것이다(녹히-우->녹후->노쿠-). 이러한 '-쿠-'는 '익히다', '식히다'의 방언형 '이쿠다', '시쿠다'에서도 확인된다. 즉 '익히우-', '식히우-'에 i 탈락과 자음축약이 적용되어 '이쿠-', '시쿠-'가 형성된 것이다.

그러나 '줄쿠-', '숭쿠-'와 같은 예에는 이런 설명 방법을 적용할 수 없다. 이런 예외적인 존재를 설명해 내기가 쉽지 않지만, 사동접사로 널리 쓰이게 된 '-쿠-'에 유추되어 그 통합 대상이 확대된 것이라고 볼 수 있다. 이미 '줄구-'가 쓰이고 있고, 다른 어형에서 '-쿠-'가 사동접사로서 널리 기능하고 있는 상태에서, '줄쿠-'와 같은 어형이 생성되는 것은 충분히 있음직하기 때문이다. 공시적인 견지에서는 이 방언의 문법에 사동접사 '-쿠-'를 설정할 수 있으나, 통시적으로 볼 때 '-쿠-'의 생성 과정은 위와 같다. 서정욱(1984)에서 논했듯이 대구방언권에서는 '-웋-'과 같은 사동접사가 생산적으로 쓰였다. 위에서 든 여러 예들의 접사 '-우-', '-구-'는 '-웋-',

---

34) 그런데 '솟구다'. '돋구다', '달구다', '떨구다', '일구다', '얼구다'와 같은 예에 쓰인 '-구-'는 '넘구-' 등의 '-구-'와 같은 것이라 할 수 없다.

'-굼-'와 수의적으로 각각 교체될 수 있다. '시쿠-', '노쿠-' 등을 제외하고, 이유 없이 '-구-'의 ㄱ이 유기음화되거나, '-우-', '-구-'의 말음에 ㅎ이 첨가되는 현상은 음운론적으로 설명되지 않는다.

이상규(1981 : 21)에 제시된 '알리다'의 방언형 '알구다'는 앞의 (3)b에서 보았던 『칠대만법』의 예 '알기-'로부터 그 형성 과정을 알 수 있다. 즉 '알구-'는 '알기-'에 '-우-'가 통합된 '알기우-'에서 제 2음절의 i가 탈락된 것이다. 통시적인 문증(文證)이 없으나 현대 경상방언에 쓰이는 '(콩을 물에) 불군다'의 '불구-'도 '불기우-'를 거쳐 형성된 것으로 본다.

(4)b의 '널쑤-'와 '네루-'에 대한 설명은 5.2절의 (7), (8)번에서 베풀 것이다. (4)c의 '가루-' 혹은 '갈우-'는 '가리-우-'의 결합에서 i모음이 탈락하여 형성된 것이고, (4)d의 '쌔주-'도 '쌔지-우-'에서 같은 변화를 경험한 것이다. '쌔주-'와 같은 변화를 겪은 예는 이 방언의 '(풍선을) 터주다', '(불을) 꺼주다'와 등을 들 수 있다. 이 예들은 '-지-'가 붙은 '터지-', '꺼지-'에 사동접사 '-우-'가 다시 통합된 것이다.

통사론적 사동 이른바 장형사동(長型使動)을 구성하는 것은 '-게 하-'이다. 이것과 관련된 것으로서 문헌에 나타난 특이한 예는 다음과 같다.

(5) 방벤문이 수 없는고로 식의 <u>맛게로 일으로다</u>(念海 다 49b)

'-게-'가 동사 '하-'와 통합되지는 않았지만, (5)의 '-게로'가 현대의 이 방언에 널리 쓰이는 '-그로' (-구로, -거로)와 무관한 것일 수 없다. (5)의 '-게로'는 문맥상 '-도록'에 대응하는 것이기는 하나 '-그로 하-'에 쓰인 '-그로'의 통시적 형성에 대한 정보를 알려 준다. 영남 문헌이 아닌 경기도 양주 보정사판 『지장경언해』(地藏經諺解)(1879)에서도 다음과 같은 예가 나타난다.

(6) a. 흐야곰 어더 듯고 알게로 흐야(중 9b)

　　슈승 묘략흐게로 흐시고(하 24a)

　　남도 못흐게로 훼철흐는 즉(하 27a)

　b. 이 과보를 알거로 흐쇼셔(중 1a)

(6)b에 쓰인 '-거로'는 '-게로'의 모음 '-에'가 하향 이중모음일 때 off-glide j가 탈락한 형태로서, 이 방언에 쓰이는 '-그로' 혹은 '-거로'와 유사한 형태이다. 현대 방언에 널리 쓰이는 '-구로'의 ㅜ는 ㄱ 뒤에서 ㅡ가 원순모음화된 것이다.

4.3. 존대법

존대법 형태에는 여러 가지가 있으나 이 방언의 특징과 관련된 것 몇 가지에 대해 살펴보기로 한다. 다음은 중세국어 공손법의 '-이-'가 음운변화를 겪어 '-이-'로 표기된 것이다.

(7) a. 스스로 쥐기며 아니이다(念桐 23b) 스스로 쥐기며 올흐니이다(念桐 24a)

　b. 위흐야 보닉노이다(念桐 22a) 극락셰계 가게 권흐뇌다(念桐 3a)

　　나는 쇼 주긴 니리 업닉니다(念桐 23b) 헌말슴을 흐야닉다(念桐 18b)

　c. 지셩으로 넘블흐더이다(念桐 21b)

　d. 너허 주옵새다 흐딕(彌陀 21b) 태평가를 부른새다(新普 19a)

　　cf. 념불 가져 안양 가새(念海 나 44a) 불국으로 어셔 가새(念桐 53a)

　e. 맛당흐리로쇠다(念桐 22a) 너모 원왕케 흐미로쇠다(念桐 24a)

　　cf. 사라신 지 알리로쇠(念桐 54b)

'-이-'에 선행하는 어미에 따라 예를 구별하여 제시했다. (7)a는 '-니-',

b는 '-ᄂ-'('-노-'는 '-ᄂ-'와 '-오-'로 재분석된다), c는 '-더-', d는 '-사-', e는 '-로소-'가 각각 '-이-'에 선행하고 있다. (7)d는 소망의 선행어미 '-사-' (유창돈 1964 : 295) 뒤에 '-이-'가 통합된 것으로 소망 혹은 청원의 존대형이 라 할 수 있다.35) (7)d의 cf.의 문말어미 '-새'는 종결어미 '-다'가 절단되고, '-사이-'가 축약된 '-새-'(혹은 '-식-')가 종결어미로 쓰인 것이다. 문말어미 화한 '-새'는 원래의 '-사이-'가 가졌던 존대의 뜻이 약화되었으며, 이것은 현대어에 쓰이는 '-세'(가세, 먹세)로 계승되었다. 경상방언에 e>i 변화가 활 발하게 적용되는 지역어가 많지만, '하세', '가세' 등에 이 변화가 적용되지 않은 것은 '-세'가 역사적으로 '-새'(또는 '-식')에서 변한 것이기 때문이다. (7)e는 '-이-' 앞에 '-사-'가 아닌 '-로소-'가 통합되었다는 점이 d의 예와 다르다. (7)d의 cf.예와 e의 cf.예는 종결어미 '-다'가 절단되고 선행 형태가 축약된 점(-사이다>-새, -로소이다>-로쇠)이 공통적이다.

(8) a. 이 <u>보소</u> 어로신네(彌陀 40a) 이 <u>보소</u> 어루신네(彌陀 41a) 부디 슬퍼
   <u>마소</u>(念桐 45b) 넘블 ᄒᆞᆫ 번 가져 <u>두소</u>(念桐 28b)
 b. 졍이나 <u>아옵시소</u>(곽씨언간 131) 이 <u>보시소</u> 어로신네(念桐 40a)
   죵졔션근 <u>시무시소</u>(彌陀 40a) 어렵다 니르디 <u>마시소</u>(彌陀 29b)
   셔방 가기 어렵다 니르지 <u>마시소</u>(念桐 30b)

(8)a는 청자존대의 '-소'만 결합된 것이고, (8)b는 주체존대의 '-시-'에 다시 '-소'가 통합된 것인데 「현풍곽씨언간」에 최초의 예가 보인다. '-소' 는 '-오'의 교체형으로서 근대국어 시기에 이미 존재한 것이다(서정목 198 8 : 144). '-소'는 예사높임의 명령법인데, '-시소'는 여기에 주체 존대소를 가미함으로써 존대의 정도를 더 높인 것이다. 오늘날의 이 방언에서는 '-이-'에서 변한 (7)의 '-이-'와 '-소'가 결합한 '-이소'(예 : 보이소), (8)b와

---

35) '-사'가 하나의 선어말어미일 가능성은 높다. 그러나 *'-사다'와 같은 구성이 나타나 지 않아서 '-사이다' 전체를 청유형 종결어미로 간주한다.

같이 '-시-'와 '-소'가 결합한 '-시소'(예 : 보시소), '-시-'와 '-이-'와 '-소'
가 순서대로 결합한 '-시이소'(예 : 보시이소)가 명령을 표현하는 존대법으로
쓰이고 있다. 존대의 등급은 '보소>보이소=보시소>보시이소'라고 볼 수
있는데, '-이소'(보이소)체와 '-시소'(보시소)체는 동급의 존대이다. 그런데
'-시소'체와 '-시이소'체는 같은 i 모음이 중복되어 잘 구별되지 않는다.
이런 까닭에 '-시이소'체로 오인된 '-시소'체가 '-이소'보다 존대의 등급이
높은 것처럼 느껴지기도 한다. (8)b의 '-시소'에는 표기상 겉으로 나타나
있지 않으나 발음상으로 '-이-'가 있는 '-시이소'체일 가능성이 있다.

다음은 '-쇼셔'와 그 절단형 '-쇼'의 예이다.

(9) a. 졔도 흐옵쇼셔(念桐 21a) 적다 예기지 마로쇼셔(彌陀 29a) 위티 아
니나 해티 마로쇼셔(念海 나 9a) 의심 마릉쇼셔(念桐 15b) 침윤디고
을 벗쩌 흐쇼셔(臨終 3b) 미타셩호 외오쇼셔(念海 나 45a) 발기 살
피쇼셔(嶺三 17, 6b)

b. 어셔 오쇼(勸往 11a) 이 빈를 어셔 타쇼(勸往 11a) 더욱 정신 가다
듬쇼(勸往 10a)

(9)b는 '-쇼셔'에서 '셔'가 절단된 형태이다. '-쇼셔'는 명령법의 청자존
대로서 가장 높이는 등급을 표현하지만 현대 경상방언의 구어에 쓰이지 않
는다. '-쇼셔'체가 사라진 데는 이것의 절단형 '-쇼'가 (8)의 '-소'와 음성
적으로 잘 구별되지 않게 된 음운론적 요인이 작용했을 것이다, 여기에는
주체존대소 '-시-'를 겹친 '-시소' 혹은 주체존대소와 청자존대소를 동시
에 겹친 '-시이소'로 청자에 대한 예우를 충분히 표현할 수 있다는 체계적
이유도 작용했을 것이다. 그 결과 '-쇼셔'의 기능적 효용성이 사라지게 되
었고, 잉여적인 존재가 되어 소멸했던 것이다.

4.4. 의문법

의문법을 표현하는 어미들을 그 형태별로 나누어 제시하면 다음과 같다.

(10) a. 엇졔…발원을 <u>아니ᄒᆞᆫᄂᆞᆫ고</u>(彌陀 5b) 엇던 사ᄅᆞᆷ미 붓톄의 뎨지 <u>아</u>
<u>일고</u>(彌陀 13a) 얼매 오래 <u>살꼬</u>(念桐 17b) 얼매 <u>오랜고</u>(念桐 28b)
cf. 너의 죄 아니고 <u>무엇고</u>(念桐 24a) 셜샹가샹 무슴 <u>일고</u>(勸往 35a)

b. 엇써ᄒᆞᆫ 죄로 자바 갈나 <u>ᄒᆞ더뇨</u>(念桐 20a) 그 죄를 엇디ᄒᆞ야 멸홀너
<u>뇨</u>(念桐 20a)

c. 죄의 ᄌᆞ셩 어디 <u>잇노</u>(勸往 16b) 지극 효심 어디 <u>잇노</u>(勸往 21b) 어
이 엿티 아니 <u>씨노</u>(勸往 30a) 몟 빅년 샤랴 <u>ᄒᆞ노</u>(勸往 31b)

d. 엇디 넘블이 엄첩다 <u>아니ᄒᆞ리요</u>(念桐 26b) 엇디 국시라 <u>ᄒᆞ리요</u>(念
桐 23b) 누기를 위하야 <u>살리요</u>(嶺三 17, 9b) 이졔 으드로 도라 <u>가</u>
<u>리오</u>(嶺三 13, 18a)

(11) a. 동동ᄒᆞ면 다 <u>굿인가</u>(新普 18a) ᄯᅩ체 엇써ᄒᆞ옵신닛가(念桐 22b)
공각이 ᄀᆞ로디 엇디 <u>그러ᄒᆞ릿가</u>(念桐 24a) 엇디 원왕치 아니 <u>ᄒᆞ리</u>
<u>닛까</u>(念桐 24b) cf. 놀기를 조와 녁김은 남자도 오히려 가치 아니ᄒᆞᆫ
<u>더</u> ᄒᆞ물며 <u>부인가</u>(女士 27b)

b. 참회ᄒᆞ고 출가ᄒᆞ고 <u>님삼홀나</u>('님삼'은 入山의 誤記)(念海 가 49b)
내 말을 신ᄒᆞ야 <u>들을라</u>(念海 다 51a)
그디도록 <u>썰덕이ᄂᆞ</u>(勸往 32a) 도라 갈 줄 외 <u>모로나</u>(勸往 26a) 신난
ᄌᆞ최 어디 <u>잇ᄂᆞ</u>(勸往 17a)

c. 엇디 긔록ᄒᆞ야 올리지 <u>아니ᄒᆞᄂᆞᆫ다</u>(念桐 24b) 엇디 저의 복을 블러
뵈지 <u>아니ᄒᆞ연다</u>(念桐 24b) 엇디 오리 두 마리는 <u>쥐견ᄂᆞᆫ다</u>(念桐
23b) 네 므슴 연고로 쇼 두 바리를 <u>주긴다</u>(念桐 23a)

d. 엇지 날을 <u>더러일다</u>(五倫 50)

(10)의 예는 모두 의문어미에 모음 '오'가 들어 있는 것이고, (11)의 예들
은 의문어미에 '아'가 들어 있는 것이다. 흔히 이 두 유형을 '-고 의문법'

및 '-가 의문법'이라고 부르기도 한다. (10), (11)을 모두 망라하여 '-오' 의
문법 및 '-아' 의문법이라 나누어 칭하면 의문법 종결어미를 두 가지 유형
으로 나눌 수 있다.

일반적으로 (10)a는 의문사를 동반하는 의문법이고, (11)은 의문사를 동
반하지 않는 의문법으로 이해되고 있다. 그러나 (11)a의 예에서 보듯이 의
문어미 '-가'도 의문사를 동반한 예외가 있다. 허웅(1975 : 503-504)에서 이런
예외적 존재가 있음이 지적된 바 있다. (10)a의 cf. 및 (11)a의 cf.는 체언 뒤
에 '-고'와 '-가'가 결합된 예들인데, 허웅(1975 : 367)은 이들을 '물음토씨'
라고 했다. 체언 뒤에 직접 '-고' 또는 '-가'가 연결되는 현상은 지금의 이
방언에서도 존재한다(예 : 니가 누고? 자 : 가 영수가?). 체언 뒤의 '-고', '-가'를
'물음토씨'로 처리하고 용언 뒤의 '-고', '-가'를 물음법의 맺음씨끝으로
처리하게 되면, 형태도 같고 의미기능도 같은 형태소를 각각 다른 문법범
주에 소속시키는 문제점이 있다.

(10)c와 (11)b는 표준어의 '-뇨'와 '-냐'에 대응하는 예들인데, 뒤의 j가
탈락하여 '-노'와 '-나'로 변한 것이다. 그런데 (10)b의 예들이 보여주듯이
18세기 후기에는 '-뇨'의 j가 탈락하지 않는 경우가 많다. '-노'는 의문사
를 동반하지만 '-나'는 의문사를 취하지 않을 수도 있다. 오늘날의 이 방언
에서 '-노'와 '-나'는 이른바 설명의문문과 판정의문문을 구별시켜 주는
형태로서 다른 방언에 나타나지 않는 이 방언의 특징이다.

(10)d는 다른 방언에서도 일반적으로 쓰이는 것이다. (11)c는 의문어미
'-(ㄴ)다'의 예로서 중세국어 이래 사용되어 온 것이다. (11)d는 미래의 일
에 대한 의문으로서 의성방언에서 지금도 쓰이고 있다.36)

---

36) 이 방언에 쓰이고 있는 '-꺼/-껴', '-능교', '-ㄹ래' 등의 의문어미는 문헌에 나타나지
않는다. '-꺼/껴'는 '-까'의 변이형일 것이고, '-능교'는 '-는#거-이-오'의 결합으로서
'거'는 의존명사이다. 즉 '-는거이오>-는게오>-는기오>-는교>-능교'라는 변화 과정
에서 모음축약, 에>이, 활음형성, 자음동화를 겪은 것이다. '-ㄹ래'는 미래의 일에 대
해 묻는 '-ㄹ나'(11b의 '님삼홀나' 참고)에 유음화(11b의 '들을라' 참고)와 어말의 i 첨

4.5. 의도법

의도법의 어미로 쓰인 예 중 일부를 제시한다.

> (12) a. 엇쩌흔 죄로 자바 <u>갈나</u> ᄒ더뇨(念桐 20a) 그더를 마조 자바 <u>갈나</u>
> ᄒ더라(念桐 20a)
> b. 그더 <u>자브러</u> 와습쩌니(念桐 20b) <u>자브러</u> 올 쩌시니(念桐 20b)
> c. 아미타부리… 대왕과 대비을 듀려 <u>가랴</u> 홀 쩨예(彌陀 15b)
> d. 아미타부리 <u>드리려</u> 와신이(彌陀 28b)
> e. 영약을 어더 가지고 <u>셩친하로</u> 올식(嶺三 9, 14b) 산에 밧틀 <u>미로</u>
> 갓더니(嶺三 1, 18b) <u>민랑하로</u> 졔자에 갈식(嶺三 5, 14b)

(12)a는 중세국어부터 존재하였던 의도법 '-(으)라'이며, 지금의 이 방언
에서는 ㄹ 뒤에 결합되어 쓰인다(예 : 갈라 칸다. 볼라 칸다). (12)b는 (12)a와 모
음조화에 따라 교체된 형태이다. (12)c의 '-(으)랴'는 모음조화의 지배를 받
는 변이형 '-(으)려'와 교체 관계를 가지며, 후대에 '-(으)려'로 통일되어
모음조화에 따른 교체가 소멸되었다. (12)e의 예가 가장 특징적인 것인데
'-(으)로'는 현대의 이 방언에서 의도를 표현하는 어미로 널리 쓰이고 있다.
이 형태는 '-(으)라'의 한 변이형으로 생각되며, 이 방언에서 '볼라 칸다'와
같은 의도형의 경우는 '-(으)라'가 쓰이고, 다른 경우에는 '-(으)로'가 쓰여
각각의 문법적 특징을 가진다.

4.6. '-어 가-'의 문법화

다음은 자립형식인 동사 '가지다'(持)가 의존형식으로 바뀐 특이례이다.

가가 적용된 결과일 것이다. 최명옥(1976 : 157)은 '-ㄹ래'의 기저형을 /-ㄹ-이-아/로
설정하였다.

(13) 즈금연디를 가지시고 그더를 <u>마자가</u> 오면(念桐 22b)
　　cf. 즈금연디를 가지시고 그더를 <u>마자셔</u> 오면(念海 나 8a)

경상방언에서 널리 쓰이는 '-어(가아)'에 대한 통사 의미론적 검토가 이
상규(1982a)에서 이루어진 바 있다. (13)의 예는 자립형식인 '가지-'가 의존
형식으로 바뀐 시기가 18세기 후기였음을 증명하는 소중한 예이다. 해인사
본『염불보권문』은 동일한 문구를 지금의 표준어와 같은 '-셔'(>-서)로 적
어서 '-가'의 문법적 기능이 '-셔'와 같음을 증명하였다. 위의 예에 쓰인 '마
자가 오면'은 동사 '맞-'과 '오-'의 동작이 순차적으로 진행되는 상황을 표
현하고 있다.

그밖에 경남방언을 반영한『수겡옥낭좌전』에 나타난 방언적 문법 형태
는 김정대(1992)를 참고할 수 있다. 이 논문에 통해 '-다고' , '-자/ᄌ고', '-으
랴고'와 관련된 방언형 '-닥고(-다꼬)', '-작고(-자꼬)', '-을락고(을라꼬)' 등
의 생성 과정이 기술되어 있다. 특히 '-을라고'(또는 -으라고)에 쓰이는 '고'
가 'ᄒ고'에서 온 것임이 밝혀졌다. 그 밖에도 '-도'에 의한 부정표현 구문,
대격 '-로', 보조조사 '-붓틈', '-쩌지' '-시로이', 중부방언의 '-도록'에 대응
하는 어미 '-도로', 특이한 의문법 어미로 쓰인 '-는양' 등이 언급되었다.

5. 영남방언의 어휘

국어사의 문헌 자료에는 간행지 방언과 관련된 어휘들이 더러 있다. 그
러나 이런 자료에도 고유의 방언 어휘보다는 공통어 요소가 더 많이 나타
난다. 방언적 성격을 띤 일부 어휘들은 해당 지역의 현재 방언형과 뚜렷한
유사성을 지니고 있으며, 이런 어휘들은 국어 어휘사 및 방언 어휘사 연구
에 특별한 의의를 가진다. 백두현(1998b)에서 영남에서 나온 문헌을 대상으

로 방언적 성격이 뚜렷한 체언류 낱말을 정리 분석한 바 있다. 여기서는 방언사적 의의가 있는 체언 몇 가지를 요약하여 살펴본 후, 백두현(1998b)에서 다루어지지 않았던 용언에 대해 검토해 보기로 한다.

5.1. 체언류

(1) 지시비

'지시비'(夫)(歷代 22a)는 중세국어 자료의 '짓아비'에서 ㅅ이 연철되고 ㅣ 역행동화가 실현된 것이다. 『천자문』의 여러 이본에 '짓아비'가 나오고(손희하 1991 : 353), 송광사판 『유합』에 '지사비'가 나온다(손희하 1991 : 233). 한편 '지서미'(妻)(靑 p.121)가 문헌에 보이고, '지서멍'이 제주도 민요집(진성기 1958/1991 : 65, 140)에 나타난다. 이러한 예들은 '집ㅅ아비', '집ㅅ어미'와 같은 복합어 구성에서 선행 체언의 말자음이 탈락하고 삽입된 사이시옷이 발음되었음을 증명하는 것이다. 고려가요 「쌍화점」의 "그 짓아비 내 손모글 주여이다"와 『신증유합』(1576)의 '지사비'(上 19)와 같은 예에서 이 현상에 녹아든 역사성을 확인할 수 있으며, 20세기 초기 문헌과 현대 제주방언에 이르기까지 그 화석형이 잔존한다.

(2) ㅅ매쌍

'ㅅ매쌍 디르고 웃녀ᄀ로 둗주으려 나오니'(31a)의 'ㅅ매쌍'은 금강경삼가해(金剛經三家解)에서 'ㅅ밋뎡 곳ᄂ니'(拱手)(4,24)에서 보듯이 'ㅅ밋뎡'으로 쓰였다. 이 낱말은 'ㅅ매-ㅅ-댱(뎡)'으로 분석되며, '댱'은 현대국어 '팔짱'으로 계승되어 있다. 이곳의 'ㅅ매쌍' 역시 특이한 어형이다. 이런 낱말이 방언을 반영한 것이든 여러 방언에서 널리 쓰인 것이었던 간에 문헌어에 극히 드물게 나타나므로 마땅히 주목의 대상이 되어야 하고, 지방 판본을 다룰 때 이런 낱말들은 각별한 관심을 갖고 살펴야 보아야 할 것들이다.

(3) 올처

‘올처’(女土 20b)가 나오는 『여사수지』의 간행지는 경남 밀양이다. 『한국방언자료집』(경남편 p.132)에 유일하게 ‘올처’가 실려 있어, 『여사수지』의 ‘올처’가 간행지 방언을 정확하게 반영한 예임이 확인된다.37)

(4) 앗보치

‘앗보치’(二倫 31a)는 유일례인데 한문의 ‘從子’를 번역한 것이다. ‘앗(앗)’과 ‘보치’가 결합된 구성인데 ‘앗~앗’은 ‘아숨’의 ‘앗’ 또는 ‘아즈미’, ‘아촌 아들’ 등의 ‘앗과 관련된 어소(語素)이다. ‘보치’는 ‘類’의 뜻을 가진 접미사인데 현대국어의 ‘피붙이’, ‘쇠붙이’ 등에 잘못 해석된 형태로 반영되어 있다.38)

(5) 자내

‘자내’는 「현풍곽씨언간」에서 남편이 아내에게 쓰는 것으로 한정되어 있으나, 안동 정상동 「이응태묘 출토언간」(1586)에서는 아내가 남편에게 ‘자내’를 쓰고 있다. 그리고 「순천김씨언간」에서 ‘자내’는 남편을 가리키는 3인칭 대명사로 쓰였다. ‘자내’의 이런 의미 기능은 현대어 ‘자네’의 용법(손아랫사람을 대접하는 말)과 상당한 거리가 있다. 이기갑(1979)에서 기술되었듯이 『첩해신어』(捷解新語)에서 ‘자네’가 ‘ᄒᆞ쇼셔’체와 호응하는 사실로 보아 17세기의 ‘자네’는 그 높임의 적용 범위가 현대국어에 비해 넓었던 것으로 볼 수 있다. 「이응태묘 출토언간」에 나타난 ‘자내’의 용법도 이러한 높임 자질을 가진 것으로 파악되어야 한다. 16~17세기의 ‘자내’는 현대국어의 ‘자네’의 용법과 달리 윗사람에게도 쓸 수 있는 높임 자질을 가진 존대어이

---

37) 필자가 1999년 11월에 거창방언을 조사할 때에 ‘올처’가 발견되었다.
38) ‘잘못 해석된’이라는 말을 쓴 이유는 ‘피붙이’ 등의 ‘붙이’가 동사 ‘붙-’에서 접미사화된 것처럼 처리되어 있기 때문이다. ‘앗보치’의 ‘보치’가 말해 주듯이 이 형태의 어중 자음은 원래 ㅊ이기 때문에 현대국어에서의 올바른 표기형은 ‘피부치’(ㄴ>ㅜ 적용형)가 되어야 한다.

며, 이것이 쓰일 수 있는 범위가 더 넓었던 것이다.

　(6) 너벅지

　'너벅지'(牌)(蒙語類訓 字釋 1a)는 표준어 '허벅지' 또는 '넙적다리'에 대응하는 낱말인데 '넙적다리'의 어두 '너'와 '허벅지'의 '벅지'가 혼성된 것으로 보인다. 이 낱말은 다른 문헌에서는 찾아볼 수 없는 특이어이다. 현대국어 자료집에 '너벅다리'(전라·충청·평북)(『우리말큰사전』, 한글학회), '넙적다리', '신다리'(최학근의 『한국방언사전』) 등 다양한 방언형이 실려 있으나 '너벅지'는 없다. 청송방언에 쓰이는 '신너벅지'는 '쉰다리'(훈몽자회 초간본 상 14)의 '쉰'과 '너벅지'가 결합한 구성이다.

　(7) 쉴금

　'쉴금'(紋)(蒙語類訓 字釋 1a)은 '皮革紋膜'(몽어유훈 3b)의 '紋'의 번역어인데 '가죽에 생긴 주름'을 뜻하는 말로 해석된다. '쉴금'은 어떤 문헌에도 보이지 않는 특이 어형인데 「몽어유훈」의 저자인 대계 이승희의 고향인 성주군 한계 마을의 방언형으로 생각된다.

　(8) 돗후

　'돗후'(厚)(朝漢 19b), '돈후'(圓經,圍)(朝漢 13a)와 같은 낱말은 사전에 등재되어 있지 않다. 『조한사례』(朝漢四禮)의 배경 방언인 경주방언권에 존재했던 낱말로 생각되지만 이 책의 저자가 만들어낸 신조어일 가능성도 있다. '돗후'는 '두께~듯개'의 '돗'과 한자어 '厚'가 결합한 것으로 짐작된다. '돈후'가 한문의 '厚', '圓經', '圍'와 대응하는 것으로 보아 '돈'은 '둘레'를 뜻하며 동사 어간 '돌-'과 관련된 것으로 생각된다. '돈후'의 '후'는 '두께'를 뜻하는 한자어 '厚'일 것이다.

(9) '나락'과 '뿔'

관련 용례는 다음과 같다. 나룩밥(곽씨언간 65) 나룩뿔(곽씨언간 65) 나룩뫼
(곽씨언간 65) 나락(디장경 6a/49b) 밋다니뿔, 낭경ㅈ뿔(규곤 2b).

'나룩'은 영남방언을 중심으로 전라방언, 충청방언의 일부에서 쓰이고
있는 것인데 '나룩밥', '나룩뿔'과 같은 합성 구성도 가능하였다. '나룩뫼'
는 '나룩밥'의 존대어이다. 「현풍곽씨언간」에는 '뫼뿔'과 '나룩뿔'이 같이
쓰이고 있는데, 전자는 공통어의 어형이고 후자는 영남방언의 어형일 것이
다. '밋다니뿔'과 '낭경ㅈ뿔'은 농서(農書)에도 나오지 않는 말로 어떤 쌀인
지 미상이다.

(10) 곡셕

관련 용례는 다음과 같다. 곡셕(正俗 29b)(염동 승규 27a), 곡셕 곡(穀)(正蒙
16a), 곡석(嶺三 8, 21a), 곡슥 곡(穀)(通學 初 9a), 곡속(嶺三 10, 18a).

이들은 '곡식'의 변화형들인데 '곡식'의 '식'은 영남방언에서 흔히 '셕'으
로 실현된다. '곡셕'이 16세기 초의 문헌에 나타나는 것을 보아 '식'의 속
음 '셕'이 일찍부터 쓰였음을 알 수 있다. '곡슥'은 'ㅓ : ㅡ'의 중화에 의한
혼기이고, '곡속'은 모음동화의 결과이다.

(11) 짐치

관련 용례는 다음과 같다. 산갓 침치(음식 13b) 팀치(음식 14b) 침채 져(菹)(正
蒙 15a) 나박 짐치(곽씨언간 16). 싱치 존 지히(음식 5b) 외 지히(음식 5b) 외 ㄱ
든 지히(음식 5b).

이들은 '김치' 관련어이다. 영남방언의 '짐치'는 '짐치'를 계승한 것으로
'딤치>짐치>짐칙>짐치'라는 변화 과정을 거쳤다. 표준어의 '김치'는 '짐
치'의 어두 ㅈ이 ㄱ구개음화에 의해 생성되었다고 판단하여 과도교정한 결
과이다. 『음식디미방』의 '지히'는 오늘날 경북의 서북부방언에서 '지:'로

쓰이고 있다.

(12) 갸亽

관련 용례는 다음과 같다. 갸亽(곽씨언간 24). 갸亽 俗指器皿(어록해 6b).

'갸亽'는『어록해』의 예에 설명되어 있듯이 식기류를 총칭하는 낱말이다. 평북방언에 '가싯장'(찬장), '가시판'(그릇을 엎어두는 선반)이 등재되어 있고(김이협 1981 : 7), 연변에서 조사된 평북방언에 '가세'(그릇)(리운규 외 1992 : 9)가 있다. 이 '가시'와 '가세'는 '갸亽'의 후대형일 것이다. '갸亽'는 중국어 '家事'의 차용어로 알려져 있다(이기문 1991 : 76).

(13) 당숛

관련 용례는 다음과 같다. 당숛(곽씨언간 3. 17), 당색니 亽(笥)(正蒙 20a).

'당숛'은 오늘날 영남방언에서 '당새기' 또는 '당시기'로 쓰이는 것이다. 가는 대나무 껍질이나 갈대 껍질 따위를 엮어 만든 뚜껑 있는 상자로서 음식·반찬·떡 등을 담아 보낼 때 쓰이는 용기이다. '당숛'은 다른 문헌에 보이지 않고 옛시조에 사용된 '도슭'이『이조어사전』(유창돈)에 등재돼 있다. '당숛'의 '숛'이 변하여 '당새기'의 '새기' 또는 '도시락'의 '시락'이라는 형태가 생성되었다. '숛'이 '새기'로 변한 것은 음운사적으로 설명이 가능하다.39) '시락'은 어중에 모음 ㅏ가 끼어든 특이한 변화형이다. '당숛'의 '숛'과 가까운 어형으로 '섥'40)이 있다. '도슭', '당숛', '섥'에서 공통 요소인 'sVlk'를 설정할 수 있다. 세 어형의 모음 V가 각각 다른 것을 음운사적으로 명쾌하게 설명하기 어렵다. '숛>슭'은 쉽게 설명이 되지만 '숛'과 '섥'의 관계는 그렇지 못하다. 시간적으로 볼 때 '숛'보다 '섥'이 더 이른 시기의 문헌에 나타나므로 '섥>숛'과 같은 변화를 가정해 볼 수도 있겠으나 그 타

---

39) ·의 변화(·>ㅡ, ·>ㅏ), ㅣ역행동화, 치음하의 전설모음화, 어말 ㅣ 첨가 등의 규칙이 작용하여 이러한 변화형을 생성하였다.

40) 섥 협(篋), 섥 亽(笥)(훈몽-초 중 : 7).

당성이 검증되어야 할 것이다. 이들은 방언적 변이형으로 공존하였을 가능성도 크다. 19세기 말의 자료인『정몽유어』(正蒙類語)에 '당색니'가 보이는데 이것은 '당새기'를 잘못 적은 것이다.

(14) 졍지

관련 용례는 다음과 같다. 졍지 쥬(廚)(通學 重 21a)(正蒙 16b), 졍지 포(庖)(歷代 2a), 졍쥬(嶺三3, 9b), 졍주(嶺三 7, 11b), 부억 조(竈)(通學 重 21a).

'졍쥬'는 한자어 '졍주'(참고 : 졍듀 듀廚, 신증유합 상 23b)에서 비롯되었는데 오늘날 영남방언에서는 주로 '졍지'로 쓰인다. '졍듀>졍쥬(ㄷ구개음화)>졍쥐(어말ㅣ첨가)>졍즥(비원순화)>졍지(단모음화)'의 변화 과정을 거친 것이다. 영남방언에서 '졍지'와 '부석(또는 부억)'은 뜻이 다르다. 전자는 음식을 만드는 공간 즉 '주방'을 뜻하고, 후자는 솥을 걸고 불을 때는 '아궁이'를 가리킨다.

(15) 말밤. 졍구지

관련 용례는 다음과 같다. 말밤 빈(蘋)(類合 남해 5b), 말밤 조(藻)(類合 남해 5b), 말밤 조(藻)(通學 初 11b). 졍구지 희(薤)(通學 初 10b), 졍구지(嶺三 3,25b), 염교(음식 9a).

'졍구지'의 전국적 방언형은 다양하다. 이 어형은 영남방언에서 가장 널리 쓰이는 것이다. 15세기 문헌의 '말왐'이 영남방언에서 '말밤'으로, '우웡'이 '우방'으로 영남 문헌에 나타나고 있는 바 이들은 모두 전형적 영남방언형이다.

(16) 수흐줌

관련 용례는 '방 알픠셔 수흐줌 자며 안부를 아더라'(이륜 옥산 15a)이다. '수흐줌'은『이륜행실도』에서 '수흐줌'으로 표기된 예가 보일 뿐 다른 문헌에 나타나지 않으며, 그 뜻은 '편치 않은 자세로 잠깐 설핏 자는 잠 즉 가면(假眠)'이다. 이 낱말은 현대국어의 '새우잠'으로 계승되었는데 '새우잠'은 어근의 잘못 분석에 의해 조어된 것이다. 허리를 꼬부리고 있는 새우의 모습에 비유하여 편치 않게 잠자는 모습을 나타내려 한 심리적 동기를 찾을 수 있다. 일종의 민간어원적 해석에 의해 '수흐줌'이 '새우잠'으로 어형 변화를 겪은 듯하다.

(17) 묘

'됴흔 밧 삼빅 묘슬 사'(買良田數千畝)(이륜 옥산 29a)에서 '묘'이라는 특이한 낱말이 나타난다. '묘'은 한문의 '수천무'(數千畝)에 대응한 번역인데, 사마법(司馬法)에 의하면 육척이 일보(一步)이고, 백보가 일무(一畝)라 한다. '묘'의 정확한 수치가 얼마인지 위 문맥을 통해서는 알 수 없으나 논밭의 넓이를 뜻하는 단위명사로 '묘'이라는 고유어가 존재했음이 분명하다.[41]

(18) 환자 댱녜. 빈낸 것

'환자 댱녜'(公私逋負)(이륜 옥산 21a)는 이른바 한국 한자어이다. '환자'는 환상(還上) 또는 환자(還子)에 해당하는 이두어로서 국가 기관에서 봄에 곡식을 꾸어 주고 가을에 이자를 붙여서 환수하는 제도였다. '댱녜'는 장리(長利)에 해당하는 것으로 보이는데 그 독음이 일치하지 않는다. 짐작컨대 장리의 독음 '댱니'가 속간에서 와전되어 '댱녜'로 변하였거나, 장리가 아니라 둘째 음절에 다른 한자를 쓰는 한자어가 있었던 듯하다. 장리는 백성들 간에 사사로이 높은 이자로 돈이나 곡식을 봄에 빌려 주고, 가을에 갚는 관습이었다. '빈낸것'(逋負)(이륜 옥산 21a)은 '환자 댱녜'의 뜻을 간결하게 풀이한 것이다.[42]

---

41) 이 낱말은 현재까지 나온 고어사전에 등재되어 있지 않으며, 다른 문헌에서도 찾아 볼 수 없는 것이다.

42) 『정속언해』에서는 '환자'에 해당하는 어형이 'ᄌ래미'로 나타난다.
  븨온 벼로 ᄌ래미 슈흔 거슬 갑지 몯ᄒ여(不足以償平日之逋久)(정속언해 重刊本 23b)
  이 'ᄌ래미'는 한자어 '資賴米'(자뢰미)가 속음화한 것으로 생각된다.

(19) 뎐디 가솬

뎐디 가솬(田宅産業)(이륜 옥산 35a). '뎐디'는 전지(田地)의 음 표기가 분명하다. '가솬'은 문맥상 가산(家産)일 텐데 '솬'이라는 음이 특이하다. 한자음에 대한 지식이 없는 당시의 일반 백성들이 발음하던 속음을 그대로 적은 것이 '솬'(産)일 것이다. 이와 같은 한자음의 와전을 보면 앞 항목에서 언급한 '뎡녜'도 '댱니'(長利)에서 속음화한 것이라 여겨진다.

(20) △과 ㅸ의 변화형

『칠대만법』의 '어버시'(21b)는 '어버싀'(正俗 2a)에서 △>ㅅ 변화를 겪은 것인지, 원래의 형태가 '어버시'였던 것인지 단정하기 어렵다. 그러나 '아싀'(念桐 공각 23b)와 '아의'(歷代 19b)를 보면 '아의'에는 ㅅ>△>ø라는 약화 및 탈락이 작용했을 가능성이 높다. '누우'(미타 19a)나 '누의'(念桐 17b)에는 현대의 영남방언형으로 쓰이는 '누부'와 달리 ㅸ 또는 ㅂ이 외형상 나타나지 않으나 '이븟집'(七大 20b)은 그 반대이다.[43]

5.2. 용언류

(1) 삽지지-. 우지지-

금산(지금의 김천)에서 간행된 『이륜행실도』 초간본의 '며느리들히 ㅈ조 삽지지는 마리 잇거늘'(7a)에서 '삽지지-'라는 특이어가 나타난다. 이 낱말은 한문 원문의 '투쟁지언(鬪爭之言)'을 번역한 것이다. 『번역소학』의 '쏘 ㅈ조 삽지지몟 마롤 흐거늘'(9,67)에서도 이 낱말이 확인되지만 여타의 문헌에서 찾기 어렵다. 초간본 『이륜행실도』와 『번역소학』에만 쓰인 이 낱말은 영남방언을 반영한 어휘일 가능성이 높다.[44] 이 '삽지지-'와 비슷한 뜻으

---

43) 이러한 어형들은 이 방언의 음운사에서 유성마찰음의 음운론적 지위 문제와 △과 ㅅ의 관계를 파악하는 데 중요한 의의를 가지고 있다.

로 같은 책에 '사화 우지지거늘'(이륜 26a)의 '우지지-'가 있음도 지적해 둔다(백두현 1994).

(2) 돋주우리-

초간본『이륜행실도』의 'ㅅ매썅 디르고 웃녀ㄱ로 돋주으려 나오니'(31a)에 나타나는 '돋주으려'도 특이한 낱말이다. 이 낱말은『여씨향약언해』에 '돋주우려'(18)로 나타난다.『이륜행실도』의 초간본은 1518년 金山(=김천)에서,『여씨향약언해』의 초간본은 같은 해 선산(善山)에서 김안국에 의해 간행되었다(안병희 1978). 이 두 문헌이 같은 방언권을 배경으로 하였고, '돋주으려'는 다른 문헌에서 찾을 수 없으므로 이 낱말도 역시 당시의 경상방언이 가졌던 독특한 것으로 볼 수 있다. '돋주으려'는 한문의 '추(趨)'에 대응하는 번역이다. 그 뜻은 '윗사람 앞에서 예의를 차려 잰걸음 또는 총총걸음으로 조심스럽게 걷다' 정도로 풀이되며, 한자어 '배추'(拜趨)가 이 뜻에 해당된다. '건방지게 넙죽넙죽 함부로 걷지 않고, 윗사람에게 공경함을 나타내기 위한 걸음걸이'를 가리킨 고유어가 동사로서 존재했음을 확인할 수 있다(백두현 1994).

(3) 니르-

초간본『이륜행실도』에 보이는 '글 니르더니'(48a)의 '니르더니'는 다른 판본에는 모두 '닑더라'로 나타난다. '이르고'(讀)(養正 26a)의 '이르-'는 '니르-'의 변화형인데 오늘날의 영남방언에서는 '이리-'로도 나타난다. '니르더니'의 '니르-'는 '이르-'를 거쳐 '이리-'로 귀착된 것이다(니르->이르->이리-).45) 한편『양정편』에는 '일거셔', '읽으고'(29a)도 보인다.

---

44) 중종 조에 간행된『번역소학』의 언해 작업에 영남 출신의 사람이 관여했을 가능성이 높다. 영남 사림의 큰 인물인 김굉필은 자칭 '小學童子'라 하여 일평생 소학을 중시하였고 사림들도 소학을 존숭하였다. 사화가 일어난 후 소학은 한 때 금서(禁書)로 되기도 하였다. 영남의 사림들이 소학을 번역하고 그 간행에 참여하는 과정에서『번역소학』에 영남방언 요소가 반영되었을 것으로 생각된다. 필자는『번역소학』을 읽을 때마다 당시의 중앙 간행 문헌과 다른 방언적 요소가 투영되었다는 느낌을 강하게 받는다.

(4) 측측게

초간본『이륜행실도』의 '이 겨집비 사오나와 날 マ르쳐 어미와 나눌 측측게 ᄒᄂ니'(8a)에 쓰인 '측측게'도 특이한 것이다. 이 번역문의 원문은 「此婦無狀 而敎充離間母子兄弟」이다. 따라서 '측측게 ᄒᄂ니'는 '이간(離間)하다'의 뜻이다. '측측게'의 '측측'이 고유어인지 한자어인지 분명하지 않으나 한자어라면 '측측(側側)'일 듯하다. '側'에는 '反'이라는 뜻도 내포되어 있으므로 이런 추정이 가능하다. 초간본의 '측측게 ᄒᄂ니'는 중간본 계통에서는 '어미와 형뎨 스이롤 써나게 ᄒ니'로 풀이되어 있다. '써나게 ᄒ니'는 '이간(離間)'의 뜻을 직역한 것이다.

(5) 옇-

'入'을 뜻하는 동사는 일찍부터 '넣-'과 '녛-' 두 가지가 사용되어 왔다. 후자의 변화형 '옇-'이『영남삼강록』에 빈번히 나타난다. 물을 입에 여치 아니한지라(嶺三 17,3a) 등.

(6) 끄직기-

'짱에 끄직기도록 ᄒ며'(朝漢 13a)의 '끄직기-'는 표준어의 '끌리-'에 대응되는 어형이다. '그스-'에 '-기-'가 결합하여 어간화한 것인데 이 '-기-'는 피동의 선어말어미였을 것이다. '끄직기-'는 음운론적으로 어두경음화와 △>ㅈ 변화를 겪은 것이며, 현대 영남방언에서 쓰이고 있는 어형이다. '그슬 타'(拖)(類合 남해 28a)는 △>ㅅ 변화가 적용된 것이고, '끄을 인'(引)(漢蒙 11b)은 △>∅(zero)가 적용된 것인데 △의 변화 방향에 따라 어형 분화가 달리 된 것이다.

---

45) ㄹ 뒤에서 ─가 ㅣ로 변화한 예로 '짜리며'(朝漢 18a), '마리지 안이하다'(嶺三 10,20b)와 같은 예도 있다.

(7) 느리-. 느려쪄

어간 '느리-'(降)가 포함된 변화형으로 다음과 같은 것들이 나타난다.

a. 나리고(養正 18a), 나리며(養正 6b)
b. 널와(嶺三 13, 8b), 녤와(養正 5a)(嶺三 5, 9b)
c. 네루며(養正 5a), 네룸에((養正 11b), 네루되(養正 4b), 네루고(嶺三 15, 9a)
d. 놉픈 어득에 <u>나려쪄</u> 죽으니(嶺三 18, 26b)

a와 d는 ·>ㅏ가 적용된 것이고 b, c는 >ㅓ가 적용된 것이다. b의 '널와'
는 '느리-우-아'에서 '너리와(·>ㅓ 및 활음화)>'널와'(어간 ㅣ모음탈락)라는 변
화 과정을 거친 것이다. b의 '녤와' 및 c의 '네루-'에 있는 어간 모음 ㅖ
는 ·>ㅓ 적용 이후 ㅣ역행동화 및 ㅣ모음탈락 규칙이 적용된 것이다(느리
우->너리우->네리우->네루-). ㅣ역행동화가 적용된 이후 고모음화까지 실현
되면 현대 방언에 쓰이는 '니리-'가 된다. 예) : 니리라(내려라), 니라라(내리
어라), 니린다(내린다), 니룬는다(내리고 있다).

(8) 널쭈-

다음은 '落'을 뜻하는 어형들이다.

a. 널쭈거날(嶺三 11, 6b), 널주거날(嶺三 11, 6b)[46]
b. 쩔우거날(嶺三 3, 20b), 쩌루지 아니하고(嶺三 8, 8b)
c. 쓸어져셔(嶺三 16, 6a), 눈물이 쩌러져(嶺三 3, 22a)

(7)d의 '나려쪄'와 (8)a의 '널쭈-'에는 접미사화한 '지-'가 포함되어 있다.
특히 후자는 '지-' 뒤에 다시 '-우-'가 통합한 구성이다. 그러니까 '널쭈-'
는 '느리-지-우-'>'너리지우-'(>ㅓ)>'널주-'('리지'의 ㅣ탈락)>'널쭈-'(경음화)

---

46) '널쭈-'와 함께 표준어형인 '떨어뜨리-'와 가까운 '쩌러틔리고'(嶺三 3, 14b)도 나타난다.

가 적용된 결과인 것이다. 이들은 음운·형태상으로 상당히 복잡한 과정을 겪은 것으로서 오늘날 영남방언에 쓰이는 독특한 어형들이다. b의 '썰우거날'에는 사동접미사 '-우-'가 통합되어 있는데 그 뜻은 a와 같다.

　(9) 밍글-. 민돌-

　17세기의 『음식디미방』에는 '뭉그라'(17a), '밍글라'(11a), '민ᄃ라'(3b), '밍ᄃ라'(20b)와 같은 다양한 어형이 나타난다. 중세국어 문헌에 '만들다' 관련 어형으로 '밍ᄀᆯ-', '민글-', '민돌-'이 많이 쓰이고 『목우자수심결』 등 일부 문헌에 '밍돌-'이 나타난다. '밍돌-'은 '밍ᄀᆯ-'의 '밍'과 '민돌-'의 '돌'이 혼효(混淆)되어 만들어진 것으로 생각된다. 『음식디미방』의 '뭉그라'는 어중의 반모음 ㅣ가 탈락된 것으로 다른 문헌에서 찾아보기 어려운 예이다. 이 어형은 오늘날 영남방언의 '망글-'로 계승되었다.

　(10) 두의혀-. 두의실-

　다음은 '뒤집다'(飜覆)라는 뜻과 관련된 동사들이다.

> a. 소두에롤 <u>두의혀</u> 덥고(음식 8b)
> 　즈로 <u>두의여</u> 석지 아니케 고로 쬐오라(음식 15a)
> 　쟝즈롤 <u>뒤혀</u> 죄 샌라 도로 <u>뒤혀</u>(음식 7b)
> b. 즈로 서로 <u>두의시러</u> 노흐며(음식 15a)
> 　바독 두듯 낫낫치 <u>뒤혀</u> 노하 쉴ᄉ이 업시 <u>뒤시로다가</u>(음식 11b)

　a의 '두의혀'는 '두위혀-'(능엄 4 : 33), '두위혀-'(초간 두시언해 23, 38)의 변화형이다. 밑줄친 '두의여'는 모음간 ㅎ이 탈락된 것이고, '뒤혀'는 모음 사이에서 약모음 ㅡ가 탈락한 변화형이다. b의 '두의실-'과 '뒤시로-'는 둘 다 다른 문헌에 없는 어형이다. 이들은 모두 '두위힐호-'(초간 두시언해 25 : 10) 또는 '두위힐후-'(초간 두시언해 16 : 48)와 관련된 어형이 틀림없다. '두의

실-'은 '두위힐-'에 비원순모음화(ㅜㅜ>ㅜㅡ)와 ㅎ구개음화(ㅎ>ㅅ)가 적용된 어형으로 판단된다. 그리고 '뒤시로-'는 '두위힐호-'에 비원순모음화(두의힐호-), 약모음 ㅡ탈락(뒤힐호-), ㅎ구개음화(뒤실호-), 유성음간 ㅎ탈락(뒤실오-)이 적용된 것으로 간주된다. 이러한 어형들은 『음식디미방』을 썼던 장씨부인의 배경 방언(17세기 안동, 영양 등 경북 북부방언)에 존재했던 방언형일 것이다. 이들은 음운사적으로 ㅎ구개음화와 ㅡ탈락에 수반된 모음축약 현상이 17세기 영남의 북부방언에 존재하였음을 알려 주며, 형태론적으로는 사동 접미사 '-호-'의 존재를 암시한다.

   (11) 쑬앉-. 쑤거리앉-

'끓어앉-'을 뜻하는 어형으로 다음과 같은 것이 나타난다.

   a. 쑤러안진 곳이(嶺三 10, 19a)
   b. 쑬안진 곳에(嶺三 7, 26a), 쑬안자(嶺三 2, 24a), 쑬안거든(朝漢 21a)
   c. 쑤거리 안질 쥰(蹲)(養正字解 1b), 쑥그리 안찌 말며(養正 6b)

a는 어간 형태 '쑬어앉-'이 온전히 나타난 것이고, b는 '-어'의 탈락형이다. c의 '쑤거리'와 '쑥그리'의 말모음은 부사형 어미 '-어'가 결합된 이후에 나타난 변화형이다.[47] 이 낱말들은 a,b의 어간과 다른 모습이다. '쑤거리'와 '쑥그리'와 같은 방언형은 매우 특이한 것으로 방언사전 등의 자료집에서도 찾을 수 없다. 이 어형은 '쭈그리다'와 관련된 것이 틀림없다. 짐작건대 '쑬'의 '쑤'와 '쭈그리다'의 '그리'가 혼효되어 '쑤거리' 혹은 '쑥그리'와 같은 어형이 생성된 것으로 보인다.

   (12) ㄴ첨가형

다음 예들은 어간 내부에 ㄴ이 첨가된 동사들이다.

---

47) (6)의 '짜리 드리', '곤치'와 같은 것이다.

　　a. 썬지그늘(嶺三 5, 14b) cf. 쩌지난지라(投)(嶺三 8,11a)
　　b. 곤쳐(朝漢 26b), 곤치지(嶺三 17, 12b), 오슬 곤치 입고(嶺三 18, 5a)
　　c. 근치고(止)(朝漢 24b), 근치기 하고(嶺三 8, 6a)
　　d. 헌터(散)(嶺三 4, 15b)

　　a, b, c는 파찰음 ㅈ, ㅊ 앞에 ㄴ이 첨가된 것이고, d는 치경음 ㅌ 앞에 ㄴ이 첨가된 것이다. 국어음운사에서 어간 내부의 분절음 사이를 뚫고 자음이 첨가되는 현상은 흔치 않은 것이다. 표준어에서는 a의 동사에만 ㄴ첨가가 이루겼음에 비해 영남방언의 경우 이 현상이 더 많은 낱말에 적용되었던 것이다.

　　(13) 활음형성과 그 변화형

　　'목퇴로 쑤사셔'(碎)(嶺三 19,15a)는 '부수-'가 어두경음화한 것이면서 동시에 활용어미 '-아셔'가 결합한 것인데 영남방언에 나타나는 활용상의 한 특징을 보여준다. 이 어형은 '쑤수-아셔 → 쑤솨셔(활음형성) → 쑤사셔(활음탈락)'를 거친 것이다.

　　'약을 짜리 드리 효험을 어더니라'(嶺三 9,15a)의 '짜리'와 '드리'는 동일한 음운 과정을 겪은 활용형이다. '드리'는 '드리-어 → 드려(활음형성) → 드레(모음축약) → 드리(고모음화)'를 거친 어형이며 '짜리'도 이와 같다. '쑤사셔'와 '드리' 등과 같은 활용형은 현대의 영남방언에서 그대로 실현되는 것들이다. '오슬 곤치 입고'(嶺三 18,5a)의 '곤치'도 동일한 예이다.

　　(14) '-우-' 통합형

　　'볏흘 가루기 위하야'(時文 35a), '풍우를 가루지 안하니'(嶺三 3,29b)의 '가루-'는 '가리-'에 선어말어미 '-우-'가 결합한 것으로 분석되며 영남방언에서 널리 쓰이는 어형이다. '초순을 넌구지 말며'(朝漢 25b)의 '넌구지'는 '넘기-우-지'로 분석되며 여기에도 '-우-'가 통합되어 있다.

'-우-'가 통합하여 생성된 것으로 '피를 듸롸'(嶺三 3,5b), '피를 듸루니'(嶺
三 3,12a)를 들 수 있다. 이 어형은 표준어의 '드리워'(드리-우-어)에 대응하는
것으로 '딀와'(嶺三 2,22b), '될와'(3,13a), '듸라'(嶺三 18,14b) 등과 같은 여러 어
형으로 나타난다. 현대 방언에서 이 어형은 '디루-'로 쓰이고 있다.

(15) 합성동사

다음 두 예는 다른 문헌에서 발견되지 않는 합성동사이다.

> a. 飛는 一般 鳥類가 훨훨 공중에서 깃을 <u>날부치는</u> 것이오(時文 58b) 螢는
>   침침한 녀름밤에 쌘짝쌘짝 밝은 빗흘 <u>날부치는</u> 버레이올시다(時文 59b)
> b. <u>썩박기게</u> 말지니라(養正 28b)

a의 '날부치-'는 '날-'과 '부치-'가 복합된 것으로 '날개로 날며 부치는'
행위를 표현한다. b의 '썩박기-'는 '섞-'과 '바뀌-'가 합성된 것으로 '섞이
고 바뀌는 것'을 뜻한다. 댓돌에 벗어 놓은 신발 따위가 스승의 것과 아이
의 것이 서로 섞여 바뀌지 않도록 조심하라는 품행 교육을 말하는 대목에
나오는 말이다. 이러한 합성동사는 용언 어간의 합성이 생산적이었던 중세
국어의 특징과 그 성격이 같은 것이며, 영남방언에서도 이러한 합성법이
활발하였던 것임을 알려 주는 증거이다.

(16) 어형 단축

다음 두 예는 합성동사의 어형이 단축된 것이다.

> a. 사당에 드가, 빈소에 드가(嶺三 11, 7b), 산에 드가 울고(嶺三 6,18b) cf.
>   사당에 드러가(嶺三 11, 20b)
> b. 들오니(嶺三 4, 1b), 들오거날(嶺三 4,12a), 들오미(嶺三 4,16a) cf. 드러오
>   고(嶺三 4, 13a)

a의 '드가'는 cf.예에서 보듯이 '드러가'에서 '러'가 탈락된 것으로 봄이 옳다. b의 '들오-'는 '들어오-'에서 '어'가 탈락한 것이다. 이러한 현상은 사용 빈도가 높은 낱말을 편하게 발음하려는 의도로 어형이 단축된 것이다. '들어가-'에서는 어간말의 'ㄹ'까지 탈락하지만 '들어오-'에서는 '어'만 탈락하는 까닭은 설명하기 어렵다.

(17) 부사 '민'(最)

'ᄒᆞ나 민 얼운이 짓아비 도이여셔'(30a)에 쓰인 '민'은 '最'의 뜻으로서, 지금의 경상방언형 '맨꼭대기'(最頂上)의 '맨'과 그 어형과 뜻이 같다.[48] '민'은 『속삼강행실도』에도 보이기는 하나 그 출현이 드물다.

(18) 기타 특이형

    a. 술은 <u>마이지</u> 말나(朝漢 34a)
    b. 골육을 <u>문유면</u>(乖 骨肉)(朝漢 34a)
    c. <u>꼽아</u> 두고(朝漢 17a), <u>꼽고</u>(朝漢 19b)
    d. 삼 색기를 길게 ᄭᅩ어 도로 <u>꼽치고</u> ᄯᅩ 도로 <u>꼽치면</u>(朝漢 13b)

a의 '마이지'는 '마시지'에서 모음 사이 ㅅ이 탈락한 특이례이다. 이 예는 ㅅ>△>zero와 같은 변화가 가능하였던 것임을 말해 준다. b의 '문유면'은 '무너뜨리면'에 대응하는 것으로 '믄허디다>문허지다>문어지다'와 같은 변화 속의 '문'을 어간으로 재분석하고, 이 어간에 사동접미사 '-이우-'가 결합되어 만들어진 어형으로 생각된다. c의 '꼽-'은 표준어 '꽂-'에 해당하는 어형인데 영남지방과 함경지방의 방언형으로 널리 쓰인다. 이 어형들의 상호 관계를 음운론적으로 관련지어 설명하기는 어렵다. 어간말의 ㅂ과 ㅈ의 차이를 어떤 음운론적 교체로도 설명할 수 없기 때문이다. 이들은 쌍형

---

48) 같은 뜻의 '맨'이 표준어에도 쓰인다(맨끝, 맨처음, 맨꼭대기).

어간으로서 각각 독립된 어형으로 존재했던 것으로 보인다.

6. 맺음말

하나의 방언이 역사적으로 겪어온 과정을 음운, 형태, 어휘를 망라하여 종합하고 이를 체계적으로 서술하는 것은 결코 쉬운 일이 아니다. 특히 문헌 자료를 기반으로 한 방언사 서술은 더욱 그러하다. 이 글은 최근의 연구 성과를 수용하면서 지금까지 영남방언의 역사적 변천 과정을 탐색해 온 필자의 작업을 전반적으로 정리하고 재검토해 본 것이다. 음운사에 대한 기술은 통시적 기술의 면모를 어느 정도 갖추었으나, 형태와 어휘에 대한 기술은 미진한 점이 많다. 영남방언 문법형태의 역사적 변천을 체계적으로 기술하는 과제는 현재의 우리가 가진 자료 범위에서 어려운 일이다. 질적으로 우수한 자료 발굴과 보다 엄밀한 방법론을 개발함으로써 이 어려움을 극복하도록 힘을 쏟아야 할 것이다. 어휘 변천에 대한 통시적 기술도 어휘 부류에 따른 체계적 기술을 목표로 삼아 문헌 속에 묻혀 있는 어휘 자료를 발굴하여 정리하는 작업이 먼저 이루어져야 한다.

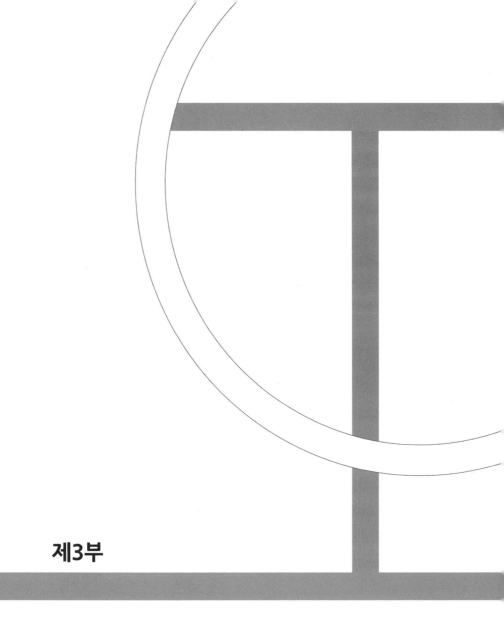

제3부

문헌 자료와 방언 연구

『영남삼강록』(嶺南三綱錄)의 음운론적 고찰

1. 서지 사항

『영남삼강록』(이하 '이 자료'라 약칭함)의 서지 사항을 간략히 소개한 후 본론에 들어가기로 한다. 이 자료는 20권 10책의 석판 인쇄본이며, 장정은 5침안의 선장본이다. 책 크기는 가로 17cm, 세로 25cm이며, 광곽은 사주쌍변(四周雙邊)이다. 매엽 반광(每葉 半匡)의 크기는 가로 14cm, 세로 19.3cm이고, 반엽 행관은 유계(有界) 10행 23자이다. 판심은 상하향화문어미(上下向花紋魚尾), 판심제는 '嶺南三綱錄'이다. 권20 말미에 실린 간기에 간행 연도가 소화(昭和) 14년(1939) 9월 20일로 되어 있다. 발행과 인쇄에 관한 자세한 사항은 다음과 같다.

> 著作兼發行者 張友相
>   大邱府七星町二七六番地
> 印刷人　陳永基
>   大邱府飛山洞一四四番地
> 發行所　三綱錄編輯所
>   大邱府內塘洞一〇二三番地

---

* 이 글은『용연어문논집』4집(1988, 경성대) 85~119쪽에 실렸던 것이다. 본문 내용의 여러 곳을 고치고 문장 표현을 다듬고 고쳐서 새로 썼다.

간행지가 대구이고 저작자가 대구 사람인 것으로 보아 이 자료가 대구
를 중심으로 한 경상방언을 반영하였으리라 예상할 수 있다. 책값을 명시
한 곳에 선지(鮮紙) 이십오원(二十五圓), 노지(露紙)[1] 이십원(二拾圓)이 적힌 것
을 보면 지질(紙質)을 두 가지로 했음을 알 수 있다. 필자가 이용한 것은 노
지본이다. 제1책의 권두에 있는 6개 조항의 범례 중에 다음과 같은 내용이
있다.

三鋼錄已有舊錄續錄 而代浸遠 不入兩錄之三綱行實 不可煙沒無傳 更修此錄
(삼강록에는 이미 구록과 속록이 있으나 시대가 아득히 멀다. 두 삼강록
에 들어가지 않은 삼강행실이 인멸되어 전하지 못하면 아니되므로 삼강록
을 다시 고쳤다.)

이 책의 저작자는 전래해 온『삼강행실도』를 이용했음을 알 수 있다. 여
기서 '舊錄'(구록)이라 한 것은『삼강행실도』를, 속록(續錄)이라 한 것은『동
국신속삼강행실도』(東國新續三綱行實圖)(혹은『속삼강행실도』(續三綱行實圖)를 가리
킨 것으로 짐작된다.

범례에서 말한 몇 가지 내용을 요약하면 다음과 같다. 양록(兩錄=구록과
속록)에는 사실을 그린 모사도(模寫圖)가 있으나 간편함을 위해서 생략했다.
양록에서 누락된 해당 인물의 부조(父祖)와 자호(字號)를 이 책에서 자세히
기록하고, 그 자손의 현 거주지를 밝혔다. 이 책에 등재한 인물은 영남인으
로 한정했기 때문에 책 이름을『영남삼강록』이라 했다.

권차별 내용의 배분은 효자가 권1~권10에 걸쳐 있어서 가장 많고, 효부
(孝婦)가 권11~권12, 충신(忠臣)이 권13~권14, 열부(烈婦)가 권17~권20으로
되어 있다. 효부 부문이 따로 설정된 점이 독특하다.[2] 이 책의 편찬 경위는

---

1) 노로지(露露紙)는 19세기 말~20세기 초기에 러시아의 제지 기술이 수입되어 만들어진
   양지(洋紙)의 일종이다. 지질은 쉽게 변색되지 않아 내구성이 있으며, 표면이 매끄럽고
   광택이 난다.

현재로서는 자세히 알 수 없으며 인물의 선정법이나 기준 등에 대해서 영남인에 한했다는 것 이외에는 밝혀져 있지 않다. 기존『삼강행실도』등에서 가져온 내용이 본문에 명기되어 있으나 그 수가 많지 않다. 종래의『삼강행실도』는 언해문 기사(諺解文 記事), 한문 기사(漢文 記事), 시(詩)의 순서로 되어 있는데 비해,『영남삼강록』에는 한문 기사, 시, 언해문 기사의 순서로 되어 있다.

　이미 역사의 퇴물이 된 삼강 윤리를 권장한 책이 20세기, 그것도 일제강점기라는 특수한 시대에 간행되었다. 이 책의 간행 배경에는 여러 가지 복잡한 사회적 요인이 숨어 있을 것이다.

2. 표기의 양상

　『영남삼강록』의 표기 양상은 15세기의 표기법이 지녔던 정제성이 무너진 근대국어 이후의 표기와 전반적으로 유사한 모습이다. 17세기 이래 19세기 말기(20세기 초엽 포함)에 이르는 긴 시기는 국어표기법이 표류한 과정이었다(이기문 1963 : 147). 이 흐름을 종식시키고 일제강점기 하의 민족어의 발전을 도모하기 위해 1933년에「한글맞춤법통일안」이 제정되었다. 그러나 1939년에 간행된『영남삼강록』은 이 안의 영향을 전혀 받지 않아, 과거의 표기 양상을 그대로 보여주고 있다. 그 대표적인 것이 ·(아래아)와 ㅅ 등 합용병서의 사용이다. 이 자료에 나타난 표기 양상 몇 가지를 정리해 보면 다음과 같다.

---

2) 필자가 이용한 자료는 유감스럽게도 권15, 권16이 결권(缺卷)이어서 그 내용을 분석하지 못하였다.

2.1. 된소리 표기와 합용병서

이 문헌에 된소리 표기로 ㅅㄱ, ㅅㄷ, ㅅㅂ, ㅿㅈ 등 합용병서가 쓰였으며, ㅂ계 합용병서나 ㄲ, ㄸ, ㅃ 등의 각자병서는 사용되지 않았다. ㅆ은 사용되었으나 합용병서와 같은 성격의 표기로 생각된다.

> (1) 된소리 표기에 사용된 합용병서
> ㅅㄱ : 꿈(夢)(一12a), 꽃(花)(一23a), 손가락을 꼰어(十6b)
> ㅅㄷ : 뜯(志)(一21a), 또(一9b), 따(地)(一9b)
> ㅅㅂ : 쌀이(志)(一12a), 빨고(一4a), 뿔려(揮)(一6b)
> ㅿㅈ : 꽃차(一7b), 씰너(十20b)
> ㅆ : 씨지 아니하고(一3b), 쌀(十29b)(米), 싸와(十三a)

한 가지 특이한 것은 ㅿㅎ이 쓰인 점이다. 예 : 뜰히 파이고(土)(九34a), 쩔기…마리지 안이하다(十20b). cf. 흑을 져셔(十一4a). ㅿㅎ은 17세기 초부터 17세기 중기까지 문헌의 ㅎㅎ에 소급하는 것이지만, 이 자료의 '쓸ㅎ'이나 '쁅'은 그렇지 않은 것이다. 이 자료에서 ㅿㅎ은 '흙'이라는 단어에만 쓰였는데 이것은 단순한 오기가 아닌 듯하다. 입안의 공동마찰(空洞摩擦, cavity friction)로 조음되는 ㅎ은 구강 통로가 좁아지면 마찰이 강해진다. 따라서 개모음 앞에서 보다 폐모음 앞의 ㅎ은 더 강한 마찰을 수반하게 된다. '흙'의 ㅎ은 폐모음 '으' 앞에 있으므로 마찰이 강한 ㅎ의 음성적 특질이 '쁅'의 ㅿㅎ으로 표기되었으리라 추측된다. 즉 음성적(혹은 ㅎ의 異音的) 특질이 보다 정밀하게 포착된 표기라 볼 수 있다. 그러나 다른 폐모음 앞의 ㅎ이 ㅿㅎ으로 표기된 예는 발견되지 않으므로 일반성 있는 설명을 하기 어렵다.[3]

---

3) ㅅㄷ의 예도 나타난다. 가셩(家聲)을 쪄러 틔리지 마라(十八7b)

2.2. 음절말 유기음 표기

음절말이 유기음인 체언이나 용언의 표기법은 근대국어에 나타나는 세 유형(곽충구 1980 : 15-16) 모두가 존재하나 세 유형의 표기법이 균질적으로 나타나는 것은 아니다. '곁'(側), '섶'(薪), '앞'(前), '같-'(同) 등의 표기는 다음 과 같이 나타난다.

[표 1] 음절말 유기음 표기의 유형

유형＼단어	곁	앞	꽂	섶
1유형	×	×	×	×
2유형	겻틔(一13a)	압플(五22b)	×	섭플(十1b)
3유형	겻히(一12a)	압흘(七21b)	꽂흘(一23a)	섭흘(十1b)

유형＼단어	빛	같-	꽂-	깊-
1유형	×	가트매(二15a)	쏘차(一18b)	기푼지라(九14b)
2유형	빗치(一28b)	갓트니(十6a)	꼿차(一6a)	깁푼(九35a)
3유형	×	갓흐니(一22a)	×	깁허면(二17b)

체언에서 1유형의 표기는 전혀 나타나지 않으며, 용언에서는 2유형이 가 장 빈도 높게 나타난다. 체언에서 1유형의 표기가 없는 것을 체언 어간의 고정적 표기라는 관점에서 이해한다면, 이 점은 체언 어간과 용언 어간이 라는 문법범주에 대한 인식 차이를 보인 것이라고 해석할 수 있다.[4] 음운 론적 관점에서 본다면, '겨틀', '아플'과 같은 1유형이 나타나지 않는 이유 는 어간 말 유기음의 폐음화(오종갑 1986) 혹은 미파화(未破化)의 결과라 할 수 있다. 폐음화가 곡용과 활용에서 서로 달랐기 때문에 1유형 표기의 출 현에서 두 범주 간 차이가 큰 것이라고 해석할 수 있다.

---

4) 홍윤표(1986)에 의하면 중철 표기(혹은 이중 표기)는 주로 곡용에서 이루어지며, 특히 『정속언해』의 경우 중철 표기가 용언의 활용에서 나타나지 않는다고 했다. 이를 곡용 범주와 활용 범주를 구분한 표기자들의 문법의식을 반영한 것이라고 해석했다.

용언 어간에서 둘째 음절의 첫소리가 유기음인 경우 선행 음절말에 유
기음이 지닌 폐쇄의 지속을 표기한 2유형이 많이 나타난다.

　(2) 어중 유기음 표기
　　낫낱하고(一5b)(나타나고), 굿치고(四1b), 밋첫더라(三9a), 밧친후에(八
　　35b)

용언 어간말의 자음이 ㅎ인 경우에 후행 폐쇄음과 축약되어 유기음이
된다. 이 환경의 유기음 표기는 다음과 같이 나타난다.

　(3) 유기음화 표기
　　'좋-' : 좃타 하거날(八32b), 조타하되(二20b)
　　'넣-' : 엿치 아니하야(五27b), 여치 아니한 지가(十七3a)
　　'찧-' : 찟코(十二18a), 찍코(十二a), 찌코(十二11b)5)

　(2)와 (3)에 나타난 2유형 표기는 유기음이 지닌 폐쇄의 지속을 앞 음절
말 자음에 표기한 것이라는 설명을 뒷받침하는 증거이다.
　유기음 표기의 세 유형은 실제 발음상의 차이를 반영한 표기로 간주한
다. 최전승(1986a : 63-64)은 1유형과 2유형이 발음상의 차이를 표시한 것으
로 보았으나, 2유형과 3유형은 동일한 발음을 나타낸 다른 표기 방식으로
간주하였다. 오종갑(1986)은 폐음화의 정도에 있어서 세 유형이 각각 다르
다고 보고, 세 유형이 발음상의 차이를 반영한 것이라고 보았다. 2유형은
유기음이 지닌 폐쇄의 지속을 음절말 자음 표기로 드러낸 것이므로 1유형
과 다른 발음을 반영했다고 봄은 문제가 없다. 그러나 2유형과 3유형 간
발음상의 같고 다름은 판단하기 어렵다. 3유형을 재음소화에 의한 표기의

─────────────
5) 필자가 현대 경상방언의 실제 발음을 들어본 경험적 판단으로 보면, 음절말 자음이 표
　기된 '찟코' 등이 더 현실 발음과 가까운 표기라고 생각한다. 최명옥(1980)은 [nókkho]
　(놓고)와 같은 방식으로 전사한 것은 필자의 판단과 같은 것이다.

차이라고 보는 견해(곽충구 1980, 홍윤표 1986)와 어간말 자음이 폐음화를 경험하지만 강한 유기성이 유출된 것을 표기한 것으로 보고 발음 차이를 인정하는 견해(오종갑 1986)가 있다. 표기의 차이가 반드시 발음의 차이를 전제하는 것은 아니다. 그러나 근대국어 이후의 표기법이 여러 가지 면에서 혼란스럽기는 하지만 전체적으로 "表音的이고자 하는 不統一된 노력의 결과"(이기문 1972 : 195)라는 관점에서 본다면, 2유형과 3유형을 단순한 표기 차이가 아니라 발음 차이를 반영한 것이라고 볼 수 있다. 1, 2, 3유형은 표기 차이만큼 어느 정도 미세한 차이가 있는 발음상의 변이형(phonetic variant)이 아니었나 추측된다. 그러나 이런 변이형을 유발한 변수(variable)를 설명해야 하는 문제가 남아 있다. 위의 세 유형이 발달하게 된 역사적 과정이 보다 정밀하게 천착되고 그 음성학적 특질까지 규명되어야 이 문제를 해결할 수 있을 것이다.

2.3. ㄹ 관련 표기

어두의 ㄹ 표기를 비롯한 ㄹ 표기의 양상 몇 가지를 살펴보기로 한다.

(4) ㄹ 표기의 양상
  ① 령의정(領議政)(一2b), 리씨(李氏)(一2b), 로부(老父)(一33a), 로인(老人)(八38a), 려모(廬慕)(一2a), cf.여모(一23b), 녀모(四6a)
  ② 로(奴)(六22a), 랄익(犵)(三11b), 루의(姉妹)(五11a), 분릭(分內)(一27a), 건릴식(渡)(八34a), 하랄(天)(十七31b). cf.하날(四3a) cf.릴엇더라(致)(二15b), 이러거랄(致)(十七8b), 병을 릴외(成)(二5a), 이루지 못하고(不成)(十八7b)
  ③ ⓐ 쌀러니(隨)(一7b), 일르되(云)(一8b), 쓸르지(解)(一10b), 일르니(至)(一18b), 올러고(二13a), 물르니(問)(六26b), 셜사병이 들러(十2a), 산에 빌러(三12a) 갈라더(曰)(三1b), cf.이르거날(云)(三25b), 오르니(十三6b), 갈오더(曰)(六13a), 가로더(二十25b)

ⓑ 베살리(一6b) , 베살를(一7a), 한 날른(日)(一11b), 하날리(三31b),
그 골를(谷)(四13a), 글를(文)(一11a), 솔리(松)(一28b), 널를(棺)(一
27b), 얼골른(一17b), 발리(足)(一26b), 친척들리(一13a), cf.겨을애
(一12a), 그 골을(谷)(四13a), 벼살에(十九2b), 발이(十三6a)

④ ⓐ 일너(云)(二十25b), 흘너(流)(二十21b), 아울너(十七10b), 멀니(二
26b), 올나가셔(三17b), 씰너(十20b)

ⓑ 흰 날노(以白奴)(一33b), 칼노(十七7a), 거짓말노(十七26a)

①은 한자음 어두의 ㄹ을 표기한 것임에 비해, ②는 원래 어두음이 ㄴ인
한자 혹은 고유어를 ㄹ로 표기한 것이다. 특히 ②cf. '릴와', '릴엇더라'는
음가 없는 'ㅇ'을 ㄹ로 과도교정한 표기이다. 이런 표기들은 어두에서 ㄹ이
ㄴ으로 바뀌는 음운 현상에 대한 서사자의 인식을 반영한다. ③은 소위 이
중표기의 하나로서 그 현실음이 [ll]임이 논증되었다(최전승 1986a : 69-73). 이
사실을 받아들인다면 '볘살이' 등의 ㄹㅇ은 ㄹㄹ과는 다른 발음 즉 모음
간의 ㄹ[r]로 보아야 한다. '베살리'와 '베살이'는 표기에 그치는 것일 뿐
이고, 음성적 변이형으로 당시의 방언에 공존한 것은 아니라고 본다.

18세기 국어에서 어중의 ㄹㄹ이 ㄹㄴ으로 표기되는 경향이 뚜렷한데(곽
충구 1980 : 24), 이 자료에서 ④와 같은 예가 나타난다. 19세기 후기 전라방
언에서 ㄹㄴ표기는 곡용이나 형태소 내의 환경보다 활용 환경에서 보편화
되어 있는데(최전승 1986a : 72), ④도 동일한 성격을 띠고 있다. 곡용에서는
도구격 '-(으)로'의 ㄹ이 ㄴ으로 바뀌는 것에 한정되어 있다. 이 ㄹㄴ[ln]의
등장은 [ll]을 전제로 해야 가능한 것이기는 하나, 그 음가를 확정하는 것은
간단치 않다.6) ㄹ과 ㄴ 간의 혼란은 17세기 문헌에서 흔히 나타난 것이다.

---

6) 곽충구(1980 : 24)는 "이러한 표기가 실제 발음 현실과 관련되는 것인지는 확인하기 어
려우나 전혀 無緣한 것이라고 보기는 어렵다."라고 했다. 오종갑(1986 : 117)은 ㄹㄹ이
ㄹㄴ으로 바뀐 현상을 폐음화의 원리로 설명하였다. 즉 전자의 폐음 ㄹ로 말미암아 그
뒤에 음절 경계가 생기게 되니, 그것 뒤의 두음 ㄹ은 마치 어두의 ㄹ과 유사한 환경이
되어 ㄹ이 ㄴ으로 바뀐 것이라고 해석했다. 이 해석은 ㄹㄴ이 현실 발음을 반영한 표

이 현상은 특히 어중에서 일어나며, ㄴ과 ㄹ의 차이가 뚜렷하지 않거나, 어중 ㄹ과 ㄴ음에 대한 의식(意識)이 불명(不明)한 결과라고 설명된 바 있다(이숭녕 1971). '의식의 불명'이라는 표현을 다음과 문장과 같이 더 정교하게 다듬을 수 있다. ㄹ과 ㄴ의 조음위치가 치경음이라는 점에서 같고, 두 자음이 유성음이란 음성 자질을 공유함으로 인해 쉽게 상통(相通)된 결과가 ㄹㄹ~ㄹㄴ의 교체로 나타났다.

어두의 ㄴ이 ㄹ로 표기된 것은 논외(論外)로 하더라도 어중의 ㄴ이 ㄹ로 표기되거나, ㄹㄹ이 ㄹㄴ으로 표기된 것은 현실적으로 사용되었던 변이음의 한 양상을 반영한 결과일 것이다. ㄹ이 보여주는 기타의 표기 양상은 개별 음운 현상을 다루는 곳에서 언급할 것이다.

2.4. ㅆ의 ㅅ 표기

자음체계에서 경상방언의 일부 하위 지역어는 ㅆ이 변별적 기능을 갖지 못하는 특이성을 보이는데[7], 이 자료에도 이 특성이 나타나 있다.

> (5) ㅅ~ㅆ의 혼기
> 신(苦) 거슬(十二13b)~씬 거슬(八5b), 싯고(洗)(十二5a)~씻고(三7a), 살(米)(十10a)~쌀(十九17b), 셕어스되(十八26b)~썩어며(十三11a)(四17a), 삭갓을 시고(十三11a)~삿갓을 씨고(十四5b), 무릅시고(八22a)~무릅씨고(十八5a), 눈을 실고(六6b)~눈을 썰더라(三29a), 힘시더라(務)(三6a)~힘씨더라(四25a)[8]

혼기 없이 원래의 ㅆ을 그대로 표기한 것은 두 가지 면에서 해석될 수

기라고 보는 것이다.
7) 김형규(1974 : 207)의 조사에 따르면, '米'를 [sal]로 발음하는 지역은 경북의 예천, 영덕, 청송, 포항, 대구, 경산, 경주, 월성, 청도, 고령이다.
8) 한자어 '以'의 번역은 '써'로만 나타나고 '셔'는 발견되지 않는다.

있다. 즉 경상방언 안에서 ㅆ을 가진 하위 지역어의 영향일 수도 있고, 중
앙어 혹은 타 방언과 관련된 규범적 표기를 지향한 결과일 수 있다. 이 방
언에서 ㅆ이 존재하지 않는 것은 경음 체계의 역사적 형성 과정이 타 방언
과 달랐음을 암시한다.

3. 단모음의 변화와 모음동화

3.1. 모음중화

『영남삼강록』에 반영된 단모음 체계는 최근의 이 방언의 분석을 통해
밝혀진 6모음체계와 같다. 이른바 중화된 모음들이 이 자료에 어떻게 반영
되어 있는가를 밝혀 보기로 한다.

(6) 어두 '어'와 '으'의 혼기
　ⓐ 읍지(邑誌)(二18a)~업지(二7b), 음혈(泣血)(五12b)~업혈(五6b), 늘건
　　(老)(五20b)~널글소록(二29a), 듯고(聞)(十七11a)~덧고(十七9b), 병
　　이 드러(六20a)~병 더러(六21a), 음식(八18a)~엄식(七32a), 드리고
　　(七22b)~드리며(十16b), 들이미(聞)(十一5a)~덜이미(十一4a)
　ⓑ 건늬드라(渡)(五3b)~근너(五9a), 업드라(五13a)~읍스니(五16a), 어
　　더니(五12b)~으드니(五3a), 거러(居廬)(三34a)~그려(三34a), 넘치며
　　(六12a)~늠치고(五26a), 어럼(八6b)~으름(九18a), 어릅어셔(五
　　14b)~으릅다(五5b), 셤기되(六9a)~슴길식(六3a), 수원함(淸)(四25a),
　　스늘함(淸)(三27a)

(7) 비어두 '어'와 '으'의 혼기
　ⓐ 이르되(九22a)~일어디(八5b), 으름(九18a)~어럼(八6b), 올르그날(五
　　30a)~올러고(六24b), 죽으미(六19b)~죽어미(六14b), 모으상(母의
　　喪)(一9b)~모어상(一22a), 무릅(二6a)~무럽(二27b), 그륵(二23a)~그

러실 썻고(三7a), 셥흘(一2b)~셥헐(三7a)(薪―을)

ⓑ 하더니(九8a)~하엿드니(六6a), 들오거날(入)(四7a)~올르그날(五5b), 무딤(一8b)~무듬(二2b), 효험(五12b)~효흠(十七28b), 병 더러(六21b)~학질이 들으(五28a)

(6)ⓐ는 어두 음절에서 '으'가 '어'로 표기된 것, ⓑ는 동일 위치의 '어'가 '으'로 표기되어 상호 혼기를 보여주고, (7)은 제2음절 이하(=비어두 음절)에서 두 모음 간의 혼기를 보인 예들이다. (6), (7)에 반영된 '으'와 '어'의 상호 혼기는 이 두 모음이 완전히 중화되어 구별되지 않았음을 명백히 보여준다. 원래의 '어'가 '으'로 표기된 것 혹은 원래의 '으'가 '어'로 표기된 것이 전체적으로 비슷한 빈도여서 어느 한 모음이 다른 모음에 융합(merge)되었다고 말할 수 없다. 그러나 이 방언에 존재하는 '에>이' 및 '오>우'라는 모음상승과 관련지어 볼 때, '으'와 '어'의 중화는 일차적으로 '어'의 상승에 기인된 것으로 보는 것이 체계적 해석이 될 것이다.9)

(8) '에'와 '애'의 혼기

ⓐ 약에(藥)(十八6b)~약애(一13b), 곳에(七9a)~곳익(五14a), 산에(六18a)~산애(二18a), 이에(四15b)~이애(一7b), 겻에(六10a)~겻틱(一2b), 입에(十七3a)~압애(二22b), 집에(六21b)~집애(一1b), 우에(上)(五18b)~우애(一33b), 하날에(五20a)~하날애(三20a), 죠졍에(十一5a)~죠졍애(一5a), 십셰에(九21a)~십셰애(九20b), 동궁에게(十三9b)~방빅에게(三26b) cf.도빅에게(三4a)

ⓑ 증셰(症勢)(六7b)~졍싀(六26b), 세상(世上)(一29a)~시상(五17a), 베풀고(三14b)~비플고(六16b), 방에(春)(二十18a)~방애(十一16a), 소례(聲)(十七8a)~소리(一18b), 분혜(=憤하여)먹지 아니하고(十九3b), 강게(慷慨)(十三22a)

9) '어'와 '으'의 혼기를 보인 예들은 이 자료에 무수히 많아서 위에 든 예는 그 일부에 불과하다. 이 자료는 이 방언에서 '어'와 '으'가 중화된 모습을 가장 확실하게 보여준 최초의 문헌이다.

(8)ⓐ는 처소격 '-에'와 '-애'(혹은 '-의')가 서로 구별되지 않고 사용되었음을 보여준다. 이 경우로만 보면 '에'와 '애'가 중화되었다고 할 수 있으나 (8)ⓑ에서 알 수 있듯이, 어간 내의 혼기는 그 예가 적다. 어간에 '에'를 가진 '세우-'(位), '제'(自), '세'(三), '베'(布) 등의 모음이 '애'로 표기된 예는 전혀 없으며, 어간에 '애'를 가진 '비'(復), '시베', '빈'(梨) 등이 '에'로 표기된 예도 발견되지 않는다. 그렇다고 해서 (8)의 예를 무시할 수 없다. 현대 경상방언에 대한 조사 결과를 고려한다면, '애'와 '에'는 이 자료 간행 당시에 이미 중화되었을 것이다. 처소격의 혼기가 많은 이유는 역사적으로 '-에', '-의', '-애'가 모두 처소격의 한 형태로 쓰여 왔던 점도 영향을 미쳤을 것이다.

3.2. 모음상승

이 절에서는 모음의 통시적 변화들 중 이 방언의 뚜렷한 특징이 되는 모음상승에 대해 논한다. 고모음화 혹은 모음상승의 하나인 e>i 변화와 관련된 예를 (9)에 제시한다.

> (9) 모음상승 '에>이'
>> ⓐ 기을치 아니하니라(二14a)~계을치(二29a), cf.겨어린(十七24b), 시와(立)(二十19a)~셰우고(六18b), 살을 비여(割肉)~비어(十一3a)~비니(十七26b)~비혀(六15a)~베여(四22b), cf.풀을 비고(二十11a), 함쎄(共)(四15a)(十九25b)~함기(七2a)~함쎄(二16b), cf계우(十七5b)~게우(十七25b), 베살(一2b)~벼살(十七2b), 쩨(骨)(十七3a), 베(布)(十二1b)
>> ⓑ 아비으기 효하지 못함으로(二26b)~가인으기(一32b)~보모의게(五18b)~부모의게(三2b)
>> ⓒ 크기 우니(一7b)~커기(十一9b)~크게(一18b)~크계(十一23b), 굿기(固)(十一14a)~굿계(十四10b), 굿게시 누어(十四12a), 맛기 하고(一

17a)(二11a), 보지 못하기 하고(五7a)~못하기 한지(十二4b), 보기
하라(九14b), 만망키 너겨(八28b), 너거럽기 권유하니(十九16b), 무
겁기 하라 가계 하더니(十七5b), 흐르계(十七14b)

ⓓ 손싸락으로써 자식을 비니(以指示子)(十八7b) cf.베니지 안하며(十
八19b), 베아시니(十四4a)

ⓔ 마밀(磨滅)(十八26b), 밀셩(滅性)(四14b), 휘싱(回生)(二8b), 익휘(哀
毀)(九32a)~익훼(十19a)~애회(一13a), 지녁(夕)(三27a)~진력(一11a)
~전녁(二20a)~졔녁(三8b)

ⓕ 졔어미(婦)(十九 16b)(二十25b), cf.지아비(十二16a)

(9)ⓐ는 어간의 어두 음절에서, ⓑ는 조사에서 e가 i로 바뀐 예인데, 변화
를 겪지 않은 형태도 공존하고 있다. ⓓ의 '비니'는 '보이>뵈[pwe]>베>비'
라는 과정을 거친 것으로서 원래의 e에서 유래된 것은 아니다. '이러와'는
'어렵-'에 움라우트의 적용 및 j탈락으로 도출된 '에럽-'에 e>i가 적용된
것이다.

ⓒ는 부사형어미 '-게'가 '-기'로 바뀐 것인데 이 규칙의 영향을 받아
원래 i를 가진 명사형 어미 '-기'를 '-게'로 교정한 예가 발견된다(감지를 잇
게 어렵고(十七25b)). 이 자료에는 '-게'가 대부분 '-기'로 쓰이고 있어서 이
형태소의 재구조화가 확립된 것으로 판단된다. ⓔ에서 '滅'의 음이 '밀'로
나타나는데 이는 jə>e의 축약 이후 e>i가 적용된 것이다. 움라우트나 모음
축약에 의해 도출된 환경에 e>i가 적용된 사실을 보면, 이 변화가 상당히
활발하게 적용되었음을 알 수 있다. 과도교정을 보인 ⓕ의 '졔어미'는 이런
판단을 뒷받침해 준다. 그러나 현대의 경상방언에서 e>i 변화를 실현한 낱
말들이 이 자료에서는 다음과 같이 '에' 또는 '예'로만 표기되어 있다.

쎄(骨)(二23b), 몍리(幾里)(三15b), 베개(四1b)~볘기(三29a), 베살(一1a)~베살
(三31a), cf.벼살(十四23a), 계(蟹)(三14b), 볘(布)(十二1b)~볘(二十18a), 흙을 메
고(一14b)

모음상승의 하나인 o>u 변화는 e>i처럼 많은 예가 발견되지 않으나 함께 제시한 뒤 논하기로 한다.

    (10) 모음상승 '오>우'
        ⓐ 단을 뭇고(築)(十七32b)(十八6b)~단을 못고(二十2a), 오줌(五17a)~
           오좀(七24b), 아울나(一24b)~아올나(二2b), 자취(十三14a), 계우(十
           17b)~계오(十九2b)
        ⓑ 복숭(桃)(十一33b), 널글소록(二29a), 더옥(二1b)(二28b)
        ⓒ 보모(父母)(二24a)~부모(二24a)

(10)ⓐ는 o>u를 경험한 것, ⓑ는 그렇지 않은 것, ⓒ는 u가 o로 나타난 예이다. o>u는 e>i와 같이 중모음이 고모음으로 변하는 점에서 동일한 성격을 갖고 있다. 이 현상은 ə : i의 중화(이것은 ə의 부분적 상승을 내포하고 있다)와 유관한 변화로서 모음체계상 일정한 방향을 취하고 있는 체계적 변화이다. 그런데 현재 이 지역 방언의 모음의 음가를 관찰해 보면 모음들의 개구도가 중부방언에 비해 상대적으로 좁음을 알 수 있다. 저모음 a와 ε의 개구도가 더 좁게 실현된다. 이 방언에서 중모음뿐 아니라 저모음도 일정한 정도의 모음상승을 겪은 것이라 볼 수 있다. 그 결과 입안에서 모음이 조음될 수 있는 조음역(調音域)이 상대적으로 좁아져 있다. 경상방언이 타방언에 비해 가장 적은 수의 6모음체계를 가진 점도 개구도의 좁힘이 빚어낸 결과로 볼 수 있다.

모음상승(=고모음화)이라는 공통적 성격을 띤 세 가지 변화의 상대적 발생 연대는 분명하지 않다. 국어음운사에서 형태소 내부의 모음상승 o>u는 18세기 중엽부터 나타나기 시작한 것으로 보고되어 있고(곽충구 1980 : 94), 경상방언 음운사에서 e : ε 및 ə : i의 중화 시기는 18세기 중엽으로 추정되어 있다(김주원 1984). e : ε의 중화는[10] 모음상승 e>i와 관계를 맺고 있다. 이

___
10) 김주원(1984)은 '에'와 '애'의 중화가 18세기 중엽에 일어난 것으로 추정하였다. 그런

두 변화는 상호 출혈 순서(bleeding order)를 가진다. 따라서 이들 변화의 상호 관계 설정이 문제가 된다.

이 문제는 시기적으로 e의 상승의 앞섰느냐? 아니면 ε의 상승이 앞섰느냐?라는 질문으로 바꾸어 생각해 볼 수 있다. 두 가지 가능성을 검토해 보자. 먼저 e>i로 e의 상승이 앞섰던 것으로 본다면, e의 상승 후 e가 가졌던 조음 영역까지 ε가 점유하게 되었다는 해석이 가능하다. 그리하여 중부방언 모음체계의 관점에서 e와 ε는 '중화'되었다고 말할 수 있다. 그러나 경상방언에서 모음상승 e>i 이후에 ε가 e의 조음 영역을 점유했다고 본다면, e : ε의 중화는 사실상 일어나지 않은 것이 된다. 중화될 e가 모음체계에 이미 존재하지 않기 때문이다. 이 가정은 e>i가 활발하게 일어난 방언일수록 그 타당성이 높아진다. 그러나 e>i가 먼저 일어났다 하더라도 하나의 변화가 모든 어휘에 걸쳐 일시적으로 적용되는 것이 아님을 염두에 둔다면 이 규칙의 적용을 받지 않고 남아 있던 e가 상승된 ε와 중화되었다는 해석도 여전히 유효하다.

이렇게 해석하지 않고 ε의 상승이 먼저 발생하였다고 가정한다면, ε의 상승으로 중화될 위험에 처한 e가 상승하여 i로 변하고 이 변화를 경험하지 못한 e는 상승된 ε와 중화된 것이라고 설명할 수도 있다. 그러나 중화를 피하기 위해 상승된 e는 그 결과 i에 합류하여 i와의 변별력을 상실하게 된다는 문제점을 안고 있다.[11]

확실한 단정을 내리기는 어렵지만 필자는 e>i가 앞섰던 것으로 추정해 본다. e : ε의 중화가 먼저 일어났다면, ε를 가졌던 어사도 i로 출현한 예가

데 '즉재~즉제', '새배~새베', '저재~저제' 등의 교체는 중세국어에서도 나타나는 것이다. 제2음절 이하에서 '이~에~애'의 혼기는 18세기 후기에 나타난다(곽충구 1980 : 87-89).

11) 여기에서 유의해야 할 점은 o>u, e>i는 e : ε의 중화 및 ə : ɨ의 중화와 성격이 다른 변화라는 것이다. 앞의 두 변화는 대립되던 두 음소가 어느 한 음소로 일방적으로 통합되는 것이지만, 뒤의 두 변화는 일방적 통합이 아니라 양자의 중화이다.

있어야 하는데 ε가 i로 변한 예는 발견할 수 없다.[12] 한편 미래 표시 선어
말어미 '-겠-'은 e>i가 활발한 경상방언에서도 이 규칙의 적용을 받지 않
고 ε와 중화되고 있다. 그 이유는 '-겠-'의 형성 연대가 훨씬 후대여서(이기
문 1972 : 215) e>i를 경험하지 못했기 때문일 수 있다.[13] (10)ⓑ, ⓒ에서 보듯
이 일찍부터 존재해 왔던 형태들은 e>i를 경험하였다. 이러한 논증이 충분
한 것이라 하기는 어렵다. 현재로서는 이들 변화의 상대적 발생 연대와 상
호 간의 관련성을 확립할 만한 근거를 충분히 갖고 있지 못하므로 잠정적
추정에 그칠 수밖에 없다.

3.3. ㅣ모음역행동화

i모음역행동화(=움라우트)가 적용된 예는 다음과 같다.

(11) i모음역행동화
ⓐ 믹기지(任)(一32b)~맛기지(六22a), 멕이니(十八6b), 소 메시난(三

---

12) 중부방언의 '내리다'(下)는 이 방언에서 '니리다'로 대응되는데 이것은 ε가 i로 바뀐 것
이 아니다. 이 자료의 '네루지 안이하고'(二十24a), '옥찰를 널와'(降玉札)(十三8b), '어찰
을 늘와'(十三13b) 등에 나타난 '너리-'는 'ᄋ>어' 변화를 겪은 것이다. 즉 'ᄂᆞ리다>너
리다>네리다'를 겪은 것이 '네리-'이고, 경상방언에 자주 쓰이는 '니리다'는 '네리-'
에서 e>i 변화가 더 적용된 것이다. 이에 비해 중부방언의 '내리다'는 'ᄋ>아' 변화 및
움라우트가 적용된 'ᄂᆞ리다>나리다>내리다'의 과정을 거친 것이다. 이와 유사한 변화
를 겪은 낱말로 중세국어의 '버리다'가 있다. 현대 표준어의 '버리다'는 'ᄇᆞ리-'에
'ᄋ>어' 변화가 적용된 것이다. 현대 경상방언에 쓰이는 '내삐리다'(내어 버리다, 棄)는
'ᄇᆞ리다>버리다>베리다>비리다(삐리다)'라는 세 가지 음운변화(ᄋ>어, 움라우트, 모
음상승 e>i)를 거친 것이다. 다른 한편으로 현대 경상방언에는 '배리다'(그르치다, 잘못
하다. 예 : 옷을 배리다)가 쓰이고 있다. 이 '배리다'는 'ᄋ>아' 변화와 움라우트가 적
용된 'ᄇᆞ리다>바리다>배리다'라는 단계를 거친 것이다. 음운변화를 달리 하면서 형태
적 차이를 만들었고, 형태적 차이가 의미 차이를 생성해 낸 흥미로운 변화례이다.
13) 근대국어 시기의 여러 문헌에 '-깃-'이란 형태가 존재함도 고려해야 한다. 모음 '이'
에는 모음상승 e>i가 적용되지 않는다. '-겠-'에 e>i가 적용되지 않은 이유가 여기에
있는 듯하다.

1b)~믹여(十九12b), 익기지(十九17a), 구딍이(四28a)~구덩이(四
23a), 계피(去皮)(六2a)

ⓑ 쇠비(犦)(四19a), 툇기고기(八6b)

ⓒ 쩌리더라(打)(四1b)~싸리며(一18b), 듸리며(五20b)~드리고(四23b),
씨리 드리미(湯進)(十二25b)~끼리(十二8a), 업듸리고(伏)(三34a), 쩌러
틔리지 마라(十八7b), 기림(圖)(十七2a)

ⓓ 무릅 딘인(接) 곳지 구던이랄 이루니(四23a)~무릅 다인 곳지 파이
엿더라(二6a)

이 자료에 i모음역행동화를 반영한 예가 적지 않게 나타난다. 주격 '-이'
나 계사 '-이-'에 의한 역행동화의 예는 발견되지 않는다. ⓑ처럼 '오'의
움라우트 예는 있으나 '우'의 예는 발견할 수 없다. 이는 이 자료가 갖는 제
약이지 '우'가 i모음역행동화를 경험하지 않은 것은 아니다. ⓒ는 개재 자음
(介在子音)이 [r]인 경우인데 피동화 모음이 주로 '으'에 한정되어 있다. ⓓ는
ㅎ탈락 이전에 움라우트가 적용된 것이다.

3.4. 자음 뒤 '으'의 변화

어간의 모음 '으'는 선행 자음의 특성에 따라 쉽게 변화하는데 이에 관한
세 종류의 '으' 변화를 절을 나누어 검토하기로 한다. 먼저 ㅅ, ㅈ 등과 '으'
가 연결될 때의 전설모음화를 다룬다.

(12) ㅅ 뒤의 전설모음화 '으>이'
  ⓐ 실품(悲)(三1b)~실피 희(一8b)~실피(三7a), 힘시더라(務)(三6a), 무
  신(무슨)(十七3b), 다시기 하고(溫)(六17b), 사심고기(三30a), 비를
  무릅시고(八22a), 시사로(自)(二6a)~스사로(一13b), 시물여덜(二十
  八)(二十10b), 염십(斂襲)(十九2b)~염습(十八18b), 실하(膝下)(八29b),
  글을 시고(十三11a), 삿갓을 시고(十三11a), cf.슬이다(載)(五23b)~

실니다(十二15a)

ⓐ′ 업시며(六6b)~업시무로~업심을~업스므로~업슬식(四4a), 잇시면
(六12b)~잇시미(三24b)~잇시무로(十八20a)~싯시나(二5a)~잇스면
(六25a)~잇스나(二1b)~잇스무로(十七34a), 섯시며(立)(一22a), 버시
미(脫)(十11a)~버슨 후에(十七5b), 나시니(癒)(十九8a), 뜻 쎄심이
잇실가(十七14a), 결단힛시니(十八3a)~하여시니(十三4a), 그러실
썻고(洗機)(三7a), cf.호부하난 거슬 보면(八8a), 옷설 풀고(八10b)

ⓑ 달고 씬 거슬(八5b), 마당을 씰고(二20b)~길을 씨러(十九18b)~쓸
더라(三8b), 약을 씨며(八16a)~씨고(二十10b), 힘씨고(九20b)~힘씨
더라(四25a), 이불을 무릅씨고(十八5a)

(13) ㅈ 뒤의 전설모음화 으>이

ⓐ 징직(贈職)(一9a)~징즉(八31b)~증즉(一23b)~증직(一24a), cf.상즉(賞
職)(一14b), 징셰(症勢)(三21b)~증세(四14b), 징험(證驗)(九25a)~증험
(七15a), 직시(卽時)(十七3a)~직귀(卽歸)(三28a), 유집(乳汁)(五21b),
일직이(八8b)~일즉(四25a), 쏭오집(十二4b)~쏭오즘(十二13a)~오즘
(十二13b), 질기더니(好)(二19a)~질거이(三33b)~질기매(五18b)~즐
기되(九24a)

ⓐ′ 안진 곳애(二12b)~안진난지라(九21b)~안지면(二十16a)~안즐 곳
이 읍다(十三6b), 입에 마진거 잇스면(五1b), cf.밤애 차즈되(一
29a), 기우러즘을 보고(十三17b)~이지러짐이 업고(六17b)

ⓑ 칙량(測量)(一13a), 칙간(厠間)(十二24a), 니칙(乃則)(四9a), 시측(侍側),
층송(稱頌)(四24a)~층상(稱賞)(十一27a), cf.칭상(稱賞)(十一22a)[14]

(12)ⓐ는 어간 내에서 '스>시' 변화를 보인 예이고, ⓐ′는 어간말의 ㅅ과
두모음(頭母音)이 '으'인 어미가 결합한 형태소 경계에서 이 변화가 실현된
예이다. 같은 환경이라도 목적격 '-을'과의 결합에서 이 변화는 극히 드물

---

14) '稱'의 한자음 표기로 쓰인 '칭'과 '층'에서 '층'은 과도교정된 음이다. 최전승(1986a :
317)은 '층>(칭)>칭'의 변화 단계를 설정했으나 이것은 착오일 것이다. '稱'은 원래 음
이 '칭'이었다. cf. 일ㅋ롤 칭稱(신증유합 13a), 일ㅋ롤 칭稱(석봉천자문3a).

다. '그러실'(그릇-을)이 유일한 예이다.

(13)ⓐ의 '職'의 음 '즉'은 과도교정된 것이다. '오짐'은 중세어 '오좀'의 말모음 o가 비원순화되고 전설고모음화를 경험한 것(오좀>오즘>오짐)으로 설명될 수 있다.[15] ⓐ'의 '기우러즘'도 과도교정형이다. '스>시'(ㅆ, ㅈ, ㅊ의 경우도 포함) 변화가 생산성이 높은 변화였음은 형태소 내부에서 일어난 것이 형태소 경계에까지 그 적용 영역을 확대해 갔음에서 알 수 있다. 이러한 적용 영역의 확대는 후술할 원순모음화에도 나타난다. 이 변화가 활발하게 일어난 것은 19세기 후기 전라방언에서도 찾아볼 수 있으며, 그 생산성이 높았음을 확인할 수 있다(최전승 1986a). 이 변화가 가졌던 높은 생산성으로 인해 앞서 본 과도교정의 예들과 전혀 다른 환경에서 원래 '이'인 것을 '으'로 바꾸는 과도교정형까지 만들어 내었다.[16]

범이 려랄 직히난 늑금(感)이 잇더라(二13a) 어금(達)이 업스며(三24b), 어금이 업셔(四16b) cf.조곰도 어기미 업고(三23b)[17]

필자는 앞에서 ə : i의 중화에 대해 기술한 바 있다. '스>시' 등의 변화와 이 중화를 관련시켜 ə : i의 중화 시기를 생각해 볼 수 있다. ㅅ, ㅈ 뒤의 ə가 i로 바뀐 예는 전혀 발견할 수 없는데 이 점은 '스>시' 등의 변화가 ə : i의 중화보다 선행했음을 분명히 해 준다. 김영배(1984 : 167)는 '스>시' 변화의 상한선(上限線)을 18세기 말부터 19세기 초로 설정했으나, 남부방언에서는 더 빨랐을 것으로 추정된 바 있다(최전승 1986a : 311). 따라서 ə : i의 중화는 적어도 18세기 말 이후에 일어난 것일 수 있다.[18] 물론 남부방언에서

---

15) '오줌'(五17a)은 '오좀'에 o>u가 적용된 것이다.
16) 과도교정형의 존재가 반드시 규칙의 높은 생산성을 의미하는 것은 아니다.
17) '어기미'가 이 자료에 공식적으로 존재하므로 '어금'을 과도교정형으로 볼 수 있다. 중세어형은 '어긔다'이다. 그러므로 ij의 off-glide탈락으로 인한 것으로 볼 수 있다.
18) 그러나 논리를 이렇게 단순화시킬 수 없다. ə : i의 중화가 앞선 경우에도 원래의 ə는 보다 추상적인 기저 음운체계에서 여전히 i와 구별되는 음운 행위를 할 수도 있다. 구

'△>ㅅ' 변화의 연대가 확정된다면 중화의 시기는 거슬러 올라갈 수 있다. 형태소 내부에서 ㄹ 뒤의 ɨ는 흔히 i로 바뀐다.

(14) ㄹ 뒤의 전설모음화 으>이
짜리고(隨)(九8b)~짜르고(四16a), 푸리더라(靑)(一28b)~푸른(一28b), 마리지(乾)(十20b)~마르고(七9a), 다림(다르-ㅁ)(四6a)~다리미(十11a)~다림(十二3a)~다런(十七11b)~다람(七24a), 가리치고(敎)(十九14b)~가라치며(指)(四1b), 무립(膝)(十七17b)~무릅(二6a)

'르>리'를 보여주는 예는 '△>ㅅ'의 경우보다 드물다. '오르다'와 같은 어사는 이 변화를 전혀 보이지 않는다. 형태소 경계에서 이 변화는 일어나지 않는다. 이것은 이 변화가 '△>ㅅ'나 원순모음화보다 생산성이 낮으며 약한 규칙이었음을 뜻한다. 월성지역어는 ㄹ에 의해 ɨ>i가 일어나려면 ɨ가 개음절 내에 있어야 한다고 하는데(최명옥 1982 : 63), '다림'과 '무립'은 폐음절 내에서도 이 변화가 가능함을 말해 준다. '다림~다람'(異)와 '가리치-'와 '가라치-'는 '으'의 상이한 변화에 기인되어 서로 다른 형태를 생성한 것이다.

ㅅ(ㅆ), ㅈ(ㅊ), ㄹ 뒤에서 ɨ가 i로 바뀌는 것은 이 자음들의 공통적 특징에 의한 것이다. 이 자음들은 [+coronal]자질을 공유하며 조음위치가 치조 및 경구개로 전설성을 가져 i 모음과 가깝다. 따라서 이 변화들은 조음위치의 동화라 할 수 있다.

3.5. 원순모음화

순자음 뒤의 원순모음화를 실현한 예들은 다양한 환경에서 다음과 같이

개음화에서 '마듸', '견듸-' 등의 이중모음이 단모음화된 뒤에도 구개음화가 적용되지 않는 것이 그 증거이다. 또 '△>ㅅ' 변화의 존속 기간(시간 폭)이 짧아서 중화된 ə에 이 변화가 적용되지 못했을 가능성도 있다.

나타난다.

(15) 순자음 뒤의 원순모음화

ⓐ 직무가 밥부드러도(一8b), 노푸고(十15b), 기푸지(十三13b)~깁푸나
(十7a),[19] 베풀고(七19b)~베플고(五25b), 다문(只)(十三12a)[20]

ⓑ 나문(餘)(一4b)(十三17b), 넘운지라(過)(十13a)~너무면(八38a)~너무
니(十14b), 오슬 이부며(十七14b), 덥푸미(三11b)~덥푸며(十八21b),
자부라(執)(四19a)~잡으니(十一29b)

ⓒ 치우물(寒)(十九17b), 편하물(安)(十5b), 죽그물(死)(一8b), 약하물(弱)
(二23a), 실품물(悲)(十一16a)~실품을(三1b), 합하물(合)(九25a), 호곡
하물(九27a), 힘하물(害)(十七14a)~힘하믈(十四2a), 잇시물(有)(七
19b)~잇스물(十七9b), 질기물(女子)(十5b), 기루물(養)(七14b), 격당
하물(十一12b), cf.물이치믈(十三18b), 도라가믈(一3b), 아름다우믈
(七26a), 원통함을(三15a), 기우러즘을(十三17b)

ⓓ 셥풀(薪)파라(十1b)~셥을(五2a), cf.압플(六14b), 무듬을(五3b), 몸을
(七2a), 밥을(十一26a)

ⓔ 잇시무로(十八20a)~이스무로(十一10b)~잇셔므로(十一16a)~잇스므
로(五4b)~잇심으로(二十7a), 업스무로(十八20a)~업시무로(十九
8b)~압심으로(十一29b), 못하무로(九33a), 가치 안하다 하무로(二
7b), 질거이 함으로(三33b), 어리무로(乳)(十七28a), 늘거무로(十28b)

ⓕ 반갑으로(半價)(五27a), 몸으로(十二12a), 밤으로(十九3a), 입으로(十
九1a), 참으로(十九11a)

(15)ⓐ는 형태소 내부의 예이다. 체언 어간과 조사가 결합한 예는 생략했
다. ⓑ는 용언 어간말의 순음과 頭모음이 ㅣ인 어미의 결합에서, ⓒ는 용언
어간-명사형어미 '-ㅁ'과 목적격 '-을'의 결합에서, ⓓ는 어간 말에 순음을
가진 명사와 목적격 '-을'의 결합에서, ⓔ는 용언 어간-명사형 어미 '-ㅁ'과

---

19) '깊-'은 '기푸-'로 재구조화된 어형이 많이 쓰여 어간 내부의 원순모음화로 취급한다.
cf.깁푼 밤(九35a), 기푼지라(九14b).
20) '다문'은 '다못'(三20a)으로 나타나기도 한다. '다문'은 중세어 '다믄'에서 변한 것이다.

'-으로'의 결합에서 각각 원순모음화가 실현된 것이다. ⓕ는 어간말에 순음을 가진 명사와 조사 '-으로'의 결합에서 원순모음화가 적용되지 않음을 보여준다. 그러나 그 실현의 정도는 다르다. 형태소 내부에서의 원순모음화는 완성된 것으로 보이고, 형태소 경계에 있어서는 그 실현 정도가 형태론적 환경에 따라 상이하다. 이것은 원순모음화가 형태소 내부에서 시작되어 형태소 경계에까지 적용 영역을 확대해 가는 과정을 보여준다. 크게 나누어 보면 명사와 조사의 결합에서 원순모음화는 거의 적용되지 않는데 비해,21) 용언 어간과 어미의 결합에서는 생산적 적용을 보인다. 특히 목적격 조사 '-을'이 용언의 명사형에 붙을 때와 ⓒ체언에 붙을 때의 차이가 심하다. 조사 '-으로'가 체언에 붙을 때 원순모음화는 전무(全無)하지만 ⓕ용언의 명사형에 붙을 때는 활발하다ⓔ.22) 이를 근거로 원순모음화가 적용 영역을 확대해 가는 과정을 '형태소 내부→ 용언의 활용→ 체언의 곡용'의 순서로 세울 수 있다. 용언의 명사형과 '-을'의 결합을 곡용으로 본다면 예외적인 경우가 된다. 19세기 후기 전라방언의 원순모음화가 이 환경에서 약화되었다고(최전승 1986a : 243)한다. 그러나 이 자료에서는 ⓒ에서 보듯이 활발하게 적용되어 전라방언의 경우와 대조적이다.

'스>시' 변화가 명사+목적격 '-을'의 환경에서 드문 사실과23) 동일 조건에서 원순모음화가 드문 사실(ⓓ의 '섭풀')은 서로 평행적이다. 음운 규칙의 내적 발달 과정은 그 규칙이 발생한 시간적 깊이(time dimension)와 관련된다. 원순모음와가 '스>시' 등의 변화보다 다양한 환경에서 적용된 것은 그 발생 시기가 후자보다 앞선 변화라는 사실에서 찾을 수 있다.24)

---

21) '섭풀'(섶-을)이 유일한 예이다.
22) ⓔⓕ의 '-으로'는 그 기능이 달라 다른 형태소로 보는 것이나, ⓔ가 명사형 어미 '-ㅁ'과 '-으로'가 결합한 것이어서 여기에 함께 다루었다.
23) (12)'ⓐ'의 '그러실'이 유일한 예이다.
24) 원순모음화는 17세기 말엽에 발생한 것으로 추정되었다(이기문 1972 : 202), 그런데 '으'의 순음화는 17세기 초엽에 이미 시작되어 문헌에 나타난다(전광현 1967 : 85-86).

4. 이중모음의 변화

이 자료에 반영된 이중모음의 변화 양상을 그 출현 환경에 따라 나누어
고찰한다.

4.1. 반모음 j의 탈락

j가 선행하는 상향이중모음(ㅕ, ㅖ 등)은 폐쇄음(ㅎ 포함) 뒤에서 j가 탈락하
거나 부음 j와 주(主) 모음이 축약하여 단모음으로 실현되었다.

(16) ㅂ 뒤의 j탈락
 ⓐ 벙(病)(一13a 등 다수), cf.병(一20a), 문포(文標)(三31a), 벙마(兵馬)(一
 21a), 호포(虎豹)(十8b), 모(墓)(十30a 등 다수), 셩모조(成廟朝)(一5b),
 시벅(曉)(一10b), 기모(己卯)(一2a), 편당(便當)(二2a), 페치 아니하다
 (一15a), 울머(울－면)(二十26a)
 ⓑ 베살(一1a), 볘살(三13b), cf.벼살(十四23a), 멛리(幾里)(三15b), 쎼(骨)
 (二23b), 페다(伸)(三15a), 페더니(十四2b), 볫(陽)(十四5b)

(17) ㄱ 뒤의 j탈락
 ⓐ 게(溪)(十9a), cf.옥계(玉溪)(一22b), 게사(癸巳)(一27b), 구(矩)(一21a)
 ⓑ 게우(五25a), 계우(三28b), 계을(冬)(二23b), cf.겨을(三7a), 곗털 쩌나
 지 아니하고(十八27a)

(16), (17)의 예들은 동일 환경에 놓인 이중모음 중 특히 ‘여’(jə)가 j탈락

경상방언에서 ‘으와 중화된 ‘어’가 ㅅ, ㅈ 뒤에서 전설고모음화된 예는 찾기 어려우나,
순자음 뒤에서 중화된 ‘어’가 ‘우’로 원순모음화한 예가 존재한다. 예: 묵다＜먹다, 아
부지＜아버지, 어무이＜어머니, 분＜번(回). 중화된 모음에 적용된 규칙 간의 차이는 원
순모음화의 ‘시간적 깊이’가 전설고모음화 ‘스＞시’보다 더 긴 것임을 의미한다.

혹은 축약(jə>e)을 수행한 것이다. 이런 상이한 음운변화를 보여주게 된 이유를 밝히기는 쉽지 않다. 두 음운변화가 발생한 상대적 연대를 밝히고[25] 변화를 겪은 개별 단어의 특성도 고려되어야 한다. 위의 예들에서 j탈락은 거의 대부분 한자어에서 발생하고, 축약은 고유어에서 일어난 차이점을 발견할 수 있다. 그러나 현대 방언 자료까지 포함한 분석을 해야 보다 정확한 실상을 파악할 수 있다.

그런데 '베살~베샬'의 경우 ㅂ 뒤의 '에'와 '예'가 혼기되었는데, 다음 예도 여기에 추가할 수 있다.

(18) 자음 뒤 '에~예' 간의 혼기
ⓐ 볘기(三29a)~베개(四1b), 계우(二17a)~게우(二17a), 계울(冬), 베살 등
ⓑ 계울치(六16b)~게울치(十一31b), 사람의계(十一21b)~사람의게(七6a), 하날계(六26b)~하날게(六27b), 크계(十一23b), 볘(布)(二十18a)~베(十八5b), 시볘(二20a)~시베(二9b)

(18)ⓐ는 '여>에'(jə>e) 변화를 거친 것이다. '여>에' 변화에 대한 설명은 간단치 않다. 이광호(1978)은 이 변화를 metathesis를 거치고 모음축약이 된 것(yə>əy>e)이라 했다. 최전승(1986a)는 off-glide y(=j)의[26] 첨가에 의해 yəy라는 삼중모음(三重母音)으로 변한 후, 여기에 선행 y의 탈락 및 모음축약이 적용된 것(yə>yəy>əy>e)이라고 설명했다. 이 설명들은 결과론적 기술이고, 음운론적 동기를 설명하지 못한다. 이에 비해 오종갑(1983)은 y의 순행동화로 yə>yəy가 생성되고 yəy에서 단모음화 및 선행 y의 탈락으로 '여>에'를 설명한 바 있다. 이 자료에는 원래의 '에'가 '예'로 표기된 예들이 있으며,

---

25) 해인사에서 간행된 『염불보권문』(1776)의 「현씨발원문」(玄氏發願文)에서 '여>에'의 축약 현상을 발견할 수 있다(김주원 1984 : 53).
26) 필자는 ㅑ, ㅕ 등의 반모음을 IPA를 따라 y가 아닌 j로 표기한다. 이것을 y로 표기한 분의 글을 인용할 때는 원래의 표기대로 y를 쓴다. IPA에서 y는 단모음으로서의 'ㅟ'를 표기한다. 반모음 j를 y로 표기하는 것은 국제 표준을 따르지 않는 미국의 방식이다.

yə>yəy의 단계를 보여주는 통시적 예를 확인하기 어렵다.27) 이런 점을 종합해도 '여>에' 변화의 내적 과정을 설명하는 데 한계가 있다. (18)의 예들에서 확실히 말할 수 있는 것은 자음 뒤에서 '에'와 '예'가 잘 구별되지 않는다는 사실이다. 자음 뒤에 표기된 '여~예~에'는 한글 표기는 같지만 그 음가가 통시적으로 jə~jəj~je 단계를 거친 것이다. 표기와 음가 간의 대응 관계를 시대적으로 확정하기 어려운 한계 때문에 '여>예>에'의 변화를 명료하게 설명하기 어렵다.

다음은 ㅎ 뒤의 이중모음에 관한 예이다. ㅎ뒤의 j계 이중모음은 j탈락에 의해 단모음화되었다.

(19) ㅎ 뒤 j탈락
  ⓐ 협쳔(陜川)(十九11a), 형(兄)(九2a), 헝(炯)(九13a), 항즁(鄉中)(一13a),
     항이(鄉里)(五16a), 항사(享社)(一16a), 항(香)(一10b), 호유(效喻)(二十
     20b)
  ⓑ 병혁(兵革)(一27a), 황항(黃香)(一18a), 일항(一鄉)(二16b), 명헌(名賢)
     (二4b), 음헐(泣血)(九10b), 주헐(注血)(九7b) cf.향방(鄉邦) (一15b),
     향인(鄉人) (一20a), 향도(鄉道) (一31a), 쥬혈(注血) (四13b)

(19)ⓐ는 어두음절에서, ⓑ는 제2음절에서 ㅎ 뒤 j가 각각 탈락한 것이다. 이와 달리 j가 유지된 예도 많이 보인다. ㅎ 뒤에서는 축약에 의해 단모음화된 예를 발견할 수 없었다. j가 탈락한 (19)의 예들이 모두 한자어라는 점은 앞에서 지적한 바와 같다.

『영남삼강록』은 형태소 내부에서 w의 탈락을 보여주는 예가 드물어서28)

---

27) 『용담유사』의 「안심가」에 "역역히 혀여보니", 권학가에 "넉넉히 혜여 보니"가 나타난다. 그런데 현대 경상방언에서 '주-어라→줘라→조라', '두-어라→둬라→도라' 등에서 wə가 o로 바뀌는 것을 볼 수 있다. jə> e 변화도 이와 같은 성격을 띤 것이다.
28) 앞서 예를 든 '쾌(快)한지라(七5a), 키복(快復)(十一6a), 베아시니(十四6a) 등 몇 예에 불과하다.

j의 경우와 대조적이다. ㅎ뒤의 w는 탈락하지 않고 유지되는 것이 대부분이다.[29)

> (20) ㅎ뒤 w의 유지
> 잉어회(五30a), 사회(婚)(六14b), 황(黃)(十八17b), 애회(一13a), 인휘(九
> 32a), 인훼(十19a), 화(和)하기(七7b), 휘싱(回生)(二8b)

ㅎ 뒤에서 w탈락을 보인 예는 '견헌'(萱甄, 十三1a) 하나가 있다.

치찰음 ㅅ, ㅈ 등과 결합한 j계 이중모음 혹은 단모음 간의 혼기가 이 자료에 많이 나타나 있다. 이 현상은 ㅈ의 구개음화 이후의 근대국어 시기에 일반적으로 나타난 혼란상이다.[30)

> (21) 치찰음 뒤 j계 이중모음의 혼기
> ⓐ 십사셰(一6a)~육세(一30b), 셤기기를(九9b)~섬기기를(一12a), 샤람
> (一7a)~사람(一8b), 셰상(一17a)~세샹(一16a), 이샹(異狀)(五10a)~이
> 상(五11b), 샨니어(生鯉)(四13a), 셰(三)(十七32a) 등
> ⓑ 죠흔(五1b)~조흔(九8b), 졍셩(九14b)~정셩(七1b), 쥭(二23a)~죽(六
> 28a), 졍쥬(부엌)(四12a)~정주(七11b), 졔자(五14b)~제자(八1b), 쥬
> 시니(授)(一5a), 쥭거눌(一14a) 등

이 현상은 국어사 자료 전반에 걸쳐 나타난 것이며, 구개음화에 따른 ㅅ, ㅈ의 음가 변화와 관련된 것으로 여러 논저에서 언급된 것이다.

---

29) 생성음운론에서 h를 glide로 처리한 것을 추종하여 국어의 ㅎ을 glide로 보는 견해가 있으나 음운론적 과정에서 ㅎ은 자음 기능을 하는 경우가 더 많다. 자음 뒤에서 j가 탈락하는 음운변화가 ㅎ뒤에도 적용되므로 ㅎ은 자음의 기능을 하는 것이라 본다. ㅎ을 glide로 보면 국어의 '혀', '효' 등은 GGV와 같이 두 개의 glide가 중복되어 극히 부자연스러운 것이 되고 만다.

30) ㅅ, ㅈ 뒤의 이중모음이 단모음으로 표기된 것은 15세기와 16세기에 이미 나타났었다 (김주필 1985 : 22-30).

4.2. 반모음 j의 첨가 표기

이중모음과 관련되어 이 자료가 지닌 특이한 현상으로 원래 단모음이었던 모음에 반모음 j가 첨가되어 나타난 다음과 같은 예들이 있다.

> (22) 반모음 j첨가 표기
>> ⓐ 신볌균(申範均)(十九14b), 황도범(黃道範)(十八17b), 셩범(聖範)(十九19a), 가장이 두역에 곁이여 두 볜이나 손가락을 끈어(二十6b), 몃볜이나(十七11a), 셰 볜이나(十七32a), cf.여러 번(六24b), 어버이(父母)(一5a)(九19a), 주멱(十1b), 면쳠(先)(四8b), 묘시고(侍)(十二4b), 묘셔(十一31a), 볌(虎)(一4b)
>> ⓑ 피랄 먹이니(十七28b), 먹기를(十七27b), 먹여도(十一26a), cf.먹이니(十九15a), 먹이드니(十九22b), 소메기난 아히(三1b), 멕이니(十八6b)
>> ⓑ' 나물밥을 먹어니(十一26a), 먹지 아니코(十七11b), 먹지 아니하며(十七28a), 죽을 먹고(九18b), 죽 먹고(一17b)
>> ⓒ 효혐(效驗)(三25b), 효곡(號哭)(一25b), 디효(大虎)(九14b)

주로 순음 뒤에서 이루어진 '어>여'표기는 이 자료에 국한된 특징이 아니다.[31] 19세기 후기 전라방언에서도 이와 유사한 현상이 존재하였다. 최전승(1986b : 78~79)은 이 현상을 긍정적으로 보면 ①음운변화의 노출, ②스타일의 변동 및 문어와 구어 간의 대립을 반영, ③외부 방언형의 도입으로 설명할 수 있다고 했다. 함북 온성방언에 나타난 "머리르 흔들명셔"(한글 1권 9호), 전라방언의 다수 예, 그리고 경상방언을 반영한 이 자료의 예들로 보아 이 현상이 특정 지역에 국한된 것이 아니다. 따라서 ③은 배제해도 무방하다. ①과 ②는 통시적 변화의 공시적 반영이라는 관점에서 통합될 수 있다. 이 점을 고려하면 (22)ⓐ는 현재로서는 그 음운론적 동기를 특정

---

[31] 형태소 경계 간에서 동일한 현상을 보이는 유일한 예가 있다. 졀며(젊-어) 급지애 올 으미(一8a)

할 수 없지만 모종의 음운변화를 반영한 것이라 할 수 있다.

(22)ⓑ, ⓑ'는 '먹이-'가 움라우트를 경험하여 '메기-'로 되고, 이것이 이 방언에 존재하는 '여>에' 현상의 영향을 받아 '메기-'의 '에'를 '여'로 과도교정한 결과로 해석된다.[32] 그 결과 움라우트 환경이 아닌 곳에서도 이 동사의 어간이 '먹-'인 것처럼 인식되어 '먹지' '먹고' '먹어니'가 나타나게 된다. 즉 유추에 의해 어간의 재구조화 및 평준화를 경험한 것이다. 이런 현상은 19세기 후기 전라방언을 반영한 완판본 판소리 사설에 더욱 다양하게 출현한다(최전승 1986a : 81).

이 자료가 지닌 또 하나의 특이한 현상은 ㄹ 뒤의 단모음 '어'가 이중모음 '여'로 나타난 점이다. 다음 (23)ⓒ는 앞에서 본 자음 뒤 j탈락이라는 보다 일반적인 규칙과는 완전히 반대되는 현상을 보인 것이다. 적절한 설명이 필요한 현상이다.

(23) ㄹ 뒤의 반모음 j첨가 표기
　　ⓐ 여려 번(四23b), 여려 히에(十20b), cf.여러 번(六24b), 부드려운 소리(四9b)
　　ⓑ 이르려(至)(二26b), 일러려(至)(七7a), cf.이러러(九11a), 눈병이 드려(들-어)(二6a), 려막애 드려(九14b), 병 드려(十20b), cf.병이 드러(九14b), 품을 들어(五9a), 더부려(五25b 등 다수), cf.더부려(七14b) 등, 하날을 우르려 곡읍하더니(三15b), 우러려(八13b), 말갈기게 거려 보니고(一25b), 쩌려지지 아니하더라(一28b), 북신애 비려(二17b), 양친하기를 비려(一21a), cf.하날에 비려(七4b), 하날게 비려(七6b)

ⓐ를 제외한 ⓑ의 모든 예들은 어간 말에 ㄹ을 가진 어간과 어미 '-어'가 결합할 때 일어난 공시적 현상이다.[33] 순음 뒤의 (22)ⓐ의 예들과 (23)은

---

32) 이런 과도교정은 다음 예에서도 볼 수 있다. 겨어린 빗치(十七24b) cf. 계을치(十七29b), 게을치 아니하며(十一31a).
33) '더부려'는 불구동사 '더불-'에 '-어'가 결합된 것인데 이미 고정된 통시적 결과라 볼

유사한 성격을 가진 것으로 보이지만 양자 간의 내적 상관성은 쉽게 드러나지 않는다. (23)ⓑ와 같은 공시적 현상은 거의 대부분 ㄹ과 어미 '-어'가 결합한 환경에 국한되어 있다.[34] 순음과 ㄹ은 [anterior]를 공유하는 공통성이 있으나, 이 자질 때문에 j첨가가 이루어졌다고 보기에는 음운론적 동기가 박약하다. 다음 (24)에서 보듯이 형태소 내부 혹은 형태소 경계 간에서 ㄹ과 결합하는 이중모음은 단모음화되는 것이 일반적이기 때문이다.

(24) ㄹ 뒤 반모음 j탈락 및 활음형성 후의 후속 변화를 보인 예
　　ⓐ 어러워(難)(六6b), 어러운지라(十2b), 어럽고(十七31b), cf.어려워(十
　　　一7a), 치료(治療)(四2b), 두러하지(恐)(六22b), 러막(盧幕)(七2b), 면
　　　럭(免役)(一13b) 런히(連하여)(一14a), 오히러(十七14b) 등)
　　ⓑ 어리(어리-어)(二十11a), 싸리 먹이드니(十九22b), 다시리(다스리-
　　　어)(十八19a), 싸리 드러(드리-어)(九13b)∼쟝만하야 드리(十2b), cf.
　　　싸리 드려(九19b), 정성을 드러(드리-어)(九14b), 쑤다리(두드리-
　　　어)우니(九9b)

(24)ⓐ는 j계 이중모음이 자음 뒤에서 j가 탈락하여 단모음화된 것이다. 자음 뒤의 단모음화라는 점에 유의해 둔다. (23)ⓑ는 (24)ⓑ와 같이 형태소 경계 간에서 일어나는 공시적 현상이다. 그러나 음운론적 환경의 차이가 있다. (23)ⓑ는 어간말음이 ㄹ인 어사에 어미 '-어'가 결합된 것인데 비해 (24)ⓑ는 어간 'X리-'에 어미 '-어'가 결합되어 활음형성이 일어난 것이다. 공시적 음운과정이 통시적 음운변화를 반영한다는 사실을 고려한다면, 형태소 내부의 음운변화인 (24)ⓐ의 ㄹ 뒤 단모음화는 (24)ⓑ의 단모음화와 상관성을 가진 것으로 해석된다. 이 자료에 나타난 활음형성과 활음탈락에 대해서 w를 중심으로 후술할 것이다. 반모음(=활음) j와 w가 포함된 이중모

수 있다.
34) 예외는 '늘겨(늙-어) 병들민(九3b)'이다.

음은 자음 뒤에서 활음탈락으로 단모음화되는 것이 이 방언에서 일반적 현
상이다. 그럼에도 불구하고 (23)의 예들은 ㄹ 뒤의 단모음이 이중모음으로
표기되어 있어서 이 방언의 일반적 경향과 반대되는 모습이다. 필자는 (23)
에 나타난 ㄹ 뒤의 이중모음이 현실 발음을 반영한 것이라고 판단할 수 있
는 근거를 갖고 있지 않다. (23)의 예들에서 알 수 있듯이 ㄹ 뒤에서 단모
음 표기와 이중모음 표기가 혼재한 점과 이것의 높은 빈도 때문에 오기(誤
記)의 하나라고 무시해 버리기도 곤란하다. 적어도 이러한 표기는 당시의
구어에서 일어난 유동적인 발음 현실을 포착한 것일 수 있다.

또 하나의 다른 관점은 (24)ⓐ처럼 ㄹ 뒤 j탈락으로 이중모음이 단모음화
되는 것이 비표준적이라 인식하고, (23)의 예처럼 원래 단모음인 것을 이중
모음으로 과도교정한 것이라고 해석하는 것이다. 이러한 과도교정이 출현
할 개연성은 큰 것이나 그 환경이 'Xㄹ-어'라는 어간에 제한되어 있어서
일반성을 있는 설명이 되지 못하는 점이 한계이다.[35]

4.3. 하향 이중모음의 변화

역사적으로 하향이중모음이었던 것 중 '의', '위', '외'가 자료에 어떻게
반영되어 있는가를 살펴보기로 한다.[36] '의'는 체계상의 불안정성으로 인
해 현대국어에서 그 음가가 유동적으로 실현되고 있다. 이 자료의 '의'는
주로 off-glide j의 탈락을 보여주지만 자음 뒤에서는 그렇지 않다.

(25) '의'의 단모음화
    ⓐ 안식으 실품과 곡읍의 실품을(三1b), 모으 상애(一9b), 모으 제(祭
        母)(一13a), 모의 시체(一18b), 효감으 이룬 비라(五18b), 아달으 도

---

35) 19세기 전라방언의 과도교정을 다룬 최전승(1986b)에도 ㄹ 뒤의 단모음 '어'가 '여'로
    교정된 것은 없으며, 『한글』에 수록된 여러 방언형을 조사해 보아도 발견되지 않았다.
36) 이 절의 초점은 '외, 위'의 상향이중모음화 문제에 둔다.

를(九20a), 모으 무듬 겻틔(一13a), cf.짐싱의 고기(十九14a), 모와
부의 무듬애(一13a), 부의 시체(一23b), 모의 병(二21a)

ⓑ 죵쪽으기 화목하미(三33a), 아비으게 효하지 못함으로(二26b), 도
빅어게 들어(三4a), 의원어게 물르니(六26b), 가인으기 믹기지 안
하녀(一32b), cf.양ᄌ의계 부탁하고(十九8b), 의원의계 문약하고(五
14a), 부모의계 들리더라(五18b)

ⓒ 거이(二2b), cf.거의(一6a), 이창(宜昌)(一27a), 이원(四12a), cf.의원(二
18a), 기모(己卯)(二4b), cf.긔츅(己丑)(五14a), 고긔(肉)(五18b), 고기
(七4a), 히도(希道)(二23a), 히보(希輔)(一32b), 힌날(白刃)(一33b), 히
(熙)(八9a)

(25)에서 보듯이 '의'(ij)는 두 가지 변화를 보인다. (25)ⓐ와 ⓑ는 off-glide
j탈락으로 단모음화된 것(ㅢ>ㅡ)이다. 이 자료에는 '의'가 j탈락을 겪지 않고
그대로 표기된 예도 다수 존재한다. 이것은 단순한 표기의 관습일 수도 있
고, '의'가 글자 그대로 발음되었을 수도 있음을 의미한다.

ⓒ는 단모음화 ij> i 를 겪은 것이다. '의'(ij)는 off-glide의 탈락과 단모음
화라는 두 종류의 변화를 경험하였음을 (25)에서 알 수 있다. 선행 자음이
없는 경우, '이창', '이원', '거이'만 '의>이' 변화만 관찰된다. 자음 뒤에서
주모음 i만 남은 것은 발견되지 않는다.

'위'와 '외'에 관련된 표기는 다음 (26), (27)과 같이 나타난다.

(26) '외'의 변화

ⓐ 뒤(後)(一14b)~듸(十七29b)~되(九18a)~되안(三25b), 쒸여 나오며(六
24a)~씌고~씌(十33a), 위극(危克)(三7a)~외극(三10a), 호위(護衛)(三
4a)~호외(三9b), cf.씌(帶) (一10b)~쒸(六22a)

ⓑ 나구(驢)(一22a), 가마구(三18a)~가마귀(一11b), 바우(六12b)~바위
(八6b), 목우(蚊)(三27a)~모구(三27a), 겨을 차우(冬寒)~차우를 엇
지 견딕난고(三7a)

ⓒ 귀신(五14b), 귀(耳)(八1b), 쥐여(十二13b), 위로하고(十八5b), 쉬고(十

四4b), 자춰(十四10b)

(27) '외'의 변화

ⓐ 회싱(回生)(三19b)~휘쇼(回蘇)(二18a), 되여(爲)(一1b)~뒤실 써애(一
3a), 휘(淮)(四13b).

ⓑ 이훼(哀毀)(十19a)~애회(一13a)~이희(六4b)~이휘(九32a), 쾌(快)(十
七32a)~쾨소(快蘇)(三7b)~킈복(快複)(十一6a)~캐한지라(七5a)~킈
하더라(五30b), 공괴(供饋)(一32b), 피를 듸루니(三12a)~될이(三
16b)~될외(三13a)

ⓒ 볘(布)(十二1b), 뵈오리오(見)(十四12a)~볘니지 안하며(十八19b)~비
니(뵈이니) (十八7b)

ⓓ 괴운다(支)(二十21b), 뇌물(十七21b), 믜(十八3b), 출외(出外)(十八8b),
자뢰(資賴)(十七20b)

(26)ⓐ에서 '뒤'의 모음은 세 가지 표기로 나타나는데, 이것은 통시적 변
화를 반영한 결과이다. '듸'의 모음 ij는 wi에서 변화한 것일 수 없고, '위'가
uj였던 단계에서 핵모음의 변화를 겪었던 것으로 보아야 한다. '씌'(帶)를
'쒸'로 표기한 것은 uj>ij에 대한 유추적 표기일 것이다.

'이훼 ~이휘'나 '뒤 ~되' 등에서 '위'는 wi를 표기한 것이다. (26)ⓐ에서
'위'를 '외'로 표기한 것은 (27)ⓐ에서 '외'를 '위'로 표기한 것과 관련이 있
다. (27)ⓐ에서 '회'가 '휘'로 표기된 것은 e >i의 작용으로 we>wi를 실현
한 것이므로 '외'의 음가는 [we]임이 분명하다. (26)ⓐ의 '되(後), 외극, 호외'
는 이 변화에 대한 과도교정의 결과로 간주된다. (27)ⓑ의 '애회', '공괴'는
'웨'를 '외'로 표기한 것인데 '외'의 음가가 [we]임을 의미한다.[37] (27)ⓒ도
같은 의미를 가진다. '快'의 음 '쾌 ~쾨 ~캐'에서 wɛ를 '외'로 표기한 것은

---

[37] 최전승(1987)은 전라방언을 다루면서 '웨'를 '외'로 표기한 것은 we>ö를 뜻하는 것으
로 보았다. (25) (26)에서 나타난 '외'의 표기 양상으로 볼 때 이 '외'를 단모음 ö라 보기
어렵다. 「한글」 제5권 5호(1938)의 대구방언 난에서 '돼지'를 '되지'로 표기한 것은 '외'
의 음가가 '왜'와 같은 이중모음임을 보여준다.

e와 ε의 중화에 의한 것이며, '외'가 이중모음임을 보여준다.

(26)ⓑ는 어말에서 uj를 가졌던 어휘(o>u에 의한 것도 포함)로 중부방언과 변화 과정을 달리한 남부방언의 특징으로 알려져 있다.[38] 이 자료의 '위'와 '외'를 wi, we로 볼 때, 하향이중모음 uj, oj가 어떤 과정을 거쳐서 상향이중모음으로 변했을까? 이 과정은 지금까지 다음과 같이 보아 왔다. uj도 oj와 같은 변화를 겪은 것으로 간주해 왔다.

(가) oj>ö>we>(e>)i

(가)와 달리 최전승(1987)은 다음과 같은 변화 과정을 제시했다.

(나) oj>we>ö>we>(e>)i

(가)로 보는 입장은 aj, əj가 ε, e로 축약되듯이 oj, uj가 ö, ü로 축약되었을 것이라는 가정과 o, u의 움라우트는 ö, ü를 전제로 한다는 생각에 바탕을 둔 것이다. 그런데 움라우트가 단모음을 전제로 한다는 생각은 도수희(1985), 김영배(1987), 최전승(1986) 등의 연구에 의지한다면 상당한 수정을 받아야 할 듯하다. (나)에서 제기되는 문제는 oj>we, uj>wi에 대한 적당한 설명 방법을 찾는 것이다.

상향이중모음을 포함한 이중모음의 단모음화에 대해 검토해 보기로 한다. 이중모음을 구성하는 j는 전설성과 비원순성을 가지며 w는 후설성과 원순성을 갖는데 j와 w의 이런 자질들은 핵모음의 변화에 직접적 영향을 미친다. j, w의 탈락으로 핵모음에 영향을 주지 못하는 것을 제외하고, 이들과 핵모음의 상호 작용으로 다른 모음으로 변화한 경우를 살펴보자.

---

38) 중세국어에서 '위'는 uj를 표기한 것이며 wi로 보는 것은 불가능한 것이라는 견해(김완진 1967 : 131)가 있으나 'ㅸ'가 변한 '위'는 wi를 표기한 것으로 보는 견해도 있다(이기문 1972 : 139, 126)

(28) 상향이중모음의 변화

jə>e 몇>멫, 벼>베 etc.

ja>ɛ 뱝새>뱁새, 뺨>뺨

wə>o 꿩>꽁, 권투>곤투 cf.wi>u(βi>wi>u) 어드븐>어드운

wʌ>o(βʌ>wʌ>o) 고븐>고운

(28)에서 알 수 있는 사실은 j는 핵모음을 전설화시키고 w는 원순화시킨다는 점이다. 전설화와 원순화가 일어날 때 변화의 방향은 모음체계에 이미 존재하는 동(同) 서열의 단모음으로 변화한다는 점이다. 같은 논리로 wi>ü, we>ö는 모음체계상 ü, ö가 단모음으로 존재할 때 일어난 것이라는 가설을 세워 볼 수 있다. 그러나 이 가설은 하향이중모음의 단모음화를 고려하면 성립하기 어렵다. aj>ɛ, əj>e도 각각 ɛ, e가 단모음으로 존재할 때 일어난 것으로 보아야 하고, 이때 먼저 존재한 ɛ, e가 어떻게 이루어진 것인지 설명할 수 없게 된다.39) aj>ɛ, əj>e에 앞서서 어떤 형태로든 e, ɛ가 단모음으로 존재했다는 사실을 입증하기 어려운 것이다. 이중모음의 변화에서 단모음의 존재를 전제한다는 가설은 모든 이중모음에 적용될 수 있는가? 이 질문에 답하기란 쉽지 않다. 그러나 jə>e, wə>o와 같은 모음축약은 e, o가 단모음으로 존재해야 일어날 수 있다고 봄이 타당하다. 같은 논리로 wi>ü, we>ö는 ü, ö가 단모음으로 존재할 때 일어날 수 있는 변화로 볼 여지도 있다.40) 그러나 최전승(1987)처럼 단모음 ü, ö가 wi>ü, we>ö라는 변화를 통해 형성된 것이라고 본 것도 이론적으로 아무런 문제가 없다. 이 문제에 대한 이론적 천착이 필요하다.

əj>e와 jə>e, aj>ɛ, ja>ɛ는 결과적으로 같은 모음으로 귀착된 변화이다. 이런 형식은 ju와 uj, jo와 oj의 변화에도 적용될 수 있다. əj>e와 jə>

---

39) 그러나 ij>i에서는 i는 이미 존재한 단모음이므로 앞에서 언급한 단모음을 전제로 하는 가설을 충족시킨다.

40) 최전승(1987)에서는 ü, ö가 wi>ü, we>ö에서 형성된 것이라고 보았다.

e를 놓고 볼 때, uj>ü, oj>ö가 가능하다면 ju>ü, jo>ö도 가능하다는 논리가 선다. 오종갑(1983)은 'ㅑ, ㅕ, ㅛ, ㅠ'의 단모음화를 j에 의한 순행동화(jə>jəj. etc.), əj의 단모음화, j의 탈락으로 설명한 것은 이 논리를 정당화해 준다. 오종갑(1983)에서 다루어진 자료, 특히 ju>ü, jo>ö를 겪은 변화례는 19세기 후기 전라방언에서 추출한 것이다. (나)에서 설정된 we>ö는 jo>ö에서 형성된 ö가 단모음으로 존재하는 전라방언에서 가능한 변화이다. 그러나 경상방언에서 jo>ö를 실현한 예는 찾기 어렵다. o, u가 움라우트의 작용을 받을 때 하향이중모음으로 실현되는 사실(최전승 1987)로 보아 ö, ü가 단모음으로 존재했었다는 주장은 다른 관점에서 그 근거를 찾아야 할 듯하다.

경상방언의 모음체계에 ö, ü가 단모음으로 존재한 적이 없었다면 『영남삼강록』에 반영된 '위', '외'나 현재의 경상방언에서 이 두 모음이 wi, we로 실현되는 사실을 어떻게 설명할 것인가? 이것은 uj>wi, oj>we의 변화 과정을 설명하는 문제와 동일하다. 이 문제를 설명하기 위한 잠정적 가설로서 두 안(案)을 생각해 본다.

하향이중모음은 일반적으로 off-glide j의 전설성에 의한 축약으로 전설모음으로 변화한다(əj> e, aj>ɛ, ij>i). 이 축약의 내적 과정에는 j의 전설성에 의한 동화가 개재되었을 것이다. 그런데 이 방언에서 어두의 oj, uj는 축약에 의해 ö, ü에 이르지 못하고, j의 전설성에 의한 동화 단계에 도달하여 이 단계에서 다른 종류의 변화를 겪은 듯하다. 즉 oj에서 핵모음 o는 j의 전설성에 의한 동화로 ə로 바뀐다. 이때 o가 가진 원순성은 breaking되어 w로 전환된다(oj>wəj). 여기에서 발생한 wəj의 əj는 əj> e 의 적용으로 we로 변화한다(oj>wəj>we). uj도 마찬가지의 과정을 거쳐 uj>wij>wi를 밟게 된다. o를 wə로 재음소화(再音素化)할 수 있는 근거는 wə>ʌ(꿩>꽁)에서 찾을 수 있다. 이 설명은 중세국어에서 wʌ>o, wɨ>u라는 내적 증거로써 o, u를 재음소화하는 방법(김완진 1978 : 131)을 원용(援用)한 것으로 변화의 동기가 j의 전설성에 있다고 본 것이다.[41] 이 설명에서 중간 과정에 놓인 wəj, wij는 외적 실현이 어려운 추상적 성격을 띤 것이며, wij라는 삼중모음이 존재할 수 없으므로 이것은 단모음화 ij>i에 의해 이중모음 wi로 변하게 된다. wəj 역시 삼중모음이 소멸된 근대국어 후기 이후 표기상 나타날 수 없는 것이다. 공시적 측면에서는 두 중간 과정이 표면음성제약으로 실현되지 않는 것으로 설명할 수 있다.

각주 (41)에서 지적된 문제점을 피하기 위한 두 번째 안은 j에 의한 동화를 고려하지 않고, 재음소화 과정을 도입하여 oj>wəj>we, uj>wij>wi를 설정하는 것이다. 이러한 가설에 의하여 oj>we, uj>wi가 설명될 수 있으며, 재음소화의 과정을 가정한 두 안은 다음과 같은 설명력을 가질 수 있다.

첫째, 이 글에서 이용하는 자료와 직접적 관계는 없지만 중세국어의 부동사어미 '-디뷔'의 변화형들에 대한 적절한 설명을 찾을 수 있다. '-디뷔'의 변화형이 '-디위', '-디외', '-디웨' 등으로 다양하게 표기된 것은 '위'가 uj를 나타낸 시기에 있어서 wi를 표기하려는 노력의 결과이지 이 어미가 여러 가지로 변한 것이 아니라는 견해가 있다(이기문 1972 : 139, 1977 : 128). 이 견해에는 ㅸ의 변화로 나타난 '위'는 예외적으로 wi를 표기했다고 보는 문제가 있고, 이보다 더 심각한 문제는 '-디위'의 '위'가 wi라면 '-디외'의 oj는 결코 나타날 수 없다는 점이다. '디외'의 ㅚ는 oj로 보아야 하지 wi로 볼 수 없기 때문이다. 중세국어에서 o~u 간의 교체는 흔히 나타나는 현상이므로(구룸~구름, 거우루~거우로, 나모~나무 etc.), '-디위'의 '위'를 uj로 본다면 '-디외'는 쉽게 설명된다.[42] 나아가서 '-디웨'와 같이 wəj로 나타난 것은 삼중모음 wʌj가 존재하지 않았고 그 표기 장치도 없었기 때문에 '웨'

---

41) 재음소화는 음운과정을 설명하는 개념으로 추상적 성격을 띤 것이다. 여기서는 j의 전설성에 의한 동화라는 구체적 음운과정을 통하여 재음소화를 유도한 점이 문제가 될 수 있다.

42) '*누뷔'(妹)의 변화형은 중세국어에서 '누위'와 '누의'로 나타난다(최전승 1975 : 30). '누위'의 말음을 uj로 볼 때 선행 원순모음에 의한 이화(우-우j>우-의)가 적용 가능하다. 방언형 '누부~누우' 역시 '위'가 uj였음을 증명한다.

가 택해진 것이라고 설명할 수 있다. '-디비'의 ㅸ이 소멸된 변화형을 표기하려는 노력의 결과가 '디위~디외~디웨'와 같은 다양한 표기로 나타난 것이다. 이러한 설명은 '디비'의 후속 변화형들을 일정한 음운론적 질서 안에 묶어서 해명해 낼 수 있다.

둘째, (26)ⓐ 중 '듸'(後), '씌'(躍)의 모음 ij에 대한 적절한 설명을 찾을 수 있다. '뷔->븨-'(空, 제) 등은 순자음(脣子音) 뒤의 원순모음이 비원순화한 것으로 설명되지만, '듸' 등을 비원순화라고 보는 것은 적절치 않다. 비원순화는 순자음 뒤 혹은 '불휘>불희'와 같이 선행 원순모음에 의한 이화(異化)로 나타나는 것이 일반적이다. '듸'가 '뒤'[tuj]에서 변화한 것이라면 tuj>twij>tij의 과정을 겪었다고 볼 수 있다. '뒤'[twi]는 이와 달리 tuj>twij>twi를 거친 것이 된다.

셋째, 小倉進平(1944)의 자료집에서 확인된 o, u의 움라우트를 수행한 경상방언형들에 대하여(최전승 1987 : 41) 몇 가지 설명을 할 수 있다. '고기'의 방언형 [kwe-gi]는 koj-gi>kwəj-gi>kwe-gi를 거친 것이고, [ke-gi]는 자음 뒤의 w가 탈락된 것이며, [ki-gi]는 e>i가 적용된 것이다. [kɛ-gi], [kwɛ-gi]는 e : ɛ의 중화를 반영한 것이다.43) '메뚜기'의 제2음절 u의 움라우트 실현형[ui](ij)는 비원순화에 의한 uj>ij라기보다 uj>wij에서 w가 탈락된 것으로 볼 수 있다. '번데기', '눈퉁이' 등의 방언형도 같은 방법으로 설명된다. 이 설명 방법은, 경상방언에서 ö, ü의 존재를 인정하지 않을 때 움라우트에 있어서 u>uj>ü>wi 과정의 설정이 불가능하므로, 움라우트로 산출된 uj, oj 단계에서 핵모음의 변화로 상향이중모음이 이루어진 것으로 해석하려 한 것이다.

이 가설의 약점은 wij나 wəj를 반영한 통시적 어형을 찾기 어렵다는 것이다. '참외'가 경상방언에서 [ʧʻa-mui], [ʧʻam-we], [ʧʻa-mi]로 나타나고,

---

43) '고기'의 방언형 [kui-gi]나 '외'의 방언형 [ui]는 어두 음절에 적용된 o>u를 반영한 것인지 I모음역행동화의 결과인지 불분명하다.

'ᄊ'는 [ɛ], [e], [i], [wɛ], [ui]로 나타나는데(小倉進平 1944 : 54-55), 이런 변이형에서 oj>wəj>we를 입증할 수 있는 증거를 찾기 어렵다. 그 이유는 여러 가지이나 문헌에 표기된 '웨'의 음가를 wəj로 보아야 하는 시대와 we로 보아야 하는 시대를 엄격히 구별하기 어렵다는 점에도 있다. 삼중모음이 존재한 시기와 존재하지 않은 시기가 있지만 표기는 '웨' 하나였다.

지금까지 검토된 이중모음의 변화에 나타난 공통성은 이중모음들이 단모음화된 점이다. 경상방언에서 이중모음의 단모음화는 다음 세 가지 방법에 의해 실현되었다. ㉠자음 뒤에 오는 활음탈락에 의한 단모음화, ㉡'여>에'와 같은 모음축약에 의한 단모음화, ㉢하향이중모음에서 off-glide j의 탈락에 의한 단모음화. 이 세 가지 변화들은 음절구조의 단순화라는 공모성에 참여하는 공모규칙으로 통합될 수 있다.44) on-glide j의 탈락은 w탈락보다 훨씬 더 강하게 일어나는데 그 이유는 j와 w가 가진 음성적 특질에서 찾아야 할 것이다.

4.4. 활음형성

이 글은 형태소 내부에서 발생한 음운 현상을 중점적으로 다루지만 이중모음과 관련된 음운 현상을 포괄적으로 제시하여 앞에서 기술한 것과의 상관성을 보여주고자 한다. 이를 위해 공시적 음운과정인 형태소 경계에서 일어나는 활음형성에 대하여 기술한다.

먼저 어간 말 모음 '이'와 어미 두모음(頭母音) '-어'가 결합할 때 '이'가 j로 바뀌는 경우를 보기로 한다. 여기에 사·피동의 선어말어미 '-이-, -히-, -기-' 등과 어미 '-어'의 결합도 포함시킨다.

---

44) ㉠은 CGV>CV ㉡은 CGV>CV ㉢은 CVGCV로 세 가지를 형식화하면 음절구조의 단순화로 귀착됨을 나타낼 수 있다.

(29) 어간말 모음 '이'와 어미 '-어'의 결합에 나타난 변화

    ⓐ 쏘기(속이-어)(十九4a), 끔을 녹기(느끼-어)(一11a), 교륙(教育)을 잘
       식키(사키-어)(二十14b), 먹여(九16a)~먹이(十七32a), 삭여(刻)(九
       10b)~삭어(四26a), 옴기(옮기-어)(十四5a), 아름답기 너겨(十四
       26b)~올히 너거(九29b)~나히 절믐을 불상이 너게(十七5b)

    ⓑ 범으 물이 간비된지라(一6a), 어리(幼)(어리-어)(一9b), 약을 짜리
       (다리-어)(九19b)~짜리(九13b)~짜리 먹이드니(十九22b)~짜려(六
       27a), 드려(드리-어)(九19b)~드리(六27a)(十2b)~드러(九13b), 기다
       러(기다리-어)(十九8b), 다시리(다스리-어)(十八19a)

    ⓒ 살을 버혀(六15a)~베여(四22b)~비어(十一3a)~비여(七10b)~비혀
       (五16a), 눈이 싸이(쌓이-어)(七10b)

    ⓓ 글을 부치 갈로디(十三12a), 례애 넘쳐(二15b), 져셔(負)(一16b), 부
       딧쳐(十二1b), 쩌져(投)(十七27b), 술을 쎄져(七14b)

    ⓔ 무듬애 가셔 살펴 씰며(一8b)

  (29)의 예들은 중부방언에서 활음형성이 이루어지는 환경임에 비해 이 자료의 경우 동일 환경에서 서로 다른 몇 가지 음운 현상이 일어나고 있다. 첫째, '먹여', '드려' 등의 예처럼 중부방언과 같이 활음형성을 보여주는 것. 둘째, '옴기', '드리', '짜리' 등처럼 활음 j의 모습을 전혀 보이지 않는 것. 셋째, '너거', '기다러', '드러'와 같이 활음형성을 거친 뒤 자음 뒤의 활음이 탈락하는 것(너기어→너겨→너거). 넷째, 단 하나의 예이기는 하지만 '너게'와 같이 활음형성을 거친 뒤 다시 축약을 보이는 것(너기어→너겨→너게).

  첫째의 경우를 제외한 나머지 세 유형의 공통점은 이중모음 '여'가 출현한 환경에서 모두 단모음이 실현된 것이다. 둘째 유형은 여기서 처음 언급되는 것이지만 셋째, 넷째 유형은 (16)과 (17)에서 언급된 음운변화와 같은 성격을 띤 것이다. 둘째 유형은 현재의 경상방언에서 가장 광범위하고 활발하게 일어나는 음운과정 중의 하나인데, 어미 모음 '-어'가 어간말 모음 '이'에 순행동화된 것으로 보는 견해(최명옥 1982, 백두현 1982)와 활음형성 →

모음축약→고모음화→(e>i) 규칙이 적용된 것으로 보는 견해(정인상 1982)
가 있다.45) 그러나 앞의 두 견해는 자료의 범위를 경상방언의 특정 지역에
국한하였기 때문에 이 자료가 보여주는 여러 유형에 그대로 적용시킬 수
없다. 현재 조사된 경북방언의 하위지역어들이 보이는 유형은 대체로 둘째
유형과 넷째 유형이다.46)

『영남삼강록』의 편찬 과정을 구체적으로 밝힐 수 있는 자료가 없는 상
태이다. 삼강의 사례를 모으기 위해 경상도 내 각 지역의 유림(儒林)들에게
통문(通文)을 돌렸는지, 사례를 모을 때 한문과 그것의 언해문을 각 가문에
서 직접 작성하였는지, 아니면 한문으로만 된 것을 모은 뒤에 편찬자 장우
상(張友相)이 한글로 번역하였는지 등의 문제에 대한 확실한 판단을 내리기
어렵다. 다만 한글과 한문의 필체가 책 전체를 걸쳐 동일하므로 최종적 서
사(書寫)는 어느 일인(一人)에 의해 이루어졌음이 분명하다. 그러나 같은 어
형에 대한 일관성 없는 여러 가지 표기와 형태들의 존재로 보아 한글 번역
이 어느 한 사람에 의해 이루어진 것 같지는 않다. 위에 나타난 네 가지 유
형도 이러한 과점에서 이질적인 여러 하위방언이 반영된 결과라고 보는 것
이 온당한 해석일 것이다.

이어서 어간말 모음 '오', '우'와 어미 '-아' 결합하여47) 형성되는 활음
w에 대해 검토한다.

(30) 어간말 모음 '오', '우'와 어미 '-어'의 결합에 나타난 변화
    ⓐ 갓초아(九20b)~갓촤(四10b), 가촤(六9a)~갓차(十七19a)~가초와(十
      二18a), 잣추와(四8a), 쏘리흘 낫촤(八36a), 쩐 맛촤(三7a), 나솨(進)

---

45) 전자의 견해는 모음 간의 순행동화 특히 '이'와 '으'간의 순행동화를 보여주는 통시적
    증거를 확보하여 보강할 필요가 있다.
46) 경북 동해안의 일부 방언에서 넷째 유형의 축약을 보여주는 예들이 있다(최전승 198
    0 : 163, 169).
47) (30)에서 알 수 있듯이 어간말 모음의 차이에 관계 없이 어미는 '-아'로 통일되어 있
    다. 대부분 이음절 이상의 어간을 가진 (30)의 경우 모음조화는 적용되지 않고 있다.

(三23a)~나사(三12a)~나수와(五11a), 견좌(比)(一9b), 소미에 감추워(六8a), 다좌(溫)(十35b)

ⓑ 피를 되롸(灌血)(三5b)~피를 딀아(三16b)~되라(三19b)~딀와(二14a), cf.피를 되루니(三12a), 병을 일와(成病)(一13a)~릴와(二5a)~이루와(二1b), 몸을 실와(養身)(五13a)~쯧을 기루와(五11b), cf.기루고(五15a)

ⓒ 외와(誦)(七8b), 모아(集)(十一4a), cf.모우고(三20a), 비를 시와(立碑)(二十19a), 범이 와셔(三25b), 싸와(十三2a), 글을 비왓더니(一11a)

ⓓ 죽기를 닷퇴(三1b)~닷토와(四1b)

ⓔ 쏭을 맛 바(十九2a)(三21b)

'갓추-'[48]의 경우를 한 예로 삼아서 보면, 네 가지 종류의 상이한 음운 현상이 관찰된다. 첫째, 활음형성이 일어나지 않는 '갓초아'형. 둘째, 활음형성이 이루어지고 표기에 반영된 '갓촤'형. 셋째, 활음형성 이루 다시 활음이 탈락한 '갓차'형. 넷째, 활음형성은 일어나지 않고 어간말 모음 '오', '우'의 원순성이 후행모음에 전이된 '갓촤와'형과 '갓추와'형.

둘째 유형이 가장 많이 나타난다. j계 이중모음에 비해 셋째 유형은 훨씬 드문 편이다. 넷째 유형도 비교적 자주 발견된다. 그런데 18세기에는 ㅊ, ㅌ, ㄷ 뒤에 wa가 연견될 수 없었기 때문에 활음형성이 불가능하여 첫째와 넷째 유형만 나타났다(곽충구 1980 : 25). 이에 비해 이 자료는 (30)ⓐ, ⓑ가 보여주듯이 ㅊ, ㅌ 뒤에서도 활음형성이 일어나서 wa가 연결될 수 있다. ⓑ의 어간 '되루-'는 ㄹ 뒤에서 wa가 연결되어 '되롸'를 실현한 특이례이다. ㄹ과 wa의 연결은 현대국어에서는 불가능하지만 18세기에는 가능하였는데(곽충구 1980 : 25), ⓑ가 18세기와 같은 음운 현상을 보이고 있다. '오', '우' 앞에 자음이 없는 ⓒ에서는 둘째 유형만 나타난다. 이것은 셋째, 넷째 유형이

48) 표준어 '갓추다'에 대응하는 어형은 (30)ⓐ에서 알 수 있듯이 '갓초-'와 '갓추-'라는 두 형태로 나타난다. 후자는 o>u에 의한 개신형(改新形)이다.

발생한 원인이 '오', '우'에 선행하는 자음에 있음을 말해 준다. ⓔ의 어간 '보-'는 활음이 유지된 '봐'와 같은 형태는 전혀 발견되지 않고 항상 '바'로만 나타난다. 이것은 순음 ㅂ 뒤에서 원순성을 가진 w를 필수적으로 탈락시킨 규칙이 이 방언에 존재했음을 의미한다.

5. 결론

이 글은 『영남삼강록』에 나타나는 음운변화 가운데 모음에 관련된 현상들을 중점적으로 논했다. 이 자료는 20세기 전기에 나온 것이기는 하나 간행지의 방언을 적극적으로 반영하고 있어서 경상방언사 연구에서 중요한 가치를 지닌다. 이 글에서 논한 내용 중 특징적인 것을 중심으로 간략히 요약하면 다음과 같다.

① 표기상의 특징으로 병서의 하나로 ㅅㅎ이 출현한다. 이밖에도 이 자료에 나타난 유기음표기의 양상, ㄹ과 ㄴ에 관련된 표기 등을 살펴보았다.

② 모음중화에 있어서 ə : ɨ의 중화와 e : ɛ의 중화가 나타나는데 전자에 대한 예가 후자에 비하여 훨씬 많이 나타난다. 이것은 ə : ɨ의 중화가 e : ɛ의 중화보다 먼저 일어났을 가능성을 암시한다.

③ 모음상승의 하나로 e>i 현상이 이 자료에 다양하게 나타난다. e : ɛ간의 중화현상은 고모음화 e>i 변화보다 상대적 발생 연대가 앞선 것으로 봄이 타당한 이유를 제시했다. e>i 변화를 겪지 못하고 남아 있던 e는 ɛ와 중화되었다고 보았다.

④ ㅅ, ㅈ 등과 ㄹ 및 순자음 뒤에 오는 ɨ>i 혹은 ɨ>u를 묶어서 다루었다 '스>시'와 같은 전설고모음화와 ə : ɨ 중화 간의 상대적 발생 연대는 ə가 ㅅ 뒤에서 i로 변한 예가 없는 사실을 근거로 전설고모음화의 발생이 더 빨랐을 것으로 보았다. '르>리'와 같은 변화가 폐음절에서도 나타나는 예

가 발견되는데, 이 변화는 '스>시'와 유사한 성격을 가진 것으로 일종의 동화현상으로 묶을 수 있다.

　⑤ 원순모음화는 형태소 경계 간에서 결합되는 어미에 따라 그 실현의 정도가 다르게 나타난다. 원순모음화의 확대 과정은 형태소 내부→ 용언의 활용→ 체언의 곡용의 순서가 되는데 단 용언의 명사형과 '-을'의 결합에서는 활발한 적용을 보인다. 원순모음화가 '스>시'보다 다양한 환경에서 적용되는 사실은 전자가 먼저 발생하여 그 내적 발달을 심화시킨 결과일 것이다.

　⑥ 이중모음이었던 '외', '위'는 몇 가지 상이한 변화를 겪었다. 이 자료에 나타난 wi, we가 하향이중모음 uj(ㅟ), oj(ㅚ)에서 직접 변화한 것으로 보고, 재음소화의 개념을 도입하여 그 변화 과정에 대한 가설을 세워 보았다. 생성음운론에서 관심 주제였던 추상성의 개념을 도입하여 설정해 본 가설인데 앞으로의 연구에서 보완·수정될 수 있을 것이다.

　⑦ 상향이중모음에서는 반모음(=활음)의 탈락, 축약, 단모음의 이중모음화와 같은 특이한 현상이 존재하는 점을 밝혔다. 활음 탈락에서는 w보다 j의 탈락이 훨씬 일반적이라는 점이 주목된다.

　⑧ 공시적 음운 현상으로 형태소 경계에서 발생하는 활음형성만 다루었는바 네 가지의 유형이 발견되었다. 이처럼 여러 유형이 나타나는 이유는 경상방언 내의 이질적인 여러 하위방언이 반영된 결과로 해석하였다.

　『영남삼강록』에 반영된 자음 변화에 대한 검토는 이 글에서 다루지 않았다. 이 문헌에는 음운 현상뿐 아니라 경상방언이 가진 다른 특징도 발견된다. 앞으로 이러한 점에 대한 연구도 이루어져야 할 것이다.

『국한회어』의 음운 현상과 경상방언

1. 머리말

　『국한회어』는 1895년에 편찬된 우리나라 최초의 국어사전으로 19세기 후기 국어의 다양한 음운 현상이 반영되어 있는 문헌이다. 이 책은 건(乾)·곤(坤) 2책으로 되어 있으며 곤책(坤冊)은 건책(乾冊)을 정리·첨가·수정한 것이다.[1] 『국한회어』의 편찬에 관계한 인물은 序文의 끝에 다음과 같이 밝혀져 있다.

國文解	前主殿司長		李準榮
漢文釋	前承文院副正字	鄭鉉	
記錄士	前主事	李琪榮	
編輯士		李明善	
校訂			姜璡熙

＊ 이 글은 『방언학과 국어학』(청암 김영태박사 화갑기념 논문집)(1998, 태학사) 693-712쪽에 실렸던 것이다.

1) 『국한회어』 연구 자료로 태학사에서 『한국어학자료총서』 제1집으로 간행된 영인본을 이용하였다. 용례의 출전 표시에는 권차(卷次)인 건·곤을 표시하고, 장차(張次)는 태학사에서 영인하면서 붙인 쪽 번호를 달아 두었다. 이 책은 필사본인 관계로 원래 장차가 매겨져 있지 않다. 가장 널리 이용되는 영인본의 쪽수를 달아 두는 것이 독자들에게 편리할 것이다.

『국한회어』의 국문해를 담당했던 이준영은 당시 외부대신, 법부대신, 조선총독부 중추원 고문을 지낸 이하영(1858~1919)의 동생이다. 이하영이 경주 출신이므로 동생인 이준영도 경주 출신일 것이며, 기록사였던 이기영은 이준영의 동생일 가능성이 있다(홍윤표 1986 : 636-638). 홍윤표에서 밝혀진 사실로 보아 『국한회어』에는 경주 출신인의 방언이 반영되었을 것으로 짐작된다.2) 실제로 내용을 검토해 보면 경상방언의 특징이 다양하게 나타난다. 이 글은 『국한회어』에 반영된 이러한 특징을 중점적으로 다루고자 한다.

그러나 『국한회어』가 전적으로 경상방언(경주방언)만을 반영한 것은 아니다. 『국한회어』의 필체를 검토해 보면 3인 이상의 필사자가 참여하였음을 알 수 있으며, 그 중 한 사람의 필체에 경상방언 요소가 집중적으로 나타난다. 편찬에 관여한 사람과 이 책에 나타나는 필적을 일대일로 대응시켜 확인할 수는 없다. 그러나 이 책에는 필사자에 따른 필적의 차이가 나타나 있고, 이에 따른 음운 현상의 차이가 반영되어 있다.

이 책은 완성된 사전이 아니라 출판을 위한 원고이다(홍윤표 1986). 그러므로 이 책의 풀이말과 표기법 등은 충분히 교정된 것이 아니라 할 수 있다. 이 책의 내용이 충분히 다듬어진 것이 아니라는 점은 다양한 언어 현상을 노출시켜 줄 수 있다는 면에서 연구자에게는 오히려 장점이 될 수 있다. 이 글은 『국한회어』에 반영된 음운 현상을 통시적 관점에서 고찰하되, 경상방언과 관련된 요소를 분석·서술함으로써 이 자료의 언어적 특성을 드러내고, 국어사 자료로서 이 책이 갖는 가치를 밝히고자 한다.3)

---

2) 한문석을 담당한 정현(鄭玹), 편집·교정·기록을 담당한 이명선과 강진희의 출신 지역은 밝혀져 있지 않다.
3) 『국한회어』의 표기법, 구성, 자모 배열순서 등은 홍윤표(1986)에 자세히 기술되어 있다.

2. 본론

2.1. 모음의 혼기와 중화

오늘날 경상방언에는 'ㅔ'와 'ㅐ', 'ㅡ'와 'ㅓ'의 변별이 잘 되지 않는다. 18세기 후기에 약간씩 나타난 '·ㅣ', 'ㅐ', 'ㅔ'간의 혼기(곽충구 1980 : 87-89)는 20세기 초의 영남 문헌에 광범위하게 나타난다. 19세기 말 문헌인 『국한회어』에 이 모음들이 서로 구별되지 못했음을 보여주는 예가 많이 나타난다.

2.1.1. 'ㅔ'와 'ㅐ'의 혼기

(1)-a 'ㅔ'를 'ㅐ'로 표기한 것 : 고유어
    어재 작(昨)(坤 574). cf. 어제 오늘(坤 574). 일해(七日)(坤 602). 재기 차다(蹴蹋)(乾 272). 우리(<우레)(乾 313). 이직(種藷方 14b)(種藷方 15b).
(1)-b 'ㅔ'를 'ㅐ'로 표기한 것 : 漢字語
    기개(機械)(乾 18). 차새(此世)(坤 649). 치재(致祭)(坤 671). 친재(親祭)(坤 673).

'ㅔ'를 'ㅐ'로 표기한 예는 『국한회어』에 많이 보이며 19세기의 다른 문헌에는 드물게 나타난다. 『국한회어』의 이런 예는 경상방언이 유입된 결과임이 분명하다. 특히 漢字語의 'ㅔ'를 'ㅐ'로 적은 것은 『국한회어』에만 보이는 특징적 현상이다.

'ㅐ'를 'ㅔ'로 표기한 예도 다음과 같이 나타난다.

(2)-a 'ㅐ'를 'ㅔ'로 표기한 것 : 고유어 비어두
    오랑케(乾 70). 종달세(坤 630).

(2)-b 'ㅐ'를 'ㅔ'로 표기한 것 : 고유어 어두

    시승이 약 케라(<캐-) 가쇼(乾 60).

(2)-c 'ㅐ'를 'ㅔ'로 표기한 것 : 한자어

    게쳔(乾 40). 메(枚)(坤 706). 풀 헤(解)(坤 697). 미면낭페(未免狼狽).

    팔원팔게(八元八凱)(坤 689). 학야록제기즁(學也祿在其中)(坤 705).

  (1)과 (2)에서 보듯이 'ㅐ'와 'ㅔ'간의 혼기가 어두와 비어두를 가리지 않고 일어나고 있다. 19세기의 다른 문헌에서는 주로 비어두에서 이 현상이 일어나지만 『국한회어』에서는 'ㅐ'와 'ㅔ'간의 혼기가 어두에서도 빈번하다. 특히 한자어의 표기에서도 'ㅐ'와 'ㅔ'가 혼기된 것은 『국한회어』의 뚜렷한 특징이다. 19세기 후기 경상방언에서는 'ㅐ'(ɛ)와 'ㅔ'(e)간의 중화가 일어나 두 모음이 잘 구별되지 않았다(백두현 1989 : 3.3.1. 참조). 위 예들은 경주 출신인 이준영의 방언이 반영된 결과로 판단된다.

2.1.2. 'ㅡ'와 'ㅓ'의 혼기

  'ㅓ'가 'ㅡ'로 표기되거나 그 반대되는 표기는 두 모음 간의 구별이 없어졌음을 뜻하는데 이러한 표기가 『국한회어』에 다음과 같이 나타난다.

(3)-a 'ㅓ'를 'ㅡ'로 표기한 것 : 비어두 ㄷ 뒤

    언득 아(阿), 언득 안(岸), 언득 구(邱), 언득 원(原)(乾 246).

(3)-b 'ㅓ'를 'ㅡ'로 표기한 것 : 비어두 ㄹ 뒤

    야살스릅다(乾 64). 요른 일이 잇나(乾 72). 이르무로, 이른고로(乾 77). 부지른하다, 부지른할 근(勤)(乾 46). 가살시릅다(奸)(坤 364).

(3)-c 'ㅓ'를 'ㅡ'로 표기한 것 : 문법형태

    입든 옷(坤 603) 털은 늙으도 마음은 점다(乾 317)

  (3)은 비어두에서 'ㅓ'가 'ㅡ'로 표기된 예들인데 '늙으도'를 제외하고는

그 환경이 비어두의 ㄷ과 ㄹ 뒤에 국한되어 있다. ㄷ과 ㄹ은 치조음으로
[+coronal], [+anterior] 자질을 공유한 자연부류를 형성한다. (3)의 예에서
『ㅅ쇼졀』4)과 Korean Speech의 3례를 제외하고 모두『국한회어』의 것이다.
『ㅅ쇼졀』에 '부지른'과 '붓그름'이 존재하는 사실로 보아 중앙어에서도 비
어두의 ㄹ 뒤에서 'ㅓ'와 'ㅡ'의 구별이 명료하지 않았음을 알 수 있다.5)
　다음은 'ㅡ'를 'ㅓ'로 표기한 것이다.

　　(4)-a 'ㅡ'를 'ㅓ'로 표기한 것 : 비어두 ㄹ 뒤
　　　　거럼 보(步)(坤 377). 어럼 빙(氷), 어럼물(坤 573). 기럼(油), 기럼 짠
　　　　다, 기럼벌닉(乾 18). 보럼날(望日)(乾 43). 느럽나무(楡)(乾 22). 두 눈
　　　　을 부럽뜨다(乾 28). 뫼에 오러다(坤 479). 바러다(塗也). 콕 찌러다(坤
　　　　675)
　　(4)-b 'ㅡ'를 'ㅓ'로 표기한 것 : 비어두 ㄷ과 ㄹ 사이
　　　　반덜반덜(光澤)(乾 193). 선덜선덜(微風)(乾 223). 와락와락 달여덜다
　　　　(坤 604). 이틸(二日)(乾 78). 잔떡 먹다(坤 611)
　　(4)-c 'ㅡ'를 'ㅓ'로 표기한 것 : 비어두 ㅅ 뒤
　　　　저성애 가다(乾 84), 저성에 가다(坤 618). 머섬(庸奴)(乾 34)

　(4)는 고유어의 비어두에서 'ㅡ'를 'ㅓ'로 표기한 것인데 'ㅓ'를 'ㅡ'로
표기한 예보다 훨씬 빈도가 높으며 그 환경도 다양하다. (4)-abc의 예에
나타나 있듯이, 'ㅡ'가 'ㅓ'로 표기된 환경은 위의 (3)과 같이 [+coronal],
[+anterior] 자질을 가진 자음 뒤이다. 이 자질을 가진 자음 뒤에서 'ㅡ'와
'ㅓ'간의 상호 혼기가 많이 나타난 것은 'ㅡ'와 'ㅓ'의 중화가 [+coronal],
[+anterior] 자음 뒤에서 먼저 일어났음을 의미한다.

---

4)『ㅅ쇼졀』은 이덕무(李德懋 1741-1793)가 찬술한『士小節』중의 「婦儀」(부의)편을 1870
　년(고종 7년) 조택희(趙宅熙)가 번역한 필사본이다. 한문본과 구별하기 위해 'ㅅ쇼졀'을
　서명으로 삼았다.
5) ㄹ 뒤에서 'ㅓ'와 'ㅡ'가 혼동된 예는 사실 일찍부터 나타난 것이었다. '게으르-'가 '게
　으러-'로 표기되거나 '게을리'가 '게얼니'로 표기된 예가 18세기 문헌에서부터 발견된다.

(5) '一'를 'ㅓ'로 표기한 것 : 문법형태 '-는'
    돗 달고 가넌 배(乾 167)

(5)는 형태 '-는'과 '-은지'의 '一'가 'ㅓ'로 표기된 것이다. 중앙어를 반영한 문헌이 명백한 『사류박해』(事類博解)와 『태상감응편도설언해』(太上感應編圖說諺解)에 이런 예가 나타나고 있다.6) (5)의 예들도 음운 환경이 (4)와 같다.

(6) '一'를 'ㅓ'로 표기한 것 : 한자음과 한자어
    깃불 헌(欣)(乾 149). 미엄(米飮)(乾 40). 칠종칠검(七縱七擒)(乾 311)

(6)은 한자음과 한자어의 '一'가 'ㅓ'로 표기된 것인데 (4), (5)와 함께 『국한회어』에 침투한 경상방언적 요소로 생각된다. 한편 『국한회어』에는 장음으로 실현되는 'ㅓ'를 '一'로 표기한 예가 다음과 같이 나타난다.

(7)-a 고유어
    읍다(<없-)(乾 130)(乾 163). 웃다(得)(乾 145). 끄리다(憚)(乾 148)(坤 409). 끄림하다(不快)(乾 148). 웃더 허요(坤 494). 을마고(얼마인고) (乾 206)
(7)-b 한자어
    금소ㅎ고(儉素)(교우 52b). 금박히(儉朴)(교우 52b). 홈하다(險)(乾 149). 동본동승(同本同姓)(乾 168)

(7)-a는 음장을 가진 고유어의 어두 'ㅓ'가 '一'로 상승하여 고모음으로 변화한 예이다. 이 현상은 경상방언적 요소가 아니라 주로 중부방언권에 나타나는 것이다. 그러므로 음장을 가진 'ㅓ'가 '一'로 변화하는 현상이 『국한회어』에 나타난 것은 중부방언의 반영으로 봄이 옳다.7)

---

6) 가로 가넌 맷돌(事類 下 19b). 짓물 밧넌 지(事類 下 10b). 파리 잡넌 검의(事類 下 33a). 이 말을 일헌지 오러더니(太上 1 : 33a). 끝 예의 '일헌지'는 '잃-은지'로 분석된다.

2.2. 중모음의 변화

중모음(mid vowel)의 변화는 국어음운사에서 중요한 의미를 갖고 있는 것이어서 많은 학자들의 관심을 끌어온 주제였다. 19세기의 중모음을 상향 이중모음과 하향 이중모음으로 나누어 중모음과 관련된 변화를 살펴보기로 한다.

2.2.1. 상향중모음의 변화 : 모음축약

j계 상향중모음에는 'ㅑ', 'ㅕ', 'ㅛ', 'ㅠ' 등이 있고 w계 상향중모음에는 'ㅝ', 'ㅞ', 'ㅟ' 등이 있는데 이들 중 일부만 통시적 변화가 실현된 양상을 보여준다. 이 책에 주로 보이는 현상은 중모음 'ㅕ', 'ㅝ', 'ㅞ'가 축약에 의해 단모음으로 바뀌는 것이다. 즉 'ㅕ'가 'ㅔ' 또는 'ㅖ'로 바뀌는 변화와, w계 상향중모음 'ㅞ'가 'ㅚ'로 변화하거나 'ㅝ'가 'ㅗ'로 변화한 예가 이 책에 발견된다. 먼저 'ㅕ'의 경우를 살펴보자.

    (8) ㄱ 뒤의 'ㅕ>ㅔ'
      옥겔빙청(玉潔氷淸)(坤 582)

  (9)-a 'ㅕ>ㅖ'(체언)
     계우 근(僅)(坤 385). 밧볘(山頭禾)(乾 196). 볫(鷄冠)(乾 205). 볫(陽),
     볫 나다, 볫 양(陽), 볏 쬐이다(乾 205)
  (9)-b 'ㅕ>ㅖ'(용언어간과 활용어미)
     줄불 켸다(懸繩之火)(乾 286)

---

7) 문헌상으로 이 변화를 경험한 예는 1880년대 문헌인 『과화존신』(過化存神)(1880), 『조군령적지』(竈君靈蹟誌)(1881)부터 나타난다. 1890년대 문헌인 『교우필지』(1894)에도 비교적 빈번히 나타난다. 따라서 음장을 가진 'ㅓ'가 'ㅡ'로 상승하는 변화는 1880년대 문헌에서부터 나타난 것이 된다. 이 변화는 19세기 말기 이전의 문헌에는 보이지 않는 것으로서 19세기 말기 중부방언의 모음 변화에 나타난 가장 두드러진 특징이다.

(9)-c 원래의 'ㅖ'를 'ㅕ'로 적은 것
　　개펴(開閉)(乾 128)

(8)과 같이 모음축약 'ㅕ>ㅖ'(jə>e)가 적용된 어형은 매우 드물어 그 예를 찾기가 쉽지 않다. (9)-ab는 'ㅕ>ㅖ'(jə>je)가 적용된 어형인데 이 변화의 중간 과정에 jəj를 설정해야 음운론적으로 자연스럽다.[8] 왜냐하면 jə>je라는 규칙 형태는 ə가 직접 e로 변화한 것처럼 되어 있어서 부자연스러운 규칙이 되기 때문이다. (9)-c는 원래의 'ㅖ'를 'ㅕ'로 적은 것으로서 이 변화에서 파생된 일시적 변이형일 것이다.

(10) 'ㅝ>ㅗ'
　　꿩의 기름 안 먹다(雉), 꽁이 날다(乾 140)

(10)은 'ㅝ>ㅗ'(wə>o)라는 모음축약에 의해 '꿩'이 '꽁'으로 변한 것인데 이 '꽁'은 경상방언에 흔히 쓰이는 어형이다.
다음은 'ㅖ'가 보여주는 두 가지 변화이다.

(11)-a 'ㅖ>ㅚ'
　　공괴(供饋)(乾 137). 괴(几)(乾 139). 뙤쓸타(窄)(坤 394). 회언(毁言), 회론(毁論)(乾 345). 회철(毁撤)(坤 725)

(11)-b 'ㅖ>ㅟ'
　　뀌다(貫)(坤 404)

(11)-a는 'ㅖ'가 'ㅚ'로 바뀐 것인데 이 현상은 남부방언과 관련된 문헌

---

8) jəj를 중간 단계에 삽입하면 'jə>jəj>je'와 같은 형식이 된다. 그런데 jə>jəj와 같은 변화는 모음축약이라고 할 수 없다. 이 변화는 j첨가 또는 j의 순행동화라고 부를 수 있다. jə>jəj>je에서 최종형은 모음축약에 해당하므로 '모음축약'에 포함시켜 논한 것이다.

에 집중적으로 나타난다. 19세기의 필사본 자료인 『잠상집요』에 '셕회'를 '셕훼'로 표기한 예가 나타나는데 이는 'ㅚ'와 'ㅞ'의 음가가 같음을 의미한다. 'ㅞ'가 'ㅚ'로 바뀐 '공괴' 등의 'ㅚ'를 두고 'ㅞ>ㅚ'(we>ö)로 해석할 수 있다(최전승 1987 : 23-24). 이런 해석은 'ㅚ'의 음가가 ö였음을 전제한다. 그러나 원래의 'ㅚ'를 'ㅞ'로 표기한 '셕훼'와 같은 예는 'ㅚ'의 음가가 'ㅞ'(we)와 같음을 분명히 보여주므로 (11)-a에 나타난 'ㅚ'는 we를 표기한 것으로 본다. (11)-b는 'ㅞ(we)>ㅟ(wi)'를 보여준 것으로 고모음화 e>i가 적용된 것이다.

그런데 'ㅚ'가 'ㅞ'와 같은 we가 되려면 역사적으로 그 중간 단계에 ö를 설정해야 한다. oj였던 'ㅚ'가 ö를 거치지 않고 직접 we로 변화할 수 없기 때문이다. 즉 oj>ö>we는 음운론적으로 가능한 변화이지만, oj>we와 같은 변화는 전적으로 불가능한 변화이다. 이런 사실로 미루어 볼 때 『국한회어』가 반영한 경상방언에 단모음 ö가 존재했다고 말할 수 있다. 그러나 이 ö가 모음체계에 확립된 음운론적 단위인지는 확실하지 않다.

2.2.2. 하향중모음의 변화 : j탈락

하향중모음의 변화는 주로 하향성 활음 j가 탈락하여 단모음으로 바뀌는 현상으로 나타난다. 다음이 그러한 예이다.

> (12)-a 'ㅐ'(aj) 또는 'ㆎ'(ʌj)의 j가 탈락한 것
> 　　　　마일(每日)(乾 33)
> (12)-b 어말 ㅣ첨가에 의해 생성된 'ㅐ'
> 　　　　임애 익(額)(坤 602) 허패(乾 110)

(12)-a의 예는 'ㅐ'가 이중모음이었던 시기에 하향성 활음 j가 탈락한 것이고 b는 어말의 ㅣ첨가로 'ㅏ'가 'ㅐ'로 변한 것이다.

(13)-a '긔'(oj)의 j가 탈락한 것

　　자로 자(資)(資賴)(坤 608). 입사고(葉)(坤 603)

(13)-b '귀'(uj)의 j가 탈락한 것

　　거무, 거무 주(蛛)(乾 6). 굿두람이(蟋蟀)(乾 143). 가마구⁹⁾ 오(烏)(坤
　　363). 어럼 굼게 고기 뚜다(뛰다)(乾 65)

　(13)-a의 '긔'의 경우도 이와 같은 성격의 변화이다. 출현 빈도로 보아
(12)의 예들은 그 수가 소수에 지나지 않는다. 그러나 (13)-b의 경우는 다르
다.¹⁰⁾ '귀'(uj)의 j가 탈락한 예는 그 출현 빈도가 앞의 세 경우보다 훨씬 많
다. '귀'의 'ㅣ'가 탈락한 예가 많은 것은 이 모음의 단모음화 시기가 상대
적으로 늦기 때문이 아닐까 생각된다. 'ㅐ', 'ㅔ'가 단모음화되기 이전 시대
의 문헌에 이 모음들의 활음 j가 탈락한 예들이 많이 나타난다.¹¹⁾

(14)-a '늬(ij)>ㅡ(i)'의 변화

　　흔 백(白)(乾 349). 흔빗(白色)(乾 349). 흔살(白米)(乾 349). 흔옷(白
　　衣)(乾 349). 흔자우(眼之白肉)(乾 349). 흔닭(白鷄)(乾 349). 흔말(白
　　馬)(乾 349). 흔밥(白飯)(乾 349). 흔조희(白紙)(乾 349) cf. 흰 백(白)
　　(國漢 351), 힐 소(素)(國漢 351)

(14)-b '늬(ij)>ㅣ(i)'의 변화

　　여이다(離別)(乾 67). 호미(乾 111)

　하향 이중모음 '늬'(ij)의 변화는 '늬'가 그대로 유지된 것이 대부분이지만
다음 두 가지 방향으로 단모음화를 실현한 예도 있다. (14)-a는 하향성 활
음 j가 탈락한 것이고, (14)-b는 활음 j가 핵모음에 융합되어 전설단모음 i
로 변화한 것이다.

---

9) 건책에는 '가마귀'로 나타난다.

10) (12)-b는 지방의 방언이 반영된 문헌에 집중되어 있다.

11) 구체적 예와 자세한 분석은 백두현(1989)의 3.4.1을 참조할 수 있다. 특히 (66), (67),
　　(68)에 그 예를 보였다.

(14)-a처럼 '흰'을 '흔'으로 쓴 것은 곤책(坤冊) 731쪽에 집중적으로 나타
난다. '희-'를 제외한 다른 낱말의 'ㅢ'가 이러한 변화를 보인 것은 없다.
그런데 곤책 732쪽의 상기 부분에는 '흰ㅈ위', '흰떡'(白餠), '흰죽'(白粥)과 같
은 예가 나타나는바 'ㅢ(ij)>ㅡ(i)'라는 변화가 수의적이었거나 방언적 변이
형을 반영한 것으로 판단된다. 원래의 'ㅣ'를 'ㅢ'로 적은 '독희 조와하다'
(獨樂)(坤 443)[12]와 같은 예는 'ㅢ'가 사실상 'ㅣ'로 실현되었음을 보여준다.

2.2.3. 활음의 첨가와 탈락 : 자음 뒤 이중모음과 단모음의 혼기

자음 뒤에서 활음 j가 첨가된 변화와 탈락된 변화 두 가지가 나타난다. j
가 첨가된 예는 다음과 같다.

> (15)-a 『국한회어』에서 j가 첨가된 예
> 기력이(雁)(乾 18). 무렵씨고 들다(冒入)(乾 37). 시렁가(架)(乾 61).
> 우렁이(贏螺)(乾 73). 추접시럽다(坤 666)
> (15)-b 19세기의 다른 문헌
> 붓그럽<렵>지(三聖 13b). 붓그렵지(南宮 9a). 붓그렵고(소쇼절
> 26b). 여려 가지(易言 1 : 11b). 시려ᄒ고(厭)(明聖經 21b), 시려ᄒ야
> (소쇼절 26b)

(15)-b에 보듯이 ㄹ 뒤에 j가 첨가된 예는 『국한회어』뿐 아니라 19세기
의 다른 문헌 예컨대 『소쇼절』, 『삼성훈경』 등에도 나타난다. j가 첨가된
환경은 ㄹ 뒤에 한정되어 있다. ㄹ 뒤에서만 이러한 변화가 일어난 원인은
아직 밝혀져 있지 않으나, ㄹ 뒤에서 j가 탈락한 변화의 역표기일 가능성이
있다. 그러나 단순한 역표기가 아니라 소수의 언어 집단에서 일시적이기는
하나 실제로 존재했던 말투상의 한 변이였을 가능성이 높다.[13]

---

12) '독희'는 '獨히'를 표기한 것이다.

자음 뒤에서 j가 탈락한 예는 다음과 같이 나타난다.

(16)-a ㄹ 뒤
로락질하다(虜略)(乾 30). 요랑하다(料量)(乾 71)

(16)-b 순자음 뒤
도진 벵이라(更發之痛)(乾 27). 신벵(身病)(坤 560). 술벵(酒甁)(坤
553). 신벵(神兵)(坤 560).

(16)-c ㄱ 뒤
게집(乾 36). 색게상(色界上)(坤 533). 시내 게(溪)(坤 556)

(16)-d ㅎ 뒤
지헤(坤 641). 초헤(草鞋)(乾 98). 건헤(乾鞋)(坤 381)

j탈락은 w탈락에 비해 그 환경이 훨씬 다양하다. 『국한회어』에 나타난 j 탈락은 경상방언의 요소임이 분명하다. 그 밖에도 『잠상집요』, Korean Speech에도 이러한 예가 나타나고, 다른 일부 문헌에도 이런 예가 보이므로14) 자음 뒤 j탈락은 중앙어와 중부방언에서도 미약하지만 존재했던 현상이라고 말할 수 있다. 다음은 자음 뒤에서 w가 탈락한 예이다.

(17) w탈락
여바라(號令)(乾 67). 난하 주다(分)(乾 153). 하물며 항(況)(坤 703)

w탈락의 예는 극소수에 지나지 않는다. (17)과 같은 활음탈락은 부주의한 발음을 하기 쉬운 일상어에서 일어나는 현상이므로 말투(style)상의 한 변이라고 할 수 있다.

---

13) (15)와 같은 j첨가 현상은 19세기 말의 전라방언을 반영한 자료와 20세기 초의 영남 문헌에도 나타나 지역적 범위가 넓다.

14) 구체적 용례는 백두현(1997)로 미룬다. 지방 간행의 문헌에서는 18세기에도 이러한 예가 드물지만 존재하였다(백두현 1989 : 131).

2.3. 고모음화

고모음화의 하나인 'ㅔ>ㅣ'를 실현한 예는 다음과 같다.

(18)-a 기집(乾 18). 기집녀(女)(乾 18) cf. 묘한 게집(乾 36)
　　　목 비다(斬首)(乾 186). 비기 찌다(肥)(乾 47)
(18)-b 드물기 숨어라(間闊種之)(乾 29). 저물기 가다(暮去)(坤 618)(乾 84)
(18)-c 입 띄다(開口)(坤 603)

(19) 꿀 한단 비어 오다(乾 140)

어휘형태의 'ㅔ>ㅣ'는 어두 위치에서 음장을 가진 'ㅔ'에 적용되는 것이 원칙인데 (18)-a가 그러한 예이다.15) 그러나 (18)-b는 어미 '-게'가 '-기'로 변화한 것으로 비어두에서 'ㅔ>ㅣ'가 적용된 것이다.

(19)의 '비-'는 '베-'에서 변화한 것이 아니라 '뷔->븨->비-'와 같이 이중모음이 단모음화된 결과로 보아야 한다. (19)의 '비-'와 (18)-a에서 본 '목 비다'(斬首)(乾 186)의 '비-'는 각각 다른 변화를 겪은 것이다. '목 비다'의 '비-'는 '버히->버이->베-' 이후 'ㅔ>ㅣ'가 적용된 것이다.16)

'ㅔ>ㅣ' 변화는 『잠상집요』(1886)와 『교우필지』(1894)에도 보이는데 이들은 모두 필사본인 점이 공통적이다. 『잠상집요』와 『국한회어』에는 남부방언적 요소가 많은바 이 문헌들에 나타난 e>i 현상은 남부방언이 반영된 결과로 생각된다.

---

15) (17)-a의 '비기'는 '비계'(지방덩어리)에 'ㅔ>ㅣ'가 적용된 것이다.
16) 중세국어에서 '버히다'는 '斬', '誅'의 뜻이고, '뷔다'는 '刈'('벼를 베다' 따위)의 뜻이다.

2.4. ㅣ역행동화

ㅣ역행동화가 경상방언만의 특징적 현상은 아니다. 아래에 예시된 동화형은 중부방언형일 가능성도 있다. 그러나 ㅣ역행동화가 경상방언에 상대적으로 우세하다는 점에서 경상방언과 관련하여 논할 만한 것이다. ㅣ역행동화의 중요한 변수로 알려진 개재 자음의 종류에 따라 나누어 예시한다.

〈개재 자음이 연구개음(ㄱ, ㅇ)인 것〉
(20) ㅓ>ㅔ
메기(料理.飮食)(坤 473). 메기다(飼)(坤 473)

(21)-a ㅏ(·)>ㅐ
꿀떡 생키다(乾 144). 맥긔고(任)(乾 156). 다랙기(眼筌腫), 다랙기 전(筌)(乾 23). 뫼초랙이 순(鶉)(乾 188). 아로 쇡이다(坤 564). 이색이 수(穗)(坤 597). 해바리기(坤 710)
(21)-b ㅏ>ㅐ(동화주가 계사 '이')
옥불퇵이면 불성긔(玉不琢 不成器)(坤 583)
(21)-c ㅏ>ㅐ(개재 자음이 ng)
난쟁이(乾 153). 욕쟁이(坤 587). 냉이(薺)(坤 419). 박맹이 퇴(椎)(乾 192)

(22) ㅗ>ㅚ
죆기다(見逐)(坤 631)

(20), (21)의 피동화 모음 'ㅔ', 'ㅐ(·ㅣ)'는 단모음으로 실현되었을 것이며 19세기 후기는 이 모음들이 단모음으로 존재하였기 때문에 직접 동화가 가능한 시기이다. (21)-b는 계사 '이'가 동화주 기능을 한 것으로 한문구(漢文句)에서 ㅣ역행동화가 적용되었다. 이런 예는 극히 드물다. (22)의 '죆기다'는 '좇-'의 피동형 '좇기-'에 변자음화가 적용된 후 ㅣ역행동화가 적용된

것으로 판단된다.

〈개재 자음이 ㅂ, ㄹ, ㅈ인 것〉

(23)-a 개재 자음이 ㅂ인 것 : ㅓ>ㅔ
　　　둑게비(坤 448)

(23)-b 개재 자음이 ㅂ인 것 : ㅏ>·ㅣ(ㅐ)
　　　이붓이비(異父)(乾 78)

(24) 개재 자음이 ㄹ인 것 : ㅡ>ㅢ
　　　건듸리지 말라, 건듸리다(乾 130). 먹물 듸린 두루막(乾 183). 희리다
　　　(濁也)(乾 350). 희릴 탁(濁)(乾 350)

(25) 개재 자음이 ㅈ인 것 : ㅏ>ㅐ
　　　이대지 심한냐(如許甚耶)(乾 77). 이대지 심하냐(乾 596)

개재 자음이 ㅂ인 예는 극소수에 지나지 않는다. (24)은 개재 자음이 ㄹ
인 것이고, (25)는 ㅈ인 경우이다. ㄹ과 ㅈ은 [+coronal] 자질을 지님에도
ㅣ역행동화의 제약 조건이 되지 못하고 있다. 백두현(1989 : 3.5절)에서 ㅣ역
행동화가 2단계의 통시적 발달 과정을 겪으면서 동화로서의 자연성이 감
소되었고 이에 따라 개재 자음의 제약 조건이 강화된 것이라는 해석을 내
린 바 있다.[17]

---

17) 피동화 모음에 j를 첨가하던 자연 과정으로서의 ㅣ역행동화는 하향 이중모음이 단모
음화로 피동화음이 전설단모음으로 실현됨으로써 이 변화가 지닌 자연성이 감소되는
결과를 초래하였다. 이 자연성의 감소로 인해 종전까지 ㅅ, ㅈ, ㄷ 등을 개재 자음으로
가진 환경과 개재 자음이 없는 환경에도 어느 정도 적용되던 ㅣ역행동화에 더 강한
제약이 가해졌다. 이러한 설명을 취하지 않고서는 17~18세기에 ㅅ, ㄷ, ㅈ 등이 개재
한 환경과 개재 자음이 없는 환경에 ㅣ역행동화가 적용된 예들을 설명할 수 없다.

2.5. 구개음화

ㄱ구개음화와 ㅎ구개음화가 『국한회어』에 반영된 양상은 다음과 같다.

(26)-a 어두(명사)

지미 끼이다(面着奸痕)(坤 639). 지심(田土草)(乾 92)

(26)-b 어두(용언)

소매가 질면 춤 잘 춘다(乾 55). 소매가 질면[18) 춤 잘 츄다(坤 543).

지튼 지물(遺貯之財)(乾 93)

(26)-c 한자어(비어두)

건짐(乾汽)(乾 131)

(26)-d 과도교정

무리 김생(羣獸)(坤 481). 김싱(禽獸)(乾 149). 김싱 먹이다(國漢 坤

410)

ㄱ구개음화의 용례는 그리 많지 않다. ㄱ구개음화는 경상방언에서 현저했던 현상이므로 (26)-abc는 경상방언의 요소임이 틀림없다.

(27) ㅎ구개음화

물 서다(潮退)(乾 190). 빗치 숭허다(惡色)(乾 214). 수지(休紙)(乾 59).

팔심 세다(坤 689)

ㅎ구개음화가 적용된 예가 약간 나타나기는 하나 이 현상은 중부방언에도 존재하는 것이므로 경상방언만 반영한 것이라고 할 수 없다.

2.6. 반치음과 순경음의 변화

(28) △>ㅅ

---

18) '질면'의 ㅈ 위에 다시 덧써서 ㄱ으로 고쳐 놓았다.

나시(薺)(乾 20). 나시(薺) 或稱 낭이(坤 416). 마실 가다(出隣里)(坤 466). 마실 간다(出鄕)(乾 33). 저서라(揮抵)(乾 84). 털 끄시리다(燋髮) (坤 682). 바사라(破碎)(乾 41)

(29) △ > ㅇ

냉이(國漢 419). 무우나물. 무우즘채(乾 38). 마을 부(府), 마을 사(司), 마을 촌(村)(乾 33). 부엌 주(廚)(乾 45). 흔자우(眼之白肉)(乾 349). 흰즈 위(坤 732)

(30) ㅸ > ㅂ

호박(舂臼)(乾 111)(坤 721). 두렵을 공(恐)(坤 447). 두렵을 송(悚)

(31) ㅸ > ㅇ

구울다(轉輾), 구울 전(轉)(乾 15). 누의19)(蠶)(乾 209). 더울 열(熱), 더 운 방(乾 25). 추위을 타다(乾 99)

(28)과 (29)는 △의 두 변화를 보인 것이고, (30)과 (31)은 ㅸ의 두 가지 변화를 보인 것인데, (28)과 (30)이 각각 경상방언을 반영한 것이다. 한 문헌에 서로 다른 두 변화가 나타난 것은 한 방언 안의 내적 다양성과 방언 간의 이질성이 반영된 결과이다. 『국한회어』의 편찬에 참여한 인물의 언어적 배경에 따라 상이한 어형이 투사되었을 것이다. (30)의 '두렵을'은 ㅂ이 받침에 표기된 것이기는 하나 ㅸ의 반사형(reflex)으로 생각된다.

2.7. 어휘와 문법형태

『국한회어』에는 경상방언과 관련된 어휘나 문법형태도 발견된다. 경상방언이 분명한 어휘 몇 예를 들어보면 '시아부지'(媤父)(乾 61), '후제'(後際)(乾

---

19) 경상방언의 '니비'는 'ㅸ > ㅂ' 변화형이거나 ㅸ형보다 더 고형일 수 있다. 15세기 문헌에는 이미 ㅸ이 탈락한 '누에'(훈민정음 해례 용자례)가 나타난다.

114), '빼다지'(坤 499), '박산'(雹散, 튀밥)(坤 491), '덕석'(牛衫丁)(乾 165)과 같은 체언이 있고, '나부리다'(釋括)(乾 144), '남사실업다'(愧)(坤 418), '추접시럽다'(乾 99)와 같은 용언도 있다.

'어대서 어더 왓노'(乾 65), '어대서 어더 왓노'(坤 572), '누가 왓노'(乾 22)와 같은 어례에서 경상방언의 특징적 의문법 어미 '-노'를 찾을 수 있다. '우물물 못 먹을다'(乾 73)와 같은 예에 쓰인 '-ㄹ다'는 경북의 중북부 지역에서 쓰이는 형태이다. 이런 예가 그리 많이 나타난 것은 아니지만 편찬자로 참여한 경상도 사람의 방언이 『국한회어』의 언어에 상당한 영향을 미쳤음을 보여준다.

3. 마무리

지금까지 『국한회어』에 혼입된 경상방언의 요소를 가려서 논하였다. 여기서 유의할 점은 경상방언적 요소가 아니라 당시의 중앙어 혹은 공통어적 요소가 『국한회어』의 주류라는 사실이다. 17~18세기의 근대국어 문헌에 나타난 표기와 어형이 『국한회어』에 동일하게 쓰이고 있다. 근대국어 시기와 동일한 표기와 어형은 예시를 들지 않았을 뿐이다.[20] 그리고 경상방언뿐 아니라 중앙어에서도 일어났던 음운 현상은 이 글에서 드러내어 기술하지 않았다. 예컨대 치찰음 뒤의 전설모음화 현상('스>시' 혹은 '즈>지')이 『국한회어』에 반영되어 있다. 이 변화는 19세기 후기에 전국 여러 방언에 걸쳐 광범위하게 일어났던 것이어서 공통어적 요소라 할 수 있다. 예 : 쇠사실(鐵紐)(乾 230), 시승(師傳)(坤 557), 나질 저(低). 나진 것(下品)(乾 20) 等.

그리고 필체에 따라 언어적 특징이 다른 점도 보인다. 예를 들면 'ㅔ'와

---

20) 위에서 서술한 ㅣ역행동화, 구개음화, 'ㅔ' : 'ㅐ'간의 혼기 등의 음운변화가 적용되지 않고 전통적으로 표기되어 온 어형 그대로 쓰인 어형이 훨씬 많다는 뜻이다.

'ㅐ'간의 중화를 보여주는 어례는 특정인의 필적에 집중적으로 나타난다. 이것은 특정 필사자에 의해 경상방언적 요소가 혼입되었음을 뜻한다. 필사자 혹은 편찬자에 따른 방언 차이를 극명하게 보여준 한 예로서 다음을 들 수 있다.

[표 1] 편찬자의 방언 차이를 보여준 사례

출처	乾 164쪽	坤 434쪽
어형	닭	닭
예문	닭기 해에 올으다	닭키 해에 올으다
예문	닭기 싸우다	닭키 싸우다
예문		닭키 해을 치다

어형 '닭'은 건책 164쪽을 쓴 사람의 방언형이고, '닭'은 곤책 434쪽을 쓴 사람의 방언형이다. 이 예들에서 보듯이 『국한회어』는 서로 다른 방언이 혼입된 자료여서 국어사의 연구 자료로 이용할 때 유의해야 한다. 이 글에서 경상방언적 요소만을 선별하여 논한 목적은 『국한회어』의 방언적 특성을 밝힘으로써 경상방언의 관점에서 이 자료의 특성을 파악하기 위함이다.

『국한회어』에 나타난 음운 현상 중 경상방언과 특별한 연관이 없는 것으로는 장음 'ㅓ'가 'ㅡ'로 변한 예를 들 수 있다(예 : 읏다(得)(乾 145), 끄리다(憚)(乾 148), 읍다(無)(乾 175) 등). 모음조화에서 어미의 양모음이 음모음으로 변한 '마저라'(毆打)(乾 33)와 같은 예도 경상방언과 무관한 것이다.

앞으로의 연구에서 『국한회어』를 국어사 자료로 이용할 때는 연구 목적을 고려하여 이 문헌에 반영된 어형을 잘 가려서 고찰해야 한다.

영남 문헌어에 반영된 방언적 문법형태에 대하여

1. 방언형태사 연구의 필요성

"그런 말은 慶尙道 사룸의 鄕瘖이지 셔울 사룸ㅎ는 말은 아니오니 비홀지라도 셔울 사룸의게 비호게 ㅎ옵소"(6, 20a)라는 대화문이 『인어대방』(隣語大方, 1790, 규장각본)에 나타나 있다. 이 문장을 통해 당시의 화자들이 국어의 방언적 차이를 분명히 인식했음을 알 수 있다. 과거의 방언적 차이나 방언의 역사를 연구하는 작업은 여러 가지의 현실적 제약을 안고 있다. 문헌 자료의 언어는 본질적으로 규범 지향적 속성을 띤다. 문헌에 쓰인 글말은 문어가 중심을 이루고 있어서 방언형의 반영이 제한적이다.

백두현(1989b)에서 16세기 초부터 20세기 전기에 이르는 기간 동안 영남 지역에서 간행된 한글 문헌을 조사·분석하여, 이 문헌들에 반영된 음운변화들을 통시적으로 기술하고, 음운변화들의 발생 원인을 체계적으로 설명한 바 있다. 음운변화에 관한 조사를 하면서 형태 및 어휘상의 흥미로운

---

* 이 글은 『어문론총』 24집(1990, 경북어문학회)에 수록한 것인데 당시의 여건상 교정을 제대로 볼 기회를 얻지 못했었다. 미교정한 것을 오류를 바로잡고, 내용을 더 보완하여 『국어의 형태·의미의 탐색』(홍사만 외, 2009, 481-511)에 재수록했던 것을 다시 다듬어 이 책에 실었다.

여러 예들이 발견되어 이들을 별도로 검토해야 할 필요가 있음을 알게 되었다. 이 글에서는 영남 문헌어에 나타난 조사와 용언 어미 중에서 경상방언과 관련될 수 있는 사항들을 중점적으로 다룬다. 경상방언의 요소가 다른 방언에서도 존재할 수 있으므로 이 글에서 다룬 일부 문법형태는 경상방언만의 특징이 아니라, 다른 방언과 공통적인 것도 있다.

문헌에 반영된 방언 문법 형태를 가려서 논한 이 글의 목적으로 인해 특정 문법형태 전반을 자세히 체계적으로 기술할 수 없다. 방언적 성격이 뚜렷한 문법형태에 국한했기 때문에 체계성을 띤 기술이 되지 못할 것이다. 그리고 필요한 경우 다른 지역에서 간행된 문헌 자료 혹은 간행지가 불분명한 자료도 비교를 위해 이용할 것이다. 이 논문에서 제시되는 자료들은 아직까지 국어학자들이 별로 관심을 기울이지 못한 '방언형태사'에 대한 연구를 촉진하는 데 하나의 자극이 될 수 있을 것이다. '방언형태사'라는 술어를 썼지만 이에 관한 연구는 결국 국어사 연구로 귀결되는 것이며, 진정한 의미의 국어사 연구는 방언음운사, 방언형태사, 방언어휘사 등에 대한 연구를 기반으로 해여 더욱 충실한 토대를 얻을 수 있다.

2. 조사

문법형태소 중 체언의 곡용에 쓰이는 격조사로서 특이한 것들을 먼저 다룬다.

2.1. 주격

주격조사 중 관심을 끄는 예는 다음과 같다.[1]

(1) ㄱ. 길고 가는 덩굴이가 이리저리 엉킨 속에(時文 51b)

　　ㄴ. 새 하나이 집 우에 깃드려(五倫 10b)

　　　나라이 드르시고(五倫 10b)

　　　나라이 망하기 되어시미(嶺三 13,4a)

　　　이러지 안이한 바이 없더라(嶺三 20,1b)

　　　하나이 픠흐면 하나이 산다 하니(一敗則一生)(嶺三 20,6a)

　　　파이 눈속에 나고(葱生雪中)(嶺三 5,9a)

　　cf. 나라이 강하면(日本語學 70) 나라이 강하게 됩니다(日本語學

　　　70) 나라이 강한즉(日本語學)

(1ㄱ)은 '-이가'가 주격으로 쓰인 예인데 이 형태는 전라도, 강원도, 함경
도 지역에 걸쳐 나타나며, 경상도의 여러 지역에 광범위하게 분포된 것으
로 밝혀졌다(이상규 1983 : 128). (1ㄱ)의 '-이가'는 '덩굴'에 결합한 주격 '-이'

---

1) 이 글에서 연구 대상이 된 문헌과 그 약칭 및 간행 연대는 다음과 같다. <서명 / 약칭
/ 간행연도>.
<이륜행실도 옥산서원본 / 二倫 / 1518>, <여씨향약언해 / 呂約 / 1518>, <정속언해 / 正俗
초 / 1518>, <칠대만법 / 七大 / 1569>, <경민편 / 警民 / 1579>, <은중경언해 기방사판 /
恩重 其方 / 1592>, <경서석의 / 經書 / 1609>, <두시언해 중간본 / 杜重 / 1632>, <어록해
/ 語錄 / 1657>, <규곤시의방 / 규곤 / 1598~1680>, <은중경언해 원적사판 / 恩重 圓寂 /
1668>, <은중경언해 천룡사판 / 恩重 天龍 / 1686>, <정속언해 / 正俗중 >, <유합 남해영
장사판 / 類合 남해 / 1700>, <천자문 / 千字 / 1700>, <미타참략초 / 彌陀 / 1704>, <두창
경험방 / 痘瘡 / 1711>, <경민편 상산판 / 警民 商山 / 1730>, <이륜행실도 영영판 / 二倫
嶺營 / 1730>, <병학지남 우영판 / 兵學 右營 / 1737>, <병학지남 상산판 / 병학 상산
/1740>, <임종정념결 수도사판 / 臨終 / 1741>, <임종정념결 대원사판 / 臨終 大院 /
1748>, <왕낭반혼전 / 王郎 / 1753>, <신증유합 해인사판 / 新合 海印 / 1758(?)>, <염불보
권문 동화사판 / 念桐 / 1764>, <염불보권문 해인사판 / 念海가 / 1776>, <염불보권문 해
인사판 / 念海나 / 1776> <염불보권문 해인사판 / 念海다 / 1776> <염불보권문 해인사판/
念海라 / 1776>, <신편보권문 / 新普 / 1776(?)>, <증수무원녹언해 영영판 / 無冤 / 1797>,
<십구사략언해 / 十九 / 1832>, <정몽류어 / 正蒙 / 1884>, <신도일용요집 / 信徒 / 19세기
말>, <불설아미타경 / 阿彌 / 1898>, <삼경합부 / 삼경 / 1898>, <女士須知 / 女士 / 1907>,
<권왕문 / 勸往 / 1908>, <역대천자문 / 歷代 / 1910>, <통학경편 초간본 / 通學初 / 1916>,
<통학경편 중간본 / 通學重 / 1921>, <속수한문훈몽 / 漢蒙 / 1922>, <조한사례 / 朝漢 /
1925>, <한일선시문신독본 / 時文 / 1927>, <양정편 / 養正 / 1929>, <지장경 / 地藏 /
1929>, <몽어류훈 / 蒙語 / 1935>, <오륜행록 / 五倫 / 1936>, <영남삼강록 / 嶺三 / 1939>.
각 문헌에 대한 보다 자세한 해설은 백두현(1989b)의 제2장을 참조 바람.

가 주격의 기능을 상실하고, 여기에 다시 '-가'가 결합하여 이루어진 것으로 '-이가'의 세 유형 중 어간말음화한 주격 '-이'와 주격표지 '-가'가 결합한 유형(이상규 1983 : 142)에 해당한다. 이 유형은 주격 형태의 통시적 변화 과정에서 생겨난 복합형태라 할 수 있다.[2]

(1ㄴ)은 모음으로 끝난 명사 뒤에 주격 '-이'가 결합한 것이다. 이 예들은 주격 '-가'가 성립된 이후에도 주격 '-이'가 사용되어 온 오랜 전통으로 인해 모음 뒤에서도 '-이'가 드물게 쓰였음을 보여준다. 복합격 '-이가'가 형성 배경이 여기에 있다. (1ㄴ)의 '하나이'는 오늘날의 이 방언에서 '하내가'로 쓰이기도 하는데, 후자는 모음축약으로 '-이'가 격기능을 상실한 후 다시 '-가'가 결합한 것이다.

2.2. 대격

대격으로 쓰인 것 중의 흥미로운 예는 다음과 같다.

(2) ㄱ. 낫과 밤이 길며 쟐으기로 아지 못ㅎ고(念海 다 49a)
    cf. 낫과 밤니 질며 쟐으기을 다 아지 못ㅎ고(念海 가 51a)
  ㄴ. 과연 아싁로 시겨 쇼 자브미 젹실ㅎ거니와(念桐 23b)
    경복한 이로 시겨(朝漢 17b)
    cf. 집사로 시겨(朝漢 18b) 다른 사룸 시기지 아니하고(嶺三 6, 18a)
    입에 져로 물리며 발을 거두와(朝漢 7b)
    藻은 슈즁(水中)에 취해 내여 식용하는 모든 풀노 總稱하는 일홈이올시다(時文 51a)
    목퇴로 쑤사셔(嶺三 19, 15a)

---

2) 어말에 접사 '-이'가 첨가된 어형 변화의 몇 예를 첨가해 둔다.
  모든 병신이의게 큰 자비심 발함을(地藏 45b). 칠기(藤)(朝漢 24b).
  빗에 걸인 털이를(朝漢 8a)-터리에(杜重 17, 28b). cf. 구믿터리(杜重 13, 41a).

손까락 피로 입에 됟왜(嶺三 3, 13a) cf.피를 듸뢰(嶺三 3, 5b)

ㄷ. 항것손 쓸 거스로 죵을 쥐주느니(正俗 초 16a)

사룸을 주며 권ㅎ시쇼(念海 나 34a)

ㄹ. 셔방을붓터 와셔(彌陀 32a)

ㅁ. 불법 희방한 두 가지 죄로(地藏 18b)

(2ㄱ)과 (2ㄴ)의 예는 대격조사로 '-로'가 사용된 예이다. '-로'의 이런 쓰임은 지금의 경남방언에서 널리 발견된다. 대격으로서의 '-로'가 일찍부터 문헌에 나타난 사실을 통해 우리는 이 형태의 역사성을 확인할 수 있다. 대격 '-로'가 쓰인 가장 오래된 영남 문헌은 18세기 후기를 거슬러 올라가지 못한다.

대격 '-로'는 모음으로 끝나거나 ㄹ이 받침인 어간 뒤에서만 통합되는 분포상의 제약을 갖는다. 이 환경에서 '-로'는 '-를'과 교체되어 쓰일 수 있다. 그런데 (2ㄱ)과 (2ㄴ)에 쓰인 '-로'가 통사론적으로 완전히 동일한 것은 아니다. 즉 (2ㄴ)에 사용된 '-로'는 대격과 함께 도구격 기능을 부분적으로 수행하고 있음을 볼 수 있다. 문맥상으로 볼 때 (2ㄴ)의 '-로'를 '-를'로 바꾸어도 아무런 의미 차이가 없다. '-로'의 주요 기능은 대격으로 파악되지만 도구격의 의미도 (2ㄴ)에서 완전히 배제할 수 없다.[3]

(2ㄷ)은 여격 '-의게'가 통합될 환경에 '-을'이 쓰인 예로서 이것은 한문의 번역 과정과 연관되어 있다. 이 언해문에 해당하는 한문은 "主則以財用以資幹"이다. '資幹'('幹'은 '幹僕'과 같음)의 '幹'은 동사 '資'의 목적어 역할을 한다. 한문 문장의 문법 구조가 언해문에 반영되어 '죵을'과 같은 대격이 사용된 것이다. 이러한 사실을 고려하더라도 '-를'이 '-의게'가 쓰일 환경에 출현하는 것은 '-을'이 부차적으로 여격 기능을 갖고 있음을 의미한다.[4]

---

3) 대격으로서의 '-로'는 도구격 기능이 확대된 것으로 볼 수 있다. 이러한 기능 확대는 '-로'가 대격 기원형인 '-ㄹ'에서 비롯되었을 가능성을 암시한다.

4) 현대 국어에서 '이 책은 영수를 주어라'와 같은 문장의 '-를'도 동일한 의미기능을 가

(2ㄹ)은 출발 위치를 나타내는 '-으로'가 쓰일 자리에 '-을'이 쓰인 것으로 현대국어 문법으로 볼 때 어색한 것이다. (2ㅁ)은 대격이 생략된 예이다.

2.3. 처격

처격 형태 중 다음과 같은 예들이 주목된다.

> (3) ㄱ. 그훼 허뮈 아슴들 모도고 울며 닐우디(二倫 玉山 4a)
>   츈니 온 훼사 홈끠 먹더라(二倫 玉山 15b)
>   남진 겨집비 이신 훼사 어버이 즈식기 이시리니(正俗 초 5b)
>   앗의 도애도 올혼 훼사 나랏 사람물 フ라칠 거시라(正俗 초 4b)
>   왕밀리 훼 죽거눌(二倫 玉山 12b) 즈식기 일 다훈 훼사(正俗 초 8b)
>   cf. 지블 업게 혼 후에사 말며(正俗 초 8b)
> ㄴ. 몰게 올라(十九 2, 61b) 쳔리말게 붓터시면(勸往 41a) 말기 나려(五倫 21a)
>   cf. 몰게 느려(五行 2, 23a) 가히며 몰게 니르러도(翻小 7, 43a)
>   여호를 말게 태인 것 갓흔 말(日本語學 534)
>   동편게 가 방이 짓고 서편에 가 쌜닉하며(嶺三 12, 16a)
> ㄷ. 여게 져게 무슈하니(勸往 38a)
> ㄹ. 블쳬님이 발내국 가셔(念海 나 47a) 딘긍이 강쥐 사더니(二倫 玉山 28a)
>   바로 셔방 극낙 셰계 가오리다(念海 나 35a)

(3ㄱ)은 명사 '후'(後)와 처격 '-에'가 한 음절로 축약된 것으로서, 이와 동일한 축약이 '후'를 제외한 다른 명사에서 일어난 예는 찾기 어렵다. 안병희(1978 : 5)는 '후-에'가 '훼'로 축약된 것은 경상방언형의 반영이라고 했

진 것이다.

다. 이 예는 다른 지방에서 간행된 문헌에 잘 나타나지 않는다. 오늘날의 경상방언에는 타 방언과 비교할 때 축약 현상이 심하다(정철 1980). 이러한 축약 현상의 단초(端初)를 (3ㄱ)에서 찾을 수 있다.[5]

(3ㄴ)은 처격형으로 '-게'가 쓰인 것이다. 유창돈(1964 : 236)은 '믈게 느리니'(三譯 1, 1)와 같은 '-게'를 시출격(始出格)이라고 하였다. (3ㄴ)의 마지막 예 '동편게'의 '-게'는 '믈게'의 '-게'나 (3ㄷ)에서 보이는 '여게 져게'의 '-게'에 유추되어 잘못 쓰인 것이라고 여겨진다.[6]

(3ㄷ)의 '-게'는 (3ㄴ)과 성격을 달리 하는 것으로 '여기-에'에서 ㅣ모음이 탈락하여 '여게'로 바뀐 단축형이다. (3ㄹ)은 (2ㅁ)과 같이 격조사의 생략을 보인 예이다.

2.4. 여격

여격으로서 특이한 존재는 다음에 보이는 '-흔티'이다.

(4) 내한티 오는 이는 나을 위흐야 염블흐고(臨終 4a)
   본관이 상사한티 보하야(嶺三 2, 22a)
   쳐자한티 일너 가라디(嶺三 10, 7a)

현대 국어의 경우 여격조사 '-에게'는 문어적 표현에 주로 사용되고, 구

---

5) '축약(縮約)'이라는 술어는 음운론적 층위에서 두 개의 음운이 하나로 실현되는 것을 의미한다(편지>펜지, 놓고→노코 등). 경상방언에 흔히 나타나는 '칸다', '얼라', '드가다', '널짜라' 등의 예들은 대부분이 음운 혹은 형태소의 탈락에 의해 어형이 짧아지는 것이다. 그러므로 이러한 예들을 음운론적 축약과 구별하여 '단축'이라고 부르는 것이 적절하다. 앞으로 필자는 '널짜라' 등과 같은 예들에 나타나는 현상을 단축이라고 부를 것이다.
6) 지금의 경상방언에서 처격으로서의 '-게'가 '가을' 뒤에서 쓰이기도 한다(가을게 가서 갔았다). 그런데 '가을'은 과거에 ㅎ종성체언이었기 때문에 '가을해'의 ㅎ이 ㄱ으로 변한 것이라고 볼 수 있다. h>k 변화에 대한 고찰은 최명옥(1982 : 76-80)을 참조

어에서는 '-한테'가 쓰이는 것이 일반적이다. (4)는 비록 소수의 예이기는
하나 '-한테'가 18세기 후기부터 이미 여격으로 쓰였음을 증명한다. 문헌
어가 가진 문어성 혹은 보수성을 뚫고 문헌에 등재된 구어 자료가 (4)의 예
들이라고 생각된다. 이상규(1982b)에서 연구된 경상방언의 여격 조사 '-자
테', '-인테', '-대고' 등과 같은 형태들은 문헌에 나타나지 않는다.

한편 20세기 초 서울에서 간행된 『일본어학 음·어편』(日本語學音·語編,
1912)에 다음과 같은 '-한테'가 발견된다.

> (5) ㄱ. 아바님께(에게)(한테)엇엇습니다(74)
>   친구에게(더러)(한테) 부택하얏습니다(74)
>   ㄴ. 나는 어제밤에 여우안테 홀려서(257)
>   나도 인천 친구안테 녀러 가지 거게 대한 쥬의를 밧엇거니와
>   (532)

(5ㄱ)의 끝 예의 '-한테'는 문장의 의미상 '시출(始出)'을 표현하고 있다.
(5ㄴ)의 '-안테'는 ㅎ이 약화, 탈락된 것이다. 위의 예들에서 '-한테'가 서
울말에서도 사용된 사실을 알 수 있으나, 가장 빠른 예가 나타나는 자료는
영남의 문헌인 『임종정념결』(臨終淨念訣)이다. '-한티'는 '흔(一)+디(處)'로 재
분석될 수 있으며, '-한더'가 '-흔티'로 변했다고 판단된다. 『오륜행실도』
를 신활자로 재간한 『오륜행록』(五倫行錄)에서 그 증거를 찾을 수 있다. 다
음 예는 같은 문장을 『오륜행실도』와 『오륜행록』에서 서로 다르게 표기한
것이다.

> • 오륜행실도 : 남녀 빅귀 싀복지친까지 훈듸 밥 지어 먹고(4, 28a)
> • 오륜행록 : 남녀 백귀 싀복시친까지 한태 밥 지어 먹고(58b)

이 예는 '-한테'의 기원을 보여준다. 그러므로 '-한테'의 기원적 의미는

'같은 곳'이 된다.7)

2.5. 공동격

공동격이 중세국어의 경우와 같이 쓰인 예들이 18세기 문헌에 나타난다.

    (6) ㄱ. 죵과 물과 쇼와 된다(念海 나 22b)

       ㄴ. 쇼와 둙과 만히 잡고(念海 나 21b)

         물과 쇼와 자바 먹더니(念海 나 19b)

『염불보권문』 계통의 여러 이본에 (6)과 같은 예가 발견되지만 일사본(一蓑本)의 예만 제시하였다. 주지하다시피 공동격 조사가 여러 명사에 걸쳐 연결될 때 마지막 명사의 공동격이 탈락하는 변화가 근대국어에 존재하였는데도 (6)의 예들은 중세국어에서처럼 최종 명사 뒤에 공동격 조사가 쓰였다. 그러나 (6ㄱ)에서 주격 조사가 생략되었고, (6ㄴ)에서 대격 조사가 생략된 것은 중세국어의 경우와 다르다.

2.6. 비교격

비교격으로 사용된 예 중에서 관심을 끄는 것은 다음과 같다.

    (7) ㄱ. (염불을) 아니ᄒᆞᄂᆞᆫ 사ᄅᆞᆷ과는 실로 낫다 ᄒᆞ시니(彌陀 31a)

       ㄴ. 부모보담 먼저 일어서(養正 17b) 신쥬 기리보담 길개 하고(朝漢 20a) 비유보담 만커든(地藏 6a)8)

---

7) '-한테'가 본래의 의미대로 쓰인 예는 『여사수지』(女士須知)의 다음 예에서 찾을 수 있다.

   예 일곱 살 먹거든 남녀ㅣ 한 자리 안ᄶᅵ 아니ᄒᆞ며 **한틱** 먹지 말 것이니라(1b).

이 예의 '-한틱'는 같은 문장 선행절의 '한 자리'에 대응되고 있다.

ㄷ. 풋낫마곰 싸흐라(閨壺 15a) 약과 낫마곰 싸흐라 쓰라(규곤 4a) 주
먹마곰 뭉그라(閨壺 15a) 강졍낫마곰 싸흐라(閨壺 7a)

ㄹ. 한 튓끌만치나 모래만치나(地藏 12b) 털 끚만치라도(地藏 보정 중
2b) 터럭맛치라도(地藏 보정 하 4a) 싹시 한 ᄌ만치 자라거든(蠶桑
7) cf. 너만치 내의 자산을 올케 쓸 사람은 다시 업다(日本語學
508)

ㅁ. 토쟝체로 흐라(閨壺 8b)

(7ㄱ)은 '-과'와 '-는'이 결합하여 비교의 기능을 수행한 것이고, (7ㄴ)은
'-보다'가 조사화되었음을 보여준다. 위의 '-보담'은 '-보다'에 ㅁ이 첨가
된 것인데, 이것은 20세기 문헌에 가서야 비로소 나타난다. '-과/-와'는 대
등의 비교격으로(유창돈 1964 : 238-239) 쓰였는데, (7ㄱ)에서는 여기에 다시
'-는'이 결합되어 차등의 비교로 전용되었다. (7ㄷ)의 '-마곰'은 『구급간이
방』의 '환 뭉ᄀ로더 머귀여름마곰 ᄒᆞ야'(1, 9)에 나타난 것인데, '-맛감'과
함께 훗날 '-만큼'으로 대치되었다.9) (7ㄹ)은 '-만치'는 현대 경상방언에서
널리 쓰이는 비교격 형태이며, 예시에서 보듯이 타 지방의 문헌에서도 더
러 나타난다.10) (7ㅁ)의 '-체로'는 '-톄로'의 구개음화형인데 후대에 '-처
럼'으로 변하였다. '-체로'의 '-로'는 '새로' 등의 '-로'와 같이 '-으로'의
'-로'가 파생접사화한 것일 가능성이 있다. (7ㄱ, ㄴ)은 정도의 차이를 가질
수 있는 대상을 비교한 차등의 비교이고, (7ㄷ, ㄹ, ㅁ)은 동등한 사물을 비
교한 대등의 비교라 할 수 있다.

---

8) 필사본인 『명륜만행록』(明倫萬行錄)(1907)에 '-버듬' '-벼듬'이 나타나고, 『일본어학음·
어편』에 '-보담'이 쓰인 예를 찾을 수 있다. 예 : 베살버듬 더 조흔 거시 업도다(明倫
25a). 공명버듬 더 조흔 거시 무어시오(明倫 25a). 내몸버듬 나흔 스람을(明倫 7a) 다른
사람보담 지납니다(日本語學 74). 술보담도 맥쥬를 먹는 편이 속이 시원합니다(日本語學
234).
9) 연대가 뚜렷하지 않은 필사본인 『구급신방』(救急新方)에 '-망콤'이 나타난다. 예 : 사향
굴는 흙의 녹도망콤 환지어(37a). 죠희를 돈망콤 세홀 믄드라(30b).
10) '-만치'의 최초 예는 『구급간이방』(救急簡易方)(1489)에 나타난 것이다. 예 : 돌기알만
치와 섯거(1489 구급간 7, 55b).

2.7. 특수조사

특수조사에 해당하는 예들 중에서 일부를 가려 제시한다.

> (8) ㄱ. 새배마동 념불 열번을 ᄒ면(彌陀 3b) 날마동 굿틸 제 업고(彌陀
> 5a) 사ᄅᆷ마동 제 ᄆᆞ옴미 실로 부톄로뎌(彌陀 29b) 사ᄅᆷ마동 ᄀ자
> 신둘(彌陀 39b)
> ㄴ. 날마당 죠석으로(念海 가 53a) 사ᄅᆷ마당 다 셔방 극낙 셰계예 돌
> 라가 나올리라(念海 가 52b)
> ㄷ. 새배마다 념불 열번을 ᄒ면(念海 가 4b) 날마다 굿틸 제 업고(念
> 海 가 6a) 사ᄅᆷ마다 ᄀ자신들(新普 15b) 사ᄅᆷ마다(念桐 27a) 사ᄅᆷ
> 마다 반ᄃᆞ시 왕ᄉᆞᄒ미 의심 업으미이라(臨終 4b) 스ᄅᆷ마다 눈 잇
> ᄯᆞ ᄒ리로뎌(念桐 27a)

(8ㄷ)의 '-마다'가 가장 널리 쓰이는 것이고, (8ㄱ, ㄴ)의 '-마동'과 '-마
당'은 경상방언의 성격이 짙은 것이다. 그런데 '-마당'(혹은 '-마닥')이 20세
기초 서울에서 간행된 『일본어학음 · 어편』에 다음과 같이 나타난다.

> (9) 그 일을 생각할 째마당 눈물이 납니다(228) 날마당 먹는 쌀을(233) 해
> 마닥 피이는 꼿입니다(183) 바람 불 째마닥 써러집니다(182)[11]

'-마다'는 '-마당, -마동, -마닥'과 같은 여러 변이형태를 갖고 있었던
것이다. '-마동'이 다른 지방의 문헌에 쓰인 용례는 아직 발견하지 못하였
다. 짐작컨대 경상방언이 가진 독특한 형태일 듯하다.

현대어의 '-부터'는 영남의 문헌에서 '-브텀, -부터, -붓터, -븟터'로 나
타나는데 이 중에서 '-브텀'의 예만 제시한다.

---

11) 19세기 자료로 판단되는 필사본 『견성첩경』(見性捷徑)에서 '-마닥'의 예를 많이 찾아
볼 수 있다. 例 스람이 비록 날마닥(8b). 날마닥 날마닥 시이려 보아도(13b).
例 밤마닥 밤마닥 부쳐를 안ᄭᅩ(20a). 아침마닥 아침마닥 도리혀 한 가지 이러나도(20a).

(10) 날브텀 몬져 자바다가(念桐 20a)

   죄브텀 몬져 슈케 ㅎ미로쇠다(念桐 24b)

'-브텀'은 '-브터'의 어말에 ㅁ이 첨가된 것이다. 오늘날의 이 방언에 쓰이는 '-부텅'은 문헌 자료에 나타나지 않는다.12) 여기서 한 가지 지적해 둘 만한 자음첨가 현상이 있다. 앞에서 거론했던 몇 예들과 함께 어말에 첨가된 자음이 비음이라는 점이다. '-쳐로 > -처럼', '-보다 > -보담', '-마다 > -마동(-마댱)', '-브터 > -브텀(-부텅)'등에서 비자음 ㅁ 혹은 ㅇ이 공통적으로 어말에 첨가되어 있다. '-마댱'을 제외한다면 이 현상은 뚜렷한 공통성을 가진 변화이다. 어말의 비음 첨가는 의문법의 '-나 > -남'(밥 먹었나→ 밥 먹었남), '-고 > -공'(누가 갔는고→ 누가 갔는공), '-가 > -강'(집에 갔는가→ 집에 갔는강)과 같은 예들에서도 나타난다. 국어의 문장종결어미는 거의 모두 개음절 구조를 가진다. '-남', '-공', '-강' 등은 폐음절 구조를 가지기는 하나 말자음이 모두 비음이라는 점이 같다. 이 자음첨가는 조사에 나타난 자음첨가와 같은 성격을 띠고 있다. 비음이 첨가되는 이유를 분명히 밝히기는 어렵다. 국어의 어미가 대부분 개음절 구조를 갖는 일정한 경향성을 위배하지 않기 위해 자음 중 어말에서 폐쇄성이 가장 약한 비자음이 첨가되었다고 추정해 본다.

3. 용언의 어미

이 절에서는 용언 어간과 결합하는 문법형태소들 중 특이한 것들을 대

---

12) 그밖에 특수조사 '-도'가 용언 어간에 직접 통합된 예도 발견된다(불법을 니르도 말고 권토 말고(彌陀 30a). '-까지'가 현재의 이 방언에 '-꺼지, -꺼정'으로 쓰이는데 이 형태들이 문헌에 나타난 예를 찾지 못하였다.

상으로 문법범주를 구별하여 기술하기로 한다. 개별 형태들의 통시적 형성 과정을 가능한 범위까지 밝혀 보고자하며, 경상방언에 나타나는 형태들을 타 방언과 비교 검토하는 방법도 병용될 것이다.

3.1. 사동법

먼저 사동법을 구성하는 형태들을 유형별로 제시하고 논하기로 한다.

> (11) ㄱ. 주기시고……사로시니(念桐 42b) 일만번을 사로시니(念海 나 32b)
> 살울 활 活(正蒙 25a)
> ㄴ. 술위에 실겨(七大 13b) 알기시며(七大 15a)
> ㄷ. 몸을 발우고(養正 24b) 신을 바루지 안이하고(嶺三 3,24b) 감히 상
> 우지 못홀신(嶺三 9,6b) 醬은 모든 飮食의 맛을 고루는 것이오(時
> 文 47b) 고룰 조調(歷代 21b)
> ㄹ. 몽동철환 삐피시고(彌陀 42b) 끌는 쇠물을 마시키며(地藏 15b) 엇
> 지 날을 더러일다(五倫 50b)

동사 '살-'은 현대국어에서 '살리다', '살게 하다'와 같이 형태론적 사동 과 통어론적 사동을 형성하는 것인데, (11ㄱ)은 '-오-'의 삽입으로 형태론 적 사동을 이룬 특이례이다. '살울 활活'은 '오 > 우'를 경험한 것이다.

(11ㄴ)의 '실기-'와 '알기-'는 『칠대만법』에서만 찾아 볼 수 있는 특이례 이다. 이 문헌에 반영된 뚜렷한 방언적 성격을 감안할 때(오종갑 1982), '실기-' 와 '알기-'는 16세기 경상방언을 반영한 것임이 분명하다.

(11ㄷ)의 '발우고'는 '바르-우-고'의 결합으로 생성된 것이다. 이 어형은 '바르-'의 타동형이며, '바르게 하다'로 풀이될 수 있으므로 사동법으로 다 룰 수 있다. (11ㄷ)의 '상우지'는 '상傷하게 하지'의 뜻인데 한자어 '傷'을 동 사화시켜 '-우-'를 결합한 형태이다. (11ㄷ)의 '고루는'은 '고르-우-는'의 결

합으로 '고르게 하는'과 같은 통어론적 사동에 대응하는 형태론적 사동 구성이 가능했음을 보여준다.

(11ㄹ)의 어휘들은 '-게 하다'에 의한 통어론적 사동을 형성하는 것이 보통인데, 위의 예들에서는 형태론적 사동 구성을 실현하였다. '마시키며'와 같은 구성은 현대의 경상방언에 쓰이고 있다.

사동의 선어말 어미 '-오/우-'는 자동사의 어간에 연결되어 타동사를 형성하거나 타동사 어간에 결합하기도 하는데 이러한 것 중에서 이 방언의 특징으로 생각되는 예들을 살펴보기로 한다.

(12) ㄱ. 쵸슌을 넌구지 말며(朝漢 25b) 그 짓을 남가 두면(朝漢 14a)
  ㄴ. 션쵸약을 널쭈거날(嶺三 11, 6b) 옥찰을 널와(嶺三 13, 8b) 손을 네루며(養正 5a) 네루되(養正 4b)
  ㄷ. 비와 볏흘 가루기 위하야(時文 35a) 일광을 가루는 것이오(時文 69b) 脣은 니를 가룬 피육(皮肉)이오(時文 26b) 눈물을 가루고(嶺三 11, 16a) 가룰 차遮(養正 1a) 눈물을 가루더라(嶺三 5, 18a) 낫을 갈우며(女士 12b) 갈우지 아니ᄒ랴(女士 22b)
  ㄹ. 쩨주지 말며(養正 29b)
  ㅁ. 길우며 염글우며(七大 14a)
  ㅂ. 쯸 가운디 썰우거날(嶺三 3, 20b) 감지를 일직이 쩌루지 아니ᄒ고 (嶺三 8, 8b) 쩌루지 안한다(嶺三 6, 4b)

(12ㄱ)의 '넌구-'는 '넘구-'의 오기이고, 또한 '남가-'에서 '남구-'를 분석해 낼 수 있다. 이 형태들은 현대 표준어의 '넘기-'와 '남기-'에 해당하는 것으로 접사 '-구-'가 '-기-'에 대응한다. 그런데 '-구-'는 어간말 자음이 ㅅ이나 ㄷ일 때 통합되는 것으로 알려져 있으나(예 솟구다, 돋구다), '달구다', '떨구다', '일구다', '얼구다'와 같이 ㄹ 뒤에서도 '-구-'가 쓰인다.13)

13) '-구-'가 통합된 이 네 단어들은 각각 '달다', '떨다', '얼다'에 접사의 결합으로 이루어진 것이다. 이 방언에 나타나는 '담구다'는 '-구-'가 직접 어간에 결합된 것이 아니라

어간말 자음 ㅁ뒤에서 '-구-'가 쓰인 예를 표준어에서 찾기 어려우므로 (12ㄱ)의 '넌구-'와 '남구-'는 경상방언 특유의 현상이라 할 수 있다. 이상규(1981 : 21)에서 이 방언에 쓰이는 특징적인 사동형들이 소개된 바 있다. 그 중에는 '녹이-', '삭이-'에 대응하는 방언형 '노쿠-', '사쿠-' 등 독특한 예들이 포함되어 있다.

'녹이-'와 '삭이-'에 대응하는 방언형은 '노쿠-', '사쿠-'이다. 이 어형에 포함된 '-쿠-'의 형성 과정은 다음과 같이 설명될 수 있다. 타동사화한 '녹히-', '삭히-'에 사동접사 '-우-'가 연결되고, 제2음절의 ㅣ가 탈락된 어형에 자음축약이 적용되어, '노쿠-', '사쿠-'가 성립된 것이다(녹히-우- > 녹후- > 노쿠-). '익히다'와 '식히다'의 방언형인 '이쿠다'와 '시쿠다'에도 이와 동일한 성격의 형태 '-쿠-'가 포함되어 있다. 즉 '익히우-', '식히우-'에서 ㅣ탈락과 자음축약으로 '이쿠-', '시쿠-'가 형성된 것이다.

그러나 '줄쿠-', '숭쿠-'와 같은 예에는 이 설명을 적용할 수 없다. 이런 예외적인 존재는 설명하기 어려운 것이다. 하나의 설명을 시도해 본다면, 사동접사로 널리 쓰이게 된 '-쿠-'에 유추되어 그 통합 대상이 확대된 것이라고 보는 방법이 있다. 이 방언에 '줄구-'가 쓰이고 있고, 다른 어형에서 '-쿠-'가 사동접사로서 널리 기능하고 있는 상태에서 '줄쿠-'와 같은 어형이 생성되는 것은 충분히 있음직하기 때문이다. 공시적인 견지에서는 이 방언의 문법에 사동접사 '-쿠-'를 설정할 수 있으나, 통시적으로 볼 때 '-쿠-'의 생성 과정은 설명해 내기 어렵다. '-흔디>-흔터'에서 ㄷ>ㅌ 변화를 설명하기 어려운 것처럼 '구>쿠' 변화도 설명하기 어렵다.

서정욱(1984)에서 논했듯이 현재의 이 방언에는 '-웅-'과 같은 사동접사가 생산적으로 결합하는데, 위에서 든 여러 예들의 접사 '-우-'나 '-구-'는 수의적으로 '-웅-', '-궁-'로 교체될 수 있다. '시쿠-, 노쿠' 등을 제외하고,

---

'담그-우-'에서 모음 ㅡ가 탈락함으로써 '담구-'가 형성된 것으로 판단된다.

이유 없이 '-구-'의 ㄱ이 유기음화 되거나, '-우-', '-구-'의 말음에 ㅎ이 첨가되는 현상은 음운론적으로 설명되지 않는다.

이상규(1981 : 21)에 제시된 '알리다'의 방언형 '알구다'는 앞의 (11b)에서 보았던 『칠대만법』의 예 '알기-'로부터 그 형성 과정을 알 수 있다. 즉 '알 구-'는 '알기-'에 '-우-'가 통합된 '알기우-'에서 제2음절의 ㅣ가 탈락된 것이다. 통시적인 문증(文證)이 없어서 확인하기 어렵지만, 이 방언에 쓰이 는 '(콩을 물에) 불군다'의 '불구-'도 과거에는 존재하였던 '불기-'로부터 비롯된 것으로 추정된다.

문헌에 나타나지 않지만 이 방언에 '찡구다'(끼우다)가 쓰이고 있다. '찡구 다'는 ㅇ 뒤에서 '-구-'가 결합된 것이고, 그 피동형은 '찡기-'이다. '찡구 -'는 피동형 '찡기-'로부터 이루어진 타동형이다. 이 점은 '널쭈-'가 피동 형 '널찌-'에 '-우-'가 통합되어 이루어진 것과 그 성격이 같다. '달구다', '떨구다', '일구다'는 다른 방언에서도 쓰이지만 '넘구-', '남구-', '찡구-' 는 그렇지 않다.

이 세 단어의 형성을 형태론적으로 설명하기 위해 두 가지 방안을 생각 해 볼 수 있다. 하나는 경상방언의 '-구-'가 어간말 자음 ㅁ, ㅇ 뒤에 결합 할 수 있다고 보는 것이다. 다른 하나는 '남구-'를 '남기-우-'로 재분석하여 '남기우-'의 제 2음절이 탈락하여 '남구-'가 형성되었다고 보는 것이다. 동 일한 방법으로 '넘구-'는 '넘기-우-', '찡구-'는 '찡기-우-'의 결과라 할 수 있다. '남구-', '넘구-'는 사동형 '남기-'와 '넘기-'에 사동접사 '-우-'가 중복 된 것이다. '찡구-'는 피동접사가 통합된 '찡기-'뒤에 사동접사가 통합된 것 이라는 점에서 차이가 있다. 사동접사의 중복은 '낫을 낫츄우고'(女士, 14ㄴ) 과 같은 예에서 찾아 볼 수 있다.

국어 전체의 일반성을 중시하고 전체 속에서 부분을 설명한다는 면에서 후자의 설명이 보다 적절하다. 경상방언의 개별적 특징이라고 처리하는 것 보다 국어 전체를 고려한 설명이 바람직하기 때문이다. 후자를 취할 때 (12

ㄱ)의 '남가'는 '남기-우-아 → 남구아(ㅣ 탈락) → 남과(활음형성) → 남가(활음탈락)'를 겪은 것이 된다. 문헌 자료에서 ㅁ 뒤에 '-고/구-'가 결합된 예가 없는 사실(최태영 1987 : 35)로 보아 후자의 설명이 적절하다.

(12ㄴ)의 '널쑤거날'의 '널쑤-'는 다음과 같이 설명된다. 이 어형은 'ᄂ리-'(降)에 'ᄋ > 어' 변화가 적용되어 '너리-'로 변하고, 여기에 접사 '지-'가 연결된 후 다시 사동접사 '-우-'가 통합된 구성에서 결과된 것이다. 즉 '너리-지-우'에서 어형의 단축으로 2개의 ㅣ가 탈락하여 '널주-'가 되고, 이것이 경음화한 것이 '널쑤-'이다.

'ᄂ리-'에 'ᄋ > 어' 변화가 적용된 증거는 '널와', '널쑤거날'의 어두 모음 ㅓ에서 확인된다. 오늘날의 이 방언에서 '널짜라'(떨어뜨려라), '널쭌다'(떨어뜨린다)와 같은 방언형은 흔히 들어 볼 수 있는 것이다. (12ㄴ)의 '네루-'는 'ᄂ리-우-'가 '너리우-'('ᄋ > 어'의 적용)로 변한 뒤 ㅣ역행동화의 적용으로 '네리우-'로 바뀌고 다시 제2음절의 ㅣ가 탈락한 결과이다(ᄂ리우- > 너리우- > 네리우- > 네루-). 오늘날의 이 방언에서 '네루-'에 다시 e > i가 적용되어 '니루-'로 쓰이는 것이 보통이다.

(12ㄷ)의 '가루-' 혹은 '갈우-'는 '가리-우-'의 결합에서 ㅣ모음이 탈락하여 형성된 것이고, (12ㄹ)의 '쨔주-'도 '쨔지-우-'에서 같은 변화를 경험한 것이다. '쨔주-'와 같은 변화를 겪은 예로 이 방언에 쓰이는 '(풍선을) 터주다', '(불을) 꺼주다', '(밥을) 퍼주다'와 같이 더 있다. 이 예들은 '지-'가 붙은 수동형 '터지-, 꺼지-, 퍼지-'에 사동접사 '-우-'의 통합으로 형성된 것이다.

(12ㄴ, ㄷ, ㄹ)의 예들은, 현대의 이 방언에서, 사동접사 '-우-'의 모음이 어두의 음장보다 짧기는 하지만 음장을 지니고 실현된다. 이 방언에서 i계 사동접사는 단음(短音)으로 실현되지만 u계 사동접사는 장음(長音)으로 실현되는 것이 보통이다. 특히 (12ㄱ, ㄴ, ㄷ, ㄹ)과 (11ㄷ)의 사동접사의 모음 ㅜ는 그 음장이 뚜렷하게 감지된다. 이 예들은 그 형성 과정에서 모음탈락

을 겪은 것인데, 이 모음탈락이 접사의 모음 '-우-'가 장음으로 실현되는 사실과 어떤 연관성을 가진 듯하다. 이 장음은 탈락된 모음 ㅣ가 그 흔적을 남긴 보상적 장음화라고 볼 수 있다. 자립분절음운론의 이론을 적용한다면 분절음(segment)은 탈락하여도 거기에 실린 운율적 요소는 남아 있는 다른 분절음과 연결(association)됨으로써, 여전히 존속하게 된 결과라고 해석할 수 있다.

이와 같은 해석은 i계 사동접사가 단음으로 실현되는데 비하여 u계 사동접사가 장음으로 실현되는 차이점을 중시하여, 어떤 설명을 찾아보려는 시도이다. 굳이 이런 해석을 찾지 않고, u계 접사는 음장을 지닌 것으로 단순히 기술하는 방법도 있다.

통어론적 사동 이른바 장형사동(長型使動)을 구성하는 것은 '-게 하-'이다. 이것과 관련된 것으로서 문헌에 나타난 특이한 예는 다음과 같다.

(13) 방벤문이 수 없는고로 식의 맛게로 일으로다 (念海 다 49b)

'-게-'가 동사 'ㅎ-'와 통합되지는 않았지만, '맛게로'의 '-게로'가 현대의 이 방언에 널리 쓰이는 '-그로'(-구로, -거로)와 무관한 것일 수 없다. 위 예문의 '-게로'는 문맥상 '-도록'에 대응하는 것이기는 하나 '-그로 하-'에 쓰인 '-그로'의 통시적 형성에 대한 정보를 알려 준다. 영남 문헌이 아닌 경기도 양주 보정사판 『지장경언해』(1879)에서도 다음과 같은 예가 나타난다.[14]

(14) ㄱ. ㅎ야금 어더 듯고 알게로 ㅎ야 (중 9b)
　　　슈승 묘략ㅎ게로 ㅎ시고 (하 24a)
　　　남도 못ㅎ게로 훼철ㅎ는 즉 (하 27a)
　　ㄴ. 이 과보를 알거로 ㅎ쇼셔 (중 1a)

───────────────

14) 이 문헌에는 '-거'(-게) 뒤에 '-게'가 연결된 특이 예가 발견된다.
　　cf. 슉세 일을 알거케 ㅎ거든(중 25b).

(14ㄴ)에 쓰인 '-거로'는 '-게로'의 모음 '-에'가 하향이중모음일 때 내림 j[15])가 탈락한 형태로 이 방언의 '-그로' 혹은 '-거로'와 유사한 형태이다. '-구로'의 ㅜ는 ㄱ 뒤에서 ㅡ가 원순모음화된 것이다.[16]

(12), (14)의 '-게로'나 방언형 '-그로' 등의 형태론적 구성을 재분석하면 '-게'와 '-로'로 나눌 수 있다. 이러한 재분석에서 설명하기 쉽지 않은 것은 '-로'의 정체이다. '-로'의 정체를 밝히기 위해 몇 가지 가능성을 검토해 보기로 한다.

첫째, '-게로'의 '-로'를 조사 '-(으)로'(방향, 자격, 도구를 표시하는 격조사)라고 보는 것이다. 즉 조사 '-로'가 '-게' 뒤에 통합되어 '-게로'가 형성되었다고 보는 것인데 이런 추정은 이상규(1981 : 20)에서 제시된 바 있다. 이 추정은 사동문에서 피사동자를 어떤 행위의 도구로 삼는다는 의미론적 측면에서 볼 때 타당하다. 이 견해의 문제점은 격조사가 용언 어미 뒤에 통합된다는 것이다. 이러한 통합이 국어에서 일반적인 현상은 아니다.[17]

대격 '-를'이 '-지' 뒤에 결합하는 경우가 있으나[18] 이 '-를'에 대한 처리는 학자에 따라 의견이 분분한 쟁점 중의 하나이다.

---

15) '내림 j'는 off-guide j를 번역한 술어이다. on-glide j는 '오름 j'라 부르면 적절하다.
16) 제주방언의 ·가 ㄱ 뒤에서 원순성이 더 강해진다는 사실은(현평효 1985), ㄱ의 음성 특질이 원순화와 관련되어 있음을 의미한다.
17) '-로'의 문제를 유동석 교수와 상의하는 과정에서 유 교수는 조사와 활용어미를 구별하는 기준을 새롭게 설정할 필요가 있다는 견해를 필자에게 알려 주셨다. 즉 선행하는 성분이 체언이냐 용언이냐에 따라 조사와 어미를 구별할 것이 아니라 자립형식이냐 의존형식이냐에 따라 구별해야 한다는 것이다. 조사는 선행 성분이 자립형식이고 어미는 선행 성분이 의존형식이 되는 것이다. 이 견해는 여러 가지 측면으로 유용하다. 예컨대, "과연 내일 떠날 수 있을까가 문제이다.", "누가 갔는지를 알 수 없다." 등의 '-가'와 '-를'을 쉽게 설명해 낼 수 있다. 이런 견해에서 본다면 '-게로'의 '-로'는 격조사이지만 자립형식인 '맞게', '흐게'에 결합되었기 때문에 문제가 되지 않을 수 있다. 그러나 두 예문에 쓰인 '-가'와 '-를'은 격기능을 갖고 있지만 '-게로'의 '-로'는 격기능이 뚜렷하지 못한 점이 있어서 양자를 동일한 성격의 것으로 처리하기 어려운 점이 남는다.
18) cf. 먹지를 못한다.

둘째 '-게로'의 '-로'를 부사 형성의 접사 '-로'로 보는 방법이 있다. 즉 '새로', '날로', '실로' 등에 통합된 '-로'와 같이 '-게로'의 '로'는 부사형 '-게'에 통합되었다고 보는 것이다. 다만 '새로', '날로', '실로' 등은 선행 요소가 독립된 어간이라는 점에서 '-게로'와 다르다. 그러나 '글려흔 사름 이 즐려로 죽거셔'(念海 나 47a)와 같은 예의 '즐려로'는 사동법과 무관하게 부사형 '-어' 뒤에 '-로'가 통합될 수 있음을 보여준다.[19] 부사형 어미가 중복되는 것은 부사형 어미가 시현하는 양태성의 강화라고 볼 수 있다.

이러한 두 가지 설명 방법 중 어느 것이 보다 타당한 것인지 현재의 필 자로서 판단을 내리기 어렵다. 더 깊이 있는 통찰을 요구하는 문제로 남겨 둔다.[20]

3.2. 대우법

대우법 중에서 청자 대우법을 중심으로 살펴보기로 한다. 현대의 경상방

---

19) 부사형 어미 '-게' 뒤에 다른 형태가 통합되어 형성된 어미로 '-게끔', '-게시리'와 같 은 예가 있다. '-게시리'의 '-시리'는 '실-'(得)의 파생부사 '실이'가 접사화된 것이다.
20) 피동형으로서 특별히 주목되는 형태소는 없으나 피동접사가 중복된 예들이 발견된다. 타 지역 간행의 문헌에서도 이런 예가 나타나는데 그 몇 예를 들면 다음과 같다.

눌리이고 막히어(증수무원록 1, 5a). 내조치이니(두초 21, 41). ㅂ ㄹ매 잇기이니(두초 11, 21). 죄예 걸리이는쏘다(경민 序). 사름의게 잡히이다(삼역 6, 4).

현대의 이 방언에 피동접사 '-이-'는 높고 길게 발음되어 일종의 고저조(高低調, ﬂ) 라고 할 수 있다(백두현 1983 : 196). 이 고저조(高低調)와 위의 예들이 무관하지는 않 을 것이다. 허웅(1975 : 178)은 "입음의 '-이-'가 꽤 강화되어 발음되었을 것"이기 때 문에 위와 같은 예가 나타남을 지적하고, "화자의 피동표현을 보다 강하게 하려는 욕 구의 반영, 즉 피동성을 강조"하려는 데에서 중복 표기가 이루어진 것이라고 해석하였 다. 백두현(1983 : 196)에서 김차균(1980 : 46)의 견해(피동의 의미가 동사의 동작성을 약화시키고 상대적으로 과정성을 강화시키는 것)가 이 현상의 설명에 도움이 될 수 있 으리라 본 바 있다. 이 생각을 좀 더 전개시킨다면 '과정성'을 강화하기 위해서는 모 음의 길이를 길게 발음하는 것이 가장 효과적이기 때문에 피동접사의 '-이-'가 강화 된 결과 i의 중복으로 실현되었다고 설명할 수 있다.

언에는 '가소', '가이소'와 같은 특유의 청자대우법이 존재한다. 이런 형태의 대우법이 문헌 자료에 어떻게 나타난 것인지 검토한다.

먼저 선어말어미 '-(으)이-'가 통합된 형태들을 다음 (15), (16)에 제시한다.

> (15) ㄱ. 시러곰 듣디 못ᄒᆞ얏땅이다(經書 論語 4b) 이 즁의 죄복을 샹고ᄒᆞ
> 셩니다(念桐 25b)
> ㄴ. 엇디 원왕치 아니ᄒᆞ리닛까(念桐 24a)
> 엇디 그러 ᄒᆞ릿가(念桐 24a) 즐려 죽습ᄂᆞᆫ닛고(念海 나 49a)
> 의약을 구ᄒᆞ야 쓰미 엇더 ᄒᆞ닛고(念海 나 38b)

중세국어에서 '-이-'가 줄어져 '-ㆁ-'만으로 청자에 대한 공손함을 나타내는 '그리아닝다'(석보, 6, 18)와 같은 예가 있었는데, 이것은 '-이-'보다 한 등급 낮추는 방식이다(허웅 1975 : 661). (15ㄱ)의 예는 중세국어와 약간 다르게 '-이-'가 줄어든 '-ㆁ-' 뒤에 '이'가 표기되어 있다('샹고ᄒᆞ셩니다'의 '니'는 '이'의 오기).21) 이런 '-ㆁ-' 뒤의 '이'는 발음의 자연스러움을 위해 '-이-'와 유사한 음을 다시 통합시킨 것으로 판단된다. 표기 차원에서 본다면 ㆁ을 음절 초에 표기하지 않으려는, 혹은 ㆁ이 음절 초에서 발음되지 않는 제약을 피하기 위해 ㆁ을 앞 음절의 종성으로 올려 '-ㆁ이-'와 같이 표기했다고 설명할 수 있다.

(15ㄴ)의 예들에 들어 있는 '-잇가', '-잇고'는 '-ㆁ-'마저 줄어든 형태로서, 이들은 '-으니잇가' → '*-으닝까' → '-으닛가'를 거친 것이다(허웅 1975 : 666).

---

21) 이와 같은 예는 성균관대본 『삼강행실도』에 다음과 같이 다수 나타난다.
죽거징이다(효자 25a). 추마 ᄎᆞ놯이다(효자 23b). 벗기시ᄂᆞ닝잇고(효자 23b). 자밧ᄂᆞᆫ 다
싱이다(충신 7a). 드르시링잇고(충신 7a). 도즉 자블 쓰디 업숭이다(충신 17a). 주그려
ᄒᆞ녛이다(열녀 27a). 졍케 ᄒᆞ야징이다(충신 7a).

다음 예들은 '-이-'가 음운변화를 겪어 '-이-'로 표기된 것이다.

(16) ㄱ. 스스로 쥐기며 아니이다(念桐 23b)
　　　 스스로 쥐기며 올ᄒ니이다(念桐 24a)
　　ㄴ. 위ᄒ야 보니노이다(念桐 22a) 극락셰계 가게 권ᄒ뇌다(念桐 3a) 극
　　　 권 ᄒ니다(念海 나 35b) 나는 쇼 주긴 니리 업ᄂ니다(念桐 23b) 헌
　　　 말슴을 ᄒ야니다(念桐 18b) 곤치시나니다(朝漢 22a)
　　ㄷ. 지셩으로 넘블ᄒ더이다(念桐 21b)
　　ㄹ. 너허 주옵새다 ᄒ대(彌陀 21b) 태평가를 부르새다(新普 19a)
　　　 극락셰계로 가옵새다(念海 35b)
　　　 cf. 념불 가져 안양 가새(念海 나 44a) 불국으로 어셔 가새(念桐
　　　　　 53a)(念海 나 43a) 뎌 진락에 어셔 가새(念桐 54a)(念海 나 44a)
　　　　　 염불ᄒ시(勸往 38b)
　　ㅁ. 맛당ᄒ리로쇠다(念桐 22a) 너모 원왕케 ᄒ미로쇠다(念桐 24a)
　　　 cf. 사라신 지 알리로쇠(念桐 54b) 지옥은 갓갑도쇠(念海 나 30a)
　　　　　 ᄒᄂ니 넘불일쇠(念海 나 30b)

'-이-'에 선행하는 어미에 따라 예를 구별하여 제시했다. (16ㄱ)은 '-니-',
(16ㄴ)은 '-ᄂ-'('-노-'는 '-ᄂ-'와 '-오-'로 재분석됨), (16ㄷ)은 '-더-', (16ㄹ)은
'-사-', (16ㅁ)은 '-로소-'가 각각 '-이-'에 선행하고 있다. (16ㄴ)의 마지막
예 '곤치시나니다'에는 '-니-'뒤에 '-이-'가 포함되어 있을 것이다.

(16ㄹ)은 소망형의 선행 어미 '-사-'(유창돈 1964 : 295) 뒤에 '-이-'가 통합
된 것으로 소망 혹은 청원의 존대형이라 할 수 있다. (16ㄹ)의 cf.에 속한 예
들은 문말어미 '-다'가 절단되고, '-사이-'가 축약된 '-새-'가 문말어미로
쓰이게 된 것이다. 문말어미화한 '-새-'는 원래의 '-사이-'가 가졌던 존대
의 뜻이 유지되지 못하고 약화되며, 이것은 현대어에 쓰이는 '-세'(가세, 먹
세 등)로 계승된다. 경상방언에 e > i 변화가 활발하게 적용되는 지역어가
많지만 '하세', '가세' 등에 이 변화가 적용되지 않는 이유는 이 '-세'의 모

음이 역사적으로 /ɛ/였기 때문일 것이다.

(16ㅁ)은 '-이-' 앞에 '-사-'가 아닌 '-소-'가 통합되었다는 점이 (16ㄹ)의 예와 다르나, 문말어미 '-다'의 절단과 '-소이-'가 '-쇠-'로 축약되는 점은 일치한다.

> (17) ㄱ. 이 보소 어로신네(彌陀 40a) 이 보소 어루신네(彌陀 41a) 부디 슬퍼 마쇼(念桐 45b)(念海 나 35b) 념블 훈 번 가져 두쇼(念桐 28a) 이내 말솜 드러보쇼(彌陀 41a) 목슴을 혀여 보쇼(念海 나 31a)
>
> ㄴ. 이 보시소 어로신네(念桐 40a) 죵졔 션근 시무시쇼(彌陀 40a) 어렵다 니르디 마시쇼(彌陀 29b) 셔방 가기 어렵다 니르지 마시쇼(念桐 30b) 념블 동참 호옵시쇼(彌陀 43a)(念海 43a) 격다 마시쇼(彌陀 43b) 권호시쇼(彌陀 43b) 싱각호야 보시쇼(念海 나 9a) 말솜을 신호야 드르시쇼(念海 나 10a) 눔을 보와 씨티시쇼(念海 나 44a) 닛지 말고 념호시쇼(念海 나 33b) 셜워 마시쇼(念海 나 35a) 곡셩을 호시쇼(念桐 45b)

(17ㄱ)은 청자존대의 '-소'만 결합된 것이고, (17ㄴ)은 주체존대의 '-시-'와 '-소'가 겹쳐져 사용된 것이다. '-소'는 '-오'의 교체형으로서 근대국어 시기에 이미 존재한 것이다(서정목 1988 : 144). '-소'는 예사높임의 명령법이며, '-시소'는 주체존대를 가미함으로써 존대의 정도를 더 높인 것이다.

오늘날의 이 방언에서는 '-이-'에서 변한 (16)의 '-이-'와 '-소'가 결합한 '-이소'(예 : 보이소), (17ㄴ)과 같이 '-시-'와 '-소'가 결합한 '-시소'(예 : 보시소), '-시-'와 '-이-'와 '-소'가 순서대로 결합한 '-시이소'(예 : 보시이소)가 명령을 표현하는 존대법으로 쓰이고 있다.22) 존대의 등급은 '보소 > 보

---

22) 서정목(1988 : 147)에서 밝혀진 바와 같이 중앙어의 '-(으)ㅂ쇼'와 경상방언의 '-(으)이소' 간의 차이는, 중앙어가 화자 겸양의 '-습/읍'을 선택하여 화자가 겸손하게 말하는 것으로 청자를 높인다. 이에 비해 경상방언은 청자존대법 '-(으)이-'를 사용하여 청자를 직접 높인 것이다.

이소=보시소 > 보시이소'로 등급화할 수 있는데, '-이소'(보이소)체와 '-시소'(보시소)체는 같은 등급의 존대를 나타낸다.

그런데 '-시소'체와 '-시이소'체는 같은 ㅣ모음이 중복되어 귀로 들을 때 얼른 구별되지 않는 점이 있다. 이런 까닭에 '-시이소'체로 오인된 '-시소'체가 '-이소'보다 존대의 등급이 높은 것처럼 느껴질 경우도 있다. (17 ㄴ)의 '-시소'에도 표기상으로 나타나지 않았지만 '-이-'가 포함된 '-시이소'체일 가능성도 있다.

다음은 '-쇼셔'가 쓰인 예이다.

> (18) ㄱ. 졔도 ᄒᆞ옵쇼셔(念桐 21a) 젹다 예기지 마로쇼셔(彌陀 29a) 위티 아니나 해티 마로쇼셔(念海 나 9a) 의심 마ᄅᆞ쇼셔(念桐 15b) 침윤디 고을 벗쪄ᄒᆞ쇼셔(臨終 3b) 미타셩호 외오쇼셔(念海 나 45a) 발기 살피쇼셔(嶺三 17, 6b)
>
> ㄴ. 어셔 오쇼(勸往 11a) 이 비를 어셔 타쇼(勸往 11a) 더옥 졍신 가다듬쇼(勸往 10a)

(18ㄴ)은 '-쇼셔'에서 '-셔'가 절단된 형태이다. '-쇼셔'는 명령법의 청자존대로서 가장 높이는 방법이었지만 지금은 이 방언의 구어에 쓰이지 않는다. '-쇼셔'체가 사라지게 된 이유는 이것의 절단형 '-쇼'가 (17)의 '-소'와 음성적으로 잘 구별되지 않게 된 음운론적 요인도 작용하였을 것이다. 또한 주체존대소 '-시-'를 겹친 '-시소', 혹은 주체존대소와 청자존대소를 동시에 겹친 '-시이소'로 청자 예우를 표현할 수 있다는 체계적 이유도 작용하였을 것이다. 그 결과 '-쇼셔'는 그 기능적 효용성이 감소되어 잉여적인 존재로 필요 없게 되었을 것이다.[23]

---

(23) 겸양법을 표시한 형태는 서울 간행 문헌과 차이가 없다. 그 몇 예를 제시해 둔다.
  * 지극 졍셩으로 술습니다(念桐 27a). 그더 자브러 와습쩌니(念桐 20b). 년화 픠여 부텨를 보스올 쌔니라(念海 나 40b). 병이 만하 즐려 죽슙ᄂᆞ닛고(念海 나 47a). etc.
  * 우리등이 공슌ᄒᆞ옵쩌니와(念桐 21a). 넘녀 마옵고 가시니다(念桐 21a). 졔도ᄒᆞ옵쇼셔

3.3. 의문법

의문법을 표현하는 어미들을 그 형태별로 나누어 제시하면 다음과 같다.

(19) ㄱ. 엇졔……발원을 아니ᄒᆞᄂᆞᆫ고(彌陀 5b) 엇던 사ᄅᆞᆷ이 붓톄의 뎨ᄌᆡ 아일고(彌陀 13a) 의약을 구ᄒᆞ야 ᄡᅳ미 엇더ᄒᆞ닛고(念海 나 38b) 아므려 갈고젼ᄃᆞᆯ 어ᄂᆡ 쇼로 갈로손고(蘆溪歌辭 陋巷詞) 얼매 오래 살ᄭᅩ(念桐 17b) 얼매 오랜고(念桐 28b) ᄃᆡ신 가리 그 뉘런고(勸往 33b) cf. 너의 죄 아니고 무엇고(念桐 24a) 셜상가샹 무슴 일고(勸往 35a)

ㄴ. 엇ᄶᅧᄒᆞᆫ 죄로 자바 갈라 ᄒᆞ더뇨(念桐 20a) 그 죄를 엇디ᄒᆞ야 멸ᄒᆞᆯ 너뇨(念桐 20a) 엇디 원왕타 ᄒᆞᄂᆞ뇨(念桐 24a) 죄의 ᄌᆞ셩 어ᄃᆡ 잇노(勸往 16b) 지극 효심 어ᄃᆡ 잇노(勸往 21b) 어이 엿ᄐᆡ 아니 ᄊᆡ노(勸往 30a) 멧 ᄇᆡᆨ년 샤랴 ᄒᆞ노(勸往 31b)

ㄷ. 엇디 념블이 엄쳡다 아니ᄒᆞ리요(念桐 26b) 엇디 국ᄉᆡ라 ᄒᆞ리요(念桐 23b) 엇디 공각의 죄리요(念桐 23b) 홀령을 어ᄂᆡ 고ᄃᆡ 부쳐 보ᄂᆡ리요(念桐 22a) 엇디 ᄒᆞ리요(念桐 21a) 장차 뉘기를 의탁하리요(嶺三 20, 17a) 누기를 위하야 살리요(嶺三 17, 9b) 이졔 으ᄃᆡ로 도라 가리오(嶺三 13, 18a)

(20) ㄱ. 동동ᄒᆞ면 다 ᄀᆞᆺ인가(新普 18a) 국왕대신 뎌 아닌가(念海 나 43b) 우마샤신 뎌 안닌가(念海 나 43b) 雪山苦行 져리 ᄒᆞᆯ가(新普 18a) ᄠᅩ쳬 엇ᄶᅧ ᄒᆞ옵신닛가(念桐 22b) 공각이 ᄀᆞ로ᄃᆡ 엇디 그러ᄒᆞ릿가(念桐 24a) 엇디 원왕치 아니ᄒᆞ리닛ᄭᅡ(念桐 24b) 좃ᄐᆞᄒᆞ고 먹어 볼ᄭᅡ(勸往 32b) 명조를 경ᄒᆞᆯ손가(勸往 31a)

cf. 놀기를 조와 녁김은 남자도 오히려 가치 아니ᄒᆞᆫᄃᆡ ᄒᆞ믈며 부인가(女士 27b)

ㄴ. 참회ᄒᆞ고 출가ᄒᆞ고 님삼[24]ᄒᆞᆯ나(念海 가 49b) 내 말을 신ᄒᆞ야 들을라(念海 다 51a) 그ᄃᆡ도록 ᄲᅥᆯ덕이ᄂᆞ(勸往 32a) 도라 갈 줄 외

(念桐 21a). ᄠᅩ쳬 엇더ᄒᆞ옵신닛가(念桐 22b). etc.

24) '님삼'은 '入山'의 오기이다.

모로나(勸往 26a) 싀난 주최 어디 잇ᄂ(勸往 17a) 거져 두어 쓸
쩌 잇ᄂ(勸往 26a) 졔불만덕 어디 잇ᄂ(勸往 26a)

ㄷ. 엇디 긔록ᄒ야 올리지 아니ᄒᄂ다(念桐 24b) 엇디 저의 복을 블
러 뵈지 아니ᄒ연다(念桐 24b) 엇지 원왕훈 스룸을 다 자바 왓ᄂ
다(念桐 26a) 엇디 오리 두 마리는 쥐견ᄂ다(念桐 23b) 엇디 달긔
알 녀슷 늣츤 쥐견ᄂ다(念桐 24a) 네 므슴 연고로 쇼 두 바리를
주긴다(念桐 23a) 져리 사모라온 눕을 엇디 미지 아니코 그저 자
바 왓ᄂ다(念桐 21a) 너는 어이 모로ᄂ다(勸往 32b)

ㄹ. 엇지 날을 더러일다(五倫 50)

(19)의 예는 모두 의문법 종결어미에 모음 ㅡ가 들어 있는 것이고, (20)의
예들은 의문법 종결어미에 ㅏ가 들어간 것이다. 흔히 이 두 유형을 '-고 의
문법' 및 '-가 의문법'이라고 부를 수 있다. (19, 20) 전체를 고려하여 '-오
의문법' 및 '-아 의문법'이라고 부르면 의문법 전체를 포괄해서 두 가지 유
형으로 나눌 수 있다.

일반적으로 (19ㄱ)은 의문사를 동반하는 의문법이고, (20ㄱ)은 의문사를
동반하지 않는 의문법으로 이해되고 있지만, (20ㄱ)의 예에서 보듯이 의문
어미 '-가'도 의문사를 동반하고 있는 예외들이 있다. 허웅(1975 : 503~504)
에서 이런 예외적 존재가 있음이 지적된 바 있다.

(19ㄱ), (20ㄴ)의 cf.에 속한 예들은 체언 뒤에 '-고'와 '-가'가 결합된 것
인데 허웅(1975 : 367)은 이들을 '물음토씨'라고 하였다. 체언 뒤에 직접 '-고'
또는 '-가'가 연결되는 현상은 지금의 이 방언에서도 존재한다(예 : 니가 누
고? 자 : 가 영수가?). 체언 뒤의 '-고', '-가'를 '물음토씨'로 처리하고, 용언
뒤의 '-고', '-가'를 물음법의 맺음씨끝으로 처리하게 되면, 형태도 같고
의미기능도 같은 형태소를 각각 다른 문법범주에 소속시키는 결과를 초래
하는 문제점이 있다.

(19ㄴ)과 (20ㄷ)은 표준어의 '-뇨'와 '-냐'에 대응하는 예들인데, 뒤의 j가

탈락하여 '-노'와 '-나'로 변한 것이다. 그런데 (19ㄴ)의 예들이 보여주듯이 18세기 후기에는 '-뇨'의 j가 탈락하지 않았음을 알 수 있다. '-노'는 의문사를 동반하지만 '-나'는 의문사를 취하지 않을 수도 있다. 오늘날의 이 방언에서 '-노'와 '-나'는 이른바 설명의문문과 판정의문문을 구별시켜 주는 형태로서 다른 방언에 나타나지 않는 이 방언의 특징이다.

(19ㄷ)은 다른 방언에서도 일반적으로 쓰이는 것이다. (20ㄷ)은 의문어미 '-(ㄴ)다'의 예로서 중세국어 이래 사용되어 온 것이다. (20ㄹ)은 미래의 일에 대한 의문으로서 현대 의성방언에서 아직도 쓰이고 있다.[25]

3.4. 의도법

의도법 어미로 쓰인 예 중의 일부를 제시한다.

> (21) ㄱ. 엇쩌흔 죄로 자바 갈나 ᄒᆞ더뇨(念桐 20a)
> 　　　그듸를 마조 자바 갈나 ᄒᆞ더라(念桐 20a)
> 　　ㄴ. 그듸 자브러 와습쩌니(念桐 20b) 자브러 올 쩌시니(念桐 20b)
> 　　ㄷ. 아미타부리……대왕과 대비을 드려 가랴 홀 쌔예(彌陀 15b)
> 　　　아미타부리 드려 가랴 ᄒᆞ니(彌陀 28b)
> 　　　아미타부리…… 나룰 드려 가랴 ᄒᆞ신다 ᄒᆞ고(彌陀 32a)
> 　　ㄹ. 아미타부리 드리려 와신이(彌陀 28b)
> 　　ㅁ. 브듸 쇽가의 자로 가지 말라(念桐 26b) 영약을 어더 가지고 셩친
> 　　　하로 올식(嶺三 9, 14b) 산에 밧틀 미로 갓더니(嶺三 1, 18b) 미랑

---

25) 이 방언에 쓰이고 있는 '-꺼/-껴', '-능교', 'ㄹ래' 등의 의문법 어미는 문헌에서 발견되지 않는다. '-꺼/껴'는 '-까'의 변이형일 것이고, '-능교'는 '-는-거-이-오'와 같은 결합으로 이루어진 것이며, 이곳의 '거'는 의존명사이다. 즉 '-는거이오 > -는게오 > -는기오 > -는교 > -능교'라는 과정에서 모음축약, 에 > 이, 활음형성, 자음동화를 겪은 것이다.

'-ㄹ래'는 미래의 일에 대해 묻는 '-ㄹ나'(18b의 '님삼홀나'의 '-ㄹ나')에 유음화(18b의 '들을라'의 '-ㄹ라')와 어말의 i 첨가가 적용된 결과일 것이다. 그런데 최명옥(1976 : 157)은 '-ㄹ레'의 기저형을 /-ㄹ-이-아/로 설정하였다.

하로 졔자에 갈식(嶺三 5, 14b)

(21ㄱ)은 중세국어부터 존재하였던 의도법 '-(으)라'이며, 지금의 이 방언에서는 'ㄹ' 뒤에 결합되어 쓰인다(예 : 갈라 칸다. 볼라 칸다). (21ㄴ)은 (21ㄱ)과 모음조화에 따라 교체된 형태이다.

(21ㄷ)의 '-(으)랴'는 모음조화의 지배를 받는 변이형 '-(으)려'와 교체 관계를 가지며, 후대에 '-(으)려'로 통일되어 모음조화에 따른 교체가 소멸되었다.

(21ㅁ)의 예가 가장 특징적인 것인데 '-(으)로' 현재의 이 방언에서 의도를 표현하는 어미로 널리 쓰이고 있다. 이 형태는 '-(으)라'의 한 변이형으로 생각되며, 이 방언에서 '볼라 칸다'와 같은 인용형의 경우는 '-(으)라'가 쓰이고, 다른 경우에는 '-(으)로'가 쓰여 각각의 문법적 특징을 가진다. 다음 몇 예들은 이런 차이를 보여준다.

(22) ㄱ. '-(으)ㄹ라' : 구경할라고 갔다.
　　　　책 읽을라고 한다(책 읽을라 칸다).
　　　　다른 데 살라꼬 갔다.
　　　　밥 무울라 칸다(밥 먹으려고 한다).
　　ㄴ. '-(으)로' : 구경하로 갔다.
　　　　책 읽으로 왔다.
　　　　다른 데 살로 갔다.
　　　　밥 무우로 갔다.

(21ㅁ)에 있는 동화사본 『염불보권문』의 예는, 의도법 어미로 사용되는 '-(으)로'와 같은 방언적 형태가 18세기 후기에 존재했음을 알려 준다.

3.5. 부정법(否定法)의 '-들'

다음은 그 뒤에 반드시 부정사(不定辭)를 취하는 어미 '-들'의 용례이다.

(23) 감히 잇들 못ᄒ겠노라(女士 28a) 정성을 다함이 업쓸 아이하니(嶺三 4, 4b) 하종할 듯을 발비들 못하얏더니(嶺三 11, 10b) 사람을 디하야 웃덜 아니하고(嶺三 17, 28a) 어륙을 갓가이 하들 아니하고(嶺三 17, 14b) 눈이 어두워 능히 보들 못함에(嶺三 5, 25b) 집이 어려워 자급하들 못함에(嶺三 6, 19a) 한 번도 집에 오들 아니하니(嶺三 6, 24a) 건질을 벗들 안이하며(嶺三 9, 17a)

(23)에 쓰인 '-들'은 이른바 부정사 어미로 기능하였던 '-디'와 대격의 '-을'이 융합하여 이루어진 형태이다. '-디'의 모음 ㅣ가 탈락하여 '-들'로 변한 것이다. 표준어의 '-지를'(하지를 않는다)에 대응하는 형태가 '-들'인데, 이 형태는 경상방언뿐 아니라 전라방언, 중부방언에서도 쓰인다.

3.6. 시제(미래 표현)

미래를 표현하는 어미 몇 가지를 보기로 한다.

(24) ㄱ. 법화경에 닐오샤디 ᄒᆫ 번 나무불 ᄒᄂ 쟈ᄂ 다 불도을 닐울라 ᄒ시니라(彌陀 9b) 내사 고기를 먹지 아니홀라 ᄒ시고(彌陀 19b) 져 극낙세계로 갈라 ᄒ고 주그니……극낙세계 간노라 ᄒ니(彌陀 19b) 십뉵관경에 닐오샤디 아모 사룸이라도……새배마동 념불 열 번을 ᄒ면 셔방의 갈라 ᄒ시고(彌陀 3b)

cf. 관음보살리 와서 극낙세계로 드려 가리라 ᄒ시니라(彌陀 4a) 극낙세계예 가리라 닐러실식(彌陀 29a) 냑간 념불ᄒ야도 다 가리라 ᄒ시고(彌陀 29b)

ㄴ. 가장 병이 혹 나윽가 한디(嶺三 20, 6a)

(24ㄱ)은 미래의 선어말어미 '-리-'가 '-ㄹ-'로 단축된 예로서 모음 ㅣ가 탈락된 결과이다. cf.의 예들은 원래의 형태대로 사용된 것이지만 '닐울라', '아니홀라' 등에는 단축형이 포함되어 있다. 이 형태는 현대 경상방언에는 쓰이지 않는다.

(24ㄴ)은 '-ㄹ까'의 ㄹ이 탈락한 것이다. '나윽가'는 '나으까'를 표기한 것으로 ㄹ이 탈락한 이런 형태는 이 방언에서 일반화된 것이다(예 : 이것 주까. 같이 가까).

다음은 미래의 '-ㄹ-'이 서술법과 감탄법의 문말어미와 결합한 예이다.

(25) 부톄님이 닐오샤더 아미타불 공덕과 극낙셰계 죠흔믄 다 니르지 못
홀다 흐시니(彌陀 5b)
셔방의 간다 흐는 마을 고디 듯디 못홀로다 흐시니(彌陀 13b)

(25)의 '못홀다'는 '못하겠다'의 뜻으로 '-ㄹ-'이 종결어미 '-다'와 결합되었음을 보여주며, 이 형태는 경북의 일부 방언에서 쓰이고 있다. '못홀로다'는 '-ㄹ-'이 감탄어미 '-로다'와 결합된 것으로 '-ㄹ-'의 통합 범위가 특정 어미에 국한된 것이 아니었음을 알려 준다.

3.7. '-어 가-'

다음은 자립형식인 동사 '가지다'(持)가 의존형식으로 바뀐 특이한 예이다.

(26) 즈금연더를 가지시고 그더를 마자가 오면(念桐 22b)
cf. 즈금연더를 가지시고 그더를 마자셔 오면(念海 나 8a)

경상방언에서 널리 쓰이는 '-어(가아)'에 대한 통사 의미론적 검토가 이상규(1982a)에서 이루어진 바 있다. (26)의 예는 자립형식인 '가지-'가 의존

형식인 문법 형태로 바뀐 시기가 18세기 후기였음을 증명하는 소중한 예이
다. 해인사본『염불보권문』은 동일한 문구를 지금의 표준어와 같은 '-셔'(>
-서)로 적어 '-가'의 문법적 기능이 '-서'와 같음을 드러내고 있다. 위의 예
에 쓰인 '마자가 오면'은 동사 '맞-'과 '오-'의 동작이 연결되는 상황을 표현
하고 있다.

3.8. 어형 단축

현재의 이 방언에는 어형의 단축 현상이 심하게 일어나는 사실을 앞에
서 언급하였다. 문헌에 반영된 몇몇 예들을 제시한다.

> (27) ㄱ. 큰 위신력을 일카라 들래여 찬탄하심을 들으시고(地藏 61b)
>   다리를 들니고(女土 22b) 이를 들닉지 안하니(嶺三 5, 6a)
>   ㄴ. 택 알로 시작하야(朝漢 19b) 우흐로 갓과 건으로붓터 알로 신에
>   밋츠기까지(養正 3a) 우러러 셤기고 알노 기루기를(嶺三 20, 11a)
>   ㄷ. 여게 졔게 무슈ᄒ니(勸往 38a)
>   ㄹ. 년곳봉이예 드어 닛싸가(彌陀 6b) 디옥게 드어 고상을 슈ᄒ고(彌
>   陀 12b) 산애 드가 정셩굿 비러(嶺三 2, 18a) 산에 더가 방황하니
>   (嶺三 10, 19b) 산곡에 드가(嶺三 1, 6a) 산에 드가 울고(嶺三 6,
>   18b)
>   cf. 방에 더러가(嶺三 19, 18a) 방으로 드러 오난지라(嶺三 4, 18b)

(27ㄱ)의 '들내여', '들내지'는 '드러내어', '드러내지'에 해당하는 단축형으
로 '들-어'의 모음 '어'가 탈락하여 이루어진 것이다.

(27ㄴ)의 '알'(下)은 '아래'의 모음 ㅐ가 탈락한 것이 '알'이 아니라 오히
려 '알'이 '아래'보다 더 오래된 형태일 수도 있으므로 속단하기 어렵다. (27
ㄷ)은 처격을 다루는 자리에서 언급된 바와 같이, '여기-에'에서 모음 ㅣ가
탈락한 단축형이다. (27ㄹ)의 '드어'는 '들-'(入)의 ㄹ이 탈락한 것이고, '드가'

는 '들어 가'의 ㄹ과 모음 ㅓ가 탈락한 단축형이다. 앞에서 기술한 '널쭈-', '널찌-'도 단축형의 하나이다.

경상방언에 쓰이는 많은 단축형 중 문헌에 등재된 것은 그리 많지 않다. 이것은 문헌어가 지닌 규범성에 그 이유가 있을 것이다. 이러한 단축형 속에 내재된 형태론적·음운론적 변화는 앞으로 세밀하게 검토되어야 할 것이다.

4. 앞으로의 과제

지금까지 필자는 영남의 문헌어에 반영된 문법 형태 중 이 방언의 주요 특징과 관련된 예들을 중점적으로 다루었다. 더 체계적인 연구가 되기 위해서는 본론에서 기술된 여러 문법 형태들을 기능상 유사한 다른 형태들과 비교하여, 그 분포 및 의미기능상의 특성을 구명해야 될 것이다. 아울러 그들의 통시적 변화 과정도 세밀하게 기술해야 할 것이다.

지금까지 옛 문헌에 반영된 지역 방언을 형태·통사론적 관점에서 연구한 것은 거의 없는 실정이다. 이 글은 이러한 상황에서 쓰인 만큼 연구의 어려움이 컸다. 특히 영남 지방에서 간행된 문헌에 반영된 형태론적 사실 중 특징적인 현상만을 다루었기 때문에 제반 현상을 체계적으로 기술하지 못했다. 앞으로 체계적인 방언 형태사 연구가 되기 위해서는 개별 방언의 특징적 현상뿐 아니라 공통적 현상도 포함하여 연구해야 할 것이다.

영남 문헌어에 반영된 방언 어휘 연구

1. 서론

국어사의 연구 대상 문헌에는 정도의 차이는 있지만 간행 지역의 방언을 반영한 것이 적지 않다. 간행지 방언의 영향을 받은 자료라도 고유의 방언 어휘보다는 공통어 요소가 더 많이 나타나는 것이 사실이다. 그러나 일부 어휘들은 공통어와 다르고, 해당 지역의 현대 방언형과 뚜렷한 유사성을 지닌다. 이런 어휘들이 국어어휘사 및 방언어휘사 연구에 이바지하는 자료가 된다.

백두현(1992)에서 영남의 한글 문헌에 반영된 음운적 특징을 역사적 관점에서 논하였고, 백두현(1990)에서 영남의 한글 문헌에 반영된 방언 문법형태를 정리한 바 있다. 이 글에서는 영남 문헌에 반영된 경상방언 어휘 중체언을 종류별로 정리·분석하여 그 특성을 기술하고자 한다. 여기서 '경상방언 어휘'라 함은 주로 현대의 경상방언과 뚜렷한 유사성을 가지고 있거나, 타 지역의 간행 문헌에 잘 나타나지 않는 어휘를 가리킨다. 한국어의 한 부분을 이루고 있는 경상방언에는 타 방언과 공통된 어휘도 많이 포함

---

* 이 글은 『국어학』 32(1998, 국어학회) 217-245쪽에 실렸던 것이다.

되어 있으나 중앙에서 간행된 문헌에 나타나는 어형과 다른 모습을 보이는 경상방언형을 중심으로 논할 것이다.

이 글에서 대상으로 삼은 문헌은 백두현(1992)에서 분류한 문헌 범주 중 제1 부류, 즉 초간본이 영남에서 간행된 자료가 중심이다.1) 이런 문헌이 보다 적극적으로 경상방언을 반영하고 있다. 이 글에서 다루는 어휘 범주는 체언에 한정된다.2) 체언을 그 의미에 따라 일정한 부류로 나누어 다룰 것이다. 체계성이 뚜렷한 부류의 어휘들(예컨대 친족어, 시간어 따위)은 상호간의 관계망을 밝히는 구조적 관점의 기술이 필요하다. 그러나 이 글의 주된 관심이 여러 시기의 문헌에 나타난 경상방언 어휘를 확인하고 그것의 방언사적 의미를 추구하는 데 있기 때문에 개별 어휘 부류에 대한 체계적 기술로 나아가지 않는다. 문헌 자료의 결핍과 시대적 편중 때문에 어휘들의 통시적 변화 과정을 시대사적으로 일관하여 기술하기 어려운 점이 있다.

---

1) 이 글에서 연구 대상이 된 문헌과 그 약칭 및 간행 연대는 다음과 같다. <서명/약칭/간행연도>.
　　<이륜행실도 옥산서원본/二倫/1518>, <여씨향약언해/呂約/1518>, <정속언해/正俗초/1518>, <칠대만법/七大/1569>, <현풍곽씨언간/곽씨언간/1602-1652>, <두시언해 중간본/杜重/1632>, <어록해/語錄/1657>, <음식디미방/음식/1598-1680>, <유합 남해판/類合 남해/1700>, <천자문/千字/1700>, <미타참략초/彌陀/1704>, <임종정념결/臨終/1741>, <염불보권문 동화사판/念桐/1764>, <염불보권문 해인사판/念海/1776>, <증수무원록언해 영영판/無寃/1797>, <정몽유어/正蒙/1884>, <여사수지/女士/1907>, <권왕문/勸往/1908>, <역대천자문/歷代/1910>, <통학경편 초간본/通學초/1916>, <통학경편 중간본/通學 重/1921>, <속수한문훈몽/漢蒙/1922>, <조한사례/朝漢/1925>, <한일선시문신독본/時文/1927>, <양정편/養正/1929>, <지장경/地藏/1929>, <몽어유훈/蒙語/1935>, <영남삼강록/嶺三/1939>. 중간 『두시언해』와 『증수무원록언해』는 초간본과 달라진 것 중 극히 제한된 예만 이용하였다. 동화사판 『염불보권문』에는 나중에 새로 들어간 부분(왕낭전, 공각전, 승귀전)이 있는데 이들은 구별하여 출전을 표시한다. 위의 문헌에 대한 자세한 사항은 백두현(1992)을 참조 「현풍곽씨언간」 뒤의 숫자는 백두현(1997b)에서 매겨 놓은 편지의 일련 번호이다.
2) 원고의 분량 문제로 용언 등에 대한 검토는 별도의 논문에서 다루고자 한다.

2. 영남 문헌어에 반영된 방언형

2.1. 사람 관련어

2.1.1. 가족 및 친족 관련어

(1)-a <u>어버시</u>(七大 21b), 어버싀(正俗 2a), 어버이(正俗 18b). 아바(父)(이응태 묘 출토 언간)

(1)-b <u>지싀비</u>(歷代 22a), <u>저아비</u>(미타 28b), 집아비(正俗 6b), 짓아비(家長)(二 倫 30a), 지아비(염동 19a).

(1)-c <u>헹</u>(嶺三 9, 2a), 형(時文 46b).

(1)-d <u>아싁</u>(염동 공각 23b), 아의(歷代 19b), 앗/앗(正俗 4a), 아우(漢蒙 18b).

(1)-e <u>누우</u>(미타 19a), 누의(염동 17b), 맛누의(蒙語 字釋 1a), 아의누의(漢蒙 4a).

(1)-f <u>올처</u>(女士 20b, 26b), 싀누의(女士 20b).

(1)-g <u>며누리</u>(곽씨언간 66), <u>메나리</u>(嶺三 15, 4a), 며나리(女士 25b).

(1a~g)는 영남 문헌에 나타난 가족 관련어 가운데 경상방언적 성격을 띤 어휘만을 추출한 것이다. 밑줄 친 굵은 글씨의 어휘들이 그것이며, 같은 뜻의 공통어 어형도 함께 제시했다. '어버시',3) '아싁'는 △의 변화와 관련된 어형이다. 이응태 부인의 언간에 쓰인 '아바'는 호칭어 성격을 띤다.4) '아바'는 『악학궤범』의 처용가에 나타나고 『박통사언해』 중간본 등 근대국어 문헌에 드물게 나타나는데(조항범 1996 : 115-116), 위의 예는 중세국어 자료로서 구어적 성격이 강한 언간에 가장 먼저 나타난 것이라는 점에서 가치가 있다. 이 '아바'는 현대국어의 '아빠'의 고어형이며, 경북 성주에서 나고 자란 필자도 어렸을 때 아버지를 '아바'라고 불렀다.

---

3) '어버시'는 『은중경언해』(16)와 『내훈』(三 50)에도 나타난다(유창돈, 「이조어사전」).

4) 자내 내 빈 주식 나거든 보고 사물 일호고 그리 가시듸 빈 주식 나거든 누룰 <u>아바호라</u> 호시는고 '아바호-'는 명사를 동사화한 것이며 '아버지라고 부르다'라는 뜻이다.

'지시비'는 중세국어 자료의 '짓아비'5)에서 ㅅ이 연철되고 ㅣ역행동화가 실현된 것인데, 복합어 '집ㅅ아비'에서 ㅂ이 탈락하는 중세국어의 현상이 20세기 초까지 잔존하였음을 보여준다.

b의 '저아비'는 '지아비'와 같은 뜻이지만, '저'(自)와 '아비'의 복합형으로서6) '지아비'와는 조어 구성소가 다르다. 그런데 '저아비'는 예천 용문사 판 『미타참략초』(규장각 소장)에 나오는 어형으로 후대에 붓으로 가필하여 '지'를 '저'로 수정한 흔적이 있다.7) 예천 대창고등학교 교감을 지낸 정양수 선생이 용문사의 판목에서 직접 쇄출(刷出)한 책이 있는데 여기에서는 '지아비'로만 나타난다. 가필하여 수정한 어형도 그 나름의 가치가 있는 것이니만큼 '저아비'도 주목할 만하다. 현재의 경북 북부 방언(안동, 예천 등)에서 아내가 남편을 지칭할 때 '저아비'(또는 '저그아부지')가 쓰이는데 이런 방언형이 반영된 것으로 보인다.

'올처'가 나온 『여사수지』의 간행지는 경남 밀양이다. 정신문화연구원에서 간행한 『한국방언자료집』(경남편 p.132)에 유일하게 '올처'가 실려 있어 『여사수지』의 '올처'가 간행지 방언을 정확하게 반영한 것임을 보여준다.8)

'형'과 '아싀', '누우'(妹)는 현재의 경상방언에 남아 있다. '아싀'는 '아시 탄다'와 같은 표현에 남아 있다. '누우'는 '누부'와 함께 이 방언에 쓰이나 한글 문헌에서 '누부'는 보이지 않는다.9) '며누리'는 「현풍곽씨언간」에 나오는 것인데 17세기 초의 자료에 이미 이러한 어형이 나타난다. 오늘날 경

---

5) 『천자문』의 여러 이본에 '짓아비'가 나오고(손희하 1991 : 353), 송광사판 『유합』에 '지사비'가 나온다(손희하 1991 : 233). '지서미'(妻)(靑 p.121)도 보인다.

6) 육진방언에 '母'의 호칭어 '제에마'와 지칭어 '제어미'가 나타나는데, 이 '제'는 일인칭 '저'의 속격형으로 분석된다(곽충구 1998 : 651).

7) 같은 장에 '지아비'가 2회 나타나는데 모두 '저아비'로 수정하였다.

8) '올처'는 경상방언에서 '올깨, 올끼, 욀깨, 욀끼, 동상아댁' 등으로 쓰인다.

9) 『조선관역어』의 '妹 餒必'가 나오는데 '必'은 '隣舍 以本直'의 '本'과 같이 ㅂ에 대응하는 표기로 생각된다. '누부'와 '누우'는 전남의 일부 방언에도 나타나며 함경방언에도 '누배, 누비, 느배, 느비, 뉘비' 등 어중 ㅂ 유지형이 나타난다. 중세국어 문헌에는 '누위' 또는 '누의'로 나타나지만, '누부' 등의 ㅂ 유지형을 고려하면 '*누뵈'를 재구할 수 있다.

상방언에는 '며누리', '메느리', '미느리' 등 다양한 어형들이 존재한다. '메
나리'는 '메너리', '매나리' 등과 함께 경상방언뿐 아니라 다른 방언권에도
쓰인다.

(1)-h 모돈 <u>앗보치</u>들히 미믓고 줄 혀(群從子 皆盛衣冠)(二倫 31a)
　　　 <u>져래</u> 쳑(戚)(通學 初 4b). 아숨(族)(正俗 10a).

h는 친족 관련어이다. '아숨'은 중세국어 문헌에 널리 나타나나 '앗보치'
는『이륜행실도』에만 보인다. '앗보치'는 한문의 '從子'를 번역한 것인데
'앗(앛)'과 '보치'의 결합으로 분석된다. '앗-앛'은 '아숨'의 '앛' 또는 '아즈
미', '아춘 아둘' 등의 '앛'과 관련된 어소일 것이다.[10] '보치'는 '類'의 뜻
을 가진 접미사이다. '져래'는 '겨레'의 ㄱ구개음화형이다.

(1)-i <u>자내</u>(곽씨언간 4, 6 etc)(이응태 묘 출토 언간). 고마(妾)(正俗 10a).
(1)-j <u>가스나희</u>(七大 14b), <u>간나희</u> 죵(곽씨언간 16.29), 스나희 둉(곽씨언간
　　　 131), 녜인(女人)(미타 2a), 졔집(女)(미타 32a), 시예(侍女)(미타 22a), 남
　　　 예(男女)(念海 다 51a).
(1)-k <u>이븟집</u> 머섬(七大 20b), <u>씬즁</u> 이(尼)(歷代 6b), <u>부직</u> 부(富)(代 13b), 쇼
　　　 주(孝子)(미타 13a).

그밖에 사람을 나타내는 낱말들을 (1) i~k에 제시했다. '자내'는「현풍곽
씨언간」에서 남편이 아내에게 쓰는 지칭 및 호칭어로만 쓰였다. 그런데
1998년 9월에 공개된 안동시 정상동 이응태(1556~1586)의 묘에서 나온 이응
태의 부인이 쓴 언간에서는 아내가 남편을 '자내'라고 호칭하였고[11]「순천
김씨언간」에서 '자내'는 남편을 가리키는 3인칭 대명사로 쓰였다.[12] '자내'

---

10) '앗보치'의 '앗'에 대한 정밀한 해석은 이기문(1991 : 60)을 참조
11) <u>자내</u> 날 향히 ᄆᆞᄋᆞᆯ 엇디 가지며 나는 <u>자내</u> 향히 ᄆᆞᄋᆞᆯ 엇디 가지던고(이응태묘 출
　　 토언간).

의 이런 의미 기능은 현대어 '자네'의 용법(손아랫사람을 대접하는 말)과 상당
한 거리가 있다.13)

　'가스나희'는 경상도 특유의 방언형으로 지금은 '가시나'로 쓰인다.14)
'간나희'와 '스나희'는 '죵'(奴婢) 앞에 붙어 남녀를 구별하는데 비칭적(卑稱
的) 의미가 있었던 것으로 보인다.15) 현대의 경상방언에 어린 여자를 비칭
할 때 '간나이'가 쓰이고 있다. '간나희'는 '가스나희>갓나희>간나희'와 같
은 변화를 겪은 것으로 추정된다. '녜인'은 'ㅕ>ㅖ' 변화형이다. '이붓집'은
ㅂ의 존재를 보여주는 특이형인데 경상방언에서 '이붓집'과 같은 ㅂ 유지형
이 조사된 바 있다(리운규 외 1992). '씬즁'은 여승(女僧)을 뜻하는 '신즁'의 변
화형인데 경상, 전라, 강원, 충북 방언에서 '신중, 씬중, 신쭝' 등이 쓰이는
것으로 조사되었다(小倉進平 1944). '신'의 어원은 명료하지 않다.16) '부지'는
어말 ㅣ 첨가형이다.

---

12) 자내논 져믄 겨집 풍류 히이고(순천김씨언간 73). 이 구절은 신천 강씨(김씨의 친모)가
　　김씨에게 보낸 편지 중 남편의 행태에 대해 넋두리하는 내용이다. 여기서 '자내'는 남
　　편을 가리키는 대명사로 기능한다. 이러한 '자내'는 오늘날 존칭의 3인칭 대명사로 쓰
　　이는 '당신'과 비슷한 것이다. 16세기의 '자내'는 2인칭과 3인칭 겸용으로 쓰이는 것이
　　현대어의 '당신'과 비슷한 모습을 보여준다.
13) 이기갑(1979)은 『첩해신어』에 나타난 '자네'의 용법을 다루면서 이것이 'ᄒᆞ쇼셔'체와
　　호응하는 점을 지적하고, 17세기의 '자네'가 가리키는 높임의 폭이 현대에 비해 약간
　　높았던 것으로 추정하였다. 16세기 후기의 언간에 나타난 '자내'의 용법은 이 추정을
　　뒷받침해 준다. 필자는 16~17세기의 '자내'는 현대국어에 비해 높임의 자질을 가진
　　존대어이고 지시 대상의 범위도 더 넓었던 것으로 보고 있다.
14) '가스나희'의 어원에 대한 고찰은 이기문(1991 : 112-113)을 참고
15) 「순천김씨언간」(41, 50, 164)에 '간나희'가 쓰였는데 첩(妾)과 관련된 문맥 속에 나타나
　　고 있다.
16) 이희승의 『국어대사전』에 '신즁' 항목을 '승즁'(僧-)을 참고하도록 해 표시해 놓았는데
　　이는 '僧'의 음이 '신'으로 변했다고 본 듯하다. 그러나 '승즁'이 '女僧'을 가리키는 것
　　인지 미심쩍은 점이 있다.

2.1.2. 인체 및 생리 관련어

(2)-a 가삼(養正 4a)/가심(朝漢 12b). <u>무립</u>(膝)(嶺三 17, 17b).

(2)-b <u>손텹 발텹</u>(朝漢 8a), <u>손톱</u>(時文 30a), <u>손틉</u> 조(爪)(通學 初 6b)(漢蒙 11b).

(2)-c 肉은 즘생의 <u>살기</u>오(時文 49a), 쎄(嶺三 1, 22a).

(2)-d <u>너벅지</u> 비(髀)(蒙語類訓 字釋 1a).

(2)-e 허핀 폐(肺)(通學 重 8b), 허패(時文 30b), <u>오줌개</u>(蒙語類訓 字釋 1a), 황문(嶺三 3, 35a). 셔(舌)(彌陀 39ab.42b)(念桐 39a).

(2)-f 턱(朝漢 14a, 19b), 턱 알노(頷下)(朝漢 19b), <u>턱</u> 이(頤)(類合 남해 13a).

(2)-g <u>입셜</u> 슌(脣)(正蒙 10a), <u>실금</u> 문(紋)(蒙語類訓 字釋 1a)

(2a~g)는 인체에 관련된 경상방언이다. '가심'은 '가숨>가슴>가심'의 변화를 겪었고, '무립'(<무릎)은 ㄹ 뒤에서 '一>ㅣ' 변화를 겪었다. ㅅ과 ㄹ은 조음 위치가 치경이라는 공통점을 가진다. '손틉', '발텹'은 순자음 앞에서 비원순화된 어형이다.

c에서 '살기오'의 '살ㄱ'과 '살ㅎ'은 어느 것이 더 앞선 형인지에 대해서 이견이 있을 수 있다. 15세기 어형 '살ㅎ'을 기준으로 h>k 변화를 설정하여 '살ㄱ'을 도출하는 방법도 가능하지만, h>k라는 변화가 음성학적으로나 일반언어학적으로 특이한 것이어서 문제가 된다. 오히려 '살ㄱ>살ㅎ'과 같은 k>h 변화가 더 보편성 있는 변화이다. '너벅지'는 표준어 '허벅지' 또는 '넙적다리'에 해당하는 낱말인데 '넙적다리'의 어두 '너'와 '허벅지'의 '벅지'가 혼성(混成)된 어형일 것이다. 이 낱말은 『몽어유훈』에서 처음 보이는 것이다. 방언형으로 '너벅다리'(전라·충청·평북)가 있다(우리말큰사전, 한글학회). 최학근의 『한국방언사전』에 '넙적다리', '신다리' 등 다양한 방언형이 실려 있으나 '너벅지'는 없다. 김주원 교수가 청송방언 조사에서 '신너벅지'라는 어형을 발견하였음을 알려 주었다. '신너벅지'는 '쉰다리'(훈몽초 상 14)의 '쉰'과 '너벅지'가 결합한 구성이다.

'허패'는 어말 i첨가가 일어난 어형이고, '오좀개'는 방광(膀胱)의 방언형인데 이 방언에서 '오종깨'로 쓰인다. '황문'은 '항문'의 변이형이며, '셔'는 '혀'의 ㅎ구개음화형이다. '택'은 외형상으로 어간 내부에 i첨가가 일어난 것(톡>턱>택)으로 보인다.17) '택'은 경상방언을 포함한 여러 방언권에서 쓰인다.

g의 '입셜'은 '입시울'의 어형 단축형인데 모음의 변이를 보여준다. 현대 방언형으로 쓰이는 '입수버리', '입수구리' 따위는 문헌에 보이지 않는다. '슬금'은 몸에 대한 서술 중 '皮革紋膜'(몽어유훈 3b)의 '紋'의 번역어이므로 '가죽에 생긴 주름'을 뜻하는 말로 생각된다.18) '슬금'은 어떤 문헌에도 보이지 않는 특이 어형인데 『몽어유훈』의 저자인 대계 이승희의 고향인 성주군 한계 마을의 방언형으로 생각된다.

> (2)-h 나 령(齡)(歷代 20b), 나(養正 25b)-나 십팔에(嶺三 18, 3a)-나(디장경 56a).
> (2)-i 목슴 명(命)(通學 初 20a).
> (2)-j 게욱질(女士 5a).
> (2)-k 오짐(嶺三 12, 20b), 오좀(嶺三 7, 24b).
> (2)-l 지춤(곽씨언간 160), 진참(女士 5a), 기춤(곽씨언간 91), 깃춤(곽씨언간 91).

(2h~l)은 생명 및 생리 현상에 대한 낱말이다. '나'는 '나이'의 방언형으로 현대 경상방언에서 널리 쓰인다. '목슴'은 어말 순자음에 의한 비원순화형인데, 경상방언에서는 전설모음화가 적용되어 '목심'으로도 나타난다.

---

17) '택'은 '톡>탁+ㅣ>택이'를 겪은 후 어간의 재분할로 '택'이 생긴 것이라고 기술되기도 한다(곽충구(1998 : 644). 육진방언처럼 명사의 어말에 ㅣ가 결합되는 현상이 경상방언에도 나타나므로 동일한 변화 과정을 세울 수도 있으나, '곳고리>굇고리', '놋대>뇟대', '보건댄>보겐댄' 등과 같은 예(백두현 1992 : 177-178)를 보면 '택'도 어중 i첨가가 적용된 어형이라 판단된다.

18) '슬금'은 '실'(絲)과 '금'(線)의 복합으로 생성되었을 가능성이 높다.

'게욱질'은 동사 '게우다'의 어간에 ㄱ 첨가되고 접미사 '-질'이 결합한 것이다. 한자어에서 비롯된 '구역질'(嘔逆-)에 밀려나 표준어가 되지 못하였으나 일부의 방언에 쓰이고 있다.[19] '오짐'은 비원순모음화 및 전설모음화가 적용된 것이다(오좀>오줌>오짐). '지춤'은 '기춤'(咳)의 ㄱ구개음화형이고, '지참'은 '지참'에서 'ㅣ>ㆍ'라는 모음교체가 적용된 특이형이다.

2.2. 의생활 관련어

(3)-a 처마(裳)(女士 18a), 소마(養正 1a, 13b, 8a).
　　　기적이(蒙語 字釋 2a), 옷짓 금(襟)(歷代 16b).
　　　고뒤(後領)(朝漢 14b), 아롱옷(班衣)(嶺三 4, 7b).
　　　잠(囊)(二倫 43b), 줌치 낭(囊)(歷代 8b).
(3)-b 며개(곽씨언간 6. 59), 벼개(곽씨언간 3).
　　　자릿감토(곽씨언간 3), 듕치막(곽씨언간 59), 가리매(곽씨언간 64).
　　　횟니블(곽씨언간 66), ᄉ매㸩(二倫 31a).
(3)-c 둣후(厚)(朝漢 19b), 돈후(厚)(朝漢 19b), 돈후(圓經,圍)(朝漢 13a).

(3a)는 음운변화에 의해 분화한 경상방언형이다. '기적이'는 '기저귀'의 어말모음이 단모음으로 바뀐 것이다. '처마'는 현재의 경상방언(특히 경남방언)에 널리 쓰인다.[20] '소마'는 '소매'(somai)의 말음 i가 탈락한 방언형이고, '옷짓'은 비어두에 놓이는 ㄱ이 구개음화한 어형이다. ㄱ구개음화는 어두에서만 일어나므로 구개음화한 '짓'이 '옷'과 결합한 것으로 봄이 옳다. '고뒤'는 '목 뒷부분의 옷깃'을 가리키는 명사인데 현대 국어사전에도 등재되어 있지 않다. '아롱옷'은 『어제소학언해』(4, 18)에도 나타난 것인데 '五色班

---

19) 『조선어방언사전』(리윤규 외)에 경남·경북방언에 '그엑질' 등이 조사되어 있고, 길림성 돈화시에 사는 충청도 출신 화자의 방언에 '게욱질~게옥질~게억질' 등이 조사되어 있다.
20) 최학근의 방언 사전에 따르면 충남과 충북의 일부 지역에도 '처마'가 존재한다.

衣'(오색무늬가 알록달록한 옷)를 뜻한다. 이 낱말은 현대어에서 '색동옷'으로 대치되었다. '잠'(囊)은 이륜행실도에만 보이는 특이한 낱말로 후대 어형 '줌치'의 '줌'과 공통 어소를 가지고 있다.

(3b)는 다른 문헌 자료에서 찾아보기 어려운 예들이다. '며개'는 문맥상 '벼개'의 한 변이형으로 생각된다.[21] '며개'와 '벼개'에 나타난 m~p간의 교체는 '마리~바리', '맥지~백지'[22]가 서로 쌍형어로 교체되는 예에서도 확인된다. '자릿감토'는 잠자리에서 머리털이 흐트러지지 않게 쓰는 감투 이다. '가리매'는 여자가 예장(禮裝)할 때 큰머리 위에 배접하여 덮는 사각 형의 검은 천이며, 현대 국어에서는 '가리마'로 적힌다. '스매쌍'은 사이시 옷이 개재된 복합어로 '스매+ㅅ+댱'으로 분석된다.[23] '스매쌍 디르고'는 '拱手'(공수)를 번역한 표현인데 두 손을 소매 속으로 마주 넣어 공손함을 표현하는 동작을 가리킨다.

(3c)의 '듯후'나 '돈후'는 사전에 등재되어 있지 않다. 『조한사례』(朝漢四 禮)의 저자의 배경 방언인 경주방언권에 존재했던 낱말일 수도 있고 저자 가 만들어냈을 가능성도 있다. '듯후'는 '두께-둣개'의 '둣'과 한자어 '厚' 가 결합한 것으로 짐작된다. '돈후'가 한문의 '厚', '圓經', '圍'와 대응하는 것으로 보아 '돈'은 '둘레'를 뜻하며 동사 어간 '돌-'과 관련된 것으로 생 각된다. '돈후'의 '후'는 '두께'를 뜻하는 한자어 '厚'일 것이다.

---

21) '내 자던 며 마틱'(곽씨언간 70)의 '며 마틱'는 '머리 맡에'의 뜻인데 '며개'가 '며+개' 로 분석될 수 있음을 보여준다. 경남대 김정대 교수가 서부 경남방언에는 '며 마틱' 와 같은 뜻으로 '배 마테'가 쓰인다고 알려 주셨다. 이곳의 '배'는 '벼'의 변화형일 것 이다. 따라서 '며'와 '벼'가 같은 뜻을 가진 쌍형어로 공존했을 가능성이 높다고 생각 된다.

22) '마리~바리'는 짐승의 두수(頭數)를 헤아리는 단위명사이고, '맥지~백지'는 표준어 '괜히'에 해당하는 경상방언형이다.

23) '댱'은 현대국어의 '팔짱'에 그 흔적을 남기고 있다. 중세 문헌에 '뎡'으로 나타난다. 풀뎡 고자(拱手)(小언 2,58). 스밋뎡 곳느니(金三 4,24).

2.3. 식생활 관련어

2.3.1. 곡물 및 음식 관련어

(4)-a 나록밥(곽씨언간 65), 나록뽈(곽씨언간 65), 나록뫼(곽씨언간 65), 나
락(디장경 6a/49b).

(4)-b 밋다니뽈, 오려뽈, 낭경ᄌ뽈(음식 2b), 뽈미시(二倫 6a), 술 미(米)(歷
代 13a).

(4)-c 수시 츌(秫)(漢蒙 12b), 지졍 셔(黍)(歷代 6a).

(4)-d 곡셕(正俗 29b)(염동 승규 27a), 곡셕 곡(穀)(正蒙 16a), 곡셕(嶺三 8,
21a), 곡슥 곡(穀)(通學 初 9a), 곡속(嶺三 10, 18a).

(4)-e 밀 굴르료(음식 12a), 춥뽈 굴리(음식 3a), 춥뽈 굴리 무치면(음식 3a),
춥뽈 굴룰 되게 므라(음식 3b).

(4a~e)는 곡물 관련어이다. a의 '나록'[24]은 경상방언을 중심으로 전라방
언, 충청방언의 일부에서 쓰이는데 '나록밥', '나록뽈'과 같은 합성어가 있
었음이 주목된다. '나록뫼'는 '나록밥'의 존대어이다. 「현풍곽씨언간」에는
'뫼뽈'과 '나록뽈'이 같이 쓰이고 있는데, 전자는 공통어의 어형이고 후자
는 경상방언의 어형일 것이다.[25] '밋다니뽈'과 '낭경ᄌ뽈'은 어떤 쌀인지
미상이다. '오려뽈'은 '올벼뽈'의 변화형이고 '뽈미시'는 쌀로 만든 미숫가
루를 가리킨다. '쌀'을 '술'로 적은 끝 예는 /ㅆ/이 없는 경상방언의 특성과
관련된 표기일 것이다.

'수시'는 '슈슈'에서 어말의 ㅣ 첨가 및 단모음화가 일어난 어형이다(슈슈>
슈쉬>수쇠>수시). '지졍'은 '기장'에서 ㄱ구개음화 및 모음 변화가 일어난 것
인데 현재의 경상방언에서 '지정'으로 쓰인다.[26]

---

24) 「순천김씨언간」(122번)에 '나록 열 단'이 나오는데 '논에 서 있는 벼'를 뜻한다.

25) '나락'은 중부 이북 지방에서는 '나룩', '날기'로 쓰인다. 곽충구(1996 : 65)는 '나락'을
*narʌk으로 재구하였는데 a의 '나록'은 이 재구형의 타당성을 입증한다.

26) 『치문경훈』(緇門警訓)에 '지장쓸'(46a)이 나타난다(김주원 1997 : 281). 이것은 ㄱ구개음

d는 '곡식(穀食)'의 다양한 변화형을 보인 것이다. '곡식'의 '식'은 오늘날
경상방언에서 '석'으로 실현되는 방언형27)이 흔하다. '곡셕'이 16세기 초의
문헌에 나타나는 것을 보아 '食'의 속음 '셕'이 일찍부터 쓰였음을 알 수
있다. '곡슥'은 'ㅓ : ㅡ'의 중화에 의한 혼기이고, '곡속'은 모음동화의 결
과이다. e는 어간의 특수한 교체를 보여주는 'ㄱㄹ'의 예인데 현대 경상방
언의 '갈리' 또는 '가리'에 그 모습이 남아 있다.

> (4)-f 산갓 침치(음식 13b), 팀치(음식 14b), 침채 져(菹)(正蒙 15a), 나박 짐
> 치(곽씨언간 16). 싱치 존 지히(음식 5b), 외 지히(음식 5b), 외 ㄱ 든
> 지히(음식 5b).
>
> (4)-g 초지령(음식 12b), 전지령(음식 7b), 지령(음식 12b), 날국 쟝(漿)(正蒙
> 15a).
>
> (4)-h 도트랏깅(田家八曲 其二).
>
> (4)-i 약닙(時文 44a), 약임(嶺三 17, 2b), 약념(음식 5a).
>
> (4)-j 슉녕(朝漢 21b), 슉융 람(濫)(蒙語 字釋 2a).
>
> (4)-k 소고기(嶺三 17, 26a), 쇠고기(곽씨언간 1).

(4f~k)는 음식 이름이다. l은 「현풍곽씨언간」에 m은 『음식디미방』에 나
오는 몇 가지 음식 이름이다. f는 김치 종류인데, 현대 경상방언의 '짐치'는
'짐치'를 계승한 것으로 '딤치>짐치>짐칙>짐치'라는 변화 과정을 거쳤
다.28) 표준어의 '김치'는 '짐치'의 어두 ㅈ이 ㄱ구개음화에 의해 생성되었
다고 판단하여 과도교정한 결과이다.29)『음식디미방』의 '지히'는 오늘날
경북의 서북부방언에서 '지:'로 쓰인다.30)

화가 이른 시기부터 일어났음을 보여주는 예 중의 하나이다.
27) '곡셕'뿐 아니라 '음셕'(飮食), '양셕'(糧食), '자셕'(子息)과 같은 예가 더 있다. '食'과
'息'의 속음(俗音)으로 '셕'이 쓰였음을 알려 주는 예들이다.
28) '김치'의 변화에 대한 고찰은 이기문(1991 : 26-27)과 이선영(1998)을 참고
29) 이와 같은 성격을 띤 낱말로 '길쌈'(<질삼), '깃'(<곷) 등이 있다.
30) '지히'는 '디히'이 변화형이다(이기문 1991 : 26-27). 소금간에 절인 채소 반찬에 '지'

'지령'은 현대 경상방언 '지렁'(간장)의 선대형이다. '날국'(鬻)은 그 근원
을 알 수 없는데 '지렁'과 뜻이 같은 것으로 판단된다. '도트랏깅'은 야생초
인 도투라지로 끓인 죽이다. 도투라지는 '명아주'의 경상방언으로 지금도
쓰인다. i에서 보듯이 『음식디미방』의 '약념'이 20세기 초 문헌에 '약님',
'약임'으로 나타난다. 이들은 현대 경상방언 '양님'과 유사하다. '숭늉'에
대한 역사적 표기형은 다양하다(이선영 1998 : 438). 영남 문헌에는 '숙녕'과
'슉융'이 나타난다. '소고기'와 '쇠고기'의 차이는 속격 '-의'의 개입 여부
인데 현대 경상방언형은 전자이다.

2.3.2. 기명(器皿) 관련어

(5)-a 그럭(女士 4b)(歷代 13a), 그륵(女士 8a)(嶺三 2,23a), 국그럭(朝漢 21b),
　　　그럭(嶺三 1, 8b), 기럿 긔(器)(正蒙 16a).
(5)-b 냥푼(음식 12a), 소래(음식 2b), 두리미 호(壺)(歷代 22b), 병이 병(瓶)
　　　(歷代 21a).
(5)-c 시룩(음식 19a), 실러테(음식 2b), 실러 마즌 소래(음식 2b), 시류(時文
　　　73a).
(5)-d 갸ᄉᆞ(곽씨언간 24), 俗指器皿 갸ᄉᆞ(어록해 6b).
(5)-e 노긔(음식 11a), 퉁노긔(음식 11b), 새용(음식 11b).
(5)-f 소두에(음식 2b), 솟두에(음식 15b), 소두억(음식 2a), 쯔에(朝漢 8b).
(5)-g 술가락 시(匙)(時文 73b)(通學 初 16b).
(5)-h 밥보자희 혼 졉시식 노하(음식 11b), 밥보자(음식 2b.7a).

a는 '그릇'의 경상방언형인 '그륵' 또는 '그럭'이 20세기 자료부터 나타
남을 알려 준다. 어말 ㅅ이 ㄷ으로 폐쇄음화한 후 이 ㄷ이 ㄱ으로 바뀌었
을 것이다. '냥푼'은 '양푼'의 고형인데 다른 문헌에서 찾아보기 어렵다.

_____

가 붙는데, 이 '지'는 '지히'의 변화형이다.

'소래'는 중세국어 문헌에 더러 쓰였던 '소라'(盆)에 어말 ㅣ첨가가 일어난
것이다. '두리미'는 다른 문헌에 보이지 않는데 경상방언에서 쓰인다. '병
이'(甁)는 어말에 i첨가가 이루어진 경상방언형이다.[31]

'시르'는 현대어 '시루'로, 이른바 특수 곡용어이다. '실리'는 속격이나
처격조사가 결합할 때의 어형인데 현대 경상방언에서는 어간이 '실리'이다.
'갸스'는 『어록해』의 예에 설명되어 있듯이 식기류를 총칭하는 낱말이다.
평북방언에 '가싯장'(찬장), '가시판'(그릇을 얹어두는 선반)이 등재되어 있고(김
이협 1981 : 7), 연변에서 조사된 평북방언에 '가세'(그릇)(리운규 외 1992 : 9)가
있다. 이 '가시'와 '가세'는 '갸스'의 후대형일 것이다. '갸스'는 중국어 '家
事'의 차용어로 알려져 있다(이기문 1991 : 76).

e의 '노긔'는 '노구'를 가리키는데 놋쇠나 구리로 만든 작은 솥이다. '퉁
노긔'는 구리(퉁)[32]로 만든 노구이다. '새용'은 『구급간이방』(上 51)에도 나오
는데 '銚'의 번역어이며, 현대국어사전에 '쟁개비'(무쇠나 양은 따위로 만든 작
은 냄비)로 나와 있다.[33] '소두에'는 '솥+두베'의 변화형으로 솥뚜껑을 가리
킨다. 경상방언에 '소두억'이나 '소두에'는 조사되어 있지 않다.[34] '쓰에'는
'두베'의 변화형 '두에'에서 비원순화 및 어두경음화를 겪은 것이다.[35] g의
'술가락'은 '숟가락'의 고형으로 '술'(匙)의 종성이 폐음화되기 이전 단계의
어형이다. h의 '밥보자'는 '밥+보자' 구성의 복합어이다. '보자'는 '보슥'의
변화형이며 '보시기'로도 쓰인다.

---

31) 어말에 '이'가 첨가된 '병이'는 경상방언에만 나타난다. 한국정신문화연구원의 『한국
　　방언자료집』 경남편(p.144-145)과 경북편(p.157-158)에 '벵이, 뱅이, 배이, 배히, 베이,
　　빙이, 비히' 등과 같은 어형이 실려 있다.
32) '노긔'와 '퉁'은 각각 '鑼鍋'와 '銅'의 한음(漢音)을 차용한 것으로 알려져 있다(이기문
　　1991). 퉁부플 티면(석 六 28). 퉁노고(漢 91c).
33) '쟁개비'는 함경방언에 쓰이는 것으로 조사되어 있다(리운규 외 1992).
34) 경상방언에는 '소두방, 소디뱅이, 소두벙, 소띠빙이, 소두배' 등 다양한 변이형이 쓰
　　인다.
35) '뚜껑' 및 '두베'에 대한 문헌 예와 방언형은 이기문(1991 : 34-35)을 참고

(5)-h 당숡(곽씨언간 3. 17), 당색니 사(筍)(正蒙 20a).

(5)-i 광지 비(篚)(歷代 24b), 모광어리 광(筐), 둥근 광어리 비(篚)(蒙語 字釋
    3a).

(5)-j 소구리 괴(蕢)(蒙語 字釋 2b).

(5)-k 면화 든 쟐리 허니(곽씨언간 81), 자르 탁(橐)(蒙語 字釋 3a), 즈리(袋)
    (嶺三 5, 14b).

(5)-l 밥보희 뾔(음식 11b).

(5)-m 도민(嶺三 5, 28b). 도마(俎)(時文 74b).

(5)-n 차담상, 발상(곽씨언간 64).

(5)-o 홍돗대 긋트로, 홍돗대 그테, 홍도대예(음식 11b).

'당숡'은 오늘날 경상방언에서 '당새기' 또는 '당시기'로 쓰이는 것이다.
가는 대나무 조각 따위를 엮어 만든 뚜껑 있는 상자로서 음식·반찬·떡
등을 담아 보낼 때 쓰이는 용기이다. '당숡'은 다른 문헌에 보이지 않고
'도숡'이라는 낱말이 옛시조에 나오는 것으로 이조어사전(유창돈)에 등재되
어 있다. '당숡'의 '숡'이 이음절화하여 '당새기'의 '새기' 또는 '도시락'의
'시락'이라는 형태가 생성되었다.[36] '숡'이 '새기' 또는 '시기'로 변한 것은
음운사적으로 설명이 가능하다.[37] '시락'은 어중에 모음 ㅏ가 끼어든 특이
한 변화형이다. '당숡'의 '숡'과 가까운 어형으로 '섥'[38]이 있다. '도숡', '당
숡', '섥'에서 공통 요소인 'sVlk'를 설정할 수 있다. 세 어형의 모음 V가 각
각 다른 것을 음운사적으로 명쾌하게 설명하기는 쉽지 않은 듯하다. '숡>
숡'은 쉽게 설명이 되지만 '숡'과 '섥'의 관계는 그렇지 못하다. 시간적으로
볼 때 '숡'보다 '섥'이 더 이른 시기의 문헌에 나타나므로 '섥>숡'과 같은
변화를 가정해 볼 수도 있겠으나 그 타당성이 검증되어야 할 것이다. 이들

---

36) 당숡'의 '당'은 중국(唐)에서 건너온 물건 이름에 붙은 접두사로 생각된다.

37) ·의 변화(·>ㅡ, ·>ㅏ), ㅣ역행동화, 치음하의 전설모음화, 어말 ㅣ 첨가 등의 규칙
    이 작용하여 이러한 변화형을 생성하였다.

38) 섥 협(篋), 섥 사(筍)(훈몽-초 중 : 7). 柳箱 섥(역해 하 : 15)(한청 11 : 44).

은 방언적 변이형으로 공존한 어형일 가능성도 크다. 19세기 말의 자료인 『정몽유어』(正蒙類語)에 '당색니'가 보이는데 이것은 '당새기'를 잘못 적은 것이다. '광지'와 '광어리'는 '광주리'의 방언형이고, '소구리'는 '소쿠리'의 방언형이다.

k는 '쟈릭'의 변화형이다. 오늘날 경상방언에 '자리' 또는 '잘리'가 쓰이는데 『몽어유훈』의 '자르'는 비어두의 ·>—가 적용된 어형이고, 『영남삼강록』(嶺南三綱錄)의 'ᄌ리'는 ㄹ 뒤의 —>ㅣ가 적용된 어형이다. l의 '밥보'는 '보자기'를 가리키는데 경북방언에서는 '밥부재, 밥부제'로 쓰이고 있다(최학근 1978). m의 '도미'는 '도마'에 어말 ㅣ 첨가가 일어난 어형으로 경상방언에서 많이 쓰인다.

n의 '차담상'(茶啖床)은 손님 대접으로 차린 음식상이다. '발상'은 길에 다닐 때 갖고 다닌다는 것으로 보아[39) 작고 간편한 상일 것이다. '발상'이라는 말로 보아 상다리 끝이 발 모양이었을 것이다. '홍돗대' 및 '홍도대'는 이 낱말이 '홍도'와 '대'의 결합임을 알려 준다.[40)

2.4. 주생활(住生活) 관련어

(6)-a 삽작 비(扉)(蒙語 字釋 2b), 지동 ᄉ(樹)(歷代 18a).

(6)-b 졍지 쥬(廚)(通學 重 21a)(正蒙 16b)(時文 68b), 졍지 포(庖)(歷代 2a), 졍쥬(嶺三3, 9b), 졍주(嶺三 7, 11b), 부억 조(竈)(通學 重 21a).

(6)-c 통쇠(七大 13a), 통시 칙(厠)(蒙語 字釋 2b), 칙간 칙(厠)(歷代 9a).

(6)-d 울탈(時文 41a), ᄇ름벽(음식 15a), 지 셩(城)(歷代 6a).

---

39) 내 길헤 가디고 돈니는 발상의 노하 잡습게 ᄒ쇼(곽씨언간 64)

40) 이 낱말은 다른 문헌에서 '홍도ᄉ개'(蒙類 下 11)와 '홍독긔'(海東 p.116)로 나오는데 시대적으로 보아 『음식디미방』의 '홍돗대'가 가장 앞선다. 어근 '홍도'에 접미사 '-대'가 결합하는가, '-개'가 결합하는가에 따라 어형이 달라진 것이다. '홍도'는 붉은 복숭아나무(紅桃)를 가리킨 것으로 짐작된다. '홍돗대'는 악귀를 쫓는다는 민간 신앙과 어떤 관련성을 가지고 붙여진 이름일 듯하다.

(6)-e <u>현반</u> 각(閣)(蒙語 字釋 2b), <u>혓가래</u> 연(椽)(通學 初 15b).

(6)-f <u>상사리</u> 봉(棚)(蒙語 字釋 2b), <u>상사리</u> 증(橧)(蒙語 字釋 3b).

'삽작'은 경상방언권에 널리 쓰이는 것으로 싸리, 대나무 따위를 얼기설기 엮어 만든 사립문이다. '지동'은 ㄱ구개음화 적용형이다. '정쥬'는 한자어 '鼎廚'(정듀)[41]에서 비롯되었는데 오늘날 경상방언에서는 주로 '정지'로 쓰인다. '졍듀>졍쥬(ㄷ구개음화)>졍쥐(어말ㅣ첨가)>졍즤(비원순화)>정지(단모음화)'의 변화 과정을 거친 것이다. 경상방언에서 '정지'와 '부석(또는 부엌)'은 뜻이 다르다. 전자는 음식을 만드는 공간 즉 '廚房'을 뜻하고, 후자는 솥을 걸고 불을 때는 '아궁이'를 가리킨다.

'통시'는 경상방언에서 '통시'라는 형태로 쓰이는데, 방언사전을 확인해 보니 '통새, 통세, 통수' 등이 제주, 전라, 강원, 경기, 평안 등의 여러 방언권에서 널리 나타난다.[42]

'울탈'은 어말모음 i가 탈락한 단축형이다. 'ᄇᄅᆷ벽'은 'ᄇᄅᆷ'(風)과의 동음충돌을 피하기 위해 고유어와 한자어가 결합한 것이다. 현대 경상방언의 '베름빡', '비름빡'은 'ᄇᄅᆷ벽'의 변화형임이 분명하지만 모음 변화의 양상이 특이하다. '지'(城)는 '자'(박통사언해 중간 上 54)에 어말 i가 첨가된 것인데 '城曰재'(行用吏文)에서 같은 어형을 찾아볼 수 있다. '현반'(선반)과 '혓가래'는 ㅎ구개음화를 겪지 않은 어형이다. '상사리'는 시렁 따위를 만들 때 쓰이는 목재[43]를 가리키는 것인데 옛말사전과 현대 국어사전에 없는 낱말이다.

(6)-g <u>흑</u>을(嶺三 17, 6a), <u>흑흘</u>(嶺三 14, 20b), <u>흘</u> 질고(음식 14b).

---

41) '졍듀'는 『신증유합』에 보인다. 廚 졍듀 듀(신증유합 상 23b).

42) 1537년 경상도 풍기 석륜암(石崙菴)에서 간행된 『치문경훈』(緇門警訓)에 기입된 훈석(訓釋)에도 '통식'가 나타난다. 한자어 동사를 풀이한 것이다(김주원 1997).

43) 박경래 교수가 충북 청주·괴산 등지에서 '성서리'라는 어형이 쓰이며, 이 어형은 누에를 치기 위해 시렁을 만들 때 시렁을 가로지르는 긴 장대를 가리킨다고 알려 주었다.

독(石)(嶺三 7, 7a), 독 셕(石)(漢蒙 15a), 돍(地藏 6a).
어덕(嶺三 3, 30b), 어득에 나려져 죽으니(嶺三 18, 26b).

g는 土石 및 지형에 관한 방언형이다. '흙'은 오늘날 이 방언에서 '흑'(흑이), '흙'(흙이), '홀'이 공존하는데 20세기 초 문헌에서도 함께 쓰였음을 알 수 있다. '독'과 '돍'은 중세국어의 '돌ㅎ'을 앞선 형으로 보면 '돌ㅎ>돍(h>k 변화)>돌(어간말 자음군 단순화)'이 된다. 그러나 앞에서도 언급했듯이 h>k 변화가 일반성이 결여된 것이므로, '돍'이 더 고형이고 여기서 '돌ㅎ'이 생성되었을 가능성이 있다. '어덕'은 '언덕'의 경상방언형으로 생각된다.

2.5. 도구 및 도량형 관련어

2.5.1. 도구 관련어

(7)-a 불미 야(冶)(漢蒙 15a).
(7)-b 독구(斧)(嶺三 1, 7b), 독구 월(鉞)(歷代 18b), 독기 장(斨)(蒙語 字釋 2b). 짜구 근(斤)(蒙語 字釋 2b), 방치 져(杵)(正蒙 18a).
(7)-c 셔다리 데(梯)(正蒙 25b), 싀드리 졔(梯)(歷代 18b).
(7)-d 쳉이 기(箕)(歷代 4b), 소판 기(箕)(蒙語 字釋 2b), 키 기(箕)(通學 初 17a)(漢蒙 9b).

a의 '불미'는 '불무'에서 변한 것이다. '불무>불뮈(어말 ㅣ 첨가)>불믜(비원순화)>불미(단모음화)'와 같은 변화 과정을 설정할 수 있다. b의 '독구'와 '짜구'는 '돗귀'와 '짜귀'에서 변한 것으로 여기에 적용된 uj>u 변화는 '모구', '나부' 등에 나타나며 남부 방언의 한 특징이다. c의 '셔다리'와 '시다리'는 현대 경상방언에서 '서다리' 또는 '새다리'로 많이 쓰인다.44) d의 '쳉이'는

---

44) 『동문유해』에 '서드리'(同文 上 34)가 나오므로 '서다리'는 다른 방언에도 쓰인 것이다.

현대 경상방언 '칭이'(어말 ㅇ의 약화 및 비모음화)의 이전 단계 어형이다. 『몽어유훈』의 '소판'은 쓰레받이를 가리키는데 한자어 '小板'이나 '掃板'으로 풀이하였던 것 같다.

> (7)-e 각구리(디장경 8b), 숫쌀구리 욱(鉥)(蒙語 字釋 2b), 써리(蒙語 字釋 2b).

(7e)는 농기구의 이름이다. '각구리'는 풀이나 짚 나부랭이를 긁어모을 때 쓰는 갈퀴로 이 방언에서 보통 '까꾸리'로 쓰인다. '숫쌀구리'는 아궁이의 숯이나 재를 끌어낼 때 쓰는 갈퀴이다. '써리'는 '써레'의 방언형이다.

> (7)-f 쑥방올 축(筑)(歷代 11b), 몽치(棍)(嶺三 10, 1b), ᄯᅩ리채 쥬(麈)(蒙語 字釋 2b).
> 살미 국(梮)(歷代 3a), 삼매 류(樏)(蒙語 字釋 2b).
> 온괴며 술위예 실겨(七大 13a-b), 가매 교(轎)(蒙語 字釋 2b).
> 놀디 범(帆)(歷代 18b), 롤대 장(檣)(蒙語 字釋 2b).

(7f)는 기구류 어휘 중 특이한 몇 예이다. '쑥방올'은 악기 이름으로 거문고와 비슷하며 대로 만든 것이다. 'ᄯᅩ리채'는 총채(먼지떨이)를 가리킨다. '살미'는 썰매인데 '삼매'는 이것의 오기(誤記)로 생각된다. 『칠대만법』의 '온괴며'에서 명사가 '온고'인지 '온괴'인지 분명치 않다. '가매'는 '가마'의 방언형으로 어말 ㅣ 첨가가 일어난 것이다. '놀디' 또는 '롤대'는 돛대를 뜻하는데 뱃사람들이 바다에서 일어나는 큰 물결을 '놀'이라 말하는 것과 관련이 있을 것이다.

2.5.2. 도량형 및 단위 명사류

(8)-a 졍울 형(衡)(通學 初 17b)-져울더 형(衡)(歷代 24a)-저울(염동 승규 25b)

슈쩌 쥬(籌)(歷代 12a)

(8)-b 길되로 서 말 아홉 되롤 꾸워 가니 딕말로 너 말만 주고(곽씨언 간 9)

'졍울'은 지금도 노인층에서 쓰는 경상방언이다. 동화사판『염불보권문』에 '저울'이 그대로 쓰였으므로 20세기 초에 /ㅇ /(ng)가 첨가된 것으로 보인다. '슈쩌'는 '수(數)ㅅ대(竹)'로 분석되며 수를 헤아리는 데 쓰는 대조각을 가리킨다. '길되'는 먼 길을 갈 때 노상(路上)이나 객사(客舍)에서 통용되는 '되'로서, 촌락 생활에서 쓰는 '되'보다 양이 적었을 것이다. '딕말'(宅斗)은 집에서 보통 쓰는 말로 '길말'이 있었다면 이보다 양이 더 컸을 것이다.

(8)-c 바치 크다 호디 마수지기롤 모룬ᄂ다(곽씨언간 113).

(8)-d 문어도 흔 가릐만 (곽씨언간 3).

쇼…닐곱 바리(곽씨언간 24), 쇼 두 바리(염동 공각 23a), 쇼 두 머리(미타 32a).

숙쏭 한 머리(嶺三 11,10a), 오리 두 마리(염동 공각 23b).

c의 '마수지기'는 현대어 '마지기'에 해당하는데 문맥으로 보아 '마지기 수(數)'를 잘못 적은 것으로 보인다. d의 밑줄친 '가릐'는 문어 따위처럼 다리가 많아 갈래진 것을 세는 단위 명사인데 다른 문헌에서 보이지 않는다. 17세기의 방언형일 가능성이 있다. 소나 오리 등 짐승을 셀 때 쓰는 '바리', '마리'는 현대 경상방언에서도 혼용되고 있다.

2.6. 시후(時候) 관련어

(9)-a 하로(一日)(嶺三 1, 30a), 초하로 삭(朔)(通學 初 2a), 초ᄒ로(女士 14b).

(9)-b 아젹(음식 21b), 아뎍, 아젹(음식 8b). 정심 오(午)(歷代 11b).
　　　지녁(嶺三 3,27a), 전녁(嶺三 2, 20a)(歷代 16a)(通學 初 2a), 졔녁(嶺三 3, 8b), 져역(嶺三 17, 16a), 전역(嶺三 17, 18a), 져력(嶺三 17, 20a), 진력(嶺三 1, 11a). 저녁(음식 7a),

(9)-c 줌 드온 슷도 닛줍디 몯 ᄒᄋ와(곽씨언간 111), 스시(七大 13a).

(9)-d 후제 희여 사롬 올 제(곽씨언간 114).

(9)-e 나우리 하(霞)(正蒙 4b).

(9)-f 져을(冬)(미타 5a), 겨슬(冬)(七大 17b), ᄀ슬(秋)(七大 17b).

　a의 '하로'는 'ᄒᄅ>ᄒᄅ>하르>하로'의 변화를 겪은 것으로 보이는데,[45] 경상방언에서 널리 쓰인다. b는 하루 중의 때에 관한 명칭이다. '아젹'과 '정심'은 지금도 이 방언에서 쓰인다. 후자는 종성 ㅁ의 겹침에 따른 이화의 일종으로 보인다. '저녁'의 방언형과 그 표기는 문헌에 여러 가지로 나타나는데, 현재의 방언형인 '저녁'과 '지녁'에 가까운 것은 '전녁'과 '지녁'이다.

　c의 '슷'은 '사이'(間)의 뜻으로[46] 당시의 현풍방언에 있었음을 알 수 있다. 『칠대만법』의 '스시'는 '스싀'에 대응하는 경상방언형일 것이다. d의 '후제'는 오늘날 경상방언에서 '글피' 또는 '불특정한 다음의 어느 날'이라는 두 가지 뜻으로 쓰인다.[47]

---

45) 어말 모음 ─>ㅗ의 변화는 음운론적 설명보다 어형성과 관련된 음절 구성상의 제약으로 처리되어야 할 것이다. 현대국어는 어말 음절의 모음이 ─가 될 수 없다는 형태 구조 제약을 가진다.

46) 중세국어 문헌에 쓰인 어간의 기본형은 '슷'이다. 그슷 스치 업스니(南明 상 13-14). 「현풍곽씨언간」에서는 "줌 든 슷도 닛줍디 몯ᄒ와 일야 분별이 그지 업스와이다"와 같이 일정한 투식의 문형에서만 쓰인다.

47) 『계림유사』에 '明日曰轄載'가 나오는데 이 '轄載'에 대한 어형 추정은 학자에 따라 차이가 있다(이기문 1991 : 17). '轄'와 '후'의 모음 대응에 문제가 있지만 '轄載'는 '후제'

e의 '나우리'는 '노을'을 뜻한다. 『정몽유어』의 저자 이승희의 고향 경북 성주군 월항면에서 필자가 1994년에 지명조사를 할 때 '나부리'를 확인한 바 있다.[48] '나우리'는 '불꽃'을 뜻하는 '나올'[49]의 변화형이지만 '나부리'는 '나올'이 그 이전 단계에 ㅂ을 가진 것임을 보여주는 고형이다. f의 '져을'은 18세기 초의 예천방언으로 ㄱ구개음화 적용형이며, 오늘날 이 방언에는 '저을'로 쓰인다. '겨슬'과 'ᄀ슬'은 △의 변화와 관련된 방언형이다.

2.7. 동물 관련어

   (10)-a 숑아치(곽씨언간 16), 소아지 독(犢)(通學 重 17a).
        <u>민야디</u>(곽씨언간 92)-마아지 구(駒)(通學 重 17a), <u>나구</u>(驢)(嶺三 1, 22a).
        <u>둘</u>(鷄)(杜重 11, 12a), 둘 계(鷄)(類合 남해 8a), <u>달</u>이 울면(女士 27a).
        <u>암돍</u>(음식 9a), <u>암닭</u>이(女士 9b).
   (10)-b <u>사심</u>(嶺三 3, 10b, 3, 30a), <u>톳기</u>(嶺三 8, 6b).
        여희(嶺三 3, 34a), 코기리 상(象)(通學 重 17b).

a는 가축 이름이고 b는 산짐승 이름이다. '숑아치'는 『훈몽자회』의 '숑아지'(초간본 上 10)와 '치'와 '지'가 다르며 방언형의 반영으로 생각된다.[50] '민

와 관련될 가능성이 높다. 조선 시대 이후 '훗날'이라는 표상적 의미 때문에 한자 '後'에 견인되어, 고유어 음을 나타냈던 '轉'가 음상이 비슷한 '後'로 대치된 결과 '후제'가 생겼을 것이다. 한편 『소학언해』, 『언해태산집요』 등에도 '후제'가 나타나지만 의미에 약간의 차이가 있다.

48) 아침노을을 '아적 나부리', 저녁노을을 '지녁 나부리'라 하였다. 경북방언에 '나오리, 나우리, 나부리, 나불' 및 '뿔새, 북새' 등 다양한 어형이 나타난다.

49) 븘나오리 빗나(金삼三 29), 븘나오리니(南明 下 3).

50) 『국한회어』(1895)에 나오는 '소아지'(조항범 1998 : 127)도 경상방언의 반영일 가능성이 높다. 『국한회어』의 편찬과 필사에 경주방언권 출신이 참여했기 때문이다. 이 점에 대한 설명은 홍윤표(1986)와 백두현(1998) 참고할 수 있다. 유창돈(1975 : 183)의 '송치'(靑大 p.158), '숑티'(柳物 一 毛)도 참고가 된다.

야디'는 off-glide j가 겹쳐진 어형이고, '나구'는 어말 ㅣ가 탈락한 방언형이다. 'ᄃᆞᆯ'(<ᄃᆞᆰ)은 어간말 자음군 ㄺ에서 ㄹ이 남은 방언형이다. '암닭'은 복합어 형성 시 '암ㅎ'의 ㅎ종성이 탈락하는 모습을 보여준다. 현대 경상방언에서도 '암딱-암딸', '쑥딱-장딱'과 같이 실현되어 종성 ㅎ은 나타나지 않는다. b의 '사심'과 '툇기'는 전설모음화 및 ㅣ역행동화를 겪은 방언형이다.

(10)-c 꽁(嶺三 3, 2b. 9, 9b. 7, 11b), 쩡(嶺三 6, 26a). 소리긔 연(鳶)(通學 重 17a), 소리기(鳶)(時文 55b), 솔기(嶺三 8, 3b), 솔키(嶺三 10, 19b). 가마구(嶺三 4, 1b), 비들키(嶺三 4, 18a), ᄀᆞᆯ미 구(鷗)(類合 남해 7b).
(10)-d 쑥 웅(雄)(歷代 8a), 숙꽁 한 머리(嶺三 11,10a).
(10)-e 자ᄅᆡ(鼈)(嶺三 9, 9b), 억머구ᄅᆡ 소ᄅᆡ로다(염동 인과문 42b). 밋구리 추(鰍)(通學 重 19b), 슝에(음식 4a), 괴기 어(漁)(歷代 9a).

c는 새 이름이다. '꽁'은 경상방언에 널리 쓰이는 방언형이다. '소리긔', '소리기'는 '쇼로ᄀᆡ', '쇠로기', '쇼로기' 등의 어형이고, '솔기'는 '소리기'의 단축형이다. '솔키'와 '비들키'는 비어두에서 유기음화가 일어난 특이형이다. '가마구'는 20세기 초의 문헌에 빈번하게 나타나는 변화형이다. 'ᄀᆞᆯ미'는 다른 문헌에 나타나는 'ᄀᆞᆯ며기'와 다른 어형으로 간행지 방언의 반영일 가능성이 높다.

d의 '쑥'과 '숙'은 '수ㅎ'에 대응하는 경상방언형으로 오늘날 이 방언에 '쑥놈', '쑥개'와 같은 낱말에 쓰인다. 경상방언의 '숙'은 '수ㅎ'을 기준으로 하여 h>k 변화(최명옥 1982)를 겪은 것이라고 기술할 수도 있으나, k>h 변화를 적용하여 어말 k를 고형(古形)으로 간주할 수도 있다.

e는 파충류 및 물고기 이름인데 대부분 이 방언에서 쓰이고 있다. '자ᄅᆡ'는 어말 ㅣ첨가형이다. '억머구ᄅᆡ'는 경상방언에 쓰이는 '억머구리'와 일치한다.[51] '밋구리'도 현재 쓰이는 방언형으로서 '미꾸래이', '미꾸람지'와 공

51) 『미타참략초』의 '억머구ᄅᆡ'는 '억머구리'에 속격조사 '-ᄋᆡ'가 붙은 것으로 보인다.

존하고 있다. '슝에'는 '슝어'의 어말 ㅣ 첨가형이고, '괴기'(<고기)는 ㅣ 역행 동화가 적용된 방언형이다.

(10)-f 벌기(음식 9b)-벌긔 황(蝗)(歷代 19a)-벌기 쵹(蠋)(歷代 9a)-벌기(蟲)
　　　(嶺三 3, 2b)
(10)-g 거무 지(蜘)-거무 주(蛛)(歷代 25a) 팔리와 모구(嶺三 3, 27a) 쌴찌불
　　　형(螢)(通學 重 18a)

위 예는 벌레와 곤충 따위의 낱말이다. f의 '벌기'는 방언형임이 분명하다. 중세국어 문헌에는 '벌에' 및 '벌어지'로 나타난다.[52] 오늘날 이 방언의 '벌기'나 '벌거지' 및 위 예들은 ㄹ 뒤의 ㄱ이 유지된 것인데 ㄹ 뒤의 ㄱ 탈락이 지역 방언에 따라 차이가 있었음을 보여준다. g의 '거무', '모구'는 어말 uj>u를 실현한 남부방언의 한 특성을 반영한다. '쌴찌불'은 어두 경음화가 적용된 방언형이다.

2.8. 식물 관련어

(11)-a 복셩 도(桃)(歷代 16b), 복송(嶺三 11, 33a), 복셩나무(嶺三 7, 22a). 개
　　　곰(음식 1a), 으긔비 당(棠)(歷代 19b).
(11)-b 싹닙(음식 19a), 닥닙흐로(음식 22b), 싹나무 뎌(楮)(通學 重 16a). 청
　　　속가비(음식 15a), 거재 재(梓)(蒙語 字釋 1b), 부도나무(朝漢 20a), 느
　　　름나무 유(楡)(通學 初12a), 누투 괴(槐)(類合 남해 6a).
(11)-c 혼 낭글 셰워시되(염동 승규 25a), 남글 치고(嶺三 1, 6a)-쏭남글 다
　　　혀(음식 9a), 옷남글 ᄇ릴 거시니(곽씨언간 56).

a는 과일 이름이다. '복셩'과 '복송'은 중세 및 근대 문헌에 나타나는 '복

---

52) 간행지가 명확하지 않은 『선가귀감언해』(1579/1610)에 '벌게'(下 60)가 있다. 이 어형은
이 책에 방언적 요소가 개입되었음을 보여주는 것이다.

셩'과 '복숑'(복쇼와)의 변화형으로서 현재 경상방언에 쓰이고 있다. '개곰'
은 중세 문헌의 '개옴'(朴초 上 4) 또는 '개욤'(三綱 孝 32)과 달리 ㅣ뒤에서 ㄱ
이 탈락하지 않은 형태이다. ㄱ탈락이 ㄹ 뒤에서처럼 ㅣ 뒤에서도 공통어
와 달랐음을 보여준다. 'ᄋ긔비'는 중세국어의 '아가외'(字會 上 11)의 대응형
인데, '아가비'(物譜 木果)와 더 가까운 어형이다.

b의 '싹'(楷)은 이 방언에 지금도 쓰이는데 17세기에 이미 어두경음화를
겪었다. '청솔가비'(청+솔+갈비)는 아궁이의 땔감으로 쓰이는 '푸른 생소나
무 가지'이다. 이 낱말은 필자가 어렸을 때 많이 들었던 것이다. '거재' 나
무는 '거자'[53] 나무의 어말 ㅣ첨가형이다. '누름나무'와 '누투'는 '느릅나
무'와 '느티'의 방언형인데 이 지방의 노년층 언어에 흔히 쓰이는 어형들이
다. '부도나무'는 미상이다.

c는 '나모-낡'의 특수 곡용을 보여준다.[54] 오늘날 이 방언의 노년층 화
자들이 드물게나마 "낭구 하로 갔다"와 같이 재구조화된 '낭구'를 쓰는데
그 원형을 동화사판 『염불보권문』의 대격형 '낭글'에서 발견할 수 있다.

(11)-d 정구지 히(薤)(通學 初 10b), 정구지(嶺三 3, 25b), 염교(음식 9a).
　　　샹채 와(蒿)(通學 初 11a), 상체 와(蒿)(通學 重 14b), 부루(時文 45a).
　　　말밤 빈(蘋)(類合 남해 5b), 말밤 조(藻)(類合 남해 5b), 말밤 조(藻)(通
　　　學 初 11b)
　　　우방 우(芋)(類合 남해 6b), 고미 고(菰)(蒙語 字釋 1a).
　　　물외(水瓜)(嶺三 10, 32a), 게목,[55] 외치무우, 진이, 셩이, 건박[56](음

---

53) 거자나무는 거자수나무 또는 거제수나무라고도 부른다. 일부 국어사전에 이 나무를
　　자작나무라 풀이한 것도 있으나 자작나무가 아니고 자작나무과에 속하는 나무이다.
　　남부지방에 거자나무는 있지만 자작나무는 북부 지방에 식생하는 것이다(안명철 교수
　　의 제보). 자작나무는 옛 문헌에 '봇나모'로 나온다.

54) 이와 같은 성격의 낱말로 '구무'와 '굶'을 들 수 있다. 궁게 잇셔(時文 56b)-궁글 파고
　　(時文 60b)-궁글 쓸워(음식 11a). 구무 두(竇)(歷代 18b)-구므 혈(穴)(漢蒙 15a)-목구무 패
　　(噲)(歷代 11a).

55) 참고 : 게여목 먹고(苜蓿)(杜초 21, 24), 게유목 목(苜)(字會 上 14).

식 13b).

(11d)는 채소 이름이다. '정구지'는 전형적인 경상방언형이다. '샹채'는 한자 '菜'의[57] 영향을 받은 표기로 생각되는데 이 방언에서 널리 통용되는 것은 '상추'이다. '부루' 또는 '부리'는 경북의 상주방언 등 일부에서 쓰인다.[58] '말밤'과 '우방' 역시 이 방언의 전형적 어형이다. 『한조식물명칭사전』(1982, 요녕인민출판사)에 '고미'(菰米)가 표제어로 실려 있는데, 일명 '줄'이라 한다. 이희승의 『국어대사전』에 '줄'은 포아풀과의 다년초로 구황식물이며 영과는 '고미'(菰米)라 한다고 설명되어 있다. '물외'는 오늘날 이 방언에서 '물이'로 쓰인다. '게목'은 '게유목' 또는 '게여목'의 단축 어형이다. '외치무우', '진이', '셩이', '건박'과 같은 낱말들은 고어사전에도 등재되어 있지 않은 말인데 당시의 방언형일 가능성이 있다.

(11)-e 츨옷(葛衣)(杜重 12, 23b), 츨 갈(葛)(類合 남해 5b), 칠기(葛)(朝漢 24b).
도트라지 려(藜)(通學 初 11a), 슉(<붉)(通學 初 11a), 죡약 작(芍)(歷代 21a).
넌줄 만(蔓)(正蒙 5b), 넌츌(時文 41b), 덩굴이가 이리저리 엉킨(時文 51b).

(11)-f 필기 총(叢)(類合 남해 12a), 필기(杜重 14, 3a), 필깃대(杜重 15, 6a).

(11e~f)는 그밖에 식물과 관련된 방언형이다. '츨'은 '츩'의 방언형이며, '칠기'는 어말에 ㅣ가 첨가된 방언형이다. '도트라지'(명아주)는 '도틱랓'의

---

56) '건박'은 '건(乾)박' 즉 '말린 박'일 듯하다.
57) 『동문유해』(하 3)에 '生菜 숭치 ○ 나무'가 나오며 이는 중국어의 차용어로 판단된다 (곽충구 1996 : 60).
58) '부루'는 충남과 충북 일원, 영동과 경북 북부, 함경도 지역에 분포한다(곽충구 1996 : 61).

어말에 ㅣ가 첨가된 어형이다. '숙'은 된소리 /ㅆ/이 없는 방언적 특성과 관련된다. '직약59)은 ㅣ역행동화가 적용된 방언형이다. '던줄', '넌출', '덩굴'은 이 방언에서 서로 혼재되어 쓰인다.

'펄기'는 중세국어 문헌에 보통 '퍼기'로 나온다. 중간 『두시언해』의 '펄기'는 초간본의 '퍼기'를 교정한 것이어서 주목된다. 이 변화는 두 가지로 해석될 수 있다. ㄹ 뒤의 ㄱ탈락 규칙이 17세기에는 소멸되어 ㄹ이 유지된 것이라고 볼 수도 있고, 경상방언에서는 이 규칙이 처음부터 미약하여 적용이 안 된 결과라고 해석할 수도 있다. 앞의 몇몇 예에서 보았듯이 ㄹ 뒤에서 ㄱ이 유지된 방언형이 많으므로 후자일 가능성이 높다고 생각된다.

3. 마무리

이상의 고찰을 통해 우리는 영남 간행의 문헌에 다양한 방언형들이 투영되어 있음을 확인하였고, 이러한 방언형의 형태·음운론적 특성과 의의를 밝혀 보려 하였다. 고찰 대상이 된 상당수 어형들이 현대 경상방언형과 같거나 밀접한 관련 속에 놓여 있음을 알 수 있었다. 그러한 방언형들은 국어사에서 일어났던 주요 음운변화에 의해 생성된 것이 가장 많고, 일부는 조어론적 차이에 의한 것도 있었다. 앞으로 개별 어휘 및 일정 계열을 이루고 있는 어휘류에 대한 체계적 기술이 이루어져야 할 것이다. 또는 방언사적 관점 및 타 방언과의 연관성을 기반으로 하여 종합적으로 어휘사를 검토하는 연구가 필요하다.

---

59) 이 낱말의 고형은 '샤약'이다. 샤약 쵹(芍)(類合 남해 5a)-샤약 약(藥)(類合 남해 5a)

영남 지역 국어사 자료의 연구 성과와 연구 방향

1. 영남 지역 국어사 자료의 현황

영남 지역은 문헌의 고장으로 알려져 있다. 조선시대의 영남에서 출판된 한문 서적은 타 지역에 비해 많은 편이며, 한글 문헌도 서울을 제외하고는 가장 많이 생산된 것으로 추산된다.[1] 문헌을 중시한 영남의 학풍이 이러한 결과를 낳은 것으로 본다. 간본(刊本)뿐 아니라 필사본에 있어서도 영남에서 생산된 숫자가 상대적으로 많은 듯하다.『음식디미방』,『온주법』,『시의전서』를 비롯한 필사본 음식조리서, 정확한 숫자가 파악되지 않은 규방가사 등의 가사류, 한글 제문, 한글 편지, 필사본 고소설 등 영남이 산출한 필사본은 정확히 파악되지 않은 상태이지만 상당한 분량에 이른다. 이러한 한글 문화유산은 한글 문헌 연구자에게 매우 고무적인 존재이다. 이 지역을 근거로 활동하는 연구자들은 한글 문헌의 발굴과 수집 정리, 새로운 방법론을 적용한 연구 등을 통해 자료의 가치를 밝혀내야 할 것이다.

이 글의 목적은 영남 지역에서 간행되거나 필사된 국어사 문헌 자료의

* 이 글은『어문론총』제59호(2013, 한국문학언어학회) 9-54쪽에 실렸던 것이다.

1) 영남 지역 출판 문헌의 연구는 류탁일(2001)에 집대성되어 있다. 이 책은 류탁일 선생이 영남 지역 출판에 관한 당신의 여러 논문을 모두 묶어 놓은 것이다.

현황을 기술하고, 이 문헌들에 대한 저간의 연구 성과를 개괄하면서, 앞으로의 연구 방향을 모색하는 데 있다. 필자는 기왕에 정리되었던 영남 지역의 한글 문헌 목록(백두현 1992 : 14-19)을 바탕으로 그 이후에 발견된 한글 문헌을 포괄하여, 영남 지역의 국어사 문헌2) 목록을 종합할 것이다. 이어서 이 문헌을 대상으로 한 기존의 연구 성과를 정리한 후3) 앞으로의 연구 방향을 고찰해 보려 한다.

연구 대상 국어사 자료의 범위는 1500년 이후부터 20세기 전기에 걸치며, 간인본(刊印本)과 필사본(筆寫本)을 망라한다. 자료의 성격은 경상방언의 역사적 연구에 도움이 되는 자료를 중요 기준으로 삼는다. 따라서 타 지역의 판본을 영남에서 복각(覆刻, 덮새김)한 것은 경상방언과 무관한 것이므로 언급하는 정도에 그친다. 자료의 시대적 하한을 20세기 전기로 잡은 까닭은, 이 시기에 이르기까지 이른바 전통적 방식의 문헌 생산이 계속된 점을4) 고려한 것이다. 그리고 필사본은 그것이 나온 지역과 필사 연대가 밝혀진 것에 국한하여 다룰 것이다. 필사본에 이런 제한을 둔 까닭은 규방가

---

2) 이 글에서 '국어사 문헌(자료)'와 '한글 문헌'이란 용어를 사용 문맥에 따라 적절히 교체해 사용할 것이다. '한글 문헌'은 표기 문자에 초점을 둔 용어이고, '국어사 문헌'은 연구 분야와 목적에 초점을 둔 용어이다. '한글 문헌'은 '국어사 문헌'의 부분집합이라 할 수 있다.

3) 최전승과 곽충구 교수 두 분의 연구는 국어사와 방언을 관련지은 성취이다. 방언사에 대한 최전승의 일련의 저서들은 문헌어의 방언을 심층적이면서도 광범위하게 분석하여 방언사 연구의 이정표를 놓은 성과이다.
최전승(1986), 『19세기 후기 전라방언의 음운 현상과 그 역사성』, 한신문화사.
최전승(1995), 『한국어 방언사 연구』, 태학사.
최전승(2004), 『한국어 방언이 공시적 구조와 통시적 변화』, 역락.
최전승(2009), 『국어사와 국어방언사의 만남』, 역락.
곽충구의 『함북 육진 방언의 음운론』(국어학총서 20, 국어학회, 1994)은 러시아의 현대 언어학자들이 기록한 육진 방언자료를 통시적으로 연구한 기념비적 저작이며, 곽충구(1996)는 국어사 연구에서 방언 자료가 어떤 역할을 할 수 있는지 보여주었다. 평안방언에 대한 최명옥(1985), 완판본 판소리 소설의 언어에 대한 이태영(2000, 2007)의 연구도 해당 지역어의 방언사 연구에 중요 참고 문헌이다.

4) 한글 가사의 전사 혹은 창작, 한글 고소설의 전사, 『영남삼강록』과 같은 전통적 문헌의 생산 등이 이러한 사례에 해당한다.

사,5) 한글 제문, 한글 편지 등은 영남에서 발견된 것이라 하더라도 산출 지역과 필사자를 확인할 수 없는 것이 적지 않기 때문이다.6)

지금까지 알려진 영남 지역의 국어사 문헌을 간인본과 필사본을 나누어 그 목록을 정리해 보기로 한다. 영남 지역의 언어 즉 경상방언의 역사적 연구에 어느 정도 가치 있는 문헌인가를 일차적 기준으로 삼아 아래와 같은 목록표를 만들었다.7) 서울 등 타 지역에서 이미 간행한 문헌을 영남에 가져와서 복각한 것은 경상방언의 역사적 연구에 이용하기 어렵다. 예컨대 가야산 봉서사판(鳳栖寺版) 『목우자수심결』은 간경도감판을 가져와 복각한 것이다. 이 책은 한글 문헌으로서는 가장 먼저 지방에서 간행되었다는 점에서 출판 문화사적 의의가 크고, 한글이 지방으로 확산되는 과정을 보여 준다는 점에서 한글문화사적 가치가 높다. 그러나 이 책은 복각판이어서 경상방언의 역사적 연구에는 도움이 되지 않는다. 이런 종류의 책은 불경 언해류와 사서삼경 등 유교 경서류에서 흔히 찾아 볼 수 있다. 아래 목록 표의 부류항에서 3이라고 표기한 것이 타 지역에서 간행한 것을 복각 혹은 모각(模刻)한 것이다. 아래 목록표에서 부류 3에 해당하는 문헌은 필자가 확인한 일부 문헌에 국한한 것임을 밝혀 둔다.8)

---

5) 아래 목록에서는 기행가사를 포함한 규방가사류는 제외하였다. 2013년 현재 경북대 이상규 교수와 안동대 전재강 교수에 의해 필사본 가사류가 정리되고 있다. 이 작업이 완료되면 상당한 수의 영남 가사 자료가 밝혀질 듯하다.

6) 한국국학진흥원(안동)에 소장된 기증 자료 중에는 한글 편지, 규방가사, 한글 제문 등이 포함되어 있다. 기증한 문중이 확실한 것은 앞으로의 연구를 통해 그 연대와 필사자를 밝혀 낼 수 있을 것이다. 현재의 필자는 한국국학진흥원의 필사본 자료들을 조사해 보지 않아서 이에 대해서 언급하지 않았다.

7) 아래 표에서 '부류'로 표기한 것은 자료의 방언사적 가치를 판단하기 위해 각 문헌의 성격을 다음과 같은 기준으로 분류하여 번호를 붙인 것이다(백두현 1992 : 13-14).
1부류 : 최초 간행지가 영남 지역이고, 타 지역에서 간행되지 않은 것.
2부류 : 최초 간행지가 영남 지역이고, 타 지역에서도 간행된 것.
3부류 : 최초 간행지가 타 지역이고, 영남 지역에서도 간행된 것.

8) 아래 표 및 자료에 대한 서술은 백두현(1992 : 14-19)을 바탕으로 확충한 것이다. 아래의 목록이 경상도에서 간행한 복각본 혹은 중간본의 전부가 아님은 물론이다. 예컨대

[표 1] 영남 지역 국어사 자료 목록표

서명	약칭	간년	간행지	판차	판종	부류	비고 (간행 주체. 소장처)
목우자수심결	목우자	1500	합천	복각본	목판본	3	가야산 봉서사
이륜행실도	이륜	1518	김천	초간본	목판본	2	옥산서원본
정속언해	정속	1518	김천	초간본	목판본	2	이원주 소장
여씨향약언해	여약	1518	김천	초간본	목판본	2	김안국 존경각본(尊經閣本)
선종영가집언해	선종 장수	1520	함양	중간본	목판본	3	함양군 장수사판
훈몽자회	훈몽 고성	1532	고성	중간본	목판본	3	부산대 도서관 소장
월인석보 권21	월인석	1542	안동	중간본	목판본	3	광흥사판
영험약초	영험약	1550	풍기	중간본	목판본	3	소백산 철암판. 동국대 소장9)
묘법연화경언해	묘법연	1561	풍기	중간본	목판본	3	희방사판. 규장각 소장
월인석보 권1,2	월인석	1568	풍기	중간본	목판본	3	희방사판
칠대만법	칠대	1569	풍기	초간본	목판본	1	희방사판
월인석보 권7,8	월인석	1572	풍기	중간본	목판본	3	비로사판
경민편	경민	1579	진주	중간본	목판본	2	진주부판. 동경교육대 소장
은중경언해	은중 보리	1582	의령	중간본	목판본	3	보리사판(菩提寺). 일본 吉澤義則 소장
이응태부인언간	이응태 부인 언간	1586	안동		필사본	1	이응태(1556~1586) 부인. 안동대 소장
은중경언해	은중 기방	1592	풍기	중간본	목판본	3	희방사판
학봉언간	학봉언간	1593	안동		필사본	1	김성일(1538~1593). 학봉종택 소장
경서석의	경석	1609	대구	초간본	목판본	2	경상감영판
은중경언해	은중 동화	1609	대구	중간본	목판본	3	동화사판. 여승구 소장
현풍곽씨언간	곽씨언간	1610년경	현풍		필사본	1	곽주(1569~1617)
불정심다라니경	불정심다	1631	상주	중간본	목판본	3	봉불암판
두시언해	두중	1632	대구	중간본	목판본	3	경상감영 및 인근 군

영남감영에서 간행한 사서삼경의 이판본들에도 여러 가지가 있다. 영남감영판 사서삼경의 이본에 대한 고증은 류탁일(2001)에 수록된 논문 「영영 간행 목기본 칠서류 간년고」를 참고할 수 있다. 불경 언해류도 아래 목록에서 빠진 것이 더러 있을 것이다.

서명	약칭	간년	간행지	판차	판종	부류	비고 (간행 주체. 소장처)
최진립언간	최진립언간	1636	경주		필사본	1	최진립(1568~1636). 영남대 소장
불정심관세음경	불정심관	1644	동래	중간본	목판본	3	범어사판
은중경언해	은중 통도	1648	양산	중간본	목판본	3	통도사판. 범우사 소장
천자문	천자 수다	1652	선산	중간본	목판본	3	수다사판. 목판 현전10)
유합	유합 수다	1653	선산	중간본	목판본	3	수다사판. 목판 현전11)
어록해	어록해	1657	병산	초간본	목판본	2	정양(鄭瀁) 발문 용흥사판
천자문	천자 파계	1668	대구	중간본	목판본	3	파계사판. 목판 현전12)
은중경언해	은중 운흥	1668	개령	중간본	목판본	3	김천 고방사(敲防寺)판. 운흥사 이관 1686년 후쇄본
음식디미방	디미방	1670년경	영양		필사본	1	규곤시의방 명칭 수정. 경북대 소장
은중경언해	은중 수암	1680	청도	중간본	목판본	3	수암사(水岩寺)판. 적천사 소장
은중경언해	은중 천룡	1686	경주	중간본	목판본	3	천룡사판. 영남대 소장
천자문	천자 영장	1700	남해	중간본	목판본	3	남해 영장사판
유합	유합 영장	1700	남해	중간본	목판본	3	남해 영장사판(改刻)
정속언해	정속 중	1700년대		중간본	목판본	2	18세기 전후
김약련 한글가사	김약련	1700년대	안동		필사본	1	김약련 (金若鍊) (1730~1802)
병와 언간	병와언간	1700년대	경주		필사본	1	한글박물관 소장
불설아미타경	불설아	1702	고성	중간본	목판본	3	운흥사판
미타참략초	미타	1704	예천	초간본	목판본	3	용문사판. 목판 현전
두창경험방	두창	1711	상주	중간본	목판본	3	이세항 중간본
병학지남육조언해	병학 육조	1715	대구	초간본	목판본	1	대구진판(大邱鎭)
이륜행실도	이륜 진주	1730	진주	중간본	목판본	2	위와 같은 판임
이륜행실도	이륜 영영	1730	대구	중간본	목판본	2	경상감영판
경민편	경민 상산	1730	상주	중간본	목판본	3	상주목사 이정소 간
병학지남	병학 우영	1737	진주	중간본	목판본	3	우병영판(右兵營)
병학지남	병학 상산	1740	상주	중간본	목판본	3	상산판(商山版)

서명	약칭	간년	간행지	판차	판종	부류	비고 (간행 주체, 소장처)
임종정념결	임종	1741	대구	초간본	목판본	2	팔공산 수도사판
임종정념결	임종 대원	1748	진주	중간본	목판본	2	수도사판의 복각(大院寺판)
왕랑반혼전	왕랑	1753	대구	중간본	목판본	3	팔공산 동화사판
불설아미타경	불설아	1753	대구	중간본	목판본	3	팔공산 동화사판
신증유합	신합 해인	1758?	합천	중간본	목판본	3	복각본에 가까움
병학지남	병학 영영	1760	대구	중간본	목판본	3	영남감영판. 권1언해
염불보권문	염동(念桐)	1764	대구	중간본	목판본	2	동화사판. 영남대13)
염불보권문	염해(念海)가	1776	합천	중간본	목판본	2	해인사판. 일사문고
염불보권문	염해(念海)나	1776	합천	중간본	목판본	2	해인사판. 경북대
염불보권문	염해(念海)다	1776	합천	중간본	목판본	2	해인사판. 계명대
염불보권문	염해(念海)라	1776	합천	중간본	목판본	2	해인사판. 계명대
신편보권문	신보	1776(?)	합천	중간본	목판본	2	해인사판. 규장각
밀교개간집	밀교	1784	성주	초간본	목판본	1	수도암판. 규장각
증수무원록언해	증수무원	1797	대구	중간본	목판본	3	1792년 초간. 1796년 중간 경상감영판
병학지남	병학 촉성	1798	진주	중간본	목판본	3	장용영판의 복각
퇴계선생연보	퇴계	1800년대			필사본	1	김광순 영인
의성김씨 김성일파 언간	의성김씨언간	1800년대	안동		필사본	1	83편/1829~1850년 (한중연 역주사업)
수겡옥낭자전	수겡옥	1800년대	경남		필사본	?	김정대(1992) 외 소개
문열공사적	윤섬	1800년대	?		필사본	?	복사본 소장
온주법	온주	1800년대	안동		필사본	1	의성김씨(내앞) 문서
신도일용요집14)	신도	1800년대	현풍	초간본	목판본	1	진언과 경문
학봉김선생행장	학봉행장	1800년대			필사본	1	학봉종택
류철조 언간	류철조언간	1804	안동		필사본	1	류철조 (1771~1842)
경민편언해15)	경민 조동일본	1806	울진		필사본	3	조동일 소장본(한중연)
은중경언해	은중 해인	1810	합천	중간본	목판본	3	해인사판
승부리안 주방문	승부 주방	1813	안동		필사본	1	규장각. 절첩 문서 뒷면

서명	약칭	간년	간행지	판차	판종	부류	비고 (간행 주체. 소장처)
병학지남	병학 영영	1813	대구	중간본	목판본	3	장용영판의 복각
십구사략언해	십구	1832	대구	중간본	목판본	3	대구감영판16)
정몽유어	정몽	1884	성주	초간본	목판본	1	이승희 (1847~1916)
을유본 유합	유합 을유	1885(?)	김해		필사본	2	이상규 소장
불설아미타경	아미	1898	밀양	중간본	목판본	3	표충사판
자전(自傳) 가사	자전가사	1900년대	의성		필사본	1	배준영 소장
진주언간	진주언간	1900년대	진주		필사본	1	백두현·김주원 소장
천곡선생 충열공행장	송상현	1900년대	?		필사본	?	백두현(복사본 소장)
태남잡기	태남	1900년대	합천		필사본	1	국립중앙도서관 소장
동천자(東千字)	동천	1900년대	안동		필사본	1	김호직(1874~1953)의 노년 저술17)
밀양 한글제문	밀양제문	1900년대	밀양		필사본	1	홍윤표 소장
주해천자문	주해천	1905	창녕	중간본	목판본	3	광통방본(廣通坊本)의 복각
여사수지18)	여사	1907	밀양	초간본	목판본	1	자암서당판
권왕문(勸往文)	권왕	1908	동래	초간본	목판본	1	범어사판
역대천자문19)	역대천	1910	산청	초간본	목판본	1	이상규(李祥奎) (1846~1922)
부별천자문20)	부천	1913	대구	초간본	목판본	1	재전당서포 간행
통학경편21)	통학 초	1916	영천	초간본	목판본	1	황용두(黃應斗)
시의전서	시의	1920년경	상주		필사본	1	
통학경편	통학 중	1921	대구	중간본	목판본	1	황용두(黃應斗) (증보판)
속수한문훈몽22)	한몽	1922	안동	초간본	목판본	1	봉양서숙(鳳陽書塾)판 송기식(宋基植)
조한사례23)	조한	1925	경주	초간본	납활자본	1	李升洛저
동몽수독천자문	동몽천	1925	밀양		필사본	1	김태린(金泰麟) (1869~1927)
한일선시문신독본	시문	1927	대구	초간본	납활자본	1	황용두(黃應斗)

서명	약칭	간년	간행지	판차	판종	부류	비고 (간행 주체. 소장처)
천자문	천차 척첨	1928	밀양	중간본	목판본	3	척첨대판. 석봉천자문
양정편(養正編)	양정	1929	상주	초간본	목판본	1	산수헌(山水軒)판
지장경	지장	1929	동래	중간본	납 활자본	3	범어사판
한양가 가사	한양가	1930년대	안동		필사본	2	백두현 소장
몽어유훈24)	몽어	1935	안동	초간본	목판본	1	
오륜행록	오륜	1936	군위	초간본	납 활자본	3	오륜행실도의 신활자판
영남삼강록25)	영삼	1939	대구	초간본	석인본	1	국립중앙도서관 소장

『은중경언해』의 여러 이판본들을 위의 도표에 넣었지만 표기법과 음운

---

9) 이 책은 복각된 것인데 동국대 도서관에는 한문과 언해 부분을 함께 묶은 책(D귀 213.19 영93c2)과 언해 부분만 있는 단행본(DR 213.19 영93)이 소장되어 있다(김무봉 2011 : 10).『영험약초』는 원래『오대진언』(1485)의 권말에 합철되어 있었던 것이다. 따라서『영험약초』는 15세기 자료로 다룰 수 있다.

10) 간기 : 歲次壬辰暮春日開刊

11) 간기 : 癸巳八月日類合開板

12) 간기 : 戊申三月日金縈書 李相國泰淵命靈竺刻

13) 같은 판본이 계명대학교 동산도서관에도 소장되어 있다. 판본 상태는 영남대본보다 좋지 않다.

14) 信徒日用要集

15) 이 자료의 필사지는 '울진 셔면 승부리'이며, 이후원이 간행한 개간본『경민편언해』를 필사한 것이라 한다(김주필 1994, 1996 : 117).

16) 종전에 이 책은 1772년에 간행한 것이라고 알려졌으나 김주원(1998)에 의해 1832년임이 고증되었다.『십구사략언해』이판본들의 계통은 백두현(2000)을 참고할 수 있다.

17) 정우락(2006 : 290)에 의하면『동천자』는 창작 연대는 미상이고 김호직(金浩直)이 노년에 짓고 쓴 친필본이다. 아들 김기수에 의해 1977년에 안동에서 해석본으로 출간되었다.

18) 女士須知

19) 歷代千字文

20) 部別千字文

21) 通學徑編

22) 速修漢文訓蒙

23) 朝漢四禮

24) 蒙語類訓

25) 嶺南三綱錄

변화 등 언어 현상은 판본별 독자성이 극히 미미하다. 『은중경언해』의 이 판본들은26) 사실상 복각본과 유사하여 방언사 연구에 별 도움이 되지 않는다.

2. 영남 지역 한글 문헌에 대한 연구 성과

영남 지역 한글 문헌에 대한 기존 연구는 개별 문헌의 특성을 분석하거나 그 결과를 경상방언의 역사적 연구와 관련지은 것이 많다. 지역에서 산출된 한글 문헌이 지역 방언 화자의 언어적 특성을 반영할 수 있는 만큼 이에 대한 방언사적 접근은 당연한 것이다. 영남 간행의 국어사 문헌 자료에 경상방언이 반영되어 있음은 일찍부터 여러 학자들의 관심을 끌었다. 영남 문헌에 한정하여 개별 문헌에 반영된 방언 요소를 논한 연구자와 그 내용을 간단히 살펴보면 다음과 같다.27)

2.1. 음운 연구

이숭녕(1967 : 364~365)은 1592년의 희방사판 『은중경언해』를 검토하면서 △>ㅅ 변화 현상에 주목하고 이것은 경상방언의 노출이라고 하였다. 전광현(1967 : 11)은 『동국신속삼강행실도』 소 18책이 각 지방에 나뉘어 간행(分刊)되면서 방언적 요소가 반영되었을 가능성을 언급했다.28) 또한 같은 논문

---

26) 『은중경언해』의 이판본에 대한 종합적 연구는 정재영(2006)과 송일기(2000, 2001)를 참고하였다.

27) 백두현(1992 : 9-10)은 경상방언, 전라방언, 함경방언, 평안방언을 각각 국어사 자료와 관련지어 연구한 업적을 정리하였다. 아래 내용은 백두현(1999)의 4.1절의 내용을 바탕으로 그 후에 이루어진 연구 성과를 보완하여 정리한 것이다.

28) 그런데 문헌어에 영향을 미치는 요소는 지역별 '分刊'보다 판하본(板下本)의 작성자와 작성지가 더 중요하다. 이 책의 판하본 작성자에 대한 연구가 먼저 이루어질 필요가

(전광현, 1967 : 13)에서 중간본 『두시언해』에 나타난 '쇠리'(<소리)가 경상방언의 요소일 것이라고 추정했다. 이기문(1959/1978 : 16)은 『칠대만법』에 나타난 경상방언의 현저한 영향을 지적하면서 '이붓, 머섬, 통시'와 같은 어휘를 방언의 예로 들었다. 또한 이기문(1998 : 120)은 『칠대만법』(1569)의 간기(刊記)가 "慶尙道 豊基地 小白山 池叱方寺 開板"로 되어 있으며, 간행지 방언을 일부 반영했음을 지적하였다. 이기문(1998 : 187)에서도 경상도 합천 해인사에서 개간(開刊)된 『염불보권문』이 그 지역 방언을 반영했음도 언급하였다. 안병희(1978 : 393)는 『이륜행실도』 해제(解題)에서 경상방언을 반영한 어휘들을 지적했다. 곽충구(1980 : 45)는 해인사에서 중간된 『은중경언해』(1810)에 '친흔 버즈란 ㅂ리고'(13b)의 '벗'(<벋)을 경상방언을 보여준 것이라고 하였다.

이러한 연구에서 한 걸음 더 나아가 영남 지역 국어사 자료를 방언사적 관점에서 좀 더 체계적으로 다룬 연구 업적에는 다음과 같은 것이 있다. 안병희(1957)는 중간본 『두시언해』의 ㄷ구개음화 현상을 경상방언과 연관지어 연구한 것으로, 이 연구는 지역 간행 문헌에 반영된 음운 현상을 간행지 방언의 관점에서 접근한 선구적 업적이다. 그는 중간 『두시언해』와 같은 시대에 간행된 『박통사언해』 등에는 ㄷ구개음화가 나타나지 않은 사실과 비교하여 『두시언해』의 언어가 간행지 방언을 반영한 결과라고 해석하였다.

전재호(1974) 선생의 『두시언해』에 대한 주석 및 종합적 연구에서도 경상 방언을 고려한 분석을 찾아볼 수 있다. 백두현(1988a)은 『두시언해』 초간본과 중간본의 차이를 음운사적 관점에서 비교하여, 중간본에 나타난 ㄷ구개음화는 물론 원순모음화, ㅣ역행동화, 어간말 자음군 단순화(불고<붉고) 등과 같은 음운 현상도 경상방언과 연관된 변화로 간주했다.

있다.

서재극(1962)은 문헌을 통한 경상방언 연구의 선구적 업적이다. 그는 노계가사, 도산십이곡, 농암의 시조, 『음식디미방』 등에 반영된 경상방언의 특징을 찾아내었다. 그는 20세기 초 경북 지역의 문인의 작품까지 다루어, 이들 자료에 반영된 방언 어휘들을 밝혀 놓았다. 『칠대만법』에 대한 연구로는 오종갑(1982), 김영신(1985) 등이 있다. 김주원(1984a)은 18세기의 경상방언을 반영한 『염불보권문』의 성격을 밝혔다. 김주원(1984b)은 이들 불교서에 반영된 음운 현상을 기술하여, 18세기 경상방언의 특징을 규명하였다. 홍윤표(1985a)는 20세기 초 서부 경남방언을 반영한 『역대천자문』의 간행자인 이상규(李祥奎)에 대해 밝히면서 이 책에 반영된 경남방언의 특징을 기술하였다. 홍윤표의 이 연구는 문헌의 간행지뿐 아니라 그것을 저술한 사람의 배경 방언과 활동 내역도 고려되어야 함을 보여주었다.[29]

백두현(1988b)은 남해 영장사판 유합과 천자문에 나타난 음운 변화를 전반적으로 기술하였다. 백두현(1988c)은 20세기 전반 대구에서 간행된 『영남삼강록』의 음운론적 특징, 특히 모음과 관련된 변화를 중점적으로 다루었다.

김영태(1992), 김형철(1992), 박창원(1992), 김정대(1992)는 경남대 도서관에 소장된 고전소설 『수겡옥낭좌전』을 경남 방언과 관련지어 종합적으로 연구한 성과이다.[30] 자료의 해제와 어휘, 음운, 문법형태의 특징이 각 저자에 의해 자세하게 밝혀졌다. 이 소설의 문법형태를 분석한 김정대(1992)에서 경남방언의 활용어미 '-닥고(-다꼬)', '-작고(-자꼬)', '-을락고(을라꼬)' 등의 생성 과정이 기술되었고, 대격 '-로', 보조조사 '-붓틈', '-쩌지' '-식로이' 등의 존재가 드러났다.

백두현(1998b)은 홍윤표(1985b)의 『국한회어』 연구에서 밝혀진 저자 관련 사항에 근거하여[31] 이 문헌에 나타난 모음의 혼기(ㅔ-ㅐ, ㅡ-ㅓ), 모음축약

---

29) 위 내용은 백두현(1989)의 연구사 서술 내용을 일부 고치고 다듬은 것이다.
30) 경남대 가라문화연구소 『가라문화』 9집에 영인본과 함께 수록되어 있다.

(ㅕ>ㅔ, ㅓ>ㅡ, ㅔ>ㅚ, ㅓ>ㅣ), ㅣ역행동화, 구개음화 등에 대해 기술하였다.
백두현(2000)은 17세기 전기의 「현풍곽씨언간」에 반영된 음운 변화를 종합
적으로 고찰하였다. 이 논문은 필사본의 대표적 장르인 언간에 대한 연구
가 국어 음운사 연구에 유용한 것임을 보여주었다. 백두현(2004, 2005)에서도
경상방언을 배경으로 가진 장계향의『음식디미방』의 음운 현상을 분석하
였다. 이 논문은 필사본의 수의적 음운 현상을 진행 중인 변화로 보고 진
행 상태를 계량적으로 분석하고 해석한 것이다. 백두현(2007)은 김태린(金泰
麟, 1869~1927)[32]이 지은『동몽수독천자문』(1925)의 구성과 문헌의 성격, 음
운 변화, 방언적 특이 자훈(字訓) 등을 종합적으로 연구한 논문이다.『동몽
수독천자문』은 필자가 본 문헌 중 가장 '진하게' 지역 방언을 반영한 문헌
인데, 음운 현상은 물론 특히 어휘의 측면에서 방언 어휘를 많이 노출하고
있다('밥그륵', '입슈구리', '쏠딕이', '팔쑤무리(肘)', '쎄쑤징이'[33] 등). 방언 어휘사
연구에 활용해야 할 좋은 자료이다. 경상방언을 반영한 문헌에 대한 연구
로서 필자가 미처 확인하지 못한 논문이 더 있을 수 있다.

영남 지역에서 산출된 개별 문헌에 대한 연구에 비해 여러 문헌을 아우
른 연구는 그리 많지 않다. 영남 지역의 문헌을 종합적으로 다룬 것은 백
두현의 박사학위 논문(1989)과 이것을 출판한 단행본(백두현 1992)이다. 여기
서는 영남 지역의 문헌에 반영된 국어 음운사의 여러 주제를 논하여 방언
음운사와 국어 음운사의 연계를 시도했다.

---

31) 『국한회어』의 저자 이준영(李準榮)은 당시 외부대신, 법부대신, 조선총독부 중추원 고
문을 지낸 이하영(李夏榮, 1858~1919)의 동생이다. 이하영이 경주 출신이므로 동생인
李準榮도 경주 출신일 것이며 기록사였던 이기영(李琪榮)은 이준영의 동생일 가능성이
있다(홍윤표 1985b : 636~638). 『국한회어』가 전적으로 경상방언(경주방언)을 반영한
것은 아니다. 『국한회어』의 필체를 검토해 보면 3인 이상의 필사자가 참여하였음을
알 수 있는데 그 중 한 사람의 필체에 경상방언 요소가 집중적으로 나타난다(백두현
1998b : 694).
32) 김태린은 밀양군 청도면 소태리에서 살았다.
33) 질경이. 경상방언과 전라방언의 여러 지역에 '빼뿌쟁이', '빼빼장구' 등과 같은 방언형
이 쓰였다.

백두현(1994, 1997, 1999)은[34] 경상방언의 역사적 형성 과정과 통시적 변천의 중요 사항을 정리한 것이다. 이 중에서 백두현(1999)은 박사학위논문(1989)의 내용을 중심으로 삼고, 그 이후에 추가 발견된 문헌의 음운 현상을 보충하여, 경상방언의 모음 변화와 자음 변화의 주요 사항을 요약하였다. 이 논문에는 백두현(1990)에서 다룬 경상방언의 문법 형태와 백두현(1998a)에서 다룬 경상방언의 어휘에 대한 것도 보완하였다. 백두현(1999)에서는 「현풍곽씨언간」과 『부별천자문』을 간략히 소개했고, 수다사판 『천자문』과 『유합』, 그리고 파계사판 『천자문』도 소개했다.[35] 이 논문에서 『십구사략언해』의 연대를 1832년으로 확정한 김주원(1998)의 연구 결과를 반영하여 이 문헌의 이판본들을 개괄하였다. 또한 김주원(1998 : 각주 13번)에서 지적된 동화사판 『염불보권문』 중 20~29장 부분의 연대를 동화사판의 권말 간기년(1764)보다 약간 늦은 18세기 말기에 보판(補板) 판각된 것으로 추정했다.[36]

2.2. 문법 형태 연구

영남 문헌에 나타난 방언적 문법형태에 대한 정리는 백두현(1990/2009)에서 이루어졌다. 이 논문에서 방언의 문법형태를 조사와 어미로 크게 나누어 다루었다. 주격 형태 중 모음 뒤에 오는 '-이', 대격의 '-로', 처격의 '-게', 여격의 '-한테', 비교격의 '-보담', '-마곰', '-만치'와 기타 특수조사 '-브텀', '-마동' 등의 용례를 추출하여 그 쓰임을 확인했다. 용언에서는 사동

---

34) 경상방언의 통시적 연구 성과와 전망, 『인문과학』 10집, 경북대 인문과학연구소, 1994.
　　경상방언의 형성과 음운적 분화, 『인문과학』 11집, 경북대 인문과학연구소, 1997.
　　영남방언의 통시적 변천, 『민족문화논총』 제20집, 영남대학교 민족문화연구소, 1999.
35) 이 판목에 대한 소개는 『전국사찰소장 목판집』(문화재관리국, 1987)과 안미경(1998)을 참고하였다.
36) 이 부분(20-29장)에 원래의 ㅏ를 ·로 역표기한 예가 집중적으로 발견된다. 용문사판, 해인사판, 흥률사판 등에는 이 부분의 내용이 들어가 있지 않다는 점과 음운 변화의 차이 등을 고려하여 이 부분의 연대를 늦잡는 것이다.

접사가 들어간 '실겨', '알겨', '마시키며', '상우지'(상하게 하지), '널쑤거날', '쩌루지', '넌구지'(넘기지) 등에 대해 논했다. 대우법에서는 공손법 '-이-'가 영남 문헌에 18세기까지 쓰였으며, 상대높임의 종결어미 '-소'(마시소, 흐시소)와 같은 방언형이 18세기의 문헌어에 다수 등장함을 지적했다. 의문법 종결어미로 방언적 특성을 보여주는 '-나'(모로나, 어더 잇나), '-ㄹ다'(엇지 날을 더러일다)와 같이 '-오'형 의문법과 '-아'형 의문법이 문헌 자료에서 확인되었다. 중부방언 등에서 소멸한 의문법 종결어미가 20세기의 영남 문헌에 나타남을 확인했다. 의도법 연결어미로 '-로'(밧틀 매로 갓더니), '-나'(자바 갈나 흐더뇨)가 있으며 후행 부정사와 결합하는 어미 '-들'(가들 못흐니), 문법화가 진행된 어미 '-가'(마자가 오면) 등을 문헌어에서 검증했다. 현대 경상방언의 구어에서 심하게 나타나는 어형 단축 현상이 문헌어에 반영되어 있음을 지적했다('알로'(아래로), '들내고'(들어내고), '드가'(들어가) 등). 이와 같은 단축 방언형은 지역에서 간행되고, 지역민을 독자층으로 삼은 책에서만 찾아 볼 수 특징적 현상이다.

그밖에도 필자는 경상방언과 관련 문헌을 소개하거나 그 속의 언어 분석을 행하면서 방언적 문법형태에 대해 기술했다. 예컨대『국한회어』에 15세기 중세국어 문법에 존재했던 의문법의 두 유형(설명의문문, 판정의문문)과 경상방언 특유의 추정법 어미 '-ㄹ다'가 나타남을 밝혔다. 그런데『동몽수독천자문』,『정몽유어』 등과 같은 한자 음훈 자료에는 문법형태가 거의 나타나지 않는다. 이런 한자 음훈 자료는 음운과 어휘의 연구에 이용할 수 있지만 문법형태를 살피는 데는 별 도움이 되지 않는다. 음운 연구에 비해 방언의 문법 형태에 대한 연구는 소략한 것이어서 앞으로 이 방면의 체계적 연구가 필요하다.

2.3. 어휘 연구

영남 문헌에 나타난 방언 어휘는 백두현(1998a)에서 정리되었고, 『국한회어』에 반영된 경상방언의 특징적 어휘를 추출하여 소개하였다(백두현 1998b). 백두현(2000)에서는 「현풍곽씨언간」에 반영된 특이한 어휘들을 정리했고, 백두현(2001)에서는 『음식디미방』의 곡물어, 상징어 등을 분석하였다. 백두현(2007)은 김태린(金泰麟 1869~1927)이[37] 1925년에 지은 『동몽수독천자문』의 특이 자훈(字訓)을 정리했으며, 이 문헌에 실린 방언 어휘에 대해 논했다.[38] 백두현(2012)은 18세기 초기 대구진 간행의 『병학지남육조언해』에 나타난 군사 어휘를 중심으로 정리한 바 있다. 백두현(1998a)을 제외하고는 개별 문헌의 어휘에 대한 단편적 연구이다. 앞으로 여러 문헌을 아우르면서 타 지역 자료와 비교하는 체계적 연구가 필요하다.

3. 연구의 방법과 방향

3.1. 연구 방법

3.1.1. 문헌의 서지 사항 분석

지역에서 생산된 문헌의 언어를 연구하기 위해서 먼저 문헌에 대한 서지 사항의 분석 방법을 알아야 한다. 연구 대상 문헌의 서지 정보를 정확히 파악해야 그 다음의 연구로 나아갈 수 있기 때문이다. 한글 문헌의 언어 연구에 필요한 서지 정보 분석 방법을 주요 사항 중심으로 논하기로

---

37) 김태린은 밀양군 청도면에 거주하며 활동했다.

38) 『동몽수독천자문』에는 '밥그륵', '입슈구리', '쏠딕이', '팔꾸무리(肘)', '쎄쌀징이' 등과 같은 특이한 방언 어휘가 실려 있어서 방언 어휘사 연구에 도움이 되는 자료이다.

한다.

문헌 조사에서 가장 기본이 되는 것은 그 자료의 서지 정보이다. 해당 문헌의 표지서명, 권두 서명, 판심 사항, 서문 작성자, 발문 작성자, 간기의 유무 및 간기의 내용, 간행지, 간행 기관, 간행자, 초고본(草稿本) 작성자 및 판하본(版下本) 서사자 등에 대해 자세히 파악한다. 이와 같은 간행 관련 정보를 파악할 수 있어야 그 문헌의 국어사적 가치를 판단할 수 있다. 이런 여러 항목에 대한 정보가 실려 있는 문헌도 있고 없는 문헌도 있다. 이 항목들 중에서 문헌의 언어적 성격에 가장 큰 영향을 미치는 것은 초고본 작성자라 할 수 있다. 판본은 대체로 공적으로 간행한 것이 많고 여러 사람의 교정을 거치므로 초고본 작성자의 영향이 적다. 그러나 필사본은 개인적 필요에서 작성한 것이 많아서 초고본 작성자의 배경 방언과 지식 수준 등의 요인이 영향을 미친다. 초고본 작성자와 판하본 서사자가 다른 경우도 있다. 공간(公刊)되는 판본은 필체가 좋은 서사자를 동원하여 판하본을 작성하기 때문이다.

간행지도 언어적 특성에 영향을 미치는 요소이다. 간행지가 지역의 사찰이나 감영이라 하더라도 서울 등 다른 곳에서 먼저 간행한 판본을 가져다가 복각(覆刻)하거나 그것을 베낀 판하본을 만들어 중간(重刊)한 문헌은 지역 방언을 반영하지 못한다. 각수에 관한 정보를 파악할 수 있으면 더욱 바람직하다. 지방 판본의 경우 대개는 그 지역에 거주하는 지역 사찰의 각수 승려나 지방 관아의 각수가 동원된다.

교정자에 대한 정보를 파악할 수 있으면 더욱 좋다. 각수는 문헌에 표기된 경우가 적지 않으나 교정자에 대한 정보 표기는 드문 편이다. 교정이 그 문헌의 언어에 영향을 미친 좋은 사례는 유희춘(1513~1577)이 지은 『신증유합』(1576)의 경우이다. 이 책의 판각이 완성되어 한 부를 인출하여 선조에게 바치니 선조가 시골말[俚語]이 많다고 지적하자 다시 판각을 고쳐 방언 요소를 제거하였다.[39] 이 사례는 교정 과정에서 문헌의 언어적 성격이 변할 수 있음을 보여준다.

간행과 관련된 정보도 중요하지만 그 문헌의 사상적 성격이나 사회적 배경, 간행의 목적과 예상 독자층 등의 요소도 문헌의 언어적 성격에 상당한 영향을 미친다. 이 점은 사서삼경 언해본(또는 간경도감판 불교서)과 『염불보권문』을 비교해 보면 쉽게 이해할 수 있다. 필자는 영남 지역에서 간행된 사서삼경의 여러 판본(版本)을 수집하여, 서울 등에서 간행한 판본과 비교해 보았으나 의미 있는 차이점을 찾기 어려웠다. 언해본 유교 경서는 규범성이 강한 것이어서 초간본 간행 이후 수백 년 동안 본문의 언어 변화가 극히 미미하다. 유교 경서의 이런 특성은 지배 체제를 끝까지 지키려 했던 양반 지배층의 보수성에 바탕을 둔 것이다.

본문의 강한 규범성은 불경 언해 및 부모은중경의 지방 판본에서도 확인된다.[40] 그런데 『염불보권문』은 불교 경전이 아니기 때문에 규범성의 제약에서 벗어난 문헌이다. 이 책은 예천 용문사의 초간본(1704)을 필두로 하여 동화사, 해인사, 전라도 무장사, 황해도 은율사, 평양의 용문사 등 여러 지역에서 간행되었고, 각 간행지의 방언을 반영한 것이 대부분이다.[41] 이 책은 불교 경전이 아니라 일반 서민들의 신앙심을 불러일으키기 위한 포교서이다. 지방에 거주하는 일반 백성을 독자층으로 한 책인 만큼 이들이 일상적으로 사용하는 언어를 고려하여 본문을 작성하였다. 이런 점은 유교 경서의 획일적 특성과 큰 대조를 보인다. 이 점에서 독자층은 문헌의 언어적 성격을 결정짓는 핵심 요인이라 할 수 있다.[42]

---

39) 이에 대한 자세한 정보는 안병희의 신증유합 해제(『신증유합』 영인, 1972, 단국대 동양학 연구소) 참고

40) 풍기군 희방사판 『월인석보』(1568), 안음현 장수사판 『선종영가집언해』(1520) 등이 그러한 예이다.

41) 『염불보권문』의 이판본의 방언적 특징에 대한 연구는 김주원(1984)을 참고할 수 있다.

42) 예컨대 유교 경서 등과 같이 한문을 직역한 언해서는 매우 강한 보수성을 띠지만 다양한 층을 청중(혹은 독자)으로 삼은 판소리계 소설은 상당한 수준의 구어성을 띤다. 이에 대한 연구는 최전승(2009)의 3장 등을 참고할 수 있다.

3.1.2. 간기 분석 방법과 그 사례

서지 항목의 조사에서 특히 중요한 것은 간기(刊記) 정보이다. 간기 분석의 방법을 사례를 통해 알아보기로 한다. 해인사판 『염불보권문』(서강대 도서관 소장본)의 경우를 보자.[43] 이 책에는 제목이 다른 여러 편의 언해문이 묶여 있다. 이 책에는 간행 관련 내용과 간기에 대한 정보가 여러 군데 흩어져 있다. 첫째 것은 제55장 앞면에 실린 한문 「현씨발원문」(玄氏發願文)이다. 이글의 끝(55장 뒷면)에 현씨의 막내아들 각성(覺聖, 승려의 법명)이 어머니의 유언을 봉행하기 위해 보권문(普勸文) 판을 새로 새기고 그 판목을 해인사 팔만대장경 서각(書閣)에 보관했다는 한문 기록이 있다.

이 내용은 56장부터 58장 앞면에 이르기까지 '션씨발원문'이라는[44] 제목으로 언해되어 실려 있다. 이 책의 간행 주체가 현씨와 그의 아들 각성임을 기록한 것이다. [그림 1]의 발원문을 보면 '현씨'를 '션씨'로, '셩(姓)'을 '형'으로, '가사(袈裟)'를 '가새'로, '위ᄒᆞ니'를 '위ᄒᆞ이', '아니ᄒᆞ고'를 '아이ᄒᆞ고'와 같은 당시의 방언형을 다수 찾을 수 있다.

---

43) 해인사판과 홍률사판 『염불보권문』, 해인사판 『신편보권문』의 책판이 모두 해인사 장경각에 보존되어 있다. 1954년에 경북대 대학원 국어국문학과에서 해인사의 책판을 재인출하여 배포한 바 있다. ㉠ 『念佛普勸文』, 興律寺板, 慶北大學校大學院 國文學科硏究室, 國語國文學硏究資料 第二輯 (其三), 檀紀四二八七年(1954) 十二月一日 印刷. ㉡ 『念佛普勸文』, 海印寺板, 慶北大學校大學院 國文學科硏究室, 國語國文學硏究資料 第二輯 (其四), 檀紀四二八七年(1954) 十二月一日 印刷. ㉢ 『新編普勸文』, 慶北大學校大學院 國文學科硏究室, 國語國文學硏究資料 第二輯 (其五), 檀紀四二八七年(1954.) 十二月一日 印刷.
44) '현씨발원문'(玄氏發願文)을 한글로 '션씨발원문'이라 적은 것이다. ㅎ>ㅅ 구개음화와 이중모음 'ㅕ'의 이표기를 보여준다.

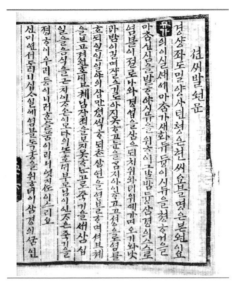

[그림 1] 염불보권문(해인사판) 현씨발원문(제56장 앞면)

宗師秩　照愿 朗奎/(줄바꿈) 性雨 　/ 維善 斗定
　前御秩　梵仁45) / 補信/ 照信/ 寶行/ 和信/ 爾允 性摠 /
　刻手秩　管營 / 永元/ 顯哲/ 摠允 / 摠性/ 善一
　時維那 肅聰
　住持 孟震　　三綱 琢贊 允性 義官
　僧統 法剃　　記室 勸榮 大淑 奉玄
　乾隆 四十一年 丙申 三月日 慶尙道 陜川 海印寺 開刊

　종사질(宗師秩)은 이 책의 번역과 내용 감수 등에 관여한 스승 역할을 한
승려 5명의 명단이다. 전어질(前御秩)은 책의 간행을 감독 관리한 7명의 승려
명단이다. 각수질(刻手秩)은 판각에 참여한 각승(刻僧) 6명의 명단이다.46) 시유

---

45) '梵仁'의 '梵'자는 '林'자 밑에 '之'가 있는 이체자이다. 폰트가 없어서 '梵'으로 입력해
　둔다.
46) 각종 불교서의 각수 직임을 표시한 것에 '각(刻)', '각수(刻手)', '각수승(刻手僧)', '각수
　질(刻手秩)', '각자(刻字)', '각원(刻員)', '공덕각(功德刻)', '간공(刊工)', '도(刀)' 등이 있다

나(時維那)는 간행 당시 이 일의 제반 서무를 담당한 사람인데 1인이다.[47] 책의 간행 당시의 주지(住持)는 맹운이고, 삼강(三綱)은[48] 세 사람이다. 승통(僧統)은 승과에 합격한 후 승진한 직급 이름이다. 기실(記室)은 간행 업무과 관련된 각종 기록을 담당한 승려 직명이다. 이 용어들은 사찰 특유의 직책 이름을 가리키며, 하나의 일을 어떻게 분담했는지 그 내용을 알려 준다.[49]

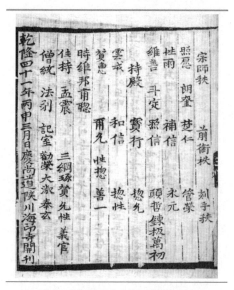

[그림 2] 염불보권문(해인사판) 간기(58장 뒷면)

(김영선, 해인사 간행 서적의 서지적 분석, 경북대학교 석사학위논문, 1996, 106-108 참고). 간기에 나오는 각종 용어와 관련 논문을 찾아 준 경북대학교 도서관 고서실 임기영 선생께 감사 드린다.

47) '시유나(時維那)'의 '시'는 현임(現任)이란 뜻이고, '유나'는 사찰 용어로서 요즈음의 총무 정도에 해당하는 직명이다. 관련자가 여러 사람일 때 '각수질'처럼 '질'(秩)자가 붙는다.

48) 삼강(三綱)이란 절에서 대중을 통솔하여 기강을 유지하는 세 직책(上座, 寺主, 都維那)을 말한다. 상좌는 덕망이 높아 승려들을 통솔한다. 사주는 사찰 관리 승려이고, 도유나는 사찰의 여러 일을 지도하고 단속하는 승려이다(류탁일(1990) 참고).

49) 그런데 해인사판『염불보권문』의 권말 간기에는 시주자 표기가 없고, 각 판면(板面)의 난외(欄外)에 시주자 이름을 새겨 놓았다.

제58장 뒷면에 [그림 2]의 간기가 나오는데 이 간기를 통해 이 책의 정확한 간행 관련 정보를 알 수 있다. 이 책의 간행에 기여한 사람들의 직책과 승려들의 법명이 나열되어 있다.50) 아래의 간기 판독문 중의 / 기호는 원전에서 줄바꿈이 된 곳을 뜻한다.

위 간기에서 가장 중요한 것은 맨 끝에 있는 '乾隆四十一年丙申三月日慶尙道陜川海印寺開刊'이라는 간행 기록이다. 이 기록은 이 책을 간행한 때는 1776년 3월 어느 날이고, 간행지는 경상도 합천이며, 간행 기관은 해인사임을 알려 준다. 이 기록은 이 책의 언어적 성격에 관한 가장 중요한 정보를 담고 있다.

보통의 경우 간기가 책의 끝장이 되는 경우가 많다. 그런데 [그림 2]의 경우는 간기가 나온 뒤에 다른 내용이 계속 이어져 있다. 한문 '아미타불인행(阿彌陀佛因行)'과 이를 번역한 언해 '아미타블인힝'이 1장(앞뒷면)에 이어지고, 그 뒤에 다시 이 책의 원간본인 용문사판 권두에 실린 승려 명연(明衍)의 서문이 첨부되어 있다. 원간본의 서문을 권말에 수록함으로써 이 책을 처음 만든 분의 공적을 드러낸 것이다. 명연의 서문이 끝난 뒤에 다시 『왕랑반혼전』을 첨부해 놓았다. 간기 장 뒤에 추가된 내용에는 장차가 일련번호로 연속되어 있지 않고 별도로 표기되어 있다. 보통 이미 만들어 놓고 쓰던 목판을 재사용할 때 이렇게 한다.

1520년에 안음현 장수사(長水寺)에서 중간한 『선종영가집언해』의 간기는 다음과 같다.51)

50) 불교서적 뒤에는 상당히 자세한 간기가 있는 것이 많다. 이 간기에는 사찰 운영에 대한 정보, 사찰의 불사에 참여한 사람들에 대한 정보 등이 담겨 있다. 간기는 사회사 연구 혹은 불교사 연구에 유용한 것이다. 예컨대 『염불보권문』의 여러 이판본들(예천 용문사판, 해인사판, 동화사판, 흥률사판, 평안도 용문사판 등)의 간기를 비교 대조해 보면 당시의 사회사, 사찰 운영 등에 대한 흥미로운 결과를 얻을 수 있을 것이다.
51) 이 책의 책판이 해인사 장경각에 보존되어 있다. 이 책판을 이용하여 경북대학교 대학원 국어국문학과에서 재인출한 책이 널리 유포되었다. 『禪宗永嘉集諺解』 玄覺 撰, 上下 2책, 慶北大學校大學院 國文學科研究室, 國語國文學研究資料 第二輯 (其六), 檀紀四二八七年

正德十五年 庚辰六月日 慶尙道 安陰地 智牛山
長水寺重以開刊
幹善山人 子弘
化主 道限
鍊板 信行
供養主 信草 貫之 雙雲 ?世
刻手秩 得之 性憐

간행 기록 '正德十五年 庚辰六月日 慶尙道 安陰地 智牛山'이 맨 앞에 나
오고 그 뒤에 간행 관련자 명단이 실려 있다. 앞에서 본 『염불보권문』과
반대이다. 정덕 15년은 중종 15년인 1520년이다. 안음(安陰)은 간행 당시에
안음현이었으나 지금은 함양군 안의면으로 되어 있다.[52] '안음' 뒤에 붙은
'지'(地)는 우리말 '땅'에 해당하는 한자어 접미사이다. 따라서 '안음지'(安陰
地)는 '안음땅'을 나타낸 조선식 한자어이다. '지우산'(智牛山)은 장수사가 있
었던 산 이름인데 오늘날에는 기백산(箕白山)이라 부르고 있다. '장수사중이
개간'(長水寺重以開刊)는 장수사에서 거듭 개간했다는 뜻이다. '간선산인'(幹善
山人)은 승려 자홍(子弘)의 별호이며 이 일을 총괄한 어른에 해당한다. 앞에
서 나온 '종사'(宗師)와 비슷한 역할의 인물로 보인다. 시주자로부터 보시를
받아 출판 비용을 마련하는 등 간행 사업의 중심 역할을 하는 사람이 화주
(化主)이다.[53] 이 간기에는 『염불보권문』에 없었던 직명으로 화주(化主), 연

(1954) 十二月一日 印刷.

52) 장수사(長水寺)의 옛터는 현재 함양군 안의면 용추 계곡 상부에 있다. 건물은 6·25 전
   화(戰禍)에 없어지고 일주문 기둥만 옛 자리를 지키고 있다.

53) '化主'와 같은 뜻을 나타난 용어로 '대화주(大化主)', '대간선((大)幹善)', '간선대화주(幹
   善大化主)', '간화(幹化)', '화사(化士)' 등이 있다(김영선 1996 : 113). 화주의 직임은 대부
   분 승려가 맡는다. 이에 대하여 '시주(施主)'로 표기된 사람이 바로 화주의 출판 사업에
   응하여 출판비를 내는 신도인데, '시재(施財)', '재주(財主)'로 적기도 하였다. 시주액의
   다과에 따라 '대시주(大施主)', '소시주(小施主)' 등으로 표기된 경우도 있다. 시주 내용
   에 따라 '연판 대시주(鍊板大施主)', '보시 대시주(布施大施主)', '공양 대시주(供養大施
   主)', '홍권 대시주(弘勸大施主)'로 구분한 것도 있다(김영선 1996 : 115).

판(鍊板), 공양주(供養主)[54]가 나타난다. 각수는 2명이다. 간기마다 직무의 구성과 그 표현이나 기술 방법에 조금씩 차이가 있음을 알 수 있다.[55] 장수사판『선종영가집언해』는 원간본의 복각본에 가까운 것이어서 간행 당시 간행지 방언과 무관하다. 따라서 방언사 연구에 도움이 되지 않는 책이다.[56]

3.1.3. 본문 분석의 절차와 방법

1) 본문 입력과 분석 도구의 활용

문헌의 국어사적 연구에 있어서 가장 중요한 것은 본문의 언어 분석이다. 본문을 이루고 있는 국어 문장에는 간행 당시의 다양한 언어 현상이 녹아들어 있다. 음운, 문법, 어휘, 텍스트 등의 관점에서 다각도의 분석이 가능하다. 연구하려는 문헌의 언어 분석을 위해서는 그 문헌의 본문을 입력하여 정보 처리 프로그램을 활용할 수 있도록 가공하는 작업이 필요하다.[57] 문헌 자료의 입력은 옛한글 입력이 용이한 '훈글' 프로그램이 많이 쓰인다. 문헌어의 입력 방식은 연구 목적이나 입력 후 이용할 검색 프로그

---

54) '鍊板'은 원목을 다듬어 목판을 만드는 사람이고, '供養主'는 음식을 만들거나 제공하는 사람을 가리킨다. 공양주(供養主)와 같은 뜻으로 '공사(供司)', '취반(炊飯)'으로 표기된 것도 있다(김영선 1996 : 117).

55) 이밖에도 간기 면에 나타나는 직책 이름으로 '별좌(別座. 공양할 반찬과 음식, 상과 마루 등을 관리함)', '지전, 전주(持殿 知殿 殿主. 절에서 불전을 청소하고 향과 등을 관리함)', '인출(印出. 인쇄 직무)', '목장(牧莊. 채소밭과 농장을 관리하는 사람)', '관기(管記. 기록을 관리 하는 사람)', '종두(鐘頭. 새벽이나 밤에 종을 치는 사람)', '장무(掌務. 실무 책임자)' 등이 있다(김영선 1996 : 120).

56) 안동 광흥사 간행 불교 서적의 간기에 나오는 인명과 직명에 대한 정리는 임기영(2013)을 참고할 수 있다.

57) 국어사 자료를 포함한 언어 자료 말뭉치 구축의 현황, 방법 등에 대한 연구는 홍윤표의 여러 논문과 저서를 참고할 수 있다. 홍윤표(2001), 국어사 자료 코퍼스의 구축 현황과 과제, 『한국어학』 4집, 1-32. 홍윤표(1998), 국어학 자료의 전산화 방법과 그 학문적 의의, 『국어국문학』 121호, 국어국문학회. 홍윤표(2012), 한국학 자료의 체계적인 수집과 관리-국어사 자료를 중심으로, 국어학회 특강.

램에 따라 다를 수 있다. <세종계획> 사업을 통해 조선시대, 개화기, 현대
국어 자료 등이 입력된 말뭉치가 구축되어 국어학 연구자에게 제공되어 있
다.58) 국어사 연구자에게 이런 말뭉치는 매우 유용하다.

연구 목적에 적합한 방식으로 본문 입력이 완료되었다면, 입력한 문헌
자료를 실제 연구에서 활용하는 방법을 익혀야 한다. 말뭉치 분석 도구에
는 그 목적에 따라 여러 가지 프로그램이 개발되어 있다. '한국어 말뭉치
처리 프로그램'(연세대 언어정보연구원)은 여러 가지 기능을 종합한 것이다.59)
최근에 비교적 많이 쓰이는 프로그램 두 가지가 있다. <깜짝새>(SynKDP,
synthesized Korean Data Processor)는60) 국어사 자료 분석에 유용한 도구이다. 이
프로그램은 음소 빈도, 음절 빈도, 어절 빈도를 조사할 수 있으며, 어절 색
인과 용례 만들기, 검색과 정렬 등 여러 가지 목적에 이용할 수 있다. 말뭉
치 파일은 2바이트 파일(.2b)로 저장된 것만 처리할 수 있으며 한 개의 파일
을 대상으로 분석한다. 이 프로그램을 위한 입력 형식과 실행 방법, 연구
목적별 사용 방법은 홍윤표(2012 : 254-280)를 참고할 수 있다. 깜짝새를 이
용하여 <세종계획>에 의해 구축된 현대국어 말뭉치, 역사 말뭉치 등을 분
석할 수 있다. 세종계획 이후에 다시 구축된 신소설 말뭉치, 언간 말뭉치
등도 이 검색기에 포함되어 있다. 국어사 자료를 포함한 국어 말뭉치의 검
색과 활용을 위한 또 하나의 프로그램이 <유니콩크>(Uniconc)이다. 이것은
유니코드에 기반한 문자열(unicord concordance) 검색 프로그램으로, 박진호 교
수가 워드스미스(Wordsmith)나 모노콩크(MonoConc Pro)와 같은 외국의 콘코던
스 프로그램을 참고하여 개발한 것이다. 유니콩크는 텍스트 파일(.txt)로 저
장된 것을 분석 대상으로 삼으며, 한꺼번에 여러 개 파일을 동시에 검색할

---

58) 말뭉치 구축의 현황과 방법론에 대한 자세한 해설은 홍윤표(2012)(『국어정보학』, 태학
    사)의 제3장을 참고할 수 있다.
59) 홍윤표(2012 : 235-251) 참고
60) 이것은 소강춘 교수와 김진규, 박진양 팀이 공동으로 개발한 프로그램이다.

수 있는 장점을 가진다. <유니콩크>를 통해 텍스트의 어휘 통계 추출, 문 자열 검색, 검색 결과의 정렬, 일정한 거리 내에 있는 연어 추출 등이 가능 하다.[61]

본문의 언어 분석은 두 가지 방법으로 진행할 수 있다. 첫째는 본문 전 체를 입력한 후[62] 위에서 설명한 <깜짝새>나 <유니콩크> 프로그램을 활 용하여 입력 텍스트를 분석하는 방법이다. 둘째는 전통적인 방법으로 원전 의 본문을 눈으로 읽으면서 음운, 형태, 문법, 어휘 등의 연구 대상 항목을 일일이 찾아내는 방법이다. 검색기를 이용하여 손쉽게 찾아낼 수 있는 항 목도 있지만, 원전 책을 뒤지며 일일이 수작업으로 찾아내야 할 항목도 있 다. 검색기를 이용하여 연구 대상 항목을 모두 찾아낼 수 있다면 다행이겠 으나 이것이 항상 가능한 것은 아니다. 검색 대상이 특정한 어휘거나 문법 형태일 때는 검색기를 사용하는 것이 효과적이지만, 문헌 자료에 대한 전 반적 검토이거나 조사 항목이 포괄적인 경우에는 원전 책을 읽으면서 찾아 내야 한다. 읽으면서 찾는 방법을 쓰더라도 자료 전체를 입력하는 작업은 여전히 필요하다. 전자 자료로 원문을 입력해 두면 연구 목적에 알맞은 언 어 현상을 누락 없이 수시로 확인하고 검증할 수 있기 때문이다.

2) 국어사 연구 분야별 한글 텍스트 분석 방법

이어서 국어사 연구에서 일반적인 음운, 형태, 어휘 분야로 나누어 문헌 의 한글 텍스트를 분석하는 방법을 논한다. 국어사 연구의 분야는 크게 음 운사, 문법사, 어휘사로 나누어진다. 음운사 연구에서는 표기 양상의 변화

---

61) <깜짝새> 및 <유니콩크>의 사용법은 이 프로그램들과 같이 보급된 사용 설명서에 자세히 쓰여 있다. 홍윤표의 『국어정보학』은 여러 가지 프로그램과 말뭉치가 수록된 CD를 함께 제공하였다.
62) 기존 세종 역사자료 말뭉치에 어떤 문헌의 이판본은 거의 대부분 입력되어 있지 않다. 설령 입력되어 있는 것이라도 그 문헌을 본격적으로 연구하려면 정밀한 교정을 거친 재입력이 필요하다.

및 음운 변화 관련 사항을 찾아내고 그것의 역사적 의미를 연구한다. 문법사 연구에서는 체언과 결합하는 각종 조사, 용언과 결합하는 활용어미 및 선어말어미 등 문법형태의 역사적 변화를 다룬다. 어휘사 연구에서는 개별 어휘 및 특정 어휘 부류가 겪은 역사적 변화를 다룬다. 합성법·파생법에 의한 어휘 형성법의 역사적 변화도 어휘사 연구에 포함시킬 수 있다.

특정한 하나의 문헌 혹은 몇 개의 유관 문헌을 묶어서 연구한다는 전제 하에서 각 분야별로 한글 텍스트의 분석 방법을 간략하게 검토해 본다.

① 음운 현상의 분석 대상과 방법

⊙ 표기 양상 혹은 표기법

음운사 연구를 위해서 가장 먼저 행해야 할 것은 연구는 연구 대상 문헌에 나타난 표기 양상을 파악하는 것이다. 흔히 국어사 논문에서 '표기법'이라고도 부른다. 조선 후기의 한글 사용에서 표기 규범으로 정해진 '표기법'(表記法)은 없다. 현대적 의미의 엄격한 표기법(혹은 맞춤법)은 없었지만 당시에 일반적으로 통용된 관행적 표기 규범은 있었다. 조선 후기에 통용된 느슨한 표기의 관행적 규범을 넓은 의미에서 '표기법'이라 불러 왔던 것이다. 이 글에서도 이런 의미에서 '표기법'이라는 용어를 쓰기로 한다. 필요한 경우 '표기 양상'이라는 용어를 쓸 것이다.

표기법 분석의 주요 대상은 국어 표기사에서 변화를 겪은 것들이다. 이들 중 어두 합용병서 표기가 주요 관심 대상이 되어 왔다. 어두 합용병서의 양상은 어두 경음화와 밀접히 연관되어 있다. 어두와 어중의 각자병서 표기도 자음군(ㅅㄱ, ㅄ 등)의 경음화와 연관하여 관심을 두어야 할 사항이다. 어간말 자음군 표기는 국어음운사에서 일어난 자음군 단순화 현상을 보여주는 중요 자료이므로 정밀한 관찰이 요구된다. 특히 어간말 ㄺ, ㄲ, ㄼ 등의 표기 양상은 지역 방언에 따른 차이를 반영하는 것이어서 방언 음운사

연구에 유용하다.

표기법에서 주목해야 할 대상은 소실문자의 표기와 그 변화에 대한 관찰이다. 소실문자에는 ㅸ, △, ㆆ, ·(아래아)가 있다. 이 중 ㅸ과 ㆆ은 한글 창제 직후인 15세기 중엽 경에 거의 쓰이지 않게 되어 후대 문헌에 나타나지 않는다. △도 17세기 이후의 문헌에는 거의 나타나지 않으므로 근대국어 문헌의 표기법 분석 대상이 되지 않는다. 그러나 음운사 연구를 위해서는 1450년 전후의 문헌에서 ㅸ과 △을 지녔던 형태(더버, 그스-)가 이후의 문헌에서 표기상으로 어떻게 달라졌고, 이들이 어떤 변화를 겪게 되는지 포착해 내어야 한다. 이런 점에서 표기 양상에 대한 관찰은 음운사 연구의 기초가 된다.

아래아(·)의 표기는 중요한 관찰 대상이다. 18세기와 19세기의 교체기(자세히 말하면 1780~1810)에 ·가 비음운화한다. 그러므로 그 이전 시기 문헌에 표기된 ·만 음운론적으로 유의미한 것이다. 그 이후 시기의 문헌에도 아래아는 꾸준히 표기되어 20세기 전기에 이르기까지 지속적으로 나타난다. 이 시기의 아래아 표기는 음운론적 의미가 없지만 표기사적으로 여전히 유의미한 존재이다. 즉 아래아자에 대한 언중의 태도 혹은 문자 의식을 엿볼 수 있다는 점에서 유의미한 가치를 가진다. 한국인들에게 아래아자는 한글의 상징 나아가 전통 문화의 상징 기호로 인식되는 경향이 있다.

중세국어 문헌에서는 방점 표기의 변화도 국어사 연구의 중요 대상이다. 16세기 후기 이후의 문헌에서 방점은 혼란된 모습으로 나타나(복각본 『소학언해』 등) 연구가 쉽지 않은 점이 있다. 상성의 변화와 관련하여 장음 어간의 표기에 모음을 삽입한 예(더웁게-덥게, 소음-솜)도 흥미로운 관찰 대상이다.

ⓛ 음운 변화

음운론적 연구를 위해서는 음운 변화와 관련된 조사 항목을 설정해야 한다. 모음 변화 및 자음 변화에 속하는 세부 조사 항목을 세울 수 있다.

공시적, 통시적 현상을 망라하여 다음과 같은 음운 변화 항목을 예시해 본다. ·의 변화, 모음조화, 모음축약, ㅣ모음역행동화, 어말 ㅣ첨가(마로>마릐, 가마>가매), 하향이중모음(ㅔ, ㅐ, ㅚ, ㅟ 등)의 변화, 원순모음화와 비원순모음화, 활음형성과 활음탈락, 모음상승 혹은 고모음화, 모음첨가, 모음 혼기(混記)와 모음합류(모음중화)[63], 치찰음 뒤의 전설모음화와 활음 탈락 등이 주요 조사 항목이 된다.

이와 관련된 변화례를 문헌에서 찾아내려면 국어 음운사에 대한 기초 지식이 있어야 하며, 이 지식은 국어 음운사 관련 논저를 읽음으로써 어렵지 않게 얻을 수 있다. 음운론적 환경이나 형태론적 범주에 따라 다양하게 일어나는 음운 현상을 알고 있어야 언어 텍스트의 분석이 가능하다.[64]

문헌의 언어 텍스트를 분석할 때 연구 목적에 따라 접근 방법이 달라진다. 예컨대 모음조화를 통시적으로 연구할 때는 모음조화의 대상이 되는 환경의 모음 교체를 중점적으로 보아야 한다. 어간 내부, 형태소 경계, 형태소 경계의 경우 다시 곡용과 활용에서 모음조화 환경을 주목해야 한다. 또한 모음조화 연구에서는 어휘 범주별 고찰도 요구된다. 상징어의 모음조화는 여타의 어휘 범주보다 다른 특수성을 보여주기 때문이다. 모음체계의 변화를 통시적으로 연구할 때는 ·의 변화, 이중모음의 단모음화, ㅣ모음역행동화, 모음축약(ㅓ>ㅔ 등), 모음합류 현상 등을 중점적으로 관찰해야 한다.

자음 변화와 관련된 조사 항목으로는 구개음화, 어간말 자음군 단순화,

---

63) ·의 변화도 합류(merger)의 하나로 볼 수 있지만 음소 자체가 소멸된다는 점에서 비음운화(de phonologization)로 봄이 정확하다. 모음합류는 두 개 모음이 하나로 합쳐진 것이라는 점에서 국어의 ㅔ : ㅐ가 하나의 모음으로 변화한 현상을 가리키는 데 적합하다. 변별되던 두 음소가 변별력을 잃어버린다는 점에서 구조음운학자들이 중화(neutralization)라고 부르던 현상과 공통점이 있다. 합류(merger)는 통시적 성격의 sound change(음성 변화)이고, neutralization(중화)는 공시적 성격을 가진다는 점에서 차이가 있다.

64) 간행 시기 혹은 필사 시기가 드러나 있지 않은 문헌 자료의 표기 양상과 음운 변화에 대한 분석은 그 문헌의 연대를 알아내는 데 중요한 열쇠가 될 수 있다.

어간말 자음의 마찰음화, 자음첨가, 자음탈락, 자음축약, 경음화, 격음화 등이 있다. 이 중 국어사 연구에서 가장 많은 관심을 받아온 현상은 구개음화이다. 구개음화는 분절음에 따라 ㄱ구개음화(ㄱ>ㅈ), ㄷ구개음화(ㄷ>ㅈ), ㅎ구개음화(ㅎ>ㅅ)로 나누어지므로 각각의 구개음화 현상을 나누어 조사해야 한다. ㄱ구개음화는 ㄱ, ㅋ, ㄲ의 구개음화를 모두 아우르며, ㄷ구개음화는 ㄷ, ㅌ, ㄸ의 구개음화를 모두 포함한다. ㅎ구개음화는 ㅎ, ㆅ의 구개음화(형>성, 혀다>써다)를 가리킨다. ㅈ은 중세국어 당시에 치음(dental) [ts]이고 구개음 [ʧ]가 아니었다. 이런 점에서 ㅈ의 구개음화(ts>ʧ)도 국어 음운사 연구에서 중요한 주제이다.[65] 그러나 ㄷ>ㅈ구개음화가 활발한 18세기 이후의 문헌에서는 ㅈ구개음화 문제는 특별한 가치를 갖지 못한다.

구개음화 현상의 발생 시기는 문헌의 배경 방언에 따라 차이가 크다. 전라방언 및 경상방언을 반영한 문헌의 경우 16세기 후기에 이미 ㄷ, ㄱ구개음화가 나타나지만 서울방언을 반영한 문헌에서는 18세기에 가서야 이 현상이 노출된다. 따라서 간행지와 배경 방언을 잘 살펴서 문헌을 다룰 필요가 있다. 구개음화 현상은 문헌의 성격에 따라 그 반영 정도에 차이가 크다. 같은 서울 간행 문헌이라 하더라도 언어적 보수성의 정도에 따라 구개음화 반영에 차이가 있다. 어제(御製) 한글 문헌과 역학서(譯學書)에 반영된 구개음화에 대한 김주필(2005)의 연구가 이 점을 잘 드러낸 바 있다. 음운현상의 관찰에서 문헌의 성격에 따라 일정하게 부류를 나누어 검토할 필요성이 있다. 사서삼경언해, 행실도류 교화서, 의학서, 역학서, 역사서, 병학서, 언간, 불교서, 도교서, 기독교서 등과 같이 부류를 나누어 언어 현상을 다룰 필요가 있다.

---

65) 이 점은 이기문(1972) 등에서 지적되었고, 김주필(1994)에서 정밀하게 다루어졌다. 평안방언의 경우 ㅈ의 구개음화(ts>ʧ)를 몰랐기 때문에 ㄷ구개음화가 발생하지 않았던 것은 잘 알려진 사실이다. Paek(2010)은 여기서 한 걸음 더 나아가 평안방언에서 ㅈ구개음화(ts>ʧ)가 일어나지 않은 까닭을 사회역사언어학적 관점에서 해석하였다.

구개음화를 연구함에 있어서 언어 자료의 이면에 숨어 있는 변화를 잡아내는 통찰력도 필요하다. 예컨대, ㄱ>ㅈ 구개음화를 직접 보여주는 예는 없지만, 이 변화의 존재를 간접적으로 암시하는 예를 통해 ㄱ구개음화를 확인하는 것이다. 이명규(1974 : 56-57)에서 『칠대만법』의 간기에 표기된 '딧방사'(池叱方寺)가 ㄱ구개음화와 관련된 것임이 지적되었다. 이어서 백두현(1989, 4.3.2절)은 '희방사'(喜方寺)의 사찰명이 '池叱方寺'와 '其方寺'로66) 표기된 것을 이용하여 ㄱ구개음화와 ㄷ구개음화의 존재를 찾아냈다. '池叱方寺'의 '池叱'을 '딧'으로 읽든 '짓'으로 읽든 이는 '깃브-'의 '깃'이 구개음화한 결과이며, 이들은 1560년대의 경상방언에 ㄱ구개음화와 ㄷ구개음화가 함께 실현되었음을 의미한다.

이와 같은 맥락에서 김주원(1997 : 34~37)에서 지적된 『칠대만법』의 '듀화'(9a)도 흥미로운 존재이다. '듀화'는 '규화(葵花)'의 'ㄱ'을 'ㄷ'으로 적은 것이다. 1560년대의 경상도 북부 방언에 '규화>쥬화'와 같은 ㄱ구개음화가 존재해야만 '듀화'와 같은 표기가 나타날 수 있다. 『칠대만법』의 한글 문장 작성자는 '쥬화'의 원래 형태를 '듀화'로 잘못 생각하고 과도교정하여 '규화'를 '듀화'로 표기한 것이다. 김주원은 문헌어의 표면에 나타난 '듀화'라는 한 예를 통해 '규화~쥬화~듀화' 간의 교체를 찾아냈으며, 이 한 예를 통해 16세기 후기의 경상방언에 ㄷ구개음화와 ㄱ구개음화가 모두 실현되었음을 논증하였다. 이런 통찰력은 음운사에 대한 폭넓은 이해와 안목에서 우러나온 것이라 할 수 있다.

이어서 한글 문헌에 나타난 낱말 '딜'의 예를 통해서, 한 낱말의 정체 파악에서 겪을 수 있는 어려움을 예시해 보고자 한다. 다음 예들을 보자.

---

66) '池叱方寺'는 『月印釋譜』卷 一,二(1568년 간행)와 『칠대만법』(1569년 간행)의 간기에 나타난 것이다. '其方寺'는 『은중경언해』(1592년 간행)의 간기에 나타난 것이다. 이들은 모두 '喜方寺'(희방사)의 이표기들이다. 사찰명을 이와 같은 차자법 표기로 적은 것은 희귀한 사례이다. '池叱方寺'와 '其方寺'는 '깃븐뎔' 혹은 '깃븜뎔'을 차음 표기한 것이고, '喜方寺'는 이것을 뜻으로 표기한 것이다.

釋種둘히 怒ᄒ야 주규려터니 耶輸ㅣ 블 퓌운 구들 디레셔 盟誓ᄒ샤ᄃᆡ 나
옷 외면 아기와 나와 ᄒᆞᄢᅴ 죽고 올ᄒ면 하ᄂᆞᆯ히 본즈을 ᄒ시리라 <1447석보
상절3 : 36b-37a>

疑의事ᄉᆞ를 毋모質질ᄒ야 直딕而시勿믈有유ㅣ 니라[67]
의심ᄃᆞ왼 이ᄅᆞᆯ 마기오디 마라 내 마리 올ᄒ여도 구틔여 올ᄒᆞᆫ 디레 두디
마롤디니라 <1518번역소학4 : 4a>

疑의事ᄉᆞ를 毋무質질ᄒ야 直딕而시勿믈有유ㅣ 니라
의심된 일올 마기오디 마라 바ᄅᆞ 니를만 ᄒ고 올ᄒᆞᆫ 디레 두디 말올디니
라 <1588소학언해 도산서원본-초간본 3 : 4a>

疑의事ᄉᆞ를 毋무質질ᄒ야 直딕而이勿믈有유ㅣ 니라
의심된 일올 質질(분명이 아노라 ᄒᆞ는 톄라)[68]티 말아 바ᄅᆞ 니를만 ᄒ고
有(제 말을 올ᄒᆞᆫ 디레 두단 말이라)티 말올띠니라 <1744소학언해 영조어제
판 3 : 4a)

필자는 『소학언해』에 나오는 '디레'가 '길'의 구개음화형 '질'을[69] 과도
교정한 것일 수 있겠다는 가정(길>질>딜)에서 이 예에 천착하였다. 1569년
문헌인 『칠대만법』 등에 '딧방사(池叱方寺)'와 '듀화'가 ㄱ구개음화의 과도교
정형으로 출현했기[70] 때문에 1587년에 나온 『소학언해』 초간본에 '딜'이
나타난 것은 괴이한 것이 아닐 수 있기 때문이다. 초간본인 교정청본 『소

---

67) 『소학언해』의 "疑事毋質 直而勿有"는 이보다 먼저 나온 『내훈언해』 초간본(1474)에도
   나타나지만 그 번역문에 '디레'가 빠져 있다. 疑事롤毋質ᄒ야 直而勿有ㅣ 니라. 疑心ᄃᆞ왼
   이ᄅᆞᆯ 마기오디 마라 올ᄒ야도 두몰 마롤디니라. <1474내훈언해1 : 7b~8a>
68) ( ) 안에 넣은 내용은 원문에서 협주에 들어 있는 것이다.
69) '길'을 '딜'로 과도교정한 예는 동화사판 『염불보권문』(1764)에 다음과 같이 나타난다.
   훗찌를(훗길을, 동화사판 염불보권문 11b). 저싱 딜헤(저승 길에, 28a), (백두현 1991 :
   342).
70) 영남방언을 반영한 문헌으로서 ㄱ>ㅈ 구개음화를 직접 실현한 예로서 시기가 이른
   것은 「현풍곽씨언간」의 '지춤 지쳐'(<기춤 깇-)(160번 편지)와 중간 『두시언해』의 '봄
   과 져으레'<겨스레>(7,28b)이다.

학언해』의 경우만 보면 '딜'을 ㄱ구개음화의 과도교정형으로 볼 수도 있다. 이충구(1990 : 38-39)에 따르면 교정청본 소학언해의 발문에 나오는 관원 31 명 가운데 조목(趙穆), 정구(鄭逑), 김우옹(金宇顒), 유성룡(柳成龍) 등 14명이 퇴계의 문인이었다.71) 교정청본『소학언해』의 언해문 작성에 참여한 경상도 출신의 학자들이 당시 경상방언에 존재했던 ㄱ>ㅈ 구개음화를 과잉 의식한 결과 '딜'과 같은 과도교정형이 나타났을 수 있기 때문이다.

이와 같은 궁리를 하면서 '딜'에 대해 깊이 생각했으나, '디레'가 '길>질>딜'을 반영한 과도교정으로 보기 어렵다는 결론에 도달했다. 특히 '딜'의 예가 15세기의『석보상절』과 16세기 초기의『번역소학』에도 나타나며, 교정청본『소학언해』(1588)를 고친 영조판『소학언해』(1744)에도 계속 나타난다는 점을 중시하게 되었다. 그리고 '디레'에 종성 ㅎ이 나타나지 않은 점도 주목하였다. '길'(道)은 중세국어에 ㅎ종성체언이어서 '길헤'로 표기되었고,72) '디레'가 '길>질'의 과도교정이라면 '딜헤'로 표기되어야 한다. 이런 사실을 고려하여 '딜'은 '길'의 ㄱ구개음화 과도교정형이 아니라는 결론에 도달했다.

이런 결론을 얻은 다음에 '디레'의 뜻을 다시 궁구해 보았다. 그 열쇠는 위에 예시한『석보상절』의 '블 퓌운 구들 디레셔 盟誓ᄒᆞ샤대'에 있었다. 이 문장은 석씨 집안 사람들의 위협에 맞서서 야수부인(붓다의 처)이 아들 라후라를 보호하는 장면을 묘사한 것이다. "야수부인이 불 피워 뜨거운 방구들 쪽에 서서 맹서하되"와 같은 의미 맥락에서 '디레'가 쓰였다. 이 문맥에서 '디레'는 '방향'을 뜻하는 '쪽'의 의미에 가깝다. 이 의미로『소학언해』의

---

71) 이 점은 김주원(2000 : 147)에서도 언급되었다. 현종판『소학언해』를 만들 때 선조 때 만든 교정청본에 '方言俚語'가 있음을 비판한 기록이『동춘당선생집』에도 나온다. 김 주원 교수가 언급한 바와 같이 노론파가 집권하면서 남인의 영향력이 크게 작용한 교정청본『소학언해』와 다른 현종판이 편찬된 것이다.

72) ㅎ말음이 탈락한 예는「현풍곽씨언간」에 보인다. 예) 갈 길에 초계딕의 치뎐ᄒᆞ고 가려 ᄒᆞ니<16xx 현풍곽씨언간, 124-5>.

'올흔 디레'(옳은 쪽에)를 풀이할 수 있다.

'디레'가 도출된 한문 원문 "직이물유"(直而勿有)는 해설 없이는 속뜻을 알기 어려운 함축성이 높은 문장이다. 다행히 『소학집주증해』에 "직이물 유"(直而勿有)를 다음과 같이 주석해 놓아 이 문장의 속뜻을 파악할 수 있다.

直而勿有 謂陳我所見 聽彼決擇不可據而有之專務强辯

이 한문은 다음과 같이 풀이된다.[73] "직이물유라 하는 것은 나의 소견을 진술하되 남의 판단과 선택함을 들으라. (나의 소견을) 고집하고 (마음에) 지녀서 억지로 변호하기를 오로지 힘써서는 아니된다." 이 주석문의 뜻을 달리 풀이하면, "나의 생각만 옳다고 고집하여 그것이야말로 '옳은 것'이라고 힘써 강변해서는 안 된다"는 것이다. 이런 의미로 볼 때 『소학언해』의 "올흔 디레 두디 말올디니라"는 "내 생각만 옳은 쪽이라고 생각하지 말라 (=내 생각만 옳은 것이 아니니라)"는 뜻을 의미한다.[74]

지역에서 산출된 문헌의 언어를 분석할 때 주목해야 할 자음 변화의 하나로 어간말 자음군 단순화를 들 수 있다. 어간말 자음군 중에서도 ㄺ 등 ㄹ계 자음군이 방언적 특징과 직접 관련되어 있다. 영남 문헌에 출현한 ㄹ계 어간말 자음군의 변화 양상은 백두현(1992 : 357-360)에서 정리된 바 있다. 최근에 발견된 영남 문헌 중 『병학지남육조언해』에[75] ㄹ계 자음군의 흥미로운 변화예가 나타난다(백두현 2012). 예컨대 '몰게'(淸)(15b), '흘'(土)(14b), '알게'(9a), '불고'(踏)(9b)와 같은 어형은 현대 경상방언의 발음과 일치하는 것이

---

73) 이 구절의 풀이에 경북대 한문학과 황위주 교수와 중문학과 이세동 교수의 도움을 받았다.

74) 필자가 '디레'에 대해 이와 같이 장황하게 서술하는 까닭은 문헌에 나타난 하나의 낱말도 소홀히 다룰 수 없음을 보여주기 위함이다. 설령 '디레'에 대한 필자의 해석이 틀렸다 하더라도 이런 결론에 도달하는 과정을 주목해 주기 바란다.

75) 이 책은 을미년(乙未年)에 대구진(大丘鎭)에서 간행한 것으로 되어 있다. 필자는 이 책의 음운 현상을 분석하여 을미년을 1715년으로 판단하였다.

다. 그리고 이 문헌에는 '묾게'(30a), '붋키고'(52b)와 같이 어간말 자음군 ㄹㄱ
을 ㄲ로 적은 것과,[76] '옮마(74a)'처럼 어간말의 ㄹㅁ을 ㅁㅁ로 적은 것이 나타
난다. ㄹㄱ을 ㄲ로 적은 예들은 현대 경상방언의 발음형을 고려할 때[77] ㄲ의
뒷자음 ㄹ이 발음되었을 것으로 생각된다. 이와 같은 관점에서 '옮마'처럼
ㄹㅁ을 ㅁㅁ로 적은 것도 ㅁㅁ의 뒷자음 ㄹ이 발음되었을 것이다. 이런 예를 통해
서 우리는 지역 방언을 배경으로 한 문헌의 언어 분석에서, 표기법과 음운
현상의 연관성을 고려하면서 동시에 현대 방언의 발음형을 아울러 고려해
야 함을 알 수 있다.

문헌 자료의 표기 양상과 음운 현상의 분석은 서로 밀접한 관계를 가지
고 있다. 표기 양상을 정리하다 보면 음운교체나 탈락 등에 대한 파악이
자연스럽게 이루어진다. 문헌의 언어 분석 특히 음운사적 연구를 위해 연
구자는 각종 음운 현상이 발생하는 음운론적 환경과 형태론적 범주에 대한
기초 지식이 필수적이다. 이런 지식이 없으면 문헌에 반영된 다양한 현상
을 분류하고 범주화하여 그것의 음운론적 의미를 찾는 작업이 불가능하다.
음운 현상에 대한 공시적 관찰과 이에 대한 통시적 해석을 위해서는 음운
론 일반에 관한 기초를 닦아야 한다.

② 문법형태 연구의 분석 대상과 방법

국어사 문헌의 문법형태를 분석하려면 연구 대상이 되는 문법형태의 형
태론적 변화 및 의미 기능상의 변화에 대한 기초 지식을 지녀야 한다. 이
런 기초 지식은 선행 학자들의 관련 논저를 통해 어렵지 않게 얻을 수 있

---

76) 어간말 자음군 ㄹㄱ이 ㄲ로 표기된 것은 17세기 후기 문헌인 『마경초집언해』에도 보인
다. 입 빗치 붋그며 붋고<16??마경언,하,089a> 묾디<16??마경언,하,082a> 묾고<1636
병자기,136>. 『동국신속삼강행실도』와 『병자일기』에는 '돍'을 '돐'으로 적은 예도 발
견된다. 돐<1617동국신,동삼효5,049b>, 돐<1636병자기,160>.
77) '묾게'와 '붋키고'는 현대 경상방언에서 [말게]와 [발키고]로 발음된다.

다.78) 종결어미, 연결어미, 선어말어미의 분류 체계에 대한 전체적 이해가 필요하며, 개별 문법범주 예컨대 시제법, 경어법(주체경어법, 상대경어법, 겸양법), 사동법과 피동법 등에 관한 기초 지식이 필요하다. 이 기초 지식은 현대국어는 물론 중세국어와 근대국어를 두루 망라하는 것이어야 한다. 연구자는 본인이 연구 대상으로 삼은 문법범주에 대한 이해 및 선행 연구에 대한 기초 지식을 튼튼히 한 후 문헌 자료로 나아가야 한다. 두 가지가 병행되어도 무방하다. 본인이 연구하려는 문법형태를 문헌 자료와 말뭉치 자료에서 찾아내고, 그것이 가진 역사적 의미(형태사 및 문법사)를 탐색해야 한다. 이런 작업 과정을 철저히 함으로써 연구 주제에 대한 새로운 해석을 얻어낼 수 있다.

컴퓨터를 통한 말뭉치 자료를 국어사 연구에 활용하기 이전의 연구자들은 여러 개의 많은 문헌 하나하나를 일일이 읽으면서 관심을 둔 문법형태와 관련 문장을 적출하여 카드에 옮겨 두었다가 이것을 논문 작성에서 활용하였다. 그러나 지금의 연구자에게는 상당한 분량의 국어사 말뭉치 자료가 주어져 있다. 이러한 말뭉치는 특히 문자열 검색을 통한 관련 형태의 추출은 문법형태 연구에 유용한 것이다. 과거의 학자들처럼 개별 문헌 하나하나를 일일이 뒤져서 연구 대상이 되는 문법형태를 찾아내고, 이것을 다시 카드에 옮겨 적는 수고를 하지 않아도 되기 때문이다. 그러나 말뭉치에서 문법형태를 검색하고 이것을 이용 가능한 상태로 만드는 일은 그리 간단치 않다. 예컨대 연결어미 '-(으)니'나 '-고' 같은 것을 검색하면, 이 문자열이 들어간 온갖 낱말과 어절들이 동시에 검출되기 때문이다. 명사형

---

78) 국어 문법사 공부에 가장 기본이 되는 단행본으로 다음 몇 가지를 들 수 있다.
　고영근(1986), 표준 중세국어 문법론, 탑출판사.
　안병희(1967), 한국어 발달사(중) 문법사, 한국문화사대계 V.
　안병희 · 이광호(1990), 중세국어 문법론, 학연사.
　허웅(1975), 우리 옛말본-15세기 국어 형태론, 샘문화사.
　허웅(1989), 16세기 우리 옛말본, 샘문화사.

파생접미사 '-음'과 '-기'의 일괄적 검색도 쉽지 않다. 여러 가지가 뒤섞여 검출된 데이터를 하나하나 수작업으로 추려내는 일을 해야 할 때가 적지 않다. 이런 점에 유의하여 컴퓨터 이전 방식의 문헌 분석과 컴퓨터에 의한 말뭉치 분석기를 적절히 병용하는 것이 바람직하다.

경상방언을 반영한 문헌의 문법형태에 대한 연구는 그리 많지 않다. 방언의 문법형태를 적극적으로 반영한 문헌은 드문 것이어서 이것만 독립적으로 통시적 체계를 세워 연구하기란 쉽지 않다. 문법형태에 대해 통시적이면서 체계적인 연구를 수행하려면 다양한 문법형태를 반영한 자료의 존재가 필수적이다. 그러나 문헌어에 반영된 문법형태로서 방언적 특징이 분명한 것은 산발적이거나 단편적인 것이 대부분이다. 이런 점에서 방언 문법형태에 대한 체계적 연구가 쉽지 않다.

백두현(1990/2009)에서 영남 문헌어에 등장한 문법형태 중 특이한 것이라고 여겨지는 것을 가려서 다룬 바 있다. 문법형태를 조사와 어미로 나누고 이 중에서 특이한 형태를 중심으로 기술하였다. 주격 형태 중 모음 뒤에 오는 '-이', 대격의 '-로', 처격의 '-게', 여격의 '-한테', 비교격의 '-보담', '-마곰', '-만치'와 기타 특수조사 '-브텀', '-마동' 등의 용례를 추출하여 그 쓰임을 확인했다. 용언에서는 사동접사가 들어간 '실겨', '알겨', '마시키며', '상우지'(상하게 하지), '널쭈거날', '쩌루지', '넌구지'(넘기지) 등에 대해 논했다. 대우법에서는 공손법 '-이-'가 영남 문헌에 18세기까지 쓰였으며, 상대높임의 종결어미 '-소'(마시소, 흐시소)와 같은 방언형이 18세기의 문헌어에 다수 등장함을 지적했다.

의문법 종결어미로 방언적 특성을 보여주는 '-나'(모로나, 어터 잇나), '-르다'(엇지 날을 더러일다)와 같이 '-오'형 의문법과 '-아'형 의문법이 존재함을 지적했다. 이런 의문법은 중세국어에 존재했던 것으로서 현대 경상방언에도 여전히 쓰이는 것이다. 중부방언 등에서 소멸한 의문법 종결어미의 존재를 영남문헌을 통해 확인하였다. 의도법 연결어미로 '-로'(밧틀 매로 갓더니), ‘-나’(자바 갈나 ᄒᆞ뎌뇨)가 있으며 후행 부정사와 결합하는 어미 ‘-들’(가들 못ᄒᆞ니), 문법화가 진행된 어미 ‘-가’(마자가 오면) 등을 문헌어에서 검증했다. 그리고 현대 경상방언에서 나타나는 어형 단축 현상이 ‘알로’(아래로), ‘들내고’(들어내고), ‘드가’(들어가)와 같은 예를 영남 문헌에서 확인하였다. 이런 방언형은 지역에서 간행되고, 지역민을 독자층으로 삼은 책에서만 찾아볼 수 있는 특징이기도 하다.

그밖에도 필자는 경상방언과 관련 문헌을 소개하거나 그 문헌의 언어 분석을 행하면서 방언적 문법형태도 간간히 기술해 왔다. 예컨대 『국한회어』의 ‘어대서 어더 왓노’(乾 65), ‘어대서 어더 왓노’(坤 572), ‘누가 왓노’(乾 22)와 같은 문장은 설명의문문의 종결어미 ‘-노’를 보여준다. 15세기 중세국어 문법에 존재했던 의문법의 두 유형(설명의문문, 판정의문문)이 현대 경상방언에 남아 있다. 그 중의 하나인 ‘-노’가 『국한회어』에 반영된 것이다. 『국한회어』의 ‘우물물 못 먹을다’(乾 73)는 경상방언 특유의 추정법어미 ‘-ㄹ다’를 보여주는 것이다. 『국한회어』 편찬에 경주방언 화자가 참여한 까닭에 이런 방언이 실린 것이다.

『동몽수독천자문』, 『정몽유어』 등과 같은 한자 음훈 자료에는 문법형태가 거의 실리지 않았다. 이런 한자 음훈 자료는 음운과 어휘의 연구에 이용할 수 있지만 문법형태를 살피는 데는 별 도움이 되지 않는다.

용언어미와 조사, 선어말어미 등의 문법형태 연구에는 문장으로 이어지는 산문 텍스트가 적합하다. 방언적 문법형태의 연구에는 지금까지 국어사 연구자들이 거의 돌보지 않았던 한글 고전소설이 유용하다. 소설에는 등장인물의 대화가 나오며, 작품의 스토리가 다양한 장면과 인물을 통해 전개되므로 언해문 텍스트나 한자 음훈 자료와는 비교할 수 없이 풍부한 문법형태가 등장한다. 완판본 판소리 소설이 전라방언의 다양한 모습을 반영하고 있듯이, 개별적으로 필사된 많은 고전소설 문장은 필사한 사람의 지역 방언을 반영한 경우가 적지 않다. 영남 지역에서 필사된 고전소설이면서 경남방언이 농후하게 반영된『수겡옥낭좌전』이 관심을 끈 바 있다. 김정대 (1992)는『수겡옥낭좌전』의 문법형태를 방언사적 관점에서 연구하였다. 완판본 판소리계 소설의 전라방언에 대한 최전승(1986, 1997)의 성공적 연구 성과가 경상방언을 반영한 필사본 고소설에도 실현되기를 기대해 본다. 문헌어에 입각한 방언적 문법형태의 연구는 방언을 적극적으로 반영한 고전 소설, 언간, 한글 제문 등의 필사본들에서 새로운 가능성을 찾을 수 있다.

③ 어휘 연구의 분석 대상과 방법

문헌을 통한 방언 어휘 연구는 방언적 문법형태의 연구 못지않게 간단 치 않다. 특정 방언에 국한하여 방언 분포를 살피면 난관에 부딪치게 된다. 문헌에 실린 어휘가 특정 방언의 것인지 아닌지 판별하기 어렵기 때문이 다. 우리가 상식적으로 알고 있는 방언적 어휘는 대부분 여러 지역 방언에 걸쳐 있다. '부추'의 방언형인 '정구지'(경상도, 충청도), '소풀'(경남, 전남), '솔' (전라도, 충청도), '졸'(경기도, 충청도) 등의 분포 지역에서 알 수 있듯이 같은 방언형이 여러 지역에 걸쳐 있는 경우가 많다. 경남 밀양군 청도면 소태리 에서 김태린(金泰麟, 1869~1927)이 저술한『동몽수독천자문』(1925)에는 질경이 의 방언형이 '쎄쑤징이 부(芣)'<16a>로 나온다. '질경이'의 방언 분포와 다 양한 방언형을 확인해 보면, '배부쟁이'(경남), '배뿌쟁이'(전라도), '빼뿌쟁이' (경상도, 전라도) 등이[79] 여러 지역에서 확인된다. 하나의 방언형이 꽤 넓은 지역에 걸쳐 분포되어 있음에 유의해야 한다.

이런 점을 고려할 때, 지역적 배경이 불분명한 문헌을 다룰 때는 특정 방언형만으로 배경 방언을 판단하면 실수하기 쉽다. 특정 방언에만 한정된 어휘를 딱 꼬집어서 단정하기 어렵기 때문이다. 어휘에 따라 달라지는 방 언형의 지역적 분포를 융통성 있게 고려하면서, 연구 대상 문헌의 간행지

---

79) 이외에도 비슷한 어형이 여러 지역에 분포해 있으나 생략했다.

나 저자의 배경 방언을 살펴야 할 것이다.

간행지와 배경 방언을 확인할 수 있는 문헌의 어형이 그 지역의 현대방언과 어떤 관련성을 가진 것인지는 방언자료집 혹은 방언 검색기를 통해 검증할 수 있다. 지역에서 간행된 문헌의 방언 어휘를 연구할 때는 세종계획 한민족언어정보화 통합프로그램의 한국방언 검색기를 활용하여 특정 어휘의 방언 분포를 확인할 필요가 있다.

문헌을 통한 어휘 연구가 그러하듯이, 지역 간행 문헌을 대상으로 할 때도 일정한 어휘범주에 국한하여 자료를 추출하고 연구하는 것이 보통이다. 연구 목적에 따라 식물어, 동물어, 건축어, 음식어, 인체어, 감각어(온각, 미각, 촉각 등)와 같이 의미 범주에 따라 일정한 범위를 정해서 조사한다. 어휘 부류의 통사 의미 기능에 따라 부사어, 관형어, 상징어(의성어, 의태어)로 나누고, 이 중의 특정 부류를 연구하는 방법도 있다. 형태론적 부류에 따라 합성어, 파생어, 첩어 등에 초점을 맞추어 특정 부류의 어휘를 여러 문헌에 걸쳐 수집하고, 여기서 나온 데이터를 공시적 혹은 통시적 관점에서 연구하는 것도 하나의 방법이다.

3.2. 연구 방향의 모색

1장에서 필자는 영남지역 문헌 목록을 작성하고, 2장에서는 지금까지 이루어진 연구 성과를 음운, 문법형태, 어휘의 측면에서 요약했다. 이어서 3장의 3.1절에서는 각 분야의 연구 방법을 다루었다. 간기 분석 사례 및 본문 분석의 절차와 방법을 논하고, 본문 분석을 위해 원문을 입력하고 가공하여 정보처리 프로그램을 활용하는 방법을 설명했다. 실제의 연구 단계의 언어 텍스트 분석 방법은 음운 현상, 문법형태, 어휘라는 세 범주로 크게 나누고, 각 범주의 분석 대상과 분석 방법을 개략적으로 서술했다. 음운 현상 분석은 특히 구개음화와 관련된 과도교정의 예를 통해 그 속에 숨겨진 통시적 의미를 탐색한 사례를 소개했다.

국어사 문헌을 연구하려는 사람에게 일반언어학의 소양과 언어 분석을 위한 이론적 기초 습득은 필수적이다. 언어 분석에 필요한 이론적 기초는 학부와 대학원에서 개설되는 관련 교과목의 학습을 통해 얻을 수 있다. 일반언어학 이론, 역사언어학 이론, 구조주의 및 생성이론, 음운 규칙과 자질 분석 등에 관한 이론의 학습이 필요하다. 음운론, 형태론, 어휘론에 관련된 이론을 충실하게 익히지 않고 국어사 연구를 하는 것은 모래 위에 집을 짓는 것과 같이 허물어지기 쉽다. 본격적 국어사 문헌 연구에 앞서서 언어 이론에 대한 기초를 닦아서 연구 방법론에 대한 기본 소양을 갖추어야 한다. 기본 소양에서 더 나아가 논문 주제와 관련된 세부 분야의 이론을 이해하고 있어야 견실한 논문 작성이 가능하다. 국어사 연구의 입문자는 이 점을 잊지 말아야 한다.

언어학 일반에 대한 이론 기초 위에서 우리는 좀 더 나아간 국어사 문헌 연구의 방향 모색이 가능하다. 지역 방언과 연관된 국어사 문헌 연구의 방향 몇 가지를 제안하면서 이 논문의 결론을 맺으려 한다. '확대'를 핵심어로 삼아80) 필자가 생각해 본 세 가지 연구 방향은 다음과 같다.

첫째는 자료에 접근하는 안목의 확대이다. 넓은 안목으로 문헌 자료에 접근해야 한다. 여기서 말하는 '넓은 안목'이란 문헌을 바라보는 다양한 관점을 포괄한다. 지역에서 생성된 문헌은 그 지역의 언어학적 특성을 담아낼 뿐 아니라 그 지역의 역사와 문화를 반영한다. 일차적으로 전자는 언어학적 연구 대상이고, 후자는 역사 혹은 문화적 연구 대상이다. 논문이나 저서로 표출되는 연구 결과물은 두 가지 방면으로 나뉘어 나오더라도, 이를

---

80) '심화'를 핵심어로 삼아 연구 방향을 서술할 수도 있다. 이 글은 입문자를 위해 쓴 것이어서 '확대'를 핵심어로 삼았다. 공부를 시작할 때는 모름지기 터를 넓게 잡고 파들어 가야 중간에 허물어지지 않고 깊이 들어갈 수 있다. 조동일 선생이 지적한 바, 넓게 공부하되 글은 뾰족하게 쓰는 태도가 바람직한 것이다.

수행하는 연구자는 문헌에 대한 두 측면의 이해를 갖추고 접근해야 한다. 이런 점에서 연구자는 문헌 자료의 배경이 된 지역, 시대, 문화 등에 대한 지식을 갖추고 문헌에 접근하는 태도를 가져야 한다.

둘째는 연구 방법론의 확대이다. 언어 내적 연구와 언어 외적 연구를 병행하는 연구 방법론은 만들어 내는 것이 연구 방법의 확대 중의 하나이다. 이는 앞서 말한 첫째 제안의 연장선에 놓여 있다. 20세기 초기에 언어학이 방법론적 엄밀성을 추구한 시기에는 언어 층위를 엄격히 구분하는 연구 방법과 태도를 강조했다. 예컨대 공시론과 통시론을 구별하여, 양자를 혼동하거나 뒤섞어 연구하는 것을 금지하였다. 세부 연구 분야의 층위간 혼합(mixing of level)도 엄격히 금지하려 했다. 음운 현상이나 이론의 설명에서 의미론의 정보를 가져와서는 안 되고, 형태론적 정보를 음운 기술에 이용하는 것을 비판했다. 이른바 층위 간의 혼합을 피해야 한다는 것이다.[81] 이런 층위 분리적 연구 태도는 언어학이 하나의 분과 학문으로 방법론적 엄밀성을 추구하던 시대에 생겨난 것이다. 이런 태도가 21세기의 언어학 연구에도 여전히 유용한 점이 없지는 않겠지만, 이제는 이를 뛰어넘어 통합적 관점에서 언어를 바라보는 방법론의 전환이 필요한 때가 되었다. 언어는 언어 자체로 존재하는 것이 아니라 인간 의존적 존재이다. 현실을 살아가는 당대 인간의 삶과 문화와 역사와 사회의 온갖 요소가 언어에 중층적으로 융합되어 있다. 이런 점에서 언어를 언어 자체로만 연구하는 것은 한계를 가질 수밖에 없다.

국어사 연구에 있어서 1960~70년대에 언어 내사(內史)와 언어 외사(外史)를 구별하여[82] 국어사 연구자는 내사만 연구해야 하며, 외사에 대한 언급

---

81) 이런 층위 간 분리는 본질적으로 엄격하게 이루어지기 어려운 것이다. 예컨대 음소를 설정할 때 가장 널리 통용된 것은 '의미'를 변별시켜 주는 최소대립쌍의 존재를 확인하는 절차가 있다. 음소 설정에서 의미 정보를 이미 사용한 것이다.

82) 언어사 연구에서 외사와 내사의 구별에 대한 언급은 이기문(1998 : 17)에서 찾아 볼 수 있으나 연구 상의 엄격한 분리를 강조한 것은 아니었다.

은 국어학적 범위를 벗어난 것이라는 인식이 강했다. 이런 인식은 지금도 널리 퍼져 있지만, 국어사 연구의 새로운 도약을 위해서는 엄격한 언어 내사와 언어 외사의 구분에서 탈피해야 한다. 이런 분리적 태도를 계속 고집한다면 국어사 연구는 새로운 진전을 이루어내기 어렵다.

그런데 필자가 이런 주장을 한다고 해서 언어학의 기초 이론을 소홀히 하자는 것은 아니다. 국어사 연구의 중요한 원칙으로 언어 내사와 언어 외사를 구별하여 다루는 것은 필요하다. 특히 국어사에 관심을 가지고 공부하는 초학자들은 분리적 태도에 입각한 엄격한 이론의 학습이 필수적이다. 엄밀한 방법론을 익히는 것은 연구자의 기본이다. 그러나 더 넓은 연구가 있다는 사실을 일찍부터 인지하고, 연구가 깊이를 더해 가면서 언어 외사의 여러 지식과 정보를 활용하는 통합적 관점으로 나아가야 한다. 16세기의 임진왜란과 20세기의 6·25전쟁이 국어사에 미친 영향은 적지 않은 것이다. 이 문제를 연구하려면 전쟁 전후 시대에 대한 폭넓은 지식과 관점을 가져야 한다. 이는 언어 내부만 들여다보려는 국어사 연구자들에게는 벅찬 과제라 할 수 있다. 이런 점에서 국어학자들은 사실상 이와 같은 국어사의 큰 과제를 다룰 만한 방법론 혹은 관점을 갖추지 못하고 있다.[83] 국어사 문헌을 통합적 관점에서 접근하는 데 유용한 이론은 서양 역사학의 한 경향인 미시사(microhistory) 내지는 생활사(life history) 관련 이론이다. 이 방법론을 변용하여 국어국문학 연구와 관련지어 보려는 시도가 최근에 어문생활사, 국어생활사, 문자생활사, 국어사 문헌의 문화중층론적 연구 등의 이름으로 표출된 것이다.

셋째는 국어사 연구를 위해 문헌 자료의 범위를 확대하는 것이다. 필자

---

83) 오늘날의 학계는 학자들에게 전문화를 요구하면서 동시에 학문간의 통섭(혹은 융합)을 요구하고 있다. 개인이 이 요구에 부응하는 것은 사실상 벅찬 일이다. 이 시점에서 우리에게 필요한 것은 연구 방법론에 대한 열린 마음과 학문간의 소통이다. 학계간 공동 연구를 통해서 이를 실천할 수 있을 것이다.

는 여러 차례 필사본 연구의 중요성을 지적해 왔다. 언간, 한글 음식조리
서, 한글 고문서, 한글 고소설, 한글 제문, 한글 기행문, 한글 전기류 등의
필사본이 연구자의 손길을 기다리고 있다. 이 중에서 언간에 대한 연구는
비교적 많은 편이고, 음식 조리서도 약간씩 연구되고 있다. 그러나 한글 고
문서 이하는 아직도 국어사 연구자의 관심권에 들지 못하고 있다. 이런 필
사본은 언어학 연구 자료에 그치는 것이 아니다. 필사본 문헌의 내용에는
당대의 문화와 역사와 삶이 녹아 있다. 이런 점에서 한글 필사본 자료는
국어사 연구의 방법과 연구자의 관점을 확대할 수 있는 중요 자원이자 통
로이다. 최근에 최전승(2012)은 언간에 사회방언학의 방법론을 적용하는 새
로운 시도를 하였다. 이는 자료의 확대이자 동시에 방법론의 심화를 실천
한 연구이다.

　필자는 자료의 확대라는 관점에서 주목해야 할 대상은 필사본 한글 고
전소설이라 생각한다. 완판본 판소리계 소설에 관한 최전승의 연구, 그리
고 『수궹옥낭자전』을 방언사적 관점에서 연구한 김영태(1992), 김정대(1992)
등과 같은 고전소설에 대한 방언사적 연구가 경북 지역에서는 이어지지 않
고 있다. 고전소설 필사본 중 유통 지역이 확인된 것은 대략 300편 정도인
데, 경북지역의 것은 90편(이본 포함)이다.[84] 부산과 경남에서 유통된 것 27
편과 대구 유통본 7편을 합치면 모두 124편의 고전소설이 영남에서 유통
되었다고 한다. 영남 지역의 필사본 유통이 수가 타 지역에 비해 많은 것
은 방각본이나 활자본의 유행과 관계없이 오랫동안 필사본 고전소설이 향
유되었기 때문이다.[85] 경상도 지역 고전소설에 대한 연구자의 관심이 요청
된다.[86]

---

[84] 경북에서 유통된 고소설 중 필사자가 여성인 것이 31종, 필사자가 남성인 것이 16종이
　며, 이 필사본의 주향유층은 양반 집안의 여성들이었다(김재웅 2007 : 237).
[85] 경북에서 유통된 고소설의 필사에 대한 연구 내용은 김재웅(2007)을 참고하여 요약한
　것이다.
[86] 필사본 고전소설을 국어사 연구 자료로 이용하는 일은 쉽지 않다. 저본 확인이 어렵다

4. 마무리

필자는 이 글에서 영남 지역에서 간행되거나 필사된 한글 문헌의 목록을 정리하고, 이에 대한 국어사적 연구의 성과를 요약하였으며, 나아가 앞으로의 연구 방향을 모색해 보았다. 1장에서 이미 정리되었던 영남 지역의 한글 문헌 목록을 토대로 새로 발견된 한글 문헌을 포괄하여 영남 지역의 국어사 문헌 자료 목록을 종합하였다. 2장에서는 지금까지 이루어진 연구 성과를 음운, 문법형태, 어휘의 측면에서 요약하였다. 3장의 3.1절에서는 연구 방법을 다루었다. 간기 분석 사례 및 본문 분석의 절차와 방법을 논하고, 본문 분석을 위해 본문 자료를 입력하고 가공하여 정보처리 프로그램을 활용하는 방법을 논했다. 실제의 연구 단계에서 행해지는 언어 텍스트 분석에 있어서 음운 현상, 문법형태, 어휘라는 세 범주로 크게 나누고 각 범주의 분석 대상과 분석 방법을 개략적으로 서술했다. 음운 현상에 있어서는 특히 구개음화와 관련된 과도교정의 예를 통해, 자료 속에 숨겨진 의미의 탐색 방법을 설명했다. 3.2절에서는 언어학 일반에 대한 이론적 기초를 강조하고 '확대'를 핵심어로 삼아 세 가지 연구 방향을 제시했다. 첫째는 자료에 접근하는 안목의 확대, 둘째는 언어 내적 연구에서 언어 외적 연구로 나아가는 연구 방법론의 확대, 셋째는 문헌 자료 범위의 확대를 논했다.

는 점이 가장 큰 원인이다. 하나의 작품에 여러 개의 이본이 있다. 이본들의 계통을 세워 어느 것이 저본에 근접한 것인지 파악해야 한다. 이 작업을 하는 데 국어사 연구자들의 안목이 필요하다. 연구 대상 필사본을 정밀하게 분석하여 표기의 양상, 서체 변화, 음운변화, 문법형태의 출현 양상 등을 파악하면 그 필사본의 생산 연대를 알아낼 수 있다.

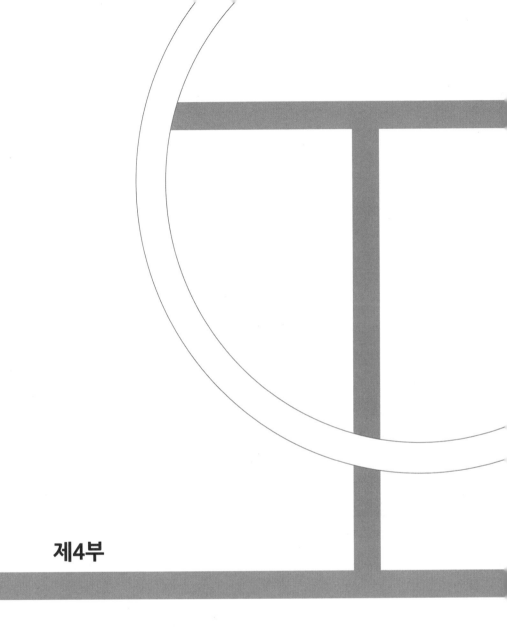

제4부

평안방언과 현대 북한어의
언어 정체성 연구

평안방언의 ㄷ구개음화 미실현과 지역 정체성 형성의 상관성
- ㄷ구개음화 미실현의 원인에 대한 새로운 설명

1. 들어가기

평안방언의 가장 큰 특징은, 한국어의 대부분 방언에서 이미 실현된 ㄷ구개음화 현상을 경험하지 않은 점이다. 그리하여 '정거장'을 '덩거당'으로, '천'(天)을 '턴'으로 발음하는 등 ㄷ, ㅌ이 ㅈ, ㅊ으로 변화하지 않은 것이 평안방언 고유의 특성이다. ㄷ, ㅌ이 ㅈ, ㅊ으로 변하는 현상을 우리는 ㄷ구개음화라 부른다. ㄷ구개음화 현상은 평안방언과 인접한 황해방언이나 함경방언은 물론 경기, 강원, 경상, 전라, 제주방언에 이르기까지 한국어의 전 방언에서 발생하여 확고한 음운변화로 자리잡았던 것이다. 오직 평안방언과 함경도 북단의 육진방언만이 이 변화를 받아들이지 않았다.1) 평안방

---

* 이 글은 『국어학논총』(송철의선생 퇴임기념)(2018, 태학사) 77~116쪽에 실렸던 것이다. 이 논문은 영문으로 발표했던 Paek(2010), "Pyŏngan Dialect and Regional Identity in Chosŏn Korea,"라는 논문을 심화 확장하여 한글로 새로 쓴 것이다. 영문 논문은 『the north region of korea : HISTORY, IDENTY, AND CULTURE』(A CENTER FOR KOREA STUDIES PUBLICATION, UNIVERSITY OF WASHINGTON PRESS, pp.116-138)에 수록되어 있다.

1) 함경북도 북부 3~4개 군 온성, 혜령, 종성 등(육진의 일부 지역)은 평안도와 비슷한 속성을 가진다. 즉 ㄷ구개음화가 일어나지 않고 j가 탈락한다. 예) 둏다. 덩거당.

언은 왜 ㄷ>ㅈ 구개음화를 수용하지 않았는가? 그 원인은 무엇이며, 이것이 평안지역의 정체성 형성과 어떻게 관련되어 있는지를 밝히는 것이 이 글의 목적이다.

평안방언에서 ㄷ구개음화가 일어나지 않은 데 대한 음운론적 설명은 이미 이루어진 바 있다. 필자는 기존의 음운론적 설명을 수용하면서 그 한계를 지적하고, 평안방언 화자들이 가진 자기 방언에 대한 인식, 평안도가 겪어온 역사적·정치적 요인 그리고 평안도의 지리적 특성 등 언어 내·외적 요인을 고려하여 ㄷ구개음화 미실현의 원인에 대한 새로운 설명을 제안할 것이다. 그리하여 보다 폭넓은 관점에서 평안방언의 ㄷ구개음화 문제를 깊이 있게 설명하고자 한다.

2. 평안방언 자료 분석

2장의 제1절에서는 평안도에서 간행하였거나 평안방언을 반영한 몇 가지 문헌 자료에서 ㄷ>ㅈ 변화와 관련된 언어 자료를 추출하여 그것이 갖는 의미를 분석한다. 이어서 2장의 제2절에서는 20세기 중엽 이후에 평안방언을 조사·수록한 방언자료집을 검토하여, ㄷ>ㅈ 변화를 수용한 방언형의 존재를 확인하고 그 의미를 논한다. 이러한 연구를 토대로 평안방언에서 전개된 ㄷ구개음화의 통시적 과정을 기술할 것이다.

2.1. 평안방언을 반영한 문헌의 ㄷ구개음화 양상

이 절에서는 평안방언을 반영한 옛 한글 문헌에 ㄷ구개음화가 반영된 양상을 역사적 관점에서 분석한다.

2.1.1. 『이륜행실도』(1727) : 평안도 감영판

현재 알려져 있는 『이륜행실도』의 판본에는 다음과 같은 것들이 있다.

(1) 옥산서원본(1520년경) : 원간본으로 추정
(2) 학봉본(1570년경) : 학봉(김성일)에게 내린 내사본
(3) 기영판(1727) : 평안도 감영판
(4) 원영판(1730) : 강원도 감영판
(5) 영영판(1730) : 경상도 감영판
(6) 해영판(1730) : 황해도 감영판

위의 이판본 중 (3), (4), (5), (6)은 거의 같은 시기에 여러 지방에서 간행된 것이다. 기영판이 3년 빠를 뿐 나머지는 모두 같은 해에 나왔다. 원영판은 기영판을 복각한 것이어서 거의 차이가 없다. 그러나 영영판과 해영판은 복각본이 아니라 저본을 새로 쓴 것이어서 이본 간에 언어적 차이가 있다. 그 차이 중 대표적인 것은 ㄷ구개음화를 반영한 양상이다. 18세기 초기의 경상방언에서 ㄷ>ㅈ 구개음화는 거의 완성되었다. 그리하여 위 (5)영영판에는 ㄷ>ㅈ 구개음화 현상이 빈번히 나타난다. 그러나 같은 시기의 평안방언과 황해방언은 ㄷ구개음화를 몰랐다. 그리하여 위 (3)기영판과 (6)해영판에는 ㄷ구개음화 현상이 반영되어 있지 않다. 원영판은 기영판의 복각본이므로 논외로 하고, ㄷ구개음화에 있어서 극단적 차이를 보여주는 기영판과 영영판을 서로 비교해 보기로 한다. 다음은 ㄷ구개음화에 있어서 두 판본 간 차이를 보이는 몇 예들이다. 참고로 해영판도 예시한다.

영영판	기영판	해영판
말리지 못ᄒᆞ야(1a)	말리디 몯ᄒᆞ야	말니디 못ᄒᆞ야
가지 말라(1a)	가디 말라	가디 말나
어지다(善)(4a)	어디다	어디다

두지 아니ᄒᆞ대(4b)	두디 아니ᄒᆞ대	두디 아니ᄒᆞ대
주기지 아니ᄒᆞ니라(6a)	주기디 아니ᄒᆞ니라	주기디 아니ᄒᆞ니라
편안치 몯ᄒᆞ니(8a)	편안티 몯ᄒᆞ니	편안치 몯ᄒᆞ니
졔ᄌᆞ(弟子)(44a)	뎨ᄌᆞ	뎨ᄌᆞ
뎐지(田地)(30a)	뎐디	뎐디
ᄌᆞ졔(子弟)(31a)	ᄌᆞ뎨	ᄌᆞ뎨

위의 예 이외에도 영영판에는 '어지도다'(12a), '지나드니'(40a), '엇지'(29a) 등 20여 개의 ㄷ구개음화 용례가 출현한다. 그러나 기영판에는 이런 변화가 실려 있지 않다. 그러나 해영판에는 약간의 예외가 보인다. 해영판에는 ㄷ구개음화가 실현된 다음 몇 예가 발견된다.

해영판	영영판
형져(7a)	형뎨
형졔(8a)	형뎨
내칠꺼시이다(8a)	내틸거시이다
편안치 몯ᄒᆞ니(8a)	편안치 몯ᄒᆞ니

해영판은 다른 감영판과 언해문의 행관이 크게 다르다. 이것은 해영판은 간행 당시에 저본을 새로 썼기 때문이다. 이 해영판에 나타난 ㄷ구개음화의 예는 특이한 존재이다. 이 예들이 당시의 황해방언을 반영한 것이라면 ㄷ구개음화가 1730년대의 황해방언에서 일어났음을 의미하기 때문이다. 그러나 김주원(1994)에서 서술되었듯이, 1765년 황해도 구월산 홍률사에서 간행된 『염불보권문』에는 ㄷ구개음화가 전혀 나타나지 않았다. 홍률사판은 대구 동화사판(1764)의 영향을 받은 책이면서 ㄷ구개음화된 어형을 철저히 교정해 놓았다. 이는 당시의 황해방언에 ㄷ구개음화가 실현되지 않았음을 의미한다(김주원 1994 : 29-31). 그런데 1730년에 황해도 감영에서 간행한 『이륜행실도』에 ㄷ구개음화가 적용된 '형제' 등이 존재한다. 이것은 『염불

보권문』의 경우와 일치하지 않는다. 이 점에 대한 해석은 이 글의 주목적이 아니기 때문에 여기서 더 이상 논하지 않는다. 다만 해영판이나 영영판과 달리 기영판(평안도 감영판)『이륜행실도』에 ㄷ구개음화가 존재하지 않는다는 사실을 지적해 둔다.

2.1.2. 『노걸대언해』(1745) : 평안감영판

노걸대의 언해본에는 다음과 같은 이판본이 있다.

(1) 번역노걸대(1510년경)
(2) 노걸대언해(1670)
(3) 평안감영판 노걸대언해(1745)
(4) 노걸대신석언해(1763)
(5) 중간노걸대언해(1795)

여기에서 다룰 판본은 1745년 평안도 감영에서 간행한『노걸대언해』(老乞大諺解)이다. '平安監營重刊'이라는 간기를 가진『노걸대언해』에는 ㄷ>ㅈ 구개음화 어형이 등장한다. 이 판본에는 '그 중에'(상 4a), '가지 몯홀가'(상 2a), '어지니라'(상 6b) 등과 같이 ㄷ>ㅈ 구개음화형이 많이 등장하고, '네 집의 잘 디를 어더디라'(상 42ab)과 같은 과도교정형도 나타난다.[2] '어더디라'는 원래 '어더지라'(얻고 싶다)로 표기된 것인데 원래의 ㅈ을 ㄷ으로 교정한 것이다.

그러나 평안감영판『노걸대언해』에 나타난 ㄷ>ㅈ 변화 예들은 간행 당시의 평안방언을 반영한 것이 아니다. 이 책의 편찬에 관련된 실질적 업무

---

2) 석주연(2003 : 45)과『규장각소장 어문학자료 어학편 해설』(p.73)에 이 예들이 언급되어 있다. 박재연(2003)은『노걸대언해』의 여러 이본 원문을 대조하여 그 차이를 쉽게 볼 수 있도록 하였다.

는 중앙 관서인 사역원에서 이루어졌다. 사역원에서 편찬과 교정까지 이루어진 책이다. 책 뒤에 교정과 원고 작성에 관여한 역관 8명의 명단이 있다. 이 책의 서문에 "임금께서도 관서는 역관이 통행하는 곳이라 관서에서 인간(印刊)할 것을 명하였다"라는 구절이 있다(석주연 2003 : 41-42). 고본의 작성 등 편찬을 사역원에서 마친 후 간행만 평안 감영에서 한 것이다. 따라서 평안 감영판『노걸대언해』에 나타난 ㄷ>ㅈ 구개음화 현상은 당시 중앙방언을 반영한 것이지 평안방언을 반영한 것이 아니라는 결론을 내릴 수 있다.

2.1.3. 『염불보권문』(1765) : 평안도 영변 묘향산 용문사판

이 책은 여러 지방의 사찰에서 중간되었는데 다음과 같은 판본이 알려져 있다.

    (1) 보권염불문(1704) : 경상도 예천 용문사판
    (2) 염불보권문(1764) : 경상도 대구 동화사판
    (3) 염불보권문(1765) : 황해도 구월산 흥율사판
    (4) 염불보권문(1765) : 평안도 영변 용문사판[3)]
    (5) 염불보권문(1776) : 경상도 합천 해인사판
    (6) 염불보권문(1787) : 전라도 무장 선운사판

황해도 흥률사판은 대구 동화사판의 영향을 받은 것이지만 동화사판의 구개음화 어형을 철저하게 지역 방언의 특성에 맞게 고쳐 놓았다. 이에 비해 평안도 용문사판은 대체로 동화사판의 내용을 따르고 있는 것이 많다. 그런 까닭에 평안도판에는 동화사판의 구개음화형을 고치지 않고 그대로 둔 것이 많다. 이것은 평안방언의 특성을 반영한 것이라 할 수 없다. 그러

---

3) 이 책은 충남대학교 도서관 소장이며, 김주원에 의해 처음 소개되어 학계에 알려졌다.

나 평안도판에는 동화사판에 나타난 ㄷ구개음화형을 따르지 않고 당시의
평안방언에 맞도록 고쳐 놓은 예도 동시에 나타난다. 다음은 대구 동화사
판에서 ㄷ구개음화가 실현된 어형을 평안도판에서 구개음화가 실현되지
않은 고형(古形)으로 바꾼 것이다.

경상도 동화사판	평안도 용문사판	한자어 및 원어형
쳔디간(5b)	턴디간(9b)	天地間
즁삼품(6a)	듕삼품(10a)	中三品
츙신(11b)	튱신(15b)	忠臣
져리나(11b)	뎌리나(15b)	뎔(寺)이나
일웬날(14b)	닐웬날(18b)	닐웻날(七日)

한편 대구 동화사판에서는 구개음화의 영향을 받아 원래의 ㅊ, ㅈ을 ㅌ,
ㄷ으로 과도교정한 것이 있는데, 평안도판에서는 과도교정된 것을 다시 원
래의 어형으로 바로잡았다. 다음이 그러한 예이다.[4]

경상도 동화사판	평안도 용문사판	한자어 및 원어형
삼텬불(1a)	삼천불(5a)	三千佛
맛티(11b)	맛치(15b)	맛치
듕싱(13b)	즁싱(17b)	衆生

'千'의 원래 음은 '쳔'이다. 동화사판의 '삼텬불'은 원래의 ㅊ을 과도교정
한 것이다. 이 과도교정은 당시의 경상방언에 강하게 작용한 ㄷ구개음화의
영향을 받은 것이다. 원래 ㅊ인 것을 구개음화(ㅌ>ㅊ)에 의해 생성된 것으
로 잘못 인식하고, 구개음화되기 이전의 모습 즉 ㅌ으로 바꾼 것이 '삼텬

---

4) 이러한 예는 황해도 흥률사판에도 나타난다. 동화사판의 과도교정형 '긋티거나', '틸보'
(七寶)를 흥률사판에서는 원래 어형인 '긋치거나', '칠보'로 고쳐 놓았다. 이 점은 평안도
용문사판에서도 같다(김주원 1996).

불'이다. 경상도판에 나타난 이런 과도교정을 평안도판에서 다시 제자리로
돌려놓은 것이 '삼천불'이다. ㄷ구개음화를 모르는 18세기 중엽의 평안도
사람에게 '삼텬불'과 같은 발음은 잘못된 것으로 인식되었음이 틀림없다.
동화사판의 '맛티'는 '맛치'(마치)를 과도교정한 것이고, '듕싱'은 '즁싱'을
과도교정한 것이다. 이러한 과도교정형을 평안도판에서 고쳐 놓은 것은 구
개음화에 대한 평안도 사람들의 인식, 즉 구개음화되지 않은 원래의 어형
이 올바른 것이라는 인식이 작용한 결과이다. 18세기 후기의 경상도 사람
들에게 ㄷ구개음화는 방언 특유의 표지(marker)로 인식되었을 것이고, 이 표
지는 자기 방언이 가진 특징으로 받아들여져 일종의 언어적 자의식(自意識)
을 형성했을 것이다. 이와 달리 평안방언 화자들은 ㄷ>ㅈ 구개음화를 몰랐
을 뿐 아니라, ㄷ구개음화 미실현형이 올바른 발음이라는 확고한 인식을
가지고 있었다. 경상방언과 역으로 평안방언은 ㄷ구개음화 미실현형이 올
바른 발음이며, 이것이 그들 방언이 지닌 고유의 특징이라 생각하고, 평안
도판에 보이는 바와 같은 교정을 실행한 것이다. ㄷ>ㅈ 실현형이 경상방언
화자의 표지라면, 그것의 미실현형은 평안방언 화자의 표지가 되었던 것이
다. 그런 점에서 평안도판 『염불보권문』에 나타난 위 예들은 당시 평안도
사람들의 인식을 보여준다는 점에서 흥미로운 존재이다.[5]

2.1.4. 『경민편』(연대 미상, 평안 감영판 추정)

현재 전하는 『경민편』의 주요 이본은 다음과 같다.

  (1) 동경교육대학 소장본 (1579) (중간본, 晉州印)
  (2) 규장각본(1658) (李厚源 改刊本)

---

5) 평안도판 『염불보권문』에 나타난 흥미로운 낱말로는 '오마님'(18a)이 있다(김주원 199
  6 : 442). 잘 알려져 있다시피 오늘날 평안방언에서 '오마니'(母)가 쓰이고 있다.

(3) 초계판 (1731) (합천 초계 개간)
(4) 을축 완영판 (개간) (1745)
(5) 무진 완영판 (중간) (1748)[6]
(6) 미상본 (간년 간행지 미상, 평안 감영판 추정)

위의 여러 이본 중 이 글의 관심 대상은 (6)의 간년 및 간행지 미상본이
다. 이 판본은 평안 감영에서 간행한 것으로 추정된다. 그 근거는 다음 두
가지이다. 첫째는 이 판본에 평안감사 송인명(宋寅明, 1689~1746)이 지은 「八
戒」(팔계)가 붙어 있다는 점이다.[7] "관셔는 이 긔즈의 녯 도읍이라 셩인의
ㄱᄅ치시미 임의 멀고 빅셩의 풍쇽이 졈졈 문허디여 패륜 범상ᄒᄂᆫ 일이
간간이 만히 이시니…"로 시작하는 팔계의 서문은 송인명이 평안감사로
와서 지었음을 보여준다. 『청선고(淸選考)』 권지십오(卷之十五)의 관찰사항(觀
察使項)의 기백조(箕伯條)에 따르면 송인명은 영조 5년 기유(1729)에 평안도 감
사로 부임해서 이듬해(1730)에 이임한 기록이 있다. 그러니 평안감영에서
간행한 관서판 『경민편』은 1729년 또는 1730년에 간행된 것이므로 상산판
(商山版) 『경민편』보다 1년 혹은 몇 달 앞서서 간행되었다.[8] 평안도판 『경민
편』은 1729~1730년 사이에 간행된 것으로 짐작되지만 (6)의 미상본이 이
당시에 나온 판본인지 의심스러운 점이 있다. 이 미상본은 시대가 약간 처
지는 것으로 생각된다.[9] 둘째는 (6)의 판본에 실린 송인명의 「八戒」(팔계)

---

6) 이와 동일한 판본으로 '戊辰七月日龍城開刊'이라는 간기를 가진 남원판이 있다.
7) (6)의 미상본에 이 「八戒」가 송인명이 지은 것이라는 기록은 없다. 그러나 완영판에 실
   린 상주 목사 이정소(李廷熽)의 「題警民編後」(제경민편후)에 이 팔계는 평안감사 송인명
   이 지은 것이라고 밝혀 놓았다.
8) 필자가 본 판본은 홍문각에서 1992년에 초계판, 완영판(1748)과 함께 영인한 것이다. 이
   판본에는 완영판에 실린 이정소의 「題警民編後」와 「勉語」(면어)가 실려 있지 않다.
9) 그 이유는 이 판본(홍문각 영인본 참고)의 '팔계' 부분에 다음과 같은 후대 어형이 나타
   나기 때문이다. '도읍'(都邑)(서 1a), '이직'(서 1a), '강인하야'(팔계 2b), '어이 하야'(서
   5a). 그런데 이 팔계는 '乙丑六月 完營開刊'이라는 간기를 가진 완영판에도 실려 있다. 이
   완영판에서 '도읍'은 '도읍'으로 고쳐져 있으나 '강인하야'(완영판 45a), '어이하야'(완영
   판 46b), '이직'(완영판 43b)는 동일하게 나타난다. 이 사실은 을축 완영판이 (6)의 미상

에 평안도 특유의 어휘인 '〇둛'(八)이 나타난다는 점이다. 그 예는 다음과
같다.

> 이지 ㅂ야호로 스스로 도로혀 기피 슬허ᄒ며 삼가 <u>〇둛 가지</u> 됴목으로
> ᄀᄅ치시던 깃틴 의로써 <u>〇둛 가지</u> 경계을 지어 경민편 ᄭᆺ티 붓텨 써 셧녁
> 빅셩을 경계ᄒ로라(警民編 序 1a~1b)(밑줄은 필자)

현대의 평안방언에 '야듧, 야들, 야뜰, 야뜲, 야든'과 같은 방언형이 광범
위하게 존재하는 사실(『평북방언사전』, 김이협 편저, p.385)은 이 '〇둛'이 평안
방언을 반영한 어형임을 뒷받침해 준다. 이 '〇둛'은 상산판(상주판)을 복각
한 것으로 짐작되는 '乙丑六月 完營開刊'(을축유월 완영개간)이라는 간기를 가
진 완영판에서 모두 '여듧'(43b)으로 고쳐져 있다. 이 '〇둛'은 송인명이 평
안감사로 봉직할 때 지은 「八戒」에 나온 것이라는 점과 현대 평안방언에
존재하는 '야들' 등으로 볼 때, 송인명이 평안도에서 이 책을 간행하면서
그 지역의 방언을 수용한 결과라고 판단한다.[10]

여기서 평안방언을 반영했음이 확실한 송인명의 「八戒」에 과연 ㄷ구개
음화가 어떻게 반영되어 있는지가 흥미로운 관심사가 된다. 「八戒」를 정밀
히 분석해 보니, ㄷ구개음화를 실현한 어형은 전혀 나타나지 않았다. '엇
디'(서 3b), '헤티기'(서 4a), '뎌'(서 3b), '됴화ᄒ미'(서 4b), '아디 못ᄒᄂ다'(서 5a)
등과 같이 ㄷ구개음화가 실현되지 않은 어형만 나타날 뿐이다. 이 사실은
당시의 평안방언에 ㄷ구개음화가 존재하지 않았음을 증명한다.

'〇둛'과 같은 특이한 평안방언 어휘를 노출시켜 평안방언을 반영한 점

본을 참고했음을 의미한다. 이 점을 고려하면 을축 완영판의 간년도 1745년이 아니라
더 후대일 듯하다. 경민편의 이본 연구는 남권희(2005)를 참고했다.
10) 사마방목에 송인명은 본관이 여산(礪山), 거주지는 고양(경기도)이라 되어 있다. 따라서
　 그는 중부방언 화자로 볼 수 있다. 이런 점으로 볼 때 평안도판 『경민편』의 언어는 이
　 책을 볼 평안도 사람을 고려하여 편찬했음을 알 수 있다.

과 ㄷ구개음화 어형이 전혀 나타나지 않는 사실은 모두 평안방언에 충실한 태도라는 점에서 그 성격이 같다. 이 점은 당시의 평안방언을 의식한 결과이며, 이를 통해 평안방언의 특성을 드러내려 했던 당대인의 의식을 엿볼 수 있다.

2.1.5. Corean Primer에 나타난 ㅈ구개음화(ts〉ʧ)

이 책은 John Ross 목사에 의해 1877년에 간행된 한국어 교본이다. Corean Primer에는 평북 의주 출신인 이응찬(李應贊)의 언어가 반영되어 있다.11) 이 책에는 한글 전사(Korean alphabet transcription)뿐 아니라 영문 전사(English alphabet transcription)까지 함께 실려 있어서 19세기 후기 의주방언의 음성적 특성을 정밀히 알 수 있다. Corean Primer에서는 ㅈ의 전사하는 데 ds와 j(음가는 [ts]와 [ʧ])를 쓰고, ㅊ의 전사에 ts와 ch(음가는 [tsʰ]와 [ʧʰ])를 사용하였다. 이 점은 전사 기호가 하나만 사용되는 다른 자음과 비교해 보면 매우 특이한 것이다. 이런 두 가지 전사는 1877년 당시에 ㅈ, ㅊ의 음가가 일부 환경에서 구개음화되어 있음을 반영한 것이다. 즉 j나 i 앞에서 ㅈ, ㅊ이 경구개음으로 발음되었기 때문에 ʧ, ʧʰ와 같은 전사가 나타난 것이다. 이런 전사 표기는 Corean Primer가 간행된 19세기 후기 의주방언에서 ㅈ, ㅊ의 구개음화가 실현되었음을 의미한다. 그 후 1950년대의 의주방언의 ㅈ, ㅊ이 구개음이 되었다. 다만 전통 방언의 특성을 가진 의주 사람들 중에는 치조음과 구개음 간의 동요가 있었으나 대부분 주민들은 ㅈ을 거의 구개음으로 발음하였다. 그리하여 현대 의주방언의 ㅈ, ㅊ은 모든 환경에서 경구개 위치에서 조음된다.

Corean Primer를 통해서 볼 때 의주방언의 ㅈ구개음화는 음성적 환경에

---

11) Corean Primer와 의주방언에 대한 아래 설명은 한성우의 박사학위논문(2003)을 참고하여 요약한 것이다. 반모음 y는 j로 바꾸어 표기했가.

지배된 것으로 보인다. ㅈ의 구개변이음은 대부분 j, i 앞에서 나타나기 때문이다. 19세기 후기 의주방언에서 ㅈ은 특정 환경에서 구개음으로 실현되었던 것이다.12) 이는 중부방언이 경험한 역사적 과정과 거의 같다. 그 시기가 늦어졌을 뿐 의주방언도 중부방언과 동일한 과정을 거쳐 ㅈ의 구개음화가 실현된 것이다.

학자들은 의주방언에서 ㅈ의 구개음화는 다른 방언과의 접촉에서 일어난 것으로 보고 있다. 小倉進平(1944)도 서북방언의 주변부 지역에서 서북방언의 특징과 다른 현상이 나타남을 지적하였고 그 원인은 방언접촉에 있는 것으로 보았다. 특히 의주는 사람과 물산의 왕래가 빈번하여 외부 방언과의 접촉이 많았던 곳이다. 이러한 지리적 특성으로 인하여 평안방언의 타 지역보다 ㅈ구개음화를 빨리 수용하였던 것이다. 외부와의 빈번한 접촉에 따라 보다 개방적 태도를 가지게 된 의주 지역 사람들이 다른 평안도 주민보다 더 빨리 고유 방언의 음성 특질을 버리고 타 방언에 동화되었다고 해석할 수 있다.

2.2. 평안방언 자료집의 ㄷ구개음화 양상

앞의 2.1.에서는 18세기 전기에서 19세기 후기에 이르는 동안 평안도에서 간행하였거나 평안방언을 반영한 문헌을 대상으로 ㄷ구개음화 관련 현상을 분석하고 그 의미를 찾아보았다. 2.2.에서는 20세기 이후에 평안방언에서 일어난 ㄷ구개음화의 추이를 파악하기 위해 방언학 연구자들이 조사한 평안방언 자료집을 검토하기로 한다. 평안방언을 조사하여 수록한 방언

---

12) ㅅ의 경우도 구개음화에 있어서 비슷한 양상을 보여준다. Corean Primer에는 '사서소수'의 ㅅ에는 s를, '샤셔쇼슈'의 ㅅ에는 sh가 전사 기호로 사용되어 있다. 후자는 구개화된 ㅅ이다. 小倉進平(1944)는 서울말의 '사서소수'와 달리 의주방언에서는 이 발음이 ʃa ʃə, ʃo, ʃu로 발음된다고 지적하였다. 이 시기의 의주방언에서는 ʃ 뒤의 j가 탈락하지 않았던 것이다(한성우 2003 : 45).

자료집에는 다음과 같은 것이 있다.

(1) 小倉進平, 『朝鮮語方言の硏究』, 東京 : 岩波書店, 1944.
(2) 김병제, 『방언사전』, 평양 : 사회과학원출판사, 1980.
(3) 김이협, 『평북방언사전』, 한국정신문화연구원, 1981.
(4) 리운규・심회섭・안운, 『조선어방언사전』, 연변 인민출판사, 1990.
(5) 김영배, 『평안방언연구―자료편』, 태학사, 1997.

위 자료집 중 (1)은 20세기 전기의 평안방언을 조사한 것이고, 다른 것은 모두 20세기 후기의 평안방언을 조사한 것이다. 따라서 2.2.에서 다루는 평안방언의 ㄷ구개음화 관련 예들은 모두 20세기 자료가 된다. 위 방언자료집 중 김영배의 『평안방언연구―자료편』은 (1), (2), (3)을 수용하고, 평안도에서 월남한 사람들을 대상으로 방언 조사를 하여 편찬된 종합 자료집이다. 이 글은 평안방언의 ㄷ구개음화에 국한하여 다루는 것이어서, (5)에 실린 관련 예만 이용해도 본고의 목적을 달성하는 데 충분하다고 본다.

이 글은 평안방언의 ㄷ구개음화 현상을 언어학적 관점에서 전면적으로 분석하려는 것이 아니기 때문에, 김영배의 자료집에 나타난 ㄷ구개음화 관련 예 몇 가지만 검토한다. 특히 20세기 이후 평안 지역에서 ㄷ구개음화가 수용된 방언형과 그것의 지역적 분포에 관심을 두고 논의를 진행한다.

다음은 김영배(1997)에 나타난 ㄷ구개음화 관련 예들이다. 관련 어휘들이 다수 있지만 편의상 대표적 예 몇 가지만 인용한다. 아래 예시에서 표제어 다음에 놓인 괄호 안의 숫자는 김영배(1997)의 쪽수를 나타내고, 지명 앞에 놓인 *는 다른 방언형과 공존하는 경우를 의미한다.

① ㄷ구개음화가 실현된 방언형이 있는 경우
• 지주(地主) (18)
　　던주 : 평남(대동, 강동, 맹산, 개천, 평원), 평북(*자성, 후창)

덴주 : 평남(순천, 안주), 평북(박천, 영변, 회천, 운산, *태천, 구성, 창
성, 위원, 강계)

디주 : 평남(덕천), 평북(태천)

<u>지주</u> : 평남(평양, 양덕, 영원), 평북(*자성)

• 짚 (18~19)

딥 : 평남(평양, 양덕, 영원 제외 전지점)

딮 : 평남(문덕, 안주), 평북(박천, 녕변, 구장, 운전, 구성, 향산)

<u>집</u> : 평남(평양, 양덕, 영원)

• 절구 (42)

덜구 : 평남(양덕 제외 전지점), 평북 전지점

<u>절구</u> : 평남(양덕)[13]

• 질그릇 (43)

들그릇 : 평남(평양 등 3개 지역)

딜그릇 : 평남(평양, 양덕, 맹산 제외 전지점), 평북(운산, 철산 제외
전지점)

<u>질그릇</u> : 평남(양덕)

• 남편 (109)

남덩 : 평남(온천, 룡강) 평북(녕변, 구장, 선천)

<u>남정</u> : 자강(강계)

• 장가가다 (120)

당개가다 : 평남 진남포 제외 전지점, 평북 전지점

<u>장개가다</u> : 평남(진남포)

• 진흙 (206)

딘흙 : 평남(양덕, 맹산, 평원 제외 전지점)

<u>진흙</u> : 평남(양덕, 맹산), 평북(*창성, *자성)

• 주야(晝夜) (205)

두야 : 평남(중화, 평양, 순천, 안주), 평북(박천, 영변 외 9개 지점)

<u>주야</u> : 평북(후창)

• 해질녘 (해 디다) (208)

---

13) 18세기 문헌에는 '절구', '절고'로만 나온다. '덜고'와 '덜구'는 문헌에 전혀 보이지 않
는다. 杵曰 절고 米杵(동문유해, 하 2b)(1748) 杵曰 절고 米杵(몽유유해, 하 2a)(1768)

　　해디다 : 평남(대동, 진남포, 성천, 개천, 덕천), 평북(신의주, 의주,
　　　　　삭주)

　　해딜녁 : 평남(진남포, 성천, 양덕, 덕천, 순천 제외 전지점)

　　해딜녁 : 자강(위원), 평북(태천,, 박천, 염주, 의주, 정주, 룡천, 녕변,
　　　　　대관)

　　<u>해질꼴</u> : 평남(양덕, 개천), 평북(구성, 신의주, 의주, 후창)

• 좋다 (225)

　　도타 : 평남(중화, 평양, 순천, 숙천, 안주),

　　　　　평북(박천, 영변, 희천, 구성, 정주, 선천, 용암, 의주, 강계, 자
　　　　　성, 후창)

　　도 : 타 : 평북(의주, 삭주, 피현, 룡천, 철산, 대관, 운산, 동림)

　　돟다 : 평남(양덕 제외 전지점)

　　<u>조타</u> : 평남(중화), 평북(후창)

　　<u>좋다</u> : 평남(양덕)

• 짧다 (225)

　　달따 : 평남(대동, 강서, 강동, 성천, 맹산, 덕천, 개천, 순천, 평원, 안주),
　　　　　평북(선천, 강계, 자성 제외 전지점)

　　닭다 : 평북(선천)

　　딸따 : 평북(자성)

　　댥다 : 평북(강계)

　　떫다 : 평북(녕변, 구장, 향산, 박천, 운전)

　　<u>짧다</u> : 평남(평양, 진남포, 양덕)

② ㄷ구개음화가 실현된 방언형이 없는 경우

• 저기 (204)

　　더기 : 평남(룡강, 온천, 숙천, 문덕, 안주), 평북(피현, 의주 등 6 지점)

　　데기 : 평남(룡강, 온천), 평북(녕변, 구장, 향산, 박천), 자강(희천)

• 절(寺) (58)

　　덜 : 평남(평양), 평북(박천 외 5 지점)

• 면장(面長) (112)

　　면당 : 다수 지점

- 조수(潮水) (205)
  - 도수 : 평남(맹산, 개천)
  - 되수 : 평북(구성, 의주)
- 주석(錫) (205)
  - 두석 : 평북(영변, 희천, 강계)
  - 뒤석 : 평남(평양), 평북(박천, 구성)
- 진다(落) (378)
  - 딘다 : 평남(중화, 평양, 순천, 숙천, 안주),
    - 평북(박천, 영변, 구성, 정주, 선천, 용암, 의주)
- 짚다 (260)
  - 딮다 : 평북(녕변, 구장, 향산, 박천, 운전, 구성)

①은 평안도 내의 하위 방언에서 ㄷ구개음화 실현형이 존재하는 경우이고, ②는 그렇지 않은 경우이다. ②와 같은 예가 다수 있으나 몇 개의 예시만 제시하는 데 그쳤다. 위의 두 가지 경우가 음운론적 환경이 서로 달라서 ㄷ구개음화 실현에 차이가 생긴 것은 아니다.

①에서 우리는 ㄷ구개음화 실현형의 출현 지역들이 가진 공통점을 발견할 수 있다. 평안남도에서는 평양, 양덕에서 ㄷ구개음화 실현형이 비교적 빈번히 나타난다. 그밖에 영원, 맹산, 진남포, 중화 지역도 이와 같은 방언형이 존재한다. 양덕, 영원, 맹산은 함경남도의 접경 지역이라는 점에서 공통적이다. 함경남도는 ㄷ구개음화가 일찍부터 실현된 지역이어서 그 영향이 인접한 평안도의 군 지역에 미칠 수 있었던 것이다. 평안남도 중 평양과 진남포 등은 교통 왕래가 많은 지역이어서 아무래도 타 방언의 영향을 많이 받았을 것이다. 평안북도에서 ㄷ구개음화가 실현된 방언형이 존재하는 신의주, 의주, 후창, 자성 지역은 국경 지역이면서 교통의 왕래가 많은 곳이라는 점에서 공통적이다. 그러나 평안도 내륙 지역인 개천은 예외적인 경우이다.

우리가 Corean Primer에 나타난 ㅈ구개음화(ts>ʧ) 현상에서 보았듯이, 1877

년경의 평북 의주 지역에서 ㅈ구개음화는 실현되었다. 그러나 Corean Primer 에는 ㄷ>ㅈ 구개음화는 나타나지 않았다. 19세기 말기까지 교통의 왕래가 빈번했던 의주방언에서도 구개음화의 1단계인 ㅈ구개음화만 실현되었고, 2 단계인 ㄷ>ㅈ 구개음화는 실현되지 않았던 것이다. 그러다가 20세기 후기 에 조사된 평안방언 자료집에서 보듯이 이때에 비로소 평안도의 여러 하위 방언에 ㄷ>ㅈ이 실현되었던 것이다. 따라서 평안방언에서 구개음화 ㄷ>ㅈ 이 실현형이 나타난 것은 적어도 20세기 중기 이후라고 볼 수 있다.

그러나 여기서 ㄷ>ㅈ의 실현형이라고 말한 것을 좀 더 정확히 규정할 필요가 있다. 평안방언은 의주지역 방언을 제외하고는 19세기 말기까지 ㅈ 의 구개음화가 실현된 증거가 없다. 또한 평안방언의 여러 자료집에서 보 듯이 ㄷ,ㅌ 뒤의 반모음 j를 탈락시키거나(예 : 텬>턴), 모음축약(예 : 뎌>데)이 일어나서 ㄷ>ㅈ 구개음화가 적용될 수 있는 환경이 없어지는 변화가 평안 방언에 존재하였다. 이런 상황에서 위의 방언조사 자료집에 나와 있는 ㄷ> ㅈ 수용형은 평안방언의 내적 변화로 인한 결과라 할 수 없다. 이러한 ㄷ> ㅈ 수용형이 평안방언에 생겨난 것은 '차용'의 결과로 보아야 한다. 외부 방언과 접촉하는 과정에서 ㄷ>ㅈ 변화형을 알게 되었고 이것을 그대로 수 용한 것이 위 ①에 나타난 ㄷ>ㅈ 변화형이다.

ㄷ구개음화가 적용될 수 있는 음운 환경 자체를 없애버렸기 때문에(예 : 텬>턴)에서 조건적 동화인 ㄷ>ㅈ 구개음화가 실현될 수 없다. 평안방언에 서 20세기 중기 이후에 ㄷ>ㅈ 변화형을 수용(엄밀히 말하면 차용)한 배경은 무엇일까? 일차적 원인은 외부 방언과의 접촉 때문이라고 설명할 수 있지 만 이것만으로 충분치 않다. 왜냐하면 20세기 이전에도 평안방언은 부단히 외부 방언과 접촉해 왔기 때문이다. 그 이전까지는 ㄷ>ㅈ 변화형을 수용 하지 않다가 20세기 중엽 이후 수용한 이유는 무엇일까? 다음 3장에서 필 자는 이 문제에 대한 기존의 학설을 소개하고, 새로운 설명을 제시한다.

3. ㄷ구개음화 미실현의 원인에 대한 설명

3.1. 음성·음운론적 설명

3.1.1. 자음체계와 관련한 음운론적 해석

지금까지 한국어 학자들은 평안방언에서 ㄷ>ㅈ 현상이 발생하지 않은 원인을 평안방언의 자음체계와 관련하여 음성·음운론적 관점에서 설명해 왔다. 小倉進平(1944)은 평안방언의 ㅈ 등이 치조음으로 발음되었고, 이에 따라 ㄷ, ㅌ의 구개음화도 일어나지 않았다고 보았다. 이기문(1972)에서는 평안방언의 ㅈ이 치조음이며 이것은 중세국어의 조음위치가 보존된 것이라 하였다. 그는 ㄷ구개음화의 전제 조건으로 ㅈ이 구개음이어야 한다는 점을 지적하고, 평안방언에서 ㄷ구개음화가 존재하지 않는 것은 ㅈ이 구개음이 아닌 치경음이었기 때문이라고 하였다. 이 견해는 음운변화의 발생을 음운체계와 관련지었다는 점에서 중요한 설명으로 받아들여져 왔다. 선행 연구의 설명을 참고하여 평안방언에서 ㄷ>ㅈ 변화가 일어나지 않은 원인과 과정을 자세하게 고찰해 본다.

『훈민정음』해례본에 기술되어 있는 15세기 한국어 자음체계에서 ㄷ은 설음, ㅈ은 치음에 속해 있었다.[14] 해례본에 기술된 17개 자음(초성자)들의 조음위치를 입의 앞쪽부터 차례로 배열하면 다음과 같았다.

순음	치음	설음	아음	후음
ㅁ ㅂ ㅍ	ㅅ ㅈ ㅊ ㅿ	ㄴ ㄷ ㅌ ㄹ	ㄱ ㅋ ㆁ	ㅇ ㆆ ㅎ

위 표에서 알 수 있듯이 치음과 설음에 속하는 음은 무려 여덟 개나 된

---

14) 오늘날 음성학적 관점에서 보면 훈민정음 해례의 '치음'은 dental이고, '설음'은 alveolar (치경음)에 해당한다. 현대 한국어의 ㄷ은 alveolar로 발음된다.

다. 그러나 경구개(palatal) 자리에서 나는 자음은 하나도 없다. 경구개 자리가 빈칸인 셈이다. ㅈ이 치음 ts에서 경구개음 ʧ로 변하면서 이 빈칸은 채워지게 된다. 현대국어에서 평안방언을 제외하고는 모두 ㅈ의 조음위치가 ts에서 ʧ로 변화하였다. 우리는 이 변화를 ㅈ의 구개음화(ts>ʧ)라 부른다. ㅈ의 자형은 그대로이지만 그 음가가 변화한 것이다. 이 변화를 가장 빨리 겪은 방언은 한국어의 남부방언(경상방언과 전라방언)이다. 17세기 초기의 남부방언에서는 ㄷ의 구개음화 즉 i(j) 앞의 ㄷ>ㅈ 변화가 일어났다. 대구 부근의 방언을 반영한 『중간두시언해』(1632), 「현풍곽씨언간」(1610년 전후) 등의 문헌에 ㄷ>ㅈ이 나타나기 때문이다. i(j) 앞의 ㄷ>ㅈ 구개음화는 ㅈ이 구개음으로 존재해야만 일어날 수 있는 음운변화이다. 따라서 ㄷ>ㅈ 변화를 겪은 용례가 출현한다는 것은 그 이전 시기에 이미 ㅈ의 구개음화 ts>ʧ가 일어났음을 전제한다. 즉 ㅈ이 치음 ts가 아니라 구개음 ʧ일 때 ㄷ>ㅈ 변화가 일어날 수 있다는 것이다. 따라서 구개음화는 다음과 같이 두 단계로 나누어진다.

　　1단계 : 치음 ㅈ의 구개음화 ts>ʧ[15]
　　2단계 : ㄷ(t)>ㅈ(ʧ)[16]

　1단계 변화는 ㅈ의 글자꼴 즉 자형에 전혀 영향을 미치지 못한다. 즉 ㅈ은 그 음가가 ts이든 ʧ이든 모두 ㅈ으로 표기되었다. 그래서 이 변화는 문헌의 표기에서 쉽게 관찰하기 어렵지만 ㅈ뒤의 이중모음 표기가 혼란된 것으로 판별할 수 있다. ㅈ이 ʧ로 변하게 되면 그 뒤에 오는 반모음 j가 발음되기 어렵다. 그래서 반모음 j와 관련된 표기에 혼란이 일어난다. 그 결과 '져'와 '저', '쳐'와 '처'의 구별이 잘 안되어 양자 간에 혼란된 표기례가 나

---

15) 이 변화는 i(j) 앞에 오는 ㅈ에 먼저 적용되고 나중에 모든 환경에 확대되었다.
16) 이 변화는 ㄷ이 i(j) 앞에 올 때만 일어난다. 뎌>져, 디>지

타나게 된다. 그리하여 '져~저'간의 혼란 혹은 '쳐~처'간의 혼란된 표기가
나타나는 시기부터 ㅈ은 ts에서 ʧ로 변화한 것으로 본다.

구개음화의 단계적 과정을 자세히 설명한 까닭은 평안방언에서 ㄷ>ㅈ
변화가 일어나지 않은 사실이 구체적으로 무엇을 의미하는지 보여주기 위
함이다. 평안방언을 제외한 한국어 전 방언이 ㅈ구개음화와 ㄷ>ㅈ 변화를
겪었음에도 불구하고 유독 평안방언이 이 현상을 모르고 있다는 것은 바로
평안방언에서 위 1, 2단계의 변화가 일어나지 않았음을 의미한다.

이러한 설명은 평안방언에서 ㄷ>ㅈ 변화가 일어나지 않은 음성·음운
론적 설명이 될 수 있다. 평안방언이 ㄷ>ㅈ 변화를 모르는 이유를 ㅈ이 구
개음화되지 않았기 때문이라고 설명한 것이 된다. 그러나 이 설명만으로는
충분치 않다. 한국어의 대부분 방언에서 모두 일어난 ㅈ구개음화가 왜 평
안방언에서만 일어나지 않았는가? 이 질문을 던지면 음성 음운론적 관점에
서 더 이상의 설명을 할 수 없게 된다. 이 지점에서 우리는 다른 설명 방법
을 찾아야 하는 상황에 마주하게 된다.

3.1.2. 'ㅣ'(i) 모음의 음가 변화를 가정한 음운론적 해석

자음체계상 ㅈ의 음가 변화에 의한 위의 설명과 달리 장영길(1994)은 국
어의 모음 'ㅣ'의 음가에 기대어 평안방언에 ㄷ>ㅈ 구개음화가 일어나지
않은 원인을 설명하려 했다. 평안방언에서 'ㅣ'모음 뒤의 ㄷ>ㅈ 변화가 일
어나지 않은 것은 'ㅣ'의 음가가 [−high][+back]인 /ɨ/였기 때문이라는 것이
장영길의 주장이다. 그는 중세국어 문헌의 모음조화 현상을 볼 때 중세국
어의 ㅣ는 /ɨ/였고, 이에 따라 중세국어의 ㅣ는 구개음화의 동화주 노릇을
할 수 없었다고 설명했다. 근대국어에 이르러 'ㅣ'의 자질이 /i/로 바뀌면서
구개성을 강하게 띠게 되고 이어서 구개음화의 동화주 기능을 하여 구개음
화가 발생했다는 것이다. 장영길(1994)은 고대국어 시기에 'ㅣ'가 ɨ와 i 두

가지에 대응하였고, 후자 i 앞에서 구개음화가 실현되었다고 보았다. 이어서 중세국어에서는 ㅣ 하나만 존재하여 구개음화가 존재하지 않았고, 근대국어에 들어서 ɪ>i라는 변화가 일어나(즉 ㅣ가 /i/로 되면서) 구개음화가 발생하게 된 것이라 하였다. 이 연구에서 가장 큰 문제점은 'ㅣ'의 음가 규명과 그 역사적 변화를 증명할 논거가 충분치 않다는 점이다. 모음조화의 혼란을 근거로 중세국어의 'ㅣ'음가를 두 가지로 본 것은 일정한 설득력을 갖지만, 문헌 자료를 바탕으로 ㅣ의 음가를 입증할 또 다른 증거는 찾기 어렵다.

　ㄷ>ㅈ 구개음화의 미실현에 대한 위의 두 가지 설명에서 전자는 언어학적 차원에서는 일정한 범위의 설명력을 가진다. 그러나 앞에서 언급했듯이, ㅈ구개음화가 여타 방언에 모두 일어났지만 평안방언에서만 일어나지 않은 원인을 충분하게 설명할 수 없다는 한계가 있다. 필자는 ㅈ의 음가 변화와 관련된 이기문의 설명을 수용하면서, 특정 방언을 사용하는 주체(방언화자)의 언어적 지향성과 지역적 특성에 대한 인식을 고려하여 이 문제에 대한 새로운 설명을 다음 절에서 제안한다. 언어는 그 자체의 메커니즘에 의해 작동하는 자율적 구조체가 아니라, 그것을 사용하는 사회 및 개인에게 종속되어 있다는 점에서, 언어 사용자의 인식과 지역의 사회적 환경을 고려하는 것은 합리적 방법이라고 생각한다.

3.2. 새로운 모색- 사회·역사언어학적(socio-historical linguistics) 설명

　전라방언과 경상방언, 함경방언에서는 이미 16세기 후기 혹은 17세기 초기에서부터 ㄷ>ㅈ 구개음화가 발생하였고, 17세기 후기와 18세기 전기에 걸쳐 활발히 실현된 변화로 자리 잡았다. 서울에서 간행된 문헌에서도 18세기 중엽에는 ㄷ>ㅈ 구개음화 어형이 빈도 높게 나타나고 있다. 그러나 평안방언은 20세기 초에 이르기까지 이 변화를 수용하지 않았다. ㄷ구개음화에 관한 한 평안방언과 여타 방언은 거의 400년에 달하는 커다란 시간적 격차를 보인다. 하나의 음운변화에 대한 이러한 격차를 평안방언만 가지고 있는 것에는 음성학적 요인뿐 아니라 언어 사용과 관련된 여러 인자들이 작용했을 가능성이 크다. 20세기 중엽 이후에 평안방언의 일부 하위 방언권에 사용된 ㄷ>ㅈ 변화형도 평안방언 자체의 언어 내적 동기로 생겨난 것이 아니라 외부 방언과의 활발한 접촉으로 인한 차용의 결과이다.

평안방언에서 20세기 초기에 이르기까지 ㄷ구개음화를 몰랐던 원인은 ㅈ의 구개음화가 실현되지 않았던 데 그 첫째 원인이 있음은 확실하다. ㅈ이 구개음이 아닌 치경음으로 존재하는 평안방언에서 ㄷ>ㅈ 구개음화는 애초에 일어날 수 없기 때문이다. 한국어의 대부분 방언에서 일어난 이 변화가 400여 년 동안 오직 평안방언에만 일어나지 않았던 원인을 음운론적 차원에 국한하여 설명하는 것은 충분치 못하다. 음운론적 설명은 언어학적 차원에서 타당한 것이지만, 400년 동안 평안지역 사람들이 구개음화를 받아들이지 않은 이유를 근본적으로 해명한 것이라 하기 어렵다. 언어의 사용 주체는 사람이기 때문에 해당 언어 변화에 대한 발화자의 인식과 태도가 그 변화에 작용하지 않을 수 없다.

3.2.에서는 평안방언 화자들이 자신의 방언에 대해 가졌던 언어적 태도 혹은 그들 특유의 언어 특징에 대한 인식을 중심으로 평안방언에 구개음화가 일어나지 않았던 원인을 밝혀 보고자 한다. 여기에 평안도가 처한 정치적 상황도 고려할 것이다. 평안도 사람들이 겪어온 역사적 체험, 좀 더 구체적으로 말하면 평안도에 대한 정치적 차별이 그들 특유의 언어 현상과 결부되면서 언어적 차원에서 작용했음을 논한다.

3.2.1. ㄷ구개음화 미실현에 대한 지역민의 인식과 지역 정체성의 형성

평안방언 화자들은 자기들이 ㄷ구개음화를 받아들이지 않고 전통적인 발음을 그대로 유지하고 있다는 사실을 인지하였음이 분명하다. 그리고 그들의 방언에 나타난 이러한 특징을 인식하고 있었음은 물론, 이에 대한 나름대로의 가치 판단을 하고 있었다. 평안도 출신으로 벼슬길에 나아간 백경해(白慶楷 1765~1842)의 기록은[17] 평안도 사람들이 ㄷ구개음화와 관련하여 어떠한 인식을 갖고 있었는지 증언해 준다.[18] 다음은 백경해가 「我東方言正變說」(아동방언정변설)이란 논설문에서 자신의 견해를 밝힌 내용이다.

우리나라 방언의 옳고 그름에 대한 의견 (我東方言正變說)

우리나라는 옛날에 우리말을 나타낼 문자가 없었다. 우리 세종대왕이 총명과 예지의 자질을 갖추어 임금과 스승의 지위에 계시면서, 문화를 크게 여시고 아악을 바로잡으셨다. 드디어 성삼문과 신숙주 등 고사에 널리 통한 선비들과 더불어 언서(諺書)를 만듦으로써 우리말을 비로소 기록할 수 있게 되었다. 또한 명나라의 여러 학사들에게 왕복하며 증정(證訂)하기를 무릇 13차례를 한 연후에 비로소 능히 이 일을 이루셨다. 이 문자로써 미루어 통하지 않음이 없으니 드디어 우리나라에 만세토록 가히 바꿀 수 없는 제작이 되었다.

지금 능히 이 바른 음(正音)을 지켜 그 옛것을 잃지 않은 것은 오직 관서 한 도뿐이고 나머지 칠도(七道)는 '텬'을 일러 '천'이라 하고 '디'를 일러 '지'라 한다. 무릇 '다타' 행에 속하는 것은 일체가 뒤섞이어 '자차' 행으로 귀속되어 버렸으니, 그 사이에 비루한 말과 토속의 버릇이 반드시 모두 같지는 아니하되, '텬디'의 종류에 이르러서는 칠도가 그릇됨을 함께 하니 그 또한 이상하구나. 경서의 언해가 중엽 이상에서 나온 것은 짐짓 세종시대의 옛 음을 사용하였으나, 근년 이래로

---

17) 이 기록은 백경해의 문집 『守窩集』(수와집)에 나온다. 이 책은 국사편찬위원회에 소장되어 있으며, 서지사항은 다음과 같다. 木活字版. 高宗 21(1884)년 간행. 8卷 4冊, 四周雙邊, 半郭 23X17cm, 有界, 10行 20字, 註雙行, 上內向花紋魚尾.

18) 필자는 하버드대학에서 한국사를 전공하는 김선주 교수로부터 이 자료가 있음을 알게 되었고 얻어 볼 수 있었다. 도움을 주신 김선주 교수께 감사드린다.

번역한 말과 문자는 다시는 가히 표준으로 삼지 못하는 것들이다.

대개 관서는 곧 우리나라에서 처음으로 개벽한 곳이다. 중국 은(殷)나라 태사 기자(箕子)가 이곳에 와서 사람의 표준을 크게 정했으니, 세종의 성총으로 어찌 이를 모르고 지었으리오. 반드시 그 근원을 미루어 생각하고 처음을 살펴, 풍토에 적합함을 짐작하고 그 중도를 잡아서 절충한 것이로다.

관서 사람으로 서울에 오래 머문 사람은 음이 비록 혹시 변함이 있으나, 이 고장에 정착하여 밭 갈고 샘을 파서 먹는 사람들은 예전대로 말하여 변하지 아니하니, 서토(西土)는 진실로 우리말의 바른 바탕(正本)이다.

내가 기억하건대 어릴 때에 선생과 어른들에게 얻어서 들으니 우리 숙종대왕께서 무위의 정치를 하시면서 경연에 임하시어 하교하여 말씀하셨다. "우리나라 팔도가 어음이 같지 아니하니 어느 것이 바른 것인고?"라고 물으셨다. 좌중의 한 명신이 있어서 대답하기를 "관서의 음이 바릅니다"고 하니 이 신하는 말에 대해서 아는 이라고 칭송을 받았다. 그러나 지금 또한 이러한 의논이 있다는 말은 듣지 못했다.

이런 까닭으로 나는 말한다. "천하의 음은 중화를 바른 것으로 삼고, 우리나라의 음은 관서로 바른 것을 삼으니, 관서는 또한 우리나라 말과 문자가 말미암아 근본을 두는 곳이다."[19]

우리는 백경해의 『아동방언정변설』에서 다음 몇 가지 중요한 사실을 알아낼 수 있다.

---

19) 我東古無方言文字, 及至我 世宗大王, 以聰明睿知之姿, 都君師之位, 文化大闢, 雅樂旣正而迺與成三問申叔舟等一時博古之儒, 作爲諺書, 以定方言, 又往復證訂於大明諸學士者, 凡十三度然後, 始克成之, 於是乎推之而無不通, 遂爲我東萬世不可易之制作矣.

今能守此正音, 不失其舊者, 惟關西一路而已, 外此七路, 謂텬爲쳔, 謂디爲지, 凡屬다타之行, 一切混歸於자차之行, 其間陋語土癖, 不必皆同而至於텬디之類, 七路同然, 其亦異哉. 經傳諺解, 出於中葉以上, 故猶用世宗之舊, 近年以來, 飜言文字, 不復可準矣.

蓋關西卽我東始開闢處也, 太師又來, 人極大定, 世宗之聖, 寧或不知而作, 其必推原其始而甚酌土宜, 執其中而折衷之耳.

西人之久留洛中者, 音雖或有變而土着耕鑿之民, 依舊不變,西土, 眞是方言之正本也. 記余幼時得聞於先生長者, 當我 肅宗大王在宥之日, 臨筵而敎曰, 我東八路, 語音不同, 何者爲正. 有一名臣對曰, 關西之音正, 時稱爲知言, 今則又不聞有斯議矣.

余故曰天下之音, 中華爲正, 我東之音, 關西爲正而關西又爲我東方言文字之所由本也 云爾.

① '텬'을 '천'이라 말하고, '디'를 '지'라고 말하는 다른 칠도의 음은 '正音'의 행렬을 벗어나 그릇된 것이다.
② 근년에 나온 경서 언해의 음은 옛것에서 벗어나 '텬>천'과 같이 적어 놓으니 이것을 표준으로 삼을 수 없다.
③ 관서 사람으로 서울에 오래 머물며 산 사람 중에는 그 음이 변함이 있으나 평안도의 토착 백성은 예전대로 '正音'을 쓴다.
④ 관서는 진실로 우리말과 문자의 바른 바탕(정본, 正本)이며, 그 근본을 두는 곳이다.

　백경해의 설에서 가장 강하면서도 일관되게 나타나는 것은 ㄷ>ㅈ을 모르면서 옛 음대로 말하는 관서 지방의 말이 팔도 방언 중 가장 근본이 되며 '正音'이라는 인식이다. 그리하여 관서의 말이 우리말의 '정본'(正本)이라는 강한 자부심으로 표출되어 있다. 이런 자부심은 기자가 나라를 세운 평양이 우리 민족의 개벽지라는 역사적 사실과 결부되어 전통성과 역사적 정당성을 부여하고 있다. 특히 숙종 때 경연(經筵)에서 있었던 예화를 들면서, 조정 대신이 평안도 사람들이 올바른 음을 사용하고 있다고 말한 사실은 그의 주장을 뒷받침하는 증거로 삼았다. 백경해가 살았던 18세기 후기에서 19세기 전기에는 평안방언에 ㄷ>ㅈ 변화가 존재하지 않은 사실이 평안도 지역민에게 뚜렷하게 인지되었고, 이것이 평안도의 자랑거리라는 인식이 퍼져 있음을 백경해가 쓴 글에서 확인할 수 있다. ㄷ행의 음이 ㅈ행의 음으로 와전되어 버린 다른 칠도의 말은 틀린 것이라고 하면서, 조선 칠도의 방언과 달리 수백 년 동안 세종대왕 시대에 정해진 음을 평안도 사람들만 그대로 사용하고 있다는 것을 자랑스럽게 말하고 있다. 그리하여 평안도 사람들은 ㄷ>ㅈ 미실현형을 지키려는 언어적 지향성을 가지게 되었던 것이다.
　평안방언의 ㄷ행 발음이 조선말의 '正音'이자 '正本'이라는 평안도 사람의 인식은 평안도에서 ㄷ>ㅈ 변화가 일어나지 않은 원인을 설명하는 데 중요한 의미를 갖는다. 평양이 기자가 나라를 연 개벽지라는 의식과, 조선말의 '정본'을 지키고 있는 곳이 평안도라는 인식이 서로 결합하여 그들 특유의 지역 정체성을 형성하게 된 것이다. ㄷ>ㅈ 미실현형을 지키려는 평안도 사람의 언어적 지향성은 이러한 지역 정체성을 형성한 요인이라 할 수 있다. 이러한 평안도 지역민의 언어적 지향성은 그들 나름대로 특유한 지역적 정체성을 형성하였음을 위 백경해의 글에서 확인할 수 있다.

여기서 한 가지 밝혀야 할 것은 ㄷ구개음화의 미실현형이 평안도 사람들에게 언제부터 그들 방언의 특징으로 인식되었을까라는 의문이다. 경상방언과 전라방언 자료에는 이른 것은 16세기 후기 문헌에 ㄷ>ㅈ 구개음화가 나타나고 17세기 전기 문헌(예 : 중간 『두시언해』)에는 다수가 나타난다. 서울에서 간행된 문헌에서는 18세기 중엽경에 ㄷ>ㅈ 변화가 다수 반영되었다. 평안도 사람들이 ㄷ>ㅈ 변화를 거부한 증거는 앞에서 언급한 『염불보권문』에서 찾을 수 있다. 1765년에 간행한 평안도 영변 용문사판 『염불보권문』은 대구 동화사판을 가져와서 간행하였음에도 불구하고 동화사판에서 구개음화된 어형을 원래 어형으로 되돌리거나 동화사판에서 과도교정된 어형을 올바른 어형으로 고친 사례가 있음을 앞에서 지적하였다. 이런 문헌상의 증거로 볼 때, 평안도 사람들이 ㄷ구개음화 미실현형이 그들 방언의 특징이며 '正音'이라는 인식은 적어도 1760년대경에는 이미 확립되어 있었다고 할 수 있다. 이러한 인식이 당시 양반 지식인들의 논설문에 분명히 드러난 것이 앞에서 본 백경해의 「아동방언정변설」이다.

여기서 다음과 같은 의문을 제기할 수 있다. 평안도 출신의 양반 지식인들이 가진 이러한 인식이 평안도의 평민들에게도 공유되었을까?라는 의문이 그것이다. 지역 방언의 바탕은 그 지역에 사는 지식인보다 일반 평민들에게 있다고 볼 수 있기 때문에 이런 의문을 제기할 수 있다. 이러한 의문에 대해 필자는 다음과 같이 생각한다. 조선 시대의 지방 향촌 사회를 지배하고 통제하던 계층은 그 지역의 양반 지식인과 중인들이었다. 이들은 한문을 읽고 문서를 짓는 등의 문자 활동을 하였으므로 어린 시절에 『천자문』, 『소학』 등을 통해 한자음 교육을 받았다. 조선 후기에는 일반 평민의 자제들도 향교나 서당에 입학하여 문자 교육을 받을 수 있었다. 평안도 지역의 지식인들이 향교나 서당의 교수 혹은 훈장으로서 아동들을 가르쳤을 것이다. 이 가르침을 통해 그들이 인식하고 있는 '올바른 한자음'의 전수가 이루어졌을 것이다. 20세기에 채록된 김이협 옹의 『평북 천자문』에 ㄷ형 음이 보존되어 있는 것도 그 교육의 결과이다. 경상방언에서 노년 화자의 한자 발음에는 아직도 고저장단(高低長短)이 잘 실현되고 있다. 이것도 역시 그전부터 이루어져 온 한자음 학습의 결과로 판단된다. 요즘도 젊은이들이 천자문을 배우거나 한적을 읽을 때 고저장단을 잘못 발음하면 엄한 질책과 교정을 받게 된다. 한자 교육의 전통이 꾸준히 이어지고 있는 것이다. 이런 사실들을 고려하면 18세기 평안도 재지(在地) 사족들의 언어의식이 교육을 통해 향촌민들에게 강하게 작용하였을 것으로 판단된다.

3.2.2. 표준 한자음[韻書音]의 영향

평안도 사람들이 ㄷ구개음화 미실현음을 올바른 음이라고 인식하고 이 것을 고수하려고 한 배경에는 표준 한자음도 중요한 요인으로 작용하였다. 백경해의 논설 중에 "천하의 음은 중화를 바른 것으로 삼고, 우리나라의 음(音)은 관서로 바른 것을 삼으니…"라고 한 것에서 '중화음'이 바른 것이 라는 인식이 드러나 있다. 이때의 중화음은 운서에서 정해진 규범적 한자 음을 의미한다. 이것을 통칭하여 흔히 '운서음'이라 부른다. 백경해가 세종 이 훈민정음을 만들고 신숙주 성삼문 등의 도움으로 한자음을 이 문자로 표기할 때 명나라의 학사들에게 열세 번이나 왕복하고 질정하여 능히 '正 音'을 세웠다고 하였다. 또한 평안도는 우리나라가 처음으로 개벽한 곳이 며, 은나라 태사 기자가 이곳에 와서 표준을 정했고, 세종이 이를 알고 한 자음의 표준을 세웠다고 주장하였다. 평안도는 '중국-기자조선-세종'으로 이어지는 정통성을 확보하고 있는 지역이며, 이 지역의 한자음이 정통성을 유지하고 있음을 주장했다. ㄷ>ㅈ 변화를 실현하여 아설순치후라는 운서의 오음 체계를 무너뜨린 칠도의 방언음은 이 정통적 한자음에서 벗어난 것이고, 오로지 평안도만이 정통 한자음을 지킨 곳이라고 하였다. 이런 점에서 운서의 표준 한자음이 평안도에서의 ㄷ>ㅈ 미실현에 영향을 미쳤다고 볼 수 있다.

표준 한자음에 대한 평안도 사람들의 이러한 인식은 최근에 채록된 평안도 천자문의 한자음에 이르기까지 유지되었다. 평안도에서 한학을 한 김이협이 지은 '평북방언 천자문'에 실린 한자음을 보면, '하눌 턴'(天), '따디'(地), '집 두'(宙) 등과 같이 ㄷ구개음화가 실현되지 않은 발음이 20세기 초기까지 보존되어 있다.[20] ㄷ구개음화가 실현되지 않은 전통 한자음에 대한 평안도 사람들의 집착은 15세기 정통 한자음을 지켜야 한다는 언어의식에 바탕을 둔 것이라 할 수 있다.

중국의 한자음을 표준으로 간주한 '正音'의식은 1747년에 박성원(朴性源 1697~1767)이 편찬한 『화동정음통석운고』에도 강하게 표출되어 있다. 이 책은 1787년에 정조의 「御製序」(어제서)를 덧붙여 『정음통석』(正音通釋)이란 이름으로 중간되어 그 권위를 공인받았다. 박성원의 서문에는 조선 한자음이 중국 한자음에 크게 멀어져 그 것을 교정하기 위해 이 책을 만들었음을 밝혀 놓았다. 그리하여 교정한 한자음 초성자를 표기하기 위해 'ㆁ, ◇, ㅿ, ㅸ'을 사용하였고, 특이 새 문자 ◇를 창안하기도 했다. 박성원은 원래 초성이 ㄷ, ㅌ이었던 '直, 丑'의 초성을 ㅈ, ㅊ으로 고쳐야 한다는 주장을 했다. 이른바 과도교정이 된 셈인데 박성원 역시 ㄷ구개음화를 강하게 의식하였고, 이 변화를 겪은 한자음을 '정음'(正音)에서 벗어난 것으로 간주했던 것이다.[21]

---

20) 이 예들은 김이협(1981 : 558)에서 인용한 것이다.
21) 조선시대의 '정음관'에 깊은 연구는 심소희(2015)의 제4장을 참고할 수 있다.

3.2.3. 평안도에 대한 정치적 차별과 언어적 정체성의 결부

한편 평안도민이 겪은 극심한 정치적 차별과 이에 대한 반발 내지는 피해 의식이 평안도 특유의 정체성 형성과 결부되었을 가능성도 검토할 필요가 있다. 조선시대에 평안도가 겪은 차별의 실상과 시대적 추이는 오수창 (2002)에 자세히 밝혀져 있다. 조선 중기 이래 서울의 관료와 양반들은 서북지역 사람을 심하게 차별하면서 국정을 운영했다.[22]

19세기 비변사의 보고에서도 서북인 차별이 언제 시작된 것인지 모른다고 말할 만큼, 그 차별은 근원이 명확하지 않은 채 조선 중·후기에 관행적으로 지속되었다. 조선 중기로 들어오면서 서북인을 주요 관직에 등용하지 않게 되었다. 16세기 초기에 사림파가 정치를 주도하면서 서북인 차별은 고착되어 갔다. 16세기 사림파는 사상적으로는 성리학, 경제적으로는 향촌의 중소 지주를 기반으로 하였다. 이에 비해 서북지역에는 성리학의 전파가 늦었고 지리와 인구 조건으로 인해 삼남과 같은 농업 경제와 이에 기반한 사회 운영이 이루어지지 못하였다. 이에 따라 사림파들은 서북지역을 소홀하게 대접하였다. 이 지역에 사족 중심의 문화와 사회질서가 형성되지 못한 상황에서 사림파의 정국 주도와 함께 차별이 구체화되어 후대로 이어졌다.

숙종의 말에 의하면 서북인 보기를 다른 나라 사람 같이 하였는데, 평양인 홍우적(洪禹績)이 문과를 거쳐 병조 낭관에 임명되었을 때 동료들이 함께 서는 것조차 부끄러워했다고 한다.[23] 평안감사 장신(張紳)은 재주와 행실이 뛰어난 인물이라 하더라도 단지 거주하는 지역이 평안도라는 이유로 청현직에 오를 수 없다고 하였다. 서북인에 대한 관행적 차별을 당연시했던 것

---

22) 이하 서북인에 대한 차별 내용은 오수창(2002)에서 가져온 것임을 밝혀 둔다.
23) 홍우적에 관한 기사는 승정원일기 숙종 11년 7월 3일 기사에 있다. 숙종실록(1686년 윤4월 23일 기사)에 좌의정 남구만이 홍우적을 병조좌랑에 임명하자 이를 두고 시비가 생겼고, 남구만이 이를 변호한 내용이 실려 있다.

이다.

서북인에 대한 차별은 여러 곳에서 가해졌지만 가장 문제가 된 것은 과
거 시험을 통과한 후 관직에 나아가는 첫 단계에서 문과는 승문원 분관(承
文院 分館), 무과는 선전관천(宣傳官薦)에 들지 못했다는 것이다. 문과 급제자
들은 승문원, 성균관, 교서관에 나누어 소속시킨 후 잠시 실무를 익히게 했
다. 승문원에 들어가는 것이 출세에 가장 유리하였다. 청요직을 비롯한 중
요 관직은 승문원 분관자가 아니면 어려운 것이었다. 조선 초·중기에는
분관 처에 따른 절대적인 구별이 없었다고 한다. 그러나 후대에 그 구별이
명확해져 영조대에는 각 기관의 등급이 매겨져 있었다. 그 유래가 확실치
않으나 평안도 문과 급제자는 승문원 분관을 허락하지 않았다. 이사겸의
발언(1787)에서 나타나듯이 승문원 분관자 선발이 어지러워져서 못 들어가
는 자가 없음에도 불구하고 서북인은 넣어 주지 않았다고 한다. 그 대신
서북인은 성균관에 분관하였다. 정약용은 승문원은 귀족을, 성균관은 서북
인을, 교서관은 서류(庶類)를 대접하는 데 쓴다고 『경세유표』에서 지적하였
다. 이 원칙은 19세기에 들어가서도 동일하게 확인된다.

평안도 사람이 무과에 급제하더라도 역시 심한 차별을 받았다. 무과에
급제한 서북인은 무관으로서 승진에 가장 유리한 선전관천을 받지 못하였
다. 조선 후기에는 무과급제자들이 결정되면 선전관천, 부장천(部將薦), 수문
장천(守門將薦)이 행해졌다. 이것은 급제 직후부터 장래의 진출에 큰 영향을
미쳤다. 조선 후기에 시행된 이 천거제는 당사자의 문벌을 공식적 기준으
로 하였다. 가문의 위세에 따라 선천, 부장천, 수문장천이 결정된 것은 17
세기 이후 공공연한 시행이었다. 이 천거는 자체적 권위도 있었고, 그 후
관인 생활에 명백한 등급 기준이 되었다. 조선 후기의 일반적 관행이 그러
했듯이 지방의 무사들은 서울 무사들에 비해 선천에서도 불리한 대우를 받
았다. 지방민 중에서도 서북인은 개인의 능력에 상관없이 선천에 전혀 들
지 못하였다. 1724년(경종 4) 병조판서 이조(李肇)에 의하면 평안도 인재들을

선천에 올리지 않는 형세가 금고(禁錮)한 것 같아서 마치 법으로 정해진 것처럼 행해졌다고 한다. 정묘호란 때 의병을 이끌고 큰 전공을 세워 수령에 임용된 정봉수, 정기수 형제의 후손마저도 선전관천에 들지 못하였다. 서북인에 대한 선천 불허는 영·정조대를 거쳐 19세기까지도 마찬가지였다. 1811년(순조 11)에 정식으로 서북인 급제자에게 승문원 분관과 선전관천을 허락하라는 명령이 내려지기도 했지만 그 후로도 순조롭게 시행되지 않았다. 무과에 합격하지 않은 사람에게도 많게는 700명까지 선천을 허락했지만 서북인에게는 기회가 주어지지 않았다.

이상과 같은 오수창(2002)의 연구에서 보듯이 서북인에 대한 차별은 조선 중기부터 19세기에 이르기까지 계속되었다. 이러한 차별을 받은 서북인들은 커다란 좌절감과 피해 의식을 지니고 있었을 것으로 예상된다. 그리하여 서북인들은 사회적·정치적 차원의 집단적 자존심을 가질 수 없었으며, 오히려 원한을 품고 있었다.[24] 오히려 사회적 지위의 열악함에서 오는 열등감에 빠져 있었을 가능성이 더 크다. 이러한 열등감은 다른 차원에서 보상받고자 하는 심리적 욕구를 수반할 수 있다. 사회 정치적 차별로 생겨난 서북인들의 열등감을 보상해 줄 수 있는 것 중의 하나가 평양은 기자의 개벽지요, 기자의 고장이라는 사실이었다. 평안도인들은 스스로 기자의 고장에 산다는 자부심을 내세웠고,[25] 조정의 사람들이 서북인을 교화시키려 하거나 회유하려 할 때 상투적 문구로 거론한 것이 바로 평양은 곧 '기자의 고장'이라는 것이었다. 그러나 평안도 사람들이 기자의 고장에 산다는 자부심을 내세우기는 했지만 기호나 삼남에 대비하여 학문과 문화의 열세 속

---

24) 백경해(白慶楷)는 "평안도 사람은 서인(西人), 서한(西漢)이라 불리며, 사람도 아니고 짐승도 아닌 취급을 받고 있다. (…중략…) 한 여인이 원한을 품어도 동해가 마른다는데, 수백 년 원한을 품은 평안도는 어떻겠는가? 평안도 사람도 다른 도 사람처럼 인정해 달라."라고 울분을 토로했다(노관범 2018).

25) 위 백경해의 설에서도 "관서는 곧 우리나라에서 처음으로 개벽한 곳"이라는 자부심을 드러내고 있다.

에서 변방민으로서의 의식을 감출 수 없었다(오수창 2002 : 174).

이러한 열등감을 치유하고 지역적 자존심을 회복하기 위해 서북인이 내세운 또 하나의 깃발이 위 백경해의 설에 나타나 있는 평안도 말이 곧 조선말의 '정본(正本)'이라는 것이다. ㄷ>ㅈ 구개음화를 실현시키지 않고 세종대왕의 훈민정음 창제 당시와 같은 ㄷ행 발음을 온전히 지키고 있는 평양도 말이야말로 그릇된 발음으로 변해 버린 칠도의 방언과 다르다는 것이다. 이런 점에서 평안도 사람들은 평안도 말이 正音이라는 언어의식을 확립했던 것이다. 이런 의식이 평안도 지역의 정체성을 형성하는 데 작용하였을 것이다.

3.2.4. 지리적 격리에 따른 방언적 보수성의 유지 문제

평안방언에 나타나는 특유의 언어현상을 설명하기 위해 한국어의 다른 방언에 나타나는 특유한 특징을 서로 비교해서 고찰해 볼 필요가 있다. 평안방언에 ㄷ>ㅈ구개음화가 일어나지 않은 것은 이른바 언어적 고형(linguistic old form)을 유지한 현상이다. 이와 같이 언어적 고형을 유지한 현상은 한국어의 다른 방언에도 나타난다. 다음과 같은 현상들은 한국어의 특정 방언에 유지된 언어적 고형의 사례이다. 이른바 방언에 잔존된 보수적 고형들인 것이다.

(1) 평안방언에 ㄷ>ㅈ 구개음화가 없는 현상
(2) 경상방언에 성조가 남아 있는 현상
(3) 함북 육진방언에 중세국어와 거의 같은 성조가 남아 있는 현상
(4) 제주방언에 아래아(ㆍ)가 남아 있는 현상

한국어의 여러 방언은 각각 여러 가지 고유의 특징을 가지고 있지만 국어사적 관점에서 특히 두드러진 방언적 특징이 바로 위 예들이다. 위와 같

은 보수적 고형이 유지되어 각각 지역 고유의 언어적 특징 혹은 정체성을
이루었다. 평안방언의 경우 이와 같은 보수적 고형이 유지되어 온 배경은
앞에서 언급한 몇 가지 요인이 영향을 미쳤겠지만 지리적 요인도 가벼이
볼 수 없다. 위의 (2), (3), (4) 현상은 모두 지리적으로 격리된 지역에 존재
한다는 점이 공통적이다. 육진은 반도의 최북단이고, 제주도는 바다로 격
리된 최남단이다. 경상도는 소백산맥에 의해 충청도와 전라도와 차단되어
있다. 이들은 모두 지리적으로 격리되어 있다. 평안방언처럼 ㄷ>ㅈ구개음
화가 일어나지 않았던 육진방언의 경우도 지리적 고립성으로 설명할 수 있
다. 육진방언은 지리적 고립성이 평안도에 비해 상대적으로 심하였다. 같
은 함경도 지역 안에서도 육진지역의 역사성과 전통성은 특별한 것이었다.
육진방언에서 15세기의 성조형이 그대로 유지된 점, ㄷ>ㅈ을 모르는 점
등은 육진방언의 지리적 보수성에 기인한다.

평안도 역시 서울에서 상당히 떨어진 지역이지만 평안도의 경우는 육
진·경상도·제주도와 지리적 격리와 차이가 있다. 조선시대의 중앙 관료들
은 서북지역을 '먼 지역'으로 지칭하였다. 그러나 실제 거리는 평양은 서울
에서 550리이고 대구는 670리였다(오수창 2002 : 17). 서울과 평양을 결정적으
로 가로막는 자연 장애물도 없다. 그리고 중국을 왕래하는 사신의 노정에
평양이 있고 평안도를 거쳐 가기 때문에 평안도 사람들이 서울을 비롯한 남
쪽 사람들과 접촉할 수 있는 기회가 많았을 것이다. 이런 점에서 육진, 제주
도, 경상도에서 방언적 고형이 유지된 것과 평안방언에서 ㄷ이 유지된 것에
동일한 성격의 지리적 격리성이 작용한 것은 아니라고 판단된다. 그래서 평
안방언 특유의 고형이 남아 있는 원인을 해명하는 데는 지리적 요인뿐 아니
라, 다른 방언화자의 언어적 지향성과 사회 정치적 차별에서 오는 여러 요
인을 복합적으로 고려할 필요가 있는 것이다. 필자가 언어적 차원 특히 음
운론적 설명을 수용하면서 다른 여러 요인을 관련지어 평안방언의 언어적
특징을 해명해야 한다고 믿는 것은 이러한 인식을 바탕으로 한다.

4. 결론

외국의 사회언어학자들이 이룬 연구 성과를 보면 흥미로운 사례가 있다. Labov는 1961년에 뉴잉글랜드 해안의 Martha's Vineyard 섬에서 방언조사를 하였다. 조용한 어촌 마을이었던 이 섬에 매년 여름에는 수천명의 사람들이 머무르게 되었다. 수많은 외지인들이 몰려 들어와 삶의 환경이 엄청나게 변화하게 된 원주민들은 그들만의 정체성을 확보하기 위해 house[haus]와 같은 단어에서 이중모음의 첫모음을 중설화하여 [həus]로 발음하는 모음변화를 일으켰다. 이런 변화는 어업을 생업으로 하면서 섬에 강한 일체감을 가진 30~40대 남자 원주민들에 의해 주도되었다. 이 중설모음화는 여름철의 방문객과는 다르다는 것을 보여주고, 자신이 이 섬의 주인이라는 것을 드러내기 위해 시작된 것이다. 이런 음운변화의 동기는 섬에 대한 애향심과 원주민들이 상호간의 결속력을 강화하고자 하는 욕구에 있다고 할 수 있다. 이러한 모음 변화는 섬 원주민 특유의 것으로 자리잡아 그들만의 정체성을 표현하는 표지가 되었다. 언어 사용자의 지향성과 의식이 언어변화의 방향에 중요한 요인으로 작용한 전형적 사례를 여기에서 볼 수 있다.

조선시대의 평안방언 화자들이 처음부터 의도적으로 어떤 지향성을 가지고 ㅈ구개음화를 실현시키지 않았다고 보기는 어렵다. ㅈ이 구개음화되지 않고 이에 따라 ㄷ>ㅈ 변화도 일어나지 않게 된 자신들의 언어적 특징은 평안방언 화자들에게 시대의 흐름에 따라 점점 뚜렷하게 인지되었을 것이다. 이러한 인지가 점차 언어 의식에 확고한 것으로 발전하여, 그들 특유의 언어 현상이라는 인식으로 굳어져 갔을 것이다. 문헌상의 증거로 볼 때 늦어도 18세기 후기에는 이러한 인식이 확립되었던 것으로 판단된다. 그리하여 ㄷ>ㅈ 변화를 겪은 조선 칠도의 방언과 달리 평안방언은 세종이 명나라 학사의 질정을 받아 세운 '正音'(표준 운서음)을 지켜온 것이라는 자긍심이 확립되었고, 이 자긍심을 바탕으로 하여 ㄷ>ㅈ 미실현형을 고수하려는 평안도 사람들의 언어적 지향성이 형성되었을 것이다. 이러한 언어적 지향성이 평안도 특유의 방언적 정체성을 형성하였으며, 평안방언이 수백 년 동안 ㄷ>ㅈ 구개음화를 겪지 않은 배경이 되었던 것이다. 이러한 언어적 지향성 혹은 방언적 정체성은 평안지역이 경험한 정치적 차별과 결부되면서 이것이 평안 지역의 정체성을 형성하는 데 작용하였을 것이다.

평안방언은 함경도 및 육진지역에 비해 지리적 고립성이 훨씬 약한 지역의 방언이다. 중국 사신의 왕래 통로이고, 평안감사를 통한 서울의 중앙 권력 지배력이 훨씬 강한 지역이었다. 그럼에도 불구하고 ㄷ>ㅈ을 의식적으로 수용하지 않은 것은 이를 통한 언어적 정체성을 드러내려는 지역민의 의식적 노력이 작용한 결과이다. 필자의 주장을 좀 더 명료히 하면서 독자들의 이해를 돕기 위해, 지금까지 논한 사실을 하나의 도식으로 표현해 보면 다음과 같다.

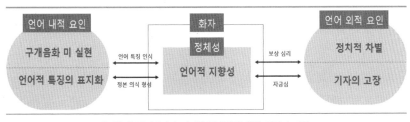

[그림 1] 평안방언의 언어적 정체성의 형성 요인과 과정

북한 문화어의 어두 ㄹ, ㄴ 규정을 통해서 본 언어 정체성 구축과 차별화 방식 연구

1. 서론

어떤 국가나 사회 집단이 다른 국가 또는 사회 집단과 자신을 구별하기 위해 사용하는 표현 수단은 다양하다. 이러한 표현 수단을 통해서 해당 국가나 집단은 일정한 정체성(identity)[1]을 획득하게 된다. 정체성이란 특정 존재나 집단이 다른 대상과 구별되는 특성이다. 다른 존재나 집단과의 차이점을 드러내는 것이 곧 정체성의 표현 방법이다. 그 중에서도 언어적 차이, 특히 귀로 들어서 쉽게 인지되는 발음적 차이를 통해 차별화하는 방식은 겉으로 잘 드러나 사람들에게 쉽게 인지되는 특성을 가진다. Paek(2010)은 평안방

* 이 글은 『어문론총』 76호(안미애·홍미주·백두현, 2018, 한국문학언어학회) 85-125쪽에 실렸던 것이다. 북한방언의 어두 ㄹ발음에 대한 내용을 일부 수정하고, 문장 표현을 고치고 다듬어 여기에 실었다. 이 글은 조선시대의 평안방언에 ㄷ구개음화가 실현되지 않았던 원인을 '正音' 의식에 기반하여 지역민의 정체성을 표현하기 위함에 있다고 해석한 Paek(2010)의 후속 연구이다.

1) 『표준국어대사전』에는 정체성에 대해 "변하지 아니하는 존재의 본질을 깨닫는 성질, 또는 그 성질을 가진 독립적 존재"라고 기술해 놓았다. 『문학비평용어사전』(2006)에는 정체성이란 정태적이기보다 동태적 속성을 띠고 자아와 타자를 나누는 근거가 되며, 이러한 특성 때문에 '정체성'이란 개념에는 항상 비교 대상이 있음을 전제한다고 설명했다.

언의 ㄷ구개음화 미실현 현상2)을 논하면서 언어를 통해 표현되는 차별화의 방식이 그 집단의 정체성을 보여준 중요 지표임을 밝힌 바 있다.3)

Paek(2010)의 연구에 이어 이 논문에서 필자는 평양말 또는 평안방언을 중심으로 한 현대의 북한 문화어 규범이 평안방언의 실제 발음과 달리, ㄷ구개음화 현상을 표기법에 수용한 반면, 기존에 없던 어두 ㄹ과 어두 ㄴ의 표기 및 발음 규정을 새롭게 도입한 동기와 목적에 대해 논하고자 한다.

해방 이후 남한과 북한의 어문 규범의 출발점은 같았다. 바로 조선어학회가 제정한 1933년의 <한글 마춤법 통일안>이다.4) 그러나 남한은 '통일안'에 큰 변화를 주지 않고 현행 한글 맞춤법 규범을 만든 데 비해 북한은 그러지 않았다. 북한은 1948년에 <조선어 신철자법>을 표기 규범으로 제정하면서 남한의 표기 규범과의 차이를 두기 시작했다. 북한은 평양말의 특징을 활용하되 새로운 규정을 만들어, 북한말의 특성을 표현하면서 남한 표준어와의 차별화를 추구했다. 북한은 1948년의 <조선어 신철자법> 이래 어두에서 두음 'ㄹ'과 어두에서 '여, 요, 유, 이' 앞의 'ㄴ' 표기와 발음을 인정하고 있다. 그리하여 북한 문화어에서 '랭면, 로동, 녀원'과 같이 어두에서 ㄹ과 ㄴ을 표기하고 이를 발음하도록 규정했다. 이는 남한에서 규정하고 있는 두음법칙을 실현하지 않은 것이다. 이 두음법칙의 적용 여부가 남북한 어문 규범의 가장 큰 차이점이 되었다. 이에 비해 남한에서는 1933년의 <한글 마춤법 통일안>의 규정에 따라 두음법칙을 지켜 표기하고 발

---

2) ㄷ구개음화 미실현이란 i(j) 앞의 ㄷ이 ㅈ으로 구개음화되지 않음을 뜻한다.
3) Paek(2010)은 조선 후기의 평안방언에서 ㄷ구개음화가 실현되지 않은 현상에 ㅈ의 비구개음화라는 평안방언의 언어 내적 요인과 함께 당시 평안도 사람들의 정체성 구축과 표현의 동기가 작용했음을 밝혔다. Paek(2010)의 설명은 음운변화의 특이한 사례인 평안방언의 ㄷ구개음화 미실현 현상을 사회·역사언어학적(socio-historical linguistics) 관점에서 설명한 것이다. 이 연구는 선행 연구의 음운론적 해석을 수용하면서 여기에 사회언어학적 방법을 접목하여 평안방언의 ㄷ구개음화 미실현에 대한 설명을 심화한 것이다.
4) <한글 마춤법 통일안>(1933) 이전에는 조선 총독부에서 주관한 <보통학교용 언문철자법>(1912), <보통학교용 언문철자법 대요>(1921), <언문철자법>(1930)이 있었다(연규동 2014 : 145 참고).

음하도록 정했다.

오늘날 북한의 어문규범과 남한의 어문규범을 비교해 볼 때, 크게 차이가 나는 몇 가지 예를 들면 다음과 같다. ① 남한에서 쓰는 '표준어'라는 용어를 버리고 '문화어'라는 신조어를 만든 것, ② 평양말을 문화어의 바탕으로 삼은 것, ③ 자모 글자의 순서를 달리함으로써 사전의 어휘 배열 순서를 다르게 한 것, ④ 자모의 명칭을 남한과 다르게 한 것, ⑤ <조선말규범집>(1987)에서 1966년 이래 써 오던 '표준 발음법'이란 명칭을 '문화어발음법'으로 바꾼 것5) 등이다. 이밖에도 사이시옷 표기, 외래어 표기법, 로마자 표기법 등에서도 남한의 어문규정의 해당 규정과 다른 부분이 적지 않다.6)

북한의 문화어 정책은 정치적으로는 1960년대 후반부터 점차 강화되는 '주체사상'의 확립과 밀접하게 관련되어 있다. 북한은 정치적 주체성을 강화하는 정책의 하나로 언어적 주체성을 확립하고자 하였다. 북한이 내세운 언어적 주체성은 남한의 말과 구별되는, 북한 고유의 언어적 특징을 만들어 내기 위함이었다. 언어적 주체성의 만들기 위해 문화어 규범을 정비하면서 남한과 다른 새로운 조항을 넣고 이를 실천해 왔다. 앞에서 언급한 남북한의 어문규정의 차이점들은 북한의 이런 정책에서 나온 것이다.

그러나 위의 다섯 가지를 포함한 북한의 차별화 규정은 일반인들이 일상생활 언어에서 잘 드러나지 않거나 쉽게 인지하기 어려운 것이 대부분이다. 일반인들이 가장 쉽게 인지할 수 있는 언어적 특징은 언중들의 일상언어에서 그 중에서 귀에 들리는 발음으로 드러나는 것이 가장 효과적이다. 이를 위해 북한은 일상 언어의 '발음'에서 북한어만의 특징을 구현하는 방향을 택했다.

---

5) '표준 발음법'이라는 용어는 남한에서 쓰기 때문에 '문화어 발음법'으로 바꾸어 남한과 차별화한 것이다.

6) 남북한 언어 규범의 차이는 『남북한 어문 규범 비교 연구』(국립국어원 2004-1-9)(담당 연구원 전수태)를 참고할 수 있다.

조선시대를 포함한 1950년대까지 북한의 평안방언에 존재해 온 특징적인 발음이 있었다. ㄷ구개음화의 미실현 현상이 그것이다. 조선의 칠도(七道) 사람들이 ㅈ으로 발음하는 것을 여전히 ㄷ으로 발음한 현상은 평안방언 특유의 것으로 인정되어 왔다. 그러나 문화어 규범에서는 ㄷ구개음화 미실현 발음형을 버리고 ㄷ구개음화가 실현된 발음형을 수용하였다. 평안방언 특유의 정체성을 상징하던 ㄷ구개음화 미실현 발음형을 포기한 것이다. 이것을 버리고 새로 선택한 것이 어두에서 ㄹ과 ㄴ의 발음과 표기를 실현토록 한 규정이다.

그런데 북한 문화어 규범에서 선택한 어두 ㄹ과 ㄴ의 표기와 발음 규정은 국어의 역사에서 일반적인, 어두의 ㄹ을 ㄴ으로 발음하는 규칙과 어두 i(j) 앞의 ㄴ을 탈락시키는 음운 변화 규칙을 위배한 것이다. 이 두 가지는 흔히 '두음법칙'이라 불러온 것이다. 여기에 '법칙'(法則)이란 표현이 들어간 것은 이 현상의 강력한 힘을 암시한다. 이 글에서 우리는 국어사에서 일반적이었던 이른바 '두음법칙'을 위배하면서까지 북한의 문화어 규범이 남한의 한글 맞춤법 및 표준어 규정과 다른 방향을 선택하게 된 이유가 무엇인지에 주목하여, 그 원인을 해명해 보고자 한다. 이를 위해 언어와 정체성의 관계, 문화어 규범의 어두 ㄹ, ㄴ의 실현 규정과 그 제정 배경을 살펴본다. 이 규정이 북한어의 발음 현실에 미친 영향을 분석하여, 북한의 언어적 차별화와 정체성 구축 목적을 어느 정도 달성했는지 살펴보고, 사회언어학적 관점에서 그 의미를 설명하는 것이 이 글의 목적이다.

북한의 어두 ㄹ, ㄴ 관련 규정을 제대로 이해하기 위해서는 이 규정이 북한 언어 사회에 어떻게 수용되었고, 실제 언어 사회에서 어떻게 실현되는지 살펴보는 작업이 필요하다. 그러나 북한 언중들이 실제 발화한 자료를 확보하는 것은 2018년 현재로서 쉽지 않은 일이다. 이 글에서는 북한 문화어의 규정 변천과 북한 방송언어, 탈북자들의 발화와 관련된 선행 연구를 살펴, 어두 ㄹ, ㄴ 규정의 실현 양상과 이 규정의 언어 사회에서의 수용 정도를 살펴보는 정도에서 만족할 수밖에 없다.

2. 선행 연구

집단의 정체성을 표현하는 방법에는 언어나 문화적 요소(음악, 의복, 주거, 음식 등) 등이 있다. 이 절에서는 언어적 차별화의 방식을 통한 정체성 표현의 사례와 이와 관련된 선행 연구를 검토한다.

국가적 차원에서 언어를 통해 정체성을 드러내고자 한 사례와 연구를 먼저 살펴본다. 특정 방언을 표준어로 선택하는 것도 언어 정체성의 표현 방식 중 하나이다. 이 선택적 행위에도 복잡한 언어, 사회, 경제, 정치적 과정이 내포되어 있다. 한 언어에는 지역적 혹은 사회적 차원에서 공존하는 여러 변이어가 존재하기 마련이다. 이 변이어들 중에서 표준어로 선택된 변이어는 그 나라의 중심 방언 및 지배 계층과 관련된 것이 대부분이다. 이렇게 선택된 변이어는 이른바 '표준어'가 되어 국가적 차원의 정체성 형성에 작용하고, 그 국가의 언어적 통제와 중앙화의 중심축이 되어 문화적 중앙화를 빚어낸다(N. Bonvillain, 2002 : 501-503). 이러한 일련의 언어정책적 행위는 국가나 민족과 같은 집단의 정체성을 형성하는 방식이 되며, 여기에는 언어가 정체성(identity)을 표현하는 중요한 도구라는 관점이 전제되어 있다(강현석 외 2014 : 314).

국가 주도의 언어 표준화 정책이 정체성의 형성과 강화에 기여한 경우는 적지 않다. 예컨대 현용 인도네시아어는 많은 부족과 언어로 구성된 인도네시아의 소수 사람들이 사용하던 것이었다. 네덜란드 식민 통치에서 벗어나 새로운 국가를 수립하면서 인도네시아어를 국가 표준 언어로 정하여 학교 교육과 방송 등을 통해 공용어 사용을 유도하여 인도네시아의 중심 언어로 만들었다. 이것은 국가가 주도한 정책적 언어 표준화의 좋은 사례이다.7) 이렇게 국가가 주도하는 언어 표준화 정책은 국가의 정체성을 형성하는 중요한 방편이다. 이스라엘은 독립 국가를 수립면서(1948) 문어화하여 제한적으로 쓰이던 고전 히브리어를 현대 히브리어로 변모시켜 국가 공용어를 만들었다. 이스라엘의 경우는 민족 국가의 정체성 형성을 위해 인위적으로 시행된 언어정책이 성공을 거둔 희귀 사례이다.

Burhan(1989)와 Errington(2000 : 211)이 "국가로서의 사회라는 개념은 한 개의 국어가 존재하지 않는다면 충분히 이해될 수 없으며", "사회 전체에 알려진 보편적이고 공통의 언어를 가진 국가가 좀 더 많이 발전할 수 있고, 그 국가의 정치적 이념도 좀 더 안전하고 안정적일 것이다."라고 주장했다. 언어야말로 국가나 사회, 집단의 정체성을 표현함과 동시에 그 체제를 안정화할 수 있는 중요한 도구인 것이다(N. Bonvillain, 2002 : 503에서 재인용). 국가적 정체성 구축 혹은 집단의 정체성 형성을 위해 시행된 언어정책 사례는 W. Labov(1972)와 N. Bonvillain(2002), Andrews(2010), Kuljk(2011), Paek(2010) 등의 사회언어학 연구에서 찾아볼 수 있다.8)

개인적 차원의 정체성 표현과 관련하여 언어 문제를 다룬 연구도 있다. 언어 사용과 개인의 정체성 표현은 중요한 연결점이 있다고 본다. 이는 사회언어학적 연구의 기본적 관점이기도 하다. Grieco(2000 : 149)는 캐나다의 언어정책과 구성원의 언어적 특징을 논하며, 언어와 개인의 정체성 간에 피할 수 없는 연결이 있다는 점을 논증했다. Grieco가 제시한 정체성의 개

---

7) N. Bonvillian(2002 : 503)에 따르면, 네덜란드 정부는 인도네시아의 다언어 상황을 해소하기 위해 의도적인 인도네시아어 표준화 정책을 택했다. 그 결과, 현대에 와서는 인도네시아의 여러 방언들 중에서도 '인도네시아어'가 표준어의 권위를 가질 수 있게 된 것이다.
8) 국내에서 사회언어학적인 연구 방법으로 집단의 언어 정체성을 밝히고자 한 예는 통시적으로는 평안방언, 공시적으로는 남한 내 지역 방언에 대한 연구가 있다. Paek(2010)은 조선시대 평안방언의 ㄷ구개음화 미실현 양상을 다루었고, 조태린(2014)은 제주방언을 통해 제주 지역민의 집단적 정체성 표현 방식에 대해 논하였다. 강정희(2003)는 남한에서 표준화 정책으로 인해 방언이 평준화되면서 언어 차원의 지역적 차이가 줄어들었음을 밝혔다. 이 외에도 재미 동포(원미진 2015, 김혜영 외 2013)나 재중 동포(한성우 2011, 윤인진 2014, 윤인진 외 2012 등)의 언어 정체성을 다룬 연구가 있다.

넘에는 개인 차원은 물론 사회 규범과 공동체 차원의 정체성도 포함되어 있다. 캐나다는 다언어정책을 펼치고 있는 나라로서 캐나다에 이민온 많은 사람들은 말하는 상황에 따라 모국어와 습득한 외국어를 적절하게 선택하여 사용한다(Grieco 2000). 상황에 따라 자신을 드러내기 위한 언어를 바꾸는 것은 개인의 사회적·문화적 정체성을 적절히 조정하는 행위이다.

언어적 차별화를 통해 민족이나 집단의 정체성을 형성하고 표현한 사례도 있다. 국가 정책이 아니라 사회집단 내에서 자생적으로 언어 정체성 만들기를 시도한 경우에는, 민족이나 집단의 유대감 또는 결속감을 지켜가려는 태도와 의지가 중요한 요인으로 작용했다. Labov(1972)와 Andrews(2010), 그리고 Paek(2010)에서 소개한 사례가 이러한 예에 속한다.

Labov(1972)는 Martha's Vineyard 섬에서 일어난 비표준 발음의 확산에 주목했다. Labov가 1933년에 이 섬의 발음을 조사했을 때는 house, out 등에서 표준 발음인 [a]가 유지되었었고, 부분적으로 [a] 음이 [ə] 음으로 대치되는 현상이 관찰되었다. 그러나 1960년대에 다시 조사한 결과에서는 비표준형인 [ə]가 더 확산된 것으로 나타났다. 특히 섬에서 나갔다가 다시 귀향한 30~40대 남성들에게서 이러한 현상이 두드러지게 관찰되었다. 이 집단에서 비표준형 발음의 확산 이유는 섬의 역사와 문화에 대한 애착과 원주민 섬사람들과의 유대감을 표현하려는 욕구 때문이었다(김용진 2007 : 21에서 재인용). Labov는 이 고장 사람들이 자신들의 고유성을 지키고 외지인들과 스스로를 구분 짓기 위한 징표로 중설화된 변이형을 사용하였음을 밝혔다. Martha's Vineyard의 중설화 현상을 Labov의 연구 40년 후에 다시 조사한 Blake and Josey(2003)의 연구에 따르면, 중설화 현상은 사회적 의미를 상실하였고, 중설화 현상이 더 이상 발견되지 않았다. 이 지역 사람들은 외지인이 관광 목적으로 이 섬에 오는 것이 지역 사회 유지에 위협이 되지 않음을 인식하게 되었다. 외지에서 방문한 사람들과 스스로를 구별하여 자신들의 고유성을 지키려는 언어적 동기가 이 지역 사람들에게 더 이상 작용하지 않게 된 것이다. 이런 의식 변화가 모음의 중설화 현상을 소멸시킨 것임을 밝혔다. Martha's Vineyard의 모음 중설화 현상과 관련된 두 연구는 화자들의 태도가 언어 변이형 실현에 영향을 미치고, 언어적 차별화의 방식으로 자신들만의 고유성과 정체성을 드러내려고 한다는 사실을 입증했다.

Andrews(2010 : 85)는 미국 중서부 지방에 이주한 멕시코계 학생의 언어선택에 대해 논하였다. Andrews에 따르면 새로운 사회에 이주한 멕시코계학생들이 겪는 도전 중 하나는 다른 언어를 배워서 낯선 환경에 적응하고, 이를 통해 새로운 언어적 정체성을 획득해야 하는 상황에 직면하는 것이다. 새로운 언어의 학습은 또 다른 정체성을 요구한다. 미국에 이주한 멕시코계 학생들은 미국 사회의 주류 언어를 그들의 언어에 채용하면서 미국사회의 일원이 되고자 하였다. 그러나 이런 노력 속에서도 멕시코계 학생들은 그들만의 언어적 코드를 사용하여 자신들의 유대감과 결속력을 나타내려고 하였다. '그들만의 언어적 코드'를 선택한 것은 자신들의 정체성을언어 요소를 통해 드러내고자 시도라 할 수 있다.

조선시대 평안방언 화자들이 ㄷ구개음화의 수용을 거부한 것도 자신들만의 정체성을 표현하고자 한 시도라고 본다. 조선의 거의 모든 지역에서ㄷ구개음화가 일반화된 시기에 평안도와 황해도 일부 지역에서 ㄷ구개음화가 실현되지 않았다. 이 현상에 대해 음운론적 설명은 이루어졌으나9) 궁극적 원인이 충분히 해명된 것은 아니었다. Paek(2010)은 한국어 대부분의방언에서 일어난 이 변화가 400여 년 동안 오직 평안방언에만 일어나지 않았던 원인을 음운론적 차원에서 다 설명해 낼 수 없다고 보고, 평안방언화자들의 언어 태도에 주목하였다. 이 점을 논하기 위해 평안방언을 반영한 문헌 자료, 小倉進平 등이 수행한 20세기 초기 평안방언에 대한 조사 자료를 분석하고, 평안도 출신으로 벼슬길에 나아간 백경해(白慶楷 1765~1842)

---

9) 이에 대한 자세한 설명은 Paek(2010)을 참고할 수 있다.

의 논설문에 주목하여 그 의미를 논했다.

　Paek(2010)에서 논한 내용을 간략하게 요약하면 다음과 같다. 평안방언 화자들은 조선 칠도(七道)의 말이 다 어긋나게 변하였으나 그들만이 세종대 왕이 정한 '올바른 발음'(正音)을 지키고 있다고 생각했다. ㄷ구개음화를 실 현하지 않는 음성형이 그들에게는 '正音'(올바른 발음)이었다. ㄷ구개음화에 대한 그들의 언어 태도는 평안도 출신 관리이자 학자인 백경해의 논설문 '아동방언정변설(我東方言正變說)'[10]에 나타나 있다. 이 글에서 백경해는 조선 의 칠도가 모두 세종이 정한 정음을 벗어났지만 평안도 사람들은 正音을 지켜 오고 있음을 자랑스럽게 강조하였다. 이 글에는 평양은 기자가 조선 을 세운 터였고 이 지역 사람들은 세종이 정한 오음(五音, 아설순치후)의 질서 를 그대로 유지해 왔기에 평양을 위시한 관서 지방의 말이 바른 말이라는 주장이 펼쳐져 있다. 평안도는 정치적으로 기자 조선의 터전이고, 언어적 으로는 세종이 정한 '정음(正音)'을 지켜낸 곳이라는 자부심과 긍지가 이 글 에 나타나 있다. Paek(2010)은 평안도 사람들의 이러한 언어 태도가 ㄷ구개 음화 미실현의 중요한 원인이 되었다고 보았다. 이러한 언어 태도가 형성

---

10)「我東方言正變說」(아동방언정변설)은 백경해의 문집 『守窩集』(수와집)에 실려 있다. 이 문집은 1884년 간행된 8권 4책의 목활자본이며, 국사편찬위원회에 소장본이다. 하버드 대학의 김선주 교수가 이 자료를 제공해 주셨다. 이 논설문의 주요 내용은 다음과 같다. "지금 능히 이 바른 음[正音]을 지켜 그 옛것을 잃지 않은 것은 오직 關西 한 道일 뿐 이고 이밖에 七道는 '텬'을 일러 '천'이라 하고 '디'를 일러 '지'라 한다. 무릇 '다타' 행 에 속하는 것은 일체가 뒤섞이어 '자차' 행으로 귀속되어 버렸으니, 그 사이에 비루한 말과 토속의 버릇이 반드시 모두 같지는 아니하되, '텬디'의 종류에 이르러서는 칠도 가 그릇됨을 함께 하니, 그 또한 이상하구나. 경서 언해가 중엽 이상에서 나온 것은 짐 짓 世宗 時代의 옛 음을 사용하였으나, 근년 이래로 번역한 말과 文字는 다시는 가히 표준으로 삼지 못하는 것들이다. (…중략…) 關西 사람으로 서울에 오래 머문 사람은 音이 비록 혹시 변함이 있으나, 이 고장에 정착하여 밭을 갈고 샘을 파서 먹는 사람들 은 예전대로 말하여 변하지 아니하니, <u>西土는 진실로 우리말의 바른 근본[正本]이다.</u> (… 중략…) <u>이런 까닭으로 나는 말한다. 천하의 音은 中華를 바른 것으로 삼고, 우리나라의 音은 關西로 바른 것을 삼으니, 關西는 또한 우리나라 말과 文字가 말미암아 근본을 두는 곳이다.</u>"(밑줄은 필자가 친 것)

된 것에는 평안도 사람들에 대한 정치적 차별과 이에 대응하려는 사회의식이 깔려 있다. 평안 지역 사람들은 '正音'을 지켜낸다는 명분으로 ㄷ구개음화를 거부하였고, 발음상의 차별화를 통한 자신들만의 정체성을 형성했던 것이다. Paek(2010 : 137)은 연구 내용을 그림으로 도식화하여 요약했다.

Paek(2010)은 언어 내적 요인과 외적 요인으로 나누어 특정 언중이 자생적으로 자신들의 정체성을 드러내기 위해 채용한 언어적 차별화를 설명하였다. 음운론적 환경 등 언어적 요인을 고려하여 설명하는 것은 언어 내적 요인이고, 지역의 정치적 상황이나 사회적 환경에 대한 인식과 대응 등은 언어 외적 요인이다. 평안방언 화자들이 ㄷ구개음화 현상을 수용하지 않은 것을 언어 내적인 요인만으로 충분히 설명할 수 없었기에 언어 외적인 요인을 고려하여 설명해 낸 것이다.

지금까지 살펴본 바와 같이, 국가가 주도하는 언어적 규범화 정책이나 집단에서 자생하는 언어 정체성 표현 방식은 해당 국가와 집단의 정체성 형성과 밀접하게 관련되어 있다. 여기에는 국가 또는 집단의 정치적 동질성 확보와 사회문화적 유대감을 강화하려는 언어 태도가 작용하는 것이다. 그리고 민족이나 국가 그리고 사회집단이 그들의 정체성을 만들고, 이 정체성을 표현하는 방식으로 언어적 수단을 활용해 왔음을 알 수 있다.

이 글의 연구 대상인 북한 문화어 규범은 어두의 ㄹ과 ㄴ 발음을 실현하도록[11] 규정했다. 북한의 문화어 규범에서 어두 ㄹ과 ㄴ을 실현케 한 규정은 국가 주도의 언어정책의 일환으로 시행된 것이다. 이 정책은 평안방언이 가졌던 ㄷ구개음화 미실현이라는 발음상의 특징을 북한의 어문 규범에서 제외한 사실과 연관되었을 가능성이 있다. 어두 ㄹ, ㄴ의 실현을 문화어 규범으로 제정한 것은 특별한 의도가 작용했다고 본다. 남한과의 언어적 차별화를 통한 북한만의 정체성 구축이라는 측면에서 그 의도를 찾을 수

---

11) 어두 ㄹ, ㄴ 실현 규정은 기술의 편의상 남한의 표준어에 존재하는 두음법칙의 미실현이란 표현과 병행하기로 한다.

있다. 이 글에서는 문화어의 어두 ㄹ, ㄴ의 실현 규정과 규정의 제정 배경을 살펴보고, 어두 ㄹ과 ㄴ의 실현이 조선시대 평안방언에 있었던 ㄷ구개음화 미실현이라는 역사적 경험과 어떻게 연관되어 있는지 논할 것이다. 이 연구를 통해 언어적 차별화와 정체성 구축 간의 상관성과 조선시대 평안방언에서 실현되었던 언어적 차별화 방식이 현대 북한의 문화어에서 어떻게 변용되어 나타나게 된 것인지 밝히고자 한다.

3. 북한 문화어의 어두 ㄹ, ㄴ 실현

3.1. 북한의 언어정책

북한 문화어에서 어두 ㄹ과 ㄴ을 실현하도록 정한 규정의 제정 배경을 살펴보기에 앞서, 남한과 북한의 언어정책을 비교하여 북한의 언어관과 언어정책 기조를 살펴보기로 한다. 김진우(1991 : 35-36)는 북한의 언어정책이 '일관성'과 '계속성'을 가지고 있다는 점에서 남한의 언어정책과 다르다고 보았다. 김진우에 따르면, 북한의 언어정책은 사회주의 국가에서의 언어관, 즉, 언어의 보편화 및 대중화라는 언어 철학을 실현하기 위한 것이다. 또 사회주의 사회에서 언어는 의사소통의 수단일 뿐만 아니라 "혁명과 건설의 힘 있는 무기"로 공산주의의 이념(사회 평등)을 실현하기 위한 도구이다. 언어는 단순히 의사전달의 수단이 아니라, 혁명과 건설의 힘 있는 무기가 되어야 한다. 이러한 언어 도구관에서는 언어정책이 인위적·작위적 방향으로 진행될 수밖에 없다(국립국어연구원 1992 : 28).

이러한 언어관을 바탕으로 북한은 당이 언어정책의 중심이었다. 해방 전에는 민족어 교육정책을 중심으로 한 언어정책을 시행하였고, 1950~60년대에는 규범어 중심의 정책을, 1970~1980년대에는 문화어 운동을 추진하였다(이봉원 2003 : 77). 이는 전형적인 국가 주도의 언어정책이다. 북한의 주요 언어정책은 언중이 주도하는 것이 아니라 정부가 교시하는 것이다(홍연숙 1990 : 120). 문서화된 규정을 먼저 정해 놓고, 현실에서 사용하는 말을 고쳐나가는 국가 주도의 인위적 언어정책이다. 해방 이후 북한의 언어정책의 출발점은 1933년 <한글 마춤법 통일안>의 표준어였으나 현대 문화어의 모습이 남한 표준어와 크게 달라진 배경이 여기에 있다. 김진우(1991 : 38)는 남한의 표준어와 북한의 문화어의 차이를 아래의 표와 같이 대조하여 그 차이를 명료하게 보여주었다.

[표 1] 남한의 표준어와 북한의 문화어의 차이(김진우 1991 : 38)

	남한어(표준어)	북한어(문화어)
1. 명칭	표준어	문화어
2. 기저 방언 : 지역	서울말	평양말
" : 사회 계층	양반어	서민어
3. 언어정책 수립 시행 기관	문교부 및 학회	김일성과 당
4. 언어의 기능	통화의 매개	혁명과 건설의 무기
5. 규범화	개방적, 민주적	보수적, 전체적
6. 문자	한글, 한자 혼용	한글 전용
7. 철자	실제 발음 존중 (음소 토대 철자)	어원과 기저형 (형태 토대 철자)
8. 발음	두음 규칙 준수 된소리화	철자 발음 된소리, 거센소리 최소화
9. 어휘	한자어, 외래어 범람	한자어 외래어 배척 고어, 고유어, 지방어, 신어 많음
10. 어휘 의미	중립적	특수 분화, 교훈적 정의
11. 조어법	굴절적 파생	고립적 파생
12. 문장	간결함	장황함
13. 문체	정적 경어법 과장	생동적, 전투적 경어법 간소화

[표 1]은 1991년의 자료이지만 그 내용은 여전히 유효하다. 특히 두음법칙이 적용되지 않은 '철자 발음' 부분은 2018년인 현재에도 현대 남한과

북한말의 차이를 결정짓는 가장 큰 요인이다.

남한의 표준어가 서울말을 중심으로 한 것처럼, 북한의 문화어도 평양말을 기준으로 하였다. <조선말 규범집>(1988)의 문화어 발음법에서 "조선말 발음법은 혁명의 수도 평양을 중심지로 하고 평양말을 토대로 하여 이룩된 문화어의 발음에 기준한다."라는 규정이 바로 그것이다. 그러나 북한의 문화어는 <조선말 규범집> 이전의 규정에서는 평양이 문화어의 중심지임을 표명하지 않았다. 1954년에 발간된 <조선어 철자법>의 총칙에서 "표준어는 조선 인민 사이에 사용되는 공통성이 가장 많은 현대어 가운데서 이를 정한다."라고 문화어 선정의 원칙을 밝힌 바 있다.[12] 그 후 1966년 5월 14일에 발표된 김일성의 담화에서 문화어의 기준이 평양말임을 명시하였다.[13]

문화어의 기준을 평양말에 두었음에도 불구하고, 평양방언의 특징인 ㄷ구개음화 미실현 현상은 문화어 규범에 수용되지 않았다. 평안도와 육진 지역을 제외한 대부분의 북한 방언에서 ㄷ구개음화 현상이 수용되었다. 이 점을 중시하여 평양말 특유의 ㄷ구개음화 미실현을 문화어 규범에 반영하

---

12) 1954년 조선어 철자법의 총칙에서는 아래와 같이 문화어 제정의 기본 원칙을 제시하고 있다.
  1. 조선어 철자법은 단어에서 일정한 의미를 가지는 매개의 부분을 언제나 동일한 형태로 표기하는 형태주의 원칙을 그 기본으로 삼는다.
  2. 조선어 철자법은 그 표기에 있어 일반 어음학적 원리에 의거하되 조선어에 고유한 발음상의 제 규칙을 존중한다.
  3. 문장에서 단어는 원칙적으로 띄어 쓴다.
  4. 표준어는 조선 인민 사이에 사용되는 공통성이 가장 많은 현대어 가운데서 이를 정한다.
  5. 모든 문서는 왼 쪽으로부터 오른 쪽으로 가로 쓰는 것을 원칙으로 삼는다.
13) "혁명의 수도이며 요람지인 평양을 중심지로 하고 평양말을 기준으로 하여 언어의 민족적 특성을 보존하고 발전시켜 나가도록 하여야 하겠습니다. 그런데 표준어라는 말은 다른 말로 바꾸어야 하겠습니다. 표준어라고 하면 마치도 서울말을 표준하는 것으로 그릇되게 리해될 수 있으므로 그대로 쓸 필요가 없습니다. 사회주의를 건설하고 있는 우리가 혁명의 수도인 평양말을 기준으로 하여 발전시킨 우리말을 표준어라고 하는 것보다 다른 이름으로 부르는 것이 옳습니다. 문화어란 말도 그리 좋은 것은 못되지만 그래도 그렇게 고쳐 쓰는 것이 낫습니다."(김일성 담화, "조선어의 민족적 특성을 옳게 살려 나갈 데 대하여", 1966)

지 않았던 것이다. 즉 북한의 언중 대부분이 ㄷ구개음화형을 실현하고 있었기에 평안방언 및 육진방언만의 특징인 ㄷ구개음화 미실현형을 문화어 규범에서 수용할 수 없었던 것이다. 언어를 '혁명수행의 중요한 무기이며 인민대중에 대한 선전교양수단이고 원쑤에 대한 강력한 투쟁 도구'로 간주하는 북한의 관점에서는 통용성이 가장 높은 발음형을 선택해야 했기 때문이다.

조선의 칠도와 평안도 말을 구분 지어 주는 징표였던 ㄷ구개음화 미실현형을 문화어 규범에서 채택하지 않게 되자 북한 당국은 남한과 구별 지을 수 있는 또 다른 언어적 징표가 필요했다. 북한 당국은 ㄷ구개음화 미실현형을 채택하지 않은 대신, 어두 i(j) 앞에 결합하는 ㄹ, ㄴ을 표기하고 발음토록 한 규정을 새로 제정하였다. 어두 ㄹ, ㄴ 발음은 '正音'을 고수한 평안방언의 전통을 계승하는 의미를 갖는다. 평안방언 고유의 정체성을 되살리면서 정음 의식을 이어가는 근거를 여기서 찾아내 어두 ㄹ, ㄴ 규정을 제정한 것이다.

3.2. 북한 문화어의 어두 ㄹ, ㄴ 관련 규정

두음법칙은 1933년 <한글 마춤법 통일안>에서 명문화되었다. <한글 마춤법 통일안> 이전, 조선 총독부 치하의 <언문 철자법>(1912, 1921, 1930)[14] 시대에서도 두음법칙에 대해 언급하였으나 그 규정의 내용이 현재와 같지 않았다[15]. 이후 <한글 마춤법 통일안>이 한자어에서 어두 ㄹ, ㄴ 발음을

---

14) 조선 총독부 치하의 연도별 규범집은 각주 4) 참고
15) 두음법칙과 관련된 내용은 <보통 학교 언문 철자법 대요>(1921)에서 처음 언급된다. 이 규범집에서는 ㄴ으로 시작하는 고유어와 ㄹ로 시작하는 한자어는 두음법칙을 표기에 반영하지 않는 것으로 규정하였으며 ㄴ으로 시작하는 한자어에 대해서는 별도의 언급이 없다. <언문 철자법>(1930)에서는 고유어의 경우에는 두음법칙을 일부 인정하여 그 발음에 따라 구분해 적지만, 한자어는 두음법칙을 적용하지 않는 것으로 정했다. 그 후 고유어와 관련된 두음법칙 규정은 사라졌다. 현실 발음에서 어두 ㄹ과 ㄴ

하지 않는 것을 명문화하면서 두음법칙이 어문 규범에 들어오게 되었다.

북한은 1948년의 <조선어 신철자법>부터 한자 어휘를 적을 때 그 단어의 첫소리에 ㄹ, ㄴ를 써야 할 곳에서는 반드시 ㄹ, ㄴ로 적어야 한다는 원칙을 제정했다. 두음법칙이 미적용된 것을 규정화한 것이다. 앞서 언급한 것처럼 어문규정에서 남한과 북한의 차이가 나기 시작한 것은 북한의 1948년 <조선어 신철자법>부터이다. 그러나 6·25 전쟁 때문에 그 이전에 제정된 1948년의 신철자법 규정이 강하게 시행되지 못했다(최호철 2012). 북한에서도 1954년까지는 1933년의 <한글 마춤법 통일안>이 어문 규범으로서 상당한 영향을 미쳤던 것으로 보인다.

북한에서 어두 ㄹ, ㄴ의 발음 규정이 본격적으로 언중에게 알려진 것은 1954년의 <조선어 철자법>으로 볼 수 있다. <조선어 철자법>에서 어두 ㄹ, ㄴ의 실현과 관련된 규정은 다음과 같다.16)

[표 2] <조선어 철자법>(1954)의 어두 ㄹ, ㄴ 관련 규정

2장 어간과 토의 표기	제5항 한자어 기원의 단어에서 본음이 ≪녀, 뇨, 뉴, 니≫인 것은 어느 위치에서나 본음대로 적고, 발음도 그와 같이 하는 것을 원칙적 방향으로 삼는다. 제6항 한자어 기원의 단어에서 본음이 ≪ㄹ≫로 시작되는 것은 어느 위치에서나 본음대로 적고, 발음도 그와 같이 하는 것을 원칙적 방향으로 삼는다.
6장 표준 발음법 및 표준어와 관련된 철자법	제36항 때에 따라 달리 발음되는 한자는 그 발음되는 대로 적는다. 례 : <u>노기(怒氣)</u> 대로(大怒) 　　　류일(六日) 류월(六月) 　　　<u>승낙(承諾)</u> 허락(許諾) 제37항 한자어에서 두 모음 사이에서 ≪ㄴ≫이 [ㄹ]로만 발음되는 것은 ≪ㄹ≫로 적고, [ㄴ]로만 발음되는 것은 ≪ㄴ≫으로 적는다. 제38항 한자어에서 두 모음 사이에서 ≪ㄴ≫이 [ㄹ]로도 발음되는 일이 있

발음이 대부분 사라졌기 때문이다. 한자어에 두음법칙이 적용된다는 규정은 1933년의 <한글 마춤법 통일안>에서 처음 명시된 것이었다(연규동 2014 : 157-158 참고).

16) <조선어 철자법>(1954)은 조선민주주의인민공화국 과학원 언어문화 연구소의 이름으로 간행되었다. 이하에 인용한 문장의 밑줄과 및 진한 글자 표시는 필자가 한 것이다.

> 을지라도 그것을 본음대로 적는다.
> 제39항 한자음이 련발될 때에 ≪ㄴㄴ≫이 [ㄹㄹ]로도 발음하거나 ≪ㄴㄹ≫
> 을 [ㄹㄹ]로 발음하거나 또는 ≪ㄹㄴ≫을 [ㄹㄹ]로 발음하는 일이
> 있을지라도, 이를 본음대로 적는다.

한자어에서 어두의 ㄹ과 ㄴ을 그대로 표기할 뿐만 아니라 어느 위치에
서든지 본음대로 표기한다고 규정했다. 그러나 때에 따라 달리 발음되는
한자어의 경우, 발음되는 대로 적는다고 밝히고 있다. 그러나 36항의 예에
서처럼 '노' 또는 '로'로 발음되는 한자 '로(怒)'나 '락(落)'을 각각 '노기'와
'승낙'으로 표기한 예를 들고 있는 것으로 보아, 이 시기까지는 어두의 ㄹ,
ㄴ의 표기 및 발음의 실현을 명확하게 규정하지 않았던 것으로 보인다.
　어두 ㄹ, ㄴ의 본음 표기 및 발음의 실현을 확실하게 규정한 것은 1966
년의 <조선말 규범집>(조선민주주의 인민공화국 내각 직속 국어사정위원회)이다.
1966년의 <조선말 규범집> 표준 발음법 총칙에서, '표준 발음법은 현대
조선말의 여러 가지 발음들 가운데서 조선말 발달에 맞는 것을 가려잡음을
원칙으로 한다.'라고 밝혔다. 이 표준 발음법의 제2장 5항과 6항에서 모음
앞에 ㄹ, ㄴ이 올 때, 모두 제 음으로 발음하는 것을 원칙으로 삼고 있다.
이와 관련된 규정은 다음과 같다.

[표 3] 〈조선말 규범집〉(1966)의 어두 ㄹ, ㄴ 관련 규정

〈맞춤법〉 제7장 한자어의 적기	제26항 한자어는 음절마다 한자의 현대소리에 따라 적는 것을 원칙으로 한다. 례) 국가, 혁명, 천리마, 녀자, 뇨소, 락원, 로동, 례외

그러나 아래와 같은 한자어는 변한 소리대로 적는다.

옳음	그름
나팔	라팔 喇叭
나사	라사 螺絲
남색	람색 藍色
노	로 櫓
유리	류리 瑠璃

〈표준 발음법〉 제2장 단어 첫머리의 발음	제5항 ≪ㄹ≫은 모든 모음 앞에서 [리]로 발음하는 것을 원칙으로 한다. 례) 라지오, 려관, 론문, 루각, 리론, 레루, 용광로 제6항 ≪ㄴ≫은 모든 모음 앞에서 [ㄴ]로 발음하는 것을 원칙으로 한다. 례) 니탄, 뇨소, 니켈, 뉴톤

그 후 발간된 〈조선말 규범집 해설〉(1971)에서는 표준 발음법의 제2장과 관련하여, "오늘날 우리의 언어생활에서는 새로운 발음 현상이 발생하여 우리말의 발음을 더욱 풍부화시키고 있다. 제2장에서는 이러한 새로운 발음 현상을 규범화하기 위하여 단어 첫머리의 발음법을 규정하고 있다."라고 밝혔다(밑줄은 필자가 그은 것임). 여기서 말한 '새로운 발음'은 단어 첫머리에서 ㄹ과 ㄴ을 발음하는 것이다. 〈조선말 규범집 해설〉에서는 "그 전에는 단어 첫머리의 ㄹ은 제대로 발음되지 않는 것으로 되여 있었다. 그러나 실지 언어 실천에서는 단어 첫머리의 ㄹ을 그대로 발음하는 새로운 발음 현상이 발전하게 되었다."라 하고, 그래서 "우리말 발음에서 일어난 변화 발전을 고려하여 이 제5항에서는 단어 첫머리에 오는 ㄹ은 뒤에 어떤 모음이 오든지 상관없이 모두 [리]로 발음하는 것을 원칙으로 삼았다."라고 설명하였다. 2장의 6항에서도 "그런데 오늘날에 와서는 모든 모음 앞에서 [ㄴ]을 발음할 수 있으며 실지로 발음되고 있다."라고 설명하였다.

그런데 〈조선말 규범집 해설〉(1971)이 발간되기 이전인 1960년의 〈조선어 문법1〉(어음론 제13절 표준 발음법, 조선어 표준 발음의 규정)에서는 두음법칙이 적용된 발음을 인정하고 있다(권인한 1993 : 166-167). 1973년에 발간된 리상벽의 〈조선말 화술〉에서도 어두의 ㄹ을 ㄴ으로 발음하는 것을 허용한 내용이 아래와 같이 제시되어 있다.

[표 4] 〈조선말 화술〉(1973)의 어두 ㄹ, ㄴ 관련 설명

‖ 홑모음 앞이라 하더라도 생활에서 이미 굳어진 단어들은 ㄹ를 ㄴ로 발음하는 것을 허용한다.
　례) 래일-[내일], 람용-[남용], 랭장고-[냉장꼬], 로인-[노인], 람색-[남색], 뢰성벽
　　력-[뇌성벽력]
‖ ㄹ가 홑모음 앞에 오더라도 다음 소리마디가 ㄹ로 이어질 때 첫소리 ㄹ를 ㄴ로 발음하는 것을 허용한다.
　례) 로력동원-[노력동원], 로련한다-[노련한다], 랑랑하다-[낭낭하다], 래력-[내
　　력], 랭랭하다-[냉냉하다], 름름하다-[늠늠하다], 롱락하다-[농낙하다]
‖ 이러한 관습으로 하여 'ㅑ, ㅕ, ㅛ, ㅠ, ㅖ 등 겹모음 앞의 ㄹ은 발음되지 않는 현상을 볼 수 있는 바 그것을 허용 발음으로 한다.
　례) 량강도-[양강도], 력력하다-[영역하다], 류백-[육백], 례절-[예절], 료리-[요
　　리], 략력-[양녁], 련락-[열낙], 륭성-[융성], 령감-[영감]
‖ 우와 같은 어음 조건임에도 불구하고 렬과 률이 올 때는 ㄹ이 발음되지 않는 것을 볼 수 있는 바 이것을 허용 발음으로 한다.
　례) 대렬-[대열], 치렬-[치열], 라렬-[라열], 규률-[규율], 비률-[비율]
‖ 단어 첫소리 ㄴ는 모든 모음과 어울릴 수 있으나 겹모음 앞에서 발음되지 않는 경우가 있는데 이것을 허용한다.
　례) 녀성-[여성], 녕변-[영변]

　사회주의 국가 체제 안에서는 학술 활동 또한 정부의 통제를 받으므로, 〈조선말 문법1〉과 〈조선말 화술〉 모두 북한 정부의 허가 하에 간행된 것이다. 이런 책들에 어두 ㄹ을 ㄴ으로 발음하는 것을 허용한 내용이 있다. 이 사실은 어두 ㄹ, ㄴ 실현 규정을 확실하게 제정한 1966년 전후에 평안 방언을 위시한 당시의 북한의 현실 발음에 두음법칙이 일반화되어 있음을 의미한다. "생활에서 이미 굳어진 단어들은 ㄹ를 ㄴ로 발음하는 것"을 허용할 수밖에 없었던 것이다. 생활에서 이미 굳어진 발음이란 어두 ㄹ을 발음토록 한 새 규정 이전에 이미 습관화된 발음을 뜻한다.

　이미 언중에게 통용되고 있었던 두음법칙이 적용된 발음을 교정하기 위해 북한은 정책적으로 강력하게 어두 ㄹ, ㄴ의 표기와 발음 규정을 시행했을 것이다. 북한이 1971년의 〈조선말 규범집 해설〉에서 어두 ㄹ, ㄴ의 표기와 발음이 언중의 언어생활에 새롭게 나타난 것으로 소개한 것도 이런

맥락이었을 것이다. 또한 북한은 대중매체와 학교 교육을 통해 정책적으로 두음법칙을 미적용한, 새로운 규범을 정착시키고자 했던 것이다. 당시 귀순한 북한 사람의 발음 양상을 통해 이러한 정책적 추진 결과를 간접적으로 확인할 수 있다(홍연숙 1985 : 86-87). 홍연숙에 따르면, 당시 남한으로 귀순한 북한 대학생의 어두 ㄹ 발음이 상당히 정착된 것으로 보인다고 하였다. 이 사례는 북한이 언어정책적으로 두음법칙의 미실현 규범을 언중에게 교육시켰음을 보여준다.

1966년의 <조선말 규범집>은 1988년에 개정, 발간되었다. 이때 발간된 <조선말 규범집>에서 인상적인 것은 기존의 '표준 발음법'이 '문화어 발음법'이란 이름으로 바뀐 것이다. 1988년 <조선말 규범집>의 제5항의 내용에 예외 조건이 추가되었으며, 제6항이 삭제되었다. 2010년에 발간된 <조선말 규범집>에서는 어두 ㄹ, ㄴ과 관련된 규정에 변화가 있었다. 관련 규정 내용을 요약하면 다음 표와 같다.

[표 5] 〈조선말 규범집〉(1988)과 〈조선말 규범집〉(2010)의 어두 ㄹ, ㄴ 관련 규정

1988년	2010년
제5항 ≪ㄹ≫은 모든 모음 앞에서 [ㄹ]로 발음하는 것을 원칙으로 한다. 례) 라지오, 려관, 론문, 루각, 리론, 레루, 용광로	제5항 ≪ㄹ≫은 모든 모음 앞에서 ≪ㄹ≫로 발음하는 것을 원칙으로 한다. 례) 라지오, 려관, 론문, 루각, 리론, 레루, 용광로 그러나 한자말에서 ≪렬, 률≫은 편의상 모음뒤에서는 [열]과 [율]로, ≪ㄹ≫을 제외한 자음뒤에서는 [녈], [뉼]로 발음한다. 례) -대렬 [대열], 규률[규율], -선렬[선녈], 정렬[정녈], 선률[선뉼]
제6항 ≪ㄴ≫은 모든 모음 앞에서 ≪ㄴ≫으로 발음하는것을 원칙으로 한다. 례) 남녀, 남남, 녀사, 뇨소, 뉴톤, 니탄, 당뇨병.	삭제

5항에 추가된 내용은 '르'을 표기대로 발음하는 것에 대한 어려움 또는 어색함을 해소하기 위해, '렬'과 '률'을 표기대로 발음하는 규정을 폐기하고 ㄹ이 탈락하거나 ㄴ으로 변한 발음을 인정한 것이다. 이에 대해 최호철 (2012 : 275)은 표기와 발음의 불일치가 늘어나 규정에 변화를 준 것이라고 하였다. 최호철은 6항이 삭제된 것은 어두 ㄴ의 경우 표기대로 발음이 이루어지고 있어서 특별히 규정할 필요가 없다고 생각했기 때문이라고 보았다. 이러한 규정 내용의 변화는 실증적 검증이 필요하나, 어두 ㄴ보다 어두 ㄹ의 발음 규정이 언중의 언어생활에 정착하는 데 어려움이 있음을 보여준다. 지금까지 살펴본 문화어 규정에서의 어두 ㄹ, ㄴ 관련 규정의 변화를 도식화하면 다음과 같다.

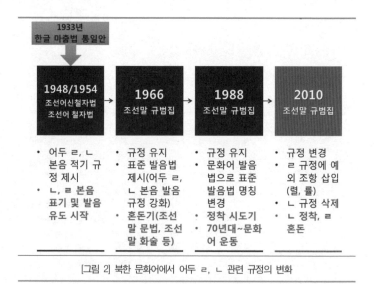

[그림 2] 북한 문화어에서 어두 ㄹ, ㄴ 관련 규정의 변화

'두음법칙'의 존재 여부가 남북한 어문 규정의 중요한 차이가 되었다. 이 규정에 따라 어두 ㄹ과 ㄴ의 발음 여부가 남북한의 발음을 다르게 만든 징표가 되었다. 북한이 의도한 바가 이루어진 것이다.

3.3. 문화어 어두 ㄹ, ㄴ 실현 규정 제정의 배경

이 절에서는 북한 문화어에서 어두 i(j) 앞의 ㄹ, ㄴ을 발음토록 한 규정
이 나타난 배경을 논한다. 먼저 문화어의 기준 지역어인 평양말 또는 평안
방언에서 어두 i(j) 앞의 ㄹ, ㄴ의 발음이 어떻게 실현되었는지 그 실상을
살펴보자.

존 로스(John Ross)의 한국어 교본 『Corean Primer』(1877)에는 한글 문장에
로마자로 발음이 병기되어 있다. 이 자료를 통해 19세기의 평안방언에서
어두 i(j) 앞의 ㄹ, ㄴ 발음이 실현된 양상을 엿볼 수 있다. 이 책은 한국어
제보자가 평안도 의주 출신의 이응찬이기에 당시의 평안방언을 반영한 자
료임이 확실하다(김영배 1992). 한성우(2006)의 연구에서 『Corean Primer』에 나
타난 두음법칙 관련 발음의 실상을 확인할 수 있다. 한성우는 평북 의주방
언에서 어두의 ㄹ은 모두 ㄴ으로 바뀌지만 중부방언과는 그 양상이 다르다
고 하였다. 또한 이 문헌에는 한자어에 '라', '로', '루'가 '나', '노', '누'로
표기된 예가 빈번히 나타나는데, 이것은 중부방언과 동일한 양상이라 하였
다. 그러나 '리'의 경우에는 이 문헌에 '니별', '니자', '님시'처럼 표기되어
'리'가 모두 '니'로 바뀌었는데, 이는 '리'가 모두 '이'로 바뀐 중부방언과
다른 양상이다(한성우 2006 : 86). 한성우의 이 연구는 기원적으로 i와 j 앞에
서 ㄴ을 가지고 있던 어형이 중부방언에서는 ㄴ이 탈락되었지만 평안방언
이 포함된 서북방언에서는 고형을 유지하고 있었다. 小倉進平(1944 : 258-260)
의 기술을 논증한 것이다.

小倉進平이 조사한 방언 자료(1929, 1943)에서도 어두 ㄹ과 ㄴ이 i, j 앞에
서 탈락하지 않는 평안방언의 당시 모습을 확인할 수 있다(小倉進平 저, 이진
호 역 2009 : 285).[17) i, j 앞에서의 어두 ㄹ과 ㄴ의 실현과 관련하여 오구라

---

17) 오구라 신페이는 1929년에 『평안남북도의 방언』이라는 제목으로 경성 제국 대학 법문
　　학부 연구 조사 자료집의 제1집을 간행하였고, 이를 1943년에 다시 수정해 발간하였

신페이는 '녀', '녜'의 실현, '니'(ni)가 어두에 있는 경우, '로', '료'의 경우, '라', '랴', '러', '려'가 '너'로 발음되는 경우 등에서 서울과 평안방언의 공통점과 차이점을[18] 기술하였다(小倉進平 저, 이진호 역 2009 : 465-468). 小倉進平의 기술을 도식화하여 정리하면 아래 표와 같다.

[표 6] 서울말과 평양말의 어두 ㄹ, ㄴ의 실현 양상

어형	서울	평양
녀, 녜	여, 예	너, 네 *예외 : 황주는 서울과 같음.
니	이	니 *예외 : 황주는 니와 이가 모두 존재.
라, 랴	나, 야	나
로, 료	노, 요	노
리	이	리

(小倉進平 저, 이진호 역 2009 : 465-468).

위 표에서 보듯이 小倉進平의 조사에서 평양방언의 경우 어두 '니'와 '리'가 발음된 예가 언급되어 있다. 이 점은 곽충구(1992)에서 언급되었고, 김혜영(1996 : 146-148)에서 이런 발음의 범위를 '북부방언'으로 넓혀 논했다. 김혜영은 북부방언에서 어두 ㄹ이 발음된다고 보고한 小倉進平의 예를 이용하여, 한국어의 조어(祖語) 단계에서 유음이 어두 위치에 올 수 있었다고 가정해야, 북부방언의 어두 ㄹ 발음의 존재를 적절히 설명할 수 있다고 보

다. 또한 이 논문에서 오구라 신페이와 관련해 인용한 자료는 오구라 신페이 저, 이진호 역의 『한국어 방언 연구』(2009)와 오구라 신페이 저, 이진호 외 역의 『오구라 신페이와 국어음운론』(2009)에 실린 번역을 가져온 것이다.
18) 小倉進平의 자료에서 제시한 1929년 평안방언의 특징적인 모습은 크게 네 가지이다. 첫째, 평안방언에서는 ㄷ구개음화가 관찰되지 않으며, ㅈ, ㅊ의 음가가 ts와 tsh이다. 둘째, ㄱ, ㅎ 구개음화가 존재하지 않는다. 셋째, 어원적으로 ㅿ을 가졌던 어휘에서 ㅿ과 음절 중간 ㅂ이 모두 탈락했다. 마지막으로 이 연구에서 관심을 두고 있는 ㄹ과 ㄴ이 i, j 앞에서 탈락하지 않는다(小倉進平 저, 이진호 역 2009 : 465-468).

았다.

필자가 <세종계획> 사업 연구단에서 입력한 각종 북한 방언사전 말뭉치를 검색해 보니, '六'의 음이 함경방언에 '류가래기'(육손이), 평북방언에 '눅손이', 평북방언에 '눅순'(六旬), '눅자배기'(육자배기)가 확인되었다. '류가래기'를 제외하고 모두 ㄹ이 ㄴ으로 비음화되었다. '料理'는 함북방언에서 '뇨리', '요릿집'은 평북방언에서 '노릿집'이다. '來日'의 북한 방언형은 '넬, 늬얄, 니알, 낼' 등처럼 다양하지만 '래일'로 발음된다고 보고한 사전은 없었다. '冷麪'과 '冷水'의 '冷'이 '랭면'과 '랭수'처럼 '랭'으로 발음된다고 보고한 사전도 없었다. '老人', '老婆' '老妄' 등의 '老'가 '로'로 발음되는 방언형도 북한방언 사전에 실려 있지 않다. '노동'(勞動)의 '勞'도 동일하다. 지금까지 알려진 북한 방언 자료집에서 ㄹ>ㄴ두음법칙이 적용되지 않은 방언형은 매우 적다. 필자는 小倉進平 등에 언급된 예외적 발음형은 한자음에 대한 지식을 가진 사람들이 한자음을 의식한 응답형일 가능성이 높다고 생각한다. 소수의 특수한 어두 ㄹ 발음의 예를 지나치게 확대 해석하여, 북부방언 전반에 이런 현상이 조어(祖語) 단계 혹은 수백 년 전부터 존재했다고 말할 수는 없다.

[표 6]에서 보듯이 서울말에서는 모든 어형에 두음법칙이 적용되었다. 평안방언권인 황주(현재 황해북도)의 경우, 서울과 같이 두음법칙이 적용된 형태들이 관찰되었다. 이금화(2007 : 15)도 '연결'과 '련결' 등과 같이 두음법칙이 적용된 어형과 그렇지 않은 어형이 공존한다고 밝힌 바 있다. 이러한 기술로 볼 때, 평안방언에서도 어두 ㄹ과 ㄴ에 따라 차이는 있으나 두음법칙이 적용되었음을 확인할 수 있다.

서울말에서도 어두 ㄹ, ㄴ이 i, j 앞에서 탈락되지 않은 예를 확인할 수 있다. 바로 두음법칙이 적용되지 않은 형태이다. 1930년대 유성기 음반을 통해 당시 서울말의 음운 현상을 살폈던 이유기(2007 : 202)는 어두 ㄹ이 유지된 '리별'이나 '녯' 또는 '녯'과 같이 ㄴ이 탈락되지 않은 형태와 '닛다

(잇다)'와 같은 발음형을 확인하였다. 서울말에 나타난 '리별'과 같은 발음형은 한자음을 의식한 인위적 존재라 아니할 수 없다. 이와 달리 평안도의 하위 방언에서는 ㄹ과 ㄴ이 i, j 앞에서 탈락된 현상도 나타나 있다(1944년 자료, 小倉進平 2009 : 298). 어두 ㄹ 발음형과 탈락형이 지역에 따라 혼재되어 있는 양상을 통해 우리는 여러 가지 변인이 이 현상에 작용했음을 짐작할 수 있다.

이금화(2007 : 15, 36-37)는 문화어에는 유음소 /ㄹ/가 모두 /ㄹ/로 나타나지만, 평양말에서는 '낭심'(양심)이나 '니자'(이자)처럼 /ㄴ/로 나타나는 경우가 있다고 보고하였다. 문화어에서는 어두나 어중에서 /ㄹ/가 /야, 여, 유, 예/와 결합할 때 /ㄹ/ 그대로 실현되지만, 평양말에서는 이중모음이 단모음이 되어 '넝감'(영감), '네식'(예식)과 같이 실현됨을 지적했다.

북한이 도입한 어두 ㄹ, ㄴ의 실현 규정은 북한의 소수 방언에 부분적으로 존재하던 어두 ㄹ 및 ㄴ 발음을 전면적으로 확대하여 북한어의 문화어 발음 규정으로 만든 것이다. 북한의 문화어가 평안방언만을 대상으로 한 것이 아니란 사실은 김영배(1988 : 24-25)와 이금화(2007 : 15, 36-37)에서 확인할 수 있다. 김영배(1988)는 아래의 예를 들며 평양 중심의 말이 문화어의 기반이 되기는 했으나 평안방언이 그대로 쓰인 것은 아니며, 그들 나름의 언어정책에 따라 한자 어휘의 발음을 인위적으로 개신한 것임을 알 수 있다고 하였다. 그리고 이러한 예들은 동국정운식 한자음의 개신을 연상케 하는 일면이 있다고 했다. 김영배(1988)에 제시된 남한의 표준어, 북한의 문화어, 평안방언에서 각각 다른 한자음의 예를 검토해 보자.

[표 7] 남한과 북한, 그리고 평안방언의 한자음 비교

	남한 표준어	북한 문화어	평안방언
螺旋形	나선형	라선형	나선형
羅針盤	나침반	라침반	나침판
糧穀	양곡	량곡	냥곡
旅客機	여객기	려객기	너객기
歷史	역사	력사	넉사
陸橋	육교	륙교	눅교
理念	이념	리념	니념
來日	내일	래일	내일
例年	예년	례년	네년
女傑	여걸	녀걸	너걸
念願	염원	념원	넘원

(김영배 1988 : 24)

　　현대 문화어가 평양말을 중심으로 하고 있다고는 하지만, [표 7]에서 보듯이 평안방언과 북한의 문화어에는 차이가 있다. 이 차이는 문화어에 북한의 방언을 수용한 정책에서 비롯된 것이다. 1954년 <조선어 철자법>의 총칙에서 밝힌 것처럼, 북한 문화어의 출발은 평양말을 비롯한 북한 내 여러 방언의 요소를 수용하는 정책이었다(1966년 김일성 담화[19]). 이 언어정책의 방향에 따라 문화어에서 ㄷ구개음화를 수용한 것으로 보인다. 이 점은 남한의 표준어가 서울말에 치중하여 규범화된 점과 대조되는 차이점이다. 문화어에서 새롭게 규정된 어두 ㄹ, ㄴ 실현 규정은 평양방언 특히 평양말의 현실 발음과 직접 관련된 것이라 보기 어렵다.

　　어두 ㄹ, ㄴ의 실현 규정이 평안방언을 배경으로 하지 않았다면, 규정 제정의 배경을 다른 데에서 찾아야 한다. 문화어의 두음법칙 미실현 규정을 옹호한 류은종(1996b)의 주장에 그 배경이 나타나 있다. 류은종(1996b : 11)은 '정통성'을 내세우며 두음법칙 미실현 규정이 정당하다는 견해를 밝혔다.

---

19) 김일성은 1966년 담화에서 "방언에서 좋은 말을 찾아서 문화어로 승격시켜 사용할 것"을 제안했다.

그는 두음법칙을 적용하지 않는 문화어의 관련 규정은 역사적으로 원래부터 쓰던 표기 관습을 명문화하고 실천했을 뿐이며, 이 규정은 20세기 이전에 어두에서 ㄹ, ㄴ를 밝혀 쓴 원칙을 실천에 옮긴 것이라 했다. 특히 류은종(1996a)은 18~19세기부터 ㄹ을 ㄴ으로 표기하게 되면서 표기와 발음에 혼란이 생겼고, 1933년 <한글 마춤법 통일안>에서 두음법칙을 제정한 이후부터 더 큰 문제가 생긴 것이라고 주장하였다. 즉 문화어에서 규정한 어두 ㄹ과 ㄴ의 실현 규정은 역사적 근거와 정통성을 가진 것이라고 주장한 것이다.

어두 ㄹ의 실현은 역사적 정통성을 가진 것이 아니다. 훈민정음 창제 이래 중세국어 문헌에서 어두 i(j) 앞의 ㄴ은 표기되었으나, 같은 환경에서 ㄹ 표기는 그렇지 않았다. 어두 i(j) 앞의 ㄴ표기는 과거의 전통을 따른 것이라 볼 수 있으나 같은 환경의 ㄹ 표기는 역사적 근거가 없다. 15세기와 16세기 국어에서 어두 ㄹ 표기의 실현 예는 찾을 수 없기 때문이다. 이동석(2005 : 199)에서 15세기의 어두 ㄹ은 의미가 정확하지 않은 고유어에서만 극소수 발견된다고 했고, 『Corean Primer』에서도 '령혼'에 한해서만 2회 실현된다고 보고하였다. 따라서 현대 북한어에서 어두 ㄹ로 표기된 어휘들은 전통적 표기가 아니다. 평안방언과 함북방언에 소수 어형이 어두 ㄹ을 발음한다고 보고된 방언형이 있으나, 이것은 제한적이었으며 북한어의 주류 발음은 아니었다. 그럼에도 불구하고 류은종은 북한 문화어의 형태[본음]주의적[20] 표기에 기반한 어두의 ㄹ, ㄴ을 밝혀 적는 것이 바른 것이라고 주장하였다. 이것이 바른 표기기 때문에 현대 문화어나 중국 조선족어에서 두음법칙이 없는 표기와 그 발음이 자연스럽다고 하였다[21]. 류은종의 이러

---

20) '형태[본음]주의적'처럼 [본음]을 표기한 것은 '형태주의' 표기가 주로 어간을 밝혀 적는 것을 뜻하기 때문이다. 한자음에서 어두 ㄹ,ㄴ을 적는 것은 '본음주의' 표기라고 부름이 적절하다.

21) 북한의 문화어 규정은 '래일(來日)'의 '래'와 '미래(未來)'의 '래'처럼 같은 한자어는 동일하게 표기하기 때문에 단어의 뜻을 빨리 이해하고 쓰기에도 편리한 것이라고 평가

한 주장은 북한의 문화어 규범을 합리화하기 위한 이론적 시도이며 동시에 조선시대 한자음의 '정음(正音)'의식과 맥락이 닿아 있다. 이 주장은 1966년 김일성 담화에서의 "언어의 민족적 특성을 보존하고 발전시켜 나가도록 하여야 하겠습니다."라는 교시를 실천하고 이를 옹호하기 위한 것이다.

형태[본음]주의적 표기에 기반하여 북한 문화어에서 어두의 ㄹ, ㄴ을 밝혀 적는 것이 바른 표기라는 위의 주장은 <한글 마춤법 통일안>(1933)에 대한 그들의 태도에서 확인할 수 있다. 남한과 마찬가지로 북한에서도 해방 직후에는 <한글 마춤법 통일안>(1933)을 언어생활의 기준으로 삼았으나, 북한 체제를 수립하는 과정에서 <한글 마춤법 통일안>(1933)을 비판하고 개정하려는 움직임이 나타났다. 이와 관련된 사건이 1946년 공산당과 신민당이 합당하면서 당의 명칭을 '노동당'으로 할 것인지, '로동당'으로 할 것인지 논쟁한 것이다. 결국 당의 이름은 '로동당'으로 결정되었다. 어두 ㄹ표기와 관련된 어문규정의 개정 논의는 김수경의 《로동신문》(1947) 기사에서 처음 제기되었다. 김수경(1947)은 네 가지 이유를 들어 어두 ㄹ, ㄴ 표기에 대한 개정을 역설하였다. 첫째, <한글 마춤법 통일안>(1933)이 지나치게 표음주의적이다. 둘째, 동일한 한자는 동일하게 적는 것이 체계적이다. 셋째, 외래어 표기법에서 어두 ㄴ, ㄹ을 인정한 것과 모순된다. 마지막으로 당대의 언중들이 어두 ㄴ, ㄹ을 발음할 수 있다(정성희·신하영 2017 : 168-169).

김수경(1947)의 연구를 시작으로 북한은 어두의 ㄹ과 ㄴ을 표기하고 발음하도록 어문 규범을 만들어 갔던 것이다. 1948년 <조선어 신철자법>에서는 <한글 마춤법 통일안>이 형태주의에 입각하면서도 중요한 조항에서 표음주의에 빠지는 오류를 범했다고 하면서 그 예로 두음법칙과 변칙 용언의 표기를 지적하였다. 북한은 이와 같은 인식에 입각하여 <조선어 신철자

한 류은종(1996b : 11)의 말도 주목을 끈다.

법>에서는 한자음의 두음 ㄴ과 ㄹ을 표기하는 형태주의적 표기를 따르게
된 것이다(국립국어연구원 1992 : 71). 북한은 이를 시작으로 하여 이후 일련
의 문화어 규범의 개정을 통해 두음법칙의 미실현 규정을 확고하게 만들
어 갔다.

3.4. 현대 문화어의 어두 ㄹ, ㄴ의 발음 양상

1970년대 이후 진행된 문화어 운동의 결과, 북한의 어두 ㄹ, ㄴ 실현 규
범은 어느 정도 자리를 잡은 것으로 보인다. 남한으로 귀순한 북한 대학생
들에게 귀순 초기에 남한의 수필을 주고 읽게 했을 때, '여행'을 [려행]으
로, 내일을 [래일]로 읽었다가 다시 [내일]로 고쳐 읽더라는 보고(홍연숙
1985 : 86-87)는 북한에서 어두 ㄹ발음이 상당한 수준으로 굳어졌음을 말해
준다. 홍연숙(1985)은, 북한의 젊은 세대들은 두음 [ㄹ]의 발음을 편안해 하
나 사오십 대 이상의 북한 서민들의 말씨에는 두음법칙에 따라 ㄹ을 ㄴ으
로 발음하는 습관이 뚜렷이 남아 있다고 하였다.

탈북자의 언어 정착과 관련된 연구를 진행한 배준영(2011)의 연구에서도
두음법칙이 북한의 제도권 교육을 받은 탈북자에게 뚜렷하게 자리잡은 것
으로 보인다고 하였다. 다만 인터뷰 결과, 실제 언중들의 일상 발화에서는
두음법칙이 적용된 예도 있다고 보고하였다. 이를 근거로 배준영(2011 : 58)
은 두음법칙을 거부한 북한의 어문 규범이 실제 언중들의 발음 편의성을
만족시켜 주지 못하고 있다고 하였다. 또한 배준영은 20~30대 탈북자는
남한의 두음법칙에 쉽게 적응하는 양상을 보이나, 40~50대는 그렇지 않다
고 보고하였다. 홍연숙(1985)에서 다룬 젊은 세대가 배준영(2011)에서 40~50
대가 되었음을 고려하면, 두음법칙의 미실현 현상(어두 ㄹ발음)이 북한의 언
어 사회에서 어느 정도 자리를 잡은 것으로 볼 수 있다.

북한의 방송 언어를 대상으로 한 몇몇 연구에서도 어두 ㄹ 발음 규정이

어느 정도 정착된 사실이 확인된다. 김상준(2001 : 133)과 이봉원(1997 : 70, 2003 : 93)에서는 북한의 보도 방송에서 어두 ㄹ이 잘 실현되는 편이라고 하였으며, 정성희(2015)에서도 같은 사실을 확인하였다. 뉴스 발화는 가장 규범적인 발화이기 때문에 자연 발화의 실상까지 알기 어렵다. 하지만 보도 방송임에도 불구하고 ㄹ이 발음되지 않은 예가 발견된 것은 어두 ㄹ이 실제 자연 발화에서 혼돈을 겪고 있기 때문이다(김상준 2001, 정성희 2015, 정성희·신하영 2017).

서북, 육진, 동북 세 방언권 출신의 탈북자들을 대상으로 조사한 이호영(2009 : 62-63)에서 '녀자, 념원, 념려, 뇨소'와 같이 어두에 ㄴ이 실현되었음을 보고한 바 있다. 그러나 탈북자를 대상으로 조사한 배준영(2011 : 52-63)은 남한으로 이주한 지 6개월 미만의 탈북자의 발음에서 '여자'의 경우는 전부 ㄴ이 탈락한 '여자'로 실현되었고, '염려'의 경우는 '여자'와 달리 대부분 '념녀'로 발음됨을 밝혔다. 이로 볼 때, 어두 ㄴ의 발음이 북한 아나운서의 발음과 공식적인 언어생활에서 관찰되고 있지만, 이 발음이 북한의 언중들에게 완전히 정착한 단계라고 보기는 어렵다. 북한에서 문화어를 사용하는 언중들에게 어두 ㄴ의 발음은 어느 정도 정착이 되었으나 어두 ㄹ의 발음은 완전히 정착된 것이 아닌 듯하다. 문화어 규정으로 정하고 실제 발음에서 ㄹ을 발음토록 교육하고 있지만, 연구 결과에 나타난 것으로 보면 실제 언중의 일상어 발음에서 ㄹ이 전면적으로 실현되고 있지 않다. 이는 어두에서 ㄹ을 발음토록 한 규정이 현실 언어와 거리가 있는 인위적 발음이기 때문에 나타난 결과이다.

4. 정체성 구축과 언어적 차별화

4.1. 언어적 차별화를 통한 정체성 구축

북한이 문화어에서 어두 ㄹ, ㄴ을 실현하도록 한 규정 제정의 근거와 배경은 '정음'(正音) 의식과 형태주의적 관점에 입각한 한자어의 본음 살려적기에 있다. 북한이 한자어의 본음 적기를 내세우며 어두 ㄹ과 ㄴ의 표기와 발음형을 문화어 규범으로 제정한 것은 남한과의 차별화를 통해 집단의 언어 정체성을 구축하기 위함이다. 이 규정을 만든 직접적 계기는 북한 정권이 주체사상을 전개하면서 "언어의 민족적 특성을 보존하고 발전시켜 나가도록" 한 김일성 담화(1966)이다. 이 규정은 류은종(1996a, b)이 말한 바대로 조선의 주체성과 정통성을 추구하기 위한 정책이다.

국어사 문헌에서 어두의 ㄹ과 어두 i(j) 앞의 ㄴ은 그 출현 양상이 다르다. 어두의 ㄹ은 15세기 한글 문헌에서부터 그 예가 극히 드물다. 인위적으로 정해 어두 ㄹ을 발음토록 한 문화어의 규정은 동국정운식 한자음 표기를 제외하고 역사적 '정통성'과 관련성이 없다. 반면 문화어의 어두 ㄴ 규정은 훈민정음 창제 이후부터 지켜 내려오던 전통적 표기와 발음으로 볼 수 있다(한영순 1956 : 48). 어두 ㄴ이 i 모음 앞에서도 발음되는 것은 대부분의 평안방언에서 발견되는 현상이다. 어두 ㄹ과 ㄴ은 국어사 문헌에서도 다른 양상을 보이고, 평안방언의 현실 발음에서도 차이가 있음에도 불구하고 문화어 규정에서 두 가지를 묶어서 다루었고, 어두 ㄹ까지 발음하도록 규정했다.

북한은 중세국어 조선 한자음의 표기에서 일반적이었던 i(j) 앞의 ㄴ표기를 유지하면서, 여기에 어두 ㄹ표기까지 추가하여 문화어 규정을 제정했다. 북한 방언의 현실 발음은 물론 역사적 근거가 미약한 어두 ㄹ의 실현 규정을 이와 성격이 다른 어두 ㄴ과 함께 묶어서 남한 어문규정의 두음법칙과 차별화된 규정을 만든 것이다. 이 규정을 1960년 이후에 꾸준히 교육하고 방송 발음에서 실천한 결과, 북한어에서 어두에서 ㄹ과 ㄴ을 표기하고 발음하는 현상이 일반화되어 남한의 발음과 현저한 차이를 낳게 되었다. 이 규정이 방송에서 강하게 실천되고, 학교에서 교육됨으로써 어두 ㄹ의 표기와 발음은 언중에게 문화어의 특징적인 요소로 자리잡은 것이다. 그러나 북한의 모든 연령층에서 이 발음이 일반화된 것은 아니다. 조의성(1999)은 "이러한 발음법은 인공적으로 만든 것이기 때문에 나이가 든 사람들은 남한과 같이 발음한다. 교육을 받은 젊은 세대들은 정말로 [ㄹ] 그대로 발음하는 모양이다."라고 했다.[22)

북한이 이와 같은 문화어 규정을 정하여 강하게 실천한 배경은 무엇일까? 필자는 북한의 언어적·정치적 정체성 구축이라는 관점에서 이 질문에 대한 답을 찾고자 한다. 어떤 국가 혹은 정치집단의 정체성은 새로운 국가 또는 새로운 정치 질서가 형성될 때 뚜렷하게 나타난다. 특히 19세기 말기와 20세기 전반기에 형성된 탈식민지 정치집단에서 새로운 정치 질서가 형성되는 경우가 많다. 탈식민지의 진행 과정에서 과거의 전통과 역사 또는 집단적 정체성이 강조되거나, 이와 반대로 과거를 배척하고 새로운 집단 정체성을 지향하기도 한다. 한반도의 경우에는 일본의 식민통치에서 해방된 뒤 남한과 북한 지역이 각기 미국과 소련의 영향권 아래서 새로운 정치를 만들어 가면서 서로 상이한 사회 질서가 형성되었다. 동시에 새로운 집단 정체성을 만들어야 하는 시대적 과업이 주어졌다. 새로운 정치체제 형성과정에서 김일성을 비롯한 북한의 지도자들은 남한과 차별화된 제도와 정체성을 추구했다. 이를 위해 북한은 과거의 정치·사회질서를 부정하고

---

22) 여기에도 예외가 있다. 모든 한자음의 어두 ㄹ을 본음대로 발음하라고 규정한 것은 아니다. '렬', '률'이 모음 뒤에 놓일 때, 'ㄹ'로 적더라도 [열]로 발음할 수 있다는 단서 조항이 여기에 해당한다. 예) 대렬[대열], 규률[규율] (조선민주주의인민공화국 국어사정위원회, 주체, 99, 2010 : 48).

독자적인 집단 정체성을 강조하며 새로운 정체 체제의 확립에 주력하였다 (김하영 2005 : 24, 33). 분단 이후 북한은 남한과는 다른 독자적인 정체성을 구축하기 위해 남한과 차별화할 필요가 있었다. 이러한 필요의 하나로 언어 정책 측면에서 남한과 다른 어문 규범을 제정한 것이다.

김석향(2003)은 북한이 일련의 어문 규범을 제정 및 개정하고 김일성의 교시를 통해, <한글 마춤법 통일안>을 계승한 남한과 다른 방향의 어문정책을 의도적으로 추진했다고 하였다. 그 결과 '한글' 대신 '조선어'라는 용어가 자리 잡고, 두음법칙을 무시하며, 자음과 모음의 이름과 배열도 남쪽과 다르게 정했다. 1933년 <한글 마춤법 통일안>을 기준으로 남북한의 언어규범을 비교해 보면, 오늘날 남북 간의 언어 이질화 현상이 북한 당국의 의도적 정책으로부터 비롯된 것임을 알 수 있다(김석향 2003 : 113-114).

분단 직후 북한 정권이 시급하게 해결해야 할 과제 중의 하나는, 대다수 사람들이 서울이 한반도의 중심이라는 생각에서 벗어나도록 하는 일이었다. 남한과 맞서 북한 사회의 새로운 정체성을 만들어 내야 하는 북한 정권의 입장에서, 북한 사람들이 한반도의 중심은 서울이 아니라 평양이라는 인식을 갖도록 만드는 것이 절박하고도 중요한 과제였다(김석향 2003 : 118-122). 이를 위해 북한은 '조선민주주의인민공화국'의 국기와 새로운 애국가를 제정하는 등 일련의 국가 상징 체계를 바꾸었다.[23] 언어 정책에서도 남한과 차별화하려는 제도를 만들었다. 북한은 분단 직후 북한만의 집

---

23) 분단 이후 초기에는 김일성과 그 측근 세력도 서울을 문화의 중심으로 인식했다. 1948년 9월 8일에 발표한 '헌법 승인과 그 실시에 관한 결정'을 보면 헌법 제103조에서 '조선민주주의인민공화국의 수도는 서울이다'로 규정해 놓았다. 1948년에 있었던 '조선민주주의인민공화국'의 국기 제정과 이기영이 작사한 '아침은 빛나라 이 강산'로 시작하는 노래를 애국가로 제정하는 등의 국가의 상징체계를 바꾸는 일련의 과정에서도 서울이 한반도의 중심이라는 인식은 유지되고 바꾸기 어려운 것이었다. 국가의 상징 체계 중에 인식하기 용이한 깃발과 노래는 바꾸었지만 사람들의 인식세계를 지배하는 '한반도의 중심은 서울'이라는 인식은 바꿀 수 없었던 것이다. 해방 후 상당 기간 동안 북한 사람들 대부분이 서울이 한반도의 중심지라는 사고방식에서 벗어나지 못했던 것이다(김석향 2003 : 119-121).

단적·정치적 정체성을 구축하는 것이 시급한 정책 목표였고, 이를 위해 남한과의 차별성을 부각하고 서울이 한반도의 중심이라는 인식에서 벗어나야 했다. 이러한 정책의 하나로서 남한이 언어생활의 근간으로 삼고 있고, 서울말을 바탕으로 제정된 <한글 마춤법 통일안>과 다른 <문화어> 규정을 만든 것이다. 새로 만든 문화어 규정에 남한과 달리 어두의 ㄹ과 ㄴ을 그대로 표기하고 발음하도록 한 조항을 두었다. 어두에서 ㄹ과 ㄴ을 표기하고 발음까지 하도록 규정한 언어적 차별화의 좋은 방편이다. 표기는 눈으로 보는 것에 그쳐 두드러진 효과가 적다. 발음까지 하도록 한 것은 '청각적으로 두드러진 것'이어서 남한과의 차별성을 부각시키는 효과가 크다. 어두 ㄹ과 ㄴ을 발음토록 한 규정은 시각적 효과에 청각적 효과를 더함으로써 발음상의 차별성을 확보하여 북한어의 정체성을 드러낼 수 있었다. 이 규정은 언어적 차별화에 기능한 의미 있는 선택이라 할 수 있다.

어두 ㄹ, ㄴ의 표기와 발음 규정을 통해 북한은 남한과의 차별성을 부각하고, 언어적 주체성을 확보한 것이다. 이러한 언어적 차별화는 외부적으로는 남한과의 차별성을 두드러지게 드러내고, 내부적으로는 언어 사회 구성원들 간의 결속력을 강화하는 기제로 작용하여 북한의 정체성 구축에 기여했을 것이다.

4.2. 평안방언의 ㄷ구개음화 미실현과 문화어의 어두 ㄹ, ㄴ 실현

형태[본음]주의에 기반한 어두 ㄹ, ㄴ 실현 규정은 한자의 본음을 살려 발음하려는 '정음'(正音) 의식과 맞닿아 있다. 북한은 이러한 정음 의식에 기반하여 한자의 본음을 살려 쓰고 결과적으로 다른 지역 또는 집단과 차별화되는 방식을 이용했던 역사적 경험을 가지고 있다. 그 경험은 바로 조선시대에 평안도 지역에서 ㄷ구개음화를 수용하지 않은 것이다. 조선시대 평안방언의 가장 큰 특징은 조선어 전체에서 대부분 실현된 ㄷ구개음화 현상을 수용하지 않았던 점이다. 평안도 사람들의 발음이야말로 세종이 정한 오음(五音)을 그대로 지킨 '정음'(正音)이라고 생각하며, 이에 대한 긍지와 자부심을 가지고 있었다. 이런 인식을 바탕으로 평안도 사람들은 여타의 조선 지역에서 실현되었던 ㄷ구개음화를 거부하였고, 발음상의 차별화를 통해 집단의 정체성을 형성했던 것이다.

1945년 해방 이후 북한 정권이 독립적으로 구성되고 국가적 통치 단위를 만들었다. 평안도를 중심으로 한 북한 지역은 서울 중심의 정치 권력의 지배를 받으면서 엄청난 정치적 차별을 감수해야 했던 조선시대의 정치적 압박(오수창 2002)에서 벗어났다. 특히 1960년대 후기의 김일성 담화 이후, 북한 내에서는 정치적으로는 주체사상이 형성되었고, 이에 따라 북한 특유의 문화어 규범이 제정되었다. 문화어 규범에서는 평안방언 특유의 ㄷ구개음화 미실현 현상을 버리고 ㄷ구개음화 실현형을 문화어 규정에 수용했다. 그 대신에 어두의 ㄹ과 ㄴ을 표기하고 발음하는 새로운 규정을 만들어 남한의 표준어와 구별되는 차별화를 꾀하였다. 이러한 차별화 방식은 남한과 다른 언어적 차별성을 확보하면서 북한의 정치적 주체성을 부각시키고 북한 정권의 정체성 구축에 기여하게 되었다.

조선시대 평안방언의 ㄷ구개음화 미실현과 현대 북한어에서 어두의 ㄹ, ㄴ 실현은 언어적 차별화를 통한 정체성 구축이라는 측면에서 공통성이 뚜렷하다. 평양을 중심으로 하는 북한 정권은 과거 평안도에서 있었던 ㄷ구개음화 미실현을 통해 평안 지역 사람들의 자긍심을 높이고, 평안도만의 정체성을 형성했던 역사적 경험이 있다. ㄷ구개음화의 미실현은 당시 조선의 칠도(七道) 방언과 평안방언을 차별화시킨 결과를 만들었다. ㄷ구개음화의 미실현을 통해 조선시대에 경험했던 평안방언의 정체성이 1950년대 이후 북한의 언어정책을 거쳐 새롭게 변용되어 나타난 것이 어두 ㄹ, ㄴ의 표기법과 발음 규정이다. 즉 ㄷ구개음화를 수용하지 않았던 역사적 경험의 현대적 변용이 바로 어두 ㄹ, ㄴ의 표기와 발음 규정이다. ㄷ구개음화의 미실현과 어두 ㄹ과 ㄴ 실현의 관련성을 다음 표와 같이 요약할 수 있다.

[표 8] 평안방언의 ㄷ구개음화 미실현과 문화어의 어두 ㄹ, ㄴ 실현의 상호 대조

내용별＼시대별		역사적 경험	현대적 변용
		평안방언의 ㄷ구개음화 미실현	문화어의 어두 ㄹ, ㄴ 실현
상황	언어적 상황	• 조선의 대부분 지역에서 ㄷ구개음화 실현	• <한글 마춤법 통일안>(1933)의 두음법칙 규정 • 서울말의 어두 ㄹ, ㄴ 미실현
방식	언어적 차별화	• ㄷ구개음화의 미실현	• 어두 ㄹ, ㄴ 실현
	차별화의 성격	• 언중에 의한 자생적 차별화	• 국가에 의한 인위적 차별화
결과	정체성 구축	• 평안 지역민의 자긍심 고취 • 평안 지역의 정체성 구축	• 문화어 위상 강화 • 언어적 정체성 형성 • 북한 정권의 주체성 구축

조선시대 평안방언에서의 ㄷ구개음화 미실현 현상(전자로 칭함)과 20세기 후기 북한의 어두 ㄹ, ㄴ 실현 규정(후자로 칭함)은 아래와 같은 몇 가지 점에서 차이가 있다.

첫째, 전자와 후자는 적용 범위에 차이가 있다. 전자는 평안도 사람들이 지닌 언어 특징이었지만 후자는 평안도를 벗어나 북한이라는 국가 단위로 확대되었다. 적용 범위에서 후자는 국가적 차원으로 확장된 것이라는 점에서 전자와 크게 다르다.

둘째, 평안도민들은 이 현상에 대해 자랑스럽게 생각하며 자부심을 갖고 있었다. 조선 칠도의 사람들은 세종이 정한 '正音'에서 벗어나 우리말을 잘못 발음하고 있지만 평안도 사람들은 '正音'을 지켜왔다는 사실을 자랑스럽게 생각했다. 그런데 현대 북한에서 어두 ㄹ, ㄴ의 발음에 대해 북한 주민들이 조선시대의 평안도 사람처럼 정치적 우월감과 연관된, 긍정적 자부심을 지니고 있는지는 의문이다. 정치적으로 동기화된 어두 ㄹ, ㄴ 발음의

문화어 규범을 준수하도록 교육을 받고 있지만, 이에 대한 북한 주민들의 인식은 조선시대 평안도 사람들이 ㄷ구개음화 미실현에 대한 인식과 차이가 있을 것으로 예상된다.

셋째, 전자와 후자는 모두 한자의 본음을 살려서 발음하는 정음(正音) 의식에 기반한 것이라는 공통성을 가진다. 세종 시대의 오음 분류법을 기준으로 할 때 ㄷ>ㅈ 구개음화는 설음 ㄷ을 치음 ㅈ으로 바꾸어 버리는 것이다. 설음을 치음으로 발음하는 것은 오음법의 근간을 무너뜨리는 것이다. 이런 발음은 '정음'(正音)에서 벗어난 것이라고 생각했다. 북한 언어 규범의 초기 단계를 반영한 <조선어철자법>(1954)의 5항, 6항에서는 한자음은 어느 위치에서나 '본음'대로 적도록 명시했다(예 : 량심, 락원). '본음'(本音)은 본래의 음이란 뜻으로 '정음'(正音)과 뜻을 같이한다. 후속된 <조선말규범집>(1966, 1987, 2010)에서 어두 ㄹ의 표기와 발음을 그대로 유지한 것은 바로 '본음' 그대로 발음한다는 정신을 계승한 것이다.

넷째, 전자는 평안방언에서 자연스럽게 형성된 언어적 특징이지만 후자는 북한 정권이 남한과의 차별화를 위해 북한의 주체성을 강화하려는 정치적 목적 하에 인위적으로 시행된 것이다. 전자는 조선시대 평안도 사람들의 자연스러운 발화의 일반적 특징이었으며, 오늘날 평안도 출신 노년층에도 ㄷ구개음화 미실현형의 잔재가 남아 있다[24]. 이에 비해 정치적 목적에서 인위적으로 시행된 어두 ㄹ, ㄴ의 실현 규정은 오늘날 북한어에서 뉴스 발음 등의 공식 발화에서 구현되고 있지만 북한 주민들에게 보편적 발음으로 굳어진 것인지는 의심스럽다. 앞서 인용한 연구에서처럼, 탈북자와 중국 접경 지역에서 접한 북한인의 발음에는 어두의 ㄹ, ㄴ이 발음되지 않은 경우가 관찰되기 때문이다(한영순 1956, 배준영 2011 등). 후자의 규정이 인위적인 것인 만큼 이 규정대로 북한 주민의 발음이 정착될지 여부는 더 두고

---

24) 배준영(2011 : 67)에 의하면, 40~50대 탈북자 제보자들의 경우 지역별로 차이가 있으나 여전히 구개음화되지 않은 발음형이 나타남을 밝혔다.

보아야 할 문제이다.

5. 결론 및 전망

지금까지 논한 주요 내용을 요약하여 결론으로 삼고, 앞으로의 전망에 대한 견해를 덧붙여 둔다.

① 북한은 평안방언의 특징으로 볼 수 있는 ㄷ구개음화의 미실현 현상을 문화어 규범에서 수용하지 않았다. 그 이유는 북한의 다른 방언권(황해도, 함경도, 강원도)에서 ㄷ구개음화 발음형이 일반적이었기 때문이다. ㄷ구개음화형의 수용은 조선시대 평안도 사람들의 자부심이었던 '정음(正音)' 의식을 포기하는 것이어서 새로운 대안이 필요하였다. ㄷ구개음화를 수용하는 대신 북한은 남한말의 발음과 확실히 차별화되는 새로운 규정인 어두 ㄹ, ㄴ의 발음 규정을 만들었다. 이는 귀에 들리는 말소리에서 바로 구별되는 가장 효과적인 규정이면서 동시에 한자의 본음(本音 혹은 正音)을 살려 발음하는 것이다. 이 규정은 평안방언이 지향했던 정음 의식에도 부합하는 것이다. 어두 ㄹ을 ㄴ으로 발음하는 '두음법칙'은 중세 국어 이래의 음절구조 제약임에도 불구하고, 북한은 두음법칙을 무시한 어두 ㄹ표기와 발음 규정을 채택하고, 이를 강력하게 시행함으로써 남한 표준어와의 차별화를 꾀하였다. 북한 당국의 이러한 언어정책은 남한과의 차별화를 통해 그들의 정치적·언어적 독자성을 구축하려는 시도의 하나이다.

② 남한과 북한의 어문규정은 1933년 <한글 마춤법 통일안>에서 시작한 점에서 출발점이 같다. 북한 당국이 언어적 차별화를 시작한 것은 1948년부터이고, 본격적으로 시행한 것은 1954년부터이다. 북한이 어두 ㄹ, ㄴ 표기와 발음 규정을 만들면서 북한과 남한 간의 언어적 차이가 두드러졌다. 북한은 중세 국어의 조선 한자음 표기에서 일반적이었던 i(j) 앞의 ㄴ표

기를 북한의 문화어 규범에 채택하고, 여기에 덧붙여 어두 ㄹ표기를 추가하였다. 어두 ㄹ표기는 중세국어에서 없었던 것이며, 한국어에 강한 음절 구조 제약으로 존재해 온 두음법칙을 위배한 것이다. 북한이 예로부터 존재해 온 두음법칙을 무시하고 어두 ㄹ, ㄴ 표기와 발음 규정을 도입한 것은 남한의 한글 맞춤법 규정 및 표준어 규정과의 차별화를 도모하기 위한 정책적 결정이다. 이 결정은 남한과 구별되는 발음의 차별성을 드러내 북한어의 정체성을 형성하는 상징이 되었다. 이런 점에서 의미 있는 정책이라 할 수 있다. 북한이 어두 ㄹ, ㄴ의 실현 규정은 그 근거를 한자의 본음 중시에 둔 점에서 '정음'(正音) 의식의 현대적 변용이다.

③ 2010년의 <조선말 규범집>의 개정 양상으로 볼 때, 북한의 언어정책적 노력은 어느 정도 성공적이라 볼 수 있다. 어두 ㄴ과 달리 어두 ㄹ 발음 규정은 아직 완전히 정착했다고 보기 어렵다. 탈북자를 대상으로 한 최근의 연구들은 현실 발음에 ㄷ구개음화 미실현형이 여전히 남아 있음을 보고하고 있다. ㄷ구개음화를 문화어 규정에서 수용하고 새로운 대안으로 선택한 것이 ㄹ, ㄴ의 본음 표기와 발음 규정이다. 이 규정에는 본음(혹은 正音)의 정통성을 계승한다는 명분이 깔려 있다. 인위적으로 만든 이 규정에 따른 발음이 가르쳐지고 방송에서 실천됨으로써 언중들의 발음에 일정한 수준으로 정착되었다. 북한 문화어의 어두 ㄹ, ㄴ 실현 규정, 즉 두음법칙을 거부한 규정은 북한의 언어 정체성 구축에 기여하여 남한과 차별화하는 데 성공했다.

역사적으로 국가 권력이 현실 발음과 다른 인위적인 발음 규정을 정한 것은 대부분 실패했다. 세종이 편찬한『동국정운』도 중국 한자음의 정음(= 韻書音)과 달라진 조선 한자음을 교정하기 위해 편찬한 것이었으나 현실음과의 괴리로 교정음이 정착되지 못했다. 이탈리아 파시스트 무솔리니의 정권이 1938년에 '관습개혁'의 하나로 2인칭 존칭대명사 'lei'를 남성답지 못하다는 이유로 사용을 금지하고, 2인칭 복수형인 'voi'를 사용토록 강제했으나(김정하 2001 : 331-332) 이 역시 실패한 바 있다. 이렇게 왕조 시대의 왕권과 20세기 파시스트 정권에서도 실패한 발음 교정 정책을 북한 정권은 일정한 수준에서 성공시킨 것으로 보인다. 이런 측면에서 북한에서 인위적 정책으로 시행한 어두 ㄹ의 발음과 표기 규정은 매우 특수한 사례이다. 북한 정권은 학교 교육과 문화어 운동 등을 통해 어두 ㄹ, ㄴ 발음 규정을 언중들의 머리에 주입하였고, 뉴스 방송 등에서 꾸준히 사용하는 등 실제 생활에서 강하게 실천함으로써 일정한 성공을 거두었다. 문화어 규범의 어두 ㄹ, ㄴ의 표기와 발음 규정은 남한 표준어와의 차별화를 통한 언어 정체성의 구축이란 목적을 어느 정도 실현하였다. 그러나 북한 언중의 현실 발음에서 이 규정을 반영하지 않은 발음형이 적지 않게 관찰되고 있다. 어두 ㄹ, ㄴ과 관련된 북한 언중의 발음을 더 정밀하게 연구하여 이를 확인할 필요가 있다. 앞으로 남북 교류가 활발해지면 이 주제를 깊이 연구할 수 있을 것이다.

참고문헌

성조와 움라우트

김수곤(1978), 현대국어의 움라우트 현상, 『국어학』 6, 국어학회, 145-160.

김완진(1963), 국어 모음체계의 신고찰, 『진단학보』 24, 진단학회, 63-99.

_____(1971), 음운 현상과 형태론적 제약, 『학술원논문집(인문·사회)』 10.

_____(1973/1977), 『중세국어 성조의 연구』 국어학총서 4, 탑출판사.

김진우(1976), 국어음운론에 있어서의 모음 음장의 기능, 『어문연구』 9, 어문연구학회, 47-56.

김차균(1980), 『경상도방언의 성조체계』, 과학사.

도수희(1981), 충남방언의 움라우트 현상, 『방언』 5.

문효근(1962), 대구방언의 고저장단, 『인문과학』 22, 연세대학교인문학연구원, 53-105.

백두현(1982), 금릉지역어의 음운론적 연구, 『문학과 언어연구』 11, 문학과 언어연구회.

서정목(1981), 경남 진해지역어의 움라우트 현상에 관하여, 『방언』 5.

이기문(1972/1977), 『국어음운사 연구』, 국어학총서 3, 탑출판사.

이병근(1971), 운봉지역어의 움라우트 현상, 『김형규박사송수기념논총』.

_____(1976), 파생어형성과 i 역행동화규칙들, 『진단학보』 36, 진단학회, 99-112.

전광현(1977), 전라북도 익산지역어의 음운론적 연구, 『어학』 4, 전북대학교어학연구소, 71-92.

전재호(1974), 경북중부지역의 지명조사연구, 『동양문화연구』 1, 경북대학교 동양문화연구소, 1-38.

정연찬(1976), 『국어 성조에 관한 연구』, 일조각.

_____(1974/1977), 『경상도방언성조연구』, 국어학총서 5. 탑출판사.

정 철(1982), 음운자질의 흡수현상-일부 경북방언에서, 『방언』 6.

천시권(1965), 경북지방의 방언구획, 『어문학』 13, 한국어문학회, 1-12.

최명옥(1974), 경남삼천포방언의 음운론적 연구, 『국어연구』 32.

_____(1980a), 『경북 동해안방언연구』 영남대출판부.

_____(1980b), 경북 월성지역어의 음운변화에 대하여, 『신라가야문화』 11.

_____(1982), 『월성지역어의 음운론』, 영남대출판부.

최태영(1978), 전북방언의 Umlaut 현상, 『어학』 5.

Elimelech, Baruch(1977), *A Tonal Grammar of Etsako*, University of California Press.

Fromkin, A.V.(ed)(1978), *Tone, A Linguistic Survey*, Academic Press.

Hooper, Joan(1972), The syllable in Generative Phonology, *Language* 48.

Hyman, L.M. (1975). *Phonology : Theory and Analysis*, San Francisco : Holt, Rinehart and Winston.

Pike, K.L. (1948), *Tone Language*, Ann Arbor : University of Michigan Press.

국어 성조의 문법적 식별 기능

김완진(1973/1977), 『중세국어성조의 연구』, 국어학총서 4, 탑출판사.

김차균(1980a), 『경상도 방언의 성조체계』, 과학사.

_____(1980b), 국어의 사동과 수동의 의미, 『한글』 168, 한글학회.

문효근(1974), 한국방언의 복합성조 연구, 『연세논총』 11, 연세대학교 대학원.

박양규(1978), 사동과 피동, 『국어학』 7, 국어학회.

백두현(1982a), 금릉지역어의 음운론적 연구, 『문학과 언어연구』 11, 문학과 언어연구회.

_____(1982b), 성조와 움라우트-성주·금릉지역어를 중심으로 『어문론총』 16, 경북어문학회.

서보월(1982), 동남방언의 모음체계에 대하여, 『문학과 언어연구회』 3, 문화와 융합.

서재극(1975), 『신라향가의 어휘연구-경상도방언의 관점에서』, 한국학연구총서 3, 계명대학교 출판부.

양동휘(1979), 국어의 피·사동, 『한글』 166, 한글학회.

이병근(1978), 국어의 장모음화와 보상성, 『국어학』 6, 국어학회.

이기동(1976), 한국어 피동형 분석의 검토, 『인문과학논총』 9, 건국대학교 인문과학연구소.

이기백(1958), 주격조사 '이'에 대한 연구, 『어문학』 2, 한국어문학회.

이상규(1981), 동남방언의 사동법-영천 지역어를 중심으로, 『문학과 언어』 2, 문학과 언어연구회.

이상억(1978), Middle Korean Tonology, University of Lllinois at Urbanachampaign, Ph.D. dissertaation.

_____(1979), 성조와 음장, 『어학연구』(서울대) 15-2.

전재호(1966), 대구방언 연구-자료편, 『어문학』 14, 한국어문학회.

_____(1967), 대구방언 연구-자료편, 『어문학』 16, 한국어문학회.

정 국(1980), 성조의 기능론적 분석, 『어학연구』 16-2, 서울대학교 어학연구소.

정연찬(1976), 『국어성조에 관한 연구』, 일조각.

정 철(1980), 경북지방의 언어축약현상 : 의성지방을 중심으로, 『어문론총』 13, 경북어문학회.

_____(1982), 음운자질의 흡수현상-일부 경북지방에서, 『방언』 6.

최명옥(1974), 경남삼천포방언의 음운론적 연구, 『국어연구』 32, 국어연구회.

_____(1976), 현대국어의 의문법연구-서부경남방언을 중심으로, 『학술원 논문집』 15.

_____(1980), 『경북 동해안 방언 연구』, 민족문화총서 4, 영남대학교 출판부.

_____(1982), 『월성지역어의 음운론』, 영남대학교 출판부.

홍윤표(1980), 근대국어의 격연구(Ⅱ), 연암현평효박사회갑기념논총.

Kenstowicz, M., and C.Kisseberth(1979), *Generative Phonology*, Bloomington and London;Indiana University Press.

Leben, W.R.(1978), "The representation of Tone", in *Tone A Linguistic Survey*, ed. by Fromkin, V.A., New York, Academic Press.

Pike,K.(1948), *Tone Language*, Ann Arbor, The University of Michigan Press.

Schuh,R.G.(1978), "Tone Rules", in *Tone A Linguistic Survey*, ed. by Fromkin, V.A., New York, Academic Press.

상주 화북지역어의 음운론적 특징

김수곤(1977), 'ㅂ' 변칙동사류의 음운론적 의의, 『언어』 2-2, 한국언어학회, 1-16.

김충회(1983), 충청북도의 언어지리학-충청북도의 방언구획시론, 『방언』 7, 한국정신문화연구원 어문연구실.

민원식(1982), 문경지역어의 음운론적 연구, 충남대학교 석사학위논문.

박명순(1978), 충북 진천방언의 음운연구, 『성대문학』 20, 성균관대학교 국어국문학과, 65-89.

백두현(1982), 금릉지역어의 음운론적 연구, 경북대학교 석사학위논문.

유창돈(1964), 『이조어사전』.

이병근(1969), 황간지역어의 음운, 『논문집』 1, 서울대학교 교양과정부, 27-54.

_____(1969), 방언경계에 대하여, 『한국문화인류학』 2, 한국문화인류학회, 47-56.

_____(1969), 경기지역어의 형태음운에 대하여-특히 용인(龍仁) 부근을 중심으로, 『국어국문학』 46, 국어국문학회, 83-85.

이익섭(1981), 『영동영서의 언어분화』, 서울대학교 출판부.

전광현(1977), 전라북도 익산지역어의 음운론적 연구, 『어학』 4, 전북대학교 어학연구소, 71-92.

최명옥(1980), 『경북 동해안방언연구』, 민족문화총서 4, 영남대학교 출판부.

_____(1982), 『월성지역어의 음운론』, 영남대학교 출판부.

최태영(1983), 『국어학연구』, 백영정병욱선생 환갑기념논총 Ⅰ.

Anderson, S.R. (1974), *The Organization of Phonology*, Academic Press, Inc., New York.

Hyman, L.M. (1975), *Phonology : Theory and Analysis*, Holt, Rinehart and Winston, Inc

Weinreich, Uriel(1968), *Language In Contact*, Moutin, The Hague, Paris, sixth printing.

낙동강 하구 을숙도 주변 지역의 식물 어휘 연구

강헌규(1999), '참외'의 어원, 『어원연구』 2호, 한국어원학회, 27-32.

국립국어원(2008), 『소멸 위기의 생태계 언어 조사』.

김완진(2002), '사과'와 '능금', 그리고 '멎', 『국어학』 40, 국어학회, 3-19.

남풍현(1999), 향약집성방의 향명에 대하여, 『진단학보』 87, 진단학회, 171-194.

노재민(1999), 현대국어 식물명의 어휘론적 연구, 서울대학교 석사학위논문.

백두현(1998), 영남 문헌어에 반영된 방언 어휘 연구, 『국어학』 32, 국어학회, 217-245.

여찬영(1991), 식물 명칭어 연구, 『한국전통문화연구』 7호, 대구가톨릭대학교 인문과학연구소, 11-33.

이기문(1991), 『국어어휘사 연구』, 동아출판사.

이병근(1994), '질경이'의 어휘사, 『이기문 교수 정년퇴임기념논총』, 신구문화사.

_____(1998), '마름'(菱仁)의 어휘사, 『방언학과 국어학』, 태학사.

이태영(2000), 'ᄂᆞ믈ㅎ, ᄂᆞ무새'의 어휘사 연구, 『국어학』 36, 국어학회.

장충덕(2007a), '맨드라미'의 어휘사, 『새국어교육』 75호, 한국국어교육학회, 423-437.

_____(2007b), '엉겅퀴' 관련 어휘의 통시적 고찰, 『새국어교육』 77, 한국국어교육학회, 583-600.

_____(2007c), 국어 식물 어휘의 통시적 연구, 충북대학교 박사학위논문.

조항범(1994), 『국어 어원연구 총설(Ⅰ)』, 태학사.

홍윤표(2005), '개나리'의 어원, 『새국어소식』 통권 81호, 국립국어원.

_____(2006), '진달래'의 어원, 『쉼표 마침표』 7호, 국립국어원.

지방지의 언어문화편 작성을 위한 새로운 모델 연구

강진갑(1997), 향토지 편찬의 문제점과 개선방향, 『인문과학논집』 4-1, 강남대학교 인문과학연구소, 227-238.

공선종(2010), 통영 지역의 간판 상호 언어 연구, 경남대학교 석사학위논문.

국립국어원(2005), 『2005년 국민의 언어의식 조사』, 국립국어원.

국립국어원(2010), 『2010년 국민의 언어의식 조사』, 국립국어원.

김덕호(2013), 방언의 문화 콘텐츠 산업화를 위한 연구 방법론 제언, 『방언학』 18호, 한국방언학회, 31-61.

김명자(2002), 세시풍속 서술방법 시론 : 대전·충남지역 향토지를 중심으로, 『역사민속학회』 제14호, 한국역사민속학회, 115-137.

김봉국(2011), 부산의 지역어와 언어문화, 『석당논총』 50, 동아대학교 석당학술원, 129-155.

김혜숙(2005), 간판 매체 언어에 나타난 한국 문화 현상, 『한국언어문화학』 2-1, 국제한국언어문화학회, 69-100.

남영신(2009), 공공언어 순화 추진과 제도 확립 방안, "공공언어 어떻게 할 것인가" 발표 자료집, 국립국어원, 67-68.

민현식(2010), 『공공언어 요건 정립 및 진단 기준 개발 연구』, 국립국어원.

박경래(2006), 방언, 『청원군지』.

백두현(2015), 칠곡군의 언어문화, 『칠곡군지』.

선영란(2002), 새로운 역사학과 새로 쓰는 지방지, 『지방사와 지방문화』 5-1, 역사문화학회, 291-302.

왕한석(2009), 한국의 언어문화 연구를 위한 몇 가지 제언, 담화·인지언어학회 학술대회 발표논문집, 7-15.

윤택림(2012), 지방지(地方誌)와 구술사 : 경기남부 지방지를 중심으로>, 『구술사연구』 3-2, 한국구술사학회, 203-237.

이해준(1999), 시·군지 편찬의 과제와 방향, 『향토사연구』 제11집, 한국향토사연구 전국협의회, 26-38.

정광중(2004), 지역지리적 측면에서 본 지방지(地方誌)의 문제점과 개선방향 : 새로운 구성(構成)을 위한 방향 탐색, 『초등교육연구』 9권, 제주교육대학교 초등교육연구소, 71-83.

조남호(2013), 방언의 보존과 활용에 관한 정책적 접근, 『방언학』 18호, 한국방언학회, 63-87.

조준학·박남식·장석진·이정민(1981), 한국인의 언어의식, 『어학연구』 17-2, 서울대학교 어학연구소, 167-191.

조태린(2010), 공공언어 문제에 대한 정책적 개입 방식, 『한말연구』 제27집, 한말연구학회, 379-405.

최홍규(1997), 향토지 편찬을 위한 방향 모색, 『인문과학논집』 4-1, 강남대학교 인문과학연구소, 197-201.

한성우(2012), 방언과 표준어 의식, 『방언학』 16호, 한국방언학회, 383-410.

허홍범(2003), 지역사 연구와 지방지 편찬 : 경기 지역을 중심으로, 『역사와 현실』 48, 한국역사연구회, 107-136.

칠곡군의 언어문화

〈누리집〉

도로명주소 안내시스템(http://www.juso.go.kr) – 안전행정부

한국향토문화전자대전(http://www.grandculture.net) – 한국학중앙연구원

디지털칠곡문화대전(http://chilgok.grandculture.net) – 한국학중앙연구원 / 칠곡군

칠곡군청(http://www.chilgok.go.kr)

칠곡군의회(http://council.chilgok.go.kr)

정보화 마을-칠곡군 왜관읍 금남리(http://kumnam.invil.org)

〈논문 및 단행본〉

강남욱·박재현(2011), 공공언어의 수준 평가를 위한 진단 지수 개발 연구,『인문연구』62, 영남대학교 인문과학연구소, 123-156.

강정희(2003), 방언 변화와 방언 연구의 방향,『한국어학』21호, 한국어학회, 1-15.

고정의(1987),「정도사오층석탑조성형지기」의 이두,『울산어문논집』3호, 울산대학교 국어국문학과.

권인한(2005), 고대국어의 i-breaking 현상에 대한 일고찰 -'섬'[島]의 음운사를 중심으로,『진단학보』100호, 진단학회, 165-182.

김덕호(1992), 경북 상주 지역어의 음운 연구,『문학과 언어』13, 문학과언어학회, 29-50.

_____(1997), 경북방언의 지리언어학적 연구, 경북대학교 박사학위논문.

_____(2010), 경북 고령지역어의 음운 연구,『퇴계학과 유교문화』47, 경북대학교 퇴계학연구소, 175-211.

김문오·류시종(2003), 경북 동해안 방언의 어휘적 특징(1)-울진, 영덕, 포항, 경주 지역의 방언 어휘를 중심으로,『민족문화연구총서』28권, 영남대학교 민족문화연구소, 116-233.

김윤한(1995), 언어변화의 일반이론,『언어학』17, 한국문학언어학회, 267-293.

김정대(1983), {요} 청자 존대법에 대하여,『가라문화』2집, 경남대학교 가라문화연구소, 129-167.

김진아(2013), 광주광역시 도로명 연구, 충북대학교 교육대학원 석사학위논문.

김진우(1971), 국어음운론에 있어서의 공모성,『어문연구』7집, 어문연구학회, 87-94.

김차균(1987), 말끝 닿소리 떼의 단순화,『한글』196호, 한글학회, 27-42.

김차균·천기석(1974), 경북 칠곡 방언의 성조,『논문집』1권 1호, 충남대학교 인문과학연구소, 27-49.

김태엽(1999),『경북말의 문법』, 도서출판 사람.

김태진(2004), 농촌지역 새주소 부여사업의 타당성 분석,『현대사회와 행정』14-1, 연세행정연구회, 1-18.

김혜숙(1991), 간판언어가 국어생활에 미치는 영향-1990년 서울지역 조사를 바탕으로,『목멱어문』4, 동국대학교 국어교육학과, 1-30.

남영신(2009), 공공언어 순화 추진과 제도 확립 방안,『"공공언어 어떻게 할 것인가" 발표 자료집』, 국립국어원.

남풍현(1998), 정도사조탑형지기의 해독-고려시대 이두연구의 일환으로,『고문서연구』12호, 한국고문서학회.

_____(2000),『이두연구』, 태학사.

문화재청활용정책과(2009),『문화재안내판 가이드라인 및 개선 사례집』, 문화재청.

민현식(2001), 간판 언어의 의미론,『한국어 의미학』9, 한국어의미학회, 221-259.

_____(2010),『공공언어 요건 정립 및 진단 기준 개발 연구』, 국립국어원.

박갑수(1984), 작문과 문장 길이의 문제 : 장문의 문제점과 교정방안, 『정신문화연구』 7-5, 한국학중앙연구원, 3-14.

박병철(2001), 청주시 도로명 연구(1) -골목길 후부요소를 중심으로, 『호서문화논총』 15, 서원대학교 호서문화연구소, 13-32.

_____(2004), 지명어 명명의 현황과 과제-도로명 후부요소 명명을 중심으로」, 『한국어 의미학』 14, 한국어의미학회, 31-53.

_____(2006), 새주소 체계 도입을 위한 도로명 부여 사업과 국어 문제, 『한국지방정부학회 학술대회자료집』, 한국지방정부학회, 369-390.

_____(2007), 도로명 전부요소의 어휘 연구 : 청주시 골목길 명칭을 중심으로, 『한국어 의미학』 22, 한국어의미학회, 47-72.

_____(2008), 도로명 전부요소 명칭 부여에 관한 기본적 연구, 『지명학』 14, 한국지명학회, 43-79.

방언연구회(2001), 『방언학사전』, 태학사.

백두현(1982), 금릉 지역어의 음운론적 연구, 경북대학교 석사학위논문.

_____(1982), 성조와 움라우트-성주·금릉지역어를 중심으로, 『어문론총』 16, 한국문학언어학회, 145-157.

_____(1983), 국어 성조의 문법적 식별 기능, 『언어연구』 3집, 대구언어학회.

_____(1989), 영남 문헌어의 통시적 음운 연구, 경북대학교 박사학위논문.

_____(1997), 경상방언의 형성과 음운적 분화, 『인문과학』 11집, 경북대 인문과학연구소, 99-140.

_____(1998), 영남 문헌어에 반영된 방언 어휘 연구, 『국어학』 32집, 국어학회, 217-245.

_____(1999), 영남방언의 통시적 변천, 『민족문화논총』 20집, 영남대학교 민족문화연구소, 23-79.

서종학(1995), 『이두의 역사적 연구』, 영남대학교출판부.

손희하(2013), 제주 지역 지명 연구 성과와 동향, 『지명학』 19, 한국지명학회, 91-124.

송정근(2008), 상업적 명명어의 단어유형 체계 설정을 위하여, 『우리말글』 42, 우리말글학회, 89-114.

송지혜(2011), 문화재 안내문의 문제점과 개선 방안 연구, 『어문론총』 55, 한국문학언어학회, 63-86.

신호철(1994), 고려 현종대의 「정도사오층석탑조성형지기」 주해, 『한국사학논집(上) 이기백 선생 고희기념집』, 일조각.

안전행정부(2013), 『도로명주소 활용가이드』.

오종갑(1999), y계 이중모음의 변화와 관련된 영남방언의 특성과 그 전개, 『인문연구』 20-2, 영남대학교 인문과학연구소, 1-45.

_____(2011), 국어 방언에 반영된 어두경음화, 『한민족어문학』 58, 한민족어문학회, 239-271.

_____(1999a), 영남방언의 음운론적 특성과 그 전개, 『한민족어문학』 35, 한민족어문학회,

145-210.

_____(1999b), 자음탈락과 영남방언, 『한글』 246, 한글학회, 99-130.

위진(2008), 전남방언에 나타난 어두경음화, 『한국언어문학』 65, 한국언어문학회, 111-136.

이기문(1978), 『16세기 국어의 연구』, 탑출판사.

이기백(1969), 경상북도의 방언 구획, 『동서문화』 3, 계명대학교 동서문화연구소, 183-217.

이돈주(1990), 향가용자중의 '賜'字에 대하여, 『국어학』 20, 국어학회.

이동혁(2007), 의미 범주 체계의 구축과 사전에서의 활용, 『한국어의미학』 24, 한국어의미학
　　　회, 51-82.

이동화(1986), 동남방언 성조의 연구와 검토, 『한민족어문학』 13, 한민족어문학회, 445-459.

이명규(1989), 안산지역 학술조사 안산지역의 방언어휘-구시흥군을 중심으로, 『동아시아문
　　　화연구』 16권, 한양대학교 동아시아문화연구소(구 한양대학교 한국학연구소).

이상규(1982), 동남방언의 여격 표지 연구(1), 『한국방언학』 2, 한국방언학회.

_____(1986), 경북방언의 미확정서법(1), 『어문론총』 20, 경북어문학회, 109-128.

_____(1991), 경북방언의 경어법, 『새국어생활』 1-3, 국립국어연구원, 59-72.

_____(1998), 동남방언, 『새국어생활』 8-4, 국립국어, 111-132.

_____(2004), 『국어방언학』, 학연사.

이승재(1980), 남부방언의 형식명사 '갑'의 문법-구례지역어를 중심으로, 『방언』 4, 한국정신
　　　문화연구원.

_____(1989), 고려시대의 이두자료와 그 판독, 『진단학보』 67, 진단학회.

이진호(2008), 『통시적 음운 변화의 공시적 기술』, 삼경문화사

이철수(1996), 정도사석탑조성형지기의 이두에 대하여, 『한국학연구』, 인하대학교 한국학연
　　　구소.

이호영·김희영(2011), 부산 방언에서의 받침규칙의 실현 양상, 『언어치료연구』 10-1, 한국언
　　　어치료학회, 53-77.

이희승(2008), 청주시 새 도로명의 형태론적 연구, 한국교원대학교 석사학위논문.

장충덕(2012), 충청북도 자지단체 홈페이지의 언어 실태, 『언어학연구』 22, 한국중원언어학
　　　회.

전재호(1967), 대구방언연구 : 자료편(III, IV, V), 『어문학』 14, 15, 16호, 한국어문학회.

정신문화연구원(2000), 『한국방언자료집 7 경상북도편』, 한국정신문화연구원.

정 철(1990), 『경북 중부 지역어 연구』, 경북대학교 출판부.

_____(1997), 동남지역어의 하위 방언 구획 연구, 『어문론총』 31, 경북어문학회, 145-250.

조두상(2008), 가게 이름의 글자 및 언어사용 실태와 문제점, 『언어학』 49, 한국언어학회,
　　　72-87.

조은아(2013), 진주시 도로명 연구, 충북대학교 교육대학원 석사학위논문.

조태린·국립국어원(2006), 『공공 기관 누리집의 언어 사용 실태』, 국립국어원

천시권(1965), 경북지방의 방언구획, 『어문학』 13, 한국어문학회, 1-12.

최명옥(1974), 경남 삼천포 방언의 음운론적 연구, 『국어연구』 32.

＿＿＿(1992a), 경상남북도간의 방언분화 연구, 『애산학보』 13, 애산학회, 53-103.

＿＿＿(1992b), 경상북도의 방언지리학, 『진단학보』 73, 진단학회, 139-163.

＿＿＿(1997), 동남방언과 동북방언의 대조 연구, 『성재 이돈주 선생 화갑기념 논총, 국어학 연구의 새 지평』, 태학사.

＿＿＿(1998), 『한국어 방언연구의 실제』, 태학사.

＿＿＿(1982), 『월성지역어의 음운론』, 영남대 출판부.

최보희(2012), 대전광역시 도로명 연구, 충북대학교 교육대학원 석사학위논문.

최일성(1961), 상호(다방, 미장원)을 통해 본 국어의 전망, 『국어국문학연구』 25, 청구대학 국어국문학회.

최전승(1995), 『한국어 방언사 연구』, 태학사.

최태영(1983), 『방언음운론-전주지역어를 중심으로』, 형설출판사.

＿＿＿(1997), 김해지역어의 움라우트 현상, 『국어국문학』 118, 국어국문학회, 1-17.

통영문화원(2011), 『(통영시 새주소 도로명) 지명유래집』, 통영문화원.

한국정신문화연구원(1989), 『한국방언자료집VI -경상북도편』, 한국정신문화연구원.

허 웅(1981), 『언어학-그 대상과 방법』, 샘문화사.

홍기문(1957), 『이두연구』, 과학원출판사.

홍미주(2011), 대구지역어의 음운변이에 대한 사회언어학적 연구, 경북대학교 박사학위논문.

경상방언의 모음체계와 모음중화

곽창석(1986), 진주지역어의 음운론적 연구, 경남대학교 교육대학원 석사학위논문.

권재선(1979), 경북 최남단방언의 모음 연구, 『국어교육연구』 2.

＿＿＿(1981), 청도방언의 모음체계 변천의 연구, 『한국언어문학논집』 1, 한국사회사업대학교 한국어문연구소.

김대현(1984), 남후지역어의 사동화와 피동화 연구, 대구대학교 석사학위논문.

김덕호(1985), 경북·충북 접경지역어의 음운연구, 경북대학교 석사학위논문.

김영송(1963), 경남방언의 음운, 『국어국문학』(부산대) 4. 『국어학논문선』(민중서관) 6에 재수록.

＿＿＿(1973), 김해방언의 음운, 김해지역 종합학술조사보고서, 부산대학교 한일문화연구소.

김영태(1985), 『창원지역어 연구』, 경남대 출판부.

김재문(1977), 서부경남방언의 음운연구, 『논문집』 15, 진주교육대학교, 91-124.

＿＿＿(1984), 경남방언과 전남방언과의 방언경계상의 음운 고찰-모음 중심, 『진주문화』 5, 진주교육대학교 부설 진주문화권연구소, 23-45.

김정배(1983), 창원지역어에 미친 표준어의 영향, 경남대학교 석사학위논문.

김형주(1961), 남해도 방언의 연구, 『문창어문논집』 3, 문창어문학회, 63-98.

김형주(1983), 남해방언의 음운연구, 『석당논총』 7, 동아대학교 부설 석당전통문화연구원, 35-74.

류구상(1975), 남해도방언의 일반적 고찰, 『어문논집』 16, 안암어문학회, 41-65.

류영남(1982), 남해도방언의 음운연구, 부산대학교 교육대학원 석사학위논문.

문곤섭(1980), 창녕방언의 모음체계 연구, 경남대학교 석사학위논문.

민원식(1982), 문경지역어의 음운론적 연구, 충남대학교 석사학위논문.

박명순(1982), 경남 거창방언 연구-서북지역 북상면을 중심으로, 『서원대학논문집』 11, 서원 대학교, 7-56.

박선근(1982), 추풍령·금릉군 지방 방언의 모음 변화 소고, 『학림』 1, 충남대학교 국어국문학 과.

박지홍(1975), 양산방언의 음운-음소와 그 체계, 『어문학』 33, 한국어문학회, 175-187.

_____(1983), 경상도방언의 하위방언권 설정, 『인문논총』 24, 부산대학교 인문학연구소, 27-50.

박창원(1983), 고성지역어의 모음사에 대하여, 『국어연구』 54.

배병인(1983), 산청방언의 음운론적 연구, 고려대학교 교육대학원 석사학위논문.

백두현(1982), 금릉지역어의 음운론적 연구, 경북대학교 석사학위논문.

_____(1985), 상주 화북지역어의 음운론적 특징, 『소당 천시권박사 화갑기념 국어학논총』.

_____(1989), 영남 문헌어의 통시적 음운 연구, 경북대학교 박사학위논문.

_____(1992), 『영남 문헌어의 음운사 연구』, 국어학총서 19, 태학사.

서보월(1984), 안동지역어의 음운론적 연구-모음현상을 중심으로, 『안동문화』 5, 안동대학 부설 안동문화연구소, 21-43.

성인출(1984), 창녕지역어의 음운론적 연구, 계명대학교 석사학위논문

신승원(1982), 의성지역어의 음운론적 연구, 영남대학교 석사학위논문

염선모(1977), 경남 서부말의 모음체계, 『논문집』 16, 경상대학교.

윤병택(1988), 선산방언의 모음 중화에 대한 연구, 『우리말글』 6, 우리말글학회, 59-70.

이기백(1965), 경상북도의 방언구획, 『동서문화』 3, 계명대학교 인문과학연구소, 183-217.

이동화(1983), 안동지역어의 음운동화와 삭제, 영남대학교 석사학위논문.

이동화(1984), 고령지역어의 모음순행동화, 『영남어문학』 11, 영남어문학회, 207-219.

이병선(1984), 밀양방언(조사보고), 『어문교육론집』 8.

이상규(1984), 울주지역어의 음운, 『어문론총』 18-1, 경북어문학회, 111-130.

_____(1988), 서북 경북방언의 통시 음운, 경북대학교 박사학위논문.

_____(1989), 『한국방언자료집-경북편』, 한국정신문화연구원.

_____(1992), 경북방언 연구의 성과와 전망, 『남북한의 방언 연구』, 경운출판사, 193-250.

이시진(1986), 문경지역어의 음운론적 연구, 영남대학교 석사학위논문.

이영길(1976), 서부 경남방언 연구-진주 진양을 중심으로, 동아대 교육대학원

이재오(1971), 경북 안동방언의 음운체계, 고려대학교 교육대학원 석사학위논문.

전광현(1979), 경남 함양지역어의 음운론적 고찰, 『동양학』 9, 단국대학교 동양학연구원, 37-58.

전상희(1986), 합천지역어의 음운론적 연구, 영남대 교육대학원.

정연찬(1968), 경남방언의 모음체계-특히 고성·통영 부근을 중심으로, 『국문학논집』 2, 단국대학교 인문대학 국어국문학과, 59-79.

_____(1980), 경남방언 음운의 몇 가지 문제-특히 고성·통영지역을 중심으로, 『방언』 4.

정원순(1988), 영주 북부지역어의 음운과 그 실현, 연세대학교 교육대학원 석사학위논문.

정인상(1982), 통영지역어의 용언활용에 대한 음운론적 고찰, 『방언』 6.

정 철(1975), 의성지방의 모음체계, 『동양문화연구』 2, 경북대학교 동양문화연구소, 1-16.

_____(1988), 경북 의성방언의 음운론적 연구, 서울대학교 박사학위논문.

조신애(1985), 안동지역어의 음운론적 연구, 계명대학교 석사학위논문.

주상대(1989), 울진지역 모음의 음운 현상 연구, 계명대학교 박사학위논문.

천시권(1965), 경북지방의 방언구획, 『어문학』 13, 한국어문학회, 1-12.

최명옥(1974), 경남 삼천포방언의 음운론적 연구, 『국어연구』 32.

_____(1976), 서부경남방언의 부사화 접사 '-아'의 음운 현상, 『국어학』 4, 국어학회.

_____(1980), 『경북 동해안방언 연구』, 영남대 출판부.

_____(1982), 『월성지역어의 음운론』, 영남대 출판부.

최중호(1984), 고성지역어의 음운론적 연구-모음을 중심으로, 경남대학교 석사학위논문.

최진근(1989), 대구지역어의 발음실태 연구, 『우리말글』 7, 대구어문학회, 29-53.

최한조(1984), 대구 주변 지역어의 완전동화에 대한 연구, 대구대학교 석사학위논문.

경상방언의 형성과 분화

곽충구(1991), 함경북도 육진 방언의 음운론, 서울대학교 박사학위논문.

김영태(1975), 경상남도의 방언구획, 『논문집』 2, 경남대학교.

김형규(1974), 『한국방언연구』, 서울대학교 출판부.

김방한(1983), 『한국어의 계통』, 민음사.

김성규(1994), 중세국어 성조 변화에 대한 연구, 서울대학교 박사학위논문.

김영만(1986), 국어 초분절음소의 사적 연구, 고려대학교 박사학위논문.

김완진(1973/1977), 『중세국어 성조의 연구』, 탑출판사.

김원룡(1983), 한민족의 형성과 선사시대, 『한국학입문』, 학술원.

김이협(1981), 『평북방언사전』, 한국정신문화연구원.

김주원(1992), 한국어의 계통과 형성에 대한 연구사적 고찰, 『한국고대사논총』 1집.

_____(1997), 구개음화와 과도교정, 『국어학』 29호, 국어학회, 33-49.

김주필(1994), 17·8세기 국어의 구개음화와 관련 음운 현상에 대한 통시론적 연구, 서울대학교 박사학위논문.

백두현(1989), 영남 문헌어의 통시적 음운 연구, 경북대학교 박사학위논문.

_____(1992), 경상방언의 모음체계와 모음중화, 『어문교육론집』 12집, 어문교육학회.

_____(1994), 이중모음 '‥'의 통시적 변화와 한국어의 방언 분화, 『어문론총』 28호, 경북어
　　　문학회, 59-94.

_____(1997), 「현풍곽씨언간」 판독문, 『어문론총』 31호, 경북어문학회, 19-88.

안병희(1957), 중간 두시언해에 나타난 t 구개음화에 대하여, 『일석이희승선생 송수기념논총』,
　　　일조각.

_____(1972), 신증유합 해제, 단국대학교 출판부.

_____(1972), 임진난직전 국어사 자료에 나타난 이삼문제(二三問題)에 대하여, 『진단학보』
　　　33.

_____(1978), 촌가구급방의 향명에 대하여, 『언어학』 3, 한국언어학회, 191-199.

유창균(1989), 경상도 방언의 원류와 그 성격, 『한국학논집』 16집, 계명대학교 한국학연구원,
　　　135-152.

이기문(1972), 『국어음운사연구』, 탑출판사.

이기백(1969), 경상북도의 방언구획, 『동서문화』 3, 계명대학교 동서문화연구소, 183-217.

이수건(1995), 『영남학파의 형성과 전개』, 일조각.

이숭녕(1967), 한국방언사, 『한국문화사대계』 V, 고려대학교 민족문화연구소.

정연찬(1981), 근대국어 음운론의 몇 가지 문제, 『동양학』 11, 단국대학교 동양학연구원,
　　　1-34.

천시권(1965), 경북지방의 방언구획, 『어문학』 13, 한국어문학회, 1-12.

최명옥(1978), 'ㅸ, ㅿ'와 동남방언, 『어학연구』 14-2, 서울대학교 어학연구소.

_____(1980), 『경북동해안방언 연구』, 영남대 출판부.

_____(1992a), 경상남북도간의 방언 분화 연구, 『애산학보』 13집, 53-103.

_____(1992b), 경상북도의 방언지리학-부사형어미 '-아X'를 중심으로, 『진단학보』 73호,
　　　139-163.

_____(1994), 경상도의 방언구획론, 『우리말연구』(권재선박사 회갑기념논문집), 우골탑.

최전승((1986), 『19세기 후기 전라방언의 음운 현상과 그 역사성』, 한신문화사.

최학근(1982), 『한국방언학』, 태학사.

홍윤표(1993), 『국어사 문헌 자료 연구』(근대편 1), 태학사.

小倉進平(1944), 『朝鮮語 方言の 硏究 上 下』, 東京 : 岩波書店.

河野六朗(1945), 『朝鮮方言學試攷』, 東京 : 東都書籍. 『河野六郎著作集』(1980)에 재수록.

영남방언의 통시적 변천

김경록(2006), 조선시대 使行과 使行 기록, 『한국문화』 38, 서울대학교 규장각한국학연구원,
　　　193-230.

곽재용(1994), 유해류 역학서의 '신체'부 어휘연구, 경남대학교 박사학위논문.

곽충구(1980), 십팔세기 국어의 음운론적 연구, 『국어연구』 43, 국어연구회.

_____(1991), 함경북도 육진방언의 음운론, 서울대학교 박사학위논문.

_____(1996), 국어사 연구와 국어 방언, 『이기문 교수 정년퇴임기념논총』, 신구문화사.

_____(1998), 육진방언의 어휘, 『국어 어휘의 기반과 역사』(심재기편), 태학사.

김병제(1980), 『방언사전』, 평양 : 과학 백과사전 출판사.

김성규(1994), 중세국어 성조변화에 대한 연구, 서울대학교 박사학위논문.

김영만(1986), 국어 초분절음소의 사적 연구, 고려대학교 박사학위논문.

김영배(1981), 두시언해 중간본과 방언, 『석전이병도선생주갑기념논총』.

_____(1997), 『평안방언연구』(자료편), 태학사.

김영신(1981), 정속언해 연구, 『송천 김용태선생 회갑기념논문집』, 소문출판사.

김영태(1975), 『경상남도 방언 연구』, 진명문화사.

김이협(1981), 『평북방언사전』, 한국정신문화연구원.

김정대(1992), 「수겡옥낭좌전」에 반영된 경상도방언의 문법적요소에 대하여, 『가라문화』 9
　　　　　집, 경남대학교 가라문화연구소, 77-111.

김주원(1984), 18세기 경상도 방언을 반영하는 불서에 대하여, 『유창균박사 환갑기념논문집』,
　　　　　계명대학교출판부.

_____(1984), 18세기 경상도방언의 음운 현상, 『인문연구』 6집, 영남대 인문과학연구소,
　　　　　31-56.

_____(1997a), 구개음화와 과도교정, 『국어학』 29호, 국어학회, 33-49.

_____(1997b), 「치문경훈」(석류암본)의 기입토에 나타난 16세기 경상도 방언, 『구결연구』 2
　　　　　집, 구결학회, 265-289.

_____(1998) 『십구사략언해』(영영판)의 간행연대, 『국어학』 32, 국어학회, 247-263.

김주필(1994), 17·8세기 국어의 구개음화와 관련 음운 현상에 대한 통시론적 연구, 서울대학
　　　　　교 박사학위논문.

김태균(1986), 『함북방언사전』, 경기대학교출판부.

김형규(1974/1989), 『한국방언연구』, 서울대학교출판부.

리운규·심희섭·안운(1992), 『조선어 방언 사전』, 연변인민출판사.

박종희(1995), 중세국어 이중모음의 통시적 발달, 『국어학』26, 국어학회, 263-291.

백두현(1988a), 두시언해 초간본과 중간본의 통시음운론적 비교, 『어문학』 50집, 한국어문학
　　　　　회, 47-67.

_____(1988b), 강희 39년 남해 영장사판 유합과 천자문의 음운변화, 『파전김무조박사 화갑
　　　　　기념논총』.

_____(1988c), 영남삼강록의 음운론적 고찰, 『용연어문논집』 4, 경성대학교 국어국문학과.

_____(1989), 영남 문헌어의 통시적 음운연구, 경북대학교 박사학위논문.

_____(1990), 영남 문헌어에 반영된 방언적 문법형태에 대하여, 『어문론총』 24집, 경북어문

학회, 51-72.

_____(1991), 몽산화상육도보설의 국어학적 연구,『어문론총』 25호, 경북어문학회, 75-98.

_____(1992),『영남 문헌어의 음운사 연구』, 태학사.

_____(1994), 경상방언의 통시적 연구 성과와 전망,『인문과학』 10집, 경북대학교 인문과학연구소, 189-222.

_____(1997a), 경상방언의 형성과 음운적 분화,『인문과학』 11집, 경북대학교 인문과학연구소, 99-140.

_____(1997b),「현풍곽씨언간」판독문,『어문론총』 31호, 경북어문학회, 19-88.

_____(1998a), 국한회어와 경상방언,『방언학과 국어학』(청암김영태박사 화갑기념논문집), 태학사.

_____(1998b), 영남 문헌어에 반영된 방언 어휘 연구,『국어학』 32, 국어학회, 217-245.

서정목(1988), 한국어 청자대우 등급의 형태론적 해석(1),『국어학』 17, 국어학회, 97-151.

서정욱(1984), 대구방언의 {-옹다}係 동사에 대하여,『계명어문학』 1, 계명어문학회, 5-19.

손희하(1991), 새김 어휘 연구, 전남대학교 박사학위논문.

심재기(1982),『국어 어휘론』, 집문당.

안미경(1998), 조선시대 천자문 간인본 연구, 성균관대학교 박사학위논문.

안병희(1957), 중간 두시언해에 나타난 t 구개음화에 대하여,『일석이희승선생 송수기념논총』, 일조각.

_____(1978), 촌가구급방의 향명에 대하여,『언어학』 3, 한국언어학회, 191-199.

오종갑(1982),『칠대만법』에 나타난 경상도 방언적 요소,『긍포조규설교수 화갑기념국어학논총』, 형설출판사.

유창균(1989), 경상도 방언의 원류와 그 성격,『한국학논집』 16집, 계명대 한국학연구원, 135-152.

유창돈(1964),『이조국어사연구』, 선명문화사.

이기갑(1979), 우리말 상대 높임 등급 체계의 변천 연구, 서울대학교 석사학위논문.

이기문(1991),『국어 어휘사 연구』, 동아출판사.

이상규(1981), 동남방언의 사동법,『문화와 융합』 2, 문학과 언어연구회, 15-30.

_____(1982a), 동남방언의 '-어(가아)' -영천지역어를 중심으로,『긍포조규설교수 화갑기념 국어학논총』, 형설출판사.

_____(1982b), 동남방언의 여격표식 연구(Ⅰ) '-한테, -인데, -자테, -더러, -손에, -대고,『한국방언학』 2, 한국방언학회.

_____(1983), 경북지역어의 주격 '-이가',『어문론총』 17, 경북어문학회, 125-143.

_____(1997), 계열어의 방언 분화 양상,『어문학』 62, 한국어문학회, 49-71.

이수건(1995),『영남학파의 형성과 전개』, 일조각.

이숭녕(1967), 한국방언사,『한국문화사대계』 Ⅴ, 고려대학교 민족문화연구소.

전광현(1967), 17세기 국어의 연구, 국어연구 19, 국어연구회.

정 철(1980), 경북지방의 언어축약현상, 『어문론총』 13,14 합집, 경북어문학회, 31-51.

조정화(1986), 조선조 영남 관찰영본에 관한 서지학적 연구, 성균관대학교 석사학위논문.

_____(1996), 조선조 후기 영남 관판본에 관한 연구, 성균관대학교 박사학위논문.

진성기(1958/1991), 『남국의 민요』, 제주민속연구소.

최명옥(1976), 현대국어의 의문법 연구-서부경남방언을 중심으로, 『학술원논문집』 15.

_____(1978), 「ㅸ,ㅿ」와 동남방언, 『어학연구』 14-2, 서울대학교 어학연구소.

_____(1982), 『월성지역어의 음운론』, 영남대 출판부.

_____(1992), 경상남북도간의 방언 분화 연구, 『애산학보』 13집, 53-103.

_____(1994), 경상도의 방언구획론, 『우리말연구』(권재선박사 화갑기념논문집), 우골탑.

_____(1978), 『한국방언사전』, 현문사.

한국정신문화연구원(1987-1996), 『한국방언자료집』 I (1)~IX(9).

허 웅(1975), 『우리 옛말본-형태론』, 샘문화사.

현평효(1985), 『제주도방언연구』-자료편, 태학사.

홍윤표(1992), 십구사략언해 해제, 『십구사략언해』(홍문각 영인본).

前間恭作(1937), 『朝鮮の板本』, 松浦書店.

前間恭作(1956), 『古鮮册譜』 第二册, 東洋文庫.

『경상북도사』 상권, 경상북도사 편찬위원회, 1983.

『全國寺刹所藏木板集』, 문화재 관리국, 1987.

『방언자료집』, 서울대학교 국어국문학과 국어학연구실.

小倉進平(1944), 『朝鮮語方言の硏究』 下, 東京 : 岩波書店.

『영남삼강록』(嶺南三綱錄)의 음운론적 고찰

곽충구(1980), 18세기국어의 음운론적 연구, 『국어연구』 43, 국어연구회.

김영배(1984), 『평안방언연구』, 동국대 출판부.

_____(1987), i역행동화의 방사중심지에 대한 한 생각, 『우정 박은용박사 회갑기념논총』, 효
성여대.

김완진(1967), 한국어발달사·상(음운사), 『한국문화사대사(언어·무학사)』, 고려대 민족문화
연구소.

_____(1978), 모음체계와 모음조화에 대한 반성, 『어학연구』 14, 서울대학교 어학연구소,
127-139.

김주원(1984), 18세기 경상도방언의 음운 현상, 『인문연구』 6, 영남대학교 인문과학연구소,
31-56.

김주필(1985), 구개음화에 대한 통시론적 연구, 『국어연구』 68, 국어연구회.

김형규(1974), 『한국방언 연구』, 서울대출판부.

도수희(1985), 한국어 음운사에 있어서 부음 y에 대하여, 『한글』 179, 한글학회, 85-132.

박창원(1983), 고성지역어의 모음사에 대하여, 『국어연구』 54, 국어연구회.

백두현(1982), 금릉지역어의 음운론적 연구, 경북대학교 석사학위논문.

서보월(1982), 동남방언의 모음체계에 대하여, 『문학과 언어』 3, 문학과 언어연구회, 3-24.

서재극(1962), 경북방언연구-문헌상에 나타난 자료를 중심하여, 『어문학』 8, 한국어문학회, 71-91.

오종갑(1983), ㅑ, ㅕ, ㅛ, ㅠ의 변천, 『한국학논집』 10, 계명대학교 한국학연구원, 285-305.

_____(1986), 폐음화와 그에 따른 음운 현상, 『한민족어문학』 13, 한민족어문학회, 97-120.

_____(1987), 국어의 원순모음화 현상, 『한민족어문학』 14, 한민족어문학회, 69-85.

유창돈(1964), 『이조어사전(李朝語辭典)』, 연세대 출판부.

이광호(1978), i모음화의 음운론적 해석, 『어문학』 36, 한국어문학회, 77-92.

이기문(1963), 『국어표기법의 역사적 연구』, 한국학연구원.

_____(1972), 『개정 국어사개설』, 민중서관.

_____(1977), 『국어음운사 연구』, 국어학총서 3, 탑출판사.

이숭녕(1971), 17세기국어의 음운사적 고찰, 『동양학』 1, 단국대학교 동양학연구원, 49-85.

전광현(1967), 十七世紀 국어의 연구, 『국어연구』 19, 국어연구회.

_____(1976), 남원지역어의 어말-u형 어휘에 대한 통시음운론적 고찰, 『국어학』 4, 국어학회, 25-37.

정인상(1982), 통영지역어의 용언활용에 대한 음운론적 고찰, 『방언』 6.

지춘주(1983), 근대국어 표기의 양상과 경향, 『국어국문학』 5, 조선대학교 문리과대학 국어국문학과, 107-126.

최명옥(1980), 『경북동해안방언연구』, 영남대출판부.

_____(1982), 『월성지역어의 음운론』, 영남대출판부.

최전승(1986a), 『19세기 후기 전라방언의 음운 현상과 그 역사성』, 한신문화사.

_____(1986b), 언어변화와 과도교정의 기능, 『국어학신연구』, 탑출판사.

_____(1987), 이중모음 '외', '위'의 단모음화 과정과 모음체계의 변화, 『어학』 14, 전북대학교 어학연구소, 19-48.

Arnason, k.(1980), *Quantity in historical phonology*, Cambridge University Press.

Lass, R.(1980), *On Explaning Language Change*, Cambridge University Press.

Wang, W.S-Y(1969), Competing change as a cause of residue, *Language* 45-1.

『국한회어』의 음운 현상과 경상방언

곽충구(1980), 18세기 국어의 음운론적 연구, 『국어연구』 43, 국어연구회.

김주원(1984), 18세기 경상도방언의 음운 현상, 『인문연구』 6, 영남대학교 인문과학연구소, 31-56.

민현식(1993), 개화기 국어사 자료에 대하여, 『국어사 자료와 국어학의 연구』, 문학과지성사.

백두현(1989), 영남 문헌어의 통시적 음운 연구, 경북대학교 박사학위논문.

백두현(1997), 19세기 국어의 음운사적 연구-모음론,『한국문화』20호 서울대 한국학연구소, 1-47.

송　민(1986),『전기근대국어음운론 연구』, 탑출판사.

오종갑(1983), 'ㅑ, ㅕ, ㅛ, ㅠ'의 변천,『한국학논집』10, 계명대학교 한국학연구원, 285-305.

이기문(1972b/1977),『국어음운사연구』, 탑출판사.

이병근(1976), 19세기 국어의 모음체계와 모음조화,『국어국문학』72-73, 국어국문학회, 1-14.

이숭녕(1971), 17세기 국어의 음운사적 고찰,『동양학』1, 단국대학교 동양학연구원, 49-85.

이재춘(1991), 19세기 충북방언의 음운론적 연구-여소학(女小學)을 중심으로, 단국대학교 석사학위논문.

전광현(1967), 17세기 국어의 연구,『국어연구』19, 국어연구회.

＿＿＿＿(1978), 18세기 전기국어의 일고찰,『어학』5, 전북대학교.

전미정(1990), 19세기 국어의 음운론적 연구, 경북대학교 석사학위논문.

정연찬(1981), 근대국어 음운론의 몇 가지 문제,『동양학』11, 단국대 동양학연구원, 1-34.

최명옥(1992), 19세기 후기 국어의 연구-『모음음운론』을 중심으로,『한국문화』13, 서울대학교 한국문화연구소, 55-90.

＿＿＿＿(1994), 19세기 후기 국어의 자음 음운론,『진단학보』78, 진단학회, 343-375.

최전승(1986),『19세기 후기 전라방언의 음운 현상과 그 역사성』, 한신문화사.

＿＿＿＿(1987), 이중모음 '외', '위'의 단모음화 과정과 모음체계의 변화,『어학』14, 전북대학교 어학연구소, 19-48.

홍윤표(1986), 최초의 국어사전『국한회어』에 대하여,『백민전재호박사 화갑기념 국어학논총』.

＿＿＿＿(1993),『국어사 문헌 자료 연구』, 태학사.

영남 문헌어에 반영된 방언적 문법형태에 대하여

곽충구(1980), 십팔세기 국어의 음운론적 연구,『국어연구』43, 국어연구회.

김차균(1980), 국어의 수동과 사동의 의미,『한글』168, 한글학회, 5-49.

백두현(1983), 국어 성조의 문법적 변별 기능,『언어연구』3, 대구언어학회, 187-204.

＿＿＿＿(1989a), 두시언해 초간본과 중간본의 통시음운론적 비교,『어문학』50, 한국어문학회, 47-67.

＿＿＿＿(1989b), 영남 문헌어의 통시적 음운 연구, 경북대학교 박사학위논문.

서정목(1988), 한국어 청자 대우 등급의 형태론적 해석 (1),『국어학』17, 국어학회, 97-151.

서정욱(1984), 대구방언의 {-옹다}係 동사에 대하여,『계명어문학』1, 계명어문학회, 5-19.

오종갑(1982), 칠대만법에 나타난 경상도 방언적 요소,『긍포조규설교수 화갑기념국어학논총』.

이기백(1958), 주격조사 '이'에 대한 연구,『어문학』2, 한국어문학회, 94-124.

이상규(1981), 동남방언의 사동법,『문학과 언어』2, 문학과 언어연구회.

_____(1982a), 동남방언의 '-어(가아)'-영천지역어를 중심으로,『긍포조규설교수화갑기념국
　　　　어학논총』.

_____(1982b), 동남방언의 여격표식 연구 (Ⅰ) '-한테, -인데, -자테, -더러, -손에, -대고,
　　　　-보고',『한국방언학』2, 한국방언학회.

_____(1983), 경북지역어의 주격 '-이가',『어문총론』17, 경북어문학회, 125-143.

전재호(1967), 대구방언 연구 4,『어문학』16, 한국어문학회, 157-180.

_____(1987),『국어 어휘사 연구』, 경북대학교 출판부.

정　철(1980), 경북지방의 언어축약현상,『어문론총』13, 14 합집, 경북어문학회, 31-51.

최명옥(1976), 현대국어의 의문법 연구-서부경남방언을 중심으로,『학술원논문집』15.

_____(1982),『월성지역어의 음운론』, 영남대학교 출판부.

최태영(1987), 사동·피동접사의 음운론적 연구,『숭실어문』4, 숭실어문학회.

한재영(1984), 중세국어 피동구문의 특성에 대한 연구,『국어연구』61.

허　웅(1975),『우리 옛말본-형태론』, 샘문화사.

현평효(1985),『제주도방언연구 논고편』, 이우출판사.

홍사만(1983),『국어 특수조사론』, 학문사.

홍사만 외(2009),『국어 형태 의미의 탐색』, 도서출판 역락.

홍윤표(1975), 주격어미 '가'에 대하여,『국어학』3, 국어학회, 65-91.

_____(1981), 근대국어의 {-로}와 도구격,『국문학론집』10, 단국대학교 국어국문학과.

_____(1983), 근대국어의 '-로드려'와 '-로더브러'에 대하여,『백영정병욱선생 환갑기념논
　　　　총』.

영남 문헌어에 반영된 방언 어휘 연구

곽재용(1994), 유해류 역학서의 '신체'부 어휘연구, 경남대학교 박사학위논문.

곽충구(1996), 국어사 연구와 국어 방언,『이기문 교수 정년퇴임기념논총』, 신구문화사.

_____(1998), 육진방언의 어휘,『국어 어휘의 기반과 역사』(심재기 편), 태학사.

김대식(1998),『국어 어휘사의 원리』, 보고사.

김병제(1980),『방언사전』, 평양 : 과학 백과사전 출판사.

김영배(1997),『평안방언연구』(자료편), 태학사.

김영태(1975),『경상남도 방언 연구』, 진명문화사.

김이협(1981),『평북방언사전』, 한국정신문화연구원.

김주원(1997), '치문경훈'(석륜암본)의 기입토에 나타난 16세기 경상도 방언,『구결연구』2,
　　　　구결학회, 265-289.

김태균(1986),『함북방언사전』, 경기대학교 출판부.

김형규(1974/1989),『한국방언연구』, 서울대학교 출판부.

노명희(1998), 자연계 어휘의 변천사, 『국어 어휘의 기반과 역사』(심재기 편), 태학사.

리운규·심희섭·안운(1992), 『조선어 방언사전』, 연변 : 연변인민출판사.

민현식(1998), 시간어의 어휘사, 『국어 어휘의 기반과 역사』(심재기 편), 태학사.

백두현(1990), 영남 문헌어에 반영된 방언적 문법형태에 대하여, 『어문론총』 24, 경북어문학
　　　　회, 51-72.

_____(1992), 『영남 문헌어의 음운사 연구』, 태학사.

_____(1997a), 경상방언의 형성과 음운적 분화, 『인문과학』 11, 경북대학교 인문과학연구소,
　　　　99-140.

_____(1997b), <현풍곽씨언간> 판독문, 『어문론총』 31, 경북어문학회, 19-88.

_____(1998), 국한회어와 경상방언, 『방언학과 국어학』(청암 김영태박사 화갑기념논문집).

서울대학교 국어국문학과 국어학연구실, 『방언자료집』.

손희하(1991), 새김 어휘 연구, 전남대학교 박사학위논문.

심재기(1982), 『국어 어휘론』, 집문당.

유창돈(1975), 『어휘사 연구』, 국어국문학 총서 제1집 5, 삼우사.

이기갑(1979), 우리말 상대 높임 등급 체계의 변천 연구, 서울대학교 석사학위논문.

이기갑·고광모·기세관·정제문(1997), 『전남방언사전』, 전라남도 발행, 태학사.

이기문(1991), 『국어 어휘사 연구』, 동아출판사.

이상규(1997), 계열어의 방언 분화 양상, 『어문학』 62, 한국어문학회, 49-71.

이선영(1998), 음식명의 어휘사, 『국어 어휘의 기반과 역사』(심재기 편), 태학사.

조항범(1996), 『국어 친족 어휘의 통시적 연구』, 태학사.

조항범(1998), 동물 명칭의 어휘사, 『국어 어휘의 기반과 역사』(심재기 편), 태학사.

최학근(1978), 『한국방언사전』, 현문사.

한국정신문화연구원(1987-1996), 『한국방언자료집』 I (1)~IX(9).

현평효(1985), 『제주도방언연구』-자료편, 태학사.

홍윤표(1986), 최초의 국어사전 '국한회어'에 대하여, 백민전재호박사화갑기념 『국어학논총』.

小倉進平(1944), 『朝鮮語方言の硏究』 下, 東京 : 岩波書店.

영남 지역 국어사 자료의 연구 성과와 연구 방향

곽충구(1994), 『함북 육진 방언의 음운론』, 국어학총서 20, 국어학회.

_____(1996), 국어사 연구와 국어 방언, 『이기문교수 정년퇴임 기념논총』, 신구문화사.

김무봉(2011), 영험약초언해(靈驗略抄諺解) 연구, 『동양어문학』 57, 동양어문학회, 5-47.

김영선(1996), 해인사 간행 서적의 서지적 연구, 경북대학교 박사학위논문.

김영신(1985), 칠대만법(七大萬法) 연구-어휘 그 밖, 『수련어문논집』 12, 부산여자대학교, 『김
　　　　영신교수논문집 국어학연구』(1988 : 333-366)에 재수록됨.

김영태(1992), <수겡옥낭좌전>에 대하여, 『가라문화』 9, 가라문화연구소, 5-14.

김재웅(2007), 경북 지역에 유통된 필사본 고소설에 대한 실증적 연구, 『고소설연구』 24, 한국고소설학회, 219-252.

김정대(1992), <수겡옥낭좌전>에 반영된 경상도 방언 문법적 요소에 대하여, 『가라문화』 9, 경남대학교 가라문화연구소, 77-111.

김주원(1984), 18세기 경상도 방언을 반영하는 불서에 대하여, 『유창균박사 환갑기념논문집』.

_____(1984), 18세기 경상도방언의 음운 현상, 『인문연구』 6, 영남대학교 인문과학연구소, 31-56.

_____(1997), 구개음화와 과도교정, 『국어학』 29, 국어학회, 33-49.

_____(1998), 십구사략언해(영영판)의 간행 연대, 『국어학』 32, 국어학회, 247-263.

_____(2000), 어제소학언해(1744)를 둘러싼 몇 문제, 『국어사연구』 창간호, 국어사학회.

_____(2001), 소학언해 연구-17세기 후기 간본을 중심으로, 『국어학』 37, 국어학회, 3-31.

김주필(1994), 17·8세기 국어의 구개음화와 관련 음운 현상에 대한 통시론적 연구, 서울대학교 박사학위논문.

_____(1996), 경상도 방언 ㅔ와 ㅐ의 합류 과정에 대하여, 『이기문 교수 정년퇴임기념논총』, 신구문화사.

_____(2005), 18세기 역서류 문헌과 왕실 문헌의 음운 변화-ㄷ구개음화와 원순모음화를 중심으로, 『어문연구』 33-2, 어문연구회, 29-57.

김형철(1992), <수겡옥낭좌전>의 어휘 연구, 『가라문화』 9, 가라문화연구소, 15-41.

남경란(2005), <칠대만법>의 저본과 국어학적 특성, 『국학연구』 7, 한국국학진흥원, 369-395.

류탁일(1990), 통도사 개판 불서의 출판사회학적 분석 : 유간기 불서를 중심으로, 『한국문화연구』 3, 부산대 한국문화연구소, 71-115.

_____(2001), 영남지방출판문화논고, 『탕민선생 정년기념학술총서』 1, 세종출판사.

박창원(1992), 경남방언의 모음변화와 상대적 연대순 : 필사본 『수겡옥낭좌전』을 중심으로, 『가라문화』 9, 43-76.

배준영·백두현(2013), 국어사 문헌 자료의 문화 중층론적 연구 방법과 그 적용, 『국어학회 제40회 전국학술대회 발표 자료집』, 국어학회, 103-122.

백두현(1988a), 두시언해 초간본과 중간본의 통시음운론적 비교, 『어문학』 50, 한국어문학회, 47-67.

_____(1988b), 강희 39년 남해 영장사판 유합과 천자문의 음운 변화, 『파전김무조박사 화갑기념논총』, 509-533.

_____(1988c), 영남삼강록의 음운론적 고찰, 『용연어문논집』 4, 경성대학교 국어국문학과, 85-119.

_____(1989), 영남 문헌어의 통시적 음운 연구, 경북대학교 박사학위논문.

_____(1990), 영남 문헌어에 반영된 방언적 문법형태에 대하여, 『어문론총』 24, 경북대학교 국어국문학과, 1-22. 홍사만 외(2003), 『국어의 형태·의미의 탐색』에 수정 재수록, 481-511.

_____(1991), 『몽산화상육도보설』의 국어학적 연구, 『어문론총』 25, 경북어문학회, 75-98.

_____(1992), 경상방언의 모음체계와 모음중화, 『어문교육논집』 12, 부산대학교 국어교육과, 66-88.

_____(1994), 경상방언의 통시적 연구 성과와 전망, 『인문과학』 10, 경북대 인문과학연구소, 189-222.

_____(1997), 경상방언의 형성과 음운적 분화, 『인문과학』 11, 경북대학교 인문과학연구소, 99-140.

_____(1998a), 영남 문헌어에 반영된 방언 어휘 연구, 『국어학』 32, 국어학회, 217-245.

_____(1998b), 『국한회어』와 경상방언, 『방언학과 국어학 : 청암 김영태박사 화갑기념논문집』, 태학사.

_____(1999), 영남방언의 통시적 변천, 『민족문화논총』 20, 영남대학교 민족문화연구소, 23-80.

_____(2000), 「현풍곽씨언간」의 음운사적 연구, 『국어사자료연구』, 국어사자료학회, 창간호, 97-130.

_____(2001), 『음식디미방』의 내용과 구성에 관한 연구, 『영남학』 창간호, 경북대학교 영남문화연구원, 249-280.

_____(2004), 『음식디미방』의 표기법과 자음 변화 고찰, 『국어사연구』 4, 국어사학회, 95-121.

_____(2005), 진행 중인 음운 변화의 출현 빈도와 음운사적 의미-17세기 후기 자료 『음식디미방』을 중심으로, 『어문학』 90, 한국어문학회, 45-72.

_____(2007), 애국지사 김태린이 지은 『동몽수독천자문』 연구, 『어문학』 95, 한국어문학회, 45-72.

_____(2008), 계명대학교 동산도서관 소장 국어사 자료의 가치, 『한국학논집』 37, 계명대학교 한국학연구원, 65-113.

_____(2011), 19세기 초기 전라방언 자료 「수운정비회유록」 연구, 『한국문화』 53, 서울대학교 규장각한국학연구원, 65-96.

_____(2012), 『병학지남』 이판본의 계통과 신자료 『병학지남육조언해』 연구, 『국어학』 63, 국어학회, 3-36.

서재극(1962), 경북방언연구-문헌상에 나타난 자료를 중심하여, 『어문학』 8, 한국어문학회, 70-90.

송일기(2000), 한국본 『부모은중경언해』의 판본 및 한글 서체에 관한 연구, 『도서관』 제55권 제2호(통권 제355호), 국립중앙도서관, 25-54.

_____(2001), <불설부모은중경 : 언해>의 초역본에 관한 연구, 『서지학연구』 22, 한국서지학회, 181-200.

안병희(1957), 중간 두시언해에 나타난 t구개음화에 대하여, 『일석 이희승선생 송수기념논총』, 일조각, 329-341.

_____(1972), 신증유합 해제, 단국대 동양학연구소.

_____(1978), 촌가구급방의 향명에 대하여, 『언어학』 3, 한국언어학회, 191-199.

_____(1998), 법화경언해의 서지, 『서지학보』 22, 한국서지학회, 3-34.

오종갑(1982), 『칠대만법』에 나타난 경상도 방언적 요소, 『긍포 조규설교수 화갑기념국어학
　　　　논총』.

유창균(1989), 경상도 방언의 원류와 그 성격, 『한국학논집』 16, 계명대학교 한국학연구소,
　　　　135-152.

이기문(1959/1978), 『16세기 국어의 연구』, 탑출판사.

_____(1998), 『신정판 국어사개설』, 태학사.

_____(1972/1977), 『국어음운사연구』, 탑출판사.

이상규(2013), 을유본 『유합』에 나타나는 김해 방언, 『방언학』 17, 한국방언학회, 229-260.

이숭녕(1967), 『한국방언사』, 한국문화사대계 V, 고려대학교 민족문화연구소.

이충구(1990), 경서언해 연구, 성균관대학교 박사학위논문.

이태영(2000), 완판(전주판) 방각본 고소설의 서지와 언어, 『21세기 국어학의 과제』, 역락.

_____(2007), 새로 소개하는 완판본 한글 고소설과 책판, 『국어문학』 43, 국어문학회, 29-54.

임기영(2013), 안동 광흥사 간행 불서의 서지적 연구, 『서지학연구』 55, 한국서지학회,
　　　　437-489.

전광현(1967), 17세기 국어의 연구, 『국어연구』 19, 국어연구회.

전재호(1974), 두시언해의 국어학적 연구, 『국어국문학총서』 제9권, 선명문화사.

정왕근(2012), 조선시대 『묘법연화경』의 판본 연구, 중앙대학교 박사학위논문.

정우락(2006), 일제 강점기 김호직의 『동천자』 저술과 그 의의, 『동양한문학연구』 22, 동양한
　　　　문학회, 285-336.

정재영(2006), 불갑사(佛甲寺) 소장의 화암사판(花岩寺版) 『부모은중경』에 대하여-이 자료에
　　　　기입되어 있는 구결과 언해문을 중심으로, 『영남학』 9, 경북대학교 영남문화연
　　　　구원, 211-244.

조정화(1996), 조선조 후기 영남 관판본에 관한 연구, 성균관대학교 박사학위논문.

최명옥(1985), 19세기 후기 서북방언의 음운론, 『인문연구』 7-4, 영남대학교 인문과학연구소,
　　　　713-746.

최전승(1986), 『19세기 후기 전라방언의 음운 현상과 그 역사성』, 한신문화사.

_____(1995), 『한국어 방언사 연구』, 태학사.

_____(1997), 춘향전 이본들의 지역성과 방언적 특질, 『오당조항근선생 화갑기념논총』,
　　　　381-434.

_____(2004), 『한국어 방언의 공시적 구조와 통시적 변화』, 역락.

_____(2008), 방언 자료 텍스트의 유형에 따른 방언 의식 실현상의 상이와 진행 중인 언어변
　　　　화의 양상-19세기 후기 전라방언의 경우를 중심으로, 『제2회 이재 황윤석 연
　　　　구 학술발표논문집』, 이재 학술연구소, 125-170. 『국어사와 국어방언사의 만남』,

2009, 도서출판 역락, 195-269에 재수록.

_____(2009), 『국어사와 국어방언사의 만남』, 역락.

_____(2012), 19세기 전기 경북 사회방언 발달과정에서 개별성과 보편성에 대한 일 고찰, 『교과교육연구』 6, 277-375.

홍사만 외(2003), 『국어의 형태·의미의 탐색』, 경북대학교 출판부.

_____(2009), 『국어 형태 의미의 탐색』, 역락.

홍윤표(1985a), 『역대천자문』과 서부 동남방언, 『선오당 김형기선생 팔질기념 국어학논총』, 창학사.

_____(1985b), 최초의 국어사전 『국한회어』에 대하여, 『백민 전재호박사 화갑기념 국어학논총』, 형설출판사.

_____(1998), 국어학 자료의 전산화 방법과 그 학문적 의의, 『국어국문학』 121, 국어국문학회, 307-326.

_____(2001), 국어사 자료 코퍼스의 구축 현황과 과제, 『한국어학』 4, 한국어학회, 1-32.

_____(2012a), 한국학 자료의 체계적인 수집과 관리-국어사 자료를 중심으로, 국어학회 특강 원고.

_____(2012b), 『국어정보학』, 태학사.

Paek(2010), Pyŏngan Dialect and Regional Identy in Chosŏn Korea, *the north region of korea : HISTORY, IDENTY, AND CULTURE*, edited by SUN JOO KIM, A CENTER FOR KOREA STUDIES PUBLICATION, UNIVERSITY OF WASHINGTON PRESS, SEATTLE & LONDON, pp.116-138.

평안방언의 ㄷ구개음화 미실현과 지역 정체성 형성의 상관성

곽충구(1994), 『함북 육진방언의 음운론』, 태학사.

_____(2001), 구개음화 규칙의 발생과 그 확산, 『진단학보』 92호, 진단학회, 237-268.

_____(2002), 한국어 음운규칙의 발생과 전파, 『세계 속의 조선어(한국어) 대비 연구』.

_____(2003), 현대국어 모음체계와 그 변화의 방향, 『국어학』 41호, 국어학회, 59-91.

김병제(1980), 『방언사전』, 평양 : 사회과학원출판사.

_____(1988), 『조선언어지리학 시고』, 과학백과사전종합출판사, 평양.

김영배(1983), Coren Primer의 음운 현상, 『한글』 179호.

_____(1984), 『평안방언연구』, 동국대학교 출판부.

_____(1988), ㅈ·ㄷ의 실험음성학적 한 고찰-서울방언과 평안방언 중심, 『동국대 논문집』 27집.

_____(1991), 이륜행실도의 원간본과 중간본의 비교, 『동방학지』 71·72합집, 연세대국학연구원.

_____(1992), 평안방언의 연구 현황과 과제, 『남북한의 방언연구』, 경운출판사.

_____(1997), 『평안방언연구』(자료편), 태학사.

김영황(1982), 『조선어방언학』, 김일성종합대학출판사.

김이협(1981), 『평북방언사전』, 한국정신문화연구원.

김주원(1994), 18세기 황해도 방언의 음운 현상, 『국어학』 24호, 국어학회, 19-44.

_____(1996), 18세기 평안도 방언을 반영하는 염불보권문(念佛普勸文)에 대하여, 『음성학과 언어학』.

_____(2000), 국어 방언분화와 발달, 『한국문화사상대계』 1, 영남대학교 출판부.

김주필(1994), 17·8세기 국어의 구개음화와 관련 음운현상에 대한 통시론적 연구, 서울대학교 박사학위논문.

남권희(2005), 중간본 『경민편』 언해의 서지적 분석, 국어사학회 학술대회 발표 논문집.

남기탁(1981), 이륜행실도의 국어학적 연구, 『연구논문집』 15호, 강원대학교, 77-102.

노관범(2018), 우리나라 신문화의 발원지는 어디일까?, 『실학산책』 514호, 다산연구소.

리운규·심회섭·안운(1990), 『조선어방언사전』, 연변 인민출판사.

박재연(2003), 『노걸대』·『박통사』 원문·언해 비교 자료, 『중국어문논총』 8, 중국어문연구회, 381-410.

서울대학교 규장각(2001), 『규장각소장 어문학자료 어학편 해설』, 태학사.

석주연(2003), 『노걸대와 박통사의 언어』, 국어학총서 47, 국어학회.

심소희(2015), 『한자 정음관의 통시적 연구』, 이화여자대학교 출판부.

안미애·홍미주·백두현(2018), 북한 문화어의 어두 ㄹ, ㄴ 규정을 통해서 본 언어 정체성 구축과 차별화 방식 연구, 『어문론총』 76호, 한국문학언어학회, 85-124.

오수창(2002), 『조선 후기 평안도 사회발전 연구』, 일조각.

이기문(1972), 『국어음운사연구』, 한국문화연구소, 탑출판사(1977)에서 재간.

이명규(1974), 구개음화에 대한 문헌적 고찰, 「국어연구」 31.

_____(1992), 구개음화에 대한 통시적 연구, 숭실대학교 박사학위논문.

이미재(1990), 사회적 태도와 언어 선택, 『언어학』 12호, 한국언어학회, 69-77.

이옥금(1988), 조선조 호남 사찰판에 관한 서지적 연구, 상명여자대학교 석사학위 논문.

이은정(2000), 이륜행실도의 국어학적 연구, 숙명여자대학교 석사학위논문.

이종권(1988), 조선조 국역 불서의 간행에 관한 연구, 성균관대학교 석사학위논문.

장영길(1994), 평안방언의 비구개음화 요인에 대한 일 고찰, 『동악어문논집』 29호, 동악어문학회, 315-325.

한성우(2003), 의주방언의 음운론적 연구, 서울대학교 박사학위논문.

황대화(2000), 『조선어방언연구』, 한국문화사.

小倉進平(1944), 『朝鮮語方言の研究』, 東京 : 岩波書店.

Labov(1972), Sociolinguistics Patterns, University of Pennsylvania Press.

Paek(2010), Pyŏngan Dialect and Regional Identy in Chosŏn Korea, the north region of korea : HISTORY, IDENTY, AND CULTURE, edited by SUN JOO KIM, A CENTER FOR KOREA STUDIES PUBLICATION, UNIVERSITY OF WASHINGTON PRESS, SEATTLE

& LONDON, pp.116-138.

Spolsky, Bernard(2001), PALL 응용어어학 번역 총서 1 사회언어학, 박이정.

북한 문화어의 어두 ㄹ, ㄴ 규정을 통해서 본 언어 정체성 구축과 차별화 방식 연구

강정희(2003), 방언 변화와 방언 연구의 방향, 『한국어학』 21, 한국어학회, 1-15.

강현석 외(2014), 『사회언어학 : 언어와 사회, 그리고 문화』, 글로벌콘텐츠.

과학원 언어문화 연구소(19670), 『조선어 문법1』(어음론, 형태론), 과학원출판사.

과학원 조선어 및 조선 문학 연구소(1954), 『조선어 철자법』, 과학원출판사.

국립국어연구원(1992), 『북한의 언어정책』, 국립국어연구원.

국립국어원(2004), 『남북한 어문규범 비교 연구』, 국립국어원.

권인한(1993), 표준 발음법과 문화어 발음법 규정, 『새국어생활』 3-1, 국립국어연구원, 157-188.

김상준(2001), 남북한 방송 보도에 관한 비교 연구-언어 표현과 문체적 특성 비교를 중심으로, 성균관대학교 박사학위논문.

김석향(2003), 『북한 이탈 주민의 언어생활에 나타나는 북한 언어정책의 영향』, 통일부 통일교육원.

김영배(1969), 평안방언과 구개음화 : 상승적 이중모음의 -j- 탈락에 대하여, 『한국어문학연구』 6, 한국어문학연구학회, 45-61.

_____(1978), 평안방언의 구상 : 음운과 어휘를 중심으로, 『한국어문학연구』 11, 한국어문학연구학회, 15-32.

_____(1988), 문화어의 음운 현상, 『국어생활』 15, 국어연구소, 21-32.

_____(1988), ㅈ·ㄷ의 실험음성학적 한 고찰-서울방언과 평안방언 중심, 『논문집』 27집, 동국대학교, 1-49.

_____(1992), 평안방언의 연구 현황과 과제, 『남북한의 방언연구』, 경운출판사.

_____(1997), 『평안방언연구』(자료편), 태학사.

김용진(2007), 『사회언어학적 코퍼스 분석의 실제』, 올린책상.

김진우(1991), 한국말과 조선말-분화의 배경, 실제 및 요인, 『외국어로서의 한국어 교육』 15-1, 국제한국어교육학회, 35-47.

김하영(2005), 북한 체제의 초기 집단정체성 형성에 관한 연구, 『북한연구학회보』 9-1, 북한연구학회, 23-51.

김혜경 외(2013), 미국 대학에서 공부하는 아시아계 대학생들의 이중 언어, 문화 체험과 정체성, 『이중언어학』 52, 이중언어학회, 71-100.

김혜영(1996), 국어 유음의 통시적 연구, 경남대학교 박사학위논문.

류은종(1996a), 두음법칙에 의한 남북 조선의 언어 차이 문제1, 『중국조선어문』 3, 길림성 민족사무위원회, 8-12.

_____(1996b), 두음법칙에 의한 남북 조선의 언어 차이 문제2, 『중국조선어문』 4, 길림성
　　　　민족사무위원회, 7-12.
리상벽(1975), 『조선말화술』, 사회과학출판사.
배준영(2011), 대구지역 새터민의 언어적응 양상 연구 : 음운을 중심으로, 경북대학교 석사학
　　　　위논문.
백두현(2018), 평안방언의 ㄷ구개음화 미실현과 지역 정체성 형성의 상관성 -ㄷ구개음화 미
　　　　실현의 원인에 대한 새로운 설명-, 『송철의 선생 퇴임 기념 국어학 논총』, 태
　　　　학사.
북한 국어 사정 위원회(2010), 『조선말 규범집』(제2판), 조선민주주의 인민공화국 국어사정위
　　　　원회 주체99.
연규동(2014), 표기 규범과 문자, 『한글』 804, 한글학회, 141-176.
오수창(2002), 『조선 후기 평안도 사회발전 연구』, 일조각.
원미진(2015), 재미동포의 언어 정체성과 한국어 능력에 대한 세대별 비교 분석 연구, 『이중
　　　　언어학』 60, 이중언어학회, 179-201.
윤인진(2014), 독립국가 연합 고려인의 사회 정체성과 언어 사용 실태, 『재외한인연구』 33,
　　　　재외한인학회, 63-91.
윤인진·김은비(2012), 다문화 가족의 언어 사용과 아동의 사회 정체성, 『이중언어학』 48, 이
　　　　중언어학회, 273-358.
이금화(2007), 『평양지역어의 음운론』, 역락.
이동석(2005), 『국어 음운 현상의 공시성과 통시성』, 한국문화사.
이봉원(1997), 북한 표준 발음의 실상, 『김정일 시대의 북한 언어』, 태학사, 59-72.
_____(2003), 남북 방송언어의 비교-음성 언어의 차이를 중심으로, 『방송언어와 국어 연구』,
　　　　월인.
이유기(2007), 유성기 음반 대중 가요의 음운 현상」, 『한민족문화연구』 23, 한민족문화학회,
　　　　183-207.
이호영(2009), 『새터민 언어 적응 훈련 프로그램 개발 연구 보고서』, 국립국어원.
전수태(2004), 『남북한 어문 규범 비교 연구』(국립국어원 2004-1-9), 국립국어원.
정성희(2015), 북한 뉴스 발화의 음운적 특성 연구-조선 중앙 TV 뉴스 방송 언어를 대상으로,
　　　　경북대학교 석사학위논문.
정성희·신하영(2017), 북한 뉴스의 어두 /ㄹ/과 /ㄴ/의 발음 실현 양상과 언어정책과의 상관
　　　　성 연구, 『사회언어학』 25-4, 한국사회언어학회, 163-184.
조선민주주의 인민공화국 국어사정위원회 주체99(2010), 『조선말 규범집』.
조선민주주의 인민공화국 사회과학원 언어학연구소(1971), 조선말 규범집 해설, 사회과학출
　　　　판사.
조의성(1999), 남북한의 언어 차이, 국립 도쿄외국어대학.
　　　　(http://www.tufs.ac.jp/ts/personal/choes/korean/nanboku/Snanboku.html)

최명옥(1987), 평북 의주 지역어의 통시 음운론, 『어학연구』 23-1, 서울대학교 언어교육원, 65-90.

최호철(2012), 북한 조선말 규범집의 2010년 개정과 그 의미, 『어문논집』 65, 민족어문학회, 251-286.

크리스토퍼 듀건 저, 김정하 역(2001), 『미완의 통일 이탈리아사』, 케임브리지 세계사 강좌 2, 도서출판 개마고원.

한국문학평론가협회(2006), 『문학비평용어사전』, 국학자료원.

한성우(2003), 의주방언의 음운론적 연구, 서울대학교 박사학위논문.

_____(2006), 『평안북도 의주 방언의 음운론』, 월인.

한성우(2011), 중국 청도 조선족 사회의 언어 정체성, 『방언학』 14, 한국방언학회, 113-136.

한영순(1956), 평안북도 의주 피현 지방 방언의 어음론적 특성(하), 『조선어문』 5.

홍연숙(1990), 북한의 문화어와 언어정책, 『공산권연구논총』 2, 연세대학교 동서문제연구원, 119-147.

小倉進平 저, 이진호 역(2009), 『한국어 방언 연구』, 전남대학교 출판부.

小倉進平 저, 이진호 역(2009), 『小倉進平과 國語 音韻論』, 제이앤씨.

小倉進平(1944), 『朝鮮語方言の研究』, 東京 : 岩波書店.

N. Bonvillain 저, 한국사회언어학회 엮음(2002), 『문화와 의사소통의 사회 언어학』, 한국문화사.

P. Grieco(2000), 「LANGUAGE AND IDENTITY IN THE UNITEDSTATES AND CANADA : TWO EXAMPLES OF LINGUISTIC CULTURAL IDENTITY」, 『영미연구』 5, 영미연구소, 149-161.

Spolsky, Bernard(2001), 『PALL 응용언어학 번역 총서 1 사회언어학』, 박이정.

Athanasiou, E., Moreno-Ternero, J. D., & Weber, S. (2016). "Language learning and communicative benefits". In The Palgrave Handbook of Economics and Language Palgrave Macmillan UK : 212-230.

Blake, Renée, and Meredith Josey.(2003), "The /ay/ diphthong in a Martha's Vineyard community : What can we say 40 years after Labov?", Language in Society 32 : 451-485.

Kulyk, V. (2011). "Language identity, linguistic diversity and political cleavages : evidence from Ukraine". Nations and Nationalism, 17(3) : 627-648.

Micah Andrews(2010) "Social Identity and Attitudes Toward Cultural Diversity A Cultural sychological Analysis". journal of language and literact education, 6, 2 : 85-102.

Paek(2010), "yŏngan Dialect and Regional Identy in Chosŏn Korea", 『the north region of korea : HISTORY, IDENTY, AND CULTURE』, edited by SUN JOO KIM, A CENTER FOR KOREA STUDIES PUBLICATION, UNIVERSITY OF WASHINGTON PRESS, SEATTLE & LONDON : 116-138.

W. Labov(1972), *Sociolinguistics Patterns*, University of Pennsylvania Press.

찾아보기

ㄹ

ㅁ

ㅈ

ㅊ

저자 백두현(白斗鉉)

　1955년 경북 성주(星州) 연산 마을에서 아버지 白孔基(1921~1996)와 어머니 姜任伊
(1924~1995)의 둘째 아들로 태어나다. 경북대학교에서 대학과 대학원을 마치고 1990
년 2월에 문학박사 학위를 받다. 경성대학교 부교수를 거쳐 현재 경북대학교 인문대
학 국어국문학과에 교수로 재직하고 있다. 『영남 문헌어의 음운사 연구』, 『석독구결
의 문자체계와 기능』, 『현풍곽씨언간주해』, 『음식디미방주해』, 『한글문헌학』 등의 학
술서와 『경상도 사투리의 말맛』, 『한글편지로 본 조선시대 선비의 삶』, 『한글편지에
담긴 사대부가 부부의 삶』 등의 교양서를 내었다. 방언사, 국어사와 훈민정음, 석독구
결과 고대국어 자료, 한글 문헌과 어문생활사 등에 관련된 130여 편의 연구 논문을
발표하였다.

현장 방언과 문헌 방언 연구

　초판 인쇄 2020년 2월 20일
　초판 발행 2020년 2월 27일

　저　자 백두현
　펴낸이 이대현
　편　집 권분옥
　디자인 자유안 · 최선주

　펴낸곳 도서출판 역락
　주　소 서울시 서초구 동광로 46길 6-6(반포동 문창빌딩 2F)
　전　화 02-3409-2060(편집부), 2058(영업부)
　팩　스 02-3409-2059
　등　록 1999년 4월 19일 제303-2002-000014호
　이메일 youkrack@hanmail.net

ISBN　979-11-6244-499-3　93710